本书获国家古籍整理出版专项经费资助

敦煌写本禅籍辑校

杨富学　张田芳　王书庆 辑校

文物出版社

图书在版编目（CIP）数据

敦煌写本禅籍辑校 / 杨富学，张田芳，王书庆辑校
. --北京：文物出版社，2024. 3
ISBN 978 -7 -5010 -8322 -0

Ⅰ. ①敦…　Ⅱ. ①杨… ②张… ③王…　Ⅲ. ①禅宗研究 - 敦煌　Ⅳ. ①B946. 5

中国国家版本馆 CIP 数据核字（2024）第 016767 号

敦煌写本禅籍辑校

辑　　校：杨富学　张田芳　王书庆

责任编辑：王　媛　许海意
装帧设计：谭德毅
责任印制：张道奇

出版发行：文物出版社
社　　址：北京市东城区东直门内北小街 2 号楼
邮　　编：100007
网　　址：http：//www. wenwu. com
经　　销：新华书店
印　　刷：宝蕾元仁浩（天津）印刷有限公司
开　　本：710mm × 1000mm　1/16
印　　张：30. 5
版　　次：2024 年 3 月第 1 版
印　　次：2024 年 3 月第 1 次印刷
书　　号：ISBN 978 -7 -5010 -8322 -0
定　　价：136. 00 元

序

杜斗城

富学发来两部书稿，一部是《敦煌写本禅籍辑校》，一部是《敦煌写本禅籍研究》，让我写几句话，我应允了。我与富学交往几近四十年，且过往密切，很熟悉他的情况，故不至于说毫无边际的外行话。

富学初涉佛学研究，大体始于20世纪90年代初，直接原因有二：一者，他于1989年自新疆大学毕业后，响应敦煌研究院段文杰院长之号召，奔赴沙漠深处的敦煌莫高窟工作，自然与佛教结缘；二者，1991～1993年受敦煌研究院派遣赴印度德里大学学习佛学，再入英迪拉甘地国立艺术中心交流，同样都离不开佛教与佛教艺术。那时，富学还很年轻，加上其所学专业原本为历史学，后又涉猎新疆地方史、民族史等，所有这些往往涉及佛教的有关问题。由于我虚长富学十余岁，在佛学和石窟艺术方面先行了几步，很自然的，我们就走到了一起。除了平时的生活交流、学术切磋以及一同参加学术会议和学术调研外，我们还合作撰写过多篇论文，如《辽鎏金双龙银冠之佛学旨趣——兼论辽与敦煌之历史文化关系》《嵩山与律学高僧》《洛阳出土的几通唐代安定胡氏墓志》等都是。

与杨富学合力完成《敦煌写本禅籍辑校》和《敦煌写本禅籍研究》两书的作者张田芳女士和王书庆先生也都是本人的学友。张田芳乃杨富学的学生，2018年博士毕业后就职敦煌研究院，以研究回鹘佛教见长，性格温良而勤奋好学，学术成绩突出。王书庆也是我多年的学友，毕业于中国佛学院，长期供职于敦煌研究院敦煌文献研究所，主要从事佛学和敦煌文献研究，于敦煌佛教文献颇有心得。

2004年6月，杨富学由北京大学东方学研究院博士后出站，作为引进人才重回敦煌研究院工作，在樊锦诗院长的支持下成立了民族宗教文化研究所，为敦煌研究院的学术研究搭建成新的平台。受季羡林、王邦维等佛学硕儒的影响，杨富学的研究重点也逐步由原来的民族史和回鹘文文献研究转入佛学和晚期敦煌石窟研究，标志性成果就是《敦煌写本禅籍辑校》和《敦煌写本禅籍研究》两书，对晚期敦煌石窟的研究成果期待来日刊行。

2005年，由杨富学牵头、王书庆参加的“敦煌禅史禅法禅籍研究”被列为敦煌研究院院级重点项目，此后他们二人精诚合作，展开了卓有成效的研究。此前，我曾撰《敦煌本〈历代法宝记〉与蜀地禅宗》等文，对敦煌禅籍有所了解，所以对他们二位的研究也比较感兴趣。蜀地禅宗，过去很少引起学术界的重视，杨富学、王书庆所撰《蜀地禅宗之禅法及其特点——以敦煌写本〈历代法宝记〉为中心》《四川禅派净众与保唐之关系》《〈历代法宝记〉所见达摩祖衣传承考辨》等文，就蜀地禅宗的禅法特点、蜀地禅宗的净众、保唐二派，以及达摩信衣在蜀地由智诜至无住的传承等问题进行研究，提出了不少新见解。另外，他们对道信禅法、东山法门及其对敦煌禅修的影响、《金刚经》与南宗禅的形成，以及敦煌禅窟的发展历程、摩诃衍禅法的顿渐兼修特点及其对吐蕃的影响等问题的考证，发别人所未发，提出了很有见地的观点。

敦煌留存的禅籍写卷计有300余件，分属百余种文献，事关禅宗经典及其注疏、早期禅宗语录、禅宗灯史、禅僧偈颂铭赞等众多内容，《敦煌写本禅籍辑校》撷取其中与禅宗史、禅宗思想研究密切相关的38种重要文献进行辑录和校释。这些文献大多虽早已引起国内外学术界的重视，但由于各种原因，系统的整理刊布尚付之阙如，前有日本学者田中良昭《敦煌禅宗文献的研究》，后有姜宗福《敦煌禅宗文献研究》、黄青萍《禅宗北宗文本的价值及禅法》、韩传强《禅宗北宗敦煌文献录校与研究》等，但收录文献有待丰富，从校勘学上讲，由于照片不清等技术原因或其他原因，鲁鱼亥豕时有所见。就本人的观察所见，《敦煌写本禅籍辑校》不论在文献收录还是在校勘方面，都在前贤的基础上有较大进步，所作录文、校勘等严格遵循文献整理的学术规范，所整理的文献数量远超以往，基本体现了敦煌禅宗文献的整体面貌。

《敦煌写本禅籍研究》共计二十章，分为上、中、下三篇，分别为就敦煌禅籍研究史、敦煌禅籍所见早期中国禅史与禅法以及回鹘禅籍、禅史问题进行研究。观其内容，大致有三个特点：其一，作者收集资料基本齐备，而且追踪到最新研究成果，尤其是国外的最新成果，这是非常不容易的；其二，作者对敦煌禅籍、禅宗研究的学术史非常熟悉，善于总揽把握，对纷纭复杂的敦煌禅史禅法与禅籍问题进行了系统梳理；其三，作者并非将前人成果做简单的综述，而是对许多问题加以分析讨论，提出了自己的观点。尤其值得一提的是，本书第一次将敦煌出土的回鹘文禅籍《说心性经》进行系统研究，论证了该文献的渊源，并反映了禅宗对多民族间的文化交流发挥的积极作用，这一工作是由张田芳在杨富学的指导下完成的，解决了困扰学术界多年的老问题，其对回鹘文献与禅宗史的研究来说，是有填补空白意义的。

总之，《敦煌写本禅籍辑校》《敦煌写本禅籍研究》二书以姊妹篇的形式同时推出，不仅为学术界提供了可靠的禅宗文献资料，同时相关研究具有重要的学术价值和现实意义，其无疑会推动禅宗历史文化的进一步研究！

是为序。

自　序

杨富学

今天是2022年5月31日，时值“国际儿童节”来临之前夜，我和张田芳、王书庆合作撰写的《敦煌写本禅籍辑校》和《敦煌写本禅籍研究》两书走完了二十余年的旅程，终于画上了最后一个休止符。今天也是我和文物出版社约定的最后交稿日期，虽自知有诸多未尽意之处，然能够如期交稿，得偿二十年夙愿，大有“如释重负”之感。苏轼言“老夫聊发少年狂”，甚合我当下之心境。惜乎“少年”不存，唯垂垂“老顽童”矣。

本人之所以从事佛教，尤其是敦煌佛教的研究，主要得力于黄心川、杨曾文、杜斗城三位佛学大德的鼓励与支持。本人1991～1993年在印度留学时，曾得到著名印度哲学与佛教研究专家黄心川先生的支持与鼓励，此后数十年间，黄老及其哲嗣黄夏年先生对本人的关心、爱护、支持始终不曾间断。黄氏父子不仅精于学术，而且乐于助人，举办了很多学术会议，为各国学术界的联系搭建津梁，我和业内众多学人一样，均颇受其益。遗憾的是，先生不幸于2021年2月10日往生极乐，住世九十三年。哲人其萎，满怀悲思；梁木斯摧，风范犹存。谨以此书敬献黄先生。

杜斗城先生可以算得是本人从事佛学研究的入门师傅。杜先生不仅佛学造诣深厚，而且有着宽厚仁慈的佛心，广结善缘，对年轻人特别扶持，对人生的参悟甚深，从他身上学到了很多为人为学的道理，诸如“无事乱翻书”“学术贵在思考，与工匠和资料员有别”等等。几十年间，跟随先生几乎走遍了全国各地的佛教遗址与大型寺院，结识了很多高僧大德。对先生特别感念的是，每到一地，每遇友人，先生总是努力地把我推向“前台”。杜先生培养的研究生、博士生之所以出类拔萃者甚众，当与先生诲人不倦、奖掖后学的作风息息相关。我虽然无缘列先生门墙，但所受教诲与所得恩惠一点儿不比别人少，幸运之至。

就在下对敦煌禅籍的研究来说，第一推动力则来自杨曾文先生。杨先生长期致力于佛教历史研究，特别是禅宗及日本佛教研究，可以说是中国禅宗史研究的扛鼎者。先生学术视野开阔，不仅是勤谨治学的楷模，也是扶持后学的良师。自1994年初次受教于克孜尔石窟至今，一直得到先生的关怀。本人之所以会走上敦煌写本禅籍研究之路，即与先生的期许密不可分。杨先生主编《中国禅宗典籍丛刊》，以我在敦煌研究院工作之便，嘱托我对《历代法宝记》《楞伽师资记》和《传法宝纪》三本进行辑录与校注。领命之后，我便全身心地投入这一工作，与同事王书庆先生合力申报了敦煌研究院的院级项目“敦煌禅史禅法禅籍研究”，并于2008年完成并结项。当时评委提了一些意见与建议，尤其是对日本学术界的信息掌握不够全面，我们自己也觉得确实大有补充修改完善的必要。在修改过程中，个人又认识到敦煌本回鹘文《说心性经》[回鹘文原作*xin*（*köngül*）*tözin uqïttačï nom bitig*]与敦煌汉文禅籍关系密切，应纳入敦煌禅籍研究之中。一来二去，就耽误下来了，而杨曾文先生主持的《中国禅宗典籍丛刊》也已经告一段落。于是，本人对敦煌禅籍的研究也就随之停止，精力转向了我自20世纪80年代以来就一直心心念念的摩尼教研究。

2015年，张田芳考取本人博士研究生，旧话重提，建议她研究《说心性经》，她很感兴趣，于是我便将《说心性经》与禅宗关系问题的研究交付于她。张博士首先和我一起对敦煌汉文禅籍重新进行复核、校注，然后将写本内容与回鹘文《说心性经》的文字一一进行比对，经过数年努力，果然不负所望，不仅证明《说心性经》并非如国际学术界所说的那样是对某部佛经的翻译，而是回鹘人智泉（isön）法师以汉文禅籍《观心论》《修心要论》《般若波罗蜜多心经疏》及禅宗经典《圆觉经》、禅宗灯史《宗镜录》为依据，根据自己的理解和发挥而进行的创作，是现知唯一回鹘文佛学原著。这一发现，发覆创新，大体解决了困扰国际学术界已久的老问题。

至于敦煌发现的古藏文禅宗文献，也应该列入本书的研究范围，无奈我们对藏文一窍不通，不敢置喙，只能付之阙如了。

散藏在世界各国的古代敦煌文献总数约在7万件以上，除了数量最大的汉文文书外，尚有一定数量的吐蕃文、回鹘文、粟特文、于阗文、梵文、西夏文、蒙古文、八思巴文等写卷，其中有90%以上的卷子都是佛教文书。拙作辑校、研究的禅宗写本虽仅有300来件，在敦煌写本中占比甚低，但对中国早期禅籍史来说却是填补空白的要籍。

从敦煌遗书纪年题记看，时代最早的佛教卷子是日本中村不折氏旧藏的《譬喻经》（散746），系前秦苻坚甘露元年（359年）之物。其次为S.797《十诵比丘戒本》，写成于西凉李暠建初元年（405年）。时代最晚者为北图藏收字4号《梵网经卢舍那佛说菩萨心地法门戒品》和俄藏《曹宗寿造帙疏》（F. 32A M. 1696），分别为至道元年（995年）和咸平五年（1002年）的写本。除了藏经洞（莫高窟第17窟）出土的这些早期文献外，在莫高窟北区的464、465等窟中还发现了一些元代的文献，尤其是20世纪80～90年代，通过对莫高窟北区石窟的清理，又发现了大批元代文献，主要是用回鹘文、西夏文及藏文等写成的佛教典籍，其中多为残片。自前秦至元代，时间跨度达千年之久。

敦煌发现的佛教文献，既有本地的译经、疏释、著录及刻写本，也有大量自外地流入的法物。从一些文献题记即可以看出，敦煌早已有了自己的写经场所，从北魏开始就有了专门的写经生。这些写经生靠替给施主抄写佛经取得报酬而生活。

当地僧众学习用的佛经和注疏，以及州县学校发给学生用的课本和学生听讲笔记等也在敦煌有不少留存。中原的帝王将相、世家豪族，不乏崇信佛教者，他们常常做这种“写经功德”，将写经分送到全国各大寺院“供养”。张氏、曹氏归义军时期，每当向中原王朝进贡时，常附带有“请经”任务。而朝廷的回赐物中，也常常有佛经。如S.2140《沙州乞经状》曰：“沙州先得帝王恩赐藏教。即今遗失旧本，无可寻觅欠数，却于上都乞求者。”另外，求法的僧侣、东西往来的商人也或多或少地带来了一些佛经。从以上两个来源可以看出，敦煌所出佛教文献既体现出本地特色，同时又可视作4～14世纪敦煌与各地佛教文献交流史的缩影，具有重要的参考价值。

首先看敦煌文献与正统佛教之关系。所谓正统佛教，是一个与世俗佛教相对的概念。正统佛教十分强调并维护佛教经典的正统性，从僧祐《出三藏记集》、费长房《历代法宝记》、道宣《大唐内典录》、明佺等《大周刊定众经目录》、智昇《开元释教录》、圆照《贞元新定释教目录》到赵安仁等《大中祥符法宝录》及吕夷简等《景祐新修法宝录》，大凡南宋以前的佛教经录，一般都主张判教，以甄别正经、疑经和伪经。对正经加以维护，对疑经取不信任态度，对伪经则极力排斥。对偶然混入藏内的疑伪经必加说明，以示剔除；而对社会上流传更广的疑经和伪经采取视而不见的态度，以期达到弘扬并维护正统佛教的目的。

大凡正统佛教所尊奉的正经，在敦煌都有留存，举其要者有《大般若波罗蜜多经》《金刚经》《金光明最胜王经》《妙法莲华经》《维摩诘经》《大般涅槃经》《梵网经》《大方广佛华严经》《药师琉璃光如来本愿功德经》《大日经》《大宝积经》《瑜伽师地论》及“净土三经”等，多则数千号，少则也有数百、数十号。尤为宝贵的是，不少经卷附有题记，如北图藏生字24号和闰字96号《净名经关中释抄》的题记将东汉以来直到唐朝期间六种译本的翻译情况交代得清清楚楚。诸如此类者不少，这些佛教文献对古代中国佛经翻译史及佛经流传过程的研究都极具价值。

再如S.2278《宝雨经》残卷，内容为菩提流支于武则天长寿二年（693年）所译该经的第三个译本，与前两个译本相比，多出了一段武则天为自己称帝而造舆论的所谓“佛授记”，卷末题记中有许多武周新字，由“大白马寺大德沙门怀义监译”。说明这一“授记”的出现与薛怀义有关，体现了唐代佛教与政治间的紧密关系。

敦煌写本中保存有300余件禅宗文献，分属于近百部著作，不少系唐代宗密编纂的禅藏遗存。禅藏编成不久，即遇会昌灭法而在中原失传，仅存于敦煌。其中法海本《六祖坛经》最受学界推重。该经主要记录了六祖慧能的事迹和语录，反映了慧能对习禅者“体认佛性之自身洁净，以树立佛教的宗教世界观”的要求，被奉为禅宗南宗的基本理论书籍。敦煌遗书中保存有该经写本4件，其篇幅比通行的元代宗宝的改编本少很多，且不分章节，言语朴素。经几代学者努力，现已整理出最可靠、最古老的《坛经》读本。由神会述、刘澄集的《神会语录》，记录了开元年间神会与信徒们就禅法、修行等问题进行的问答，并记述了自达摩至慧能禅宗六祖相承的传略等，对禅宗史的研究有重要意义，故自胡适发现并著成《神会和尚遗集》后，数十年间研究不衰，先后出版有石井光雄《燉煌出土神会录》、铃木大拙《敦煌出土荷泽神会禅师语录》、杨曾文《神会和尚禅话录》等多种录校本。此外的禅籍尚有《南阳和上顿教解脱门直了性坛语》《历代法宝记》《楞伽师资记》等，这些文献的发现改变了中国禅宗史研究的基本面貌。

敦煌偏处西北，安史之乱后更孤悬关外，幸运地躲过了会昌法难，一批内地失传的佛典得以保存，如《诸佛名经》《众经别录》等；还有一些敦煌所特有的经典，如8世纪时昙倩于安西译出的《金刚坛广大清净陀罗尼经》、河西佚名氏译《大乘无量寿宗要经》以及法成于河西诸地翻译的多部佛经等。这些经译出后未能传入内地，仅流传于西北一隅，并在敦煌得以保留。这是敦煌莫高窟藏经洞经典对中华大藏经的一大贡献。

敦煌还保存有不少未为历代《大藏经》所收的印度高僧的佛教著作，如马鸣的《大庄严经论》、龙树的《中观论》《大智度论》、世亲的《大乘百法明门论》《大乘五蕴论》等。它们的发现，为研究古代印度佛教及其对中国的影响、研究印度佛学大师的生平、著作及思想影响等都提供了新的资料。

这里还应提到敦煌出土的为数众多的佛教经录，其中既有流通全国的各种综合性目录，也有敦煌本地寺院编纂的目录，大都未为历代大藏经所收，对研究古代中国佛教经录弥足珍贵。

其次看敦煌文献与世俗佛教之关系。与正统佛教不同，世俗佛教在对待疑经和伪经的态度上，并未遵循正统佛教只奉受正经的传统，对所谓的正经、疑经和伪经兼收并蓄，一视同仁，不分轻重，同样崇奉。敦煌出土为数众多的此类文献，即如实地反映了这一特殊现象。

敦煌文献中的疑伪经典很多，据笔者粗略统计，无虑数十种，主要的有《佛说无量寿宗要经》《佛说天地八阳神咒经》《佛说父母恩重经》《佛说十王经》《佛说续命经》《救护身命经》《救护身命济人疾病苦厄经》《决罪福经》《大通方广经》《大方广华严十恶品经》《佛说要行舍身经》《佛说赞僧功德经》《新菩萨经》《佛顶心观世音菩萨救难神验经》《佛说因果经》《佛说如来成道经》《佛说消灾除横灌顶延命真言经》《佛说安宅神咒经》《佛说北方大圣毗沙门天王经》《佛说不增不灭经》《大丈夫经》《佛说禅门经》《无量大慈经》《破昏殆法》《劝善经》《七阶佛名》《观世音三昧经》《大辨邪正经》《佛说证明经》《首罗比丘经》《佛说咒魅经》《佛说法句经》《佛说净度三昧经》《最胜妙定经》《佛说证香火本因经》《僧迦和尚欲入涅槃说六度经》等等。这些文献，一般不为历代大藏经所收，故很多久已失传，幸而从敦煌文献中还可以找到若干遗存，堪为研究之资。

这些疑伪经的抄本数量不等，有的仅存一件或数件，有的存数十件乃至上百件，数量最多的当属《大乘无量寿宗要经》，现存写本不下200件。这些经典有的为瓜沙归义军各级政府或官员所有，有的则为寺院及僧侣之藏品，还有更多的当属社会上一般平民之物。由此可见，疑伪经在敦煌地区的流行是相当广泛的，普及于社会的各个阶层。

从敦煌出土的佛教文献看，唐宋时期，敦煌佛教的世俗化倾向越来越明显。人们将抄经、诵经、供养佛经和塑造、绘制佛像作为积累功德的最大事功，希望以此功德为自己以及早已亡故或在世的亲人乃至一切众生消灾除难，同登乐果。

为了向文化水平较低或不识字的信众传扬佛教，人们把深奥的佛经改编成通俗易懂的讲经文、因缘文、变文、押座文、解座文以及歌辞、俚曲等，或转化成壁画，或流转于口唱，供信众观赏聆听。这些举措为佛教理论的传播，开启了多种多样的方便之门。

除上述之外，敦煌发现的与世俗佛教有关的文献还有很多，再现了古代敦煌丰富多彩的寺院生活实景。如邈真赞、高僧行传等寺院史传文书，描述了许多高僧大德的行实；斋会斋文、礼忏文、羯磨文、授戒文、度牒等，则记录了敦煌古代寺院的佛事活动；有关寺院买卖、典押、借贷、雇工诸方面的契约等，则反映了敦煌寺院的经济活动，为敦煌乃至全国的佛教世俗化这一课题的研究提供了丰富而宝贵的铁证。

在敦煌出土的佛教文献中，有不少内容都与曾在敦煌活动过的古代少数民族有关，其中与吐蕃相关者为数最为丰富。既有吐蕃文，也有汉文，人们从中发现了许多为现代教规、行政文件、年代纪所不载的佛教文献。

敦煌文书中的藏文写本计有近万件，多与佛教相关，有经、律、论、真言、经疏及吐蕃人的著述等多方面的内容。众所周知，佛教传入西藏是在7世纪松赞干布执政时，而后来的宗教著作却常把它夸大成是同藏族与生俱来的信仰。敦煌的藏文文献写成于神圣感并不强烈的时代，当时藏族文化发达，思想活跃，宗教文献中表现出的常常是历史的真实，吉光片羽，堪称可贵。

在藏文之外，敦煌所出的汉文写卷中，还有相当丰富的吐蕃佛教史料，其中尤以昙旷《大乘二十二问》、王锡《顿悟大乘正理决》及法成的有关著译最引人注目。

《大乘二十二问》罗列有关大小乘教理、教义、教史方面的问题共二十二个，系昙旷为回答吐蕃赞普关于佛法的垂询而撰，是研究昙旷思想及吐蕃统治时期河西佛教状况的珍贵史料。

王锡所撰《顿悟大乘正理决》则证实了一直被视为传说的吐蕃僧诤的实际存在。藏族史家称来自中原的摩诃衍和尚在争论中失败了，而《正理决》却说他取得了胜利。藏族史料称此后禅宗的教义和活动因受禁止而在西藏消失，但敦煌发现的禅宗文献却又使我们得出相反的结论。这一现象表明，发生在西藏腹地（如山南桑耶寺）的佛教故实在敦煌文献中不乏记载，且很有研究价值。

唐代藏族高僧法成的著作在敦煌石窟中留存极多。其中有法成由汉译藏的《金光明最胜王经》《解深密经疏》《楞伽阿跋多罗宝经》《善恶因果经》《贤愚经》等20部，藏译汉者有《般若心经》《诸星母陀罗尼经》《萨婆多宗五事论》等5部，著述有《大乘四法经论及广释开决记》《佛说大乘稻芊经随听手镜记》《叹诸佛如来无染着德赞》等3部，另有法成讲和弟子谈迅、福慧、法镜等人手录的《瑜伽师地论讲议录》等。

敦煌发现的与昙旷、王锡、法成有关及由其撰写的著作，大致反映了汉地禅宗在吐蕃地区的传播、兴盛到衰亡三个阶段的历史。这些对研究古代吐蕃乃至河西地区的佛教无疑是弥足珍贵的资料。

除吐蕃文献外，敦煌发现的回鹘佛教史料也是相当丰富的。著名的回鹘文《阿毗达磨俱舍论安慧实义疏》是今存该经最完整的版本，对研究与复原该经意义重大；回鹘文《说心性经》更是现知唯一的回鹘文佛教哲学原著；由著名畏兀尔佛教徒安藏和必兰纳识里创作的佛教诗歌集更是研究回鹘佛教文学、宗教思想的第一手资料。其他比较重要的文献尚有叙事诗《常啼与法上的故事》、韵文体《观音经相应譬喻》、密宗文献《吉祥轮律仪》及多种佛教经典，如《金光明最胜王经》《阿毗达磨俱舍论》《妙法莲华经玄赞》《佛说十王经》《八十华严》《阿毗达磨顺正理论》等。回鹘文自15世纪以后便在西域被弃用，成为不为人知的“死文字”，唯在河西裕固族中一直行用至1713年，只有劫后余孤残存于敦煌、吐鲁番、酒泉文殊山等地古代遗址中。敦煌发现的这些文献尽管数量上没有吐鲁番出土者多，但其篇幅一般都比较大，保存相对完好，故对唐宋至蒙元时代回鹘佛教的研究具有特殊的意义。

此外，敦煌还发现有用梵文、粟特文、于阗文、西夏文写成的佛教典籍，数量尽管不多，但其研究价值却是不可低估的。

最后，需要说明的一点是，拙作之所以有缘忝列“2022年度国家古籍整理出版资助项目”，首功当归于方广锠、荣新江两位先生的大力举荐。在拙作付梓之际，杜斗城先生不辞辛劳，百忙之中拨冗赐序，为拙作增辉。在此对诸位大德的无私帮助与支持表示衷心的感谢。

凡　例

一、敦煌文献中的禅籍写卷计有300余件，分属百余种文献，这里选取其中内容比较重要的文献39种进行录校。《六祖坛经》内容尽管重要，但校勘本已有多种，故这里未予收录。

二、录文以敦煌遗书中内容比较完整且错讹较少者为底本，参校其他写本，必要时参用历代经藏及各种刊本。

三、本录文的主旨在于为禅学研究者提供可信从的版本，故对底本中有明显错讹漏衍的文字，依据其他写本或经藏等进行修正，凡有增删补改之处，均出校记说明。

四、录文时不保留原卷行款，根据行文需要，酌情分行、分段。

五、已熟知的俗字径改为通行字，不再出校记。

六、凡遇通假字，一般依底本录出，若其他写本有正字，则以正字为准，并出校记。

七、录文遇到行间加行、加字及行间加注，按照其行直接纳入正文的相应位置，一般不出校记。

八、录文时遇到已经点去、涂抹的字句，一般不录，亦不出校记。

九、凡注释性文字，一律使用圆括号“（　）”；凡补充性文字，一律使用方括号“［　］”，以示区别。所引文字有缺且未能补入者，可断定所缺字数时，用一“□”表示一字；无法确定字数时，用“……”标明。

十、录文中用下标的形式表示文献中的原注。

十一、录文所出校记，没有特殊说明者皆为底本所用字。

目录

绪　论

一、敦煌早期禅写本的发现

20世纪初敦煌遗书的发现，是我国近代文化史上的一件大事。敦煌莫高窟藏经洞开启之时，正是我国国势衰微之际，世界各国探险家、盗宝者、学者等闻讯纷至沓来，其中英国的斯坦因（A. Stein）取走的敦煌文献有13000余件，今藏英国伦敦大英图书馆；法国人伯希和（P. Pelliot）取走7000余件，今藏巴黎法国国立图书馆；俄国的奥登堡（C. Ф.Ольденбург）等人亦获取18000余件。此外，日本、美国及欧洲不少国家都有收藏，而我国所藏仅有1万余件。敦煌遗书的存世量，据专家们普遍认为有7万余件。在为数丰富的敦煌遗书中，约有90%都是与佛教有关的文献。在这些佛教文献中，经律论又占去了90%左右；剩余的10%左右主要是寺院经济文书和唐五代佛教发展史的主要事件及教义教理等，记载着敦煌乃至中国佛教发展史的变迁、传承等珍贵的文字资料，不可等闲视之。本书所涉早期禅宗文献，就是其中非常重要的一部分。

禅宗是中国佛教民族化宗派之一，深刻地影响了中国佛教乃至包括中国文化在内的中华文明。遗憾的是，早期禅宗文献存世极稀少，故敦煌早期禅宗文献的发现，成为研究早期中国禅史的首要资料。

二、敦煌禅宗文献的主要内容

敦煌禅宗文献约100种300件，内容包括灯史、语录、偈颂、杂集等四类。因其多为未传文献，故一直成为国内外学者研究的热点，研究成果不断出现。

1.灯史类文献

主要用于陈述禅宗的历史。其中时代最早者为杜朏撰于唐开元二年（713年）的《传法宝纪》，其次为玄赜弟子净觉在其师所著《楞伽人法志》基础上发展而成的《楞伽师资记》，成书于开元元年至四年（713～716年）。二书皆属于北宗禅著作。与北宗灯史对应，南宗为了证明自身的法统，也创作了属于自己的传衣灯史。神会弟子独孤沛将神会于开元二十年（732年）批判北宗的言论编辑成《菩提达摩南宗定是非论》。此外，活跃于四川成都一带同属弘忍门下的净众宗、保唐宗也以达摩正系自居。《历代法宝记》就是在保唐寺无住于大历九年（774年）示寂后不久，由其门人编辑而成的。后来，南宗的传灯说作为正统逐渐确立起来，有《圣胄集》（899年）、《泉州千佛新著诸祖师颂》（952年）、《景德传灯录》（1004年）等。在《六祖坛经》的传法偈中，也就传灯谱系列记载了从达摩到慧能六代祖师的传衣付法。

2. 语录类文献

记录的是禅僧的说法和问答，或通过问答形式开示说禅。禅宗标榜“不立文字”，不执着于经论，然而却通过语录的形式传递思想。早期的语录有初祖达摩的《二人四行论》、道信的《人道安心要方便法门》、弘忍的《蕲州忍和上导凡趣圣悟解脱宗修心要论》和冠以达摩之名记述东山法门思想的《达摩禅师论》。随着南北二宗的形成，两派各自的语录也先后出现了。代表北宗思想的语录有《观心论》（又名《破相论》）和《大乘五方便》（又名《大乘无生方便门》）。南宗禅方面，有《南宗顿教最上大乘摩诃般若波罗蜜经六祖慧能大师于韶州大梵寺施法坛经一卷兼受无相戒弘法弟子法海集记》，即通常所谓的《六祖坛经》，集中体现了六祖慧能的禅法思想。而慧能弟子神会的语录则主要有《南阳和上顿教解脱禅门直了性坛语》（略称《坛语》）和《南阳和尚问答杂征义》（通称《神会语录》）。同属南宗禅一系的还有《无心论》。此外，牛头禅的《绝观论》和念佛禅的《南天竺国菩提达摩禅师观门》（略称《观门》）等也属于语录类文献。

3. 偈颂类

主要以韵文歌颂开悟的境地和修道的喜悦，或表述修行的思想准备和注意事项等。如《南宗赞》《信心铭》《顿悟无生般若颂》《寂和上偈》《卧轮禅师偈》《稠禅师药方疗有漏》《稠禅师解虎赞》等。

4. 经疏、伪经类

禅僧通过对经典的注释和抄录，或借经典的形式说示自己的思想和禅法。这类文献在敦煌也多有留存，如智诜《般若波罗蜜多心经疏》、净觉《注般若波罗蜜多心经》S.4556、智融注《般若波罗蜜多心经》《禅门经》等。

在20世纪初敦煌文献被发现之前，中国初期禅宗史研究依托的主要是道宣撰《唐高僧传》、流通本《六祖坛经》及宋人道原撰《景德传灯录》等几部有限的传世资料。众所周知，《唐高僧传》并不是禅宗专门的传记，而传世《六祖坛经》是几经篡改的本子，《景德传灯录》虽为禅宗专史，但距离禅宗的形成已有300年之遥了。正是通过这些传世资料，日本学者们拉开了近代化中国禅宗研究的序幕；而促使这一研究走向巅峰的，却是本文所涉敦煌禅籍写本的发现。

三、研究史回顾

敦煌禅宗文献之研究始自日本学者矢吹庆辉。1916年6月，矢吹庆辉获得斯坦因的同意，进入大英博物馆地下室查阅敦煌遗书，从中发现了132件古逸未传佛典，内含7份禅宗典籍，即S.5532《禅门经并序》、S.2503《大乘无生方便门》、S.2581《大乘北宗论》、S.2595《观心论》、S.2715《二入四行论长卷子》、S.2583《菩提达摩禅师观门》和S.2669v《澄心论》。这些禅籍的发现，使禅宗研究者不再局限于道原的《景德传灯录》以下的南宗灯史，让消失于历史中的禅宗早期文献重见天日。

1922年冬，矢吹庆辉二度赴英，翌年7月返回，带回照片6000件，1930年刊行影印本《鸣沙余韵》。《大正藏》[①]第五一册中的《历代法宝记》、第四八册中的敦煌本《六祖坛经》及第八五册《古逸部》所收禅籍，即以此为底本。1933年矢吹庆辉出版《鸣沙余韵解说》，其中专设“敦煌出土有关古禅史并古禅籍之文献”一章，特别介绍《楞伽师资记》《历代法宝记》《传法宝纪并序》《泉州千佛新著诸祖师颂》《无心论》《顿悟无生般若颂》《大乘开心显性顿悟真宗论》《南天竺国菩提达摩禅师观门》《观心论》等九件敦煌禅宗文献。

矢吹庆辉的研究成果引起禅宗学界的关注，引发了敦煌禅宗文献研究高潮的到来。

1924年，在“整理国故”思想指导下，胡适开始撰写《中国禅宗史》。当他撰写到惠能与神会时，发现《宋高僧传》中神会与北宗之争在禅宗灯史已被全面篡改过。胡适大胆假设“上起南北朝，下迄宋初”的敦煌写本也许有唐代的原始资料。自1926年始，胡适先后收集到如下早期禅宗文献：《神会语录》（P.3047）、《顿悟无生般若颂》（显宗记，S.468）、《楞伽师资记》（P.3436、

① ［日］大正一切经刊行会：《大正新修大藏经》第51册，台北：新文丰出版公司，影印本，1983年，第179～194页。

S.2054、S.4272）、《维摩五更转》（S.2454）、《南宗定邪正五更转》（S.2679、S.6083、S.6923）、《大乘五更转》（S.4634）、《五更转》（S.5529）、《荷泽和尚五更转》（S.6103）、《南阳和尚问答杂征仪》（S.6551、P.3047）、《五更调》（P.2647）、《南宗赞一本》（P.2963）、《菩提达摩南宗定是非论》（P.3488）、《无相五更调》（P.6077）、《南阳和上坛语》（S.2492、S.6977）及《南阳和尚顿教解脱禅门直了性坛语》（P.2045、京寒81号）等。胡适立刻着手这些敦煌文献的整理与研究工作，1927年8月写完《菩提达摩考——中国中古哲学史》的第一章。几天后，英国《泰晤士报》发表了胡适对铃木大拙*Essays in Zen Buddhism-First Series*的书评，禅学大师铃木大拙才知道有新发现的敦煌禅宗文献。此时的胡适敦煌禅宗研究上早已经起步，并于1930年出版《神会和尚遗集》。

1930年铃木大拙在伦敦出版《楞伽经研究》，曾经在大谷大学学习的韩国学生金九经在北京收到了老师的赠书。金九经请求胡适对此书给予评论，1931年胡适回函金九经，告诉他铃木过于相信传统灯史，而敦煌石室保存的净觉《楞伽师资记》中关于早期禅宗有更详细的记载。相对于铃木大拙在敦煌禅籍上的后知后觉，1931～1932年胡适在北大讲授《中国中古思想史》时，早已经大量采用敦煌禅宗文献的研究成果。

1927年胡适投书《泰晤士报》，批评铃木大拙在中国禅宗史研究中忽视伯希和发现的敦煌禅宗文献，直到四年后，铃木大拙在金九经的帮助下才辗转得知敦煌遗书《楞伽师资记》。铃木大拙请求胡适发表这份文献，但因胡适政务繁忙，交由金九经校定后，由铃木大拙在1931年在《大谷学报》12卷3号上发表《〈楞伽师资记〉的内容概观》一文，而金九经校定的《楞伽师资记》也在1933年的《薑园丛书》中正式出版。在胡适的影响下，铃木大拙开始了敦煌禅宗文献的寻找、整理、研究与校定工作。

虽然铃木大拙是因为胡适才开始研究敦煌禅宗文献的，但他继《楞伽师资记》后，又将注意力投向了石井光雄所藏的敦煌本《神会语录》及日本古本《兴圣寺本六祖坛经》，并于1934年发现了北平图书馆藏的《二入四行论》长卷子（北宿99）、《修心要论》（北宇004）、《南阳和尚顿教解脱直了性坛语》（北寒081）、《观行法无名上士集》（北润084）、《沙门知嵩述》（北润084）、《寂和尚说偈》（北润084）、《惠达和尚顿悟大乘秘密心契禅门法》（北致086）、《澄心论》（裳075）等重要禅籍。

1935年胡适根据敦煌出土的《楞伽师资记》与《神会语录》以及《续高僧

传》和金石资料，以《楞伽宗考》为名，叙述了从达摩到神会以来的禅宗史，驳斥了历史上南宗多传的伪灯史，得出了神会攻击北宗、捏造法流、般若宗革了楞伽宗的命的结论。

胡适对敦煌禅宗文献的研究涉及内容非常有限，相对于敦煌禅宗的300多个写卷来说，他只对其中的一部分进行了研究，且他的研究结论直到今天仍有争议，甚至某些结论是错误的，但他确实是中国第一位研究敦煌禅宗文献的学者，而且堪称利用敦煌禅籍在禅宗史研究有所突破的第一人。正是得益于他的研究，敦煌禅籍文献才引起了国内学术界的重视。从这方面来说，他研究的开创，真是功不可没。

铃木大拙研究敦煌禅宗虽然起步晚，但他的研究却在不断深入，除日本古传《兴圣寺本六祖坛经》外，铃木大拙也提出日本古传的《观心论》金泽文库本这一份抄写于会昌五年（845年）的写本，多了一篇无名僧序，这位无名僧应为神会的弟子无名禅师。

1936年铃木大拙在《校刊少室逸书·解说》中介绍了龙谷大学藏本《菩提达摩禅师观门法大乘论》，这份卷子中抄录有《法性论》《澄心论》《修心要论》等文献。此后铃木大拙前往伦敦、巴黎寻找敦煌文献。他对敦煌禅学的研究主要集中在两个方面：一是对禅宗历史的考证，即利用敦煌禅宗文献来解决禅宗史上的谜团；一是对禅宗思想的研究。而胡适直到1949年之后，才开始了与铃木大拙关于禅宗史上谁是《坛经》作者的大辩论。

1953年6月，胡适发表《宗密的神会略传》。这一成果促使柳田圣山对过去的研究进行进一步深入的反思，他随后连续发表《祖堂集的资料价值》《灯史的系谱》两篇文章，成为其构思《初期禅宗史书的研究》的投石问路之作，引起了中法两大敦煌禅学研究权威戴密微与胡适的注意。胡适所关注的重建中国禅宗史与禅宗西天二十八祖如何形成的问题，后来由柳田圣山完成了。

1960年，田中良昭发表《关于摩罗奴·鹤勒那付法的敦煌新资料》一文，介绍了S.366一类的《付法藏传》残片。接着又发表了《敦煌出土与传法偈有关的新资料》，则以类似的京咸29号《圣胄集》为基础，阐述了与S.2144之间的关系。此两文成了田中良昭后来致力于敦煌禅籍研究的契机。

1966年，柳田圣山出版《初期禅宗史书的研究》、宇井伯寿出版《禅宗史研究》，这是最早根据敦煌文献完成的两种中国禅宗史著作。两书不再以传统灯史为信史来重新构建中国禅宗史，而是以敦煌资料为依据来重建禅宗的信史，推动了日本禅学界对中国早期禅宗史的研究。

敦煌禅籍与其他经典一样，都存在伪造的问题，日本天台僧侣关口真大通过对几篇题名为《菩提达摩论》写本的考证，厘清了文献的作者。这一成就影响深远。柳田圣山撰《初期禅宗史书の研究》，详细论证敦煌文献中祖统说的起源与发展问题，提出了“西天二十八祖”的原型出自《法如行状》一说。1969年，钱穆就惠能其人其事发表演讲，引发了台日两地的禅学论战，讨论的焦点正是胡适已提出的对《坛经》作者的质疑，此一论战酝酿出印顺的《中国禅宗史》。

此后，中日学者继续致力于敦煌禅宗文献的研究，整理刊布了《达摩禅师论》《修心要论》《北宗大乘五方便》《楞伽师资记》《传法宝记》《历代法宝记》等重要敦煌禅宗典籍，推动了早期禅宗史特别是北宗禅史的研究。从此以后，禅宗研究一直是中日佛学研究的主要内容之一，先后出版了许多研究成果。举其荦荦大端者，有关口真大《达摩大师の研究》、柳田圣山《初期禅宗史书の研究》、田中良昭《敦煌禅宗文献の研究》、田中良昭和莜原寿雄编《敦煌佛典と禅》、铃木哲雄《唐五代禅宗史》、释印顺《中国禅宗史》、杨曾文《唐五代禅宗史》《新版敦煌新本六祖坛经》《神会和尚禅话录》、徐文明《中土前期禅学思想史》等。

当中国与日本学者埋头于敦煌汉文禅宗文献研究的同时，远在法国的汉学家戴密微（Paul Demiéville）却近水楼台先得月，他注意到敦煌文献中的P.4646《顿悟大乘正理决》。在王重民与拉露小姐的帮助下，于1952年出版了他的代表作《吐蕃僧诤记（*Le Concile de Lhasa*）》，记述禅宗入藏与摩诃衍禅在敦煌传播的情况。1983年，John R. McRae完成博士论文*The Northern School of Chinese Chan Buddhism*（1986年由夏威夷大学出版社刊行），翌年，Bernard Faure完成博士论文*The Will to Orthodoxy-A Critical Genealogy of Northern Chan Buddhism*（1997年由斯坦福大学出版社刊行）。两文采用不同的方法对北宗禅进行研究，而且证明顿悟在北宗也是很重要的思想。

20世纪80年代以后，禅宗研究越来越受到关注，研究者利用敦煌禅宗文献，除了继续对慧能与《坛经》《历代法宝记》《传法宝记》《楞伽师资记》及北宗禅的集中研究外，开始涉及敦煌禅宗在信徒中的流传、坐禅方式、戒坛、禅僧与石窟的开凿、禅僧的寺籍以及当时敦煌这些禅宗文献的来源等问题，取得了丰硕的成果。如周绍良、杨曾文对敦博本《六祖坛经》的整理与研究。1980年，贺世哲撰文《敦煌莫高窟北朝石窟与禅观》，并在此基础上著成《敦煌图像研究：十六国北朝卷》一书，对敦煌地区的北朝石窟及其作用进行研究。姜伯勤《论禅宗在敦煌僧俗中的流传》一文，用大量翔实的史料证明了禅宗曾经在敦煌地区流行过，并有南北宗混杂的特点。默林《吐蕃和归义军时期敦煌禅僧寺籍考辨》一文，考证了在吐蕃与归义军时期敦煌地区著名的禅僧所属的禅寺。冉云华《敦煌遗书与中国禅宗历史研究》，荣新江、邓文宽《有关敦博本禅籍的几个问题》，方广锠《禅藏与敦煌禅籍》《敦煌禅文献与宗密禅藏》《关于禅藏与敦煌禅籍的若干问题》，林世田《敦煌禅宗文献研究概况》等，则对敦煌遗书中的禅宗文献以及敦煌是否存在禅藏以及敦煌这些禅宗文献的来源等问题进行了综合研究。而姜伯勤《敦煌戒坛与大乘佛教》，魏文斌、吴荭《禅僧与甘肃早期石窟的开凿》，杨富学、王书庆《东山法门及其对敦煌禅修的影响》等文，则是对敦煌的戒坛与禅僧以及敦煌的禅修等具体问题进行研究。郑炳润《敦煌佛教故事类讲唱文学所见的净土宗和禅宗》，马格侠、张文超《从碑铭赞看禅宗在敦煌地区的传播》，以敦煌文献中的碑铭赞资料为主，探讨了各阶层的敦煌人与禅宗的关系，表明中唐、晚唐五代宋时期敦煌禅宗在敦煌的兴盛。李强《敦煌禅宗〈坛经〉与佛教诗歌辞曲勘证》，分别就敦煌禅宗经典及其《坛经》禅理、《坛经》敦煌本颂偈及词曲诠释、禅宗南宗《五更转》之比勘、禅宗北宗《悉昙章》之考释等问题发表了自己的观点。张子开《"集""撰"还是"述"？唐五代禅宗的著作观念——以敦煌写本〈楞伽师资记〉为考察中心》等论著对敦煌早期禅史、禅法与禅籍的研究。

进入21世纪以后，学界除了对单个文献的校录与研究外，对敦煌禅宗文献综合整理研究增多，如姜宗福《敦煌禅宗文献研究》、黄青萍博士论文《禅宗北宗文本的价值及禅法》、韩传强《禅宗北宗敦煌文献录校与研究》等，都从不同角度，对敦煌所出禅宗文献做了归类整理，并部分禅宗文献了做了校录。学界对敦煌禅宗文献的研究，为本文进一步探究敦煌禅籍、禅史奠定了坚持的基础。

四、本辑校学术意义

敦煌诵宗文献影响所及，给我国文化典籍、史学、文学、艺术、语言、文字、宗教等学科的研究提供了丰富的新资料，从而扩大了这些学科的领域，推进了各学科的创新与发展，其影响和作用是极其巨大的。

其一，敦煌禅宗早期文献的整理与研究可以保存并丰富禅宗北宗的有关历史文献。传世的禅宗文献主要是出自于唐宋五代之后，对于禅宗宗派出现的历史和禅宗南北分宗的述说模糊不清，并且有许多互相矛盾的地方。幸赖敦煌遗书的保存，其中不仅有大量文献与禅宗宗派出现的历史相关，而且从记载来看，当时敦煌地区信仰禅宗的风气非常盛行。禅宗北宗在南北分派的滑台大云寺及洛阳荷泽寺定南宗之后，主要是在敦煌地区流行和发展的，敦煌卷子就保存了北宗在敦煌地区流行的部分资料。

其二，敦煌禅宗北宗文献，可资探讨传统禅宗文献的流变。敦煌禅宗文献中的有关记载不仅可与晚期的相关文献相印证，用以衔接多种禅宗文献的后续发展。还可以为进一步向上追溯提供了比较可靠的基点，其早期文献可为某类禅宗著述的个案研究提供丰富的资料，而通过这些个案可以更深入的了解禅宗在中国本土发展的基本轨迹。

其三，敦煌禅宗早期文献由于具有传统性与地方性兼容并蓄的特点，从而可据以探讨唐五代敦煌地区的禅宗信仰情况。敦煌禅宗文献对研究中国佛教史、民间信仰以及宗教仪轨等多学科研究都有极高的学术价值，对于我们更深的认识中国古代的禅悟义理提供了更为丰富的资料。

纵观近百年来敦煌禅宗早期文献的研究工作，成绩斐然，但学者们对敦煌禅宗文献的研究，从整体上来看尚存在如下几个问题：（1）重经典而轻实践，将经典研究视同佛教，以禅学义理的发展过程为主轴来研究敦煌禅史，忽视了寺院、僧尼及俗家弟子的信行实践；（2）研究缺乏系统性与完整性，国内外学术界至今尚无任何一部系统整理校释敦煌禅籍的著作；（3）对一些问题的研究尚待深入。本课题立意于此，冀求通过对敦煌禅宗文献的全面整理研究，从而更深入全面地揭示禅宗在敦煌的影响及其兴衰，根据敦煌文献，揭橥中国早期禅宗思想的形成及发展历史。

敦煌藏经洞禅宗文献自发现以来，就备受国内外学者的关注，尤其是日本学者，对早期的禅宗文献大多都做了校录和研究。我国学者对早前禅宗文献的校录关注自胡适先生开始从未间断，但由于早期研究中许多敦煌文献未公布于世，受文献本身的限制，前贤的校录多有讹漏。随着世界各地敦煌文献的陆续公布，尤其是《法国国家图书馆藏敦煌西域文献》（34册）、《英藏敦煌文献（汉文佛经以外部分）》（14卷）、《俄藏敦煌文献》（17册）、《国家图书馆藏敦煌遗书》（146册）、《甘肃藏敦煌文献》（6册）及方广锠主编《英国国家图书馆藏敦煌遗书》（27册）的相继出版，图片高清，为文献校勘提供了极大便利，其效果为此前利用微缩胶卷所完全无法达到的。经过学界对敦煌文书一百多年的研究，对敦煌禅籍的辨识、整理与校勘已经取得了巨大的进步，田中良昭《敦煌禅宗文献の研究》、柳田圣山《初期禅宗史书の研究》杨曾文编校《神会和尚禅话录》、方广锠主编《藏外佛教文献》（第1～16辑）、《英藏敦煌社会历史文献释录》（第1～18卷）、韩传强《禅宗北宗敦煌文献录校与研究》、黄青萍《敦煌北宗文本的价值及其禅法研究——禅籍的历史性与文本性》等研究成果，为我们的进一步校勘提供了重要的参考。前贤几十年来对敦煌文献所见异体字、俗体字研究不辍，孜孜矻矻，取得了许多重要进展，如张涌泉《敦煌俗字丛考》、黄征《敦煌俗字典》等字书的出版，有助于辨识并纠正前贤在文献校录时识读上的讹误。我们借由这些优势，在前贤所奠定的坚实基础上，将敦煌发现的早期禅籍裒为一辑，略申己意，意在抛砖引玉，共同推进该领域研究的深入开展。

灯史类文献

灯史类文献，是阐述禅宗形成与发展历史的古代典籍。出现最早的灯史类著作是《传法宝记》和稍晚的《楞伽师资记》。前者完成于开元元年（713年），出自杜朏之手，有可能即东都大福先寺的朏法师，与神秀弟子普寂和义福关系密切。后者完成于唐开元元年至四年（713～716年），是净觉在其师玄赜所著《楞伽人法志》的基础上发展而成的。玄赜就是东山法门弘忍的十大弟子之一。因此，此两书皆被认为属于北宗禅的作品。同属于北宗的灯史类著作还有佚名氏所撰《七祖法宝记》。尽管这里的“七祖”不详何指，但据文献所引经典的思想特点，可初步推断此“七祖”或为北宗神秀的弟子，如普寂、义福等。

针对北宗之灯史主张，南宗为证明自身的法统，遂创造出自己的灯史。神会弟子独孤沛将神会于开元二十年（732年）在无遮大会上批判北宗的言论汇集成《菩提达摩南宗定是非论》，以此确认慧能法系的正统性。而当时活跃于四川成都一带同属弘忍门下的蜀地禅宗，也以达摩正系自居。《历代法宝记》就是在保唐寺无住于774年示寂后不久，由其门人编辑而成的。后来，南宗的传灯说作为正统逐渐确立起来，遂出现了《圣胄集》（899年）、《泉州千佛新著诸祖师颂》（952年）等灯史文献。

一、传法宝记并序

【题解】

《传法宝记》一卷，是敦煌文献中发现的早期禅宗重要史书之一，早失传，唯在敦煌幸存有写本四件，编号分别为S.10484、P.2634、P.3858和P.3559+P.3664。其中，S.10484为极小残片，仅存文字3行，很可能与P.3858为同一份写本。[①]P.2634为唐代写本，开端完好，并有标题，共二纸，达摩传的后半部及以下皆残损。P.3858为五代写本，中间仅存一纸，首尾皆残损。其中P.3664号因为已与P.3559号缀接，现在馆藏为空号。P.3559为唐代写本，首尾完整，书法娟秀，而且有标点断句，是4个卷号中唯一的全本，首题《传法宝记并序》，尾题《传法宝记七祖一卷》。全书由序、目录和达摩至神秀七祖事迹及总论构成，用简短的篇幅叙述了禅宗祖师的传承：菩提达摩入魏传慧可，慧可传僧璨，僧璨传道信，道信传弘忍，弘忍传法如，法如再传神秀。这一记载与目前佛教界和学术界广泛接受的禅宗世系是不同的，对众说纷纭的中国禅宗传承体系的确认有重要参考价值，尤其值得注意的是，该文献为禅宗北宗研究提供了极为难得而又翔实的历史资料。

至于《传法宝记》的成书年代，文献无任何记载，学术界见仁见智，存在不同的看法。日本学者多认为其时当在唐开元元年（713年）。[②]但杨曾文不以为然，他根据《传法宝记》中三处有助于确定文献成书年代的记载，认为该文献应写成于开元四年至二十年（716～732年）。[③]此说较为可信，已逐步为学界所接受。[④]

《传法宝记》是由杜朏撰写并作序的。杜朏，字方明，唐京兆（今西安）人，可能是禅宗北宗名僧义福（658～736年）曾师事过的“朏法师”。义福曾

① 荣新江：《敦煌本禅宗灯史残卷拾遗》，载氏著《鸣沙集——敦煌学学术史和方法论的探讨》，台北：新文丰出版公司，1999年，第181页。

② 柳田聖山：『禪の語錄』2，载『初期の禪史1』，東京：築摩書房，1969年，第24～25頁；椎名宏雄：「禪宗燈史の成立と發展」，载『講座敦煌 8 敦煌佛典と禪』，東京：大東出版社，1980年，第55頁；田中良昭：『敦煌禪宗文獻の研究』，東京：大東出版社，1983年，第572頁等。

③ 杨曾文：《敦煌新本六祖坛经》，南京：江苏古籍出版社，1993年，第174～1175页；杨曾文：《唐五代禅宗史》，北京：中国社会科学出版社，1999年，第141～142页。

④ 齋藤智寛：「『傳法寶記』の精神」『集刊東洋學』第85期，2001年，第80頁。

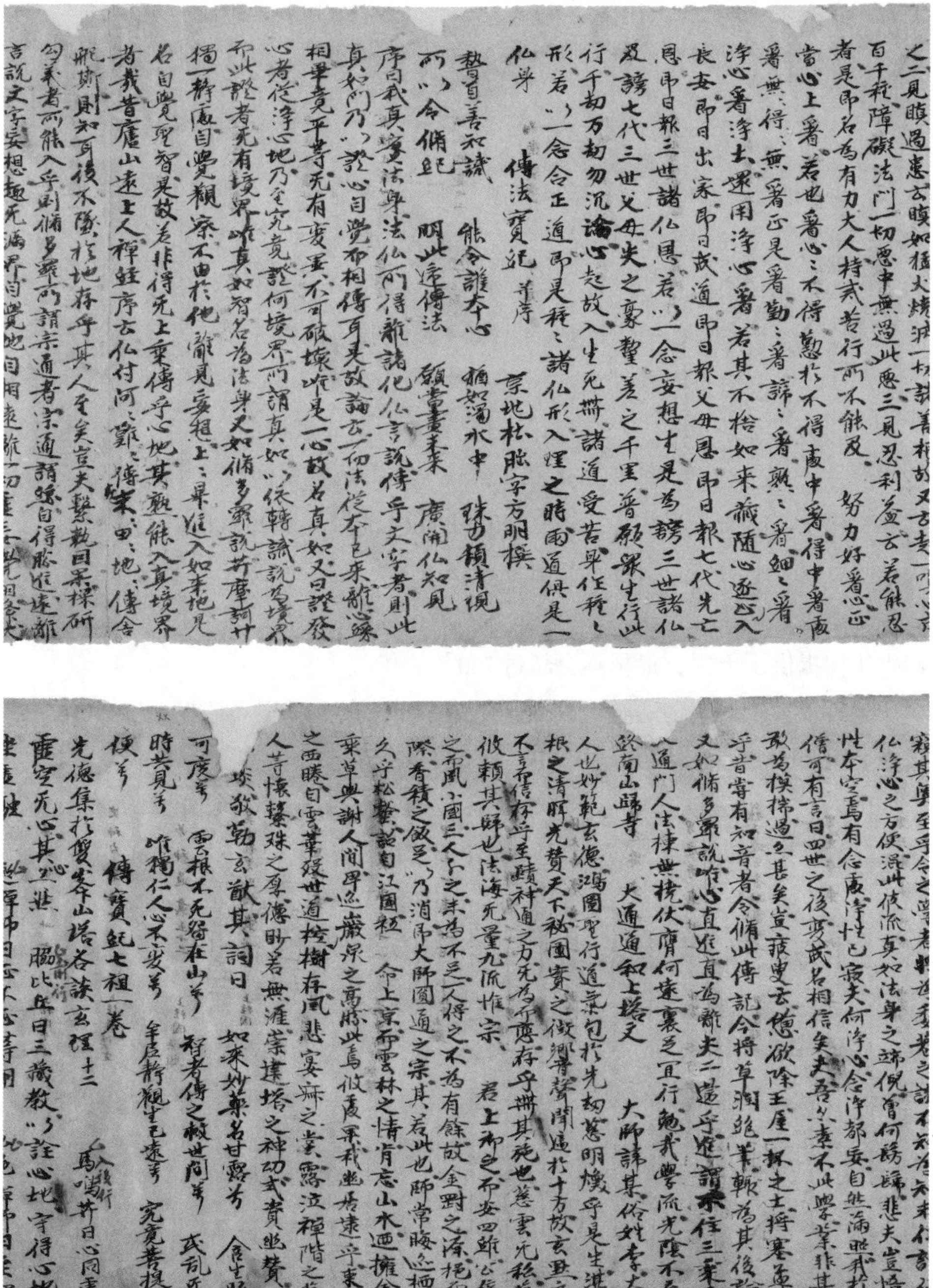

P.3559《传法宝纪并序》(局部)

从他学习大乘经论。①

1930年，矢吹庆辉在《鸣沙余韵》中首做介绍，在1932年出版的《大正藏》第85册中，校录了P.2634文字。1933年矢吹庆辉在《鸣沙余韵解说》中，也对此本做了解说，并引用了穴山孝道《关于〈传法宝记〉》一文的观点。②1939年，宇井伯寿对P.2634也做了校录，收在氏著《禅宗史研究》中。

1936年，日本学者神田喜一郎发现了P.3559全本，先是在其1938年自刊的《敦煌秘籍留真》中发表了首部的图版。1942年，神田氏撰写了《关于〈传法宝记〉的完》一文，附上所有图片，发表于《积翠先生花甲寿纪念论纂》中。③1944年由白石虎月据全本校录，收在其专著《续禅宗编年史》的"附录三"中将其发表。1967年，柳田圣山发表《初期禅宗史的研究》，收有此书的抄本照片，据上述两本（P.2634和P.3559）在书后资料的校注中做了校录。后江苏古籍出版社影印敦煌原写本P.3559+P.3664的照片，并据日本人柳田圣山的校勘刊点校手书附后。④此外，1971年柳田圣山在《初期的禅史1》一书中对《传法宝记》重新校勘，加入P.3858号。荣新江认为P.3559正面的年代为此长卷的产生年代提供了上限，最早不会超过760年。⑤

除日本学者对《传法宝记》的研究外，1986年，美国马瑞克（J. R. McRae）著《北宗于早期禅宗的形成》一书，有该书的英译。⑥

国内对《传法宝记》的关注始自1942年。是年，《佛学月刊》从第二卷第三期起，连续三期向国内学者介绍敦煌出土的《传法宝记并序》。⑦在此基础上，陈祚龙著文研究"杜朏"和"朏法师"的关系问题，开始了中国学术界对杜朏及其《传法宝记》的研究。⑧1991年荣新江应邀到英国图书馆编辑斯坦因所获敦

① 《大智禅师碑铭》，［清］董诰等编《全唐文》，卷二八〇，上海：上海古籍出版社，1990年，第1256页。

② 荣新江：《敦煌本禅宗灯史残卷拾遗》，载氏著《鸣沙集——敦煌学学术史和方法论的探讨》，台北：新文丰出版公司，1999年，第181页。

③ 神田喜一郎：『神田喜一郎全集』，京都：同朋舍，1984年，第420～426頁。

④ 任继愈主编：《中国佛教丛书·禅宗编》第2册，南京：江苏古籍出版社，1993年，第263～273页。

⑤ 荣新江：《敦煌本禅宗灯史残卷拾遗》，载氏著《鸣沙集——敦煌学学术史和方法论的探讨》，台北：新文丰出版公司，1999年，第181页。

⑥ John. R. McRae, *The Northern School and the Formation of Early Ch'an Buddhism*, Honolulu: University of Hawaii Press, 1986.

⑦ 《传法宝记并序——敦煌佚典之一》，《佛学月刊》第2卷第3～5期，1942年，第17～18页、第22～23页、第17～19页。

⑧ 陈祚龙：《"杜朏"应该不是"朏法师"——〈中华佛教散策〉之一》，《海潮音》第62卷第11期，1981年，第23～28页（收入《中华佛教文化史散策四集》，台北：新文丰出版公司，1986年，第309～313页）。

煌残卷目录时，发现了S.10484残存三行文字，其内容相当于柳田圣山《初期禅宗史》第1卷中365页第1～2行的部分文字，字体、形制与P.3858最为相近。此卷残缺过甚，没什么校勘价值，但它提供了现存敦煌《传法宝记》两残本间的关联情况。①

特别值得注意的是，近年杨曾文综合敦煌发现的3件写本，对《传法宝记》进行了细致的校订，在此基础上对该书的作者、成书年代及主要内容进行了深入的研究。②2018年韩传强在诸校本的基础上以P.3664为底本进行录校。③

本录文对照前人的研究成果（尤其是杨曾文的录校本），以P.3559为底本，校以其余诸本。

【录文】

传[1]法宝纪并序　　京兆杜朏字方明撰

稽首善知识，能令护本心，犹如浊水中，珠力顿清现。
所以今修纪，明此递传法，愿当尽未来，广开佛知见。

序曰：我真实法身，法佛所得，离诸化佛言说，传乎文字者。则此真如门，乃以证心自觉而相传耳。是故论云："一切法从本已来，[离言说相，离名字相][2]，离心缘相，毕竟平等，无有变异，不可破坏，唯是一心，故名真如。"又曰："证发心者，从净心地，乃至究竟。证何境界？所谓真如，以依转识，说为境界，而此证者，无有境界。唯真如智，名为法身。"又如修多罗说："菩萨摩诃萨，独一静处，自觉观察，不由于他，离见妄想，上上升进，入如来地，是名自觉圣智。"是故若非得无上乘传乎心地，其孰[3]能入真境界者哉。

昔庐山远上人《禅经序》云："佛付阿难，阿难传末田地，末田地传舍那[婆][4]斯。"则知尔[5]后不坠于地，存乎其人，至矣。岂夫系执因果、探研句义者所能入乎？则修多罗，所谓宗通者。宗通谓缘，自得胜进。远离言说，

① 荣新江：《敦煌本禅宗灯史残卷拾遗》，氏著《鸣沙集——敦煌学学术史和方法论的探讨》，台北：新文丰出版公司，1999年，第181页。
② 杨曾文：《敦煌新本六祖坛经》附录《传法宝记并序》，南京：江苏古籍出版社，1993年，第162～180页。
③ 韩传强：《禅宗北宗敦煌文献录校》，南京：江苏人民出版社，2018年，第42～52页。

文字妄想，趣无漏界自觉地，自相远离，一切虚妄觉相。降伏一切外道众魔，缘自觉趣，光明晖发，是名宗通相，是真极之地。非义说，能[6]入信矣。

其有发迹，天竺来道此土者，有菩提达摩欤！时为震旦有胜惠者而传，默指真境乎？如彼弱丧，顿使返躬乎？亦如暗室，发大明炬乎？弗可得而言已。既而味性有殊，高拔或少，玩所先习，无求胜智，翻然顶授，盖为鲜矣。唯东魏惠可，以身命求之，大师传之而去。惠可传僧璨，僧璨传道信，道信传弘忍，弘忍传法如，法如及乎大通。自达摩之后，师资开道，皆善以方便，取证于心，随所发言，略无系说。今人间或有文字称《达摩论》者，盖是当时学人，随自得语，以为真论，书而宝之，亦多谬也。

若夫超悟相承者，既得之于心，则无所容声矣。何言语文字措其间哉！夫不见至极者，宜指小以明大。假若世法，有练真丹，以白日升天者，必须得仙人身手传练，真丹乃成。若依碧字琼书，终溃浪茫矣。此世中一有为耳，犹在必然。况无上真宗，岂系言说？故斯道微密，罕得其门。虽法不依人，［依］[7]义不依语，而真善知识，何可观止。今此至人无引，未易能名。将以后之发蒙，或因景暮，是故今修略纪。

校注：［1］底本、P.2634，自“传”字始。　［2］“离言说相，离名字相”八字，底本脱，据P.2634补。　［3］“孰”字，底本作“熟”，P.2634作“孰”，义胜，据改。　［4］“婆”字，底本脱，据P.2634补。　［5］“尔”字，P.2634作“耳”，同音假借。　［6］“能”字，P.2634作“所”。　［7］“依”字，底本脱，P.2634原亦无此字，以小字补加，当补入。

自达摩后，相承传法者，著之于次，以为《传宝纪》一卷。维当缀其所见名迹、所化方处、耳目所取、书纪可明者。既而与无为泯，合而传记自简。至于觉证圣趣，靡得甄言也。亦别有貌图，将为［后］[1]记。然后[2]相承兹道，澹乎法界，真空寂处，相迹自消。凡在生平，不现其异，靡闻灵迹，以故略诸，亦犹反袂［拭］[3]面，光濡不取矣。［又］[4]自达摩之后至［于］[5]隋[6]唐，其有高悟玄拔，深至圆顿者，亦何[7]世无之。已，非相传授，故别条列传。则照此法门之多主也：

东魏嵩山少林寺释菩提达摩

北齐嵩山少林寺释惠可

隋[8]皖公山释僧璨
唐双峰山东山寺释道信
唐双峰山东山寺释弘忍
唐嵩山少林寺释法如
唐当阳玉泉寺释神秀

校注：[1]“后”字，底本脱，据P.2634补。 [2]“后”字，P.2634脱。 [3]“拭”字，底本脱，据P.2634补。 [4]“又”字，底本脱，据P.2634补。 [5]“于”字，底本脱，据P.2634补。 [6]“隋”字，底本作“随”，柳田本、杨本均作“隋”，是，据改。 [7]“何”字，底本作“可”，P.2634作“可何”，义不通，据文义，应改为“何”。 [8]“隋”字，底本作“随”，柳田本、杨本均作“隋”，是，据改。

释菩提达摩，大婆罗门种，南天竺国王第三子。机神超晤（悟），传大法宝，以[自][1]觉圣智，广为人天，开佛知见，为我震旦国人，故航海而至嵩山。时罕有知者，唯道昱（育）、惠可，宿心潜会，精竭求之，师事六年，志取通晤（悟）。大师当[时][2]从容谓曰：“尔能为法舍身命不？”惠可因断其臂，以验诚恳。案余传云“被贼斫臂”，盖是一时谬传耳。自后始密以方便开发。其方便开发，皆师资[3]密用，故无所形言。顿令其心，直入法界。然四五年间，研寻文照，以《楞伽经》授可，曰：“吾观汉地化道者，唯与此经相应。”学徒有未了者，乃手传数遍，云:“作未来因也。”案余传有言，壁观及四行者，盖是当时权化一隅之说，迹之流，或所采摭，非至论也。其后门庭日广，时名望僧深相忌嫉，久不得志，乃因时致毒。此恶人名字，世亦共闻，无彰人过，故所宜隐。或当示现为迹，以相发明，盖所未恻。大师知而食之，毒无能害。后见频啖毒不已，谓惠可曰：“我为法来，今得传汝，更住无益，吾将去矣。”因集门人，重明宗极，便啖毒食，以现化焉。自后相承，皆临迁化，必重演真宗，以成后轨矣。当自言一百五十岁矣。其日东魏使宋云，自西来于葱岭，逢大师西还，谓：“汝国君今日死。”云因问法师门所归，对曰：“后卌年，当有汉道人流传耳。”门人闻之发视，乃见空棺焉。

释僧可，一名惠可[4]，武牢人，俗姓姬氏[5]。少为儒，博闻，尤精《诗》《易》。知世典非究竟法，因出家。年卌方遇达摩大师，深求至道。六[6]年勤恳而精心专竭，始终如初闻。大师言：“能以身命，为法不吝。”便断其左臂，颜色不异，有若遗土[7]。大师知堪闻道，乃方便开示，即时其心，直入法界。四五年精究明彻，大师既示西还，后居少林寺。行住坐卧，心冥真境。随机化道，如响应声。触物指明，动为至会。故门人窃有存录。后魏天平中，游鄴卫，多所化度。僧有深忌者，又默鸩之。惠可知，便受食，毒不能害。时有向居士、化公、廖公禅师，咸因得本心，皆作道用。自后门人滋广，开悟甚多。临终谓弟子僧璨曰："吾身法而受传嘱，今以付汝，汝当广勤开济，亦以《楞伽经》与人手传。"因叹曰："此经四世后，变成名相，悲哉！"

释僧璨，不知何处人。事（氏）可禅师，机悟圆顿，乃为入室。后遭周武破法，流遁山谷，经十余年。至开皇初，与同学定禅师，隐居皖公山。在舒州，一名思空山。此山先多猛兽，每损居人。自璨之来，并多出境。山西麓有宝月禅师，居之已久，时谓神僧。闻璨至止，遽越岩岭相见，欣如畴昔。月公，即岩禅师之［师］[8]也。璨定惠齐泯，深学日至。缘化既已，顾谓弟子道信曰："自达摩祖传法至我，我欲南迈，留汝弘护。"因更重明旨极，遂与定公南隐，后竟不知其所终矣。

释道信，河内人，俗姓司马氏。七岁出家，其师被粗粃，信密斋六年，师竟不知。开皇中，往皖［公］山归璨禅师，精勤备满，照无不至。经八九年，璨往罗浮，信求随去。璨曰："汝住，当大弘益。"遂游方施化，所在为宝。至大业度人，配住吉州寺。属隋[9]季丧乱，群贼围城七十余日，井泉皆竭。信从外来，水复充溢。刺史叩头，问贼退时。［曰］："但念般若，不须为忧。"时贼徒见地四隅，皆有大力士，因即奔骇，城遂获全。武德七年，至蕲州双峰山，周览林壑，遂为终焉之地。居卅年，宣明大法。归者，师荆州法显、常州善伏，皆北面受法。信曰："善伏辟支根机，竟未[10]堪闻大道。"每劝诸门人曰："努力勤坐，坐为根本。能作（坐）三五年，得一口食塞饥疮，即闭门坐。莫读经，莫共人语。能如此者，久久堪用，如猕猴取栗中肉吃，坐研取，此人难有。"永徽二年八月，命弟子山侧造龛，门人知将化毕，遂谈究锋起，争布法嗣。及问将传付，信喟然久之，曰："弘忍差可耳。"因诫嘱，再明旨迹。及报龛成，乃怡然坐化。时地大动，气雾四合，春秋七十二。后三年四月八日，石户自开，容貌俨如生日。门人遂加漆布，更不敢闭。刊石勒碑，中书令杜正伦撰文颂德。

校注：［1］"自"字，底本脱，据P.2634补。　［2］"时"字，底本及P.2634并脱，据文义补。　［3］P.2634自"资"以下断残。　［4］"释僧可一名惠可"七字，P.2634作"僧惠可"。　［5］S.10484由"氏"字始至"能以身”至，仅存“氏少为儒博闻尤精诗易知世……达摩大师……师言能以身”，共计二十一字。 [6]“六”字，底本作“六十”，柳本、杨本、韩本均作“六”，义胜，据改。 [7]“土”字，底本作“士”，形近致讹，据P.2634改。 [8]“师”字，底本脱，据文义补。 [9]“隋”字，底本作“随”，柳田本、杨本均作“隋”，是，据改。 [10]P.3858由“未”字始。

释弘忍，黄梅人，俗姓周氏，童真出家，年十二，事信禅师。性木讷沉厚，同学颇轻戏之，终默无所对。常勤作役，以体下人，信特器之。昼则混迹驱给，夜便坐摄至晓。未尝懈倦，精至累年。信常以意道（导），洞然自觉。虽未视诸经论，闻皆心契。既受付嘱，令望所归，裾履凑[1]门，日增其倍。十余年间，道俗投[2]学者，天下十八九。自东夏禅匠传化，乃莫之过。发言不意，以察机宜。响对无端，皆冥寂用。上元二年八月，数见衰相。十八日，因弟子法如，密有传宣，明一如所承，因若不言，遂泯然坐化。春秋七十四也。

释法如，上党人，俗姓王氏。幼随舅任沣阳，因事青布明为师。年十九出家，博穷经论，游方求道。闻双峰山忍禅师，开佛知见，遽往师之。精澄十六年，法界圆照。常（尝）没江舟，覆溺数里，心用弗动，无所挠失。及人济出，神色如常。既而密传法印，随方行道。属高宗升遐度人，僧众共荐与官名。往嵩山少林寺数年，人尚未恻。其后幽求，日至，犹固让之。垂拱中，都城名德惠端禅师等人，咸就少林，累请开法，辞不获免，乃祖范师资，发大方便，令心直至，无所委曲。性朴直，遇物随或诃析。若虚舟触人，终无憾者。学侣日广，千里响会。至永昌元年七月，乃令学人速尽问疑，因现以疾相。于一夜中，端坐树下，倾集门人，乃有遗训：“因开明惠，如法传受。”又曰：“而今已后，当往荆州玉泉寺秀禅师下咨禀。”遂寂然坐化，春秋五十二。

释神秀，大梁人，姓李氏。在童稚时，清惠敏晤（悟），特不取好弄，即有成德。年十三，属隋[3]季王世充扰乱，何（河）南、山东饥疫，因至荧（荥）阳义仓请粮。遇善知识出家，便游东吴，转至闽，游罗浮、东、蒙、台、庐诸名山，嘉道无不毕。造学究精，博采[4]《易》《道》，味黄老及诸经传，自三古微赜，靡不洞习。廿受具戒，而锐志律仪，渐修定慧。至年卌六，往东山归忍禅师。一见重之，开指累年。道入真境，自所证，莫有知者。后遂迁适，潜为白衣，或在荆州天居寺十所年，时人不能测。仪凤中，荆楚大德数十人，共举度住当阳玉泉寺。及忍禅师临迁化，又曰：“先有付嘱。”然十余年间，尚未传法，自如禅师灭后，学徒不远万里，归我法坛。遂开善诱，随机弘济，天下至学，莫不妄会。久视中，则天发中使奉迎洛阳，道俗、翻（幡）花、憧（幢）盖，充溢衢路。乘栟榈上，从登御殿。顶拜长跪，瞻奉洁斋。受戒宫女，四会归仰，有如父母焉。王公已下，歙然归向。孝和累求，还出，主上固请，既不遂归事。诸弟子因窃视，知欲见灭，或时密有委嘱。神龙二年二月廿八日，端坐怡然，迁化于洛阳天宫寺，归于玉泉建塔焉。而尊师重道，礼不问年，既隋[5]季出家，当寿过百岁矣。往居当阳玉泉寺时，当（尝）于所住兰若，顾谓诸弟子曰："吾死后，当安厝此。"及至将奄化，前数日，绕其欲立塔所，平地周回，生白莲花数十茎。自后复于塔前檞树上，生果子数枚，如李实，甚有味。于味塔所，孝和以置度门寺，尊曰："大通和上。"睿宗复出钱三十万，修崇焉。

校注：[1]"凑"字，韩本作"溱"。　[2]"投"字，底本作"投"，柳田本、杨本、韩本均作"受"，今从底本。　[3]"隋"字，底本作"随"，柳田本、杨本均作"隋"，是，据改。　[4]"采"字，韩本作"探"，从底本。　[5]"隋"字，底本作"随"，柳田本、杨本均作"隋"，是，据改。

论曰：此世界是言语世界乎？故圣贤不可不言语，相道（导）以趣，夫无言语地也。是故我本师云："若言如来有所说法，则为谤佛。"而孔丘亦云："吾欲无言。"庄周复曰："得意者忘言。"故《易·咸卦·上六》曰："咸其辅颊舌。"《象》曰："胜口说也。"此言在咸之末也。故感而取通，不在乎上六矣。昔我本师，当见乎世说法，所度皆随其根性，而得证入者，言说自妄。逮灭度后，而诸罗汉方共结集，佛在世时，当所说法，著乎文字而为经。虽圆觉了义，存乎其间，而凡圣不接，离真自远。洎汉魏已降，译至中华，归学之徒，多依言说，分文析字，数义绥然，饰智蔓词，其流逐既。而真如至性，莫见其人，圆顿法身，无开道眼矣。其光步法席，坐摇谈柄者，群学裾凑，徒仰亶焉。未有悟入其门，心证其理也。

是故天竺达摩，褰裳道（导）迷，息其言语，离其经论，旨微而彻，进捷而明。不动，斯定矣；不取，[斯]惠[矣]；妄灭，斯真矣；性融，斯如矣。证归一体，功由自觉。无一微尘法，能为出入；无一刹那法，[能]为离间。荡然无际，空然无物，是谓妙物，五（吾）不知其谓矣。为法身乎？为真空乎？为实相乎？为如乎？为觉乎？斯亦默照之端，真之纯味也。然后读诸经论，得最上胜（乘）句，则洞焉照会矣。于诸有为，澹无所起矣。是故惠可、僧璨利（理）得真，行无辙迹，动无彰记，法匠潜运，学徒默修。至夫道信，虽择地开居，营宇玄象，存没有迹，旌谤（榜）有闻，而犹平生授受者，堪闻大法，抑而不传。故善伏过入衡山，犹得深定。况余凡浅，其可知矣。及忍、如、大通之世，则法门大启。根机不择，齐速念佛名[1]，令净心，密来自呈，当理兴法，犹递为秘重，曾不昌言。傥非其人，莫窥其奥。

至乎今之学者，将为委巷之谈，不知为知，未得谓得，念佛净心之方便，混此彼流，真如法身之端倪，曾何仿佛。悲夫！岂悟念性本空，焉有念处？净性已寂，夫何净心？念净都妄，自然满照我于戏。僧可有言曰："四世之后，变成名相。"信矣。夫吾亦素不此学，业非其流，敢为揆揣，过亦甚矣。岂疲叟云："备欲除王屋一抔之土[2]，将塞孟津乎。"昔尝有知音者，令修此传记，今将草润绝笔，辄为其后论矣。又如修多罗说："唯心直进。""直"为离夫二边乎？"进"谓不住三乘乎？今大通门人，法栋无挠。伏膺何远，裹足宜行，勉哉学流，光阴不弃也。

校注：［1］"名"字，底本作"召"，据文义，应为"名"，形近致讹。　［2］"土"字，底本作"士"，P.2634作"士"，是，据改，形近致讹。

终南山归□寺大通道［神秀］和上塔文

大师讳某（楳），俗姓李，大梁人也。妙范玄德，鸿图圣行，道气包于先劫，慈明焕乎是生。湛虚根之清晖，光赞天下；秘圆实之微响，声闻遍于十方。故玄默之功不言，而信存乎至迹；神通之力无为，而慈存乎菩萨。其施也，慈云无私，万物攸赖；其归也，法海无量，九流惟宗。

君上御之而安四维，公侯则之而风小国。三人分之未为不足，一人得之不为有余。故金刚之源，挹而莫际；香积之饭，足以乃消。既大师圆通之宗，其若此也。师常晦迹栖真，久乎松壑，诏自江国，衹[1]命上京。而云林之情，肯忘山水。乃拥金策，乘草舆，谢人间，卑迹岩泉之高胜，此焉攸处，果我幽居。逮乎东归，以之西睠。自云华殁世，道树空[2]存，风悲宴寂之堂，露泣禅阶之草。门人等怀系珠之厚德，眇若无涯；崇建塔之神功，式资幽赞。铭之琬琰，敬勒玄猷，其词曰：

如来妙药名甘露兮，含生服之世可度兮。

云根不死留在山兮，智者传之救世间兮。
或乱无常时共见兮，唯独仁人心不变兮。
牟尼静观生已远兮，究竟菩提大方便兮。

《传［法］宝纪七祖》一卷

校注：［1］“祇”字，韩本作“祗”。　［2］“空”字，底本作“椌”，柳田本、杨本作“空”，依文义，可从。

二、楞伽师资记

【题解】

《楞伽师资记》约成书于唐开元年间（713~741年），主要内容记述楞伽宗，即以神秀为代表的禅宗北宗的传法世系及禅法思想体系，是研究中国禅宗初期的重要史料。该史料在敦煌文献中共有8个编号，分别为：S.2054、S.4272、P.3294、P.3436、P.3537、P.3703、P.4564、Дx.1728 / M.2686、Дx.5464+Дx.5466和Дx.8300+Дx.18947等12个卷号。其中，P.3537、S.4272与Дx.1728 / M.2686可以拼合，属于同一写本，故而可得6个写本系统。另有Дx.5464+Дx.5466、Дx.8300+Дx.18947等4号没有列入。此外，还有敦煌藏文译本普散704号、普散710号。

这些写卷的书法水平与完整程度参差不齐，抄写时代有早有晚，保存状况也不尽相同，兹列述于下。

P.3436号为晚唐写本，首题为《楞伽师资记一卷》，首稍残，尾全，但无任何款识。该卷字迹清晰，书法较佳，是较为完整的一卷。

S.2054号为晚唐写本，无头无尾，起自“两目中，各出一五色光舍利”，以上离首行约损300字左右，以下约有4000字正文，唯结尾部分残损。

P.3537号为五代写本，仅存中间70余行，缩微胶片模糊不清，字迹拙劣，且残，可用于比对的价值不大。

S.4272号首尾皆残，仅存中间“第三齐朝邺中沙门慧可”传之完整部分，以前“第二魏朝三藏法师菩提达摩”传仅存后边200字左右，以后“第四隋朝舒州思空山灿师”之传记仅存开端150字左右。

Дx.1728 / M.2686，前后记上部均残，仅存中间“去有因今逢”至“两京来”，共10行文字。

P.3294号为唐代写本，无首题，开门见山，直叙正文，共计32行，每行24~25字，约800字左右，以下残损。

P.3703号为五代写本，前半损，仅存后半，后有题记“楞伽师资记一卷”。

P.4564号为唐代写本，仅存前4行，文亦不太清，书法较佳，从书写格式和

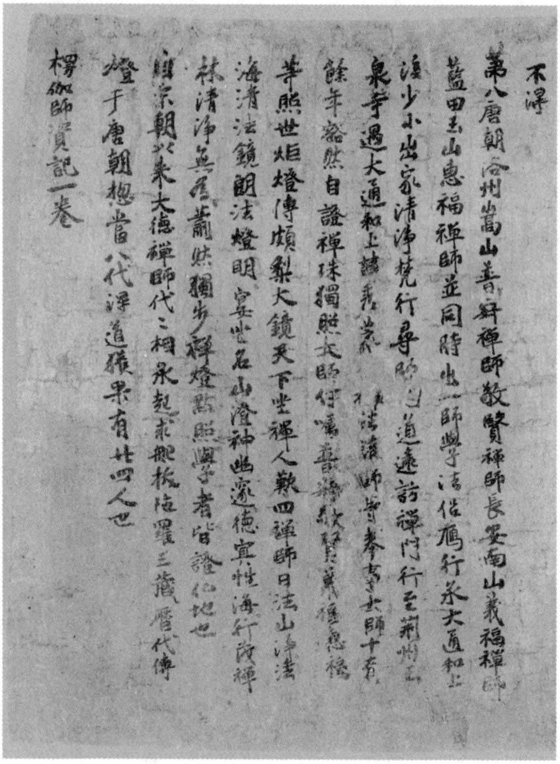

P.3703《楞伽师资记》(局部)

P.3436《楞伽师资记》(局部)

折页装的情况分析，是较为早期的本子，可惜仅存开端前5行，以下皆残。

在敦煌发现的藏文文献中，也有《楞伽师资记》译本一件，编号为S.t.710。从出土残卷看，藏文本《楞伽师资记》忠实地直译自汉文，译文幼稚而拙劣，漏译、误译之处甚多，有的语句甚至段落与敦煌汉文本《楞伽师资记》出入较大。

《楞伽师资记》是由“东都沙门释净觉居太行山灵泉谷集”而成书的，从而进一步明确了楞伽宗的历史地位和北宗禅法基本核心思想。净觉（683～750年）是唐释玄赜的弟子，而玄赜是五祖弘忍的弟子之一。既然净觉直传了弘忍的禅法思想，那么就可以从《楞伽师资记》间接地领悟到弘忍禅法的基本特点。

《楞伽师资记》曾在唐五代时流行，此后即佚失不传。幸运的是，通过对敦煌发现的6个系统8件写卷的互勘，可得一完整文献，弥足珍贵。这些写本在20世纪初即分别被斯坦因和伯希和带至伦敦与巴黎。

1926年，胡适赴英参加中英庚款委员会会议，顺道到伦敦大英博物馆与巴黎国家图书馆调查敦煌禅宗写本，发现了此文献的三个写卷（S.2054、S.4272、P.3436），如获至宝，但回国后因忙于其他事务而未能及时整理，交由朝鲜人金久经进行整理校勘，于1931年以《校刊唐写本楞伽师资记》为题由北京待曙堂出版，此后经过修订，收入1934于沈阳出版的《薑园丛书》中，但未能将各种文本进行互校，难免白璧微瑕。

继胡适之后，日本学者矢吹庆辉也在伦敦发现S.2054，并在1930年岩波书店出版的《鸣沙余韵》图版中影印介绍，后来以此本为底本，校之以金久经的刊本，把它收在1932年出版的《大正藏》第85册之中。1949年日本京都大学人文科学研究所对《楞伽师资记》进行会读，对《大正藏》本和金久经校本重加审定，其成果由莜原寿雄整理后以《楞伽师资记校注》为题收入1954年出版的《内野台岭先生追悼论文集》。1962年田中良昭从日本东洋文库所藏的敦煌文书中又发现P.3294、P.3537两种抄本，在《宗学研究》第四号上撰文作了介绍。其中P.3294可以补充净觉《〈楞伽师资记〉序》中所缺的200多字。此后，P.3703、P.4564和Дx.1728／M.2686相继得到确认，尤其是P.4564中含有净觉序言中所缺少的开首部分。以之互校，大致可将《楞伽师资记》之原貌基本恢复。这一工作后由柳田圣山完成，1967年发表《初期禅宗史书的研究》，在书后所附资料中，吸收以往的成果，又利用田中良昭新发现的抄本，发表了重新校订的净觉《〈楞伽师资记〉序》，补上了序言的前面所缺部分（仍缺卷首）。1971年综合利用以往的发现和研究，特别利用P.4564抄本补上净觉序的卷首，编撰

《初期的禅史1》，将他新校订的汉文本和日译的《楞伽师资记》《传法宝记》编在一起，由筑摩书房出版。柳田所校订的《楞伽师资记》是迄今最完备的校本。

国内禅学界对《楞伽师资记》也非常重视。除胡适的研究外，特别值得注意的是，兰州大学敦煌学研究所梁红的硕士学位论文《〈楞伽师资记〉校释及研究》对《楞伽师资记》的录文整理及简单校释，对《楞伽师资记》的成书时间、体例、作者以及相关人物及其著作做了考证，对《楞伽师资记》的材料来源以及有关师祖传承法统之争的相关问题做了介绍，并对净觉禅师的写作态度做了评价。台湾师范大学黄青萍博士的博士论文《敦煌北宗文本的价值及其禅法——禅籍的历史性与文本性》，对此文献有专章论述。杨维中对其中的《入道安心要方便法门》进行了校释，并以此为据探讨了四祖道信的禅法特点。①

1993年，《中国佛教丛书》出版，其中影印了P.4564、P.3294、P.3436和S.2054共4件写本，并附手书校点原文。②其中将四件文书进行合校，比起金九经的校录本，在质量上已大有提高。但未收S.4272、P.3537、P.3703和Дx.1728／M.2686，仍略嫌美中不足。2018年，韩传强《禅宗北宗敦煌文献录校与研究》一书以S.2054为校本，P.3436为辅本，结合其写卷和校本做了校注。③

整理校勘古籍的基本要求是要努力做到完整无误。我们把敦煌文献中的现存的6个系统8件《楞伽师资记》写本进行互勘后，发现其中仍有许多不如意的地方。8个卷子中只有S.2054和P.3436号较为完整，其余皆残缺不全。即使这两个最完整的卷子，同样也是残破的，有尾无头，唯有P.4564号存留了开头，但这一写卷仅留存了开端的5行文字，其他内容全都付之阙如。这5行存留下来的文字，前3行内容比较完整，为一偈语，后接文字“夫众生久流传生死者，皆由习气故也……”后2行内容残甚，仅可辨认出“净觉才识暗短，□□未闻，少……方专……”依据上文可推测，下文残损部分的基本内容应为：众生之所以流转在六道轮回，未得生死解脱，是因为沾染了不良的习气，只有坐禅，方能使心平静下来，邪念不生，正念现前，永远脱离生死苦海。至于文中所谓

---

① 杨维中：《四祖道信大师〈入道安心要方便法门〉校释》，《中国禅学》第3卷，北京：中华书局，2004年，第1～30页。

② 任继愈主编《中国佛教丛书·禅宗编》第2册，南京：江苏古籍出版社，1993年，第227～262页。

③ 韩传强：《禅宗北宗敦煌文献录校与研究》，南京：江苏人民出版社，2018年，第281～336页。

“净觉才识暗短，□□未闻……”等，只不过是一些谦虚恭维的言辞而已，与主题内容无多少关联。

本录文P.3436为底本，与其余诸卷合校。

【录文】

楞[1]伽师资记并序

佛性空无相，真如寂不言。口传文字说，斯皆妄想禅。

涅槃啮镞法，秘密不教人。心通常默用，唯当度有缘。

二乘无不识，外道未曾闻。小根多毁谤，誓愿莫流传。

夫众生久流转生死者，皆由习气故也……净觉才识暗短，□□未闻，少……方专[2]……

每[3]至披览，非管[4]见之所知；净空思惟[5]，非小人之所解。生生尽命，传达摩之遗文；世世之中，誓愿事之足下。去[6]大足元年，在于东都，遇大通和上，讳秀，蒙授禅法，开示悟入，似得少分。每呈心地，皆云努力。岂其福薄，忠孝无识[7]。和上随顺世间，奄从化往。所以有疑惑，无处呈印。

有安州寿山大和上，讳赜，俗姓王，太原祁县[8]人也。因高祖作牧，生居云梦之泽，是蕲州东山忍大师传灯弟子也。大和上在寿山之日，于方丈室中入净，忽然两[9]目中，各出一五色光[10]舍利，将知大师成道已久矣[11]。

校注：[1]P.4564由“楞”字始。　[2]P.4564自“专”字以下断残。　[3]P.3294由“每”字始。　[4]“管”字，P.3294作“普”。　[5]Дx.1728 / M.2686自“惟”字以前始，此字前有“去有因。今逢正法”，未知上下文如何连接。　[6]“去”字，柳本录作“起”。　[7]“识（識）”字，韩本录作“诚”，Дx.1728 / M.2686作“诚”，形近致讹。　[8]“县”字，Дx.1728 / M.2686脱。　[9]S.2054自“两”字始。　[10]Дx.1728 / M.2686、P.3294无“光”字。　[11]“矣”字，S.2054作“也”，P.3294作“矣”，义胜，据之。

大唐中宗孝和皇[1]帝景龙二年，有[2]敕召入西京，便于东都广开禅法。净觉当即归依，一心承事。两京来[3]往参觐，向经十[4]有余年，所呈心地，寻已决了。祖忍大师授记云："安州有一个，即我大和上是也。"和上[5]乃形[6]类凡僧，证同[7]佛地。帝师国宝，宇内归依。净觉宿世有缘，亲蒙指授[8]。始知方寸之内，具足真如。昔所未闻，今乃知耳。真如无相，知亦无知，无知之[9]知，岂离知也。无相[10]之相，岂离相也。人法皆如，说亦如也。如自无说，说［则非如，如本无知，知非如此[11]矣。］[12]

校注：［1］"和皇"二字，S.2054残毁，据P.3294补。　［2］"有"，S.2054脱，据P.3294补。　［3］Дx.1728 / M.2686自"来"字以下残。　［4］"经十"二字，S.2054脱，据P.3294补。　［5］"和上"二字，S.2054脱，据P.3294补。　［6］"形"字，S.2054作"刑"，乃"形"之误，据P.3294改。　［7］"证同"，P.3294作"证明"，S.2054作"证同"，义胜，形近致讹。　［8］"授"字，P.3294作"受"，S.2054"授"，是，据改。　［9］底本由"之"字始。以上所残文字，据P.4564、P.3294、S.2054、Дx.1728/M.2686合校补入。计800余字。　［10］"相"字，P.3294作"想"，S.2054作"相"，同音假借，这里以"相"为是。　［11］"此"字，S.2054脱。　［12］"则非如，如本无知，知非如此矣"十二字，底本残，据P.3294、S.2054. Дx.1728/M.2686合校补入。

《起信论》云[1]："心真如者，即[2]是一法界，总相法门体，所谓心性，不生不灭[3]。一切法，唯因妄念而有差别。若离心念，则无境界之相。是故[4]一切法，从本已来，离言说相，离名[5]字相，离心[6]缘相，毕竟平等，无有变异，不可破坏。唯是一心，故名[7]真如。"又[8]"真如[9]自体相者，凡夫、声闻、缘觉、菩萨、诸佛，无[10]有增减，非前[11]际生，非后际灭，毕竟常恒，从本性自满足一[12]切功德。自体有大[13]智惠光明义故，自性清净心义故[14]。"

《楞伽[15]经》云："自心现境[16]界，随类普现于五法。"云何是五法？名、相、妄[17]相[18]、正智、如如。是故众[19]物无名，由[20]心作名，诸相无相，由心作相[21]。但自无心，则无名相，故曰正智如如。《法句经》云："参罗及万像，一法之所印。"[22]

余乃潜神玄默，养性幽岩，独守净心，抱一冲谷，聊[23]寄一序，托语[24]在中。同我道流，愿知心耳。真如妙体，不离生[25]死之中；圣道玄微，还在色[26]身之内。色身清净，寄住烦恼之间；生死性真，校在涅槃之处。故知众生与佛性，本来共同。以水况冰，体何有异？冰由质碍，喻众生之[27]系缚；水性灵通，等佛性之圆净。无法可得，无相可求。善法尚遣舍之，生死故应远离。

校注：［1］“《起信论》云”四字，底本残，据P.3294、S.2054、Дx.1728/M.2686合校补入。　［2］“者即”二字，S.2054作“是由”，义不通，据P.3294改。　［3］“总相法门体所谓心性不生不灭”十三字，底本残，据P.3294、S.2054、Дx.1728/M.2686合校补入。　［4］“心念则无境界之相是故”十字，底本残，据P.3294、S.2054、Дx.1728/M.2686合校补入。　［5］P.3294在“名”后有“号”字，疑衍；S.2054无“号”字，是，据之。　［6］“字相离心”四字，底本残，据P.3294、S.2054、Дx.1728/M.2686合校补入。　［7］“坏唯是一心故名”七字，底本残，据P.3294、S.2054、Дx.1728/M.2686合校补入。　［8］“又”字，底本及S.2054作“有”，P.3294作“又”，义胜，据改。　［9］“如”字，S.2054脱。　［10］“觉，菩萨诸佛无”六字，底本残，据P.3294、S.2054、Дx.1728/M.2686合校补入。　［11］“前”字，S.2054作“有”，因下句有“后际”，与“前际”对应，故据P.3294改“有”为“前”。　［12］“恒从本性自满足一”，底本残，据P.3294、S.2054、Дx.1728/M.2686合校补入。　［13］“大”字，P.3294脱。　［14］“义故”字，S.2054脱。　［15］“清净心义故楞伽”七字，底本残，据P.3294、S.2054、Дx.1728/M.2686合校补入。　［16］“境”字，底本及P.3294皆作“竟”，据S.2054改。　［17］“法名相妄”四字，底本残，据P.3294、S.2054、Дx.1728/M.2686合校补入。　［18］“相”字，P.3294、S.2054作“想”字。　［19］“众”字，底本及P.3294在“众”后有“生”字，衍，S.2054无此字，是，据删。　［20］“由”字，S.2054脱。　［21］“无相由心作相”六字，底本残，据P.3294、S.2054、Дx.1728/M.2686合校补入。　［22］“及万像一切法之印”八字，底本残，据P.3294、S.2054、Дx.1728/M.2686合校补入。　［23］“守净心抱一冲谷聊”八字，底本残，据P.3294、S.2054、Дx.1728/M.2686合校补入。　［24］“语”字，底本作“悟”，据S.2054、P.3294改。　［25］“心耳真如妙体不离生”九字，底本残，据P.3294、S.2054、Дx.1728/M.2686合校补入。　［26］“色”字，底本及S.2054作“色”，P.3294作“己”，据文义，以“色”为是，形近致讹。　［27］“之”字，S.2054脱。

《维摩经》云：“欲得净度[1]，当净其心，随其心净，则佛土净也。”身虽为之本，识见还有浅深。深见者，是历劫清净熏修之因，一发道心，乃至成佛，亦不退也。浅识者，是现今新学，初虽欢喜，为积生已来，有诽谤邪见之因，无正[2]信习道之力，根则不定，后还退败也。覆寻生死，只为[3]攀缘。返照攀缘之心，心性本来清净，清净[4]之处，实不有心。寂灭之处，本无动念，动处常寂，寂即无求。念处常真，真无[5]染着，无染是净，无系是脱。染即生死之因，净即菩提之果。大分深义，究竟是空。至道无言，言即[6]乖至。虽以性空[7]拟本，无本可称。空自无言，非心行处。圣心微隐，绝解绝知。大觉冥冥，无言无说。

《法华经》云："诸法寂灭相，不可以言宣也。"无法可说，无心可言，自性空闲，返归于本。本者，道也，道［性］[8]悾恫而无际，放旷清微，［坏］[9]大千以寂寥，通古今而性净。即上下周圆，广遍清净，是净佛国土也。是知一毫之内，具足三千大千；一尘之中，容受无边世界，斯言有实耳。此中坐禅，证者之自知，不由三乘之所说也。

经曰："菩提之道，不可图度。高而无上，广不可极；渊而无下，深不可测[10]也。大包天地，细入无间，故谓之道。"所以法身清净，犹若虚空。空亦无空，有何得有？有本不有，人自著有。空本不空，人自著空。离有离空，清净解脱，无为无事，无住无著。寂灭之中，一物不作，斯乃菩提之道。然涅槃之道果，［不在］[11]于有无之内，亦不出于有无之外。若如此者，即入道之人。不坏于有，亦不损于无，像法住持，但假施设耳。是故体空无相，不可为有；用之不废，不可为无。则空而常用，用而常空。空用虽殊，而无心可异。即真如性净，常住不灭也。

余叹曰："天下有不解修道者，被有无系然也！"有不自有，缘未生时无有；无不自无，缘散之后故无。有若本有，有自常有，不待缘而后有；无若本无，无自常无，岂[12]待缘尽后始无也。缘［有］[13]非是有，真如之中无自[14]有，缘无非是无。清净心中，无彼无也。有无之[15]法，妄想之域，岂足以标圣道；《放光经[16]》云："'菩提从有得耶？'答曰：'不也。''从无得耶？'答曰：'不也。''从有无得耶？'答曰：'不也。''离有无得耶？'答曰：'不也。''是义云何得[17]？'答曰：'无所得。'得无所得者，谓之得菩提也。"

校注：［1］"度"字，《维摩经》原文作"土"。　［2］"正"字，底本及P.3294皆作"心"，S.2054作"正"，是，据改。形近致讹。　［3］P.3294自"为"字以下断残。　［4］"清净"二字，S.2054脱。　［5］"实不有心寂灭之处本无动念动处常寂寂即无求念处常真真无”二十六字，S.2054脱。 [6]“即”字，S.2054作“则” [7]“空”字，S.2054脱。 [8]“性”字，底本脱，据S.2054补。 [9]“坏”字，底本脱，据S.2054补。 [10]“测”字，底本作“恻”，据S.2054改。 [11]“不在”二字，底本脱，据S.2054补。 [12]“岂”字，底本作“足”，S.2054作“岂”，义胜，据改。 [13]“有”字，底本、P.3594本并脱，据S.2054补。 [14]“无自”二字，S.2054脱。 [15]“之”字，S.2054脱。 [16]“经”字，底本脱，据S.2054补。 [17]“得”字，底本脱，据S.2054补。

《楞伽师[1]资记》一卷

东都沙门释净觉居太行山灵泉谷集[2]

第一，宋朝求那跋陀罗三藏。中[3]天竺国人，大乘学，时号摩诃衍。元嘉年，随船至广州，[宋][4]太祖迎于丹阳郡，译出《楞伽经》。王公道俗请开禅训，跋陀未善宋言，有愧，即夕梦人以剑易首，于是说[5]开禅训。

三藏云：“此土地居东边，修道无法。以无法故，或堕小乘二乘法，或堕九十五种外道法，或堕鬼神[6]，禅观见一切物，知他人家好恶事。苦哉！大祸[7]，大祸！自陷陷他。我愍此辈，长劫落神鬼道[8]，久受生死，不得解脱。或堕禁[9]术法，役使鬼神，看他人家好恶事，诈言我坐禅观见[10]，凡夫盲迷不解，谓[登][11]圣道，皆悉降伏，不知是鬼神邪魅法也。我中国有正法，秘不传简。有缘根熟者，路逢良贤，途中授与。若不逢良贤，父子不[得][12]传。”

校注：[1]“师”字，S.2054脱。 [2]“谷集”二字，底本作“会”，据S.2054改。 [3]“中”字，底本作“南”。《高僧传》卷三载，求那跋陀罗为中天竺人。S.2054作“中”，是，据改。 [4]“宋”字，底本脱，据S.2054补。 [5]“说”字，S.2054作“就”，柳本作“就”，韩本作“讬”。 [6]S.2054在“鬼神”之后多出一“禅”字，疑衍。 [7]“大祸”二字，S.2054作“大福”，文义欠通。 [8]“神鬼道”三字，S.2054作“鬼神”。 [9]“禁”字，S.2054脱。 [10]“见”字，S.2054作“行”。 [11]“登”字，底本脱，据S.2054补，韩录作“证”。 [12]“得”字，底本脱，据S.2054补。

《楞伽经》云："诸佛心第一。"我教授法时，心不起［处］[1]是也。此法超度三乘，越过十地，究竟佛果处。只可默心自知，无心养神，无念安身，闲居净坐，守本归真。我法秘默，不为凡愚浅识所传。要是福德厚人，乃能受行。若不解处，六有七八，若解处，八无六七。拟作佛者，先学安心。心未安时，善尚非善，何况其恶，心得安静时，善恶俱无作[2]。

《华严经》云："法法不相见[3]，法法不相知。"至此国来，尚不见修道人，何况安心者。时时见有一作业人[4]，未契于道，或在名闻，成为利养，人我心行，嫉妒心造。云何嫉妒？见他人修道，达理达行，多有人[5]归依供养，即生嫉妒心，［即］[6]生憎嫌心，自恃[7]聪明，不用胜己，是名嫉妒。以此惠解，若昼若夜，修勤诸行，虽断烦恼，除其拥碍，道障交竞，不得安静，但名修道[8]，不名安心。若耳纵行六波罗蜜，讲经坐二禅三禅，精进苦行，但名为善，不名法行。不以爱水，溉灌业田，复[9]不于中，种识种子，如是比丘，名为法行。

今言安心者，略有四种：一者背理心，［谓］[10]一向凡夫心也；二者向理心，谓厌恶生死，以求涅槃，趣向清净[11]，名声闻心也；三者入理心，谓虽复断障显理，能所未亡，是菩萨心也；四者理心，谓非理外理，非心外心，理即是心，心能平等，名之为理。理照能明，名之为心。心理平等，名之为佛。心会实性者，不见生死涅槃，有别凡圣为异，境智无二，理事俱融，真俗齐观，染净一如，佛与众生，本来平等一际。

校注：［1］"处"字，底本脱，据S.2054补。　［2］"作"字，S.2054作"依"，亦通。　［3］"法法不相见"五字，S.2054脱。　［4］"人"字，S.2054脱。　［5］"人"字，S.2054脱。　［6］"即"二字，底本脱，据S.2054补。　［7］"恃"字，底本作"持"，形近致讹。　［8］"道"字，S.2054脱。　［9］"复"字，S.2054脱。　［10］"谓"字，底本脱，据S.2054补。　［11］"清净"二字，S.2054作"寂静"。

《楞伽经》云："一切无涅槃，无有涅槃佛，无有佛涅槃，远离觉所觉。若有若无［有］[1]，是二悉俱离。"大道本来广遍，圆净本有，不从因得。如似浮云底日光，云雾灭尽，日光自现，何用更［多广学知见，涉历文字语言。覆归生死道，用口说文传[2]］[3]为道者[4]，此［曰］[5]人贪［求］[6]名利，自坏坏他。亦如磨铜镜，镜面上尘落尽，镜自明净[7]。

《诸法[8]无行经》云："佛亦不作佛，亦不度众生，众生[9]强分别，作佛度众生。"而此心不证，是即[10]无定，证则有照[11]，缘起大用，圆通无碍，名大修道。自他无二,一切行，一时行，亦无前后，亦无中间，名为大乘。内外无着，大舍毕竟，名为檀波罗蜜；善恶平等，俱不可得，即是尸波罗蜜；心境[12]无违，怨害永尽，即是忍波罗蜜；大寂不动，而万行自然，即是精进波罗蜜；繁与妙寂，即是禅波罗蜜；妙寂开明，即是般若波罗蜜。如此之人，胜上广大，圆摄无碍，得用繁兴，是为大乘。有求大乘者，若不先学安心，定知误矣。

校注：[1]"有"字，底本脱，据S.2054补。　[2]P.3537由"传"字始。　[3]"多广学知见涉历文字语言覆归生死道用口说文传"二十一字，底本脱，据S.2054补。　[4]"者"字，S.2054脱。　[5]"曰"字，底本脱，据S.2054补。　[6]"求"字，底本脱，据S.2054补。　[7]底本在"净"后多"明"字，据S.2054删。　[8]"法"字，S.2054脱。　[9]"众生"二字，P.3537脱。　[10]"即"字，S.2054作"则"，亦通。　[11]"证则有照"四字，S.2054作"证则别有照"。　[12]"境"字，底本及P.3537皆作"竟"，同音假借。S.2054作"境"，义胜，据改。

《大品经》云："诸佛五眼，观众生心及一切法，毕竟不见。"

《华严经》云："无见乃能见。"

《思益经》云："非眼所见，非耳鼻舌身意识所知，但应随如相见。眼[1]如乃至意如，法位如[2]亦如是。[若能如是][3]见者，是名正见。"

《禅决》曰："蝙蝠角鸱，昼不见物，夜见物[4]者，皆是妄想颠倒故也。所以者何？蝠蝙角鸱，见他暗为明，凡夫人见他明为暗。皆为[5]妄想，以[6]颠倒故，以业障故，不见真法。若然者，明不定明，暗不定暗。如是解者，不为颠倒或乱，即入如来常乐我净中[也][7]。"

大法师云："《楞伽经》说：'云[8]何净其念者？遣勿[9]令妄想，勿令漏念。'念佛极着力，念念连注不断，寂然无念，证本空净也。"

校注：[1]S.2054在"眼"前衍"如"，删。　[2]"如"字，S.2054脱。　[3]"若能如是"四字，底本脱，据S.2054、P.3537补。　[4]"夜见物"三字，P.3537脱。　[5]P.3537、S.2054在"为"后多"是"字，衍。　[6]底本在"以"前多"想"字，衍，据P.3537、S.2054

删。　［7］"也"字，底本脱，据P.3537、S.2054补。　［8］"说云"二字，P.3537、S.2054皆作"云说"。　［9］"勿"字，P.3537、S.2054作"物"。

又云："一受不退常寂然，则佛说云何增长也。"

又云："从师[1]而学，悟不由师。凡教人智惠，未尝说法[2]，就事而征，指树叶是何物？"

又云："汝能入瓶［入柱及能］[3]入火[4]穴？山杖能说法不？"

又云："汝身入心入[5]。"

又云："屋内有瓶，屋外亦有瓶不？瓶中[6]有水不？水中有瓶不？乃至天下诸水，一一中皆有瓶不？"

又云："此水是何物？"

又云[7]："树叶能说法，瓶能说法[8]，柱能说法，屋能说法[9]，及地水火风，皆能[10]说法。土木[11]瓦石，亦能说法者，何也？"

校注：［1］"师"字，P.3537脱。　［2］"法"字，P.3537、S.2054作"此"。　［3］"入柱及能"四字，底本脱，据S.2054补。　［4］"火"字。S.2054脱。　［5］"心入"二字，P.3537脱，S.2054脱"入"字。　［6］"瓶中"二字，底本作"中瓶"，P.3537作"中瓶中"，文义均不通；S.2054作"瓶中"，义胜，据改。　［7］"云"字，S.2054脱。　［8］"瓶能说法"四字，P.3537脱。　［9］"屋能说法"四字，S.2054脱。　［10］底本在"能"前多"不"字，衍，据S.2054、P.3537删。　［11］"木"字，S.2054脱。

第二，魏朝三藏法师菩提达摩，承求那跋陀罗三藏后。其达摩禅师，志阐大乘，泛海吴越，游洛至邺。沙门道育、惠可，奉事五[1]年，方诲四行。谓可曰："有《楞伽经》四卷，仁者依行，自然度脱。"余广如《续高僧[2]传》所传[3]明，略辨大乘入道四行。弟子昙林序。

法师者，西域南天竺国，是大婆罗门国王第三之子也[4]。神[5]惠疏朗，闻皆晓晤，志存摩诃衍道，故舍素（俗）从缁，绍隆圣种[6]。冥心虚寂，通鉴世事，内外俱明，德超世表。悲[7]悔边隅，正教陵替。遂能远涉山海，游化汉魏。亡心寂默之士，莫不归信耶；存[8]见之流，乃[9]生讥谤。于时，唯有道育、惠可，此二沙门，年虽后生，携[10]志高远，幸逢法师，事之数年[11]，虔恭谘启，善蒙师意，法师感其精诚[12]，诲以真道。如是安心，如是发行，如是顺物，如是方便，此是大乘安心之法，令[13]无错谬。如是安心者，壁观；如是发行者，四行；如是顺物者，防护讥嫌；如是方便者，遣其不着。此略所由，意在后文。

校注：［1］“五”字，S.2054、P.3537脱。　［2］“僧”字，S.2054作“师”。　［3］“传”字，P.3537脱。　［4］“也”字，S.2054无，亦通。　［5］S.2054在“神”前多“如”字，衍。　［6］“种”字，S.2054脱。　［7］“悲”字，底本作“非”，误，据P.3537、S.2054改。　［8］底本、S.2054在“存”前有“相”字，衍；P.3537无“相”字，是，据删。　［9］“乃”字，P.3537作“乃至”。　［10］“携”字，P.3537作“催乃”，乃书手笔误。　［11］“年”字，P.3537、S.2054皆作“载”，义同。　［12］“诚”字，S.2054作“成”，同音假借。　［13］“令”字，底本及P.3537并作“今”，非，据S.2054改。

夫入道多途，要而言之，不出二种：一是理入，二是行入。理入者，谓藉教悟宗，深信含生凡圣，同一真性，但为客尘妄覆，不能显了。若也舍妄归真，凝注[1]壁观，无[2]自［无］[3]他，凡圣等一，坚住不移，更不随于言教，此即与真理冥状，无有分别，寂然无名，名之理入。行入者，所谓四行，其余诸行，悉入此行中。何等为四行？一者报怨行[4]，二者随缘行，三者无所求行，四者[5]称法行。

云何报怨行？修道行［人］[6]，若受苦时，当自念言：我从往昔无数劫中，弃本逐末[7]，流浪诸有，多起[8]怨憎，违害无限。今虽无犯，是我宿殃，恶业果熟，非天非人所能见与，甘心忍受，都无[9]怨诉。经云：“逢苦不忧。何以故？识达［本］[10]故。”此心生时与理相应，体怨进道，是故说言报怨行。

第二随缘行者。众生无我，缘[11]业所传[12]。苦乐齐受，皆从缘生。若得胜报荣誉等事，是我过去宿因所感[13]，今方得之。缘尽还无，何喜之有。得失从缘，心无增减[14]。喜风不动，冥顺于道，是故说言随缘行。”

第三无所求行者。世人长迷，处处贪着，名之为求。智者悟真，理将俗及，安心无为，形随运转，万有斯空，无所愿乐。功德黑暗，常相随逐。三界久居，犹如火宅。有身皆苦，谁得而安。了达此处，故于诸有，息[15]想无求。经云：“有求皆苦，无求皆[16]乐。判如[17]无求，真为道行。”

校注：［1］“注”字，S.2054作“住”，同音假借。　［2］“无”字，

S.2054脱。　[3]“无”字，诸本均脱，据文义补。　[4]“行”字，S.2054脱。　[5]“者”字，S.2054作“称”，亦通。　[6]“人”字，底本脱，据P.3537、S.2054补。　[7]“末”字，P.3537作“未”，形近致讹。　[8]“起”字，S.2054作“报”，“起”字义胜。　[9]S.2054在“无”后多“所”字，亦通。　[10]“本”字，底本脱，据P.3537、S.2054补。　[11]“缘”字，P.3537作“并缘”，亦通。　[12]“传”字，P.3537作“转”，亦通。　[13]“感”字，P.3537作“咸”，形近致讹。　[14]“减”字，P.3537作“咸”，形近致讹。　[15]“息”字，P.3537作“息息”，衍一“息”字。　[16]“皆”字，S.2054作“乃”，亦通。结合上文“有求皆苦”，应以“皆”为胜。　[17]“如”字，P.3537作“知”，形近致讹。

第四称法行者，性[1]净之理，因之为法。此理众相斯空，无染无着，无此无彼。经云：“法无众生，离众生[2]垢故。法无有我，离我垢故。”智若能信解此理，应当称法而行。法体无悭于身命，则行檀舍施。心无悋[3]惜，达解三空[4]，不[5]倚不[6]着，但为去垢。摄化[7]众生，而不[8]取相，此为自利，复能利[9]他，亦能[10]庄严菩提之[11]道。檀[12]度既尔，余五[13]亦然。为除妄想[14]，修行六度，而无所行，是为称法行。

此四行是达摩禅师亲说，余则弟子昙林记[15]师言行，集成一卷，名之[16]《达摩论》也。菩提师又为坐禅众，释《楞伽要义》一卷，有十二三纸，亦名《达摩论》也[17]。此两本论[18]，文理圆净，天下流通。自外更有人，伪造《达摩论》三卷，文繁理散，不堪行用。

校注：[1]“性”字，S.2054作“清”，亦通。　[2]“离众生”三字，P.3537脱。　[3]“悋”，通“吝”。　[4]P.3537自“空”以下断残。　[5]S.4272由“不”字始。　[6]“不”字，S.2054脱。　[7]“化”字，S.2054无，亦通。　[8]“不”字，S.2054作“无”，亦通。　[9]“利复能利”四字，S.2054脱；S.4272脱后“利”字。　[10]“能”字，S.4272脱。　[11]“之”字，S.4272作“心”，误。　[12]“檀”字，底本及S.4272并作“但”，S.2054作“檀”，是，据改。檀度是佛教术语，为六度之一。檀为施与之义，度为波罗蜜之义，谓度生死之行法也。施与为可度生死而到涅槃之一行法。　[13]“五”字，S.4272作“忘”，误。　[14]“妄想”二字，底本作“忘想”，S.4272作“妄相”，S.2054作“妄想”，义胜，据改。 [15]“记”字，底本作“纪”，S.4272、S.2054均作“记”。案，在敦煌写本中“记”“纪”常通用。“记”字。义胜，据改。 [16]“之”字，S.4272、S.2054皆作“曰”，亦通。 [17]“也”字，底本及S.4272脱，据S.2054补。 [18] S.2054在“论”后多“文”字，亦通。

大师又指事问义：“但指一物，唤作何物？众物皆问之。回换物名，变易问之。”

又云：“此身有不[1]？身[2]是何身？”

又云：“空中云雾，终不能染污虚空，然能翳虚空，不得明净。”

《涅槃经》云：“无内六入，无外六尘，内外合故，名为中道。”

第三，齐朝邺中沙门惠可，承达摩禅师后。其可禅师，俗姓姬，武牢人。年十四[3]，遇达摩禅师[4]，游化嵩洛，奉事六年[5]，精究一乘，附于玄理，略说修［道］[6]明心要法，真登佛果。

《楞伽经》云：“牟尼寂静观，是则远离生死[7]，是名为不取，今世后世净。”十方诸佛，若有一人，不因坐禅而［得］[8]成佛者，无有是处。

《十地经》云：众生身中，有金刚佛性[9]，犹如日轮，体明圆满，广大无边。只为五荫[10]，重云覆障，众生不见。若逢智风飘荡，五荫[11]重云灭尽，佛性圆照，焕然明净。

《华严经》云：“广大如法界，究竟如虚空。”亦如瓶内灯光，不能照外。亦如世间云雾，八方俱起，天下阴暗，日光起，得明净。日光不坏，只为云雾覆[12]障。一切众生，清净之[13]性，亦复如是。只为攀缘，妄念诸见，烦恼重云，覆障圣道，不能显了。若妄念不生，默然净坐，大涅槃日，自然明净。

校注：[1]“有不”二字，S.4272作“有不有不”，衍“有不”二字。 [2] S.4272在“身”前多“有不有”三字。 [3]“十四”二字，或为“四十”之误。据《续高僧传》等文献记载，惠可遇达摩时已“年登四十”，比较可信。 [4]“师”字，S.2054脱。 [5]“年”字，S.4272、S.2054皆作“载”，义同。 [6]“道”字，底本及S.4272并脱，据S.2054补。 [7]“死”字，S.4272脱。 [8]“得”字，底本及S.4272脱，据S.2054补。 [9]“性”字，S.2054脱。 [10]“五荫”二字，S.4272脱“五”字，“荫”作“阴”，二者可通用。 [11]“荫”字，S.4272作“阴”，同“荫”。　[12]“覆”字，S.2054脱。　[13]“之”字，S.2054脱。

俗书云：“冰生于水而冰遏水，冰泮而水通。”妄起[1]于真而妄迷真，妄尽而真现。即心海澄清，法身空净也。故学人依文字语言为道者，如风中灯，不能破暗，焰焰谢灭。若净坐无事，如密[2]屋[3]中灯，则能[4]破暗，照[5]物分明。若了心源清净，一切愿足，一切行满[6]，一切皆辨，不受后有。得此法身者，恒沙众中[7]，莫过有一仁[8]。亿亿劫中，时有一人，与此相应耳。若精诚不内发，三世中纵值恒沙诸佛，无所为是。知众生识心自度，佛不度众生。佛若能度众生，过去逢无量恒沙诸佛，何故我等[9]不成佛？只是精诚不内启[10]，口说得心不得，终不免逐业受形。故佛性犹如天下有日月，木[11]中［有］[12]火，人中有佛性，亦名佛性灯，亦名涅槃镜。是故大涅槃镜，明于日月，内外圆净，无边无际。犹如炼金，金质火[13]尽，金性不坏。［众生生死相灭，法身不坏。亦如泥团坏，亦如波浪灭，水性不坏，众生生死相灭，法身不坏。］[14]坐禅有功，身中自证故。画馔[15]尚未堪飡，说食与人[16]，焉能使饱？虽欲去其前塞，翻令后梱弥坚。

校注：［1］“起”字，底本作“超”，形近致讹，据S.4272、S.2054改。　［2］“密”字，S.4272作“蜜”，形近、音近致讹。　［3］“屋”字，S.4272、S.2054作“室”，义同。　［4］“能”字，底本作“解”，S.4272作“能”，义胜，据改。　［5］“照”字，S.4272、S.2054作“昭”，同音假借。　［6］“一切愿足一切行满”八字，S.4272脱。　［7］“中”字，S.4272、S.2054作“生”，亦通。　［8］“仁”，底本及S.2054皆作“行”，S.4272作“仁”，是，据改。“行”“仁”形近易误。　［9］“等”字，S.2054脱。　［10］“启”字，S.4272、S.2054作“发”，亦通。　［11］“木”字，S.2054作“水”，形近致讹；谓钻木可得火也。　［12］“有”字，底本及S.4272并脱，据S.2054补。　［13］“火”，底本、S.4272皆作“灭”，形近致讹，据S.2054改。　［14］“众生生死相灭法身不坏亦如渥团坏亦如波浪灭水性不坏众生生死相灭法身不坏”三十四字，底本脱，据S.2054补。另，“亦如渥团坏亦如波浪灭水性不坏众生生死相灭法身不坏”二十四字，S.4272脱。　［15］“馔”字，S.4272、S.2054作“饼”，亦通。　［16］“与人”二字，S.2054脱。

《华严经》云："譬如贫穷人，昼夜数他宝，自无一钱分，多闻亦如是。"

又读者暂看，急须并却，若不舍，还同文字，学则何异煎流水以求冰？煮沸[1]汤而觅雪？是故诸佛说，说或说于不说，诸法实[2]相中，无说无不说，解斯举一千从。

《法华经》云："非实非虚，非如非异。"

大师云："说此真法皆如实，与真幽理竟不殊。本迷摩尼谓瓦砾，豁能自觉是真珠[3]。无明智惠等无异，当知万[4]法即皆如。愍此二见诸徒辈，申词措[5]笔作斯书[6]。观身与佛不差别，何须更觅彼无余。"

又云："吾本发心时，截一臂，从初夜雪中立，直[7]至三更，不觉雪过于膝，以求无上道。"

《华严经[8]》第七卷中说："东方入正受，西方三[9]昧起。西方入正受，东方三昧起[10]。"于眼根中入[11]正受，[于][12]色法中三昧起。示现色法不思议，一切天人莫能知。于色法中入正受，于眼起定念不乱。观眼无生无自性，说空寂灭无所有，乃至耳鼻舌身意，亦复如是。童子身入正受，于壮年身三昧起。壮年身入正受，于老年身三昧起。老年身入正受，于善女人三昧起。善女人入正受，于善男子三昧起。善男子入正受，于比丘尼身三昧起。比丘尼身入正受，于比丘身三昧起。比丘身入正受，于学无学三昧起。学无学入正受，于缘觉身三昧起。缘觉身入正受，于如来身三昧起。一毛孔中入正受[13]，一切毛孔三昧起[14]。一切毛孔入正受，一切[15]毛端头三昧起。一毛端头入正受，一切毛端三昧起。一切毛端入正受，一微尘中三昧起。一微尘中入正受，一切微尘三昧起。大海水入正受，于大盛火三昧起。一身能作无量身，以无量身作一身。解斯举一千从，万物皆然也。

校注：[1]"沸"字，S.4272误作"佛"，形近致讹。　[2]"实（實）"字，S.4272误作"宝（寶）"，形近致讹。　[3]"珠"字，S.4272误作"殊"，形近致讹。　[4]"万"字，S.2054脱。　[5]"措"字，S.4272、S.2054作"投"，亦通。　[6]"书"字，S.2054脱。　[7]"直"字，S.4272误作"真"，形近致讹。　[8]"经"字，S.4272脱。　[9]"三"字，S.4272脱。　[10]"西方入正受东方三昧起"十字，S.2054脱。　[11]"入"字，S.4272脱。　[12]"于"字，底本及S.4272并脱，据S.2054补。　[13]"受"字，S.4272脱。　[14]S.4272在"起"后多"一毛端三昧起"六字。　[15]"切"字，S.4272、S.2054皆脱。

第四，隋朝舒州思空山粲禅师，承可禅师后。其粲禅师，罔[1]知姓位，不测所生。按《续高僧传》曰："可后粲禅师，隐思空山，萧然净坐，不出文记，秘不传法。唯僧道信，奉事粲十二年，写器传灯，传灯成就。"粲印道信，了了见佛性处，语信曰："《法华经》云：'唯此一事，实无二，亦无三'。故知圣道幽通，言诠之所不逮[2]；法身空寂，见闻之所不及；即文字语言，徒[3]劳施设也[4]。"

大师云："余人皆贵坐终，叹为奇异。余今立化，生死自由。"言讫，遂以手攀树枝，奄然气尽，终于皖公山[5]。寺中见有庙影[6]。

《详玄传》曰："惟一实之渊旷，嗟万相之繁杂，真[7]俗异而[8]体同，凡圣分而道合。"寻涯也，豁乎无际，眇乎无穷。源于无始，极于无终。解惑以兹齐贯，染净于此俱融。说[9]空有而闻寂，括宇宙以通同。若纯金不隔于环玔，等积水不惮于涟漪。

经[10]云："此明理无间杂，故绝边际之谈；性非物造，致息终始[11]之论。"所以明暗泯于不二[12]之门，善恶融于一相之道。斯即无动而不寂，无异而不同。若水之为波澜，金之为器体。金为器体，故无器而不金；波为水用，亦无波而异水也。观无碍于缘起，信难思于物性，犹宝殿之垂珠，似瑶台之悬镜。彼此异而相入，红紫分而交映。物［不］[13]滞其自他，事莫权其邪正。邻虚含大千之法，刹那总三际之时。惧斯言之少信，借帝纲以除疑，盖普眼之能嘱，岂或识以知之。

校注：［1］"罔"字，底本及S.4272误作"内"，形近致讹，据S.2054改。　［2］"逮"字，S.4272作"达"，义同。　［3］"徒"字，S.4272误作"从（従）"，形近致讹。　［4］S.4272自"也"以下未抄录。　［5］"山"字，底本作"寺"，S.2054作"山"，义胜，据改。　［6］"庙影"二字，文义不明，其中的"庙"疑为"邈"之音近通假。　［7］"真"字，S.2054脱。　［8］"而"字，S.2054误作"于"。　［9］"说"字，S.2054作"谈"，亦通。　［10］"经"字，底本作"注"，S.2054作"经"，据改。　［11］"终始"二字，S.2054作"始终"，亦通。　［12］"二"字，S.2054作"言"，失义。　［13］"不"字，底本脱，据S.2054补。

注云：此明秘密缘起，帝纲法界，一即一切，参而不同。所以然者，相无自实，起必依真。真理既融，相亦无碍。故巨细难[1]悬，犹镜像之相入。彼此云[2]异，若珠[3]色之交形。一即一切，一切即一，缘起[4]无碍，理理数然也。故知大千弥广，处纤尘而不空[5]；三世长久，入从略以能容。自可洞视于金牖之外，了无所权；入身于石[6]壁之中，未曾有隔。是以圣人得理成用，若理不可，然则圣人[7]无此力。解则通[8]无碍，由情拥普眼之惠，如实能知也[9]。[如][10]猴着锁而停躁，蛇入筒而改曲。涉旷海以戒船，晓重幽以惠烛。

注云：猴着锁喻戒制心，蛇入筒喻定息[11]乱。《智度论》云："蛇行性曲，入筒即直。三昧制心，亦复如是。"《金光明最胜王经·三身品》云："佛虽有[12]三名，而无三体也。"

校注：[1]"难（難）"字，S.2054误作"虽（雖）"，形近致讹。　[2]"云"字，S.2054作"之"。　[3]"珠"字，S.2054误作"殊"，形近致讹。　[4]"起"字，S.2054脱。　[5]"空"字，底本误作"窄"，形近致讹，据S.2054改。　[6]"石"字，S.2054作"后"，文义亦通，但似以底本的"石"义更胜。　[7]"人"字，S.2054脱。　[8]"则通"二字，S.2054作"理通"。　[9]"也"字，S.2054脱。　[10]"如"字，底本脱，据S.2054补。　[11]"息"字，S.2054误作"自"，形近致讹。　[12]"有"字，S.2054脱。

第五，唐朝蕲州双峰山道信禅师，承璨禅师[1]后。其信禅师，再敞禅门，宇内流布。有《菩萨戒法》一本，及制《入道安心要方便法门》，为有缘根熟者，说我此法要。依《楞伽经》云[2]："诸佛心第一。"又依《文殊说般若经》："一行三昧。"即念佛心是佛，妄念是凡夫。

《文殊说般若经[3]》云："文殊师利言：'世尊，云何名一行三昧[4]？'佛言[5]：'法界一相，系缘法界，是名一行三昧。[如法界缘，不退不坏，不思议，无碍无相。][6]若[7]善男子善女人，欲入一行三昧，当先闻般若波罗蜜，如说修学，然后能一行三昧，如法界缘，不退不坏，不思议，无碍无相。善男子善女人，欲入一行三昧[8]。应处空闲，舍诸乱意，不取相貌，系心一佛，专称名字。随佛方[便][9]所，端身正向，能于一佛，念念相续，即是念中，能见过去、未来、现在诸佛。何以故？念一佛功德无量无边，亦与无量诸佛功德无二。不思议佛法，等无[10]分别，皆乘一如，成最[11]正觉，悉具无量功德，无量辨才。如是入一行三昧者，尽知恒沙诸佛，法界无差别相。'"夫身心方寸，举足下足，常在道场，施为举动，皆是菩提。

校注：［1］“承璨禅师”四字，S.2054脱。 ［2］“云”字，S.2054脱。 ［3］S.2054在“若经”后又有“若经”二字，衍。 ［4］S.2054在“一行三昧”后多出一“佛”字，衍。 ［5］“言”字，S.2054脱。 ［6］“如法界缘不退不坏不思议无碍无相”十五字，底本脱，据S.2054补。 ［7］“若”字，S.2054脱。 ［8］“当先闻般若波罗蜜如说修学然后能一行三昧如法界缘不退不坏不思议无碍无相善男子善女人欲入一行三昧”四十六字，S.2054脱。 ［9］“便”字，底本脱，据S.2054补。 ［10］“无”字，S.2054脱。 ［11］“最”字，底本误作“取”，形近致讹，据S.2054改。

《普贤观经》云：“一切业障海，皆从妄相生。若欲忏悔者，端坐念实相。”是名第一忏悔[1]，并除三毒心、攀缘心、觉观心。念佛心心相续，忽然澄寂，更无所缘念。

《大品经》云：“无所念者，是名念佛。”何等名无所念？即念佛心，名无所念。离心无别有佛，离佛无别有心，念佛即是念心，［求心即是］[2]求佛。所以者何？识无形,[佛无形][3]，佛无相貌，若也知此道理，即是［安］[4]心。常忆念佛，攀缘不起，则泯然无相，平等不二。［不］[5]入此位中，忆佛心谢，更不须征，即看此等心，即是如来真实法性之身，［亦名正法，］[6]亦名佛性，亦名诸法实性、实际法，亦名净土，亦名菩提金刚、三昧、本觉等，亦名涅槃界、般若等。名虽无量，皆同一体，亦无能观所观之意。如是等心，要令清净，常现在前，一切诸缘，不能忓[7]乱。何以故？一切诸事，皆是如来一法身故，住[8]是心中，诸结烦恼，自然除灭。于一尘中，具无量世界，无量世界集一毛头[9]端，于其本事如，故不相妨碍。

《华严经》云：“有一卷[10]经卷，在微尘中，见三千大千世界事。略举安心，不可具尽，其中善巧，出自方寸。”略为后生疑者，假为一问：“如来法身若此者，何故复有相好之身，现世说法？”

校注：［1］“悔”字。S.2054脱。 ［2］“求心即是”四字，底本脱，据S.2054补。 ［3］“佛无形”三字，底本脱，据S.2054补。 ［4］“安”字，底本脱，据S.2054补。 ［5］“不”字，底本脱，据S.2054补。 ［6］“亦名正法”四字，底本脱，据S.2054补。 ［7］“忓”字，S.2054作“干”。 ［8］“住”字，S.2054作“经”。 ［9］“头”字，S.2054

脱。　[10]“卷”字，S.2054脱。

信曰：“正以[1]如来法性之身，清净圆满，一切像[2]类悉于中现。而法性身，无心起作。如颇梨（玻璃）镜，悬在高堂，一切像悉于中现。镜亦无心，能现种种。经云：‘如来现世说法者，众生妄相[3]故。’今行者若修心尽净，则知如来常不说法，是乃为具足多闻，闻者一切相也。是以经云：‘众生根有无量故，所以说法无量。说法无量故，义亦名无量义。无量义者，从一法生，其一法者，则无相也。无相不相，名为实相，则泯然清净是也。’斯之诚言，则为证也。”

坐时当觉，识心初动，运运流注[4]，随[5]其来去，皆令知之。以金刚惠征责，犹如草木，无所别知。知所无知，乃名一切智。此是菩萨一相法门。

问：“何者是禅师？”

信曰：“不为静乱所恼者，即是好禅。用心人常住于止[6]，心则沉没；久住于观，心则散乱。《法华经》云：‘佛自住大乘，如其所得法，定惠力庄严，以此度众生。’”

云：“何能得悟解法相，心得明净？”

信曰：“亦不念佛，亦不捉心，亦不看心，亦不计心[7]，亦不思惟，亦不观行，亦不散乱，直任运，亦[8]不令去，亦不令住，独一清净究竟处，心自明净。或可谛看，心即得明净，心如明镜。或可一年，心更明净，或可[三五年，心更明净][9]。

或可因人为说，即得[10]悟解。或可永不须说，得解经道，众生心性，譬如宝珠没水，水浊珠隐，水清珠显。为谤三宝，破和合僧，诸见烦恼所污，贪嗔颠倒所染，众生不悟，心性本来常清净。故为[11]学者，取悟不同，有如此差别。今略出根缘不同，为人师者，善须识别。”

校注：[1]“以”字，S.2054脱。　[2]“像”字，S.2054脱。　[3]“相”字，S.2054作“想”。案，敦煌写本中“相”“想”通用，此处“相”字为佳。　[4]“注”字，S.2054误作“往”，形近致讹。　[5]“随”字，底本脱，据S.2054补。　[6]“止”字，底本误作“正”，据S.2054改。　[7]“心”字，底本作“念”，S.2054作“心”，是，据改。　[8]“亦”字，底本脱，据S.2054补。　[9]“三五年心更明净”七字，底本脱，据S.2054补。　[10]“得”字，S.2054脱。　[11]“为”字，底本作“有”，S.2054作“为”，是，据改。

《华严经》云：“普贤身相，犹如虚空，依于[1]如如，不依于佛国。”解时佛国皆亦如[2]，即如国皆不依。

《涅槃经》云：“有无边身菩萨，身量如虚空。”

又云：“有善光故，犹如夏日。”

又云：“身无边故，名大涅槃。”

又云：“大［般］[3]涅槃，其性广博。”

故知学者有四种人：有行有解有证上上人；无行有解有证中上人；有行有解无证中下人；有行无解无证下下人也。

问：“临时作，若为观行？”

信曰：“直[4]须任运。”

又曰：“用向西方不？”

信曰：“若知心本来不生不灭，究竟清净。即是净佛国土，更不须向西方。”

《华严经》云：“无量劫一念，一念无量劫。”须知一方无量方，无量方一方，佛为钝根众生，令向西方，不为利根人说也。深行菩萨，入生死，化度众生，而无爱见。若见众生有生死，我是能［度］[5]，众生是所度，不名菩萨度众生，如度空，［度空］[6]何曾有来去。

《金刚经》云：灭度无量众生，实无有众生得灭度者。所初地菩萨，初证一切空，后证［得］[7]，得一切不空，即是无分别智，亦是色，［色］[8]即是空，非色灭空，色性是空。所菩萨修学空为证。新学之人，直见空者，此是见空，非真[9]空也。修道得真空者，不见空与不空，无有诸见也。善须解色空义，学用心者，要须心路明净。悟解法相，了了分明，然后乃当为人师耳。复须内外相称，理行不相违。决须断绝文字语言，有为圣道，独一净处，自证道果也。

或复有人，未了究竟法，为[10]名闻利养，教道众生，不识根缘利钝，似如有异，即皆印可，极为苦哉！苦哉！大祸！或见心路，似如明净，即便印可。此人大坏佛法，自诳诳他。用心人，有如此同异，并皆[11]是相貌耳，未为得[12]心。真得[13]心者，自识分明，久后法眼自开，善别虚之与伪。或有人，计身空无，心性亦灭，此是断见人，与外道同，非佛弟子。或有人，计心是有，不灭此是常见人，亦与外道同。今明佛弟子，亦不计心性是灭，常度众生，不起爱见；常学智惠，愚智平等；常在[14]禅定，静乱不二；常见众生，未曾是有，究竟不生不灭，处处现形。无有见闻，了知一切，未曾取舍，未曾分身，而身遍[15]于法界[16]。

校注：[1]“于”字，S.2054脱。 [2]“如”字，S.2054脱。 [3]“般”字，底本脱，据S.2054补。 [4]“直”字，S.2054误作“真”，形近致讹。 [5]“度”字，底本脱，据S.2054补。 [6]“度空”二字，底本脱，据S.2054补。 [7]“得”字，底本脱，据S.2054补。 [8]“色”字，底本脱，据S.2054补。 [9]“真”字，底本误作“直”，形近致讹，据S.2054改。 [10]底本在“为”后多“于”字，疑衍；S.2054无“于”字，是，据删。 [11]“皆”字，S.2054脱。 [12]“得”字，S.2054作“德”，通“得”。 [13]“得”字，S.2054作“德”，通“得”。 [14]“在”字，S.2054作“作”，亦通。 [15]“遍”字，S.2054误作“通”，形近致讹。 [16]底本在“法界”后多“之界”二字，疑衍；S.2054无此二字，是，据删。

又古时智敏禅师训曰：“学道之法，必须解行相扶，先知心之根原及诸体用，见理分明明净，了了分明无惑[1]。无惑，然后功业可成。”一解千从，一迷万惑[2]，失之毫厘，差之千里，此非虚言。

《无量寿经》云：“诸佛法身，入一切众生心，想是心是佛[3]，是心作佛。”当知佛即是心，心外更无别佛也。略而言之，凡有五种：一者知心体，体性清净，体与佛同；二者知心用，用生法宝，起作恒寂，万惑皆如；三者常觉不停，觉心在前，觉法无相；四者常观身空寂，内外通同，入身于法界之中，未曾有碍；五者守一不移，动静常住，能令学者，明见佛性，早入定门。

诸经观法，备有多种。傅大师所说：“独举守一不移。”先当[4]修身审观，以身为本。又此身是四大五荫之所合，终归无常，不得自在，虽未坏灭，毕竟是空。

《维摩经》云：“是身如浮云，须臾变灭。”又常观自身，空净如影，可见不可[5]得。智从影中生，毕竟无处所。不动而应物，变化无有[6]穷。空中生六根，[六根][7]亦空寂。所对六尘境，了知是梦幻[8]。如眼见物时，眼中无有物。如镜照面像，了了极分明。空中现形影，镜中亦[9]无[一][10]物。当知人面不来入镜中，镜亦不往入人面。如此委曲，知镜之与面，从本已来，不出不入，不来不去[11]，即是如来之义。如此细分判，眼中与镜中，本来常空寂。镜照眼照同，其[12]故将为比。鼻舌诸根等，其义亦复然。知眼本来空，凡所见色者，须知是他色；耳闻声时，知是他声；鼻闻香时，知是他香；舌别味时，知是他味；意对法时，知是他法；身受触时，知是他触。如此观察知，是为观空寂。见色知是不受色，色[13]即［是］[14]空。空即无相，即[15]无作，此是解脱门，学者得解脱。诸根例如此，不复须重言［说］[16]。常念六根空寂，尔无闻见。

校注：［1］“明净了了分明无惑”八字，S.2054脱。　［2］“惑”字，底本作“或”，据S.2054改。以下改法相同，不单独作校。　［3］“是心是佛”四字，S.2054脱。　［4］“当”字，S.2054脱。　［5］“可”字，S.2054脱。　［6］“有”字。S.2054脱。　［7］“六根”二字，底本脱，据S.2054补。　［8］“梦幻”二字，底本作“一幻”，S.2054作“梦幻”，义胜，据改。　［9］“亦”字，S.2054脱。　［10］“一”字，底本脱，据S.2054补。　［11］“不来不去”四字，底本作“不不来去”，失义，据S.2054改。　［12］“其”字，S.2054作“是”，亦通。　［13］S.2054在“色”前多“不受”二字，亦通。　［14］“是”字，底本脱，据S.2054补。　［15］S.2054在“即”前多“无相”二字，亦通。　［16］“说”字，底本脱，据S.2054补。

《遗教经》云：“是时中夜，寂然无声。”当知如来说法，以空寂为本，常念六根空寂，恒如中夜时。昼日所见闻，皆是身外事。身中常空净，守一不移者。以此空[1]净眼，注[2]意看一物。无问昼夜时，专精常不动。其心欲驰散，急手还摄来。如[3]绳系鸟足，欲飞还掣取。［终］[4]日看不已，泯然心自定。

《维摩经》云：“摄心是道场，此是摄心法。”

《法华经》云：“从无数劫［来］[5]，除睡常摄心。以此诸[6]功德，能生诸禅定。”

《遗教经》云：“五根者，心为其主。”制之一[7]事不辨。此是也。

前所说五事，并是大乘正理，皆依经文所陈，非是理外妄说。此是无漏业，亦是究竟义，越[8]过声闻地，直[9]趣菩萨道。闻者宜修行，不须致疑惑。如人学射，初射[10]大准，次中小准，次中大的，次中小的，次中一毛，次破一毛作百分，次中百毛之一分，次后箭[11]射前筈，筈筈相住，不令箭落。喻人习道，念念住心，心心相续，无暂之[12]间念，正念不断，正念现前。

校注：[1]“空”字，S.2054脱。 [2]“注”字，S.2054作“住眼”，亦通。 [3]“如”字，S.2054作“以”。 [4]“终”字，底本脱，据S.2054补。 [5]“来”字，底本脱，据S.2054补。 [6]“诸”字，S.2054脱。 [7]“之一”二字，S.2054作“立处无”，亦通。 [8]“越”字，S.2054作“超”，亦通。 [9]“直”字，S.2054误作“真”，形近致讹。 [10]“射”字，S.2054脱。 [11]“箭”，S.2054误作“前”，形近致讹。 [12]“之”字，S.2054脱。

又经云：“以智惠箭射三解脱门。”筈筈相柱，勿令落地。又如钻火，未热而息，虽欲得火，火难可得。又如家有如意珠，所求无不得，忽然而遗失，忆念无忘时。又如毒箭入肉，竿出[1]镞犹在，如此受苦痛，心[2]亦无暂忘时。念念常在心，其状当如是[3]。此法秘要，不得传非其人，非是惜法不传，但恐前人不信，陷其谤法之罪。必须择人，不得造[4]次辄说。慎之！慎之！

法海虽无量，行之在一言，

得意即亡言，一言亦不用。

如此了了知，是为得佛意。

若初学坐禅时，于一静处，直[5]观身心，四大五荫[6]，眼耳鼻舌身意及贪嗔痴，若[7]善若恶，若怨若亲，若凡若圣，及至一切诸法[8]，应当观察。从本以来空寂，不生不灭，平等无二。从本以来无所有，究竟寂灭。从本以来，清净解脱，不问昼夜，行住坐卧，常作此观，即知自身，犹如水中月，如镜中像，如热时炎，如空谷响。若言是有，处处求之不可见；若言是无，了了恒在眼前。诸佛法身，皆亦如是。即知自身从无量劫已[9]来，毕竟未曾生；从今已去，亦毕竟无人死。若能常作如此观者，即是真实忏悔。千劫万劫，极重[恶][10]业，即自消灭。唯除疑惑，不能生信，此人不能悟入。若生死信依此行者，无不得入无生正理。

复次，若心缘异境，觉起时即观起处，毕竟不起。此心缘生时，不从十方来，去亦无所至。常观攀缘，觉观妄识，思想杂念，乱心不起，即得粗住。若得住心，更无缘虑，[即][11]随分寂定，亦得随分息诸烦恼毕，故不造新，名为解脱。看若[12]心结烦热，闷乱昏沉，亦即且从[13]散适，徐徐安置，令其得便，心自安净。唯须类进[14]，如救头然，不得懈怠。努力！努力！

校注：[1]“出”字，S.2054脱。 [2]“心”字，S.2054脱。 [3]“是”

字，S.2054作“此”，亦通。　［4］“造”字，S.2054作“操”。　［5］“直”字，S.2054误作“真”，形近致讹。　［6］“荫”字，底本作“阴”，通“荫”；S.2054作“荫”，是，据改。　［7］“若”字，S.2054作“为”，亦通，“若”义更胜。　［8］“法”字，S.2054作“状”。　［9］“已”字，S.2054脱。　［10］“恶”字，底本无，据S.2054补。　［11］“即”字，底本脱，据S.2054补。　［12］“若”字，S.2054脱。　［13］“从”字，S.2054作“自”。　［14］“类进”二字，S.2054作“猛利”，义均不详。

初学［坐禅］[1]看心，独坐一处，先端身正坐，宽衣解带，放身纵体，自按摩七八翻，令心腹[2]中嗌气出尽，即滔然得性，清虚恬净。身心调适，然安心神，则窈窈冥冥，气息清冷；徐徐敛心，神道清利，心地明净，观察分明。内外空净，即心性寂灭。如其寂灭，则圣心显矣。性虽无形，志节恒在。然幽灵不竭，常存朗然，是故[3]名佛性。见佛性者，永离生死，名出世人［也］[4]。是故《维摩经》云：“豁然还得本心。”信其言也。

悟佛性者，是名菩萨人，亦名悟道人，亦名识理人，亦名达士[5]，亦名得性人。是故经云：一句深[6]神，历劫不朽。初学者前方便也。故知修道有方便，此即圣心之所会。凡舍身之法，先定空，空心使心境寂静，铸想玄寂，令心不[7]移。心性寂定，即断攀缘。窈窈冥冥，凝净心虚，则夷泊恬乎，泯然气尽。住清净法身，不受后有。若起心失念，不免受生也。此是前定心境，法应如是。此是作法，法本无法，无法之法，始名为法。法则无作。夫无作之法，真实法也。是以经云：“空、无作、无愿、无相，则真解脱。”以是义故，实法无作。舍身法者，即假想身，横看心境，明地即用，神明推策。

大师云：“庄子说：‘天地一指，万物一马。’[8]①《法句经》云：‘一亦不为一，为欲破诸数，浅智之所闻，谓一以为一。’故庄子犹滞一也。老子云：‘窈兮冥兮，其中有精。’②外虽亡想，内尚存心。《华严经》云：‘不着二法，以无一二故。’《维摩经》云：‘心不在内，不在外，不在中间’即是证。故知老子滞于精识也。《涅槃经》云：‘一切众生有佛性。’容可说：‘墙壁凡石，而非佛

① ［唐］陆德明撰，黄焯断句：《经典释文》卷二六《齐物论》，北京：中华书局，1983年，第363页。

② ［汉］刘安著，许慎注，陈广忠点校：《淮南子》卷一二，上海：上海古籍出版社，2016年，第291页。

性，云何能说法？’又天亲《论》云：‘应化非真佛，亦非说法者。’”

第六，唐朝蕲州双峰山幽居寺大师，讳弘忍，承信禅师后。忍传法，妙法人尊，时号为东山净门。又缘京洛道俗称叹，蕲州东山多有得果人，故［曰］[9]东山法门也。

校注：［1］“坐禅”二字，底本脱，据S.2054补。　［2］“心腹”二字，底本作“肠”，亦通；S.2054作“心腹”，义更胜，据改。　［3］“故”字，S.2054脱。　［4］“也”字，底本脱，据S.2054补。　［5］“亦名达士”四字，S.2054脱。　［6］“深”字，底本作“染”，S.2054作“深”，义胜，据改。　［7］S.2054自“不”字以下残。　［8］“马”字，底本作“焉”，S.2054、庄子《齐物论》为“马”，是，据改。　［9］“曰”字，底本无，据文义补。

又问：“学道何故不向城邑聚落？要在山居？”

答曰：“大厦之材，本出幽谷，不向人间有也，以远离人故，不被刀斧损斫，一一长城（成）大物后，乃堪为栋梁之用。故知栖神幽谷，远避嚣尘，养性山中，长辞俗事。目前无物，心自安宁。从此道树花开，禅林果出也。”

其忍大师，萧然净坐，不出文记，口说玄理，默授与人。在人间有《禅法》一本，云是忍禅师说者，谬言也。案：安州寿山和上，讳赜，撰《楞伽人法志》，云：“大师俗姓周，其先寻阳人，贯黄梅县也。父早弃，皆养母孝障。七岁奉事道信禅师，自出家处幽居寺。住度弘愍，怀抱贞纯，缄□于是非之场，融心于色空之境。役力以申，供养法侣，资其足焉。调心唯务浑仪，师独明其观照。四仪皆是道场，三业咸为佛事。盖静乱之无二，乃语默之恒一。时四方请益，九众师横，虚往实归，月俞（逾）千计。生不瞩文，而义符玄旨。”

时荆州神秀禅师，伏膺高轨，亲受付嘱。玄赜以咸亨元年，至双峰山。恭承教诲，敢奉驱驰，首尾五年，往还三觐，道俗齐会，仂身供养。蒙示《楞伽》义云：“此经唯心证了知非，文疏能解。”

咸亨五年二月，命玄赜等起塔，与门人运天然方石，累构严丽。月十四日，问：“塔成未？”奉答：“已了。”便云：“不可同佛涅槃之日。”乃将宅为寺。又曰：“如吾一生，教人无数，好者并亡。后传吾道者，只可十耳。我与神秀论《楞伽经》，玄理通快，必多利益。资州智诜、白松山刘主簿，兼有文性；莘州惠藏、随州玄约，忆不见之；嵩山老安，深有道行；潞州法如、韶州惠能、扬州高丽僧智德，此并堪为人师。但一方人物，越州义方，仍便讲说。"

又语玄赜曰："汝之兼行，善自保爱。吾涅槃后，汝与神秀，当以佛日再晖，心灯重照。"其月十六日，问曰："汝今知我心不？"玄赜奉答："不知。"大师乃将手十方，一一述所证心已。十六〔日〕中，面南宴（奄）坐，闭目便终，春秋七十四。礼葬于冯茂山塔中，至今宛如平昔。范阳卢子产，于安州寺壁画像，前兵部尚书陇西李迥秀为赞曰：

猗欤上人，冥契道真。摄心绝智，高悟通神。

无生证果，现灭同尘。今兹变易，何岁有邻？

大师云："有一□屋，满中总是粪秽草土，是何物？"

又云："扫除却粪秽草土并当尽，一物亦无，是何物？你坐时，平面端身，正坐，宽放身心，尽空际远看一字，自有次第。若初心人攀缘[1]多，且向心中看一字。证后坐时，状若旷野泽中，迥处独一高山，山上露地坐，四顾远看，无有边畔，坐时满世界，宽放身心，住佛境界，清净法身，无有边畔，其状亦[2]如是。"

又云："你证大法身时，阿谁见证？"

又云："佛有卅二相，瓶亦有卅二相不[3]？柱亦有卅二相不？乃至土木瓦石〔不〕[4]，亦有卅二相不？"

又将火着，一长一短并着，问若个长，若个短也？又见人燃灯，及[5]造作万物，皆云："此人作梦，作术也。"

或云："不造不作，物物皆是大般涅槃也。"

又云："了生即是无生法，非离生法有无生。龙树云：'诸法不自生，亦不从他生，不共不无因，是故知无生。'若法从缘生，是则无自性，若无自性者，云何有〔是〕[6]法？"

又云："虚空无中边，诸佛身亦然。我印可汝，了了见佛性处，是也。"

又云："汝正在寺中坐禅时，山林树下，亦有汝身坐禅不？一切土木瓦石，亦能坐禅不？土木瓦石，亦能见色闻声，着衣持钵不？《楞伽经》云：'境界法身。'是也。"

第七，唐朝荆州玉泉寺大师，讳秀；安州寿山寺大师，讳赜。洛州嵩山会善寺大师，讳安，此三大师，是则天大圣皇后、应天神龙[7]皇帝、太上皇前后为三主国师也。上[8]忍大师授记云[9]："后传吾道〔者〕[10]，只可十耳。俱承忍禅师后。"按安州寿山和上，撰《楞伽佛[11]人法志》，云：其秀禅师，俗姓李，汴州尉氏人。远涉江上，寻师慕[12]道，行至蕲州双峰山忍禅师所，受得禅法。禅灯默照，言语道断，心行处灭，不出文记。后居荆州玉泉寺。大足元年，召入东都，随驾往来二[13]京教授，躬为帝师。

校注：［1］P.3703由“缘”字始。　［2］“亦”字，P.3703脱。　［3］“不”字，P.3703脱。　［4］“不”字，底本脱，据P.3703补。　［5］“及”字，P.3703脱。　［6］“是”字，底本脱，据P.3703补。　［7］“大圣皇后应天神龙”八字，P.3703无。　［8］“上”字，P.3703作“并”。　［9］“云”字，P.3703脱。　［10］“者”字，底本脱，据P.3703补。　［11］“佛”字，P.3703无，亦通。　［12］“慕”字，P.3703作“暮”，同音假借。　［13］“二”字，P.3703作“两”，亦同。

则天大圣皇后，问神秀禅师曰：“所传之法，谁家宗旨？”答曰：“禀蕲州东山法门。”问：“依何典诰？”答曰[1]：“依《文殊说般若经[2]》一行三昧。”则天曰：“若论修道，更不过东山法门。”以秀是[3]忍门人，便成口实也[4]。

应天神龙皇帝神龙元年三月十三日，敕：“禅师迹远俗尘，神游物外，契无相之妙理，化有结之迷途。定水内澄，戒珠外澈[5]，弟子归心释教，载伫津梁。冀启法门，思逢道首。禅师昨欲归[6]本州岛者，不须幸副，翘仰之怀，勿滞枌榆之恋。遣书示意，指不多云。”

禅师二帝钦承，两京开化，朝野蒙益，度人无数。敕于本生大李村[7]为置报恩寺，以神龙二年二月廿八日，不疾宴（奄）坐。遗嘱三字，云：“屈曲直。”便终东都天宫寺村[8]，春秋一百余岁。合城四众，广饰宫幢，礼葬龙门山。驸马[9]公主，咸设祭文。敕：“故秀禅师，妙识外融，灵机内彻，探不二之奥，独得[10]髻珠；守真[11]一之门，孤悬心镜。至灵应物，色会神明。无为自居，尘清累遣。其颐转慕，精奕日聪。方将洞前识之玄微，导群生之耳目。不意大悲同体，委化从权。一伤泥日之论[12]，长想[13]意传之教。虽理绝名相，无待于追崇，而念切师资，愿存于荣饰，可赠为大通[14]禅师。”

校注：［1］“答曰”二字，P.3703无。　［2］“般若经”三字，P.3703无。　［3］“是”字，P.3703脱。　［4］“也”字，P.3703脱。　［5］“澈”字，P.3703误作“发”。　［6］“归”字，P.3703脱。　［7］“大李村”三字，底本作“大村李”，误。神秀俗姓李，大李村为其出生地。P.3703作“大李村”，是，据改。　［8］“便终东都天宫寺村”八字，P.3703作“便于东都天宫寺安置”。 [9]“驸马”二字，P.3703在“驸马”后多“都尉”二字。 [10]“得”字，P.3703作“守”，“得”字义更胜。 [11]“真”字，P.3703误作“直”，形近致讹。 [12]“论”字，P.3703误作“沦”，同音、形近假借。 [13]“想”字，P.3703作“相”，通“想”。 [14]“大通”二字，P.3703在“大通”后多“和尚”二字，亦通。

又敕：“宜差太子洗马卢正权，充使送至荆州安置，度门[1]人，寺额亦付正权。将回日奏闻。”门人赞曰：

至矣我[2]师，道穷真谛，清净解脱，圆明实际。

演无上道，开无上惠，迹泯一心[3]，已心三世。

假言显理，顺理而契，长为法舟，济何所济。

大师云：“《涅槃经》说‘善解’一字，名曰‘律师’。文出经中，证在心[4]内。”

又云：“此心有心不？心是何心？”

又云：“见色有色不？色是何色？”

又云：“汝闻打钟声，打时有，未打时有声，是[5]何声？”

又云：“打钟声，只在寺内有，十方世界亦有钟声不？”

又云：“身灭影不灭，桥流水不流。我之道法，总会归[6]‘体用’两字，亦曰[7]‘重玄门’，亦曰‘转法轮[8]’，亦曰‘道果’。”

又云[9]：“未见时见，见时见更见[10]。”

又云：“《瓔珞经》云：‘菩萨照寂，佛寂照’。”

又云：“芥子入须弥，须弥入芥子也。”

又见飞鸟过，问云：“是何物？”

又云：“汝向了[11]树枝头，坐禅去时得不？”

又云：“汝直入壁中过，得不？”[12]

又云：“《涅槃经》说[13]：‘有无边身菩萨，从东方来。’菩萨身既[大][14]无边际，云何更从东方来？何故不从西方来[15]？南方北方来？可即不得也[16]。”

校注：[1]“门”字，P.3703无，亦通。 [2]“我”字，P.3703作“大”，亦通。 [3]“心”字，P.3703作“如”。 [4]“心”字，底本作“中”，P.3703作“心”，义胜，据改。 [5]“是”字，P.3703在“是”前

多“声”字，亦通。 [6]“归”字，P.3703脱。 [7]“曰”字，P.3703作“云”，亦通。 [8]“曰转法轮”四字，P.3703作“云转清净法轮”，亦通。 [9]“又云”二字，P.3703脱。 [10]“见时见更见”五字，P.3703作“更见”，亦通。 [11]“了”字，底本在“了”后多出一“上”字，据P.3703删。 [12]自“又云璎珞经云”至“汝直入壁中过得不”之间文字，P.3703脱。 [13]“说”字，P.3703脱。 [14]“大”字，底本脱，据P.3703补。 [15]“来”字，P.3703脱。 [16]“也”字，P.3703脱。

第八，唐朝洛州嵩高山普寂禅师、嵩山敬贤禅师、长安兰山义福禅师、蓝田玉山惠福禅师，并同一师学，法侣应[1]行，俱承[2]大通和上后。少小出家，清净戒[3]行，寻师问道，远访禅门。行至荆州玉泉寺，遇大通和上，讳秀，蒙授禅法。诸师等奉事大师十有余年，豁然自证，禅珠独照。大师付嘱普寂、敬贤、义福、惠福等，照世炬灯，传颇梨大镜。天下坐禅人，叹四个禅师曰：“法山净，法海清，法[4]镜朗，法灯明。宴坐名山，澄神邃谷[5]。德冥性海，行茂禅林[6]。清净无为，萧然独步。禅灯默照，学者皆证佛心也。”

自宋朝以来，大德禅师，代代相承。起自宋求那跋陀罗三藏，历代传灯，至于唐朝，总[7]八代，得道获果，有二十[8]四人也[9]。

校注：[1]“应”字，P.3703误作“鹰”，同音假借。 [2]“俱承”二字，P.3703作“丞”，误。 [3]“戒”字，P.3703作“梵”，亦通。 [4]“法”字，P.3703误作“浊”，形近致讹。 [5]“邃谷”二字，P.3703作“幽邃”，亦通。 [6]“林”字，底本作“枝”，P.3703作“林”，义胜，据改。 [7]“总”字，P.3703在“总”后多“当”字，亦通。 [8]“二十”二字，P.3703作“廿”。 [9]底本由“也”字结束。在其后，P.3703有尾题“楞伽师资记一卷”。

三、历代法宝记

【题解】

《历代法宝记》主要记载了智诜四传弟子保唐寺无住（714~774年）的禅修事迹及禅法。惜无有著作者名字的款识，其成书时间当比《楞伽师资记》及《传法宝记》都要晚一些。《历代法宝记》过半篇幅谈的是无住，而且在书末还附有无住的“写真赞”，即孙寰撰《大唐保唐寺和上传顿悟大乘禅门门人写真赞并序》。推而论之，这部书极可能是在无住死后（774年）不久由其门人孙寰写成的，所述内容应参考了《楞伽师资记》和《传法宝记》。

如果说《传法宝记》是北宗禅修指导性纲领的话，那么《历代法宝记》则是记载四川保唐派所禅修的核心禅法。它记述了从菩提达摩到六祖惠能的传法世系，着重记载了以成都为中心的净众派、保唐派的传承史，是中国禅宗最早的史书之一。它在敦煌文献中保留有10个卷号，即S.516、S.1611、S.1776、S.5916、S.11014、P.2125、P.3717、P.3727、日本石井光雄藏本和俄藏Φ.261号残卷。其中大多为唐代写本，少量为五代写本，保存情况如下：

S.516，首题《历代法宝记》，尾题为《历代法宝记一卷》，除首部前12行下半截有残损外，其余基本完整，首尾俱全，而且书写工整，具有一定的书法价值和较高的史料价值，全篇共43纸。

P.2125，有首尾题识，均为《历代法宝记》，书法不太好，但很清晰，较为完整，全卷计25纸。

P.3717，首稍残，约有半纸，其余部分均保存完好，而且字迹清晰，书法工整，有尾题《历代法宝记一卷》，计28纸，具有一定的书法价值和较高的史料价值。

S.1611，残存1纸，抄文字17行，无任何款识，内容属于《惠可大师传》。

S.1776，无首无尾，无任何款识，计2纸，记“唐朝第五祖”全文及“唐朝第六祖”的前半部分。S.1611和S.1776两写本书法拙劣，不似专业书手所为，应是属于同一件写本的断片。

S.5916，只存首页4行，首题为《历代法宝记》，折页装，这是与其他书卷

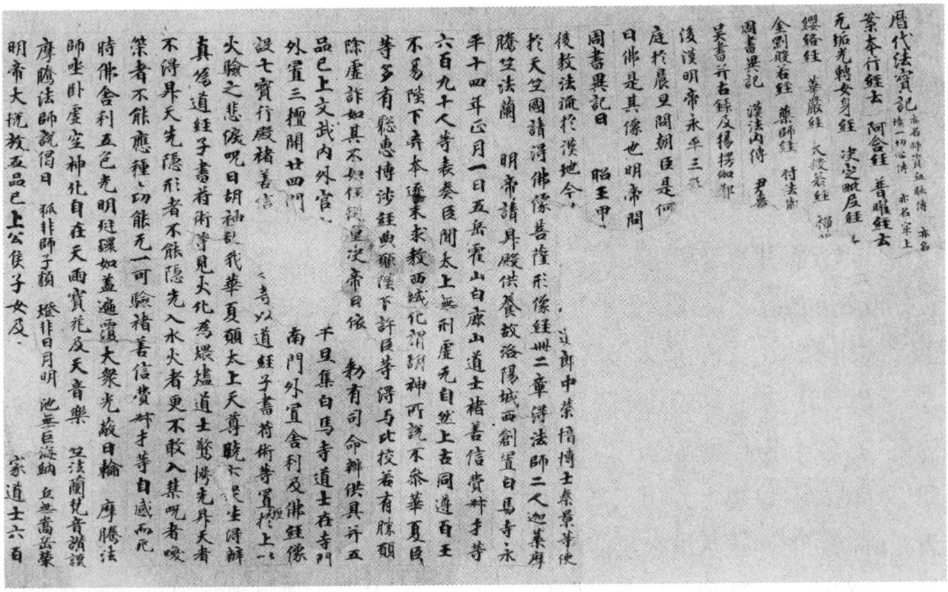
曆代法寶記
楞本行經云　阿含經　普曜經云
无垢光轉女身經　決定毗尼經云
瓔珞經　華嚴經　大般若經
金剛般若經　藥師經　付法藏
周書異記　漢法內傳　尹喜
吳書并古錄及楊楞伽鄴
後漢明帝永平三年
庭於晨旦問朝臣是何
日佛是其像也明帝問
周書異記曰　昭王甲
後教法流於漢地今
遣郎中蔡愔博士秦景等使
於天竺國請得佛像菩薩形像經卌二章得法師二人迦葉摩
騰竺法蘭　明帝請昇殿供養救洛陽城西創置白馬寺永
平十四年正月一日五岳霍山白鹿山道士褚善信費叔才等
六百九十人等表奏臣聞太上無形無名无極无自然上古同遵百王
不易陛下弃本逐末求教西域化謂胡神所說不參華夏臣
等多有聰惠博涉經典願陛下許臣等得與比校若有勝
除虛詐如其不如任從重決帝曰依　勑有司命辨供具并五
品已上文武內外官　于旦集白馬寺道士在寺門
外置三壇開廿四門　南門外置舍利及佛經像
設七寶行殿褚善信　以道經子書符術等置於上以
火驗之悲涙呪曰胡神亂我華夏願太上天尊曉示衆生得辯
真偽道經子書符術等見火化為灰燼道士驚愕先昇天者
不得昇天先隱形者不能隱先入水火者更不敢入禁呪者唤
策者不能應種種功能无一可驗褚善信費叔才等自感而死
時佛舍利五色光明旋環如蓋遍覆大衆光蔽日輪　摩騰法
師坐卧虛空神化自在天雨寶花及天音樂　竺法蘭梵音讚
摩騰法師說偈曰　狐非師子類　燈非日月明　池無巨海納　丘無嵩岳榮
明帝大悅敕五品已上公侯子女及　家道士六百

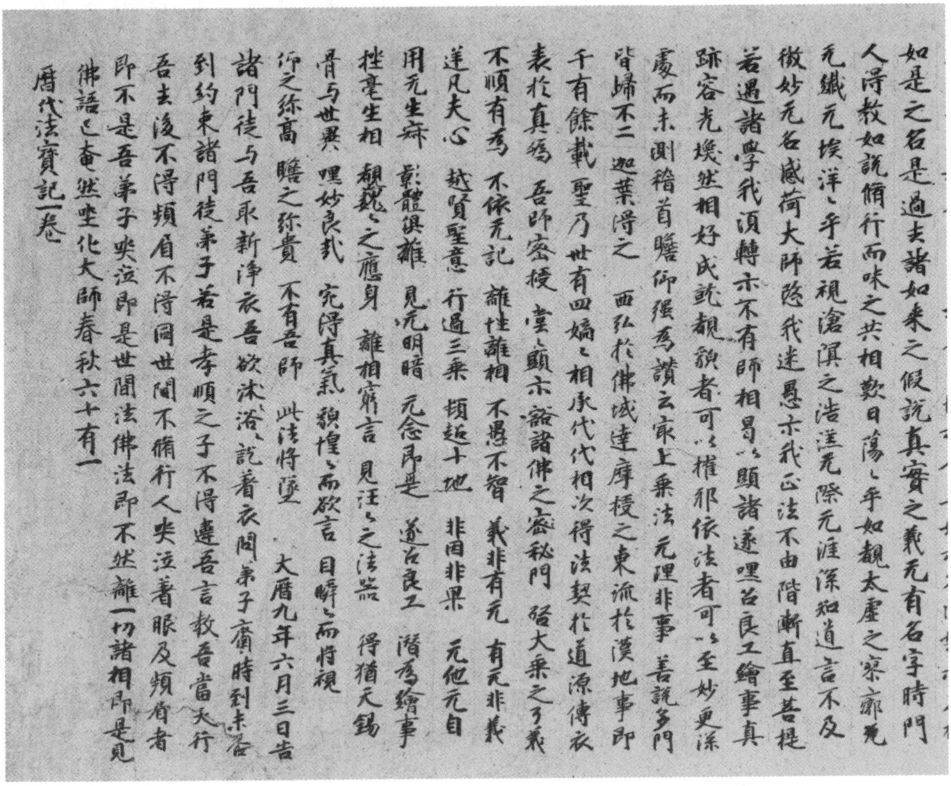
如是之名是過去諸如來之假說真實之義无有名字時門
人得教如說脩行而味之共相歎曰蕩蕩乎如觀太虛之寥廓无
无纖无埃洋洋乎若視滄溟之浩瀁无際无涯深知道言不及
微妙无名感荷大師慈我迷愚示我正法不由階漸直至菩提
若遇諸學我須轉示不有師相冒以顯諸遂嘿召良工繪事真
跡容光煥然相好成就覩顏者可以摧邪依法者可以登妙更深
處而未測稽首瞻仰强為讚云　家上乘法　无理非事　善說多門
皆歸不二　迦葉得之　西弘於佛域　達摩授之　東流於漢地　事即
千有餘載　聖乃世有四　嫡嫡相承　代代相次　得法契於道源　傳衣
表於真為　吾師密授　堂堂顯示　谿諸佛之密秘門　昭大乘之了義
不順有為　不依无記　離性離相　不愚不智　義非有无　有无非義
達凡夫心　越賢聖意　行過三乘　頓超十地　非因非果　无他无自
用无生寂　彰體俱離　見无明暗　无念即是　遂召良工　潛為繪事
挫毫生相　覩貌貌之應身　離相窮言　見汪汪之法器　得猶天錫
骨與世異　嘿妙良哉　究得真氣　穎惶惶而欲言　目瞬瞬而將視
仰之彌高　瞻之彌貴　不有吾師　此法將墜　大曆九年六月三日告
諸門徒與吾取新淨衣　吾欲沐浴　說著衣問弟子　前時到未　答
到約束諸門徒弟子若是孝順之子不得違吾言教吾當大行
吾去後不得頻眉不得同世間不備行人哭泣著眼及頻眉者
即不是吾弟子哭泣即是世間法佛法即不然離一切諸相即是見
佛語已奄然坐化大師春秋六十有一
曆代法寶記一卷

S.516《历代法宝记》（局部）

的不同之处。但是这四行的内容是其他卷号所不载的。

S.11014，属于佛典引首残纸，仅存书名部分一长条，一边有细木轴，一边残断，背存书题大字曰“历代法宝记”。

P.3727，2纸，内容为《历代法宝记》之《菩提达摩传》，约占其全部文字的5%。

日本人石井光雄藏《历代法宝记》精编本。

俄藏Φ.261，首残，始于开首不远的“无名晚年开释卷”，止于“北齐第二祖”，以下纸有空白，但未抄写内容，其中有不少脱文。

《历代法宝记》亦名《师资众脉传》，亦名《定是非摧邪显正破坏一切心传》，亦名《最上乘顿悟法门》，10个卷号均无作者署名，从记载的史实内容和倡导的禅宗思想上分析，当属四川保唐寺无住派的著作。从中可以看出，保唐派所创立的禅法重南宗惠能的顿悟法门、轻北宗的渐悟主张，并对北宗渐修理论略有抨击，这种思想在《历代法宝记》一书中体现得相当明显。该书是三种早期禅史中部头最大的著作，记载的保唐派禅宗思想体系也最为翔实。其中保存基本完整的三个卷号P.2125、S.516、P.3717内容上有所不同，如S.516、P.3717中的《阿跋陀宝楞伽经》在P.2125则写作《楞伽阿跋陀宝经》；P.2125中的“身虽是獠，佛性岂异和上”一语在P.3717和S.516号中却写作“猓獠仏性与和上佛性岂异别否”；S.516和P.3717中的“其中亲事，不离忍大师左右者唯有十人”一语在P.2125付之阙如。相较而言，S.516、P.3717在内容上基本一致，而P.2125多有差异，说明S.516、P.3717属于一个版本系统，而P.2125则属于另外一个本子。[①]俄藏Φ.261号残卷也与S.516、P.3717特征一致，也当出自同一个本子。

这些文献大都为卷轴装，唯S.5916例外，为折页装。因为该文献残损，仅存首页4行。值得注意的是，这4行文字在其他几件写本中是看不到的，当属另外一种本子。

这里还需特别提及日本所存的《历代法宝记》精编本。所谓精编，就是把其中具有一些故事情节或对话的内容用“云云”等语一笔带过，与全本相比，大约要少三分之一的篇幅。1942年出版的《石井积翠轩文库善本书目》著录了

① 近藤良一：「『歷代法寶記』の諸寫本について」，『印度學佛教學研究』第21卷第2號，第313～318頁。

当时日银总裁石井光雄所藏的这一敦煌卷子，记曰：

> ［国宝］历代法宝记，一卷，一轴，唐写，敦煌出。每行二十数字［不等］，字面高约七寸四分，每纸［长约一尺三寸四分］二十八行，残存墨附十页，［及末四行］，首尾缺……背面有修补，纸幅约八寸六分。

石井光雄把该文献视为国宝，守护甚严，一直没有在学界露出它的全部尊容，直到近年才由荣新江教授从友人处觅获石井光雄《历代法宝记》的全部影印本并录文刊布。[①]较为完整的S.516、P.2125、P.3717等本在叙述无住和尚时均称："和上，凤翔郿县人也，俗姓李，法号无住，年住五十……"准确地告诉我们此处所谓的"和尚"指的不是别人，而是"无住和尚"。

综上可知，《历代法宝记》在敦煌文献里至少存在有4种本子，它们同时在敦煌流行。敦煌是中西文化交通的中转站，有条件把来自不同地区的佛教文化兼容并蓄，从而丰富了敦煌当地禅僧修学的内容。

由于《历代法宝记》篇幅较长，著述中参考古文献近40种，所记述的四川成都保唐派禅宗思想体系十分翔实，为其他历史文献所稀见，故而一直为学界的关注。1928年，《大正藏》第51册出版，其中即校录了矢吹庆辉发现的P.2125号写卷，以之为底本，与S.516相校。1930年，矢吹庆辉把S.516的图版发表在《鸣沙余韵》中，随后在《鸣沙余韵解说》中对之做了简要解释。1935年，朝鲜学者金九经对两文献进行校勘，刊于《畺园丛书》中。此后，日本学者柳田圣山及田中良昭等都曾对该文献进行校录、研究。国内对此文献也多有研究，如：

杜斗城:《敦煌本〈历代法宝记〉与蜀地禅宗》,《敦煌学辑刊》1993年第1期，第53～63页；

荣新江:《有关敦煌本〈历代法宝记〉的新资料——积翠轩文库旧藏"略出本"校录》，载《戒幢佛学》第2卷，长沙：岳麓书社，2002年，第94～105页；

郝春文主编《英藏敦煌社会历史文献释录》第2卷，北京：社会科学文献出版社，2003年，第467～564页；

---

① 荣新江:《有关敦煌本〈历代法宝记〉的新资料——积翠轩文库旧藏"略出本"校录》,《戒幢佛学》第2卷，长沙：岳麓书社，2002年，第94～105页。

杨富学、王书庆:《蜀地禅宗之禅法及其特点——以敦煌写本〈历代法宝记〉为中心》，载白化文主编《周绍良先生纪念文集》，北京：北京图书馆出版社，2006年8月，第435~443页；

屈大成:《〈历代法宝记〉的二十九祖说与菩提达摩多罗》,《国学研究》第19卷，北京：北京大学出版社，2007年，第135~156页。

此外，值得注意的还有美国斯坦福大学Adamek Wendi Leigh的博士论文《从〈历代法宝记〉看中国佛教观念的传播》[*Issues in Chinese Buddhist transmission as seen through the "Lidaifabao ji"*（*Record of the Dharma-Jewel through the Age*]。

这些研究通过对《历代法宝记》内容的考释，分别从《历代法宝记》与蜀地禅宗、蜀地禅宗与岑参、杜甫的关系、蜀地禅宗的思想以及其在蜀地的传播等方面进行探讨，从而使此专题的研究逐渐向纵深方向发展。

本录文以S.516为底本。

【录文】

《历[1]代法宝记》，亦[2]名《师资血脉传》，亦名［《定是非摧邪显正破坏一切心传》，亦名《最上［乘顿悟法门》］。

案《本行经》云《阿含经[3]》《普曜经》云［《应瑞经》《文殊师利涅槃经》《清净法行经》］《无垢光转女身经》《决定毗尼经》《大［佛顶经》《金刚三昧经》《法句经》《佛藏经》］《璎珞经》《花（华）严经》《大般若经》《禅门［经》《涅槃经》《楞伽经》《思益经》《法华经》《维摩经》《药师经》］《金刚般若经》《药师经》《付法藏［经》《道教西升经》《释法琳传》《释虚实记》《开元释目》］《周书异记》《汉法内传》《尹喜［内传》《牟子》《列子》《苻子》］《吴书》《并古录》及《杨楞伽邺［都故事》等。

《汉法内传[4]》：］后汉明帝永平三年，［夜梦见金人，身长丈六[5]，项背圆光，飞行殿］庭。于晨旦问朝臣："是何［瑞应］[6]？"

太史傅毅奏曰："西方有大圣人，［号］[7]曰佛，是其像也。"

明帝问［曰[8]："何以知之？"

太史傅毅对曰］[9]："《周书异记》曰：'昭王甲［寅岁佛生，穆王壬申岁佛灭度。一千年］[10]后，教法流于汉地，今［时是也。"

明帝］[11]遣郎中蔡愔、博士秦景等，使于天竺国，请得佛像、菩萨形像、经卌二章，得法师二人：迦叶摩腾、竺法兰。

校注：[1]底本及P.2125皆由“历”字始。　[2]P.3717由“亦”字始，前半纸有残。　[3]“阿含经”三字，P.3717同，P.2125作“杂阿含经”。　[4]S.5916自“汉法内传”四字始。　[5]“丈六”二字，底本残，P.2125作“一丈六尺”，S.5916、P.3717作“丈六”，义胜，据补。　[6]“瑞应”二字，底本残，据P.3717、P.2125、S.5916补。　[7]“号”字，底本残，据P.3717、P.2125、S.5916补。　[8]“问曰”二字，P.2125脱，P.3717作“问”，S.5916作“问曰”，义胜，据补。　[9]S.5916自“对曰”以下残。　[10]“壬申岁……灭度一千年”十五字，底本残，据P.3717、P.2125补。　[11]“时是也明帝”五字，底本残毁，据P.2125、P.3717及S.5916补。

明帝请升殿供养，故［于］[1]洛阳城西创置白马寺。永平十四年正月一日，五岳、霍山、白鹿山道士褚善信、费叔才等六百九十人等表奏：“臣闻太上无形，虚无自然。上古同尊，百王不易。陛下弃本逐末，求教西域，化谓胡神，所说不参。华夏臣等，多有聪惠，博涉经典。愿陛下许臣等得与比校，若有胜，愿除虚诈。如其不如[2]，任从重决。”

帝曰：“依敕有[3]司。”命办供具，并五品已上文武内外官[4]［寮（僚），至十五日］[5]平旦，集［于］[6]白马寺。道士在寺门外，置三坛，开廿四门。［帝在寺］[7]南[8]门外，置舍利及佛经像，设七宝行殿。褚善信、［费叔才］[9]等，以道经、子书、符术等，置坛于上[10]，以火验之。悲泪咒曰：“胡神乱我华夏，愿太上天尊，晓示[11]众生，得辨真伪。”道经、子书、符术等，见火化为煨烬，道士惊愕。先升天者，不得升天[12]；先隐形者，不能隐[13]；先入水火者，更[14]不敢入；［先］[15]禁咒者，唤策者[16]不能应。种种功能，无一可验[17]。褚善信、费叔才等，自感而死。

校注：[1]“于”字，诸本均无，据文义补。　[2]“如其不如”四字，P.2125作“知其不知”，“知”乃“如”之误，形近致讹。　[3]“有”字，P.2125作“所”，亦通。　[4]“官”字，P.3717、P.2125皆作“宦”。　[5]“寮至十五日”五字，底本残毁，据P.2125、P.3717补。　[6]“于”字，底本及P.3717均无，P.2125有此字，义胜，据补。　[7]“帝在寺”三字，底本残，据P.3717、P.2125补。　[8]“南”

字，P.2125脱。　[9]“费叔才”三字，底本残，据P.2125补。　[10]“置坛于上”四字，P.2125作“置于坛上”。　[11]“晓示”二字，P.2125作“为”，P.3717作“骁示”；“骁”为“晓”之误，同音假借。　[12]“不得升天”四字，P.2125作“升天不得”。　[13]“不能隐”三字，P.2125作“隐形不得”。　[14]“更”字，P.2125脱。　[15]“先”字，底本和P.3717脱，据P.2125补。　[16]“者”字，P.2125脱。　[17]“无一可验”四字，P.2125作“无一验”。

时佛舍利五色光明，斑环如盖，遍覆大众，光蔽日轮[1]。摩腾法师，坐卧虚空，神化[2]自在，天雨宝花及天音乐。竺法兰梵音赞叹，摩腾法师[3]说偈曰：

狐非师子类，灯非日月明。
池无巨海纳，丘无嵩岳荣。

明帝大悦，放五品已上公侯子女及［阴夫人等出］[4]家。道士六百人，投佛出家。法兰诵《出家功德经》及《佛本生》等经。明帝大喜，举国归依佛教。

明帝问二师：“佛号法王，何为不生于汉国？”

迦叶摩腾法师对曰：“迦毗罗卫城者，百亿[5]日月之中心，三千大千世界之[6]主，一切龙神，有福之者，皆生彼国，法王所以生于[7]天竺国。”

明帝又[8]问法师：“佛种族是谁？何时生？何时灭？”

摩腾法师答曰[9]：“佛是千代金轮王孙，净饭王子，姓瞿昙氏，亦名释种。癸丑岁七月十五日，从兜率天宫降下，摩耶夫人托胎。甲寅之岁四月八日，于毗尼园，摩耶夫人右胁而诞。又五百释种、五百白马、干陟车匿等共[10]佛四月八日同时生。壬申之岁二月八日，逾城出家。癸未之岁二月十五日，入般涅槃。佛虽不生于汉地，一千年后，或五百年后，众生有缘，先令圣弟子，于彼行化。”

案《清净法行经》云：天竺国东北，真丹国人民，多不信敬，造罪者甚[11]众。吾[12]今先遣圣弟子三人，悉是菩萨，于彼示[13]现行化。摩诃迦叶，彼称老子；光净童子，彼号仲尼；明月儒童，彼名颜回。讲论五经、诗书、礼乐、威仪法则，以渐诱化，然后佛经当往。

校注：[1]“光蔽日轮”四字，P.2125“光敞日转”。　[2]“化”字，P.2125

作“光”。 [3]“摩腾法师”四字，P.2125脱。 [4]“阴夫人等出”五字，底本残，据P.2125、P.3717补。 [5]“亿”字，P.2125作“千”。 [6]自“之”以下至“狂贼自退，城中泉井再泛。学道者众，信”三千二百三十一字，P.3717脱。 [7]“于”字，P.2125脱。 [8]“又”字，P.2125误作“有”，同音假借。 [9]“曰”字，P.2125脱。 [10]“共”字，P.2125误作“供”，同音假借。 [11]“甚”字，P.2125脱。 [12]“吾”字，底本此后有“我”字，衍，据P.2125删。 [13]“示”字，P.2125误作“是”，同音假借。

[案][1]:《牟子》云:“昔汉孝明皇帝，夜梦见神人，身有日光，飞在殿前。意中欣然[2]也，心[3]甚悦之。明日[4]传问群臣:‘此为何？’有通人傅毅曰:‘臣闻:天竺有德道者，号曰佛。轻攀能飞[5]，身有日光，殆将其神。’于是上悟，遣使张骞、羽林郎中秦博士弟子王尊等十二[6]人[于][7]大月氏[8]，写取[9]佛经卌二章，在兰台石室第十四。即时洛阳城西雍门外起佛寺，于[10]其壁画朝廷千乘万骑，绕[11]十三匝。又于南宫、清凉台及开阳门上，作佛形像[12]。”

校注:[1]“案”字，底本脱，据P.2125补。 [2]“然”字，P.2125脱。 [3]“心”字，P.2125脱。 [4]“日”字，P.2125脱。 [5]“轻攀能飞”四字，底本作“轻举能飞”，P.2125作“轻攀飞”。据文义，以“攀”为是，“举(舉)”乃形近致讹。 [6]“十二”二字，P.2125作“一十二”。 [7]“于”字，诸本均无，据文义补。 [8]“大月氏”三字，P.2125脱。 [9]“取”字，P.2125脱。 [10]“于”字，P.2125脱。 [11]“绕”字，P.2125作“绕骑”，亦通。 [12]“形像”二字，底本作“像形”，P.2125作“形像”，是，据改。

明帝在时，知命无常，先造寿陵，陵曰“显节”。亦于其上，作佛图像。于未灭时，国丰民宁，远夷慕[1]义，咸[2]来归德，愿为臣妾者，以为亿数，故谥曰“明”也。自是之后，京城左右及诸[3]州县，处处各有佛寺，学者由此而滋。

《晋书》云:“晋桓帝时，欲删除佛法，召[4]庐山远法师。帝问曰:‘朕比来见僧尼戒行不纯，多有毁犯。朕欲删除拣择，事今可否？’远公答曰:‘昆山出玉，上杂尘砂;丽水丰金，犹饶瓦砾。陛下只得敬法重人，不可轻人慢法。’晋帝大赦之。”

萧梁武帝《会三教》云：“小时学周礼，弱冠[5]穷六经。中复观道书，有名与无名。晚年开释卷，犹日映众星。”

按《花（华）严经》云：“一切诸佛，退位或作菩萨，或作声闻，或作转[6]轮圣王，或作魔王，或作国王[7]、大臣、居士、长者、彩女、百官[8]，或作大力鬼神、山神、河神[9]、江神、海神，主日神、主[10]月神、昼神、夜神、主火神、主水神、一切苗稼神、树神及诸外道，作种种方便，助我释迦如来化道众生。”

按《大般若经·陀罗尼品》云[11]：“尔时舍利子白佛言：‘世尊，如是般若波罗蜜多甚深经典，佛般涅槃后，何方兴盛？’佛言：舍利子，如是般若波罗蜜多甚深经典，我涅槃后，从北方至东北方，渐当兴盛。彼方多有安住大乘诸苾蒭、苾蒭尼、乌波索迦、乌波斯迦，能依如是甚深般若波罗蜜[12]多，深［心］[13]信乐。’又佛告舍利子：‘我涅槃后，后时后分[14]，后五百岁，如是甚深般若波罗蜜多，于东北方大作佛事。’”

校注：［1］“慕”字，P.2125误作“暮”，同音假借。　［2］“咸”字，底本误作“减”，据P.2125改。　［3］“诸”字，P.2125脱。　［4］“召”字，底本误作“石”，据P.2125改。　［5］“冠”字，P.2125误作“观”，同音假借。　［6］“转”字，Φ.261脱。　［7］“王”字，Φ.261脱。　［8］“官”字，P.2125作“宦”，义同。　［9］“神”字，Φ.261作“鬼”。　［10］“主”字，P.2125脱。　［11］“大般若经陀罗尼品云”九字，P.2125误作“大般若经云陀罗尼品”。　［12］“蜜”字，Φ.261脱。　［13］“心”，底本脱，据Φ.261补。　［14］“分”字，Φ.261脱。

按《付法藏经》云：“释迦如来灭度后，法眼付嘱摩诃迦叶，迦叶付嘱阿难，阿难付嘱末田地，末田地付嘱商那和修，商那和修付嘱优波掬多，优波掬多付嘱提多迦，提多迦付嘱弥遮迦，弥遮迦付嘱佛陀难提，佛陀难提付嘱佛陀蜜多，佛陀蜜多付嘱胁比丘，胁比丘[1]付嘱富那耶奢，富那耶奢付嘱马鸣，马鸣付嘱毗罗长老，毗罗长老付嘱龙树，龙树付嘱迦那提婆[2]，迦那提婆付嘱罗睺［罗］[3]，罗睺［罗］[4]付嘱僧迦那提，僧迦那提付嘱[5]僧迦耶舍，僧迦耶舍付嘱鸠摩罗驮，鸠摩罗驮付嘱阇夜多，阇夜多付嘱婆修盘陀，婆修盘陀付嘱摩拏罗，摩拏罗付嘱鹤勒那，鹤勒那[6]付嘱师子比丘，师子比丘付嘱舍那婆斯已，故从中天竺国来[7]，向罽宾国王名弥多罗掘。其王不信佛法，毁塔坏[8]寺，煞害众生，奉事外道末曼尼[9]及弥师诃等。时师子比丘故来化此国王，其王无道，自手持利剑，口云：'若是圣人，诸师等总须诫形。'时师子比丘示形[10]，身流白乳，末曼尼[11]、弥师诃等被刑[12]，死如凡人[13]，流血洒地。其王发心归佛，即命师子比丘弟子、师子[14]比丘先[15]付嘱舍那婆斯已，入南天竺国，广行教化，度脱众生。王即追寻外道、末曼［尼］弟子及弥师诃弟子等，得已，于朝堂立架悬首，举国人射之。罽宾国王告令诸国，若有此法，驱令出国。因师子比丘，佛法再兴。舍那婆斯付嘱优婆掘，优婆掘付嘱须婆蜜［多］[16]，须婆蜜［多］[17]付嘱僧迦罗叉[18]，僧迦罗叉[19]付嘱菩提达摩多罗。西国廿九代，除达摩多罗，即[20]廿八代也。"

校注：［1］"丘"字，P.2125脱。　［2］"婆"字，P.2125脱。　［3］"罗"字，底本、Φ.261并脱，据P.2125补。　［4］"罗"字，底本、Φ.261并脱，据P.2125补。　［5］"僧迦那提僧迦那提付嘱"十字，Φ.261脱。　［6］"鹤勒那"三字，Φ.261脱。　［7］"来"字，Φ.261脱。　［8］"坏"字，Φ261无，亦通。　［9］"尼"字，P.2125脱。　［10］"形"字，底本误作"刑"，形近致讹，据P.2125改。　［11］"尼"字，P.2125脱。　［12］"刑"字，Φ.261、P.2125皆误作"形"，形近致讹。　［13］"如凡人"三字，P.2125脱。　［14］"师子"二字，P.2125脱。　［15］"先"字，P.2125脱。　［16］"多"字，底本及Φ.261并脱，据P.2125补。　［17］"多"字，底本脱，据P.2125补；Φ.261脱"须婆蜜多"。　［18］"叉"字，P.2125脱。　［19］"叉"字，P.2125脱。　［20］"即"字，P.2125脱。

有东都沙门净觉师，是玉泉神秀禅师弟子，造《楞伽师资血脉记》一卷，妄[1]引宋朝[2]求那跋陀三藏为第一祖，不知根由，或乱后学，云是达摩祖师之师。求那跋[3]陀自是译经三藏，小乘学人，不是禅师。译出四卷《楞伽经》，非开受《楞伽经》与达摩祖师。达摩祖师，自廿八代首尾相传，承僧迦罗叉。后惠可大师亲于嵩山少林寺问达摩祖师，承上相传付嘱[4]，自有文记分明。彼净觉师妄[5]引求那跋陀，称为第一祖，深乱学［也］[6]。《法华经》云：不许亲近三藏小乘学人。求那跋陀三藏，译出四卷《楞伽经》，名《阿跋陀宝楞伽经》。魏朝菩提流支三藏译出十卷，名《入楞伽经》。唐朝则天时，实叉[7]难陀译出七卷，名《入[8]楞伽经》。已[9]上尽是译经三藏，不是禅师，并传文字教法。达摩祖师宗徒禅法，不将一字教来，默传心印。

梁朝第一祖，菩提达摩多罗禅师者[10]，即[11]南天竺国王第三子。幼而[12]出家，早禀师氏[13]，于言下悟。阐化南天，大作佛事。是[14]时观见汉地众生，有大禅[15]性，乃遣弟子佛陀、耶舍二人往秦地，说[16]顿悟教[17]法。秦中大德，乍闻狐[18]疑，都无信受，被摈出。遂[19]于庐山东林寺。时有法师远公，问曰："大德将何教[20]来？乃被摈也[21]。"于是二婆罗门申（伸）手[22]告远公曰："手作拳，拳作手，是事疾否？"

校注：［1］"妄"字，P.2125误作"接"。［2］"宋朝"二字，P.2125脱。［3］"跋"字，Φ.261脱。［4］"付嘱"二字，P.2125脱。［5］"妄"字，P.2125误作"接"。［6］"也"字，底本脱，P.2125同，据Φ.261补。［7］"叉"字，P.2125误作"有"。案，"叉""又"形近致讹，而"又""有"同音，形成假借字。［8］"入"字，P.2125脱。［9］"已"字，P.2125作"以"，同音假借。案，敦煌写本中"已""以"常混用。［10］"者"字，P.2125脱。［11］"即"字，P.2125作"即是"，亦通。［12］"而"字，P.3727无，亦通。［13］"师氏"二字，P.2125误作"戒"。［14］"是"字，P.2125脱。［15］"禅"字，底本作"乘"，P.2125、P.3727、Φ.261皆作"禅"，义胜，据改。［16］"说"字，P.3727脱。［17］"教"字，P.2125脱。［18］"狐"字，P.3727误作"孤"，形近致讹。［19］"遂"字，P.2125同，P.3727、Φ.261皆作"逐"，形近致讹。［20］"教"字，P.2125作"法"。［21］"也"字，P.2125作"出"，P.3727作"出也"，义更胜。［22］"手"字，Φ.261误作"子"，形近致讹。

远公答曰："甚疾。"

二婆罗门言："此未[1]为疾，烦恼即菩提，即为疾［也］[2]。"

远公深达，方知菩提烦恼本[3]不异。即问曰："此法彼国复从谁学？"

二婆罗门答[4]曰："我师达摩多罗也[5]。"

远公既[6]深信已，还[7]译出《禅门经》一卷，具明大小乘禅法。西国所传法[8]者，亦[9]具引[10]《禅[11]经·序》上。二婆罗门译经毕，同日灭度，葬于庐山，塔庙见在。

达摩多罗闻二弟子汉地弘[12]化，无人信受，乃泛海而来。至梁朝[13]，武帝出城躬迎，升[14]殿问[15]和上[16]曰[17]："从彼[18]国将何教法，来化众生？"

达摩大师答："不将一字教[19]来。"

校注：[1]"未"字，P.3727作"末法"，亦通。　[2]"也"字，底本无，Φ.261、P.3727有之，义更胜，据补。　[3]"本"字，Φ.261作"本原"，亦通；P.3727作"大"，误。　[4]"门答"二字，底本误"门"为"问"，旁写"答"字，P.2125、P.3727、Φ.261皆无"答"字，亦通。　[5]"也"字，P.2125脱。　[6]"既"字，P.2125脱，Φ.261作"即"。　[7]"还"字，P.2125作"便"，Φ.261作"遂"，亦通。　[8]Φ.261在"法"后多"师"字，衍。　[9]"者亦"二字，P.2125脱。　[10]Φ.261在"引"后多"在"字，衍。　[11]"禅"字，P.3727作"禅门"，亦通。　[12]"弘"字，P.2125误作"弥"，形近致讹。　[13]"朝"字，P.2125脱。　[14]"升"字，P.3727误作"果"，"升（昇）""果"形近致误。　[15]P.2125在"问"后多"旦"字，衍。　[16]"上字"，P.3727作"尚"，同义。　[17]"曰"字，P.2125脱。　[18]"彼"字，P.3727脱。　[19]"教"字，P.2125无。

帝又[1]问："朕造寺度人，写经铸像，有何功德？"

大师答曰[2]："并无功德。答曰[3]：此乃[4]有为之善，非真实[5]功德。"

武帝凡情不晓[6]，乃辞[7]出国，北望有大乘气。大师来至魏朝，居嵩高[8]山，接引群品六年。学如[9]云奔，如[10]雨众（骤），如稻麻竹苇，唯可大师得其髓。

其[11]时魏有菩提流支三藏、光统律师，于食中[12]着毒，饷[13]大师。大师[14]食讫，索盘吐蛇一升。又食，着毒再饷[15]，大师取食讫，于大盘（盘）石上座（坐），毒出石裂。前后六度毒［大师］[16]。大师告诸弟子："我来本为传法，今[17]既得人［厌］[18]，久住何益？"遂传一领袈裟，以为法信[19]。语惠可："我缘此毒，汝亦不免此难。至第六代传法者，命如悬丝。"言毕，遂因毒而终。每常[20]自言："我年一百五十岁。"实不知年几也。

校注：[1]"又"字，P.2125脱。　[2]"曰"字，P.2125脱，P.3727作"言"，同义。　[3]"曰"字，P.3727无，亦通。　[4]"乃"字，P.2125脱。　[5]"实"字，P.2125脱。　[6]"晓"字，Φ.261误作"悦"。　[7]"乃辞"二字，P.2125脱"辞"字，Φ.261作"师乃辞帝"，亦通。　[8]"高"字，P.2125及日藏本无。　[9]"如"字，P.2125

脱。　［10］“如”字，P.2125、P.3727、Φ.261皆无，亦通。　［11］“其”字，P.2125作“适”，P.3727脱。　［12］“于食中”三字，P.2125脱。　［13］“餉”字，P.2125误作“饲”，形近致讹。　［14］“大师”二字，P.2125、P.3727并脱。　［15］“再餉”二字，P.2125脱“再”字，“餉”作“饲”，形近致讹。　［16］“大师”二字，底本、P.3727、P.2125并脱，据Φ.261补。　［17］“今”字，P.3727误作“令”，形近致讹。　［18］“厌”字，底本脱，据P.2125补；P.3727在“人”后多“受”字，疑衍。　［19］Φ.261在“法信”后多“印可”二字，疑衍。　［20］“常”字，P.2125脱；P.3727作“帝”，形近致讹。

大师云：“唐国有三人得我法。一人得我髓，一人得我骨，一人得我肉。得我[1]髓者[2]惠可，得我[3]骨者[4]道育[5]，得我[6]肉者[7]尼总持也[8]。”葬于洛州熊耳山。

时魏聘国使宋云，于葱岭逢大师，手提履一只。云问：“大师何处去？”

答曰[9]：“我归本[10]国，汝国王今日亡。”云[11]即书记之。

云[12]又问大师：“大师去后[13]，佛法付嘱谁人？”

答：“我[14]去后卌[15]年，有一汉道人[16]，可是也。”

宋云归朝，旧帝果崩，新帝已立。云[17]告[18]诸朝臣说：“大师手提一只履，归西国[19]，言[20]汝旧国王亡[21]，实如所言[22]。”诸朝臣并不信，遂发大师墓[23]，唯有履一只[24]。萧梁武帝造碑文[25]。西国弟子般若蜜多罗，唐国三人：道育、尼总持等，唯惠可承衣得法。

校注：［1］“我”字，P.2125、P.3727皆无，亦通。　［2］“者”字，P.2125脱。　［3］“我”字，P.2125脱；P.3727在“我”后多“得”字，衍。　［4］“者”字，P.2125脱。　［5］“育”字，P.3727作“昱”，同音假借。　［6］“得我”二字，P.2125脱“我”字，P.3727作“我得”，当倒乙。　［7］“者”字，P.2125脱。　［8］“也”字，P.2125脱。　［9］“曰”字，P.3727无，亦通。　［10］“归本”二字，P.3727误作“大”。　［11］P.2125在“云”前多“宋”字，亦通。　［12］P.2125在“云”前多“宋”字，亦通。　［13］“大师去后”四字，P.2125作“今去”，亦通。　［14］P.2125在“我”后多“今”字，P.3727无“我”字，皆通。　［15］“卌”字，P.3727作“四十”。　［16］“道人”二字，P.2125作

"僧"，亦通。 [17] P.2125在"云"前多"宋"字，亦通。 [18]"云告"二字，P.3727误作"帝云"。 [19] P.2125在"西国"后多"去也其"三字。 [20]"言"字，P.3727脱。 [21]"旧国王亡"四字，P.2125作"国王今日已已"，P.3727作"旧国王崩"，皆通。 [22]"实如所言"四字，P.3727脱。 [23]"发大师墓"四字，P.3727作"开墓发棺"，亦通。 [24]"唯有履一只"五字，P.3727作"果如其言，空留履一只，事不虚设"，亦通。 [25]"萧梁武帝造碑文"七字，P.2125脱，P.3727作"萧梁武帝遂造碑记"；P.3727至此结束。

北齐朝第二祖[1]，惠可禅师，俗姓姬，武牢人也。时年卌，奉事大师六年，先名神光，初事大师，夜于大师[2]前立，其夜大雪，至腰不移。大师曰："夫求法者[3]，不贪躯命。"遂截一臂，乃流白乳。大师默传心契，付袈裟一领。大师云："我缘此毒，汝亦不免，善自保爱。"

可大师问："和上此法，本国承上所传嘱付法者，请为再说。"

[答]："具[4]如《禅经序上》说。"

又问大师："西国谁人承后？亦传信袈裟否？"

大师答："西国人信敬，无有矫诈，承后者是般若波罗蜜多罗，承后不传衣。唐国众生，有大乘性，诈言得道得果，遂传袈裟以为法信。譬如转轮王子，灌其顶者，得七真宝，绍隆王位。得其衣者，以[5]表法正相承。"

可大师得付嘱，以后卌年，隐皖山洛相二州，后接引群品，道俗归依，不可称数。经廿年开化，时有难起，又被菩提流支三藏、光统律师徒党，欲损可大师，师付嘱僧璨法，已入司空山隐。可大师后佯狂，于四衢城市说法，人众甚多。

菩提流支徒党告可大师，云："妖异。"奏敕令所司，推问可大师。大师[6]答："承，实妖。"所司知众疾。令可大师审。大师确答："我实妖。"敕令城安县令翟冲偘，依法处刑[7]。可大师告众人曰："我法[8]至第四祖，化为名相。"语[9]已悲泪，遂示形，身流白乳，肉色如常。所司奏，帝闻悔过，此真菩萨。举朝发心，佛法[10]再兴。大师时年一百七岁，其墓葬在相州城安县子陌河北五里，东柳沟去墓一百步，西南十五里吴[11]儿曹口是。《楞伽邺[12]都故事》具载。弟子承后传衣得法僧璨。后释法琳造碑文。

校注：[1] Φ.261自"第二祖"结束，以下未抄。 [2]"夜于大师"

四字，P.2125脱。　[3]“者”字，P.2125脱。　[4]“具”字，P.2125作“其”。　[5]“以”字，P.2125脱。　[6]“大师”二字，P.2125脱。　[7]“刑”字，P.2125误作“形”，形近致讹。　[8]“法”字，P.2125脱。　[9]“语”字，P.2125误作“诸”。　[10]“法”字，P.2125误作“流”，形近致讹。　[11]“吴”字，P.2125误作“吾”，同音假借。　[12]“伽邺”二字，P.2125误作“迦叶”，同音假借。

隋朝第三祖，璨禅师，不知何处人。初遇可大师，璨示见大风疾，于众中见大师，问：“从[1]何处来？今有何事？”

僧璨对曰：“故投和上。”

可大师语曰：“汝大风患人，见我何益？”

璨对曰：“身虽有患，患人心与和上心无别处。”

可大师知璨是非常人，便付嘱法及信袈裟与僧璨[2]。可大师曰：“汝善自保爱，吾有难，汝须避之。”

璨大师亦佯狂市肆，后隐舒州司空山，遭周武帝灭佛法，隐皖公山十余年。此山北多足猛兽，常损居人。自璨大师至，并移出境。付法并袈裟与道信[3]。后时有皖禅师、月禅师、定禅师、岩禅师，来至璨大师所，云：“达摩祖师付嘱后，此璨公真神璨也。定惠齐用，深不思议也。”璨大师遂共诸禅师，住隐罗浮山[4]三年。后至大会斋，出告众人曰：“吾今欲食。”诸弟子奉饮食[5]。大师食毕，告众人曰：“诸人[6]叹言，坐终[7]为奇，唯吾生死自由。”语已[8]，一手攀会中树枝，掩（奄）然立化，亦不知年几，塔庙在皖山寺侧。弟子甚多，唯道信大师传衣得法承后。薛道衡撰牌文。

校注：[1]“从”字，P.2125作“信”。　[2]“与僧璨”三字，P.2125脱。　[3]“与道信”三字，P.2125脱。　[4]“住隐罗浮山”五字，P.2125误作“往罗浮山隐”，亦通。　[5]“饮食”二字，P.2125脱。　[6]“曰诸人”三字，P.2125脱。　[7]“终”字，P.2125脱。　[8]“语已”二字，P.2125脱。

唐朝第四祖，信禅师，俗姓司马，河内人也[1]。少小出家，承事璨大师，璨大师知为特器[2]。昼夜常坐不卧，六十余年，胁不至席，神威奇特。目常[3]不视，若欲视人，见者惊悚。信大师于是大业年，遥见吉州狂贼围城百日已上，泉井枯涸。大师入城，劝诱道俗，令行般若波罗蜜。狂贼自退，城中泉井再泛。学道者众[4]，信大师遥见蕲州黄梅破头山有紫云盖，信大师遂居此山，后改[5]为双峰[6]山。

贞观[7]十七年，文武皇帝敕使[8]于双峰山，请信禅师入内。信禅师辞老不去。敕使回见帝，奏云："信禅师辞老不来。"敕又遣［使］[9]再请，使至信禅师处，使云："奉敕遣请禅师。"禅师苦辞老不去，语使云："若欲得我头，任斩，将我终不去。"使回，见帝奏云："须头任斩将去，心终不去。"敕又遣使封刀来取禅师头。敕云："莫损和上。"使至和上处，云："奉敕取和上头，禅师去不去？"和上云："我终不去。"使云："奉敕云，若禅师不来，斩头将来。"信大师引头，云："斫[10]取。"使反（返）刀乙项。信大师唱言："为何[11]不斫？更待何时？"使云："奉敕不许损和上。"信禅师大笑，曰："教汝知有人处。"

后时信大师大作佛事，广开法门，接引群品，四方龙象[12]，尽受归依。经卅余年，唯弘忍事之得意，付法及袈裟与弘忍。讫命弟子元一师，与吾山侧造龙龛一所，即须早成。后问："龙龛成否？"元一师答："功毕。"永徽二年闰九月廿四日，大师素无痾疾，奄然坐化。大师时年七十有二。葬后周年，石户无故自开，大师容貌端严，无改常日。弘忍等重奉神仪，不胜感慕，乃就尊容加以桼（漆）布，自此已后，更不敢闭。弟子甚多，唯有弘忍传衣得法承后。中书令杜正伦撰牌文。

校注：［1］"也"字，P.2125脱。　［2］"器"字，P.2125误作"气"，同音假借。　［3］"目常"二字，P.2125作"目闭"。　［4］"学道者众"四字，P.2125脱。　［5］"改"字，P.2125误作"盖"。　［6］"峰"字，P.3717作"逢"，同音假借。　［7］P.2125在"贞观"前多"隋"字，衍。　［8］"使"字P.2125脱。　［9］"使"字。底本脱，据P.3717、P.2125补。　［10］"斫"字，P.2125作"斩"，亦通。　［11］"为何"二字，P.3717作"何为"，P.2125作"何"，皆通。　［12］"象"字，底本及P.2125皆作"像"，通"象"；P.3717作"象"，是，据改。

唐[1]朝第五祖，弘忍禅师，俗姓周，黄梅人也。七岁事信大师[2]，年十三，入道披衣。其性木讷沉厚，同学轻戏，默然无对。常勤作务，以礼下人。昼则混迹驱给，夜便坐摄至晓，未常懈[3]倦。卅年不离信大师左右。身长八尺，容貌与常人绝殊，得付法[4][袈裟][5]，居冯茂山，在双峰山东，相[6]去不遥，时人号为东山法门[7]，即[8]冯茂山是[9]也，非嵩山是也。

时有狂贼可达寒、奴戮等，围绕州城数匝，无有路入，飞鸟不通。大师遥见，来彼城，群贼退散。递相[10]言："无量金刚，执杵[11]趋我，怒目切齿，我遂奔散。"忍大师却归冯茂山。

显庆五年，大帝敕使黄梅冯茂山，请忍大师。大师[12]不赴所请。又[13]敕使再请，不来。[敕][14]赐衣药，就冯茂山供养。后卌余年，接引道俗，四方龙象[15]，归依奔凑。大师付嘱惠能法及袈裟。

校注：[1]S.1776v自"唐"字始。　[2]S.1776v在"师"后有"住"字，义通；P.3717在"师"后多"大师信"三字，衍。　[3]"懈"字，P.3717误作"解"。　[4]"付法"二字，P.2125作"法付"，误，当倒乙。　[5]"袈裟"二字，底本及S.1776v并脱，据P.2125补。　[6]P.2125在"相"前有"西"字，亦通。　[7]"东山法门"四字，P.2125作"东山法师"，S.1776v作"山东门"。　[8]P.2125在"即"后多"是"字，亦通。　[9]"是"字，P.3717无，亦通。　[10]"相"字，P.2125脱。　[11]"杵"字，P.2125误作"杆"，形近致讹。　[12]"大师"二字，S.1776v脱。　[13]"又"字，P.2125误作"文"，形近致讹。　[14]"敕"字，底本、P.3717、S.1776皆无，据P.2125补。　[15]"象"字，底本及P.2125皆作"像"，通"象"；P.3717作"象"，是，据改。

后至咸亨[1]五年，命弟子玄赜师："与吾起塔。"至二月十四日，问："塔成否？"答[2]："功毕。"大师云："不可同佛二月十五[3]日入般涅槃。"又云："吾一生教人无数，除[4]惠能余有十尔，神秀师、智诜师、[义方师][5]、智德师、玄赜[6]师、老安[7]师、法如师、惠藏师、玄约师[8]、刘[9]主簿。虽不离吾左[10]右，汝各一方师也。"后至上元二年二月十一日，奄然坐化。忍大师时年七十四也。弟子唯惠能传衣得法承后。学士闾丘均撰碑文[11]。

唐朝第六祖，韶州漕溪能禅师，俗姓卢，范阳人也。随父宦岭[12]外，居新州。年廿二，来至冯茂山，礼忍大师。初见，大师问："汝从何来？"

答[13]："从新州来，唯求作佛。"

忍大师曰："汝新州是獦獠，若为作佛[14]？"

惠能答曰[15]："獦獠[16]佛性与和上佛性岂异别否[17]？"

校注：［1］“亨”字，S.1776v误作“享”，形近致讹。　［2］P.2125在“答”后多“言”字，亦通。　［3］“十五”二字，S.1776v作“廿五”。　［4］“除”字，P.2125脱。　［5］各本皆无“义方师”三字，据下文相关内容及《楞伽师资记》补。　［6］“玄赜”二字，S.1776v作“宫债”，形近致讹。　［7］“老安”二字，P.2125误作“安老”，当倒乙。　［8］“玄约师”三字，P.3717脱。　［9］P.3717在“刘”后多“师”字。　［10］“左”字，S.1776v无。　［11］S.1776v正文自“碑文”结束，其下又用小字杂写“颂唐朝第五祖弘忍禅师叙，并寺僧家具数目单，后汉显德五年”，其中的“后汉”应为“后周”之误。杂写字迹优美娟秀，与正文字迹不同，系后人所写。　［12］“岭”字，P.2125误作“领”，同音假借。　［13］P.2125在“答”后多“言”字，亦通。　［14］“若为作佛”四字，P.2125作“能禅师”。　［15］“惠能答曰”四字，P.2125作“答”。　［16］P.2125在“獦獠”前多“身虽是”三字。　［17］“佛性岂异别否”六字，P.2125脱。

大师深知其能，再欲共语，为众人在左右，令能随众踏碓。八个月碓声[1]相似不异[2]。忍大师就碓上密说直了见性。于夜间潜唤入房，三日三夜共语了，付嘱法及袈裟：“汝为此世界大师。”即[3]令急去，大师自送，过九江驿，看渡大江已，却回归。诸门徒并不知付法及袈裟与惠能。去三日，大师告诸门徒：“汝等散去，吾此间无有佛法，佛法流过岭南。”众人咸惊，递相问：“岭南有谁？”潞州法如师对曰：“惠能在彼。”众皆奔凑。众中有一四品官[4]将军，舍官[5]入道，字惠明，久在大师左右，不能契悟。闻大师此言，即当晓夜，倍程奔趋，至大[6]庾岭上，见能禅师。［禅师］怕急，恐性命不存，乃将所传衣袈裟，过与惠明禅师。惠明禅师曰：“我本不为袈裟来，忍大师发遣之日，有何言教？愿为我说。”能禅师具说心法，直了见性。惠明师闻法[7]已，合掌顶[8]礼，发遣能禅师，急过岭去。在后大有人来相趁，其[9]惠明禅师，后居象山，所出弟子，亦只看净。能禅师至韶州漕溪，卌余年开化，道俗云奔。后至景云二年，命弟子立楷，令新州龙山造塔。至先天元年，问：“塔成否？”答：“已[10]成。”其年九月，从漕溪却归至新州。漕溪[11]僧立楷、智海等问和上：“已后谁人得法承后，传信袈裟？”和上答：“汝莫问！已后难起极盛，我缘此袈裟，几度合失身命[12]。在信大师处，三度被偷；在忍大师处，三度被偷；乃至吾处，六度被偷。竟无人偷[13]得[14]我此袈裟，女（汝）

子将去也，更莫问我。汝若欲知得我法者，我灭度后廿年外，竖我宗旨者，即是得法人也[15]。"

校注：[1]"声"字，P.2125作"声声"，衍一"声"字。 [2]"不异"二字，P.2125脱。 [3]P.2125在"即"后多"云"字，衍。 [4]"官"字，P.2125作"宦"。 [5]"官"字，P.2125作"宦"。 [6]"大"字，P.2125脱。 [7]"法"字，P.3717脱。 [8]"顶"字，P.2125作"以示"，亦通。 [9]"其"字，P.3717作"时"。 [10]"已"字，P.2125脱。 [11]"却归至新州漕溪"七字，P.2125脱。 [12]P.2125在"身命"后多"不存"二字，亦通。 [13]"竟无人偷"四字，P.2125脱，P.3717作"竟无人得"。 [14]"得"字，P.2125脱。 [15]"也"字，P.2125脱。

至先天二年，忽告门徒："吾当大行矣。"八月三日夜，奄然坐化。大师春秋七十有六。漕溪沟涧断流，泉池枯竭，日月无光，林木变白，异香氤氲，三日[1]不绝。其年于新州国恩[2]寺迎和上神座，至十一月葬于漕溪。太常寺承韦据造碑文，至开元七年被人磨改，别造碑。近代报修侍郎宋鼎撰碑文。

自教法东流三百年，前尽无事相法则。后因晋石勒时，佛图澄弟子道安法师在襄阳。秦苻坚遥闻道安名，遂遣使代（伐）襄阳，取道安法师。秦帝常[3]重遇之，为[4]长安衣冠子弟，为[5]诗赋讽诵，皆依附学，不依道安法师，义不中难也[6]，此是世[7]智辨聪。后又[8]造讲说章门，作僧尼轨范，佛法宪章。受戒法则，条为三例：一曰行香定坐，二曰常六时礼忏，三曰每月布萨悔过。事相、威仪、法事、咒愿、赞叹等，出此道安法师。近代蜀僧嗣安法师造《斋文[9]》四卷，现令（今）流行。

《楞伽[10]经》云："乃至有所立，一切皆错乱。若见于自心，是则[11]无违[12]诤。"

又云："若依止少法，而有少法起。若依止于事，此法即便坏。"

又云："随言而取义，建立于诸法。以彼建立故，死堕地狱中。"

又云："理教中求我[13]，是妄垢恶离。离圣教正理，欲灭或反增。是外道狂言，智者不应说。"

《金刚经》云："离一切诸相，即[14]名诸佛。"

校注：[1]P.2125在"三日"后多"三夜"二字，亦通。 [2]"恩"字，底本、P.2125、P.3717均作"忌"，形近致讹。 [3]"常"字，P.2125

无。 [4]“为”字，P.2125脱。 [5]“为”字，P.2125脱。 [6]“也”字，P.2125脱。 [7]“世”字，P.2125误作“也”，形近致讹。 [8]“后又”二字，P.3717脱“后”字，P.2125脱“又”字。 [9]“斋文”二字，日藏本作“斋仪”，P.2125脱“文”字。 [10]“伽”字，P.2125作“迦”，应以底本为是。 [11]“则是”二字，P.2125作“则是”，亦通。 [12]“违”字，P.2125作“为”，同音假借。 [13]“我”字，P.2125误作“义（義）”，形近致讹。 [14]“即”字，P.3717作“则”，亦通。

又云：“若以色见我，以音声求我，是人行邪道，不能见如来。”

《思益经》云：“比丘，云何随佛教？云何随佛语？[答言]：‘若称赞毁辱，其心不动，是随佛教。’又答云：‘若不依文字语言，是名随佛语。’[问]：‘比丘，云何应受供养？’答言：‘于[1]法无所取者。’[问]：‘云何消供养？’[答言]：‘不为世法之所牵者。’[问]：‘谁人报佛恩？’答言：‘依法修行者。’诸小乘禅及诸三昧门[2]，不是达摩祖师宗旨，列名如后：白骨观、数息观、九相观、五停心[3]观、日观、月观、楼台观、池观、佛观。”

又《禅秘要经》云：“人患热病，想凉冷观[4]；患冷病，作热想[5]观；色想，作毒蛇观、不净观；爱好饭[6]食，作蛇蛆观；爱好衣，作热铁缠身观。诸余三昧观等。”

《禅门经》云：“坐禅观中，见佛形像，卅二相种种光明，飞腾虚空[7]，变见[8]自在，为真实耶？为虚妄耶？佛言：‘坐禅见空无有物。’若见于佛卅二相种种光明，飞腾虚空，变见[9]自在，皆是自心颠倒，系着魔网。于空寂灭，见如是事，即为虚妄。”

《楞伽[10]经》云：“如是种种相，堕于外道见。”

《法句经》云：“若学诸三昧，是动非坐禅。心随境界流，云何名为定。”

《金刚三昧经》云：“我不入三昧，不住坐禅，无生无行。不动不禅[11]，是无生禅。”

《思益经》云：“不依止欲界，不住色无色。行如是禅定，是菩萨遍行。”

《维摩经》云：“维摩诘诃舍利弗林间晏坐，诃须菩提、大迦叶不平等。”

《转女身经》云：“无垢光女诃天帝释，汝声闻乘人，畏[12]生死，乐涅槃。”

《决定毗尼经》云[13]：“菩萨乘人，持[14]开通戒；声闻乘人，持尽遮戒、尽护戒。”

《药师经》云："佛诃阿难，汝声闻人，如盲如聋，不识无上空义。"

《佛顶经》云："诃声闻人，得少为足此七。"

校注：[1]"于"字，P.2125作"依"，亦通。 [2]"门"字，P.3717脱。 [3]"心"字，P.2125脱。 [4]"想凉冷观"四字，P.2125作"相凉冷观"，亦通。 [5]"想"字，P.2125作"相"，通"想"。案，敦煌写本中"相""想"常混用，此处以"想"为是。 [6]"饭"字，P.2125作"饮"，亦通。 [7]"飞腾虚空"四字，P.2125作"飞行腾空"。 [8]"见"字，P.2125作"现"。案，敦煌写本中"见""现"常混用，此处"见"义胜。 [9]"变见"二字，P.3717作"飞行"，亦通。 [10]"伽"字，P.2125作"迦"，应以底本为是。 [11]"无生无行不动不禅"八字，P.2125脱。 [12]"畏"字，P.2125作"为"。 [13]"云"字，P.2125脱。 [14]P.2125在"持"前多"畏生"二字，依《决定毗尼经》原文，应无二字。

《佛藏经》云："舍利弗，如来在世，三宝一味。我灭度后，分为五部。舍利弗，恶魔于今，犹尚[1]隐身，佐助调达，破我法僧。如来大智，见在世故。弊恶魔众，不能成其大恶。当来之世，恶魔变身，作沙门形，入于僧中，种种邪[2]说，令多众生，入于邪[3]见，为说邪[4]法。尔时恶人为魔所迷，各执所见，我是彼非。舍利弗，如来豫（预）见未来世中，如是破法事。故说是深经，悉断恶魔诸所执着。阿难，譬如恶贼，于王大臣不敢自见，盗他物[5]者，不自言贼。如是阿难，破戒比丘，成就非沙门法，尚不自言：'我是恶人。'况能向余人说自言罪人[6]。阿难，如是经者，破戒比丘，随得闻时，自降伏则有惭愧，持戒比丘，得自增长。"

《大佛顶经》云："即时如来，普告大众及阿难言：汝等有学，缘觉声闻，今日回心，趣大菩提，无上妙觉。吾今已说真修行法，汝犹[7]未识，修奢魔他，毗婆[8]舍那，微细[9]魔事，魔境现前，汝不能识。洗心非正，落于邪见，或汝荫魔，或复天魔，或着鬼神，或遭魑魅，心中不明，认贼为子，又复于中，得少为足。"如第四禅，无闻比丘，妄言证圣，天报已毕，衰相见前。谤阿罗汉，身遭[10]后有，堕入阿鼻狱。所以释迦如来，传金襕[11]袈裟，令摩诃迦[12]叶在鸡足山，待弥勒世尊下生分付。今恶世时，学禅者众。我达摩祖师，遂传袈裟，表其法正，令后学者，有其禀承也。

忍大师当在黄梅冯茂山日，广开法门，接引群品。当此之时，学道者千万余人，其中亲事不离忍大师左右者，惟有十人[13]，并是升堂入室：智诜、神秀、玄赜、义方、智德[14]、惠藏、法如、老安、玄约、刘主簿等，并尽是当官领袖，盖国名僧。各各自言，为大龙象[15]。为言得底，乃知非底也。

校注：［1］“尚”字，P.2125作“上”，通“尚”。案，敦煌写本中“上”“尚”常混用，此处以“尚”为是。　［2］“邪”字，底本和P.2125皆作“耶”，P.3717作“邪”，形近致讹，据改。　［3］“邪”字，底本作“耶”，P.2125、P.3717作“邪”，据改。　［4］“邪”字，P.2125脱。　［5］P.3717在“物”后多“故”字，衍。　［6］“罪人”二字，P.2125作“罪”，亦通。　［7］“犹”字，P.2125作“由”，通“犹”。　［8］“婆”字，P.2125作“钵”，同音假借。　［9］P.3717在“细”后多“妙”字，衍。　［10］P.2125在“遭”后多“难”字，衍。　［11］“襕”字，P.3717作“兰”，通“襕”，同音假借。　［12］“迦”字，P.3717作“加”，通“迦”，同音假借。　［13］“其中亲事不离忍大师左右者惟有十人”十六字，P.2125无。　［14］“智德”二字，P.3717脱。　［15］“象”字，底本及P.2125皆作“像”，通“象”；P.3717作“象”，是，据改。

忽有新州人，俗姓卢，名惠能，年廿二，礼拜忍大师。问：“汝从何来？有何事意？”惠能答言：“从岭南来，亦无事意，唯求作佛。”大师知是非常人也。大师缘左右人多，[曰]：“汝能随众作务否？”惠能答：“身命不惜，何但作务。”遂随众[1]踏碓八个月。大师知惠能根机纯[2]熟，遂默唤付法，及所与[3]传信袈裟，即令出境。后[4]惠能恐畏人识，常隐在山林，或在新州，或在韶州，十六[5]七年在俗，亦不说法。

后至海南[6]制心[7]寺，遇印宗法师讲《涅槃经》，惠能亦在坐下。时印宗问众听人：“汝总见风吹幡[8]，干（杆）上头幡[9]动否？”众答言[10]：“见动。”或言：“见风动。”或言：“见幡[11]动，不是风[12]动，是见动。”[13]如是问难不定。惠能于座下立，答法师言[14]：“自是众人妄想[15]心动[16]，动与不动，非是幡[17]动，法本无有动不动。”法师闻说，惊愕忙（茫）然，不知是何言。问：“居士从何处[18]来？”惠能答：“本来不来，今亦不去。”法师下高座，迎[19]惠能就房，子（仔）细借问，惠能[20]一一具说东山佛法及有付嘱信袈裟。印宗法师见已，头面顶礼[21]，叹言：“何期座下有大菩萨？”语已，又顶礼，请惠能为和上，印宗法师自称弟子，即与惠能禅师剃发头披衣已，自许弟子及讲下门徒叹言："善哉！善哉！黄梅忍大师法，比[22]闻流岭南，谁知今在此间。众人识否？"咸言："不识。"印宗法师曰："吾所说法[23]，犹如瓦砾，今有能禅师传忍大师法门[24]，喻若[25]真金，深不思议。"印宗法师领诸徒众顶礼能禅师足。恐众人疑，及（乃）请所传信袈裟示众人，并自身受菩萨戒。印宗师共大众送能禅师归漕溪，接引群品，广开禅法，天下知闻，漕溪佛[26]法最不思议。

校注：［1］"众"字，P.2125脱。　［2］"纯"字，P.2125作"成"，"纯"字义胜。　［3］"所与"二字，底本及P.2125皆作"与所"，P.3717作"所与"，是，据改。　［4］"后"字，P.2125脱。　［5］"六"字，P.2125脱。　［6］"海南"二字，P.2125作"南海"，误。　［7］"心"字，P.3717误作"止"，形近致讹。　［8］"幡"字，底本作"翻"，P.3717作"翻动"，P.2125作"幡"，是，据改。　［9］"幡"字，底本作"翻"，P.3717、P.2125作"幡"，是，据改。　［10］"答言"二字，P.2125作"答"，亦通。　［11］"幡"字，底本作"翻"，P.2125作"幡"，是，据改。　［12］"风"字，P.2125误作"幡"。　［13］"或言见风动或言见幡动不是风动是见动"十七字，P.3717作"或言见幡动或言见风动或言幡动不是风是见动"，P.2125作"或言见风动或言见幡动不是幡动是见动"。　［14］"言"字，P.2125脱。　［15］"想"字，P.2125作"相"，通"想"。此处以"想"为是。　［16］"动"字，P.2125脱。　［17］"幡"字，底本作"翻"。P.3717、P.2125作"幡"，是，据改。　［18］"处"字，底本脱，据P.2125改。　［19］"迎"字，P.3717作"延"，亦通。　［20］"惠能"二字，P.2125脱。　［21］"顶礼"二字，P.2125作"礼足"，亦通。　［22］P.2125在"比"后多"见"字；"见"通"现"。　［23］"法"字，P.3717脱。　［24］"法门"二字，P.2125脱。　［25］"若"字，P.2125作"如"。　［26］"佛"字，P.2125无，亦通。

后时大周立，则天即位，敬重佛法。至长寿元年，敕天下诸州各置大云寺。二月廿日，敕使天冠郎中张昌期，往韶州漕溪，请能禅师。能禅师托病不去。则天后至万岁通天元年，使往再请能禅师："能禅师既不来，请上代达摩祖师传信袈裟，朕于内道场供养。"能禅师依请，即擎达摩祖师传信袈裟与敕使，使回，得信袈裟。则天见传信袈裟来，甚喜悦，于内道场供养。万岁通天二年七月，则天敕天冠郎中张昌期，往资州得（德）纯寺，请诜禅师，诜禅师授请赴京，内道场供养。

久视[1]年，使荆州玉泉寺请秀禅师，安州受（寿）山寺请玄赜禅师，随州大云寺请玄约禅师，洛州嵩山会善寺［请］[2]老安禅师，则天内道场供养。则天本请诸大德，缘西国有三藏婆罗门，则天常偏敬重之[3]。

剑南智诜禅师当有疾，思念归乡，为关山阻远，心有少忧。其邪通婆罗门云："彼与此何殊，禅师何得思乡？"

智诜答："三藏何以知之？"

答云："禅师但试举意看，无有不知者。"

诜又[4]云："去也。看想[5]身着[6]俗人衣裳，于西市曹门看望。"

其三藏云："大德僧人，何得着[7]俗衣，市中而看？"

诜又云："好看去也。想[8]身往禅定寺，佛图相轮上立。"

三藏又云："僧人何得登高而立？"

诜云："赭回好好，更看去也。即[9]当处依法，想念不生。"

其三藏于三界内寻看[10]，竟不可得。三藏婆罗门遂生敬仰，顶礼诜足，白和上言："不知唐国有大乘[11]佛法，今自责身心忏悔。"

则天见三藏归依诜禅师，则天咨问诸大德："和上等有欲否？"

神秀、玄约、老安、玄赜等皆言："无欲。"

则天问诜禅师："和上有欲否？"

诜禅师恐不放归，顺则天意，答："有欲。"

则天答："云何[12]得有欲？"

诜答云："生则有欲，不生则无欲。"

则天言下悟，又见三藏归依诜和上，则天倍加敬重。诜禅师因便奏请归乡，敕赐新翻《花（华）严经》一部、弥勒绣像及幡花等，及将达摩祖师信袈裟。则天云："能禅师不来，此上[13]代袈裟，亦奉上和上，将归故乡，永为供养。"

校注：［1］"视"字，P.2125作"侍"，同音假借。　［2］"请"字，底本脱，据P.2125补。　［3］"之"字，P.2125脱。　［4］"又"字，P.2125作"有"，同音假借，以底本为是。　［5］"想"字，P.2125作"相"，通"想"。案，此处以"想"为是。　［6］"着"字，P.2125误作"看"，形近

致讹。 [7]“着”字，P.2125误作“看”，形近致讹。 [8]“想”字，P.2125作“相”，通“想”。案，此处以“想”为是。 [9]P.2125在“即”前多“想身往禅定寺”六字，衍。 [10]“看”字，P.3717作“觅”，义同。 [11]“乘”字，P.2125脱。 [12]“何”字，P.3717作“云何”。 [13]“上”字，P.2125脱。

则天至景龙元年十一月，又使内侍将军萨间[1]，至曹溪能禅师所，宣口敕云：“将上[2]代信袈裟，奉上[3]诜禅师，将受持供养。今别将摩纳袈裟一领，及绢五百匹，充乳药供养。”

资州德纯寺智诜禅师，俗姓周，汝南人也。随祖[4]宦至蜀，年十岁，常好释教，不食薰莘（辛）。志操高标，不为童戏。年十三，辞亲入道。初事玄奘法师学经论。后闻双峰山忍大师，便辞玄奘法师，舍经论，遂于冯茂山投忍大师。师[5]云：“汝兼有文[6]性。”后归资州德纯寺，化道众生，造《虚融观》三卷、《缘起》一卷、《般若心疏》一卷。

后至万岁通天二年七月，则天敕天冠郎中张昌期，于德纯寺请，遂赴西京。后因疾，进表[7]，却归德[8]纯寺，首尾卅余年，化道众生。长安二年六月，命处寂扶侍：“吾遂付信衣[9]，云此衣[10]是达摩祖师所传袈裟，则天赐吾，吾今付汝，善自保爱。”至其年七月六日夜，奄然坐化，时年九十四。

处寂禅师，绵州浮[11]城县人也。俗姓唐，家代好儒，常习诗礼，有分义孝行。年十岁，父亡，叹曰：“天地既无，我闻佛法不可思议，拔生死苦。”乃投诜和上。诜和上问：“汝从[12]何来？”答：“故投和上来[13]。”和上知非常人，当赴京日，遂担大师至京，一肩不移。身长八尺，神情禀然，于众独见其首，见者钦贵。后还，居资州德纯寺，化道众生廿余[14]年。后至开元廿四年四月，密遣家人王锽，唤海东无相禅师，付嘱法及信袈裟。云：“此衣是达摩祖师信衣[15]，则天赐诜和上，诜和上与吾，吾转付汝，善自保爱，看好山住去。”后至其年五月廿七日，告诸门徒：“吾不久住。”至夜半子时，奄然坐化。处寂大师时年六十八。

校注：[1]“间”字，P.2125作“简”。 [2]“上”字，P.2125作“先”，亦通。 [3]“上”字，P.3717无，亦通。 [4]“祖”字，P.2125脱。 [5]“师”字，P.3717、P.2125并脱。 [6]“文”字，P.2125作“文字”，亦通。 [7]“表”字，P.2125作“奏表”，亦通。 [8]“德”

字，P.3717作“得”，通“德”，同音假借。 [9]“信衣”二字，P.3717作“法衣”，P.2125作“信袈裟”，皆通。 [10]P.2125“衣”加于“此”前，有粘连。 [11]“浮”字，P.2125作“陪”。 [12]“从”字，P.2125脱。 [13]“来”字，P.2125脱。 [14]“余”字，底本和P.3717均脱，据P.2125补之。 [15]“信衣”二字，P.2125作“衣”。

剑南城（成）都府净众寺无相禅师，俗姓金，新罗王之族，家代海东。昔在本国，有季妹，初闻[1]礼娉，授刀割面，誓[2]志归真。和上见而叹曰：“女子柔弱，犹闻雅操，丈夫刚强，我岂无心。”遂乃削发辞亲，浮海西渡，乃至唐国。寻师访道，周游涉[3]历，乃到资州德纯寺，礼唐和上。唐[4]和上有疾，遂不出见。便燃[5]一指为灯，供养唐和上。唐[6]和上知其[7][是][8]非常人[9]，便留左右。二年后居天谷山，却至德纯寺。唐和上遣家人王锽，密付信衣[10]：“此衣是达摩祖师传衣，则天赐与诜和上，诜和上与吾，吾付嘱汝。”金和上得付法及信衣，遂居天[11]谷山石岩下，草衣节食，食尽飡土，感猛兽卫护。后章仇大夫请开禅法，居净众寺，化道众生廿余年。

后至宝应元年五月十五日，忽忆白崖山无住禅师：“吾有疾，计此合来看吾。”数问左右人：“无住禅师，何为不来？吾将年迈。”密使工人董璇：“将吾信衣及余衣十七事，密送与无住禅师，善自保爱。未是出山时，更待三五年，闻太平即出。”遥付嘱讫，至五月十九日，命弟子：“与吾取新净衣，吾欲沐浴。”至夜半子时，俨（奄）然坐化。是日[12]，日月无光，天地变白，法幢摧折，禅河枯涸，众生失望，学道者无依。大师时年七十九。

校注：[1]P.2125在“闻”后多“草”字，有删除标记，衍。 [2]P.2125在“誓”后多“言”字，衍。 [3]“涉”字，P.2125误作“陟”，形近致讹。 [4]“唐”字，P.2125脱。 [5]“燃”字，P.2125作“然”，同“燃”。 [6]“唐”字，P.2125脱。 [7]P.2125在“其”后多“罪”字，写错自删。 [8]“是”字，底本及P.2125并脱，据P.3717补。 [9]“人”字，P.3717脱。 [10]“信衣”二字，P.2125作“袈裟信衣”。 [11]“天”字，P.2125脱。 [12]“日”字，P.2125作“时”，亦通。

金和上每年十二月、正月，与四众百千万人受缘，严设道场，处高座说法。先教引声念佛，尽一气，[念][1]绝声停，念讫[2]。说[3]云：“无忆、无[4]念、莫妄[5]。无忆[6]是戒，无念是定，莫妄[7]是惠。此三句语，即是总持门。”

又云：“念不起，犹如镜面，能照万像；念起，犹如镜背，即不能照见。”

又云：“须分明知，起须知起，灭须知灭。此知须[8]不间断，即是见佛。譬如二人同行，俱至他国，其父将书教诲。一人得书，寻读已毕，顺其父教，不行非法；一人得书，寻读已毕，不依教示，炽行诸恶。一切众生，依无念者，是孝顺之子，着文字者，是不孝[9]之子。”

又云：“譬如有人醉酒而卧，其母来唤，欲令还家。其子为醉迷乱，恶骂其母。一切众生，无明酒醉，不信自身，见性成佛道[10]。”

又《起信论》云：“心[11]真如门，心生灭门。无念即是真如门，有念即是生灭门。”

又云：“无明头出，般若头没；无明头没，般若头出。”

又引《涅槃经》云：“家犬野鹿。家犬喻妄念[12]，野鹿喻佛性。”

又云：“绫本来是丝，无有[13]文字，巧儿织成，乃有文字，后折却还是本丝。丝喻佛性，文字喻妄念[14]。”

校注：[1]“念”字，底本及P.3717并脱，据P.2125补。　[2]“讫”字，P.2125脱。　[3]“说”字，P.2125脱。　[4]“无”，P.3717脱。　[5]“妄”字，底本和P.3717都作“忘”，P.2125作“妄”，通“忘”，同音假借，据改。　[6]P.2125在“无忆”前多“无妄”二字，衍。　[7]“妄”字，底本和P.3717均作“忘”，P.2125作“妄”，通“忘”，同音假借，据改。　[8]“起须知起灭须知灭此知须”，P.2125作“起知灭此知”，有讹脱。　[9]“孝”字，P.2125和P.3717作“孝顺”，亦通。　[10]“道”字，P.2125无，亦通。　[11]“心”字，P.2125脱。　[12]“念”字，P.2125作“相”，通“想”。　[13]“有”字，P.2125作“明”，亦通。　[14]“念”字，P.2125作“相”，通“想”。

又云：“水不离波，波不离水。波喻妄念，水喻佛性。”

又云：“担麻人伴[1]，转逢银所。一人即[2]舍担[3]取银，余人言：‘我麻担[4]已定，我[5]终不能弃［麻取银］[6]。’又至金所，弃银取金。诸人云：‘我担麻[7]已定，终能不舍[8]。’金[9]喻涅槃，麻喻生死。”

又云：“我此三句语，是达摩祖师本传教法，不言是诜和上、唐和上所说。”

又言：“许弟子有胜师之义。缘诜、唐二和上，不说了教，曲承信衣。”

金和上所以不引诜、唐二和上说处，每常座下教戒直[10]言：“我达摩祖师所传此三句语是总持门，念[11]不起是戒门，念不起是定门，念不起［是］惠门。无念即是戒、定、惠具足。是过去、未来、见在，恒沙诸佛，皆从此门入。若更有别门，无有是处。”

东京荷泽寺神会和上，每月作坛场，为人说法，破清净禅，立如来禅，立知见，立言说，为戒定惠。不破言说，云：“正说之时即是戒，正说之时［即］是定，正说之时即是惠。说无念法，立见性[12]。”

校注：［1］“伴”字，P.2125脱。　［2］“即”字，P.2125脱。　［3］“担”字，P.2125作“麻”，亦通。　［4］“麻担”二字，P.2125作“担麻”，亦通。　［5］“我”字，P.2125无，亦通。　［6］“麻取银”三字，底本及P.3717并脱，据P.2125补。　［7］“麻担”二字，P.3717作“担麻”。　［8］“终不能舍”四字，P.2125作“我终不弃麻取金”。　［9］P.2125在“金”前多“金不能金”四字。　［10］“直”字，P.2125误作“真”，形近致讹。　［11］“念”字，P.2125脱。　［12］P.3717在“性”后多“法”字，衍。

开元[1]中，滑台为天下学道者，定宗旨。会和上云：“若更有一人说，会终不敢说也，为会和上不得信衣[2]。”

天宝八年[3]中，洛州荷泽寺亦定宗旨，被崇远法师问：“禅师于三贤十圣修行，证何地位？”

会答曰：“《涅槃经》云：‘南无纯陀，南无纯陀，身同凡夫，心同佛心。’”会和上却问远法师：“讲《涅槃经》，来得几遍？”

远法师答：“卌[4]余遍。”

又问：“法师见佛性否？”

法师答：“不见。”

会和上云：“《师子吼品》云：‘若人不见佛性，即不合讲《涅槃经》；若见佛性，即合讲《涅槃经》。’”

远法师却问：“会和上见佛性[5]否？”

会答：“见。”

又问：“云何为[6]见？为复眼见耶，耳鼻等见耶[7]？”

会答：“见无尔许多，见只没见。”

又问："见等纯陀否？"

会答："比量见，比即[8]比于纯陀，量等纯陀，不敢定断。"

又被远法师问[9]："禅师上代袈裟传否？"

会答："传。若不传时，法有断绝。"

又问："禅师得否[10]？"

答："不在会处。"

远[11]法师又问："谁得此袈裟？"

会答："有一人得，已后自应知。此人若说法时，正法流行，邪法自灭。为佛法事大，所以隐而未出。"

会和上在荆府时，有西国人迦叶贤者、安树提等廿余人向会[12]和上说法处，问："上代信袈裟，和上得否？"

答："不在会处。"

却问："贤者等从何处来？"

迦叶答："从剑南来。"

问："识金禅师否？"

迦叶答："尽是金和上弟子。"

校注：[1] P.3717在"开元"后多"年"字，亦通。 [2]"衣"字，P.2125作"袈裟"。 [3]"年"字，P.3717同，P.2125作"载"。 [4]"卌"字，P.2125作"卅"，形近致讹。 [5]"佛性"二字，P.2125脱。 [6]"为"字，P.2125脱。 [7]"耶"字，P.2125脱。 [8]"比即"二字，P.2125脱。 [9]"问"字，P.2125脱。 [10]"否"字，P.2125作"不"，通"否"。 [11]"远"字，P.2125无，亦通。 [12]"会"字，P.2125无，亦通。

会和上问说[1]："汝金禅师，教人教道[2]如何？"

迦叶答："无明头出，涅槃头没；般若头出，无明头没，有[3]念犹如镜面[4]。"

会和上叱之："莫说此闲言语[5]！汝姓[6]迦叶，是婆罗门种姓[7]，计合利根，乃是尿床婆罗门耳。"

会[8]和上云："汝剑南诜禅师是法师，不说了教，唐禅师是诜禅师弟子，亦不说了教。唐禅师弟子梓州赵法师，是陵州[9]王是律[10]师，巴西[11]表是法师，益州金是禅师，说了教亦不得。虽然不说了教，佛法只在彼处。”

郎中马雄使到漕溪，礼能和上塔。问守[12]塔老僧：“上代传信袈裟何在？”

老师答[13]：“能和上在，立揩师、智海师等问能和上：‘承上袈裟传否[14]？佛法付嘱谁人？’能和上答：‘我衣女子将也[15]，我法我死后廿年外，竖立宗旨是得我法人[16]也。’”

校注：[1]“说”字，P.2125无，亦通。　[2]“人教道”三字，P.2125脱“人教”二字，P.3717脱“道”字。　[3]“有”字，P.2125作“又”字。　[4]“镜面”二字，P.2125作“背”字。　[5]“语”字，P.2125脱。　[6]“姓”字，P.2125作“性”。　[7]“姓”字，P.2125作“性”。　[8]“会”字，P.2125脱。　[9]“州”字，P.2125脱。　[10]“律”字，P.2125脱。　[11]“巴西”二字，地名，底本及P.3717、P.2125均误作“已西”，据日藏本改。　[12]“守”字，P.2125误作“首”，同音假借。　[13]底本“老师答”前有“立揩答”三字，P.2125及P.3717均无，据删。　[14]“否”字，P.3717、P.2125作“付”，误。　[15]“也”字，P.2125作“去”，亦通。　[16]“人”字，P.2125无，亦通。

剑南成[1]都府大历保唐寺无住和上，每常[2]为学道四众百千万人及一人，无有时节，有疑任问，处座说法，直指见性。以直心为道场，以发行为道场，以深心为道场；以无染为道场，以不取为道场，以不舍为道场；以无为为方便，以广大为方便，以平等为方便；以离相为火，以解脱为香，以无罣碍是[3]忏悔；以无念为戒，以无为所得为定，以不二为惠，不以严设为道场。

和上云：“一切众生，本来清净，本来圆满，添亦不得，减亦不得。为顺一念漏心，三界受种种身，假[4]善知识，直[5]指本性，见性[6]即成佛道，着相即沉轮（沦）[7]。为众生有念，假说无念，有念若无，无念不自。灭三界心，不居寂地，不住事相，不无功用，但离虚妄，名为解脱。”

又云：“有[8]心即是波浪，无心即是外道。顺生死即是众生垢，依寂灭即是涅槃。动不顺生，不依寂灭[9]，不入三昧，不住坐禅，无生无行，心无得失，影体俱非，性相不立。”

［剑南大历保唐寺无住］[10]和上，凤翔郿县人也。俗姓[11]李，法号无住，年登五十。开元年，代父朔方展效，时年[12]廿，膂力过人，武艺绝伦[13]。当

此之时，信安王充河[14]朔两道节度使，见和上有勇有烈[15]，信安王留充衙前游弈先峰（锋）官。和上每[16]自叹："在世荣华，谁人不乐？大丈夫儿，未逢善知识，一生不可虚弃。"遂乃舍官宦，寻师访道。忽遇白衣居士陈楚璋，不知何处人也，时人号为维摩诘化身[17]，说顿教法。和上当遇之[18]日，密契相知，默传心法。和上得法已，一向[19]绝思断虑，事相并除，三五年间，白衣修行。

校注：[1]"成"字，P.2125作"城"。　[2]"常"字，P.2125脱。　[3]"是"字，P.2125作"为"，亦通。　[4]P.2125"假"字后有"名"字。　[5]"直"字，P.2125脱。　[6]"见性"二字，P.2125脱。　[7]"轮"字，底本及P.2125均如是，当为"沦"之假借。唯P.3717作"转"，乃"轮"之误，形近致讹。　[8]"有"字，P.2125误作"又"，同音假借。　[9]"灭"字，底本和P.3717作"地"，P.2125作"灭"，义胜，据改。　[10]"剑南大历保唐寺无住"九字，底本、P.3717、P.2125等皆无，据日藏本补。　[11]"姓"字，P.2125作"性"，同音假借。　[12]"年"字，P.2125脱。　[13]"伦"字，底本作"轮"，同音假借；P.2125作"伦"，是，据改。　[14]"河"字，P.2125作"何"，同音假借。　[15]"烈"字，底本、P.3717、P.2125并误作"列"，同音致讹。　[16]P.2125在"每"后多"日"字，衍。　[17]P.3717在"化身"后有"也"字，亦通。　[18]P.2125在"之"后多"时"字，衍。　[19]"向"字，P.2125作"面"。

天宝年间，忽闻范阳到次山有明和上，东京有神会和上，大原府有自在和上，并尽[1]是第六祖师弟子，说顿教法。和上当日之时，亦未出家，遂往太原，礼拜自在和上。自在和上说："净中无净想[2]，即是真净佛性。"和上闻法，已心意决然，欲辞前途。老和上共诸[3]律师大德，苦留不放，此真法栋梁，便与削发披衣。天宝八年[4]，受[5]具戒已，便辞老和上，向五台山清凉寺。经一夏，闻说到此[6]山明和上，纵由神会和上语音[7]，即知意况，亦不往礼。

天宝九载，夏满出山，至西京安国寺、崇圣寺往来。天宝十载，从西京却至北灵州，居贺兰山二年。忽有商人曹环礼拜，问："和上曾[8]到剑南，识金和上否？"

答云："不识。"

环云："和上相貌，一似金和上，鼻梁上有靥，颜状与此间和上相貌[9]，更无别也，应是化身。"

和上问曹环："居士从剑南来，彼和上说何教法？"

曹环答："说无忆、无念、莫妄[10]。弟子当日之时，受缘讫，辞。金和上问环：'何处去？'环答云：'父母在堂，欲[11]归觐省。'金和上语环：'正不忆不念，总放却，朗朗荡荡，看有汝父母否？'环当日之时，闻已未识。今呈和上。"和上闻说，豁然遥与金和上相见。

校注：[1]"尽"字，P.2125脱。　[2]"想"字，P.3717、P.2125作"相"，通"想"。　[3]"律"字，P.2125脱。　[4]"年"字，P.3717同，P.2125作"载"，亦通。　[5]"受"字，P.2125脱。　[6]"此"字，底本及P.2125并作"次"，同音假借；P.3717作"此"，是，据改。　[7]"音"字，P.2125作"意"，形近致讹。　[8]"曾"字，P.2125脱。　[9]"貌"字，P.2125作"似"，亦通。　[10]"妄"字，P.3717作"忘"，通"妄"，同音假借。　[11]P.2125在"欲"前有"辞"字。

遂乃出贺兰山，至北[1]灵州，出行文，往剑南，礼金和上，遂被留。后姚嗣[2]王不放，大德史和上，辩才律师、惠庄律师等诸大德，并[3]不放来。

至德二年[4]十月，却从北灵州默出[5]，向定远城及丰宁军使杨含璋处，出行文，军使苦留，问和上："佛法为当只在剑南，为复此间亦有？若彼此一种，缘何故去？"

和上答："若识心见性，佛法遍一切处。无住为在学地，善知识在剑南，所以远投。"

军使又问和上："善知识是谁？"

和上答："是无相和上，俗姓金，时人号金和上也。"

军使顶礼，便出行文。和上渐渐南行至凤翔，又被诸大德苦留不放，亦不住。又取太白山路，入住太白山，经一夏。夏满，取细水谷[6]路出，至南梁[7]州。诸僧[8]徒众，苦留不住。乾元二年正月，到成都府净众寺。初到之时，逢安乾师，引见金和上。和尚[9]见，非常欢喜。金和上遣安乾师作主人[10]，安置在钟楼下院住。其时正是受缘之日，当夜随众受[11]缘，只经三日三夜。金和上每日于大众中，高声唱言："缘何不入山去？久住何益？"左右、亲事、弟子怪，金和上不曾有此语，缘何忽出此言？无住和上默然入山。

校注：[1]“北”字，P.2125脱。　[2]“嗣”字，P.2125作“词”。　[3]“并”字，P.2125脱。　[4]“年”，P.2125作“载”，义同。　[5]“却从北灵州默出”七字，P.2125作“从北灵州出”。　[6]“谷”字，P.2125脱。　[7]“梁”字，P.2125作“凉”，误，同音假借。　[8]“僧”字，P.3717脱。　[9]“和尚”二字，P.3717、P.2125并脱。　[10]P.2125重复“乾师作主人”五字，衍。　[11]“受”字，P.2125脱。

金和上忆缘何不[1]来，空上座等[2]：“上座，欲得相识，恐后相逢，彼此不知是谁。”和上向倪朝说：“吾虽此间，每常与金和上相见，若欲不相识，对面千里。吾重为汝说一缘起：佛昔在日，夏三月，忉利天为摩耶夫人说法时，十六大国王及一切众生，悉皆忆佛，即令大目犍连往忉利天请佛。佛降下阎浮，时须菩提在石室中，闻佛降下，即欲出室，自念云：‘我闻世尊，若在三昧，即是[3]见吾。若来，纵见吾色身，有何所[4]益？’便即却入三昧。是时莲华色比丘尼，拟除恶名，即欲在前见佛。诸大国王、龙神八部，阖匝围绕，无有路入。化身作大转轮王，千子围绕，龙神国王悉皆开路，莲华色比丘尼还作本身，围绕世尊已，合掌说偈：‘我初见佛，我初礼佛。’说偈已，作礼而立。尔时世尊告比丘尼：‘于此会中，汝最在后。’比丘尼白世尊：‘于此会中，无有阿罗汉，云何言我在后？’世尊告比丘尼：‘须菩提在石室中，常在三昧，所以先[5]得见吾法身。汝纵来见吾[6]色身，所以在后。’”

佛有明文，无住所以不去[7]。同住道逸师，习诵礼念。和上一向绝思断虑，入自证境界。道逸共诸同[8]住小师，白和上云：“逸共诸同住，欲得六时礼忏，伏愿和上听许。”和上语道逸等：“此间粮食，并是绝缘人，般（搬）运深山中，不能依法修行，欲得学狂，此并非佛法[9]。”

和上引[10]《佛顶经》云：“狂心不歇，歇即菩提。胜净明心，本周法界。无念即是见佛，有念即是生死。若欲得礼念，即出山，平下大有宽闲寺舍，任意出去。若欲得同住，一向无念。得即任住，不得即须下山去。”

道逸师见不遂本意，辞和上，出天苍山，来至益州净众寺。先见空上座等，说：“山中无住禅师，不行礼念[11]，只[12]空闲坐。”

校注：[1]“何不”二字，P.2125误作“不何”，当倒乙。　[2]“等”字，诸本皆作“秦”，失义。下文有“空上座等”语，“秦”当为“等”之误，形近致讹。　[3]“是”字，P.2125脱。　[4]“所”字，P.2125作“利”，亦通。 [5]“先”字，P.2125脱。 [6]“吾”字，P.2125脱。 [7]“去”字，P.3717作“共”。 [8]P.2125在“同”后多“学”字，衍。 [9]“佛法”二字，P.2125脱。 [10]“和上引”三字，P.2125脱。 [11]“不行礼念”四字，P.2125作“不得礼忏念诵”。 [12]“只”字，P.2125脱。

何[1]空等闻说，倍常惊怪，岂是佛法？领道逸师见金和上。道逸礼拜未了，何空等咨金和上云：“天苍[2]山无住禅师，只空闲坐[3]，不肯礼念[4]，亦不教同住人礼念，岂有此事？可是佛法？”金和上叱何空、道逸等：“汝向后，吾在学地时，饭不及吃，只空闲坐，大小便亦无功夫。汝等不识。吾当天谷山日，亦不礼念。诸同学嗔，吾并出山去，无人送粮，惟练土为食，亦无功夫出山，一向闲坐。孟寺主闻诸同学说吾闲坐，便向唐和上谗吾。唐和上闻说吾闲坐[5]，倍加欢喜。吾在天谷山，亦不知谗。闻唐和上四大违和，吾从天谷山来至资州德纯寺。孟寺主见吾来，不放入寺。唐和上闻吾来，使人唤吾至堂前，吾礼拜未讫，唐和上便问：‘汝于天谷山作何事业？’吾答：‘一物不作只没忙。’唐和上报吾：‘汝[6]忙吾亦忙矣。’唐和上知众人不识。”和上云：“居士，达摩祖师一支佛法流在剑南，金和上即是，若不受缘，恰似宝山空手归。”璿闻已，合掌起立：“弟子即入成都府受缘去。”和上山中知金和上[7]遥忆，彼即知意，遂向璿说：“此有茶[8]芽半斤，居士若去[9]，将此茶芽为信，奉上金和上，传无住语，顶礼金和上。金和上若问无住，云无住未拟出山。”

璿即便辞和上，将所奉茶芽，至建巳月十三日，至成都府净众[10]寺，为金[11]和上四体违和，辄无人得见，董璿逢菩提师，引见金和上，具陈无住禅师所奉茶芽，便[12]顶礼金和上。金和上[13]闻说，及见茶芽，非常欢喜。语董璿：“无住禅师既有信来，何不身自来？”

董璿答：“无住禅师来日，云[14]未拟出山。”

金和上问董璿：“汝是何人？”

璿[15]诳金和上，答[16]：“是无住禅师亲事弟子。”

校注：[1]P.2125在“何”前多“云”字，亦通。 [2]“仓”字，P.3717误作“苍”，同音假借。 [3]P.2125在“坐”后多“禅”字，亦通。 [4]“念”字，P.3717作“忏”，亦通。 [5]“吾闲坐”三字，P.2125脱。 [6]P.2125在“汝”后多“于彼”二字。 [7]“和上”二字后多“山中”二字。 [8]“茶”字，底本、P.2125、P.3717皆作“荼”，形近致讹，据上下文改，以下皆是。 [9]“去”字，P.2125脱。 [10]“众（衆）”字，P.2125误作“泉”，形近致讹。 [11]“金”字，P.2125脱。 [12]“便”字，P.3717误作“传（傅）”，形近致讹。 [13]“金和上”三字，P.2125脱。 [14]“云”字，P.2125脱。 [15]“璿”字，P.2125作“董璿”二字。 [16]“答”字，P.2125作“吾”，皆通。

金和上向璿[1]云：“归白崖山日，吾有信去，汝须见吾来。”

至十五日，见金和上，璿云[2]：“欲[3]归白崖山，取和上进止。”其时发遣左右、亲事、弟子：“汝等总出堂外去。”即唤董璿入。璿依命入堂，胡跪合掌。金[4]和上将袈裟一领：人间罕守，勿[5]有呈示[6]。此是则天皇后与诜和上，诜和上与唐和上，唐和上与吾，吾传将付[7]与无住禅师。此衣久远已来保爱，莫遣人知。”语已，悲泪哽咽：“此衣嫡嫡相传付授[8]，努力！努力！”即脱身上袈裟，覆膊裙衫坐具，共有十七[9]事：“吾将年迈，汝将此衣[10]物密送与[11]无住禅师，传吾语：‘善自保爱，努力！努力！’未是[12]出山时，更待三五年间，自有贵人迎汝即出。”便即发遣董璿急去，莫教[13]人见。

校注：[1]“璿”字，P.2125作“董璿”。 [2]“璿云”二字，P.2125脱。 [3]P.2125在“欲”前多“璿”字。 [4]“胡跪合掌金”五字，P.2125脱。 [5]“罕守勿”三字，P.2125脱。 [6]P.2125“示”后有“璿”字。 [7]“将付”二字，P.2125脱。 [8]“授”字，P.2125作“受”。案，敦煌写本中“授”“受”常混用，此处以“授”为是。 [9]“十七”二字，P.2125作“一十七”。 [10]“衣”字，底本和P.3717无，据P.2125补。 [11]“与”字，底本和P.3717无，亦通。 [12]“是”字，P.2125脱。 [13]“教”字，P.2125误作“交”，同音假借。

璿[1]去后，金和上独语[2]云：“此物去迟，到头还达。”金和上正语之时，左右无人，堂外弟子闻和上语声，一时入堂，问金[3]和上：“云何独语？”[金和上云][4]：“吾[5]只没语。”为金和上四大违和，诸人见已有疑[6]，便问和上：“承上所传信衣何在？和上佛法付嘱谁人？”金和上云[7]：“吾法无住处去，衣向木头上[8]挂着，无一人得。”金和上向诸人言：“此非汝境界，各着本处去。”元年建巳月十五日，改为宝应元年五月十五日，遥付嘱法[9]讫，至十九日，命弟子：“与吾取新净衣裳[10]，吾今沐浴。”至夜半子时，奄[11]然坐化。

副元帅黄门侍郎杜相公，初到成都府日，闻金和上不可思议。金[12]和上既化，合有承后弟子，遂就净众[13]寺、衡山宁国寺观望，见金和上在日踪迹。相公借问小师等：“合有承后弟子僧人得衣钵者？”

小师答：“亦无人承后。和上在日，有两领袈裟，一领衡山宁国寺，一领留在[14]净众[15]寺供养。”

相公不信，又问诸律师：“鸿渐远闻金和上是大[16]善知识，承上已来，师师相传授付嘱衣钵。金和上既化，承后弟子何在？”

校注：[1]“璿”字，P.2125作“董璿”，亦通。　[2]“独语”二字，P.2125脱。　[3]“金”字，P.2125无，亦通。　[4]“金和上云”：四字，底本、P.2125、P.3717均无，据上下欠补。　[5]“吾”字，P.2125脱。　[6]“诸人见已有疑”六字，P.3717作“诸人见已有拟”，P.2125作“见诸人疑”。　[7]“云”字，P.2125脱。　[8]“上”字，P.2125脱。　[9]“法”字，P.2125无，亦通。　[10]“裳”字，P.2125无，亦通。　[11]“奄”字，底本、P.3717作“严”，P.2125作“奄”，是，据改。　[12]“金”字，P.2125无，亦通。　[13]“众（衆）”字，P.2125误作“泉”，形近致讹。　[14]底本“在”前有“后”字，P.3717同，衍。P.2125无“后在”二字，亦通。　[15]“众（衆）”字，P.2125误作“泉”，形近致讹。　[16]“大”字，P.2125脱。

律师答相公云：“金禅师是外国蕃人，亦无佛法。在日亦不多说法，语不能得[1]正，在日虽足供养、布施，只空是[2]有福德僧，纵有[3]弟子，亦不闻[4]佛法。”相公高鉴，即知尽是嫉言，即回归宅，问亲事孔目官马良、康然等：“知剑南有高行名[5]僧大德否？”

马良答云[6]：“院内常见节度军将说，蚕崖关西，白崖山中，有无住禅师，得金和上衣钵，是承后弟子。此禅师得（德）业深厚，亦不曾出山。”

相公闻说，问[7]马良等：“鸿渐远闻金和上是大善知识。昨自到衡山宁国寺、净众[8]寺，问金和上亲事弟子，皆云：‘无[9]承后弟子及得衣钵。’又问律师，咸言毁谤。据此踪由，白崖山无住禅师，必是道者。”

即于大衙日，问诸军将等：“知此管内，有何名僧大德否？”

节度副使牛望仙、李灵应、归诚王、董嘉会、张温、阴洽、张余光、张轸、韦鸾、秦逖等，咨相公：“白崖山中，有无住禅师。金和上衣钵在彼禅师处，不可思议。”

相公问牛望仙：“君何以得知？”

答云[10]：“望仙高大夫差充石碑营使，为去[11]道场不远，数就顶礼，知不可思议。”

相公又问[12]：“适来[13]言衣钵在彼，谁知[14]的实？”

校注：[1]“得”字，P.2125脱。 [2]“是”字，P.2125脱。 [3]“僧纵有”三字，P.2125脱。 [4]“闻（聞）”字，底本、P.3717误作“闲（閒）”，P.2125作“闻”字，是，据改；形近致讹。 [5]“名”字，P.2125脱。 [6]“云”字，P.2125无，亦通。 [7]“问”字，P.3717、P.2125并误作“向”，形近致讹。 [8]“众（衆）”字，P.2125误作“泉”，形近致讹。 [9]“无”字，P.3717作“亲”。 [10]“云”字，P.2125脱。 [11]“去”字，P.2125无，亦通。 [12]P.3717在“问”后多“曰”字，亦通。 [13]“来”字，P.2125无，亦通。 [14]“知”字，P.2125作“人”。

秦逖、张锽咨俦曰：“逖等充左右巡虞侯，金和上初灭度日，两寺亲事弟子啾唧，嘱何[1]常侍，向大夫说：‘金和上信衣不知的实，及不肯焚烧。’高大夫剌[2]付左右巡虞侯，推问得实领过，当日初只得两领袈裟，两寺各得一领，信衣不知寻处，当日不知有蚕崖关西白崖山中有无住禅师。后被差充十将，领兵马上西山，打当狗城。未进军，屯在石碑营，寄住行营，迫[3]道场。逖等[4]诸军将，赍供养到彼，见此禅师，与金和上容貌一种。逖等初见，将是金和上化身。借问逗留，知金和上衣钵先遣人送，被隐二年不送，卖与僧。僧得衣[5]，夜有神人遣还本主，若不还，必损汝命。买人递相告报，后卖不得，还到本禅师处。逖等初闻，当时推寻，不知袈裟去处。今在此间，即请顶礼，亦不生难。便擎袈裟出，呈示诸军将官，逖等所以知在彼处。”

相公闻说：“奇哉！奇哉！僧等[6]隐没佛法，不如俗人，俗人却欲得佛法流行[7]。”

节度副使李灵应、张温、牛望仙[8]、归诚王、董嘉[9]会、韦鸾、秦逖等，即众连署，状请和上。相公向诸军将，知无住禅师，自有心请。相公差光禄卿慕容鼎为专使，即令出文牒，所在路次州县，严拟幡[10]花，僧道耆寿及音声，差一了事，县官就山同[11]请。文牒未出，净众[12]、宁国两寺[13]小金师、张大师，闻请无住和上，惶怖无计，与诸律师平章拟作魔事。先严尚书表弟子箫律师等，嘱太夫人夺金和上禅院为律院，金和上禅堂为讲[14]律堂，小金师苟且安身，与箫律师等相知计会，为律院立碑，都昂撰碑[15]文。

校注：[1]"何"字，P.2125脱。 [2]"刺"字，P.3717、P.2125并脱。 [3]"迫"字，P.2125作"近"，亦通。 [4]"等"字，P.2125作"共"，亦通。 [5]"衣"字，P.2125脱。 [6]"僧等"二字，P.2125作"僧人"，亦通，以"僧等"义更胜。 [7]"俗人却欲得佛法流行"九字，P.2125脱。 [8]"仙"字，底本作"先"，与上文相矛盾；P.2125作"仙"，是，据改。 [9]"嘉"字，P.2125脱。 [10]"幡"字，P.3717作"香"，亦通。 [11]"同"字，P.3717脱。 [12]"众（衆）"字，P.2125作"泉"，形近致此。 [13]"净众宁国两寺"六字，P.2125作"净众寺、宁国寺两"。 [14]"讲"字，P.2125脱。 [15]"碑"字，底本和P.2125脱，据P.3717补。

律师张知足[1]与王英耀及小金师、张大师嘱都昂郎中，律师［王］[2]英耀共王謇侍御同姓，相认为兄弟，嘱崔仆射、任夫人，设斋食讫，小金师即擎裴仆射所施纳袈裟，呈示仆射及夫人。小金师悲泪云："此是承上信衣[3]。"裴[4]仆射盱由来不知此事，请无住禅师。相公意重，不关[5]盱事。都昂、王謇、曲党，恐夺律[6]院，回顾问诸律师："此山僧无住禅师，有何道业？"

英耀律师等答："若据[7]此无住禅师，无有知解，若请此僧，深不益缁流。"

尚书问："缘何不益缁流？"

答云[8]："有一工[9]人，于汶州[10]刻镂功德，平得[11]袈裟一领，计直廿千文，被彼禅师夺彼工人衣不还，云是金和上与我，不行事相礼念。据此踪由[12]，即是不益缁流。"

仆射向诸律师云："盱先在西山兵马，具[13]知意况，律师等何用相诬？"语已离席。魔党失色无计，魔事便息。

永泰二年九月廿三日，光禄卿[14]慕容鼎专使县官僧道等，就白崖山请和上。传相公、仆射、监军，请顶礼。愿和上不舍慈悲，为三蜀苍生作大桥梁。殷勤苦请，和上知相公深闲（娴）佛法，爱慕大乘，知仆射仁[15]慈宽厚，知监军敬佛法僧，审知是同缘同会，不逆所请。即有幡花宝盖，诸州大德恐和上不出白崖山，亦就山门同来赴请，即宝辇迎和上，令坐辇中，和上不受，步步徐行。欲出[16]之日，茂州境内，六回震动，山河吼，虫鸟鸣[17]，百姓互[18]相借问："是何祥瑞？"见有使来迎和上，当土僧尼道俗，再请留和上。专使语僧俗等："是相公、仆射意重，为三蜀苍生，岂缘此境，约不许留。"当和上未出山日，寇盗竞起，诸州不熟，谷米涌贵，万姓惶惶。相公、仆射迎和上出山，所至州县，谷米倍贱，人民安乐，率境[19]丰熟，寇盗尽除，晏然无事。

校注：[1]"足"字，P.2125脱。　[2]"王"字，底本脱，据P.2125补。　[3]"衣"字，P.2125作"袈裟"，亦通。　[4]"裴"字，底本脱，据P.2125补。　[5]"关"字，P.2125作"明"。　[6]"律"字，P.3717同，P.2125作"律师"。　[7]"据"字，P.2125作"请"。　[8]"云"字，P.2125脱。　[9]"工"字，P.2125脱。　[10]"州"字，底本误作"川"，P.2125作"州"，是，据改。　[11]"得"字，P.2125作"德"，通"得"。　[12]"由"字，P.2125作"犹"，通"由"。此处以"由"为是。　[13]"具"字，P.2125作"使"。　[14]"光禄卿"三字，P.2125脱。　[15]"仁"字，P.2125作"人"，同音假借。　[16]P.2125在"出"后多"山"字，亦通。　[17]"山河吼虫鸟鸣"六字，P.2125作"山河虫吼鸟鸣"，以底本为是。　[18]"互"字，P.2125作"弟"，义同。　[19]"境"字，P.2125作"土"，亦通。

和上到州，使［躬］[1]迎至县，县令引路。家家悬幡，户户焚香。咸言："苍生有福。"道俗满路，唱言："无相和上去，无住和上来，此即是佛佛授手，化化不绝，灯灯相传，法眼再明[2]，法幢建立，大行佛法矣！"

相公令都押衙[3]钦华，远迎和上。钦押衙[4]传相公语云："鸿渐忽有风疾，不得远迎，至日顶礼。"剑南西川节度使左仆射兼御史大夫成都尹崔公令、都虞侯王休岩、少府监李君昭、衙前虞侯杜璋等，传仆射语，顶礼和上："弟子是地主，自合远迎。缘相公风疾，所以弟子及监军使，不敢先来。伏愿和上照察。"

传语已，一时便引和上，至空惠寺安置。是九月廿九日到十月一日，杜相公、吴监军[5]、诸郎官、侍御，东川[6]留后杜[7]郎中杜济，行军杜藏经，邛南使中丞鲜于叔明，郎中杨炎、杜亚、都昂、马雄、岑参，观察判官员外李布、员外柳子华，青苗使吴郁，租庸使韦夏有，侍御狄博济、崔伉、崔倜、王謇、苏敞、司马廉，两少尹成赍[8]、白子昉，两县令斑瑟、李融，捕贼官，总来空惠寺门。即都虞侯王休、岩相公、都押衙钦华、卫择交[9]先来，白和上云："相公来谒和上。"

和上[10]答："来即从他来。"

押牙等白和上："国相[11]贵重，应须出迎。"

校注：[1]"使躬"二字，底本误"使"为"史"，且脱"躬"字，据P.2125补改。 [2]"明"字，P.2125作"郎"。 [3]"衙"字，P.2125作"牙"。案，中古文献中"押衙""押牙"通用。 [4]"衙"字，P.2125作"牙"。 [5]P.2125在"监军"后多"使"字，亦通。 [6]"川"字，P.2125作"山"，形近致讹。 [7]"杜"字，P.2125脱。 [8]"贲"字，P.2125作"贵"，形近致讹。 [9]"李融捕贼官总来空惠寺门即都虞侯王休岩相公都押衙钦华卫择交"二十八字，P.2125省略为"等"字。 [10]"和上"二字，P.2125脱。 [11]"国相"二字，日藏本作"相国"，兼通。

和上答："不合迎，迎即是人情，不迎即[1]是佛法。"

押衙又欲语，相公入院，见和上容仪不动，俨然安祥[2]。相公顿身下阶，作礼合掌[3]，问信起居。诸郎官侍卿，未曾见有此事，乍见和上不迎不起[4]，两两相看。问："缘何不迎不起？"

郎中杨炎、杜亚久事相公，深识意[5]旨，亦闲（娴）佛法，语诸郎官侍御[6]："观此禅师，必应有道，相公自鉴，何用怪耳。"

是日门外，节度副使都虞侯、捕贼官[7]，乍[8]闻和上见相公不起不迎[9]，战惧失色，流汗霡霂[10]，使人潜听，更待进止。见相公坐定言笑，和上说法，相公合掌叩额，诸郎官侍御等喜[11]。门外人闻已，便即[12]无忧。相公初坐，问和上："因何至此间[13]？"

和上答[14]云："远故[15]投金和上。"

相公又问："先在何处？今来远投金和上，说何[16]教法？"

答："无住曾［于］台山抱腹[17]，并汾等州及贺兰山坐，闻金和上说顿教法，所以远投。"

校注：[1]"即"字，P.2125脱。 [2]"祥"字，P.3717误作"佯"，形近致讹。 [3]"作礼合掌"四字，P.2125作"礼拜合掌"。 [4]"不起"二字，P.2125脱。 [5]"意"字，P.2125误作"音"，形近致讹。 [6]"侍御"二字，P.2125作"等"，亦通。 [7]"捕贼官"三字，

P.2125脱。 [8] P.2125在“乍”后多“见”字，衍。 [9]“不起不迎”四字，P.2125脱。 [10]“霡霂”二字，P.2125作“霂霂”。 [11]“诸郎官侍卿等喜”七字，P.3717同，P.2125作“诸官等喜”。 [12]“即”字，P.2125脱。 [13]“间”字，P.2125脱。 [14]“答”字，P.2125脱。 [15]“故”字，P.2125脱。 [16]“说何”二字，P.2125作“和上说”。 [17]“答：无住曾[于]台山抱腹”九字，P.2125作“无住答：曾台山抱腹”。

相公问和上[1]：“金和上说无忆、无念、莫妄[2]，是否？”

和上答云[3]：“是。”

相公又问：“此三句语，为[4]是一，为是三[5]？”

和上答：“是一不三，无忆是戒，无念是定，莫妄是惠。”

又云：“念不起戒门，念不起定门，念不起惠门，无念即戒定惠具[6]足。”

相公又问：“既一妄字，为是亡下女，为是亡下心？”

和上答云[7]：“亡下女。”

[又问]：“有证处（据）否？”

和上答：“有。”即[8]引《法句经》云：

说诸精进法，为增上慢说。

若无增上慢，无善无精进。

若起精进心[9]，是妄非精进。

若能心不妄，精进无有涯。

相公又[10]闻说，白和上：“见庭前树否？”

和上答：“见。”

相公又问和上：“向后[11]墙外有树，见否？”

和上答：“见。非论前后，十方世界，悉见悉闻。”

庭前树上鸦[12]鸣，相公又问和上：“闻鸦[13]鸣[14]否？”

校注：[1]“和上”二字，P.2125脱。 [2]“妄”字，P.3717作“忘”，通“妄”，同音假借。 [3]“云”字，P.2125无，亦通。 [4]“为”字，P.3717脱。 [5]“为是三”三字，P.2125作“为不是”。 [6]“具”字，P.2125作“是”，误。 [7]“云”字，P.3717无，亦通。 [8]“答有即”三字，P.2125作“又”。 [9]“心”字，P.2125脱。 [10]“又”

字，P.2125脱。　［11］“后”字，P.2125脱。　［12］“鸦”字，P.3717作“鸭”。　［13］“鸦”字，P.3717作“鸭”。　［14］“鸦鸣”二字，P.2125脱。

和上答：“此见闻觉知，是世间见闻觉知。《维摩经》云：‘若行见闻觉知，是[1]即见闻觉知。法离见闻觉知[2]。’无念即无见，无念即无知。为众生有念。假说无念，正无念之时，无念不自。”

又引《金刚三昧[3]经》云：“尊者大觉尊，说生无念法。无念无生心，心常生不灭。”

又［引］[4]《维摩经》云：“不行是菩提，无忆念故。常求无念，实相智[5]惠。”

《楞伽经》云：“圣者内所证，常住于无念。”

《佛顶经》云：“阿难汝暂[6]举心，尘劳先起。”

又云：“见犹离见，见不能及。”

《思益经》云：“云何一切法正？云何一切法邪？若以心分别，一切法邪；若不以[7]心分别，一切法正。无[8]心法中，起心分别[9]，普皆是邪。”

《楞伽经》云：“见佛闻法，皆是自心分别。不起见者，是名见佛。”

相公闻说，顶礼和上。白和上云[10]：“鸿渐初闻，和上未下山日，鸿渐向净众[11]寺、宁国寺，观金和上踪迹，是大[12]善知识。即知剑南更合有善知识。鸿渐遍问诸师僧，金和上三句语及妄字，皆云：‘亡下作心，三句语各别不决，弟子所疑。’鸿渐问诸军将：‘剑南岂无真僧？’无有一人衹对得者。节度副使牛望仙[13]、秦逖诸军将[14]，齐咨鸿渐，说和上德业深厚，所以远迎。伏愿和上不舍慈悲与三蜀苍生，作大良缘。”语已[15]顶礼：“弟子公事有限，为仆射诸节度副使，未得礼拜和上。鸿渐未离剑南，每日不离左右。”语已辞去。

校注：［1］“是”字，P.2125脱。　［2］“法离见闻觉知”六字，P.2125脱。　［3］“三昧”二字，P.2125脱。　［4］“引”字，底本及P.3717脱，据P.2125补。　［5］“智”字，底本作“知”，据P.2125改。　［6］“暂”字，P.2125脱。　［7］“不以”二字，P.2125作“以不”，不通，当倒乙。　［8］“无”字，P.2125作“正”。　［9］“无心法中，起心分别”八字，P.2125写作“正心法中，起心法中，起心分别”。　［10］“云”字，P.2125脱。　［11］“众（衆）”字，P.2125误作“泉”，形近致讹。　［12］“大”字，P.2125作“教”。　［13］“仙”字，底本作“先”，与上文相矛盾；P.2125

作“仙”，是，据改。　［14］“诸军将”三字，P.2125脱。　［15］“语已”二字，P.2125作“讫”字。

仆射知相公欢喜，云：“和上不可思议。”即共任夫人及节度军将顶礼和上。起居问讯讫，坐定处分，都押衙[1]、放诸军将，同听和上说法。时有无盈法师、清[2]原法师，僧中俊哲，在众而坐。

和上引《佛顶经》云：“阿难，一切众生，从无始［已］[3]来，种种颠倒，业种自然。如恶人[4]聚，诸修行人，不能得成无上菩提，乃至别成[5]声闻缘觉，及成外道诸天，魔王眷属，皆由不知二种根本，错乱修习，犹如煮沙，欲成嘉（佳）馔，纵经尘劫，终不能得。云何二种？阿难，一者无始生死根本，则汝今者[6]，与诸众生，用攀缘心为自性[7]；二者无始菩提涅槃，元[8]清净体，则汝今者，识精无明，能生诸缘。缘所遗者，由失本明，虽终日行，而不自觉，枉入诸趣[9]。”

和上又说：“一切众生，本来清净，本来圆满，上至诸佛，下至一切含识，共同清净性，而[10]为众生一念妄心，即染三界。为众生有念，假说无念，有念[11]若无，无念不自。无念即无生，无念即无灭，无念即无爱，无念即无憎[12]，无念即无取，无念即无舍，无念即无高，无念即无下，无念即无男，无念即无女，无念即无是，无念即无非。正无念之时，无念不自。心生即种种法生，心灭即种种法灭。如其心然，罪垢亦然，诸法亦然。正无念之时，一切法皆是佛法，无有一法离菩提者。”

校注：［1］“衙”字，P.2125作“牙”，同音假借。　［2］P.2125在“清”后多“凉”字，衍。　［3］“已”字，底本脱，据P.2125补。　［4］“人”字，底本作“义”，P.3717作“火”，形近致讹；日藏本作“人”，是，据改。　［5］“成”字，P.2125脱。　［6］“者”字，P.2125脱。　［7］“性”字，P.2125误作“姓”，同音假借。　［8］“元”字，P.2125误作“无”，形近致讹。“元”通“原”。　［9］“趣”字，P.2125作“聚”。在敦煌写本中“趣”“聚”常混用，这里以“趣”为是。　［10］“而”字，P.2125脱。　［11］“念”字，P.2125脱。　［12］“无念即无憎”五字，P.2125脱。

又云：“因妄有生，因妄[1]有灭，生灭名[2]妄，灭妄名[3]真，是称[4]如来，无上菩提，及大涅槃。”

和上说法已，俨然不动。仆射闻说，合掌白和上云[5]："旰是地主，自合远迎，为公事不获，愿和上勿责。"

旰先是西山兵马使，和上在白崖山兰若，元（原）是当家，若[6]有所须（需），专差衙[7]前虞侯祇供[8]和上。和上答云："修行般若波罗蜜，百无所须（需）。"

又云："汝但办心，诸天办供[9]。何等心办？不求心、不贪心[10]、不受心[11]、不染心[12]。梵天不求，梵天自至。果报不求，果报自至。无量珍宝，不求自至。"

又云："知足大富贵，少欲最安乐。"

仆射闻和上说，合掌顶礼。清[13]原法师作礼，白和上："小师一闻法已，疑网顿除。今投和上，愿悲慈摄受。"和上然[14]。

无盈法师据（居）傲，懔然色变。和上问无盈法师："识主客否？"

无盈法师答："引诸法相，广引文义。"

和上云[15]："法师不识主客，强认前尘，以流注生灭心，自为知解，犹如煮[16]沙，欲成嘉（佳）馔，计劫只成热沙，只是自诳诳他。《楞伽经》云：'随言而取义，建立于诸法，已彼建立故，死堕地狱中。'"

无盈法师闻说，侧身偏坐。和上问法师："无记有几种？"

法师答："异熟无记，变易无记，工巧无记，威仪无记。"

和上又问："何者是有记？"

法师答："第六意识是有记。"

校注：[1]"因妄"二字，底本"因生妄"，P.3717作"因生"，失义；P.2125作"因妄"，是，据改。　[2]"名"字，P.2125作"云"，义同。　[3]"名"字，P.2125作"有"，误。　[4]"称"字，P.2125作"真"，亦通。　[5]"云"字，P.2125脱。　[6]P.3717在"若"后多"身"字，亦通。　[7]"衙"字，P.2125作"牙"，同音假借。　[8]"供"字，P.2125作"承"，亦通。　[9]底本在"供"后有"办"字，失义；P.2125无此字，是，据删。　[10]底本在"心"后有"办"字，失义；P.2125无此字，是，据删。　[11]底本在"心"后有"办"字，失义；P.2125无此字，是，据删。　[12]底本在"心"后有"办"字，失义；P.2125无此字，是，据删。　[13]"清"，P.2125作"请"，形近致讹。　[14]"和上然"三字，P.2125脱。　[15]"云"字，P.2125脱。　[16]"煮"字，P.2125作"渍"，亦通。

和上云:“第六意识是颠倒识。一切众生，不出三界，都由意识，意不生时，即超三界。剃头削发，尽是佛弟子，不可[1]学有记，不可学无记。今时法师，尽学无记，不信大乘。云何是大乘？内自证不动，是无上大乘。我无上大乘，超过于名言，其义甚明了，愚夫不能觉。觉者，觉[2]诸情识，空寂无生，名之为觉。”

无盈法师闻说[3]，杜口无词。

和上云：“无记有二[4]种。一者有覆无记，二者无覆无记。第六意识至眼等五识，尽属有覆无记。第六意识已下至八识，尽属无覆[5]无记，并是强名言之[6]。又加第九识，是清净识，亦是妄立。”

和上引《楞伽经》云：“八九种种识，如海众波浪。习气常增长，槃（盘）根坚固依。心随境界流，如铁于磁[7]石，如水瀑流尽，波浪即不起。如是意识灭，种种识不生。种种意生身，我说为心量。得无思想[8]法，佛子非声闻。”

无盈法师闻说，唯称不可思议。

和上又问：“《楞伽经》云：‘已[9]楔出楔[10]。’此义云何？”

无盈法师答云[11]：“譬如擗木，先以下大[12]楔，即下小楔，令出大楔。”

和上报法师：“既小楔出大楔，大楔既出，小楔还在，云何‘以楔出楔’？”

法师更无词敢对。和上即解：“楔喻众生烦恼，楔假诸佛如来言教，烦[13]恼既无，法即不自。譬如有病，然与处方，病［若］[14]得愈[15]，方药并除。然[16]今法师执言教法，如病人执方而不[17]服药。不舍文字，亦如楔在木中。《楞伽经》云：譬如以指指[18]物，小儿观指，不观于物，随言说指，而生[19]执着。乃至尽命，终不能舍文字之指，取第一义[20]。”

校注：［1］“可”字，P.2125作“须”，亦通。　［2］“者觉”二字，P.2125脱。　［3］“闻说”二字，P.2125脱。　［4］“二”字，P.2125误作“三”。　［5］“无覆”二字，P.2125脱。　［6］“言之”二字，P.2125作“之言”，误，当倒乙。　［7］“磁”字，底本和P.3717作“瓷”，P.2125作“磁”，是，据改。　［8］“想”字，P.2125作“相”，同音假借。　［9］“已”字，P.2125、P.3717同，通“以”。案，敦煌写本中“已”“以”常混用。　［10］“出楔”二字，P.2125脱。　［11］“云”字，P.2125无，亦通。　［12］“大”字，P.3717脱。　［13］P.2125“烦”前有“楔”，衍。　［14］“若”字，底本脱，据P.2125补。　［15］“愈”字，P.2125误作“喻”。　［16］“然”字，P.2125脱。　［17］“不”字，P.2125作“不能”，

亦通。　[18]"指指"二字，P.2125误作"诸"。　[19]P.2125在"生"前多"不"字，衍。　[20]"取第一义"四字，P.2125脱。

和上又问法师"三宝""四谛"义，又问"三身"义，法师更不敢对。唯称和上[1]不可思议。

仆射闻说法已，倍加欢喜："弟子当日恐和上久在山门，畏祇对相公不得，深忧直缘，三川师僧，无有[2]一人称[3]相公意者。相公一见和上，向弟子说：'真实道者，天然特达与诸僧玄殊，赞叹[4]不可思议。'弟子闻相公说，喜跃不胜[5]。是[6]弟子有福，登时无忧。"诸军将并皆[7]喜慰不可说[8]，顶礼去[9]。

时有东京体无[10]师，僧中俊哲，处处寻师，戒律威仪及诸法事，聪明多辨，亦称禅师，是圣善寺弘政禅师弟子。共晋原窦承、什[11]邡李去泰、青城苏承、判官周洽等，寻问和上，直至禅堂。和上见来，相然诺[12]已，各坐。体无[13]问和上："是谁弟子？是谁宗旨？"

[和上答]："是佛宗旨，是佛弟子。"

和上报："阇梨削发披衣，即是佛弟子。何用问师宗旨，依了义经，不依不了义经。有疑任[14]问。"

体无[15]知和上是金和上弟子，乃有毁言："希见剑南[16]不起心，禅师打人云不打，嗔人云不嗔，有施来受言不受，体无深不解此事。"

校注：[1]"和上"二字，P.2125无，亦通。　[2]"有"字，P.3717脱。　[3]"称"字，P.2125作"祇对"。　[4]"叹"字，P.2125脱。　[5]"胜"字，P.2125作"已"，亦通。　[6]"是"字，P.2125脱。　[7]"皆"字，P.3717无，亦通。　[8]"说"字，P.2125作"言说"，亦通。　[9]"去"字，P.2125脱。　[10]"无"字，P.2125误作"元"，形近致讹。　[11]"什"字，P.2125脱。　[12]"诺"字，底本和P.3717脱，据P.2125补。　[13]"无"字，P.2125误作"元"。　[14]"任"字，P.2125作"任意"。　[15]"无"字，P.2125误作"元"。以下同，不另注。　[16]"剑南"二字，P.2125作"剑南人人"字。

和上答："修行般若波罗蜜，不见报恩者，不见作恩者，已无所受，而受诸受[1]未具，佛法亦不灭受。无住从初发心，迄至于今，未曾受人[2]毛发施。"

体无闻说，视诸官面[3]云：“禅师言语大曷。”

和上问体无：“阇梨既[4]口认禅师，云何起心打人，起心嗔人，起心受施。”

体无自知失宗旨，瞿（惧）然失色，量（良）久不语。

问和上：“解《楞伽经》否？”

和上答云[5]：“解是不解。”

诸官［人］[6]相党，语和上：“禅师但说，何用相诘？”

和上报诸官[7]人：“若说，恐诸官[8]不信。”

官[9]人答言：“信。”

和上即说：“我若具说，或有人闻，心则[10]狂乱，狐疑不信。”即引《楞伽经》云：“愚夫乐妄说，不闻真实惠。言说三界本[11]，真实[12]灭苦因。言说即变异，真实[13]离文字。于妄[14]想心[15]境，愚生二种见。不识心及缘，即起二妄想[16]。了心及境界，妄想[17]即不生。”

校注：［1］“而受诸受”四字，P.2125脱。 ［2］“人”字，P.2125作“一”。 ［3］“面”字，P.2125作“人”。 ［4］“既”字，P.2125脱。 ［5］“云”字，P.2125无，亦通。 ［6］“官人”二字，底本及P.3717并脱“人”字，据P.2125补；“官”，P.2125作“宦”，义同。 ［7］“官”字，P.2125作“宦”，义同。 ［8］“官”字，P.2125作“人”，亦通。 ［9］“官”字，P.2125作“诸宦”，义同。 ［10］“则”字，底本和P.3717作“即”，亦通。 ［11］“界本”二字，P.2125作“苦因”。 ［12］“实”字，P.2125作“是”，同音假借。 ［13］“实”字，P.2125作“是”，同音假借。 ［14］“妄”字，底本和P.3717作“忘”，通“妄”，同音假借。 ［15］“心”字，P.2125脱。 ［16］“想”字，P.2125作“相”，通“想”。案，此处以“想”为是。下句同。 ［17］“想”字，P.2125作“念”。

体无救义引《法华经》有三乘。和上引《楞伽经》云：“彼愚痴人，说有三乘。不说唯心，无诸境界。心无觉智[1]，生动念即魔网。”

又引《思益经》云：“云何一切法正？云何一切法邪？若以心分别，即一切法邪；若不以心分别，［即］一切法正。无心法中，起心分别，普[2]皆是邪。”

有惠忆禅师，时人号李山僧，问：“和上云以北禅师，云何入作？”

和上答："禅师亦不南，亦不北，亦不入[3]作，亦不出作。没得没失，不流[4]不注，不沉不浮，活泼泼。"惠忆闻已，合掌叩头而坐。

有义净师、处默师、唐蕴师，并是惠明禅师弟子，来欲得共和上同住[5]。

和上问[6]："阇梨解何经论？"

唐蕴师答[7]："解《百法论[8]》，曾为僧讲。"

和上请说[9]，唐蕴答[10]："内有五个无为，外[11]有五个有为，总摄一切法。"

和上引《楞伽经》云："无智恒分别[12]，有为及无为，若诸修行者，不应起分别。经经说妄想[13]，终不出于名。若离于言说，亦无有所说。"

唐蕴语义净师："请阇梨更问[14]。"

校注：[1]"智"字，P.2125作"知"，通"智"。　[2]"普"字，P.2125作"并"。　[3]"入"字，P.2125脱。　[4]"流"字，P.2125作"液"。　[5]"同住"二字，P.2125作"论说佛法"，亦通。　[6]P.2125在"问"前多"见"字。　[7]"答"字，P.2125脱。　[8]"论"字，P.2125脱。　[9]"说"字，P.2125脱。　[10]"答"字，P.2125脱。　[11]P.2125在"外"后多"道外"二字，衍。　[12]"无智恒分别"五字，P.2125脱。　[13]"想"字，P.3717、P.2125皆作"相"，通"想"。案，此处以"想"为是。　[14]P.2125在"问"前多"不"，衍。

义净即问和上[1]："禅师作没[2]生坐禅。"

和上答："不生只没禅。"

义净自不会，问处默："此义云何？"

处默亦不会，更令义净师别问。

和上知不会，遂问义净："阇梨解何经论？"

答："解菩萨戒，曾为僧讲。"

和上问："戒已[3]何为体？以何为义？"

其[4]义净无词可对，便出秽言："非我不解，直为试你。如似你[5]禅，我嫌不行。"

处默连声："我嫌你钝不作，我嫌闷不行，我嫌懒[6]不作，我嫌慵[7]不入。"

和上语诸僧："如如之理，具[8]一切智。我[9]无上大乘，超过于名言，其义甚明了，愚夫不[10]觉知。”

无住与诸阇梨说一缘起：“有聚落，于晨朝时，有一[11]姟（孩）子啼叫声，邻人闻就，看见母嗔打。邻人问：‘何为打之[12]？’母答云[13]：‘为尿床。’邻人叱母：‘此子幼稚，何为打之？’又闻一啼哭声，邻人就问，见一丈夫，年登卅，其母以杖鞭之。邻人问：‘缘何鞭？’母答云[14]：‘尿床。’邻人闻说，言老汉多应故尿，直须痛[15]打。如此僧等类，譬如象马，拢悷[16]不调，加诸楚毒，乃至彻骨。”

校注：[1]“上”字，P.3717作“尚”。案，敦煌写本中“上”“尚”通用。 [2]“没”字，P.2125作“勿”，亦通。 [3]“已”字，通“以”，敦煌写本中两者常混用。 [4]“其”字，P.2125脱。 [5]“你”字，P.2125作“异没”。 [6]“嫌懒”二字，底本和P.3717作“懒嫌”，不通，当倒乙。 [7]“嫌慵”二字，底本及P.3717、P.2125皆作“慵嫌”，不通，当倒乙。 [8]“具”字，P.2125误作“其”，形近致讹。 [9]“我”字，P.2125脱。 [10]“不”字，P.2125脱。 [11]“一”字，P.2125脱。 [12]“之”字，P.2125脱。 [13]“云”字，P.2125脱。 [14]“云”字，P.2125无，亦通。 [15]“痛”字，P.2125脱。 [16]“悷”字，P.2125作“丽”，音近致讹。

和上再为说：“欲求寂灭乐，当学沙门法。无心离意识，是即沙门法。诸阇梨削发披衣，自言我是佛弟子，不肯学沙门法，口[1]言慵作懒作，嫌钝不入，此非沙门释子，是野干之类。佛有明文，未来世当有身着于[2]袈裟，妄说于有无[3]，毁坏我正法。譬如以指指物，愚痴凡夫，观指不观于[4]物，随言说指，而生执着，乃至尽命，终不能舍文字之指。随言而取义，建立于诸法，以彼建立故，死堕地狱中。”

诸僧闻说，忙（茫）然失色辞去。

西京胜光寺僧[5]净藏师，闻和上不可思议，远投和上。和上问：“[云何][6]知不可思议？”

净藏[师答][7]：“知金和上衣钵传授和上。”

和上问云：“何以知之[8]？”

净藏答云[9]：“僧俗咸言，云和上嫡嫡相传授，得金和上法。小师多幸有福，得遇和上。”语[10]已，作礼。

和上问："先学何经论？"

答云[11]："小师曾[12]看《维摩章疏》，亦学坐禅，是太白宗旨。"

和上即为说法："无忆[13]是道，不观是禅[14]。不取亦[15]不舍，境来亦不缘。若看章疏，即是想[16]念喧动；若学太白宗旨，宗旨坐禅，即是意想[17]攀缘。若欲得此间住，一生来所学者，尽不[18]在心。"问净藏："得否？"

答[19]："得。"

校注：[1]"口"字，P.2125作"只"，亦通。　[2]"有身着于"四字，P.2125作"有身着"，P.3717作"于身着"，亦通。　[3]"无"字，P.2125脱。　[4]"于"字，P.2125脱。　[5]"僧"字，底本和P.3717脱，据P.2125补。　[6]"云何"二字，底本及P.2125并脱，据P.3717补。　[7]"师答"二字，底本脱，P.2125作"师"，P.3717作"师答"，义胜据改。　[8]"何以知之"四字，P.2125作"何知"，亦通。　[9]"云"字，P.2125脱。　[10]"语"字，P.2125作"说"，亦通。　[11]"云"字，P.2125无，亦通。　[12]"曾"字，P.2125作"僧"，义勉强可通。　[13]"忆"字，底本和P.37175作"意"，P.2125作"忆"，义胜，据改。　[14]P.2125在"禅"后多"师"字，衍。　[15]"亦"字，P.2125无，亦通。　[16]"想"字，P.3717同，P.2125作"相"，通"想"。　[17]"想"字，P.2125、P.3717皆作"相"，通"想"。　[18]P.2125在"不"后多"得"字，衍。　[19]"答"字，P.2125脱。

和上慈悲指授，一取和上规模。和上观净藏堪为法器，即重再[1]说法："一物在心，不出三界。有法是俗谛[2]，无性[3]第一义。离一切诸相，即名诸佛。无念即无相，有念即虚妄[4]。无念出三界，有念在三界。无念即无是，无念即无非。无念即无自，无念即无他。自他俱离，成佛菩提。正无[5]念之时，无念不自。"

净藏闻说，欢喜踊跃。即请和上，改法[6]号名超藏，不离左右扶持。

陇州开元寺觉禅师弟子[7]知一师，时人号质直僧，来投和上。

和上[8]问："汝从何来？"

知一师答："从陇州来。"

和上问："是谁弟子？"

知一师答："是[9]觉和上弟子。"

"觉和上是谁弟子？"

"是老福和上弟子。"

和上云："说汝自修行地看。"

知一师即呈本师教云："看净。"

和上即为说法："法无垢净，云何看净？此间净由不立，因何有垢？看净即是垢，看垢即[10]是净。妄想[11]是垢，无妄想[12]是净。取我是垢，不取我是净。无念即无[13]垢，无念[14]即无净。［无念即无是，］[15]无念[16]即无非。无念即无自，无念即无他。自［垢不取，我是净，无念］[17]他俱离，成佛菩提，正自之时，自亦不自。"

校注：［1］"重再"二字，P.3717作"重"，P.2125作"再为"，皆通。　［2］"谛"字，底本及P.3717皆作"帝"，同音假借；P.2125作"谛"，是，据改。　［3］"性"字，P.2125作"姓"，同音假借。　［4］"妄"字，P.3717作"忘"，通"妄"，同音假借。　［5］"无"字，P.2125脱。　［6］"法"字，P.2125误作"名"，亦通。　［7］"弟子"二字，P.2125脱，亦通。　［8］"和上"二字，P.2125脱二字，亦通。　［9］"是"字，P.2125脱。　［10］"看垢即"三字，P.2125误作"即看垢"。　［11］"想"字，P.3717作"相"，通"想"。　［12］"想"字，P.2125作"相"，通"想"。　［13］"无"字，P.2125作"是"。　［14］P.2125在"无念"前多"无"字，衍。　［15］"无念即无是"五字，诸本均无，结合上下文，应补入。　［16］"念"字，P.2125作"见"，误。　［17］"垢不取我是净无念"八字，底本脱，据P.3717补。

知一师闻说，言下悟，于说法处，更不再移。

和上见知一师，志性淳厚，有忠孝心，便为改号名"超然"，不离左右，乐行作务。

登州忠信师，博览诗书，释性儒雅，舍诸事业，来投和上："忠信是海隅边境，远投和上。"语已，作礼。和上答[1]："道[2]无远近，云何言远！"

忠信启和上："生死事大，闻和上有[3]大慈悲，故投和上，不缘衣食，伏愿[4]照察。"

和上问："学士多足思虑，若能舍得，任住此间？"

忠信答云[5]："朝[6]闻道，夕死可矣。身命不惜，何但文字。"

和上即为说法："尊者大觉尊，说生无念法。无念无生心，心常生不灭。于一切时中自在，勿逐勿转，不浮不沉，不流不注，不动不摇，不来不去，活泼泼，行坐总是禅。"

忠信[7]闻说[8]，俨然不动。和上见已，即知[9]悟解大乘，改名号"超寂"。山中常秘密[10]，夜即作务[11]，不使人知，明即却来旧处。

有法轮法师，解《涅槃章疏》，博学聪明，傍顾无人，自言第一。故就山门，共和上问难。遥见和上，神威奇特，与诸僧不同。法轮师向前作礼，问讯起居。和上[12]遥见，知是法师，即遣坐已。和上问："法师解何经论？"

答云[13]："解《涅槃经》。"

和上问："云何解《涅槃经》？"

法师即引诸章疏。和上说云："非是《涅槃经》，此并是言说。言说三界本，真实灭苦因。言说即变异，真实[14]离文字。高贵德[15]王菩萨问：'世尊，云何名大般[16]涅槃？'佛言：'尽诸动念，思想心息，如是法相，名大涅槃。'云何将[17]言说妄想[18]，已为涅槃？若如此说，即是不解，云何言解涅槃？"

校注：[1]"答"字，P.2125脱。　[2]"道"字，P.2125作"若"。　[3]"有"字，P.2125作"又"，同音假借。　[4]P.2125在"愿"后多"和上"二字，亦通。　[5]"云"字，P.2125脱。　[6]"朝"字，P.2125作"愿"，亦通，但"朝"字义胜。　[7]P.3717在"忠信"后多"师"字，亦通。　[8]"说"字，P.2125脱。　[9]"知"字，P.2125脱。　[10]"密"字，P.3717作"蜜"，同"秘"。　[11]"作务"二字，P.2125作"坐禅"。　[12]底本及P.3717皆重复"和上"二字，衍，据P.2125删。　[13]"云"字，P.2125无，亦通。　[14]"实"字，P.2125作"是"，同音假借。　[15]"德"字，底本及P.3717皆作"得"，通"德"。P.2125作"德"，是，据改。　[16]"般"字，P.2125皆脱。　[17]"将"字，P.2125脱。　[18]"想"字，P.2125作"相"，通"想"。

法轮闻说，无词敢对。和上云："有法是俗谛[1]，无性第一义。言解即是系，聪明是魔施[2]。无念即无系，无念即无缚。无念是涅槃，有念是生死。无念是聪明，有念是暗钝。无念即无彼，无念即无此。无念即无佛，无念无众生。般若大悲智，无佛无众生。无有涅槃佛，亦无佛涅槃。若明此解［者］[3]，是真解者。若不如此解，是着相凡夫。"

法轮师闻说，启颡归依："小师传迷日久，今日得遇和上，暗眼再明。伏愿和上，慈悲摄受[4]。"

绥州禅林寺僧兄弟二人，并[5]持《法华[6]经》，时人号"史法华[7]"。兄法名一行，弟[8]名惠明师，来投和上。和上[9]问："从何处来？先学何教法？"

惠明师[10]云："从绥州来，持《法华经》，日诵三遍。"

和上问云[11]："《安乐行品》，一切诸法，空无所有，无有常住，亦无起灭，是[12]名智者亲近处。"

惠明等闻说[13]："小师迷没，只解依文诵习，未识义理，伏愿和上，接引盲迷。"

和上即为说法："诸法寂灭相，不可以言宣。是[14]法不可示，言词相寂灭。离相灭相，常寂灭相，终归于空。常善入于空寂行，恒沙佛藏一念了。若欲得住[15]山中，更不得[16]诵习，常闲僜僜，得[17]否？"

校注：［1］"谛"字，底本和P.3717作"帝"，同音假借。　［2］P.2125在"施"后多"设"字。衍。　［3］"者"字，底本及P.3717并脱，据P.2125补。　［4］"受"字，P.3717作"授"。案，在敦煌写本中"授""受"常混用，此处以"受"为是。　［5］P.2125在"并"后多"是"字，衍。　［6］"华"字，P.3717作"花"。案，此处以"华"义胜。　［7］"华"字，P.3717作"花"。案，此处以"华"义胜。　［8］"弟"字，P.2125作"师弟"，亦通。　［9］"和上"二字，P.2125脱。　［10］"师"字，P.2125无，亦通。　［11］"云"字，P.2125脱。　［12］P.2125在"是"后多"者"字，衍。　［13］"闻说"二字，P.2125无作"说已"。　［14］"是"字，底本及P.3717皆作"示"，文义不通；P.2125作"是"，义胜，据改。　［15］"住"字，P.2125作"坐"，亦通。　［16］"得"字，P.2125脱。　［17］"得"字，P.2125作"能"，亦通。

惠明等兄弟知诵习[1]是不究竟，故投和上。和上即为再说："无念即无生，无念即无死[2]。无念即无远，无念即无近。无念即是史法华，有[3]念即是法华史。无念即是转法华，有念即是法华转。正无念之时，无念不自。"

惠明等闻已，心意快然，便住山中，［常］[4]乐作务。

庆州慕容长史夫人并女，志求大乘，举家大小并相随，来礼拜和上。和上问夫人："从何处来？"

答："弟子远闻和上有大慈悲，故来礼拜。"

和上即为说种种法要。其女闻说，合掌胡跪，启和上："弟子女人，三障五难，不自在身，今故投和上，拟截生死源。伏愿和上，指示法要。"

和上语云："若能如此，即是大丈夫儿，云何是女？"

和上为说法要："无念即无男，无念即无女。无念即无障，无念即无碍。无念即无生，无念即无死。正无[5]念之时，无念不自，即是截生死源。"

女人闻说，目不瞬动[6]，立不移处，食顷间。和上知此女人有决定心，与法号［名］[7]"常精进"，母号"正[8]遍知"，落发修行，尼僧[9]中为道首。

后引表[10]妹姓韦，是苏宰相女孙[11]，聪明黠惠，博学多知，问无不答，来礼拜和上。和上见有刚骨志操，即为说法："是法非因非缘，无非[12]不非，无是非是[13]，离一切相，即一切法。法过眼耳鼻舌身心，法离一切观行。无念即无行，无念即无观。无念即无身，无念即无心。无念即无贵，无念即无贱。无念即无高，无念即无下。正无念之时，无念不自。"

女人闻说，合掌白和上："弟子女人，罪障深重，今[14]闻法已，垢障消除。"语已，悲泣雨泪，便请法号，名"了见性"。得号已，自落发披衣，尼师中为首[15]。

谁人报佛恩，依法修行者。

谁人销供养，世事不牵者。

谁人堪供养，于法无所取者[16]。

若能如此行[17]，自有天厨供养。

和上向诸弟子说："摄已从他，万事俱[18]和。摄他从已，万事不已[19]。"

校注：［1］"诵习"二字，P.3717作"习诵"。 ［2］"无念即无死"五字，P.2125脱。 ［3］"有"字，P.2125作"又"，同音假借。 ［4］"常"字，底本及P.3717并脱，据P.2125补。 ［5］"正无"二字，P.2125作"无正"。 ［6］"不""动"二字，P.2125脱。 ［7］"名"字，底本脱，据P.2125补。 ［8］"正"字，底本作"政"，P.2125作"正"，义胜，据改。 ［9］"僧"字，P.2125作"师"，亦通。 ［10］"表"字，P.3717作"远（遠）"，失义，当为"表"之误，形近致讹。 ［11］"孙"字，P.2125脱。 ［12］"无非"二字，P.2125作"非无"。 ［13］"是"字，P.2125脱。 ［14］"今"字，P.2125作"金"，误。 ［15］"首"字，P.2125作"道首"，亦通。 ［16］"者"字，P.2125无，亦通。 ［17］"行"字，底本脱，

据P.2125补。　[18]“俱”字，P.2125作“皆”，亦通。　[19]“不已”二字，P.2125作“竞起”。

又说偈：

一念毛轮[1]观自在，勿共同学诤道理。
见镜[2]即是丈夫儿，不明即同畜生类。
但修自己行，莫见他邪正。
口意不量他，三业自然净。
欲见心佛国，普敬真如性。

善男子于悕惜心尽，即道眼[3]心，开明如日。若有毛轮，许惜心者，其道眼即被翳障，此是黑暗之大坑，无可了了，实知难出。又说偈：

我今意况大[4]好，行住坐卧俱了。
看时无物可看，毕竟无言可道。
但得此中意况，高祇木枕到晓。

和上所引诸经了义，无旨心地法门，并破言说：“和上所说，说不[5]可说，今愿同学，但依义修行，莫看言说。若着言说，即自失修行分。《金刚经》云：‘若取法相，即着我、人、众生；若取非法相，即着我、人、众生。是故不应取法，不应取非法，以是义故。如来常说：‘汝等比丘，知我说法，如筏喻者，法尚应舍，何况非法？’”

《华[6]严经》云：“譬如贫穷人，日夜数他宝，自无一钱分。于法不修行，多闻亦如是。如聋设音乐，彼闻自不闻。于法不修行，多闻亦如是。如盲设众象，彼见自不见。于法不修行，多闻亦如是。如饥设饭[7]食，彼饱自腹[8]饿，于法不修行，多闻亦如是。譬如海船师，能渡于彼岸，彼去自[9]不去。于法不修行，多闻亦如是。”

《法句经》云：“说食之人，终不能饱。”

《佛顶经》云：“阿难纵强记，不免落邪思。觉观出思惟[10]，身心不能及。历劫多闻，不如一日修无漏法。”

《方广经》云："一念乱禅定，如煞三千界。满中一切人，一念在[禅][11]定。如活三千界，满中一切人。"

《维摩经》云："心不住内，亦不在外，是为宴坐。若能如此者，佛即印可，无以[12]生灭心，说实相法。法过眼耳鼻舌身心，法离一切观行。法相如是，岂可说乎？是故文殊师利菩萨赞维摩诘：'无有言说，是真入不二法门。'"

校注：[1]"毛轮"字，P.2125作"转轮"，亦通。　[2]"镜"字，底本作"境"，P.2125、P.3717皆作"镜"，是，据改。　[3]P.2125在"眼"后多"开"字，亦通。　[4]"大"字，P.2125作"渐"，亦通。　[5]"不"字，P.2125脱。　[6]"华"字，P.3717作"花"。案，敦煌写本中"花""华"通用，此处以"华"义胜。　[7]"饭"字，P.3717作"饮"，亦通。　[8]"腹"字，P.3717作"复"，同音假借。　[9]"自"字，P.2125作"能"。　[10]"不免落邪思觉观出思惟"十字，P.2125作"不免落邪见。思觉出思惟"。　[11]"禅"字，底本脱，P.2125作"禅"，据补。　[12]"以"字，P.2125作"已"，同音假借。案，敦煌写本中"已""以"常混用，此处以"以"为是。

和上说无念法，法本不自。又云："知见立知，即无明本。知见无见，思即涅槃。无漏真净，又破知病。知行亦寂灭，是即菩提道。又破智病，智求于智，不得智[1]。无[2]智亦无得，已无所得故[3]，即菩提萨埵。"

又云："圆满菩提，归无所得。无有少法可得，是名阿耨多罗三藐三菩提。又破病本[4]，云何为本？一切众生，本来清净，本来圆满。有本即有利，为有利[5]故。心有采集，识家得便，便即轮回生死，本离离他，即无依止，已他俱利，成佛菩提。佛无根境相，不见名见佛，于[6]毕竟空中，炽然建立。又破净病、涅槃[7]病、自然病、觉病、观病、禅病、法病，若住[8]此者，即为有住。是[9]病法不垢不净，亦无涅槃佛，法离观行，超然露地坐。识荫般涅槃，远离觉所觉，不入三昧，不住坐禅，心无得失。又破一病，一亦不为一，为一破诸数，一根既返源，六根成解脱。制之一处，无事不辨。参罗及万像（象），一法之所印。一本不起，三用无施，其心不计，是有力大观。汝等当离，已众他众，已即是自性，他即是妄念。妄念不生，即是自他俱离，成佛菩提。"

和上每说言，有缘千里通，无缘人对面不相识。但识法之时，即是见佛，此诸经了义经。和上坐下，寻常教戒诸学道者，恐着言说，时时引稻田中螃蟹问，众人不会。又引王梵志诗：“惠眼近空心，非开髑髅孔。对面说不识，饶你母姓董。”

有数老人白：“和上，弟子尽有妻子，男女眷属整舍，投和上学道。”

和上云：“道无形段可修，法无形段可证，只没闲不忆不念，一切时中总是道。”问老人：“得否？”老人默然不对，为未会。和上又说偈：

妇是没耳枷，男女兰单杻。

你是没价奴，至老不得走。

又［有］[10]剑南诸师僧，欲往台山礼拜，辞和上。和上问言：“大德何［处］[11]去？”

僧答：“礼文殊师利。”

和上云：“大德，佛在身心，文殊不远。妄念不生，即是见佛，何劳远去？”

诸师僧欲去，和上又与说偈：

迷子浪波波，巡山礼土坡。

文殊只没在，背佛觅弥陀。

和上呷茶次，是日，幕府郎官[12]侍御卅人，礼拜讫，坐定，问：“和上大爱茶？”和上云：“是。”便说茶偈：

幽谷生灵草，堪为入道媒。

樵人采其叶，美味入流杯[13]。

静虑澄虚识，明心照会台。

不劳人气力，直耸法门开。

校注：［1］“智”字，P.2125作“知”，通“智”。　［2］“无”字，P.2125脱。　［3］“故”字，P.2125脱。　［4］“病本”二字，底本作“本病”，P.2125作“病本”，是，据改。　［5］“为有利”三字，P.2125脱。　［6］“于”字，P.3717脱。　［7］P.2125在“涅槃”后多“相”字，衍。　［8］“住”字，P.3717作“在”，亦通。　［9］“是”字，P.2125脱。　［10］“有”字，底本脱，据P.2125补。　［11］“处”字，底本脱，据P.2125补。　［12］“官”字，P.2125作“宧”，义同。　［13］“杯”字，底本作“坏”，P.2125作“杯”，是，据改，形近致讹。

诸郎官[1]因此问：“和上，缘何不教人读经、念佛、礼拜？弟子不解。”

和上云[2]：“自证究竟涅槃，亦教他[3]人如是[4]，不将如来不了教，回自已解，已悟初学佛印[5]，[即][6]是人得真[7]三昧者。"

和上说讫，俨然不动，诸郎官[8]侍御咸言叹[9]："未曾有也。"问："和上，缘何不教事相法？"

和上答："大乘妙理，至理空旷，有为众生，而不能入经教旨。众生本性，见性即成佛道，着相即沉轮（沦）。心生即种种法生，心灭即种种法灭。转经礼拜，皆是起心。起心即是生死，不起即是见佛。"

又问："和上，若依[10]此教人得否？"

和上云："得。起心即是尘劳，动念即是魔网。一切有为法，如梦幻泡影，如露亦如电，应作如是观。"

诸官[11]闻说，疑网顿除，咸言为弟子。

又有道士数十人出[12]入，亦有数十人，法师、律师、论师亦有廿人，皆是[13]剑南领袖。和上问道士云："'道可道，非常道。名可名，非常名'，岂不是老君所说？"

道士云："是。"

和上云："尊师解此义否？"

道士默然无对。和上又问："为学日益，为道日损。损之又[14]损之，已至于无为，无为无不为。"又问："庄子云[15]：'生生者不生，煞生者不死。'"道士尽不敢对。

校注：[1]"官"字，P.2125作"宦"，义同。　[2]"云"字，P.2125脱。　[3]"他"字，P.2125脱。　[4]"是"字，P.2125脱。　[5]"佛印"二字，P.2125脱。　[6]"即"字，底本脱，据P.2125补。　[7]"真"字，P.2125作"至"。　[8]"官"，P.2125作"宦"，义同。　[9]"咸言叹"二字，P.2125作"咸言"，亦通。　[10]"若依"二字，P.2125作"若"，亦通。　[11]"官"字，P.2125作"宦"，义同。　[12]"出"字，底本和P.3717作"山"，误，据P.2515改。　[13]"是"字，P.2125无，亦通。　[14]"又"字，P.2125误作"有"，同音假借。　[15]"云"字，P.2125脱。

和上云："今时[1]道士，无有一人学老君[2]者，只学傍[3]佛。"道士闻已，失色合掌。

和上又问诸[4]山人："夫子[5]说易否？"

山人答云[6]：“说。”

又问：“夫子说仁义礼智信否？”

答言：“说。”

又问：“易如何？”

山人并不言。

和上即为说云[7]：“易言：‘无思也，无为也，寂然不动，感而遂通。’此义如何？”

山人不敢对。

和上更说云：“易，不变不易，是众生本性。无思也，无为也，寂然不动，是众生本性。若不变不易，不思不想[8]，即是行仁义礼智信。如今学士，不见本性，不识主客[9]，强识前尘，已为学问，大错。夫子说无思无为大分明。”

山人问：“和上，感即[10]遂通，义如何？”

和上答[11]云：“梵天不求，梵天自至。果报不求，果报自至。烦恼已尽，习气亦除。梵释龙神，咸皆供敬。是故如来，入城乞食，一切草木，皆悉头低。一[12]切山河，皆倾向佛。何况众生，此是感而遂通也。”

山人一时礼拜和上，并愿为弟子。

和上又问道士云：“上得不失得，是以有得；下得不失得，是以无得。此义如何？”

道士云：“请和上为说。”

和上说云：“上得之人，无所得，心为无所得，即是菩提萨埵。无有少法可得，是名阿耨多罗三藐三菩提，即是上得之义。下得不失得，是以无得。下得之人，为有[13]所求，若有所求，即有烦恼，烦恼之心，即是失得。此是失得之义也[14]。”

校注：［1］“今时”二字，底本和P.3717作“时今”，不词，当倒乙。［2］“老君”二字，原文作“君老”，据P.2125改。［3］“傍”，底本作“谤”，P.2125作“傍”，义胜，据改。［4］“诸”字，P.2125脱。［5］“子”字，P.2125误作“人”。［6］“云”字，P.2125无，亦通。［7］“云”字，P.2125脱。［8］“想”字，P.3717作“相”，通“想”。［9］“不思不想即是行仁义礼智信如今学士不见本性不识主客”二十四字，P.2125脱。［10］“即”字，P.2125作“而”。［11］“答”字，P.2125无，亦通。［12］P.2125在“一“前多“但”字。［13］“有”字，

P.3717脱。　[14]“也”字，P.2125脱。

又云：“为学日益，为道日损。若有学人[1]，惟憎[2]尘劳生死，此是不益也。为道日损，损之又[3]损之，已至于无为，无为无[4]不为。道即本性，至道绝言，妄念不生，即是损之。观见心王时，一切皆舍离[5]，即是又[6]损之，以至于无为。性空寂灭时，是法是时见，无为无不为，即是不住无为。修行无起，不已无起为[7]证。修行于空，不以空为证。即是无不为义也。又庄子云‘生生者不生’，妄念不起，即是不生。‘煞生者不死’，不死义也，即是无生。又云：‘道可道，非常道’，即是众生本性。言说不及，即[8]非常道。‘名可名，非常名’，亦是众生本性，但有言说，都无实义，但名但字，法不可说，即非常名也。”

道士闻说已，合掌问：“和上，若如[9]此说，即[10]佛道无二？”

和上言：“不然。庄子、老子，尽说无为、无相、说一、说净、说自然。佛即不如此说，因缘自然，俱为戏论。一切贤圣皆以无为法而有差别。佛即不住无为，不住无相，以住于无相，不见于大乘。二乘人三昧酒醉，凡夫人无明酒醉，声闻人住尽智，缘觉人住[11]寂净智。如来之智惠，生起无穷尽。庄老夫子说，与共声闻等。佛[12]呵声闻人，如盲如聋。预流一来果，不还[13]阿罗汉果[14]。是等诸圣人，其心悉迷惑。佛即不堕众数，超过一切。法无垢净，法无形相，法无动乱，法无处所，法无取舍，是以超过孔丘、老子、庄子[15]。佛常在世间，而不染世法。不分别世[16]故，敬礼无所观。孔老[17]所说，多有所着，尽是声闻二乘境界。”

校注：[1]“人”字，底本作“心”，P.2125作“人”，是，据改。　[2]“憎”字，P.2125作“增”，似乎义更胜。　[3]“又”字，P.2125误作“有”，同音假借。　[4]“无”字，底本脱，据P.2515补。　[5]“离”字，P.3717作“利”，同音假借。　[6]“又”字，P.2125作“有”。　[7]“为”字，P.2125脱。　[8]“即”字，P.2125作“即是”，亦通。　[9]“如”字，P.2125作“依”，亦通。　[10]“即”字，P.2125作“即是”，亦通。　[11]“人住”二字，底本及P.3717脱，据P.2125补。　[12]“佛”字，底本作“佛佛”，衍一“佛”字，据P.2515和P.3717删。　[13]“还”字，P.2125作“来”。　[14]“果”字，P.2125脱。　[15]“老子庄子”四字，P.3717、P.2125皆作“庄老子”。　[16]“世”字，P.2125作“世间”，亦通。　[17]“孔老”二字，P.2125作“孔丘”。

道士作礼，尽为弟子，默然信受听法。

又问诸法师："云何是佛宝？云何是法宝？云何是僧宝？"

法师默然不语。

和上说云："知法即是佛宝，离相[1]即是法宝，无为即是僧宝。"

又问法师："法[2]无言说，云何说法？夫说法者，无说无示。其听法者，无闻无得。无法可说，是名说法。常知如来不说法者，[是][3]名具足多闻，法师云何说法？"

法师答曰："般若有三种：一文字般若，二实相[4]般若，三观照般若。"

和上答云[5]："一切诸文字，无实无所依，俱同一寂灭，本来无所动。我法无实无虚，法离一切观行。"诸法师互相视面，无词可言。

和上问律师："云何是戒律？云何是决定毗尼？云何是究竟毗尼？戒以何为体？律以何为义？"律师尽不敢答。

和上问律师："识主客否[6]？"

律师云："请和上为说主客义。"

和上答："来去是客，不来去是主。想念无[7]生，即没主客，即是见性。千思万虑，不益道理，徒为动乱，失本心王。若无思虑，即无生灭。律是调伏之义，戒[8]非青黄赤白。非色非心是戒体。戒是众生本性[9]，本来圆满，本来清净。妄念生时，即背觉合尘，即是犯戒律[10]。妄[11]念不生[12]，即背尘合觉，即是戒律满足[13]。念不生时，即是究竟毗尼。念不生时，即是决定毗尼。念不生时，即是破[14]坏一切心识。若见持戒，即破[15]戒。戒非戒，二见[16]一相，能知此者，即是大道师。见犯重罪[17]比丘，不入地狱；见清净行者，不入涅槃。若住如是见，是平等见。今时律师，说触（浊）说净，说持说犯，作相授[18]戒，作相威仪，及以饭食皆作相。假使作相，即与外道五通等。若无作相，即是无为，不应有见。妄想[19]是垢，无妄想[20]是净；取我是垢，不取我是净；颠倒是垢，不[21]颠倒是净。持犯但束身，非身无所束[22]。非无遍一切，云何获圆通。若说诸持戒，无善无威仪，戒性[23]如虚空，持者为迷倒。心生即种种法生，心灭即种种法灭。如其心然，罪垢亦然，诸法亦然。今时律师，只为名闻利养，如猫伺鼠，细步徐行，见是见非，自称戒行，此并是灭佛法，非沙门行。《楞伽经》云：'未来世当有身着于袈裟，妄说于有无，毁坏我正法。'未来世于我法中，而为出家，妄说毗尼，坏乱正法。宁毁尸罗，不毁正见。尸罗生天，增诸结缚，正见得涅槃。"律师闻说，惶悚失色，战栗[24]不安。

校注：［1］“相”字，P.3717作“想”，通“相”。案，在敦煌写本中“相”“想”常混用，此处以“相”为是。　［2］“法”字，P.3717脱。　［3］“是”字，底本脱，据P.2125补。　［4］“相”字，P.3717作“想”，通“相”。案，此处以“相”为是。　［5］“答云”二字，P.2125作“答”。　［6］“否”字，P.3717作“不”，亦通。　［7］“无”字，P.3717作“不”，亦通；P.2125脱。　［8］P.2125在“戒”后多“是”字，衍。　［9］“性”字，P.2125作“众生”，误。　［10］“犯戒律”三字，P.2125作“戒律满足”。　［11］“妄”字，P.2125脱。　［12］P.2125在“生”后多“时”字，衍。　［13］“即背尘合觉即是戒律满足”十一字，P.2125脱。　［14］P.2125在“破”后多“戒”字，衍。　［15］P.2125在“破”后多“大”字，亦通。　［16］“见”字，P.2125作“是”。　［17］“罪”字，P.2125脱。　［18］“授”字，P.2125作“受”，通“授”。　［19］“想”字，P.3717、P.2125皆作“相”，通“想”。　［20］“想”字，P.3717、P.2125皆作“相”，通“想”。　［21］“不”字，P.2125作“无”，亦通。　［22］“束”字，P.2125作“触”，误。　［23］“性”字，P.2125作“相”。　［24］“栗”字，P.3717同，P.2125作“怵”。

和上重说：“离相灭相，常寂灭相，终归于空。常善入于空寂行，恒沙佛藏，一念了。佛只许五岁学戒律[1]，五岁已舍小乘师，访大乘师，学无人我法。若不如此，佛甚呵责。”

律师闻已，疑网顿除。白和上：“小师传迷日久，戒律尽舍，伏愿慈悲摄受[2]。”一时作礼，雨泪而泣。

和上云：“不忆不念，一切法并不忆，佛法亦不忆，世间法亦不忆，只没闲。”

问：“得否？”

律师咸言：“得。”

和上云：“实若得时，即是真律师，即是见性。正见之时，见犹离见，见不能及，即是见[3]佛。正见之时，见亦不自。”

和上更为再说：“起心即是尘劳，动念即是魔网，只没闲，不沉不浮，不流不转，活泼泼，一切时中总是禅。”

律师闻已，踊跃欢喜，默然坐听。

和上问诸法师、论师："作何学问？"

论师答："解《百法》。"

和上说："解《百[4]法》，是一百个计，总不解是无计。无计即无念，无念即无受[5]，无念即无自，无念即无他。为众生有念，假说无念，正无念时，无念不自。"

又问论师："更解何经论？"

答："解《起信论》。"

和上说："云起即不信，信即不起。"

又问："论以何为宗？"

论师不语。

和上云："论以[6]摧邪显正为宗。论云：'离言说相，离名字相，离心缘相。'"离念相者等虚空，遍法界无所不遍。如今论师，只解[7]口谈药方，不识主客，以流注生灭心解经论，大错。论云：'离言说即着言说，离名字即着名字。'只解浑吃馅子，不知枣素。《楞伽经》云：'乃至有心转。'是即为戏论。不起分别者，是人见自心。以无心意无受行，而悉摧伏诸外道。达诸法相无罣碍，稽首如空无所依。"论师闻说，合掌作礼。

又有道幽师、旻法师、冠律师法名嗣远，问和上："《禅门[8]经》云：'贪着禅味，是菩萨缚。'"

和上答诸法师："取相着相，是众生系。"

又经云："钝根浅智人，着相憍慢者，如斯之等类，云何而可度。"

和上言："经云：'离相灭相，常寂灭相。律师法师，总违佛教，着相取相，妄认前尘，以为学问。如[9]犬逐块，块即增多。无住即不如此。如师子放块寻人，块即自息。想[10]念喧动，坏其善根。悟性安禅，即无漏智，若于外相求，纵经尘劫，终不能得。于内觉观，刹那顷便[11]，成阿耨多罗三藐三菩提。"

又时有广庆师、悟幽师、[道幽师][12]、道宴师、大智师，已上[师僧][13]并是坚成禅师弟子，来至和上坐下，是时[14]和上呷茶次，悟幽师向和上说："呷茶三五椀（碗），合眼坐，恰似壮士把一瘦人腰，着急腔腔地大好。"

和上语悟幽师："莫说闲言语。永淳年不吃泥馎饦。"

悟幽闻语[15]失色。

校注：[1]"律"字，P.2125脱。　[2]"受"字，P.3717作"授"。案，在敦煌写本中"授""受"常混用，此处以"受"为是。　[3]"见"字，

P.2125脱。［4］底本在“百法”前有“一”字，P.2125无“一”字，义胜，据删。［5］“受”字，P.3717误作“爱”，形近致讹。［6］“论以”二字，P.2125脱。［7］“解”字，P.2125脱。［8］“门”字，底本及P.3717并作“师”，误；P.2125作“门”，是，据改。［9］“如”字，P.3717作“以”，亦通。［10］“想”字，P.2125作“相”，通“想”。［11］“顷”字，P.2125误作“倾”，同音假借。［12］“道幽师”三字，底本脱，据P.2125补。［13］“师僧”二字，底本脱，据P.2125补。［14］“是时”二字，P.2125脱，亦通。［15］“语”字，P.2125作“已”，亦通。

和上云：“阿师今将世间生灭心测度禅，大痴愚。此是龙象蹴蹹，非驴所堪。”

和上语悟[1]幽师[2]：“无住为说一个话。有一人高堆阜上立，有数人同伴路行。遥见高处有[3]人立，递相语言：‘此人必失畜生’。有一人云：‘失伴。’又[4]一人云：‘采风凉。’三人共诤[5]不定，来至高处[6]，问堆上人：‘失畜生否？’答云：‘不失。’又问：‘失伴否[7]？’［云］[8]：‘亦不失伴。’又问：‘采凉风[9]否？’［云］[10]：‘亦不采风凉。’既总无，缘何[11]高立堆上？答：‘我[12]只没立’。”

和上语悟幽师：“无住禅不沉不浮，不流不注，而实有用。用[13]无生寂，用无垢净，用无是非，活泼泼，一切时中总是禅。”

有雄俊[14]法师问：“和上，禅师入定否？”

和上云：“定无出入。”

问[15]：“禅师入三昧否？”

答云：“不入三昧，不住坐禅，心无得失。一切时中总是禅。”

又有陇右[16]法缘师，俗姓曹，远闻和上，将母相随，至白崖山，礼拜和上。和上问：“讲说何经论？”

答云[17]：“讲《金刚般若波罗蜜经》。”

和上问：“用谁疏论？”

答云[18]：“用天亲、无著论、晖坛达等师疏。”

和上问：“经云：‘一切诸佛及诸佛阿耨多罗三藐三菩提法，皆从此经出。’云何是此经？黄蘗是此经，纸是此经，墨是此经[19]？”

校注：［1］“悟”字，P.3717脱。［2］“师”字，P.2125脱。［3］“有”

字，P.2125脱。 [4]“又”字，P.3717作“有”，亦通。 [5]“诤”字，P.3717作“争”，通“诤”。 [6]“高处”二字，P.2125脱。 [7]“否”字，P.2125脱，P.3717作“不”，亦通。 [8]“云”字，底本脱，据P.2125补。 [9]“风凉”二字，P.2125作“凉风”。 [10]“云”字，底本脱，据P.2125补。 [11]P.2125在“何”后多“得”字，衍。 [12]“我”字，P.2125脱。 [13]“而实有用用”五字，P.2125作“而而实实”。 [14]“俊”字，P.2125脱。 [15]“问”字，P.2125作“又问”，亦通。 [16]“右”字，P.2125作“州”。 [17]“云”字，P.2125无，亦通。 [18]“云”字，P.2125脱。 [19]“墨是此经”四字，P.2125脱。

法缘师答云：“实相般若，观照般若，文字般若。”

和上语法缘师[1]：“一切诸文字，无实无所依，俱同一寂灭，本来无所动，法离一切观行。经云：‘我法无实无虚，若言如来[2]有所说法，即为谤佛。’”

法缘[3]答云：“法缘[4]依章疏说。”

和上语法缘师：“天亲、无著、晖坛等疏，何如佛说？”

法缘师[5]答：“不如。”

和上云[6]：“既不如，缘何不依佛教？经云：‘离一切诸相，即名诸佛。’若以色见我，以音声求我，是人行邪道，不能见如来。此经者，即是此心。见性成佛道，无念即见性。无念无烦恼，无念即无自，无念即无他，无念即无佛，无念无众生。正无念之时，无念不自。”

法师闻已，合掌白和上：“法缘多幸，得遇和上。法缘[7]老亲，伏愿慈悲摄受[8]。”便住山中，不离左右。

般若波罗蜜，不见报恩者，不见作恩者。无住行无缘慈，行无愿慈，行不热慈，行无因[9]慈，亦[10]不彼，亦不此。不行上中下法，不行有为无为，实不实法。不为益，不为损，无大福，无小福，以无所受[11]，而授诸受。未具佛法，亦不灭受。若欲忏悔者，端坐观[12]实相。无[13]念即实相，有念即虚妄。忏悔咒愿，皆是虚妄。

和上又[14]说：“谁人报佛恩？依法修行者。谁人堪受[15]供[16]？世事不牵者。谁人消供养？于法无取者。无念即无取，无念即无舍[17]。无念即无垢，无念即无净。无念即无系，无念即无缚。无念即无自，无念即无他。正无念之时，无念不自。无念即是般若波罗蜜。般若波罗蜜者，是大神咒，是大明咒，是无上咒，是无等等咒。能除一切苦，真实不虚。何其檀[18]越拔妄见[19]之源，悟无生之体。卷重云而朗惠日，业障顿袪；廓妄想[20]以空心，寂然不[21]动。真如之义，非理非事，无生无灭，不动不寂，二谛双照，即真见佛。坛[22]越但依此法，无慢斯须，虽开塞阻遥，即常相见，无异也。傥违[23]此义[24]，流注根尘，思虑竞生，贪染过度，纵常对面，楚越难以喻焉。"

校注：[1]"语法缘师"四字，P.2125作"答"，亦通。　[2]"如来"二字，P.2125脱。　[3]"缘"字，P.3717"师"，亦通。　[4]"云法缘"三字，P.2125脱。　[5]"师"字，P.2125脱。　[6]"云"字，P.2125脱。　[7]"法缘"二字，P.2125脱。　[8]"受"字，底本作"授"，P.2125作"受"，是，据改。　[9]"因"字，P.3717作"恩"。　[10]底本在"亦"前有"行"字，疑衍。　[11]"受"字，底本作"授"，P.2125作"受"，义胜，据改。　[12]"观"字，P.2125、P.3717作"念"。　[13]"无"字，P.2125脱。　[14]"又"字，P.2125脱。　[15]"受"字，底本作"授"，P.2125作"受"，义胜，据改。　[16]P.2125在"供"后多"养"字。　[17]"无念即无舍"五字，P.2125脱。　[18]"坛"字，底本及P.2125并作"坛"，P.3717作"檀"。　[19]"见"字，P.2125作"相"。　[20]"想"字，P.2125及P.3717并作"相"，通"想"。　[21]"不"字，P.2125作"无"，亦通。　[22]"檀"字，底本及P.2125并作"坛"，P.3717作"檀"，义胜，据改。　[23]"违"字，P.2125作"为"，同音假借。　[24]"义"字，P.2125作"理"，亦通。

大历保唐寺和上传顿悟大乘禅门门人写真赞[1]并序

山人孙寰述曰：道也无名，悟道者方知得本；法也[2]无相，识法者乃达其源。得本即道，知道体妙有无生；识法即源，见法性圆明自在。在无所在，在非彼[3]此之方；生无所生，生非有无之际。故释迦文佛，说十二部之分法，总了于心，即说无所说。我和上指八万门[4]之尘积，直教见性。乃至无所指，矧知法离言说。法非言说不明，法离见闻；法[5]非见闻不显，因言显义[6]。得义亡言，是知[7]顺言说者，言显而法亡；返见闻者，言亡而法显。无言无我，无我[8]无为。无为之体如如，如如之理不一。不一不自，实曰菩提。胜净明心，周[9]于法界。即我和上，处其门，传其法。示无念之义，不动不寂；说顿悟之门，无忆无念。每谓门人曰："法即如是，非言说所及。"

吾[10]祖师达摩多罗，传此法要，嫡嫡相授[11]，是诸佛之秘门，是般若波罗蜜，亦名第一义，亦名不二门，亦名见性，亦名真如，亦名涅槃，亦名禅门。如是之名，是过去诸如来之假说。真实之义，无有名字。时门人得教，如说修行而味之，共相叹曰："荡荡乎！如睹太虚之寥廓，无纤无埃；洋洋乎！若视沧溟之浩漾，无际无涯。"深知[12]道言不及，微妙无名。感[13]荷大师，愍我迷愚，示我正法。不由阶[14]渐，直至菩提。若遇诸学，我须转[15]示，不有师相，曷以显诸。遂默召[16]良工[17]，绘事真[18]迹，容光焕然，相好成就。睹貌者，可[19]以摧邪；依法者，可以至妙。更深处而未测，稽首瞻仰。强为赞云：

校注：[1]P.2125在"赞"后多"文"字，亦通。 [2]"也"字，P.2125作"者"，亦通。 [3]P.3717在"彼"后多"人"字，衍。 [4]"门"字，P.2125脱。 [5]P.2125在"法"后多"离"字。 [6]P.2125在"因言显义"后多"言显义"三字，衍。 [7]"知"字，P.2125作"故"，亦通。 [8]"我"字，P.2125作"为"二字。 [9]"周"字，P.3717同，P.2125作"同"，亦通。 [10]"吾"字，P.2125作"悟"，同音假借。 [11]"授"字，P.2125作"受"，通"授"。 [12]"知"字，P.2125作"故"，亦通。 [13]"感"字，P.2125作"咸"。 [14]"阶"字，P.2125脱。 [15]"转"字，P.2125作"传"。 [16]"召"字，P.3717作"名"，形近致讹。 [17]"工"字，P.2125脱。 [18]"真"字，P.3717作"直"，形近致讹。 [19]"可"字，P.2125作"何"。

最上乘法，无理非事；善说多门[1]，皆归不二。
迦叶得之，西弘于佛域[2]；达摩授之，东流于汉地。
事即千有余载，圣乃卅有四，嫡嫡相承，代代相次。
得法契于道源，传衣表于真伪[3]，吾师密授[4]，堂堂显示。
豁诸佛之秘门，启大乘之了义，不顺有为，不依无记。
离性离相，不愚不智，义非有无，有无非义。
逆凡夫心，越贤圣意，行过三乘，顿超十地。
非因非果，无他无自，用无生寂，影体俱离。
见无明暗，无念即是，遂召[5]良工，潜为绘[6]事。
挫毫生相，睹巍巍[7]之应身；离相穷言，见汪汪之法器。

得犹天锡，骨与世异，默妙良哉，究得真气。
貌惶惶而欲言，目瞬瞬而[8]将视。
仰之弥高，瞻之珍贵，不有吾师，此法将坠[9]。

大历九年六月三日，告诸门徒："与吾取新净衣，吾欲[10]沐浴。"沐浴讫，着衣[11]问弟子［曰］[12]："斋时到未？"答："到。"约束门徒弟子："若是孝顺之子，不得违吾言教。吾当大行，吾去后，不得频（颦）眉，不得[13]同世间不修行人哭泣，着眼及频（颦）眉者，即不是[14]吾弟子，哭泣即是[15]世间法。佛法即不然，离一切诸相，即是见佛。"语已，奄然坐化。大师春秋六十有一。

《历代法宝记》一卷[16]

校注：［1］"门"字，P.2125作"闻"。　［2］"域"字，P.2125作"城"。　［3］"伪"字，P.2125作"为"，同音假借。　［4］"授"字，P.2125作"受"，通"授"。　［5］"召"字，P.3717误作"名"，形近致讹。　［6］"绘"字，P.2125作"侩"，形近致误。　［7］"巍巍"二字，P.3717误作"魏魏"，同音假借。　［8］"而"字，P.2125脱。　［9］"坠"字，P.2125作"堕"，亦通。　［10］"吾欲"二字，P.2125脱。　［11］"着衣"二字，P.2125作"着新净衣讫"。　［12］"曰"字，底本脱，据P.2125补。　［13］"得"字，P.2125脱。　［14］"是"二字，P.2125作"名"。　［15］"是"字，P.3717无字，亦通。　［16］"一卷"二字，P.2125脱。

四、七祖法宝记下卷

【题解】

禅宗文献《七祖法宝记》系中国佚名禅僧所编纂，未为我国历代经录所著录，亦不为历代大藏经所收。唯见于北京国家图书馆藏敦煌写本，编号有二：其一为北殷38（BD09517）号，首尾均残；其二为北新1272号（BD15072），首残尾存，有尾题“七祖法宝记下卷”。从纸质、字体、内容、体例诸方面，均可判断此两号本为同卷，但二卷号之内容不能直接缀接，中间尚有残缺。现存文献之内容可分为两部分：第一部分摘录《佛藏经》《念诵经护法普通诸部》《心经》《大般若经》《金刚经》《金刚三昧经》《文殊师利所说般若波罗蜜经》《佛说决定毗尼经》《如来庄严智慧光明如一切佛境界经》《法华经》《维摩经》《思益经》等经典而成，分量较大，约占所剩全文的五分之四；第二部分是《诸经大乘要抄》，节录了几十部大乘经典的主要内容，包括《楞伽经》《思益经》《佛顶经》《维摩经》《金刚三昧经》《法句经》《佛藏经》《药师经》《决定毗尼经》《金刚经》《转女身经》《大佛顶经》等，其中《楞伽经》分量最大。

本文献尾题记曰“七祖法宝记下卷”。此“七祖”何指，不得其详。但据文献所引经典的思想特点，可初步推断，此“七祖”或为北宗神秀的弟子，如普寂、义福等。此文献可视为北宗渐修禅法依据的宝典。

该文献由华方田整理出版[①]，录文准确，校注精善，可为早期禅宗史的研究提供可信的依凭。此处录文以华方田的校录为准，仅对个别地方的标点、断句有所更动，对个别文字进行了校正，增补部分原缺的文字。但因受本课题体例所限，对校勘略有节略、变更。

【录文】

佛藏经·诸法实相品第一（亦名《选诸法卷第□》）

① 华方田整理《七祖法宝记下卷》，方广錩主编《藏外佛教文献》第2辑，北京：宗教文化出版社，1996年，第133～165页。

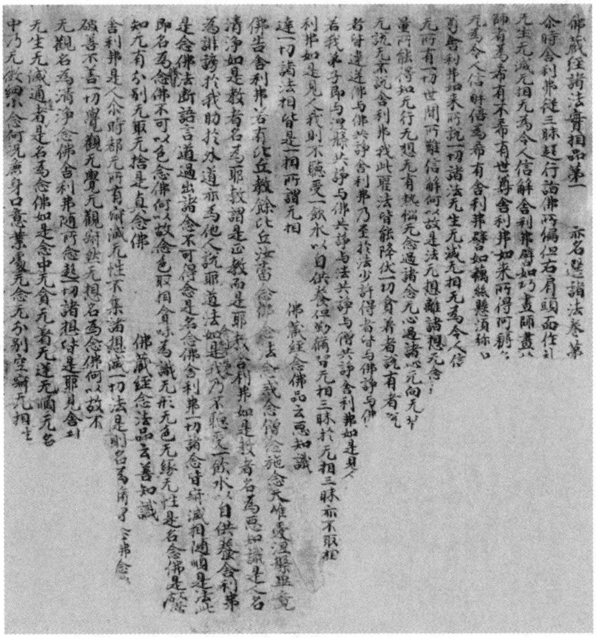

BD09517《七祖法宝记下卷》（局部）

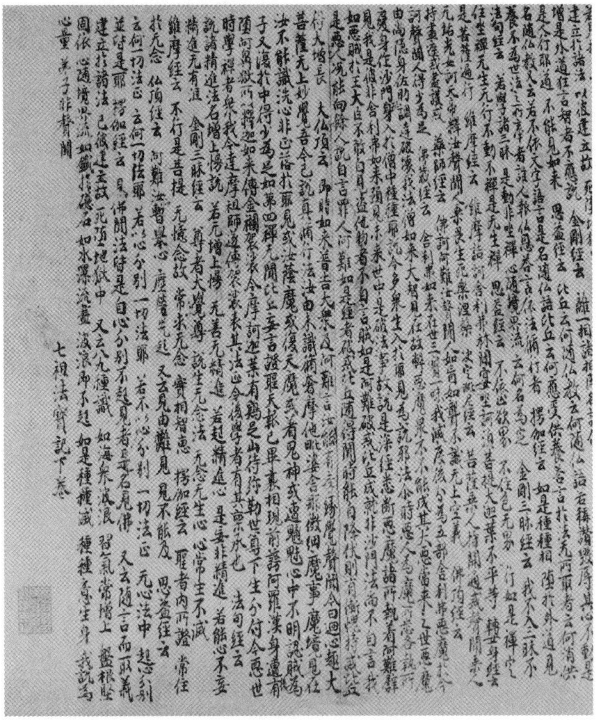

BD15072《七祖法宝记下卷》（局部）

尔时，舍利弗从三昧起，行诸佛所，偏但（袒）右肩，头面作礼［白佛言："希有，世尊，如来所说一切诸法，］[1]无生无灭，无相无为，令人信解。"

"舍利弗！譬如巧画师，画［于虚空，现种种色相，于意云何，是画］[2]师者，为希有不？"

"希有，世尊！"

"舍利弗！如来所得阿耨［多罗三藐三菩提，说一切法无生无灭，无相］[3]无为，令人信解，倍为希有。舍利弗！譬如藕丝悬须弥［山，在于虚空，于意云何，为希有不？希有，世］[4]尊！舍利弗！如来所说一切诸法，无生无灭，无相无为，令人信［解，倍为希有。舍利弗！如来所说诸法无性，空］[5]无所有，一切世间所难信解。何以故？［舍利弗］[6]是法无想离诸想，无念［离诸念，无取无舍，无戏论，无恼热，非此岸，非彼岸，非陆地，非痴非明，以无量智乃可得解，非以思］[7]量，所能得知，无行无想，无有热恼，无念过诸念，无心过诸心，无向无［背，无缚无解，无妄无妄法，无痴无痴法，无有痴网，无名无言，］[8]无说无不说。舍利弗！我此圣法，皆能降服一切贪着者、说有者、说［无者，说诸法者，说假名者，说边］[9]者，皆违。乃至于逆佛，与佛共诤。舍利弗！乃至于法，少许得者，皆与佛诤，与佛［诤者，皆入邪道，非我弟子。］[10]若［非］[11]我弟子，即与涅槃共诤，与佛共诤，与法共诤，与僧共诤。舍利弗！如是见人，［我则不听出家受戒。舍］[12]利弗！如是见人，我则不听，受一饮水，以自供养。但勤修习，无相三昧，于无相三昧，亦不取相，［是人通］[13]达一切诸法相，皆是一相，所谓无相。"

校注：［1］"白佛言希有世尊如来所说一切诸法"十四字，底本残，据《佛藏经》补。　［2］"于虚空现种种色相于意云何是画"十四字，底本残，据《佛藏经》补。　［3］"多罗三藐三菩提说一切法无生无灭无相"十七字，底本残，据《佛藏经》补。　［4］"山在于虚空于意云何为希有不希有世"十六字，底本残，据《佛藏经》补。　［5］"解倍为希有舍利弗如来所说诸法无性空"十七字，底本残，据《佛藏经》补。　［6］"舍利弗"三字，底本残，据《佛藏经》补。　［7］"离诸念无取无舍无戏论无恼热非此岸非彼岸非陆地非痴非明以无量智乃可得解非以思"三十七字，底本残，据《佛藏经》补。　［8］"背无缚无解无妄无妄法无痴无痴法无有痴网无名无言"二十三字，底本残，据《佛藏经》补。　［9］"无者说诸法者说假名者说边"十二字，底本残，据《佛藏经》补。　［10］"诤者皆入邪道非我弟子”十字，底本残，据《佛藏经》补。 [11]“非”字，底本无，据《佛藏经》补。 [12]“我则不听出家受戒舍”九字，底本残，据《佛藏经》补。 [13]“是人通”三字，底本残，据《佛藏经》补。

《佛藏经·念佛品》云：“恶知识。”

佛告舍利弗：“若有比丘教余比丘，汝当念佛、念法、念戒、念僧、念施、念天，唯爱涅槃，毕竟清净。如是教者，名为邪教。谓是正教，而是邪教。舍利弗！如是教者，名为恶知识。是人名为诽谤于我，助于外道。亦为他人说邪道法。舍利弗！如是恶人，我乃不听，受一饮水，以自供养。”

“舍利弗！是念佛法，断语言道，过出诸念，不可得念，是名念佛。舍利弗！一切诸念，皆寂灭相，随顺是法，此即名为，修习念佛。不可以色念佛，何以故？念色取相，贪味为识。无行无色，无缘无性，是名念佛。是故当知，无有分别，无取无舍，是真念佛。”

《佛藏经·念法品》云：“善知识。”

“舍利弗！是人尔时，都无所有，寂灭无性。不集诸想，灭一切法，是则名［为修习念佛］[1]。念［佛名为］[2]破善不善，一切觉观，无觉无观，寂然无想，名为念佛。何以故？不［应以觉观，忆念诸佛，无觉］[3]无观，名为清净念佛。”

“舍利弗！随所念起，一切诸想，皆是邪见。舍利［弗！随无所有，无觉无观，］[4]无生无灭，通达是者，是名念佛。如是念中，无贪无着，无逆无顺，无名［无想，舍利弗！无想无语，乃名念佛，是］[5]中乃无微细小念，何况粗身、口、意业处？无念无分别，空寂无相［性，灭诸觉观，是名念佛。］[6]念佛时，莫取小相，莫生戏论，莫有分别。何以故？是法皆空，［无有体性，不可念一想，所谓无相，是名真］[7]实念佛。何以故？如来不名为色，不名为相，不名为念，不［灭诸觉观，是名念佛。］[8]是人于佛，由（尤）尚不得，何况于念？舍利弗！如是教者，是名［善知识，若人成就如是相］[9]者，［世间希］[10]有。得不颠倒，真实见故，名为正见。复次，舍利弗！正见［者，名为正作、正行、正道、正解、无有］[11]颠倒，如实而见，是故如来说名正见。若生我相、人相、众生相者，当［知是人，皆行邪道。］”[12]

校注：[1]“为修习念佛”五字，底本残，据《佛藏经》补。 [2]“佛名为”三字，底本残，据《佛藏经》补。 [3]“应以觉观忆念诸佛无觉”十字，底本残，据《佛藏经》补。　　[4]“弗随无所有无觉无观”九字，底本残，据《佛藏经》补。　　[5]“无想舍利弗无想无语乃名念佛是”十四字，底本残，据《佛藏经》补。　　[6]“性灭诸觉观是名念佛”九字，底本残，据《佛藏经》补。　　[7]“无有体性不可念一想所谓无相是名真”十六字，底本残，据《佛藏经》补。　　[8]“灭诸觉观是名念佛”八字，底本残，据《佛藏经》补。　　[9]“善知识若人成就如是相”十字，底本残，据《佛藏经》补。　　[10]“世间希”三字，底本残，据《佛藏经》补。　　[11]“者名为正作正行正道正解无有”十三字，底本残，据《佛藏经》补。　　[12]“知是人皆行邪道”七字，底本残，据《佛藏经》补。

《佛藏经》云：“恶知识。”

“舍利弗！人以清净、信等诸根，出家学道，[遇恶知识，而随其教。舍利弗！何等为恶知识？恶知识者，常好调][1]戏，轻躁无羞，言语散乱，不摄诸根，心不专一，痴如白羊。亲近如是恶[知识者，失须陀洹果、斯陀][2]含果、阿那含果、阿罗汉果，乃至失于升天之乐，况涅槃道？”

“舍利弗！[是人随恶知识，若生人中，父][3]母生离，死亡丧父，亲里哀恼，国土破坏。生八难中，舍于[八][4]乐处。遇恶知识，[生无佛处。若值佛世，目][5]不喜见，不喜闻法，不与佛众，而共和合。”

校注：[1]“遇恶知识而随其教舍利弗何等为恶知识恶知识者常好调”二十四字，底本残，据《佛藏经》补。　　[2]“知识者失须陀洹果斯陀”十字，底本残，据《佛藏经》补。　　[3]“是人随恶知识若生人中父”十一字，底本残，据《佛藏经》补。　　[4]“八”字，底本残，据《佛藏经》补。　　[5]“生无佛处若值佛世目”九字，底本残，据《佛藏经》补。

念诵经护法普通诸部

三藏金刚[智授予灌顶弟子][1]

凡念诵，先须护身，结界澄想[2]，观察本尊圣者，起慈悲愍心，念有情，发大誓愿，回向菩提，方可念诵。

校注：[1]“智授予灌顶弟子”六字，底本残，据《念诵结护法普通诸部》补。　　[2]“澄想”二字，底本作“证相”，据《念诵结护法普通诸部》改。

持四种念珠，念四种念诵。一者，音声念诵；二者，金刚念诵，合口动舌，默然诵是；三者，是三摩地念诵，心念诵是也；四者，真实念诵，如字义修行是也。能令行者，速证无上菩提，具一切智，此心真言，是一切诸佛第一义。如智中流出，非是[1]作法显现。如巧色摩尼，能满诸愿，一切诸佛，同声共说。思惟之时，唯是明朗，亦不见身之与心，况无一物。法非空故，若久能熟，当自证智。作是观时，诵密言曰。念此明者，即能证入一切灌顶曼荼罗位。于诸菩萨秘密法门，随意无碍。作是观时，不复延促，务在证入。若能一一与心相应，方大成就。一切时处作意，任运相应，无所罣碍。一切妄想，贪嗔痴等，[不假断][2]除，自然不起，性常清净。此真实法门，是一切众生，自性清净心，名为大圆镜智。上从诸佛，[下至众生][3]，悉皆同等，无有增减。但为无名妄想所覆，令其法体不得显现。作是观者，便证解脱。[一切智三][4]昧，名为地前三贤位。所有动作，任连相应，自然进入初地，生大欢喜。所以然者，以观月为方便，具有三义：一、月清净义，离贪欲垢故；二、清净源义，离贪嗔热恼故；三者，光明义，离愚痴故。所以取月为喻，亦莫作月解。世间月者，四大所成，毕竟破坏。众生自性清净，心无生灭故，此事佛菩萨内证，非二[乘][5]声闻外道，所知境界。作此观者，一切佛法，恒沙功德，不由他悟。此一法摄无量，刹那悟入诸法中。自作无碍，从地至地，渐渐升进。觉此观者，不得专守[无][6]念，以为究竟。当须正念，进修方便，然后证入，清净究竟法海。

《般若波罗蜜多心经》“三世诸佛，依般若波罗蜜多故，得阿耨多罗三藐三菩提，故知般若波罗蜜多，是大神咒，是大明咒，是无上咒，是无等等咒，能除一切苦，真实不虚。”

《金刚三昧经·真性空品第六》舍利弗言：“如尊所说，在事之先，取以本利，是念寂灭。寂灭是如，总持诸德，该罗万法，圆润不二，不可思议。当知是法，即是摩诃般若波罗蜜多，是大神咒，是大明咒，是无上咒，是无等等咒。”

佛言：“如是，如是。真如空性，性空智火，烧灭诸结，平等，平等。等觉三地，妙觉三身，于九识中，皎然明净，无有诸影。”若有众生，无余杂念，尔时菩萨，常作化身，拥护是人，不离左右。

《大般若经·摩（魔）愁品》若有众生，修行般若波罗蜜者，与不忆不念相应，一切摩（魔）家眷属，悉皆忧愁不乐。

《佛藏经》云：“舍利弗！我法无诸事难，不乏饮食、卧具、医药，汝等但当，勤行佛道，莫贵世间财利供养。舍利弗！汝今善德，我当语汝。若有一心，行道比丘，千亿天神，皆共同心，以诸乐具，欲共供养。舍利弗！诸人供养，坐禅比丘，不及天神，假佛一切形像是。”

《金刚经》云：

“凡是有相，皆是虚妄。若以色见我，以音声求我，是人行邪道，不能见如来。”

《佛藏经》云：“舍利弗！我余经说，若人见法，是为见我。如来非法，亦非非法。不顺有相，不依无相，即是见法。见法者，见本性。何以故？调达愚人，及诸外道，皆以色身见佛。舍利弗！如来不应以色身见，以不复以音声见。舍利弗！若以色身见佛，是去佛[7]远。所以者何？佛不名见，名为见佛。不依有见，不依无见，即是正见。”

校注：［1］“非是”二字，底本作“是非”，据《念诵结护法普通诸部》改。　［2］“不假断”三字，底本残，据《念诵结护法普通诸部》补。　［3］“下至众生”四字，底本残，据《念诵结护法普通诸部》补。　［4］“一切智三”四字，底本残，据《念诵结护法普通诸部》补。　［5］“乘”字，底本无，据《念诵结护法普通诸部》补。　［6］“无”字，底本无，据《念诵结护法普通诸部》补。　［7］“去佛”二字，底本作“法去”，据《佛藏经》改。

《维摩经》云：“夫求法者，不着佛求，不着法求，不着众求。法名无染，若染于法，乃至涅槃，是即染着，非求法也。法名无为，若行有为，是求有为，非求法也。唯！舍利弗！法离见闻觉知，若行见闻觉知，是则见闻觉知，非求法也。唯！舍利弗！夫求法者，于一切法，应无所求。”

《法华经》云：“无上宝聚，不求自得。若人人不求种种世法，亦不求佛法，即是真求法人。真佛者（识心见性，悟理之人，即是真佛）。”

《金刚经》云：离一切诸相，即名诸佛（离有离无故，不垢不净故，无生无体故）。

法身礼

《入佛境界经》云：“佛常在世间，而不染世法。以不分别世间故，敬礼无所观。虚空无中边，诸佛体亦然，心同虚空故，敬礼无所观。一切平等礼，无礼无不礼，一礼遍含识，同归实相体（实相者，不相有相，不依无相是）。”

《楞伽经》云:“尔时大慧白佛言:‘世尊!原为我说,诸佛体性。’佛言:‘大慧!觉二无我,除二种障,离二种死,断二种恼,是佛体性。大慧!声闻缘觉,得此法已,亦名为佛。我以[是义,但说一乘。’尔时世尊重说颂言:][1]善知二无我,除二障二恼,及不思议死,是故名如来。”

假三[宝][2],[形像佛是佛宝,一切经、论、教法是法宝。][3]剃发披袈裟,受二百五十戒,是僧宝(若不识心、不见性,总无宝)。真[三宝(见性之人,三宝具足)][4]。

寂根菩萨曰:“佛法众为二,佛则是法,法则是众。是三宝[皆为无相虚空等,一切法亦尔,能随此][5]行者,是为入不二法门。”(不随有行,不依无行,即是随法之人。)

《思益经》云:“……[离法][6]见身。[于][7]是观中不见二相,不见不二[相。如是现前知见而亦不见。][8]”

[识不生,无生可。是则无止,亦非无止。何以故?止无止故。解脱菩萨而白佛言:“尊者!若止无止,止即是生。何谓无生?”佛言:“菩萨!当止是生,止已无止。][9]亦不住于无止,亦不住于无住,云何是生?”菩萨白佛言:“无生之心,有何取舍?住[何法相][10]?”

佛言:“无生之心,不取不舍。住于不心,住于不法。不住诸行,心常空寂,无有异相。譬如虚空,无有动住,无起无作,无彼无此。得空心眼,得法身空。五荫六入,悉皆空寂。善男子!修空法者,不依三界,不住戒相,清净无念,无摄无放,性等金刚,不坏三宝,空心不动,具六波波罗蜜。”

校注:[1]“是义但说一乘尔时世尊重说颂言”十四字,底本残,据《大乘入楞伽经》补。　[2]“宝”字,底本残,据残存字形及文义补。　[3]“形像佛是佛宝一切经论教法是法宝”十五字,底本残,据《大乘入楞伽经》补。　[4]“三宝(见性之人三宝具足)”十字,底本残,据《大乘入楞伽经》补。　[5]“皆为无相虚空等一切法亦尔能随此”十五字,底本残,据《维摩经》补。　[6]“离法”二字,底本残,据残存字形及《思益经》补。　[7]“于”字,底本无,据《思益经》补。　[8]“相如是现前知见而亦不见”十一字,底本残,据残存字形及《思益经》补。北殷38至此止,以下内容为新1272号。只是二者内容不能直接相接。　[9]“识不生无生……当止是生止已无止”五十五字,底本残,据《金刚三昧经》补。　[10]“何法相”三字,底本残,据残存字形及《金刚三昧经》补。

[解脱菩萨][1]白佛言："尊者！六波罗蜜者，皆是有相，有相之法，能出世也？"佛言："善男子！我所说六波罗蜜者，无相无为。何以故？若人离欲，心常清净，实语方便，本利利人，是坛（檀）波罗蜜；至念坚固，心常无住，清净不染，不着三界，是尸波罗蜜；修空断结，不依诸有，寂净三业，不住身[心][2]，是羼提波罗蜜；俱离空寂，不住于空，心处无住，不住大空，是禅波罗蜜；心无心相，不取虚空，诸行不生，不证寂灭，心无出入，性常平等，诸法实际，皆决定性，不依诸地，不住智慧，是般若波罗蜜。"

"善男子！是六波罗蜜者，皆获本利，如决定性，超然出世，无碍解脱。"

[解脱菩萨而说偈言][3]：

大觉满足尊，
入于决定处，
无相无有行，
[空心寂][4]灭地，
寂灭心无生。
不坏于三宝，
具六波罗蜜。

佛言："无忍不生心者，心无形段。犹如火性，虽在木中，其在无所决定性。故但名但字，性不可得。欲诠其理，假说为名，名不可得，心相亦尔。"

"是决定性，亦不一不异，不断不常，不入不出，不生不灭。离诸四谤，言语道断。无生无心，亦复如是。"

心王菩萨言："如无生行，性相空寂。无见无闻，无得无失，无言无说，无知无相，无取无舍。云何取证？若取证者，即为诤论；无诤无论，乃无生行。"

[佛言][5]："总持无相，则无三受等三，悉皆寂灭，清净无住。不入三昧，不住坐禅，无生无行[6]。"

心王菩萨言："禅能摄动，定诸幻乱，云何不禅？"

佛言："菩萨！禅即是动，不动不禅，是无生禅。禅性无生，离生禅相。禅性无住，离住禅动。[若]知禅性，无有动静，即得无生，无生般若。"

[无住]菩萨言："一切境空，如何[有][7]见？"

佛言："见即为妄。何以故？一切万有，无生无相，本不自名，悉皆空寂。一切法相，亦复如是。一切众生身，亦复如是。身上（尚）不有，云何可（有）见？”

“善男子！觉者不住涅槃，何以故？觉本无生，离众生垢；觉本无寂，离涅槃动。住如是地，心无所住，无有出入。”

佛言：“一念心动，五阴俱生。无阴生中，具六十恶。”

［无住菩萨言］[8]：“十方遍计，皆由一念心生。

尊者大觉尊，说生无念法。无念无生心，心常生不灭。”

校注：［1］“解脱菩萨”四字，底本脱，据《金刚三昧经》补。［2］“心”字，底本脱，据《金刚三昧经》补。［3］“解脱菩提而说偈言”八字，底本脱，据《金刚三昧经》补。［4］“空心寂”三字，底本残，据残存字形及《金刚三昧经》补。［5］“佛言”二字，底本残，据《金刚三昧经》补。［6］“行”字，底本作“行行”，据《金刚三昧经》删。［7］“无住”“有”三字，底本无，据《金刚三昧经》补。［8］“无住菩萨言”五字，底本无，据《金刚三昧经》补。

［金刚三昧经·］入实际品

［大力菩萨］[1]白佛言：“尊者！如如所说，五空出入，无有取舍。云何五空，而不取舍？”

佛言：“菩萨！五空者，三有是空，六道影是空，法相是空，名相是空，心识义是空。菩萨！如是等空，空不住空，空无空相。无相之法，有何取舍？入无取地，则入三空。”

大力菩萨言：“云何三空？”

佛言：“三空者，空相亦空，空空亦空，所空亦空。如是等空，不住三相，不无真实。文言道断，不可思议。”菩萨！无名义相，不可思议。何以故？无名之名，不在于名；无义之义，不无于义。

佛言：“如是。众生之心，实无别境。何以故？心本净故，理无秽故，以染尘故，名为三界。三界之心，名为别境。是境虚空，从心化生。若心无妄，即无别境。”

佛言：“菩萨！彼心喘者，以内外使，随使流注，沥滴成海。”

大力菩萨言：“云何存用？云何观之？”

佛言：“心事不二，是名存用。内行外行，出入不二，不住一相，心无得失，不一不地，净心流入，是名观之。”“菩萨！如是之人，不在二相。虽不出家，不住在家。故虽无法服，不具持波罗提叉，不入布萨。能以自心，无为自恣，而获圣果。”

［大力］菩萨［言］[2]：“如是之人，应不持戒，于彼沙门，应不敬仰。”

佛言：“为说戒者，不善慢故，海波浪故。海波浪故，如彼心地，八识海澄，九识流净，风不能动，波浪不起。戒性等空，持着迷倒。”

金刚三昧经·真性空品　下卷

善男子！善不善法，从心化生。一切境界，意言分别。制之一处，众缘断灭。何以故？切[3]不起，三用无施。

舍利弗言：“不住事相，不无功用，是法真空。常乐我净，超于二我[4]，大般涅槃。其心不击，是大力观。一切万法，皆悉言文。言文之相，即非为义。如实之义，不可言说。今者如来，云何说法？”

佛言：“我说法者，以汝众生，在生说故。说不可说，是故说之。我所说者，义语非文；众生说者，文语非义。不言义者，皆是妄语。”

善男子！是法非因非缘，智[5]自用故；非动非静，用性空故；义非有无，空相空故。

校注：［1］“大力菩萨”四字，底本无，据《金刚三昧经》补。　［2］“大力”“言”三字，底本无，据《金刚三昧经》补。　［3］“切”字，《金刚三昧经》作“本”。　［4］“我”字，底本作“我海”，据《金刚三昧经》删“海”字。　［5］“智”字，底本作“非智”，据《金刚三昧经》删。

善男子！若化众生，令彼众生，观如是义。入是义者，是见如来。

舍利弗言：“如来义观，不住诸流，应离四禅，而超有顶。”

佛言：“如是。何以故？一切法名数，四禅亦如是。若见如来者，如来心自在，常在寂灭处，不出亦不入，内外平等故。”

善男子！如彼诸禅观，皆为故想定（空），是如非彼复（复彼）。何以故？［以］如观如，实不见观；如相诸相，［相］已寂灭。寂灭即如义。如彼相禅定，是动非是禅。何以故？禅性离诸动，非染非所染，非法非影，离诸分别，本义义故。善男子！如是观定，乃名为禅。

舍利弗言：“不可思议。如来常以如实而化众生，如是实义。多文广义。

利根众生，乃可修之；钝根众生，难以措意。云何方便，令彼钝根，得入是谛？”

佛言：“令彼钝根，受持一四句偈，即入实谛。一切佛法，摄在一［四］偈中。”

舍利弗言：“云何一四句偈？愿为说之。”于是尊者，而说偈言：

因缘所生义，是义灭非生。灭诸生灭义，是义生非灭。
法从分别生，还从分别灭。灭诸分别法，是法非生灭[1]。
离识法即空，故从空处说。灭诸生灭法，而住于涅槃。
一切空寂法，是法寂不空。彼心不空时，是得心不有。
法本无有无，自他亦复尔。不始亦不终，成败则不住。

［地藏菩萨言］[2]：“不可思议！不可议聚。七五不生，八六寂灭，无相空无。有空无有，无空无有。如尊者所说，法义皆空。知有非实，如阳炎水；知实非无，如火性王（生）。如是观者，是人智也。”

［佛言］：“以净心见佛，以见佛故，当生净土。”

“性空寂灭时，是法是时观[3]。”

佛言：“犹如暗室，若遇明灯，暗即灭矣。一人观时，诸罪悉灭。”

文殊师利所说般若波罗蜜经

诸佛世界，放无量光明，说无尽妙法。教诸菩萨，入一相门，得无所畏，善降众魔，教化度脱外道邪见。若有众生，乐声闻者，说声闻乘；乐缘觉乘者，说缘觉乘；乐世间者，说世间乘。［以］布施、持戒、忍辱、精进、禅定、智慧摄诸众生，未度者度，未脱者脱，未安者安，未泥洹者，令得泥洹究竟。菩萨所行，善入诸佛法藏。如是种种功德，皆悉具足。

佛告舍利弗：“若诸菩萨摩诃萨，闻此般若波罗蜜，不惊怖畏，必定当得阿耨多罗三藐三菩提。是善男子，善女人，当为大施主，第一施主，胜施主，无第一施者，当具足戒、忍辱、精进、禅定、智慧。当具诸功德，成就相好。自不怖畏，令人不怖畏。究竟般若波罗蜜，以不可得、无相、无为，［成就］[4]第一真实不可思议法故。

“迦叶！譬如三十三天［人］，见波利质多罗树初生疱时。作如是念：此疱不久必当开披。如是，迦叶，比丘、比丘尼、优婆塞、优婆夷，闻说此深般若波罗蜜经，[心]生欢喜，亦复如是。

“迦叶！譬如摩尼珠师，见摩尼宝，心生欢喜，亦不假思量，即知真伪。何以故？以惯见故。譬如学射，久习即巧。后虽无心，箭发皆中。修般若波罗蜜亦如是。譬如有人，从远方来，后有人从彼方来说：‘彼方流泉浴池，花果茂盛。’劝彼人令交更说。若人闻般若波罗蜜，欢喜信乐，不于一佛二佛而种善根，[以]无量千万佛所种众善根。得闻般若波罗蜜，信乐受持。”

善男子、善女人，闻此深般若波罗蜜，不生怖畏，当知是此人，受佛法印。此法印者，是佛所造，是佛所贵。何以故？[以]此法印，印无着法故。

校注：[1]“是法非生灭”五字，底本作“是义非生灭”，据《金刚三昧经》改。　[2]“地藏菩萨言”五字，底本无，据《金刚三昧经》补。　[3]“观”字，底本为“观”，华方田据《金刚三昧经》录作“现”。　[4]“成就”二字，底本无，据《文殊师利所说般若波罗蜜经》补。

佛说决定毗尼经（亦名《破坏一切心识》）

如是我闻，一时佛在舍卫国祇陀林中给孤独园精舍，与大比丘众，千二百五十人俱，菩萨十万人。尔时世尊，如龙王视，观[察]大众已，[告诸菩][1]萨：“仁者，谁能于后世，堪忍护持正法，以诸方便，成就众生？”

又，“舍利弗！师子兽王，大吼之时，其余小虫能忍不？”

“不也，世尊。”

“又如香象，其所负重，诸驴骡等堪忍不？”

“不也，世尊。”

“又如释梵所有威德光明色像，贫穷[之人][2]能堪忍不？”

“不也，世尊。”

又，“舍利弗！于意云何？金翅鸟王所有势力，鹫鸽等鸟能堪忍不？”

“不也，世尊。”

如是，舍利弗！菩萨所有，其心勇健，善根势力，所有之罪，依出离智，得见诸佛。

又，“优波利（离）！菩萨乘人持不尽护戒；声闻乘人持尽护戒；菩萨乘人持开通戒；声闻乘人持不开通戒。”

"优波离！菩萨乘人，以日初分有所犯戒，初（于）日中分思惟，当得一切种智。菩萨尔时，不破戒身"。

"优波离！如来观察筹量，为大乘人，不应一向说厌离法；不应一向说离欲法；不应一向说速疾法。常当为说发欢喜心相应说法；常应向说甚深无杂无悔缠法；常应为说无取无碍空无之法。

优波离！如来先说欲难舍离，名为小犯；嗔易得离，名为大犯。

尔时，文殊师利语优波离言："一切诸法，究竟无垢。能自调心，乃能得见究竟毗尼；一切诸法，无有染污，我不可得，乃能得见无悔毗尼。"

佛告优波离："若有比丘，作是思惟，欲断贪欲，名增上慢；作是思惟，见诸法空，名增上慢；作是思惟，见于无相，名增上慢。是名声闻，住增上慢。云何名为菩萨增上慢？佛乘最胜，作是思惟，我当于中，发菩提心，名增上慢；行六波罗蜜，当得作佛，作是思惟，名增上慢；般若波罗蜜能得出离，更无余法，而得出离，作是思惟，名增上慢。"

佛告优波离："若有比丘，思惟诸心时，不着思惟，是名最胜，离增上慢。"

心心所思名为思，若有所思名有缚。
若有思惟诸法空，是名着像凡夫人。
若有比丘常念佛，即是非真非正念。
将知佛从分别起，实不可取亦不生[3]。
是故无思能解脱。

须菩提而白佛言："世尊！云何应得？云何修行？云何发阿耨多罗三藐三菩提？"

佛告须菩提："诸法自相空，即是三菩提。"

"平等一相，无自无他，不缘境界，决观心息，自然悮（悟）解，无有分别，是非处所，是人不久成佛。行我行处，到我到处，见我见处，住我住处，得我得处，坐我坐处，无有烦恼。若境若智，本来不生，不来不灭，本来不去，不一不异，不因不果。非惟无有，亦复无无，不静不乱，不散不去。诸法无是有，修多罗般若波罗蜜，如是有，如是发心，上求作佛，所以无求为求。下度众生，所以无度为度。发菩萨心，有所得者，即是邪见。邪见之人，永不见佛。断一切智，名为佛智"。

须菩提白佛言："世尊！所说'修多罗般若波罗蜜甚深'，何者是？"

佛言："空相是，无相是。无造、无作、无起、无生、无灭、无垢、无净、无所有、无依止、无住处、如虚空，是修多罗般若波罗蜜甚深，不可思议。不生不灭相，不垢不净相，不散不乱相，不说不听相，不言不义相，不得不失相。何以故？修多罗般若波罗蜜法中，无是诸法相。一切诸法，因缘和合有，皆悉毕竟空。求无所处，觅不可得，应如是解。色、受、想、行、识，亦复如是。"

诸经大乘要抄

《楞伽经》云："乃至有所立，一切皆错乱；若见于自心，是则无为净。"

又云："若依止少法，而又少法起；若依止于事，此法即便坏。"

又云："随言而取义，建立于诸法；以彼建立故，死堕地狱中。"

又云："理教中求我，是妄垢恶见[4]；离圣教[5]正理，欲灭或反增。是外道狂言，智者不应说。"

《金刚经》云："离一切[6]诸相，即名诸佛。"

校注：[1]"告诸菩"三字，底本残，据残存字形及《佛说决定毗尼经》补。 [2]"之人"二字，底本无，据残存字形及《佛说决定毗尼经》补。 [3]"实不可取亦不生"七字，底本作"实亦不可得亦无生"，据《佛说决定毗尼经》改。 [4]"妄垢恶见"四字，底本作"恶妄垢恶"，据《楞伽经》改。 [5]"教"字，底本作"道教"，据《楞伽经》删。 [6]"切"字，底本作"相"，据《金刚经》改。

又云："若以色见我，以音声求我，是人行邪道，不能见如来。"

《思益经》云："比丘！云何随佛教？云何随佛语？若称赞毁辱，其心不动，是名随佛教。"

又云："若不依文字语言，是名随佛语。"

"比丘！云何应受供养？"

答言："于法无所取。云何消供养？不为世法之所牵者。"

"谁人报佛恩？"

答言："依法修行者。"

《楞伽经》云："如是种种相，堕于外道见。"

《法句经》云："若学诸三昧，是动非坐禅。心随境界流，云何名定？"

《金刚三昧经》云："我不入三昧，不住坐禅，无生无行。不动不禅，是无生禅。"

《思益经》云："不依止欲界，不住色无界。行如是禅定，是菩萨遍行。"

《维摩经》云："维摩诘诃舍利弗林间宴作（坐），诃须菩提，大迦叶不平等。"

《转女身经》云："无垢光女诃天帝释：汝声闻乘人，畏生死，乐涅槃。

《决定毗尼经》云："菩萨乘人持开通戒，声闻乘人持尽遮戒、尽护戒。"

《药师经》云："佛诃阿难：'汝声闻人，如盲如聋，不识无上空义。'"

《佛顶经》云："诃生闻人，得少为足。"

《佛藏经》云："舍利弗！如来在世，三宝一味。我灭度后，分为五部。舍利弗！恶魔于今，犹尚隐身，佐助调达，破坏我法僧。如来大智见在故，弊恶魔众，不[1]能成其大恶。当来之世，恶魔变身，作沙门形，入于僧中。种种邪说，令多众生入于邪见，为说邪法。尔时恶人，为魔所悉（迷），各持所见，我是彼非。舍利弗！如来预见未来世中，是破法事故，说是深经，悉断恶魔诸所持着。阿难！譬如恶贼，于王大臣，不敢自见；盗他物者，不自言贼。如是。阿难！破戒比丘，成就非沙门法，尚不自言，我是恶人，况能向余人说，自言罪人？阿难！如是经者，破比丘戒，随得闻时，能自降伏，则有惭愧。持戒比丘，得大增长。"

《大佛顶》云："即时如来，普告大众及阿难言：'汝等有学缘觉、声闻，今日四回心，趣大菩提[2]无上妙觉。吾今已说，真修行法，汝犹未识。修奢摩他、毗婆舍那，微细魔事，魔境见在，汝不能识。洗心非正，落于邪见。或汝阴魔，或复天魔，或着鬼神，或遭魑魅。心中不明，认贼为子。又复于中，得少为足。如第四禅，无闻比丘，妄言证圣。天报已毕，衰相现前。谤阿罗汉，身遭后有，堕阿鼻狱。"

校注：[1]"不"字，底本作"不不"，据《佛藏经》删。　[2]"提"，底本作"萨"，据《大佛顶》改。

所以释迦如来，传金烂（襕）袈裟，令摩诃迦叶有鸡足山，待弥勒世尊，下生分付。今恶世时，学禅者众，我令达摩祖师遂传袈裟，表其法正，令后学者，有其禀承也。

《法句经》云："说诸精进法，名增上慢说。若无增上慢，无善无精进。若起精进心，是妄非精进。若能心不妄，精进无有涯。”

《金刚三昧经》云：“尊者大觉尊，说生无念法，无念无生心，心常生不灭。”

《维摩经》云：“不行是菩提，无意念故。常求无念，实相智慧。”

《楞伽经》云：“圣者内所证，常住于无念。”

《佛顶经》云：阿难！汝暂举心，尘劳先起。”

又云：“见由难见，见不能及。”

《思益经》云：“云何一切法正？云何一切法邪？若以心分别，一切法邪；若不以心分别，一切法正。无心法中，起心分别，并皆是邪。”

《楞伽经》云：“见佛闻法，皆是自心；分别不起见者，是名见佛。”

又云：“随言而取义，建立于诸法；已彼建立故，死堕地狱中。”

又云：“八九种种识，如海众波浪。习气常增上，盘根坚固依。心随境界留，如铁于磁石。如水瀑流尽，波浪即不起。如是种种灭，种种意生身。我说为心量，弟子非声闻。”

五、菩提达摩南宗定是非论

【题解】

《菩提达摩南宗定是非论》上、下两卷，为唐代禅宗典籍，神会述，独孤沛集并序。

开元二十年（732年），神会在滑台（今河南滑台县）大云寺设无遮大会，与以崇运为代表的北宗法师展开辩论，以定南、北宗邪正是非，大力宣扬南宗顿教思想，以慧能为禅宗正统。本书即为独孤沛所做的论难记录。在论辩中，神会述及弘忍传衣慧能之事实，指出神秀“师承是傍，法门是渐”，不可称为禅宗第六代祖师，普寂同样也不能作第七代祖师，慧能才是达摩以来的禅宗正统。① 该文献致力辨别南宗顿教与北宗渐教之根本区别，涉及诸多禅宗研究中的重要问题，故而成为研究南宗禅顿悟思想的重要文献史料。现存敦煌写本5件，即P.3047、P.3488、P.2045、S.7907、敦博77。其中，P.3047有标题、作者及首部，约占全部内容的五分之一；P.3488缺首尾，约占全书篇幅四分之一；P.2045仅首部有残缺，其余除几个段落残损外，大部分完整；S.7907仅存残片一纸；敦博77缺首部，内容占全部篇幅的五分之四强。本录文以敦博77为底本，前部残缺部分，可通过S.7907、P.3047补全。以5件文献合校，可得完本。②

【录文】

菩[1]提达摩南宗定是非论一卷并序　独孤沛撰

弟子于会和上法席下，见和上与崇远法师论义便修，从开元十八、十九、廿年，其论本并不定，为修[2]未成，言论不同。今取廿一载本为定。后有《师资血脉传》一卷，亦在世流行。

---

① 胡适：《荷泽大师神会传》，《胡适说禅》，北京：东方出版社，1993年，第113～117页；杨曾文：《神会和尚禅话录》，北京：中华书局，1996年，第169～186页；邓文宽、荣新江录校：《敦博本禅籍录校》，南京：江苏古籍出版社，1999年，第1～106页。

② 杨曾文：《神会和尚禅话录》，北京：中华书局，1996年，第15～16页。

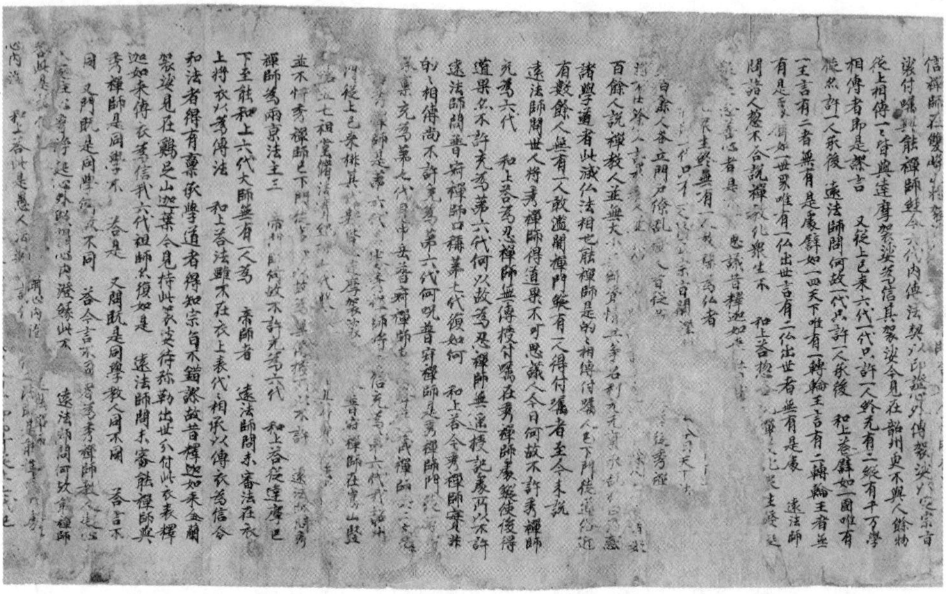

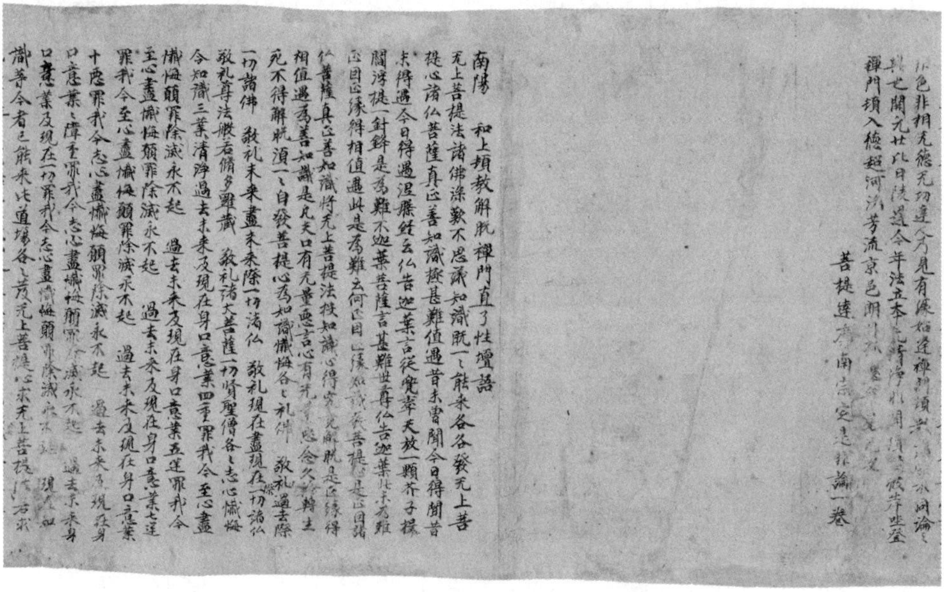

P.2045《菩提达摩南宗定是非论》(局部)

归命三宝海，法性真如藏，真身及应身，救世大悲者。
宗通立宗通，如月处虚空。唯传顿教法，出世破邪[3]宗。

问曰："有何因缘而修此论？"

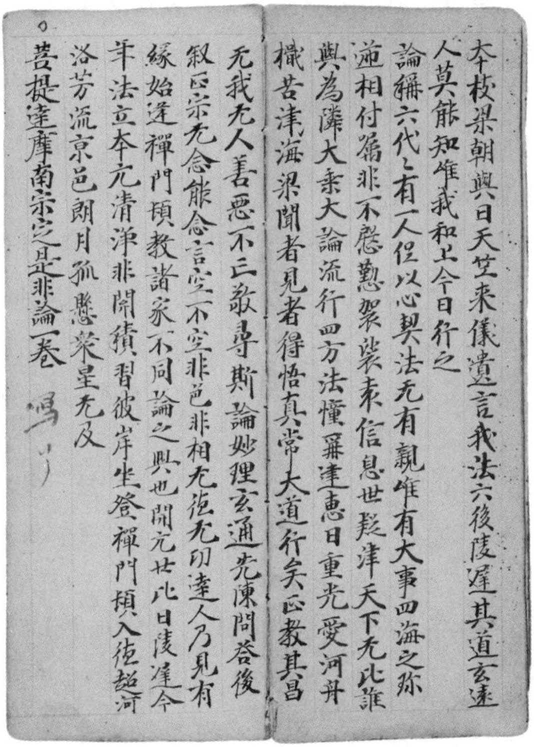

敦博77《菩提达摩南宗定是非论》（局部）

答曰："我闻心生即种种法生，心灭即种种法灭者，一切由己，妄己即凡。古圣[4]皆染便净[5]果。世情遂快，修无生以住生；学人迷方，欲不动而翻动。是非标竞□□□□差等其了议。即我襄阳神会和上，悟无生法忍，得无碍智，说上乘法，诱诸众生，教道（导）众生，教道（导）回迴[6]者，若百川赴海。于开元廿二年正月十五日在滑台大云寺设无遮大会，广资严饰，升师（狮）子座，为天下学道者说，梁朝婆罗门僧，字菩提达摩，是南天竺国国王第三子，少小出家，智惠甚深，于诸三昧，获如来禅。遂乘斯法，远涉波潮，至于梁武帝。武帝问法师曰：'朕造寺度僧[7]，造像写经，有何功德不？'达摩答：'无功德。'武帝凡情，不了达摩[8]所言，遂被遣出，行至魏朝，便遇惠可。时四十[9]，俗姓姬，武牢人也。遂与菩提达摩相随至嵩山少林寺。达摩说不思议[10]法，惠可在堂前立。其夜雪下至惠可腰，惠可立不移处。达摩语惠可曰：'汝何为此间立？'惠可涕泪悲泣，曰：'和尚从西方远来至此，意说法度人。惠可今不惮损躯，志求胜法，唯愿和上大慈大悲。'达摩语惠可曰：'我见求法之人，咸不如此。’惠可遂取刀，自断左臂，置达摩前。达摩见之［曰］：‘汝可。’在先自神光，因此立名，遂称惠可。深信坚固，弃命损身[11]，志求胜法，喻若雪山童子，舍身命以求半偈。达摩遂开佛知见，以为密契，便传一领袈裟，以为法信，授与惠可。惠可传僧璨，璨传道信，道信传弘忍，弘忍传惠能。六代相承，连绵不绝。”

又见会和上在师（狮）子座上说：“菩提达摩，南宗一门，天下更无人解。若有解者，我终不说。今日说者，为天下学道者，辨其是非；为天下学道者，定其旨。”

见有如此不思议事，甚为奇。嘱君王有感，异瑞来祥。正法重兴，人将识本，所以修论[12]。

校注：［1］P.3047由此始。　［2］S.7907由“修”字始。　［3］“邪”字，S.7907误作“耶”，此依P.3047。　［4］“圣”字，S.7907误作“圣贤”，此依P.3047。　［5］“净”字，P.3047作“诤”，S.7907作“净”，义胜，据改。　［6］“回迴”二字，S.7907作“俗回”，误，此依P.3047。　［7］“僧”字，P.3047作“人”，S.7907作“僧”，兼通。　［8］S.7907由“达摩”以下断残。　［9］“四十”二字，《续高僧传记》：“慧可初遇达摩，年登四十。”　［10］“议”字，P.3047脱，胡本据文义补义，可从。　［11］“身”字，P.3047作“深”，诸校本录作“身”，从。　［12］以上似是独孤沛的“序”，以下方是正文。

于时，有当寺崇远法师者，先两京名播，海外知闻，处于法会，词若涌泉，所有问语，实穷其原。提婆之后，盖乃有一。时人号之“山东远”，岂徒然耳？远法师乃于是日来入会中，扬眉亢声，一欲战胜。即时人侣，将卷屏风，称有官客拟将看侍。

和上言：“此屏风非常住家者，何乃拆破场，将用只承官客？”

于时，崇远法师捉和上手而诃曰：“禅师唤此，以为庄严不？”

和上答言：“是。”

远法师言：“如来说庄严即非庄严。”

和上言：“经云所说不尽有为，不住无为。”

法师重征已，［问］：“何者不尽有为，不住无为？”

和上答：“不尽有为者，从初发心，坐菩提树，成等正觉，至双林入涅槃，于其中一切法悉皆不舍，即是不尽有为；不住无为者，修学空，不以空为证；修学无作，不以无作为证，即是不住无为。”

法师当时无言，良久乃语。法师曰：“淫怒是道，不在庄严。”

和上语法师：“见在俗人，应是得道者。”

远法师言：“何故指俗人以为得道？”

和上言：“法师所言，淫怒是俗人，并是行淫欲人，何故不得道？”

远法师问：“禅师解否？”

和上答：“解。”

法师言：“解是不解。”

和上言：“《法华经》云：‘吾从成佛已来，经无量无边阿僧祇劫。应是不成佛，亦应不经无量无边阿僧祇劫？’”

远法师言：“此是魔说。”

和上言：“道俗总听，从京洛已来，至于海隅，相传皆许远法师解义聪明，讲大乘经论更无过者。今日唤《法华经》是魔说，未审何者是佛说？”

法师当时自知过甚，对众忙[1]然。良久，欲重言。

和上言：“脊梁着地，何须重起？”

和上语法师：“神会今设无遮大会兼庄严道场，不为功德，为天下学道者定旨[2]，为天下学道者辨是非。”

和上言：“神会若学，览机案顷，即是法师。法师若学神会，经三大阿僧祇劫，不能得成。”

和上出语，左右惭惶，相[3]顾无色。然二大士，谁相诘问，并皆立未坐。所说微妙，尚未尽情。时乾光法师，亦师僧中一，见远论屈，意拟相挟，乃命是人，令置床机，更请竖宗，重开谈论，遂延和上及远法师坐。和上平生清禅，与物无竞，纵欲谈论，辞让久之。

于时有□府[4]福先寺法师、荷泽寺法师及余方法师数十人，齐声请禅师坐，咸言：“禅师就坐，今日正是禅师辨[5]邪正，定是非［日］[6]。此间有卌[7]余个大德法师、［论师］[8]，为禅师作证义在。”

和上固辞不已[9]，时乃就坐。然明镜不疲于屡照，清流岂惮于风激？胜负虽则已知，众请固将难免。和上以无疑虑，此日当仁。

远法师重问曰：“禅师用心于三贤[10]、十圣[11]、四果人等，今[12]在何位地？”

和上言："在满足十地位。"

远法师言："初地菩萨分身百佛世界，二地菩萨分身千佛世界[13]，乃至[14]十地菩萨分身无量［无边］[15]，万亿佛世界。禅师既言，在满足十地位，今日为现[16]少许神变。崇远望[17]此意执见甚深。特为见悟至玄，所以简诠如[19]响。"

校注：［1］"忙"字，胡本录作"茫"。　［2］"旨"字，胡本补"宗"字。　［3］P.3047"相"后衍"故"。　［4］"于时有□府"五字，《敦博本禅籍校注》录作"于时有□府有"。　［5］底本自"辨"字始。　［6］"日"字，底本脱，据P.3047补。　［7］"卌"字，P.3047作"四十"，义同。　［8］"论师"二字，底本脱，据P.3047补。　［9］"已"字，底本作"以"。案，敦煌写本中"已""以"常混用，此处以"已"为是，据改。　［10］"贤"字，P.3047作"宝"。P.2045由"贤"字始。　［11］"十圣"二字，P.3047脱。　［12］"今"字，P.3047脱。　［13］"界"字，P.3047脱。　［14］P.3047在"乃至"后多"十至"，衍。　［15］"无边"二字，底本脱，据P.3047补。　［16］"现"字，底本误作"视"，形近致讹。据P.3047改。　［17］"崇远望"三字，P.3047误作"望远"，不词。　［18］P.3047自"如"字以下断残。

和上言："《大涅槃经》云：'如来在日，只许纯陀心，同如来心，心了如来，常不许身同如来身。'经云：'南无纯陀，南无纯陀，身虽凡夫身，心如佛心[1]。如来在日，尚只许纯陀心了如来，常不言身证。'今日神会，身是凡夫，末法时中分，修得十地法，有何可怪？"

远法师默然不言。

和上问："远法师见佛性不？"

远法师答言："不见佛性。"

和上言："法师若不见佛性，即不合讲《大般涅槃经》。"

远法师言："何故不得讲《大般涅槃经》？"

和上言："《狮子吼品》云：'若能思惟解释《大般涅槃经》义者，当知是人则见佛性。'以法师不见佛性，故言不合讲。"

远法师问："禅师见佛性不？"

和上答言："见。"

远法师［问］：“为是比量见？为是现量见？”

和上答：“比量见。”

又责［问］：“何者是比？何者是量？”

和上答：“所言比者，比于纯陀；所言量者，量[2]等纯陀。”

远法师言：“禅师定见不？”

和上答：“定见。”

远法师问：“作勿生见？”

和上答：“见[3]无作勿生。”

远法师则默然不言。和上见默然，不识此言，更不征[4]问。

和上言：“见在道俗总听，神会意欲得法师重问。见神会卅余年所学功夫，唯在‘见’字。法师向来问见，未称神会意。神会答法师见，亦未尽情，更欲得法师重问‘见’[5]字。”

法师言：“崇远亦欲得重问禅师见，为是眼见？为是耳见？为是鼻见？为是身见？为是心见？”

和上答：“见无如许种。”

远法师言：“禅师应同虚空见。”

和上言：“法师莫谤大乘经论说，虚空无见。”

远法师言：“虚空作勿得无见？”

和上言：“虚空无般若故，致使不言见。”

远法师言：“异没时，禅师有见无？”

和上言：“上至诸佛，下及含识，皆同有见。”

远法师言：“何故得有见？”

和上言：“为众生有般若故，致［使］得言见；虚空无般若故，致使不得言见。”

远法师言：“般若无知，何故言见？”

和上言：“般若无知，无事不知，以无事不知故，致使得言见。”

远法师杜口无言。

和上言：“比来法师唤禅师无[6]所知，今日禅师唤法师作无所知。”

远法师问：“何故唤法师作无所知？”

和上言：“唯嗟法师不［知］[7]定惠等学。”

又问：“何者是禅师定惠等学？”

和上答："言其定者，体不可得；言其惠者，能见不可得体。湛然常寂，有恒沙之用，故言定惠等学。"

远法师问："禅师既口称达摩宗旨，未审此禅门者，有相传付嘱，为是得说只没说？"

和上答："从上已来，具有相传付嘱。"

又问："相传付嘱已来，经今几代？"

和上答："经今六代。"

远法师言："请为说六代大德是谁？并叙传授所由。"

和上答："后魏嵩山少林寺有婆罗门僧，字菩提达摩，是祖师。达摩在[8]嵩山将袈裟付嘱与可禅师，北齐可禅师在岘山将袈裟付嘱与璨禅师，隋朝璨禅师在司空山将袈裟付嘱与信禅师，唐朝信禅师在双峰山将袈裟付嘱与忍禅师，唐朝忍禅师在东山将袈裟付嘱与能禅师。经今六代，内传法契，以印证心；外传袈裟，以定宗旨。从上相传，一一皆与达摩袈裟为信。其袈裟今在韶州，更不与人。余物相传者，即是谬言。又从上已来六代，一代只许一人，终无有二。纵有千万学徒，亦只[9]许一人承后。"

远法师问："何故一代只许一人承后？"

和上答："譬如一国，唯有一王，言有二王[10]者，无有是处。譬如一四天下，唯有一转轮王，言有二转轮王者，无有是处。譬如一世界，唯有一佛出世，言有二佛出世者，无有是处。"

校注：[1]"佛心"二字，底本作"来心"，义不明；P.2045作"佛□"。《大般涅槃经》卷二有谓："南无纯陀，虽受人身，心如佛心。"由此可定"来心"应作"佛心"。　[2]"量"字，P.2045脱。　[3]"见"字，P.2045脱。　[4]"征（徵）"字，底本误作"微"，形近致讹，据P.2045改。　[5]"见"字，P.2045脱。　[6]"无"字，P.2045作"作无"。　[7]"知"字，底本及P.2045均无此字，依胡适校补。　[8]"在"字，底本脱，据上下文补。　[9]"只"字，P.2045脱。　[10]"王"字，P.2045无。

远法师问："诸人总不合说禅教化众生不？"

和上答："总不[1]合说禅教化众生，发起众生一念善心者，是不可思议。释迦如来在日，诸菩萨声闻等，皆悉说法，教化众生，终无有一人，敢称为佛者。"

远法师问："禅师既言从上相承至能禅师，一代只有一人竖立宗旨，开禅师门教人，何故今日天下诸州，近有数百余人，各立门户，缭[2]乱教人者，从谁下出？"

和上答："从秀禅师已下出，将有廿余人说禅教人，并无传授付嘱，得说只没说；从廿余人已下，近有数百余人说禅教人，并无大小，无师资情，共争名利，元（原）无禀承，乱于正法，惑诸学道者，此灭佛[3]相也。能禅师是的的（嫡嫡）相传付嘱人，已下门徒道俗，近有数万[4]余人，无有一人，敢滥开禅门。纵有一人得付嘱者，至今未说。"

远法师问："世人将秀禅师得道果，不可思议。人今日何故不许秀禅师充为六代？"

和上答："为忍禅师，无传授付嘱在秀禅师处。纵使后得道果，亦不许充为第六代。何以故？为忍禅师无遥授记处，所以不许。"

远法师问："普寂禅师口称第七代，复何如？"

和上答："今秀禅师实非的的（嫡嫡）相传，尚不许充为[5]第六代，何况[6]普寂禅师是秀禅师门徒，有何承禀充为第七代？见中岳普寂禅师、东岳降魔藏禅师，此二大德，口称秀禅师是第六代，未审秀禅师将何为信充为第六代？我韶州一门，从上已来，排其代数，皆以达摩袈裟为信。今普寂禅师在嵩山竖碑铭，立七祖堂，修《法宝纪》①，排七代数，以何为信？其付嘱佛法，传授代数，并不忏秀禅师已下门徒事。何以故？为无传授，所以不许。"

远法师问："秀禅师为两京法主，三帝门师，何故不许充为六代？"

和上答："从达摩[7]已下，至能和上，六代大师，无有一人为帝师者。"

远法师问："未审法在衣上，将衣以为传法？"

和上答："法虽不在衣上，表代代相承，以传衣为信，令弘法者得有禀承，学道者得知宗旨，不错谬故。昔释迦如来金襕[8]袈裟[9]，见在鸡足山，迦叶今见持此袈裟[10]，待弥勒出世，分付此衣，表释迦如来传衣为信。我六代祖师，亦复如是。"

远法师问："未审能禅师与秀禅师，是同学不？"

答："是。"

又问："既是同学，教人同不同？"

---

① 《法宝纪》，即杜朏撰《传法宝纪》（见于敦煌写本S.10484、P.2634、P.3858、P.3559+ P.3664）。

答言："不同。"

又问[11]："既是同学，何故不同？"

答："今言不同者，为秀禅师教人'凝心入定，住心看净，起心外照，摄心内证[12]'，缘此不同。"

远法师问："何故能禅师不'凝心入定，住心看净，起心外照，摄心内证[13]'？何者是能禅师行处？"

校注：[1]"不"字，P.2045无。　[2]"缭"字，底本及P.2045均作"僚"，不词，据文义改。　[3]"佛"字，P.2045作"佛法"。　[4]"万"字，P.2045脱。　[5]"充为"二字，底本作"为充"，据P.2045改。　[6]"况"字，P.2045误作"咒"。　[7]"摩"，底本作"磨"，P.2045作"摩"。敦煌写本中二字通，可互用。本录文中凡涉及"达摩"时，皆用"摩"。　[8]"襕"字，各本均作"兰"。　[9]"裟"字，P.2045作"娑"，形近致讹。　[10]"裟"字，P.2045作"娑"，形近致讹。　[11]"问"字，P.2045误"门"，形近致讹。　[12]"证（證）"字，P.2045作"澄"，形近致讹。　[13]"证（證）"字，P.2045作"澄"，形近致讹。

和上答："此是调伏心。"

远法师问："应不凝心入定，不住心看净，不起心外照，不摄心内证[1]？"

和上答："此是愚人法。离此调伏不调伏二法，即是能禅师行处。是故经云[2]：'心不住内，亦不在外，是为宴坐。'如此坐者，佛即印可。从上六代已来，皆无有一人，'凝心入定，住心看净，起心外照，摄心内证[3]'。是以不同。"

远法师问："能禅师已后，有传[4]授人不？"

［和上］[5]答："有。"

又问："传授者是谁？"

和上答："已后应自知。"

远法师问："如此教门，岂非是佛法？何故不许？"

和上答："皆为顿渐不同，所以不许。我六代大师，一一皆言'单刀直入，直了见性'，不言阶渐。夫学道者，须顿见佛性，渐修因缘[6]，不离是生而得解脱。譬如其[7]母，顿生其[8]子，与乳渐［渐］[9]养育，其子智惠，自然增长。顿悟见佛性者，亦复如是。智惠自然渐渐增长，所以不许。"

远法师问禅师[10]："嵩岳普寂禅师、东岳降魔藏禅师，此二大德，皆教人坐禅[11]，‘凝心入定，住心看净，起心外照，摄心内证’，指此[12]以为教门，禅师今日何故说禅不教人坐，不教人‘凝心入定，住心看净，起心外照，摄心内证’，何名[13]坐禅？”

和上答[14]：“若教人坐[15]，‘凝心入定，住心看净，起心外照，摄心内证’者，此[16]障菩提。今［言］[17]坐者，念不起为坐；今言禅者，见本性为禅。所以不教人坐。身住心入定，若指彼教门为是者，维摩诘不应诃舍利弗宴坐。”

校注：［1］“证（證）”字，P.2045作“澄”，形近致讹。　［2］“云”字，底本及P.2045均作“文”，据文义，当作“云”。　［3］“证（證）”字，P.2045作“澄”，形近致讹。　［4］P.3488由“传”字始。　［5］“和上”二字，底本无，据P.3488补。　［6］“顿见佛性渐修因缘”八字，P.3488作“顿悟渐修”。　［7］“其”字，P.3488无。　［8］“其”字，P.3488无。　［9］“渐渐”二字，底本作“渐”，P.3488“渐”下有重文符号，据补。　［10］“远法师问禅师”六字，P.3488作“远师问”。　［11］“坐禅”二字，P.3488无。　［12］底本“指此”前多出“指此内证”四字，当为衍文，据P.3488、P.2045删。　［13］P.3488在“何名”后多“为”字。　［14］P.3488在“答”后多“曰”字。　［15］“坐”字，P.3488无。　［16］“此”字，P.3488作“此是”。　［17］“言”字，底本无，据P.3488补。

远法师问曰：“何故不许普寂禅师称为南宗？”

和上答：“为秀和上在［日］[1]，天下学道者，号此二大师为南能北秀[2]，天下知闻。因此号，遂有南北两宗。普寂禅师实是玉泉学徒，实不到韶州，今日[3]妄称南宗，所以不许。”

远法师问：“何故不许普寂禅师？”

和上答：“为普寂禅师口虽称南宗，意拟灭南宗。”

远法师［问］[4]：“何故知意拟灭南宗？”

和上叹言：“苦哉！苦哉！痛哉！痛哉！不可耳闻，何期[5]眼见。开［元］二年中三月，内使荆州刺客张行昌诈作僧，取能和上头。大师灵质，被害三刀。盛续碑铭，经磨两遍。又使门徒武平一等，磨却韶州大德碑铭，别造文报，镌向能禅师碑，上立秀禅师为第六代，师资相授及传袈裟所由。又今普寂禅师在嵩山竖碑铭，立七祖堂，修《法宝纪》，排七代数，不见着能禅师处。能禅师是得传授付嘱人，为人[6]天师。盖[7]国知闻，即[8]不见着。如禅师是秀禅师同学，又非是传授付嘱人，不为人天师，天下不知闻，有何承禀，充为六代？普寂禅师为秀和上竖碑铭，立秀和上为第六代。今修《法宝纪》，又立如禅师为第六代。未审此二大[9]德，各立为第六代，谁是谁非，请普寂[10]禅师子（仔）细自思量看。”

远法师问：“普寂禅师开法来数十余年，何故不早较量，定其宗旨？”

和上答：“天下学道者，皆往决疑，问真（其）宗旨，并[11]被普寂禅师，倚势喝使门徒拖出。纵有疑者，不敢呈问，未审为是为非。昔释迦如来在日，他方诸来菩萨及诸声闻、一切诸外道等，诘问如来，一一皆善具答。我韶州大师在日，一切人来征问者，亦一一皆善具答。未审普寂禅师依何经论，不许借问，谁知是非？长安三年，秀和上在京城内登云花戒坛上，有纲律师、大仪律师，于大众中，借问秀和上：‘承闻达摩有一领袈裟相传付嘱，今不在大禅师处不？’秀和上云：‘黄梅忍大师传法袈裟，今见（现）在韶州能禅师处。’秀和上[12]在日，指第六代传法袈裟在韶州，口不自称为第六代[13]。今普寂禅师，自称为第七代，妄竖秀和上为第六代，所以不许。”

又语[14]远法师及诸人等：“莫怪作如此说，见世间教禅者多，于[15]学禅者，极甚缭乱，恐畏[16]天魔波旬及诸外道入在其中，惑[17]诸学道者，灭于正法，故如此说。”

校注：[1]“日”字，底本脱，据P.2045补。　[2]“南能北秀”四字，底本误抄为“南秀北能”，据P.2045改。　[3]“日”字，P.2045作“口”，义亦通。　[4]“问”字，底本脱，据P.2045补。　[5]“期”字，底本作“斯”，误，据P.2045改。　[6]“人”字，P.2045无。　[7]“盖”字，疑为“阖”，“阖国”意为“全国”。　[8]“即”字，疑为“却”之误。　[9]“大”字，P.2045误作“文”。　[10]“寂”字，P.2045脱。　[11]“并”字，底本作“普”，据P.2045改。　[12]“和上”二字，P.3488作“禅师”，义同。　[13]底本及P.2045在“代”后有“数”字，衍，据P.3488删。　[14]“又语”二字，P.3488作“尔时和尚告”。　[15]“于”字，P.3488无。　[16]“畏”字，P.3488无。　[17]“惑”字，底本作“或”，P.2045及P.3488均作“惑”。案：“或”通“惑”，此处以“惑”义胜，据改。

久视年［中］[1]，则天召秀和上入内，临发之时，所是道俗，顶礼和上，借问："和尚入内去后，所是门徒，若为修道，依止何处？"

秀和上云："韶州有大善知识，元（原）是东山忍大师付嘱[2]。佛法尽在彼处。汝等诸人，如有不[能][3]自决了者，向彼决疑，必是不可思议，即知佛法宗旨。又普寂禅师同学，西京清禅寺僧[4]广济，景龙三年十一月至韶州，经余十日，遂于夜半入和上房内，偷所传袈裟，和上喝[5]出。其夜，惠达师[6]、玄悟师，闻和上喝[7]声，即起看。至和上房外，遂见广济师把玄悟师手，不遣作声。其玄悟[8]、惠达等[9]入和上房，看和上，和上云：'有人入房内，伸[10]手取袈裟。'其夜所有[11]南北道俗，并至和上房内，借问和上：'入来者是南人北人？'和上云：'唯见有人入来，亦不知是南人北人。'众人又问：'是僧是俗？'[答]：'亦不知是僧是俗。'和上的的知[12]，恐畏[13]有损伤者[14]，遂作此言[15]。和上云：'非但[16]今日，此袈裟在忍大师处，三度被偷。忍大师言[17]，其袈裟[18]在信大师处[19]一度被偷。所是[20]偷者，皆偷[21]不得。因此袈裟[22]，南北道俗，极甚纷纭，常有刀棒相向。'"

校注：[1]"中"字，底本及P.2045并脱，据P.3488补。　[2]"嘱"字，P.3488作"属"。案："属"通"嘱"。　[3]"能"字，底本及P.2045并脱，据P.3488补。　[4]"僧"字，底本及P.3488有，P.2045无。　[5]"喝"字，底本作"唱"，据P.2045、P.3488改。　[6]"师"字，P.3488无。　[7]"喝"字，底本作"唱"，据P.2045、P.3488改。　[8]P.2045在"玄悟"后有"师"字。　[9]"其玄悟惠达等"六字，底本及P.2045均作"其玄悟与惠达师"，P.3488作"其玄悟惠达等"，义胜，据改。　[10]"伸"字，P.3488作"申"，通"伸"。　[11]"有"字，P.2045、P.3488均作"是"。　[12]"'入来者是南人北人？'和上云：'唯见有人入来，亦不知是南人北人。'众人又问：'是僧是俗？'[答]：'亦不知是僧是俗。'和上的的知"，这段文字在P.3488中为："入来者是僧是俗？"和尚云：'唯见有人入来，不知是僧是俗。'众人又问：'是南人北人？'和尚实识入房之人。"　[13]"畏"字，P.3488无。　[14]"者"字，P.3488无。　[15]"言"字，P.3488作"语"。　[16]"但"字，P.3488作"直"，形近而误。　[17]"言"字，P.3488作"云"。　[18]"裟"字，P.2045作"娑"，形近致讹。　[19]"处"字，P.3488无。　[20]"是"字，P.3488无。　[21]"偷"字，P.3488无。　[22]"裟"，P.2045作"娑"，形近致讹。

远法[1]师问曰[2]:"普寂禅师,名字盖国,天下知闻,众口共传,为[3]不可思议。何故[4]如此,苦相非斥?岂不与身命有仇?"

和上答[5]:"读此论者,不识论意,谓言非斥。普寂禅师与南宗有别,我自料简是非,定其宗旨。我今为[6]弘扬大乘,建立正法,令一切众生知闻,岂惜身命。"

远法[7]师问曰[8]:"修此论者[9],不为求名利乎?"

和上答[10]曰:"今[11]修此论者,身命尚不惜,岂以名利关心?"

远法[12]师问:"唐国菩提达摩既称其始,菩提达摩西国复承谁后,又经几代?"

答[13]:"菩提达摩西国承僧伽罗[叉][14],又承须婆(婆须)蜜,须婆(婆须)承优婆崛,优婆崛承舍那婆斯,舍那婆斯承末田地,末田地承阿难,阿难承迦叶,迦叶承如来付。唐国以菩提达摩而为首,西国以菩提达摩[15]为第八代。西国有般若蜜多罗承菩提达摩后;唐国有[16]惠可禅师承[菩提达摩][17]后[18]。自如来付,西国与唐国,总[19]有十三[20]代。"

校注:[1]"法"字,P 3488脱。　[2]"曰"字,P.3488无。　[3]"为"字,P.3488无。　[4]"何故"二字,P.3488无。　[5]P.3488在"答"后有"曰"字,亦通。　[6]"为"字,P.3488作"谓",系"为"之借字。案:敦煌写本中,"为""谓"二字多混用,此处以"为"为是。　[7]"法"字,P.3488脱。　[8]"曰"字,P.3488无。　[9]"者"字,底本及P.2045均作"有",误,据P.3488改。　[10]"答"字,P.3488无。　[11]"今"字,P.3488无。　[12]"法"字,P.3488无。　[13]"答"字,P.3488作"和尚曰",亦通。　[14]"叉"字,底本及P.2045并无,据P.3488补。　[15]"而为首西国以菩提达摩"十字,P.3488脱。　[16]"有"字,P.3488脱。　[17]"菩提达摩"四字,底本及P.2045并无,据P.3488补。　[18]"后"字,P.3488脱。　[19]"总"字,P.3488作"总经"。　[20]"十三"二字,底本及P.2045均作"十四",据P.3488改。

远法[1]师问:"据何知[2]菩提达摩在[3]西国为第八代?"

答[4]:"据《禅经·序》中具明西国代数。又可禅师,亲于嵩山少林寺问菩提达摩,西国相承者,菩提达摩[5]答:'一如[6]《禅经·序》所[7]说。'"

远法[8]师问:"西国亦传衣不?"

答[9]："西国不传衣。"

问[10]："西国何故不传衣？"

答[11]："西国为[12]多是得圣果者，心无矫诈，唯[13]传心契。汉地多是凡夫，苟求名利，是非相杂，所以传衣，定[14]其宗旨。"

远法[15]师问曰[16]："禅师修何法？行何行？"

和上答[17]："修般若波罗蜜法，行般若波罗蜜行。"

远法[18]师问曰[19]："何故不修余法，不行余行，唯独修般若波罗蜜法，行般若波罗蜜行[20]？"

和上答[21]："修学般若波罗蜜者，能摄一切法；行般若波罗蜜行［者］[22]，是一切行之根本。"

校注：［1］"法"字，P.3488无。　［2］"知"字，P.3488作"得知"。　［3］"在"字，P.3488脱。　［4］"答"字，P.3488作"和尚曰"。　［5］"西国相承者菩提达摩"九字，P.3488脱。　［6］"如"字，底本作"切"字，据P.2045、P.3488改。　［7］"所"字，P.3488作"中"。　［8］"法"字，P.3488无。　［9］"答"字，P.3488作"和尚云"。　［10］"问"字，P.3488作"远师问"。　［11］"答"字，P.3488作"和尚云"。　［12］"为"字，P.3488无。　［13］"唯"字，底本脱，据P.2045、P.3488补。　［14］"定"字，P.3488作"示"。　［15］"法"字，P.3488无。　［16］"问曰"二字，底本作"曰"，P.3488作"问"，P.2045作"问曰"，据补。　［17］"答"字，P.3488作"答曰"。　［18］"法"字，P.3488无。　［19］"曰"字，P.3488无。　［20］"行般若波罗蜜行"七字，底本脱，据P.2045、P.3488补。　［21］"答"字，P.3488作"答曰"。　［22］"行者"二字，底本及P.2045作"行"，P.3488作"者"，依文义应补为"行者"。

金刚般若波罗蜜，最尊最胜最第一。
无生无[1]灭无去来，一切诸佛从中出。

和上言："告诸知识[2]，若欲得了达甚深法界，直入一行三昧者，先须诵持《金刚般若波罗蜜经》，修学般若波罗蜜[3]，何以故？诵持《金刚[4]般若波罗蜜经》者，当知是人，不从小功德来。譬如帝王生得太子，若同俗例者，无有是处，何以故？为从最尊[5]最贵处来。诵持《金刚般若波罗蜜经》[者][6]，亦复如是。是故《金刚般若波罗蜜经》云："不于一佛，二佛，三四五佛，而种善根，已[7]于无量千万[8]佛，所种诸善根。得闻如是，言说章句，一念生信[9]，如来悉知悉见[10]。何况全得[11]书写、受持、读诵、为人演说。是故《胜天王般若经》云："云何菩萨摩诃萨，学般若波罗蜜，通达甚深法界？佛告胜天王言：'大王，即是如实。''世尊，云何如实？''大王，即不变异。''世尊，云何不变异？''大王，所谓如如。''世尊，云何如如？''大王，此可智知，非言能说[12]。何以故？过诸文字，无此无彼，离相无相，远离思量，过觉观境，是为菩萨[13]了达甚深法界。'"《胜天王般若经》云："般若波罗蜜，无有一法，可为[14]譬喻。"若善男子善女人，信受《金刚般若[15]波罗蜜经[16]》者，所获功德，不可思量。若此功德，有色有形者，空界不可[17]容。以般若波罗蜜，如实见名为证；以智通达，名为至。假使一切众生，皆住十地，入诸三昧，观如来定，不能测量。诸知识，必须诵持此经[18]，此经[19]号为一切诸佛母经，亦是一切诸法祖师。恒沙三昧，八万四千诸波罗蜜门，皆从般若波罗蜜生。必须诵持此经，何以故？般若波罗蜜，是一切法之根本。譬如大摩尼宝，在于[20]大海，大海之内，所有一切诸宝，皆因摩尼宝力而得增长。何以故？是大宝威德力故。修学般若波罗蜜[21]者，亦复如是，一切智惠，皆因般若波罗蜜而得增长。若不[22]诵[持]《般若波罗蜜[23]经》者，譬如皇太子舍其父王，于他人处而求得王位者，无有是处。[是][24]故《小品经》云："复次，须菩提[25]，诸[经不能至][26]萨婆若[海][27]。若菩萨舍般若波罗蜜而读诵之[28]，是菩萨舍本而取枝叶。"是故《胜天王般若经》云："佛告胜天王言，大王，菩萨摩诃萨，修学一法，通达一切法者，所谓般若波罗蜜。"[般若波罗蜜][29]亦号为[30]一切诸佛秘密[31]藏，亦号为总持法，亦是大神咒，是大明咒[32]，是无上咒，是无等等咒，能除[33]一切苦，真实不虚，[故][34]三世诸佛，皆因[35]般若波罗蜜多，故得阿耨多罗三藐三菩提。

校注：[1]"无"字，底本及P.2045并脱，据P.3488补。　[2]"和上言告诸知识"七字，P.3488作"和尚告诸道俗知识等"。　[3]"蜜"字，P.2045脱。　[4]"金刚"二字，P.2045脱。　[5]"最尊"二字，P.3488无。　[6]"者"字，底本无，据P.2045、P.3488补。　[7]"已"字，P.3488作"以"，二者通用。　[8]"千万"二字，P.3488作"百千万亿"。《金刚经》原文无"百""亿"二字。　[9]"一念生信"四字，P.3488

作“乃至一念生静信者”。 [10] P.3488在“见”后多出“是人”二字。 [11]“全得”二字，P.3488无。 [12]“非言能说”四字，P.3488作“非能言说”。 [13]“菩萨”二字，P.3488无。 [14]“为”字，底本作“喻”，据P.3488、P.2045改。 [15] P.3488在“般若”后多出“般若”二字，衍。 [16]“经”字，P.3488无。 [17]“可”字，P.3488无。 [18]“此经”二字，P.3488作“金刚般若波罗蜜经”。 [19]“此经”二字，P.3488无。 [20]“大摩尼宝在于”六字，P.3488脱。 [21]“蜜”字，P.2045脱。 [22]“若不”二字，P.3488脱。 [23]“蜜”字，P.2045脱。 [24]“是”字，底本及P.2045均无，据P.3488补。 [25] P.3488在“须菩提”前多出“诸菩提”三字。案《小品经》原文无，系衍文。 [26]“经不能至”四字，底本无，据P.3488、P.2045补。 [27]“海”字，底本脱，据P.3488补。 [28] P.3488在“之”后多出“余”字，衍。 [29]“般若波罗蜜”五字，底本及P.2045均无，据P.3488补。 [30]“为”字，P.3488无。 [31]“密”字，底本作“蜜”，P.3488无此字，据P.2045改。 [32]“亦是大神咒是大明咒”九字，P.3488作“亦是大明咒，是大神咒”。依玄奘译《般若波罗蜜多心经》，以底本为是。 [33]“除”字，P.3488无。 [34]“故”字，底本及P.2045均无，据P.3488补。 [35]“因”字，P.3488作“依”，同义异文。

是故《金刚般若波罗蜜经》云：“举恒河中沙，一沙为[1]一恒河，尔许恒河沙数，三千大千世界，七宝布施，不如于此经中，乃至受持四句偈等，如此功德，胜前福德百分不及一，百千万亿分，乃至算数譬喻，所不能及。”

诸学道者，《金刚般若波罗蜜经》随所在之[2]处，一［切］[3]世间天人、阿修罗，悉皆供养，何以故？［为］[4]此经在［在］处处[5]即尊，经在人，人亦贵[6]。何以故？诵持《金刚般若波罗蜜经》者，为能成就最上第一希有之法故。在在处处，若有《金刚般若波罗蜜经》卷，一切诸佛恭敬，《般若波罗蜜经》卷，［如佛］[7]弟子敬佛。何以故？经云：“诸佛之师，所谓[8]法也。以法常故，诸佛亦常。”是故《金刚般若波罗蜜[9]经》云：“初日分，以恒河沙等，身命布施，中日分，复以恒河沙[10]等，身命布施，后日分，亦以恒河沙等[11]，身命布施，如是无量百千万亿劫，以身布施，不如闻此经典[12]，信心不逆。何况书写、受持、读诵、为人解说。”

是故《金刚般若波罗蜜经》云："如来为发大乘者说，为发最上乘者[13]说。"何以故？譬如大龙不雨阎浮提[14]，若雨阎浮提[15]，如漂枣叶；若雨于[16]大海，其海不增不减。故[17]若大乘者，若最上乘者，闻说《金刚般若波罗蜜经[18]》，不惊不怖，不畏不疑者，当知是善男子、善女人，从无量久远劫来，常供养无量诸佛及诸菩萨，修学一切善法，今日得闻般若波罗蜜[19]，不生惊疑。

校注：[1]"为"字，底本作"以为"，据P.2045、P.3488删改。　[2]"之"字，P.3488无。　[3]"切"字，底本脱，据P.3488及P.2045补。　[4]"为"字，底本缺，据P.3488及P.2045补。　[5]"在在处处"四字，底本作"在处处"，脱一"在"字，据P.3488及P.2045补。　[6]"即尊经在人人亦贵"八字，P.3488作"即为是塔"。　[7]"如佛"二字，底本无，P.2045作"如"，据P.3488补。　[8]底本在"所谓"后多出"为"字，衍，据P.3488及P.2045删。　[9]底本在"蜜"后多出"多"字，衍，据P.3488及P.2045删。　[10]"沙"字，P.3488脱。　[11]"等"字，P.3488脱。　[12]"典"字，P.3488无。　[13]"者"字，P.2045脱。　[14]"提"字，P.3488脱。　[15]"提"字，P.3488无。　[16]"于"字，P.3488无。　[17]"故"字，P.3488无。　[18]"经"字，底本及P.2045并脱，据P.3488补。　[19]"经"字，底本及P.2045并脱，据P.3488补。

是故经云[1]："若人满三千大千世界，用一切珍宝，造七宝塔，高于[2]梵天，不如诵持《金刚般若波罗蜜经》，修学般若波罗蜜；若人教化，三千大千世界，微尘数众生，尽证须陀洹果，不如诵持《金刚般若波罗蜜经》；若人教化，三千大千世界，微尘数众生，尽证斯陀含果，不如诵持《金刚般若波罗蜜经》；若人教化三千大千世界微尘［数］[3]众生，尽得[4]阿那含果，不如诵持《金刚般若波罗蜜经》；若人教化，三千大千世界，微尘数众生，尽证阿罗[5]汉果[6]，不如诵持《金刚般若波罗蜜经》；若人教化，三千大千世界，微尘数[7]众生，尽证辟支佛道，不如[8]诵持《金刚般若波罗蜜经》；若人教化，三千大千世界，微尘数众生，尽证得十信心，尽证得十住心，尽证得十行心[9]，尽证得十回向心，不如诵持《金刚般若波罗蜜经》，修学般若波罗蜜。"何以故？是经有不可[10]思议，不可称量，无有边，不可思议功德，为能成就诸佛，甚深无上智惠故。故告诸知识，若人犯阿鼻地狱，一切极恶重罪，无处忏悔，而不能得灭者，必须诵持《金刚般若波罗蜜经》。修学般若波罗蜜，当知是人，其罪即灭。何以故？譬如一切杂色之鸟，至须弥山下，皆得与山同共一色。何以故？是山威德力故。诵持《金刚般若波罗蜜经》，威德力故，亦复如是。

诸知识，诵持《金刚般若波罗蜜经》，而不能得入一行三昧者，为先世有[11]重罪业障故，必须诵持此经。以此经威德力故，感得世人轻贱，现世轻受。以轻受故，以轻贱故，先世重罪业障，即为消灭。以得消灭故，即得入一行三昧。

是故《胜天王般若经》云："'佛告文殊师利，若四天下，悉为微尘，尔许尘数，诸佛如来，若有恶［人］[12]，皆悉杀害，文殊师利，于[13]意云何？是人得罪多不？'文殊师利白佛言：'世尊！此罪不可闻，不可计，不可思量。'佛告文殊师利菩萨：'若复有人，障碍《金刚般若波罗蜜经》，毁谤不信，其罪重彼百分不及一，千分万分不及一，乃至算数譬喻，所不能及。'"

是故[14]《金刚般若波罗蜜经》云："佛白言：我念过去无量阿僧祇劫，于燃灯佛前，得值八百四千万亿那由他诸佛及佛弟子，一一供养承事，无空过者，而不[15]得授菩提记。何以故？为有所得故。后于燃灯佛得[16]菩提记者，为读诵《金刚般若波罗蜜经》，修学般若波罗蜜，获无所得，得菩提记，今得成佛，号释迦牟尼。若将供养诸佛功德，较量诵持此《金刚般若波罗蜜经》，及为他人说所得功德，百分不及一，百千万亿分，乃至算数譬喻，所不能及。"

校注：［1］"云"字，P.3488误作"文"。　［2］"于"字，P.3488作"至"。　［3］"数"字，底本无，据P.3488、P.2045补。　［4］"得"字，P.3488、P.2045作"证"。　［5］"罗"字，P.3488作"那"。　［6］"果"字，P.2045误作"道"。　［7］"微尘数"三字，P.3488脱。　［8］P.3488在"不如"后多"有人"二字，衍。　［9］"尽证得十住心尽证得十行心"十二字，P.3488作"尽证得十行心，尽证得十住心"。　［10］P.3488自"可"字以下断残。　［11］"有"字，P.2045无。　［12］"人"字，底本缺，据P.2045补。　［13］底本及P.2045在"于"后均有"汝"，原经文无此字，衍，据删。　［14］"故"字，P.2045脱。　［15］P.2045在"不"后多"能"字，衍。　［16］"得"字，P.2045作"所得"。

是故《胜天王般若经》云："大王，譬如四大，依虚空立，空更无依。烦恼亦尔，依此法性，法性无依。大王，菩萨摩诃萨，学般若波罗蜜，如实观知。"

《胜天王般若经》云："无量阿僧祇三千大千世界微尘，一尘为一三千大千世界，尔许微尘数三千大千世界，满中七宝，积至阿迦尼咤天，布施微尘数三千大千世界，尔许圣人，功德多不？文殊师利菩萨言：'世尊！前之福德[1]，以[2]不可思量，况此功德'。佛告文殊师利菩萨，若善男子、善女人流通此《般若波罗蜜经》，为他人宣说，此功德胜彼百分不及一，千万分不及一，乃至算数喻，所不能及。"是故《金刚般若波罗蜜经》云："须菩提，若人以满无量阿僧祇，世界七宝，持用布施；若有善男子、善女人，发菩萨心者，诵持此经，为人演说，其福胜彼。"

云何为人演说？不取于相。

云何不[3]取于相？所谓如如。

云何如如？所谓无念。

云何无念？所谓不念有无，不念善恶，不念有边际、无边际、不念有限量、无限量。不念菩提，不以菩提为念；不念涅槃，不以涅槃为念。是为无念，是无念者，即是般若波罗蜜。般若波罗蜜者，即是一行三昧。

诸知识，若在学地者，心若有念起，即便觉照。起心即灭，觉照自亡，即是［无念］[4]。无念[5]者，即无一境界。如有一境界者，即与无念不相应故。

诸知识，如实见者，了达甚深法界，即是一行三昧。是故《小品般若波罗蜜经》云："善男子，是为般若波罗蜜，所谓于诸法无所念。我等住于无念法中，得如是金色身，三十二相大光明，不可思议智惠，诸佛无上三昧，无上智惠，尽诸功德边[6]。是诸功德，诸佛说之，犹不能尽，何况声闻、辟支佛能知？

见无念者，六根无染；见无念者，得向佛知见；见无念者，名为实相；见无念者，中道第一义谛；见无念者，恒沙功德，一时等备；见无念者，能生一切法；见无念者，能摄一切法。

和上于大众中法座上，高声唱[7]言：

我今能了如来性，如来今在我身中。

我与如来无差别，如来即我真如海。

校注：［1］"德"字，P.2045作"得"，通"德"。　［2］"以"字，底本及P.2045均作"已"。"以""已"通用。　［3］底本在"不"字前面有"如"字，衍，据P.2045删。　［4］"无念"二字，底本脱，据P.2045补。　［5］P.2045在"无念"后多"是"字，衍。　［6］"边"字，底本作

"遍"字，据P.2045及《小品经》原文改。　　[7]"唱"字，P.2045无。

敬白：十方诸佛、诸大菩萨摩诃萨、一切贤圣，今舍身命，修《顿悟最上乘论》者，愿一切众生，闻赞叹《金刚般若波罗蜜[经]》，决定深信，堪任不退故。

今舍身命，愿尽未来劫，常赞叹《金刚般若波罗蜜[经]》，愿一切众生，闻赞叹般若波罗蜜者，即能读诵受持，堪任不退故。

今舍身命，愿尽未来劫，常赞叹《金刚般若波罗蜜[经]》，愿一切众生，闻赞叹般若波罗蜜者，即能决定修行般若波罗蜜，堪任不退故。

愿我尽未来劫，常舍身命，供养《金刚般若波罗蜜[经]》，愿我堪为般若波罗蜜主，常为一切众生，说《金刚般若波罗蜜[经]》，愿一切众生，闻说《金刚般若波罗蜜[经]》，获无所得。

愿我尽未来劫，为一切众生，常舍身命，守护《金刚般若波罗蜜[经]》，愿一切众生，依般若波罗蜜故[1]，获无所得，一时成佛。

和上问远法师言："曾讲《大[般][2]涅槃经》不？"

法师言："讲《大般涅槃经》数十遍。"

和上言："一切大小乘经论，说众生不解脱者，缘有生灭二心。又《涅槃经》云：'诸行无常，是生灭法。生灭灭已，寂灭为乐。'未审生之与灭，可灭不可灭？为是将生灭灭？为是将灭灭生？为是生能自灭生？为是灭能自灭灭？请法师一一具答。"

法师言："亦见诸经论作如此[3]说。至于此义，实不能了。禅师若了此义，请为众说。"

和上言："不辞为说，恐无解者。"

法师言："道俗有一万余[人]，可无有一人能[4]解者？"

和上言："看见不见。"

法师言："见是没？"

和上言："果然不见。"

法师既得此语，结舌无对。非论一己屈词，抑亦诸徒失态[5]。胜负既分，道俗嗟散然。

和上禅池惠水，引长溪[6]润于心源；戒藏慈灯，照圆明归[7]于身域。指授不思议法，为无所为；称赞离相法门，说无所说。六念九次，实理心融；三藏五乘，真如体解。故得入讲论处，邪幢必摧；定是非端，胜幡恒建。若彼空山谷响，任无起以同声；明镜分形，鉴有色而显[8]相。某乙叨陪学侣，滥预门徒，不揆庸虚，敢申愚拙。比年道业，希得却亡。言此法门，息求而得。约无住之理，理上住义宛然；起有见斯法，中见心安在。迷乐之日，乐中之苦昔时；悟苦之时，苦中之乐今日。每恨不逢激励，更叨赞扬，谨录所闻，藏之箧笥。

发心毕竟二［不］[9]别，如是二心无[10]心难。

自未得度先度他，是故我礼初发心。

初发[11]已为天人师，胜出声闻及缘觉。

如是发心过三界，是故得名最无上。

言《菩提达摩南宗定是非论》者，叙六代大德，师师相授，法印相传，代代相承，本宗无替。自达摩大师之后，一代只许一人。中间倘[12]有二三，即是谬行佛法。况今天下教禅者无数，学禅者全稀，并无禀承，凭何立教！徒以鸡凤相诳，蒲脯成欺，饰鱼目以充珠[13]，将夜（萤）光而为宝。

我和上属正法陵迟之日，邪法缭乱之时，当欲行知[14]，医之本方，弃先医[15]之乳药，重扬真教，息世云云。

校注：[1]"故"字，P.2045无。　[2]"般"字，底本脱，据P.2045及下文答句文义补。　[3]"此"字，P.2045作"是"。　[4]"能"字，P.2045脱。　[5]"态"字，底本和P.2045均误作"志"，形近致讹，据上下文改。　[6]"溪"字，P.2045脱。　[7]"归"字，P.2045脱。　[8]"显"字，P.2045作"开"。　[9]"不"字，底本缺，据P.2045补。　[10]"无"字，P.2045脱。　[11]"发"字，底本作"心"，据P.2045及《大般涅槃经》改。　[12]"徜"字，P.2045作"傥"。　[13]"珠"字，P.2045作"珍"，义亦通。　[14]"知"字，底本作"后"，据P.2045改。　[15]"医"字，P.2045作"鉴"。

知摸珠者，非珠空寻水月；见学道者，非道徒向宝山。诚弄影而劳形，实扬声而心响。所以修论，聊欲指南，使大道洽于苍生，正法流于天下。其论先陈激扬问答之事，使学者辨[1]于真宗，疑者识为（伪）[2]。后叙师资传授之言，断除疑惑。审详其论，不可思议。闻者皆言，昔者未闻；见者皆言，昔者未见。斯乃宅中宝藏，忽尔自开[3]，苦海津梁，不期[4]而至矣。

呜呼，六代传信，今在韶州；四辈学徒，空游嵩岭[5]。可谓鱼游于水、布网上[6]于高山[7]哉[8]。于时有同学相谓曰：“嵩山寂和上，[一][9]佛出世，帝王之师，天下仰德，四海归依。何人敢是？何人敢非？”

又同学中有一长老者[10]答曰：“止。如此之事，非汝所知；如此之事，非汝能及。汝但知贵耳贱目，重古轻今，信识涓流，宁知巨海！我和上承六代之后，付嘱分明，又所立宗体与诸家不等。”

众人禅指，皆言：“善哉！有何[11]差别？”

答曰：“更不须子（仔）细。”

和上言教，指授甚深，[不][12]可以智知，不可以识识。纵使三贤十圣，孰辨[13]浅深？声闻缘觉，莫知涯际。去开元二十[14]年正月十五日，共远法师论议，心地略开，动气陵（凌）云，发言惊众。道俗相谓：“达摩后身。”所是对问宏词，因即诵[15]之为论。

论云：“今日设无遮大会，非为功德，为天下学[道]者定是非，为天下用心者辩邪正。”

是非邪正，真（具）载明文，并叙本宗，传之后代。虽寂和上在世，普济群生，为与曹溪不同，所以南中叙论。今日罕闻是事，喜跃难胜，聊自课虚，以成其赞：

论之标首，达摩大师。次叙正宗，光赞本枝。
梁朝兴日，天竺来仪。遗言我法，六后陵迟。
其道玄远，人莫能知。唯我和上，今日行之。
论称六代，代有一人。但以心契，法无有亲。
唯有大事，四海之珍。递相付嘱，非不殷勤。
袈裟表信，息世疑津。天下无比，谁与为邻。

大乘大论，流行四方。法幢再建，惠日重光。
爱河舟楫，苦海津梁。闻者见者，得悟真常。
大道行矣，正教其昌。无我无人，善恶不亡。

敬寻斯论，妙理玄通。先陈问答，后叙正宗。
无念能念[16]，言空不空。非色非相，无德无功。
达人乃见，有缘始逢。禅门顿教，诸家不同。

论之兴也，开元二十。比日陵迟，今年法立。

本元清净，非关积习。彼岸坐登，禅门顿入。

德超河洛，芳流京邑。朗月孤悬，众星无及。

《菩提达摩南宗定是非论》一卷写了[17]

校注：［1］“辨”字，底本作“辨”，P.2045作“辨”。“辨”通“辩”，此处作“辨”，义更胜。　［2］“使学者辨于真宗疑者识为”十一字，P.2045作“使学者辨于疑者”，有脱文。　［3］“忽尔自开”，底本作“忽示而开”，形近致误，据P.2045改。　［4］“期”字，P.2045误作“其”。　［5］“岭”字，P.2045作“领”，为“岭”假借字。　［6］“上”字，P.2045无。　［7］“山”字，底本作“上”，误，据P.2045改。　［8］“哉”字，P.2045无。　［9］“一”字，底本脱，据P.2045改。　［10］“者”字，P.2045无。　［11］“何”字，底本作“斯”，据P.2045改。　［12］“不”字，底本脱，据P.2045补。　［13］“辨”字，底本及P.2045均作“辩”，通“辨”。　［14］“二十”二字，底本及P.2045均作“十二”，据序改。　［15］“诵”字，P.2045作“编”，误。　［16］“能念”二字，P.2045作“无能”，疑误。　［17］“写了”二字，P.2045无。底本中此二字系另笔所书，当属抄论者所写。

六、圣胄集

【题解】

《圣胄集》，又作《玄门圣胄集称》，唐末华岳玄伟所编，凡五卷，系收集的《宝林传》（成书于唐贞元十七年）以后禅宗传法宗师之机缘、传法偈等之禅宗灯史，主张婆须蜜系之西天二十八祖说。此书已散佚，现敦煌写本中仅存断片三件，即北咸29+S.2144v、S.4478、P.3913。[①]“圣胄”一词即指圣胄大师，乃梁武帝对菩提达摩之敬称。依其首题，可知这一片段内容为《分灯之陆经从上西天八祖受记唐来六代祖师密传心印》。禅宗密传心印法是一种代表南宗思想的典型作品，密传心印法体现的一般是顿悟思想，据此我们可以认为南宗的祖统相传的思想，传到慧能处即结束。本录文以北咸29（BD06329）和S.2144v为底本，二者内容前后相接，属于同一写卷。

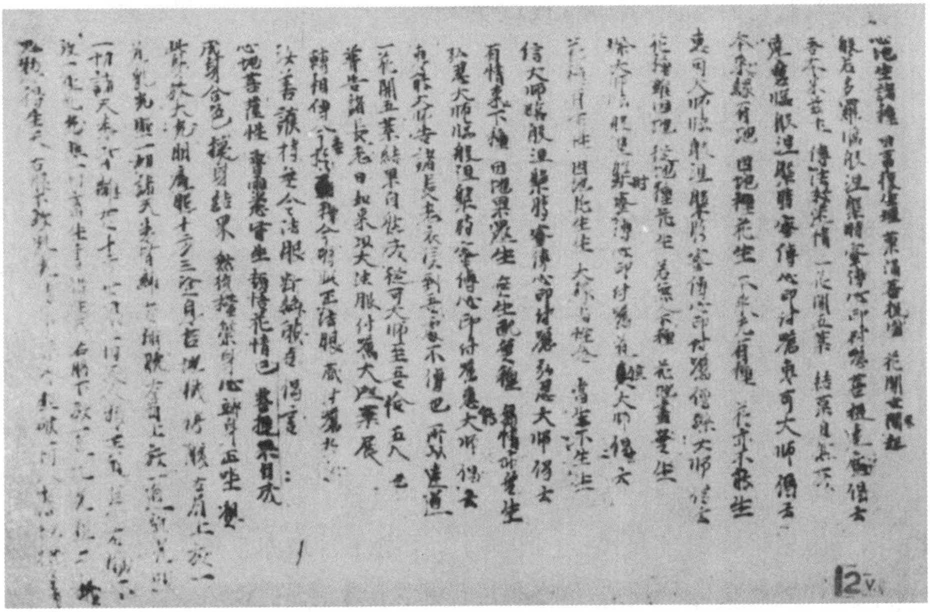

S.2144v《圣胄集》（局部）

① 柳田聖山：「玄門『聖胄集』についてスタイン蒐集敦煌寫本四四七八号の紹介」，『仏教史学』7卷3号，1928年，第44～57頁；田中良昭：『敦煌禪宗文獻の研究』，東京：大東出版社，1983年，第121～134頁。

【录文】

分灯之陆经从上西天［廿］[1]八祖受记

唐来六代祖师密传心印

佛临般涅槃，密传法付嘱大迦叶，偈云：

法法本来法，无法法亦法，今付无法时，法法何曾法。

大迦叶临般涅槃，密传心印付嘱阿难，偈云：

法法本来法，无法无非法，何于一法中，有法有不法。

阿难临般涅槃，密传心印付嘱商[2]那和修，偈云：

本来付有法，付了言无法，各各既自悟，悟了无无法。

商那和修临般涅槃，密传心印付嘱优波掬多，偈云：

非法非亦法，无心亦无法，说是心法时，是法非心法。

优波掬多临般涅槃时，密传心印付嘱提多迦，偈曰：

心自本来心，本来非有法，有法有本心，非心非本法。

提多迦尊者临般涅槃时，密传心印付嘱弥遮迦，偈曰：

通达法本心，无法无非法，悟了同未悟，无心得无法。

弥遮迦临般涅槃时，密传心印付嘱婆须蜜多，偈曰：

说得不名法，无心无可得，若了心非心，始解心心法。

婆须蜜多临般涅槃时，密传心印付嘱佛陀难提，偈曰：

心同虚空界，示等虚空法，证得虚空时，无亦无非法。

佛陀难提临般涅槃时，密传心印付嘱伏駄蜜多，［偈］[3]曰：

虚空无内外，心法亦如此，若了虚空故，是达示真理。

伏駄蜜多临般涅槃时，密传心印付嘱胁尊者，偈曰：

真理本无名，因名显真理，受得真实法，非真亦非伪。

胁尊者临般涅槃时，密传心印付嘱富那夜奢，偈曰：

迷悟如隐显，明暗不相离，今付隐显法，非一亦非二。

富那夜奢临般涅槃时，密传心印付嘱马鸣菩萨，偈曰：

隐显即本法，明暗无元二，今付悟了法，非取亦非弃。

马鸣菩萨临般涅槃时，密传心印付嘱毗罗尊者，偈曰：

言隐非显法，说是真实际，悟此隐显法，非愚亦非智。

毗罗尊者临般涅槃时，密传心印付嘱龙树菩萨，偈曰：

为明隐显[4]法，方说解脱理，于法心不证，无嗔亦无喜。

龙树菩萨临般涅槃时，密传心印付嘱提婆菩萨，偈云：

本对传法人，为说解脱理，于法实无证，无终复无始。

提婆菩萨临般涅槃时，密传心印付嘱罗睺罗多，偈云：

于法实无证，不取亦不离，法非有无相，内外云何起。

罗睺罗尊者临般涅槃时，密传心印付嘱僧伽难提，偈曰：

心地本无生，因种从缘起，缘种不相妨，花果亦复尔。[5]

僧迦难提临般涅槃时，密传心印咐嘱伽耶舍多，偈云：

有种有心地，因缘能发萌，于缘不相碍，当世生不生。

伽耶舍多临般涅槃时，密传心印咐嘱鸠摩罗多，偈云：

性生本无生，为对众人说，于法既无证，何复决不决。

鸠摩罗多临般涅槃时，密传心印咐嘱阇夜多尊者，偈云：

言下合无生，因于法界性，若能如是解，通达事理竟。

阇夜多临般涅槃时，密传心印咐嘱婆修盘头，偈云：

泡幻同无碍，云何不了悟，建法在其中，非今亦非古。

婆修盘头尊者临盘涅槃时，密传心印咐嘱摩拏罗，偈云：

心逐万境转，转处实能幽，随流认得性，无喜亦无忧。

摩拏罗尊者[6]临般涅槃时，密传心印咐嘱鹤勒尊者，偈云：

认得心性时，可说不思议，了了无可得，得时不说知。

鹤勒尊者临般涅槃时，密传心印咐嘱师子尊者，偈云：

正说知见时，知见俱是心，当心即知见，知见即于今。

师子尊者临般涅槃时，密传心印咐嘱婆舍斯［多］[7]圣者，偈云：

圣人说知见，当境无是非，我今悟真悟，无道亦无理。

婆舍斯多临般涅槃时，密传心印咐嘱不如密多尊者，偈云：

真性心地藏，无头亦无尾，应缘而化物，方便觉为智。

不如密多临般涅槃时，密传心印咐嘱般若多罗，偈云：

心地生诸种，因事复生理，果满菩提圆，花开世界起。

般若多罗临般涅槃时，密传心印咐嘱菩提达摩，偈云：

吾本来兹土，传法救迷情，一花开五叶，法果自然成。

达摩临般涅槃时，密传心印咐嘱惠可大师，偈云：

本来缘有地，因地种花生，本来无有种，花亦不能生。

惠可大师临般涅槃时，密传心印咐嘱僧璨大师，偈云：

花种虽因地，从地种花生，若无人下种，花地尽无生。

璨大师临般涅槃时，密传心印咐嘱道信大师，偈云：

花种有生性，因地花生生，大缘与性合，当来不生生。

信大师临般涅槃时，密传心印，咐嘱弘忍大师，偈云：

有情来下种，因地果还生，无生既无种，无情亦无生。

弘忍大师临般涅槃时，密传心印，咐嘱惠能大师，云：

慧能大师告诸长老，衣信到吾处不传也。所以达道，一花开五叶，结果自然成，从可大师至吾，恰五人也。普告诸长老曰：如来以大法眼，咐嘱大迦叶，辗转相传今于我，我今将此正法眼藏，咐嘱于汝，汝善护持，无（勿）令法眼断绝，听吾偈言：

心地菩萨性，普雨皆众生，顿悟花情已，菩提果自成。

成身合色，换身结众，然后鞭策身心，端身正坐，想此身，放大光明，遍照十方，三途息苦，地狱停酸。右眉上放一道乳光，照一切诸天，悉皆离苦解脱；左眉上放一道乳光，照一切诸天，悉皆离苦。十方世界，一切天人，总正道果。右肋下放一道乳光，照一切畜生，尽得生天；左肋下放一道乳光，照一切饿鬼，总得生天。右膝下放［一道］[8]乳光清净寂冷，照破一切八热地狱，受苦众生悉得生天；左膝下放一道温暖乳光，照八寒地狱，受苦众生，总得离苦，皆得生天。然后，尽十方界，一切众生，无有一个受苦众之者。想我身印即是诸佛，诸佛即是我身，余外更无别物。

校注：［1］“廿”字，底本脱，据文义补。　［2］“商”字，底本脱，据S.4478补。　［3］“偈”字，底本脱，据上下文补。　［4］“隐显”二字，底本作“显显”，据上下文改。　［5］北咸29号至此结束，以下为S.2144，内容可衔接。　［6］“者”字，底本脱，据上下文补。　［7］“多”字，底本脱，据上下文补。　［8］“一道”二字，府本无，据上下文补。

七、祖师传教西天廿八祖唐来六祖

【题解】

《祖师传教西天廿八祖唐来六祖》见于敦煌写本P.2977，为唐代写卷。首尾皆残，原有四部分内容，现仅有“第三明塔”“第四明祖师传教”内容，且基本完整。值得注意的是，“第三明塔”部分载有“第十七在北京净明寺”之语。这里的北京，指的是太原，武则天长寿元年（692年），因并州是武氏故里而建为北都，在今山西太原市西南晋源区。神龙元年（705年）废。开元十一年（723年），又因并州为唐高祖发祥地，复建为北都。天宝元年（742年），改北都为北京。上元二年（761年），停京号，次年又称北都。故而可以认为，该文献当写成于并州称北京时期（742～761年）或其后。本录文以P.2977为底本。

【录文】

第四明祖师传教西天廿八祖唐来六祖

夫悟详真者，则无为作学佛。佛者则因见因闻，情纳既有密疏，性根岂无利钝。所以鹫峰顶上指有相以归空，鹿野苑中示宝坊而非远。谁分金杖尽日殊珍，但获发继珠，皆言志宝。教无顿渐，人有浅深。所以八定四禅互论高下，三乘十地檀梯楷。禅律二宗同归致矣。

夫如来将正法眼藏，付嘱摩诃迦叶，为第一祖。如是辗转付嘱，乃至西天廿八祖，唐来五代，都计卅三代。自后传法不传衣。

第一祖摩诃迦叶，摩竭陀国人，当此土周穆王。

第二祖阿难，佛之“唐弟”，解饭王子，当此土周懿王。

第三祖商那和修，摩度国人，当此土周宣王。

第四祖忧波菊多，咤利国王子，当此土周平王。

第五祖提多迦，摩竭陁国人，当此土周庄王。

第六祖婆须蜜多，北天竺国人，当此土周定王。

第七祖弥遮迦，中印度人，当此土周襄王。

第八祖佛陁难提，迦摩罗国人，当此土周敬王。[1]。

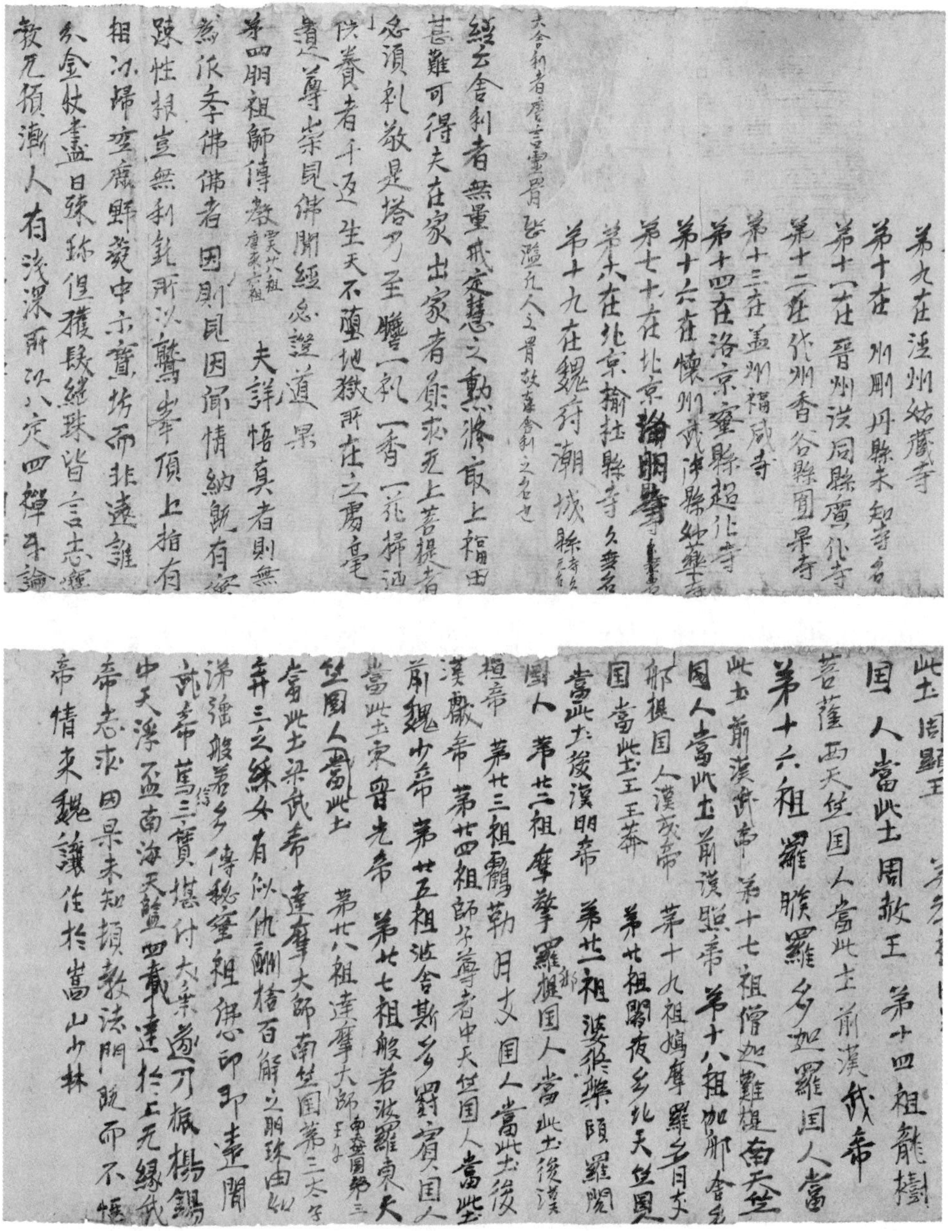

P.2977《祖师传教西天廿八祖唐来六祖》（局部）

第十祖富那夜奢，波罗奈国人，当此土周显王。[2]
第十三祖毗罗尊者，花氏国人，当此土周赧王。
第十四祖龙树菩萨，西天竺国人，当此土前汉武帝。

第十五祖。[3]

第十六祖罗睺罗多，迦罗国人，当此土前汉武帝。

第十七祖僧迦难提，南天竺国人，当此土前汉昭帝。

第十八祖伽那舍多，那提国人，汉成帝。

第十九祖鸠摩罗多，月支国，当此土王莽。

第廿祖阇夜多，北天竺国人，当此土后汉明帝。

第廿一祖婆修盘头，罗阅国人。

第廿二祖摩擎（拏）罗，那提国人，当此土后汉桓帝。

第廿三祖鹤勒，月支国人，当此土后汉献帝。

第廿四祖师子尊者，中天竺国人，当此土前魏少帝。

第廿五祖波舍斯多，罽宾国人，当此土东晋光（元）帝。[4]

第廿七祖般若波罗，东天竺国人，当此土。

第廿八祖达摩大师，西（南）天竺国第三王子，当此土梁武帝。

达摩大师，南天竺国第三太子，弃三之彩女，有似仇酬（雠）。舍百解（斛）之明珠，由如涕唾；般若多传秘蜜（密）祖佛心印。即远闻梁武帝笃信三宝，堪付大乘，遂有振锡中天，浮杯南海。天监四载，达于上元，缘武帝志求因果，未知顿教法门，既而不惬帝情，来魏让（壤），住于嵩山少林［寺］。

校注：［1］“第九祖”，底本缺，据上下文补。　［2］“第十一祖”、“第十二祖”，底本缺，据上下文补。　［3］“第十五祖”，底本缺，据上下文补。　［4］“第廿六祖”，底本缺，据上下文补。

八、泉州千佛新著诸祖师颂

【题解】

《泉州千佛新着诸祖师颂》为泉州开元寺千佛院僧省登为西土二十八祖、东土六祖和神秀、怀让、行思、慧忠、石头、马祖所作的颂，其内容录自《祖堂集》。见于敦煌写本S.1635，全文被收录于日本《大正藏》第85册。本录文以S.1635为底本，与《祖堂集》[①]有关内容互校，同时参考《大正藏》录文及李玉昆的研究成果。[②]

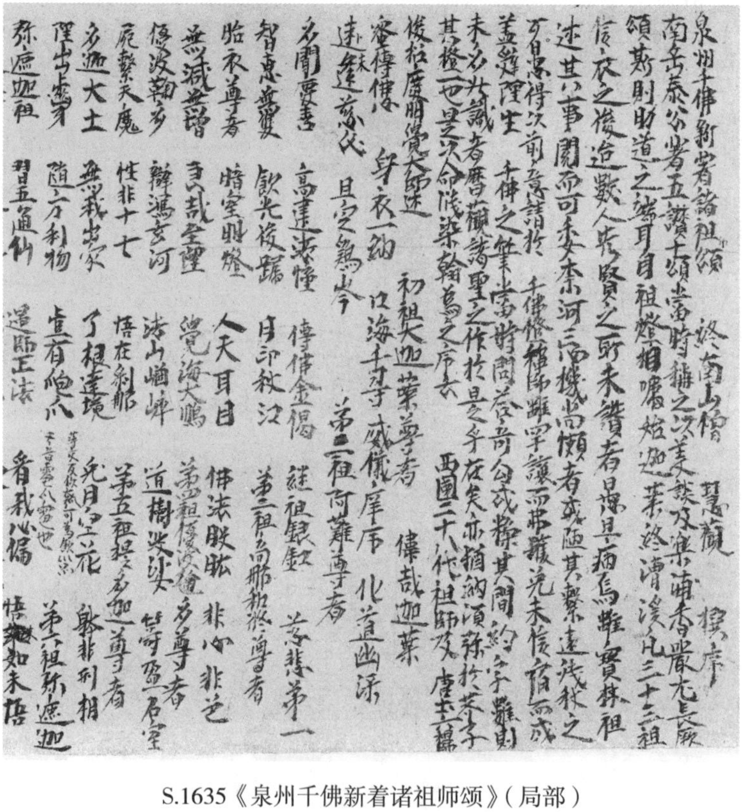

S.1635《泉州千佛新着诸祖师颂》(局部)

① ［南唐］静、筠禅僧编，张华点校：《祖堂集》，郑州：中州古籍出版社，2006年。

② 李玉昆：《敦煌遗书〈泉州千佛新著诸祖师颂〉研究》，《敦煌学辑刊》1995年第1期，第29～35转8页。

【录文】

泉州千佛新着诸祖师颂，终南山僧慧观撰序

南岳泰公着五赞十颂，当时称之以美谈，及乐浦香严，尤长厥颂，斯则助道之端耳。自祖灯相嘱，始迦叶终漕溪，凡三十三祖。信衣之后迨数人，先贤之所未赞者，愚且病焉。虽宝林祖述，其事阅而可委，奈河（何）忘机，尚懒者或陋其系，远残秋之夕日[1]。愚得以前意，请于千佛灯登禅师，虽罕让而弗获免，未信宿而成。盖辞理生，千佛之笔，当时问答，奇句或糅其间，约字数则未多。此识者历观诸圣之作，于是乎在矣。亦犹纳须弥于芥子，其橙（证）一也。是以命笺染翰为之序云。

西国廿八代祖师及唐土六祖师，后招庆明觉大师述。

初祖大迦叶尊者

伟哉迦叶，蜜（密）传佛心。身衣一纳，口海千寻。

威仪庠序，化道幽深。未逢慈氏，且定鸡岑。

第二祖阿难尊者

多闻庆喜，高建法幢。传佛金偈，继祖银釭。

慈悲第一，智惠（慧）无双。饮光后躅，月印秋江。

第三祖商那和修尊者

胎衣尊者，暗室明灯。人天耳目，佛法股肱。

非心非色，无减无增。良哉至理[2]，觉海大鹏。

第四祖优波掬多尊者

优波掬多，辩泻悬河。法山峭崒[3]，道树波（婆）娑。

筹盈石室，尸系天魔。性非十七，悟在刹那。

第五祖提多迦尊者

多迦大士[4]，无我出家。了根达境，兔月[5]空花。

体非刑（形）相，理出齿牙。随方利物，岂有匏瓜。

第六祖弥遮迦［尊者］

弥遮迦祖，习五通仙。遇师法正，看[6]我心偏。

悟如未[7]悟，玄之又玄。神通示灭，八部潸[8]然。

第七祖婆须蜜尊者

祖婆须蜜[9]，入弥遮室。迷悟本如，物我冥一。

手携酒器，项擎佛日。奚是奚非，谁得谁失。

第八祖佛陀难提尊者

佛陀难提，大化群迷。心无内外，法理高位[10]。

五天论将，三界云梯。卓然真气，南北东西。

第九祖佛陀蜜多尊者

佛陀蜜多，大器晚成。五十不语，五十不行。

俄[11]逢达士，倏契无生。崖示[12]有操，秋鹗[13]无程。

第十祖胁尊者

胁大尊者，爱增（憎）纲搀。量等虚空，道唯[14]潇洒。

真体自然，因直舒泻[15]。幼[16]世苍茫，奔腾意马。

校注：［1］“夕日”二字，李玉昆、《大正藏》皆作“可”。　［2］“至理”二字，《祖堂集》作“至圣”。　［3］“嶠崒”二字，《祖堂集》作“峥崒”。　［4］“士”字，《祖堂集》作“师”。　［5］“兔月”二字，《祖堂集》作“兔却”　［6］“看”字，《祖堂集》作“省”，似更善，仍从底本。　［7］“未”字，《祖堂集》作“来”。　［8］“潸”字，敦煌本作“潜”，误；《祖堂集》作“潸”，是，据改。　［9］“蜜”字，《祖堂集》作“密”。　［10］“心无心外，法理高位”八字，《祖堂集》作“心无内外，法离高低”。　［11］“俄”字，底本作“我”，据《祖堂集》本改。　［12］“示”字，《祖堂集》作“松”。　［13］“秋鹗”二字，底本作“秋鸡”，据《祖堂集》本改。　［14］“唯”字，底本作“准”，误，据《祖堂集》本改。　［15］“泻”字，《祖堂集》作“写”。　［16］“幼”字，《祖堂集》作“约”。

第十一祖富那夜奢尊者

富那夜奢[1]，智若须弥。心指法住[2]，身外荣衰。

明暗隐显，视听希夷。现前提住[3]，更不[4]参差。

第十二祖马鸣菩萨尊者

尊者马鸣，化花氏城。魔宫雾卷，释苑风清。

我欲识佛，不识者明。莫非玄解，动足尘生。

第十三祖迦毗罗尊者

毗罗尊[5]圣，因地魔王。凭师指教，豁[6]证真常。

胡（互）为愚智，谁[7]是炬[8]长。德馨性净[9]，兰蕙[10]冰霜。

第十四祖龙树菩萨尊者

菩萨龙树，化龙是雾（务）。心晓佛心，住而靡住。

身现圆了[11]，法流膏雨。提婆机投，孰谙旨趣。

第十五祖迦那提婆尊者

迦那提婆，德岸弥高。回旋香象，欠欬[12]金毛。

机通岩雷[13]，辩泻秋涛。始终绝证，匆误王刀。

第十六祖罗睺罗多尊者

罗睺道德，在口宁论。因师说耳，寻得入[14]门。

高提日月[15]，大照乾坤。不取不舍，传乎子孙。

第十七祖僧迦难提尊者

僧迦难提，庄严王子。逾城九重，入山千里。

定喻[16]井金，义乖[17]终始。理屈于师，忽穷自己。

校注：[1]“奢”字，《祖堂集》作“师”。　[2]“心指法住”四字，《祖堂集》作“心揖其住”。　[3]“住”字，《祖堂集》作“取”。　[4]“不”字，《祖堂集》作“莫”。　[5]“尊”字，《祖堂集》作“大”。　[6]“豁”字，底本作“杀”，无解，据《祖堂集》改。　[7]“谁”字，《祖堂集》作“讵”。　[8]“炬”字，《祖堂集》作“讵”。　[9]“性净”二字，《祖堂集》作“兰蕙”。　[10]“兰蕙”二字，《祖堂集》作“性净”。　[11]“了”字，《祖堂集》作“月”。　[12]“欠欬”二字，《祖堂集》作“吹欬”，误。　[13]“雷”字，《祖堂集》作“电”。　[14]“入”字，底本作“人”，误，据《祖堂集》改。　[15]“月”字，底本作“了”，误，据《祖堂集》改。　[16]“喻”字，《祖堂集》作“俞”。　[17]“乖”字，《祖堂集》作“班”。

第十八祖迦耶舍多尊者

迦耶舍多，幼会佛机。手执[1]宝镜，面难提师。

内外绝翳，眉目无亏。风漂铎韵，非我而谁。

第十九祖鸠摩罗多尊者

鸠摩罗多，大常止檐，蒙师为决，委父无厌。

本非锻炼，肯藉锤钳。一榻孤坐，人天礼瞻。

第廿祖阇夜多尊者

阇夜多祖，格高貌古。锡有六环，田无半亩。

言下不生，何处不普？垂手入鄽[2]，他方此土。

第二十一祖婆修盘头尊者

婆修盘头，修行不卧。虽历辛懃[3]，翻成懒堕。

因指见月[4]，逢歌拍和。泡幻无真，虑情无过。

第二十二祖摩拏罗尊者

辨[5]塔降象，自在王子。雷震蛰门[6]，邪师失齿。

神运六通，道风千里。声色恒真，何须聩耳？

第二十三祖鹤勒那尊者

尊者鹤勒，上德不得[7]。任性纵横，发言奇特。

功高二义，名宣万国，[8]稽首归依，祖林胆蔔。

第二十四祖师子尊者

师子尊者，人天仰誉。雪里松青[9]，云间鹤翥。

论鼓才声，法轮高御[10]。挫拉邪徒，悟真去处[11]。

第二十五祖婆舍斯多尊者

婆舍斯多，久离攀沿[12]。未逢作者，终不开拳。

传师衣钵，度物桥船。当心妙见，岂假言宣。

第二十六祖不如蜜多尊者

不如蜜多，胜王诞庆，高远宫嫔，向孰道行。

佛法栋梁，王臣瞻敬，洞鉴媸妍[13]，祖堂金镜。

第二十七祖般若多罗尊者

般若多罗，幼名璎珞。父母沦亡，东西盘泊。

一晓龟毛，恒嗟水涸。果满菩提，道源辽廓。

唐土六代祖师

第一祖达摩祖师

菩提达摩，道化[14]无为，九年少室，六叶宗师。

示灭熊耳[15]，只履西归。梁天不荐，惠可传衣。

第二祖慧可大师

二祖硕学，操为坚确。心贯三乘，项（顶）奇五岳。

天上麒麟，人间鸑鷟。断臂立雪，混而不浊[16]。

校注：［1］“执”字，《祖堂集》作“携”，义同。　［2］“鄽”字，《祖堂集》作“廛”，“鄽”同“廛”。　［3］“懃”字，《祖堂集》作“勤”，

"懃"通"勤"。 [4]"见月"二字，底本作"见见"，据《祖堂集》本改。 [5]"辨"字，《祖堂集》作"辩"。 [6]"门"字，底本作"行"，据《祖堂集》改。 [7]"上德不得"四字，《祖堂集》作"上德不德"。 [8]"功高二义名宣万国"八字，《祖堂集》作"功高二仪，名喧万国"。 [9]"雪里松青"四字，底本作"空里案青"，不通，据《祖堂集》本改。 [10]"御"字，《祖堂集》作"驭"。 [11]"去处"二字，《祖堂集》作"来去"。 [12]"沿"字，《祖堂集》作"缘"。 [13]"媸妍"二字，底本作"如研"，据《祖堂集》本改。 [14]"道化"二字，《祖堂集》作"化道"。 [15]"熊耳"二字，底本作"能耳"，误。 [16]"浊"，《祖堂集》作"独"。

第三祖僧璨大师

三祖大师，诸王[1]真子。语出幽微，心无彼此。

或处山林，或居廛[2]市。因地花生，栴檀旖旎。

第四祖道信大师

四祖十四，因师解脱。处世道孤[3]，兴慈量阔。

永绝凋荣，迥法[4]始末。果少花多，忍传衣钵。

第五祖弘忍大师

五祖七岁，洞达言前。石牛吐雾，木马含咽（烟）。

身心恒寂，理事俱玄。无情无种，千年万年。

第六祖慧能大师

师造黄梅，得旨南来。爰[5]因幡义，大震法雷。

道遭明遇[6]，神秀迟回。衣虽不付，天下花开。

南岳让和尚法嗣六祖

观音和尚，厥名怀让。般若栖神，禅门宗匠。

五岳高德，四溟心量。法嗣六人，马祖兴王（旺）。

吉州行司和尚法嗣六祖

吉水真人，出世庐陵。唯提一脉，回出三乘。

潭中月烛，火里行冰。谶君妙会，说底相应。

国师惠忠和尚法嗣司和尚

唐朝国师，大播鸿猷。漕溪探月[7]，渭水乘舟。

二天请问，四众抛筹。法杖极瞻，大耳惭羞[8]。

石头和尚法嗣［思］和尚

南岳石头，吉水分流。庵栖碧洞，车驾白牛。

学成麟角，誉满神舟（州）。僧问净土，不垢何求。

江西马和尚法嗣让和尚

马师道一，行全金石。悟本迢然，寻枝劳役。

久定身心，一时抛掷。大化南昌，寒松千尺。

释门僧正京内外临坛供奉大德沙州三界寺沙门道真记

校注：［1］“诸王”二字，《祖堂集》作“法王”。　［2］“麈”字，《祖堂集》作“郭”。　［3］“孤”字，《祖堂集》作“流”。　［4］“法”字，《祖堂集》作“袪”。　［5］“爰”字，《祖堂集》作“奚”。　［6］“道遭明遇”四字，《祖堂集》作“道明遭遇”。　［7］“月”字，《祖堂集》作“日”。　［8］“惭羞”二字，《祖堂集》作“惭着”，不通。

九、秀和尚传

《秀和上传》是敦煌写卷P.3664中一份非常短小的禅书，全文仅4行，共72字，位于《导凡圣悟解脱心宗修心要论》和《导凡趣圣心决》之间。该文献虽然短小，反映了神秀重要的禅学思想。《秀和上传》行文短小，学界对其专门的校本不多见，冉云华在《敦煌卷子中的两份北宗禅书》一文中对该文献有校录，但录文舛误不少。[①]有些学者在论文中沿用冉本，以致引文错误也未能避免。[②]日本学者筱原寿雄曾经对这份文献进行过介绍，但非常简略。[③]韩传强对该文献也有录校。[④]本录文以P.3664为底本，以冉云华校本（简称冉本）、韩传强校本（简称韩本）参校。

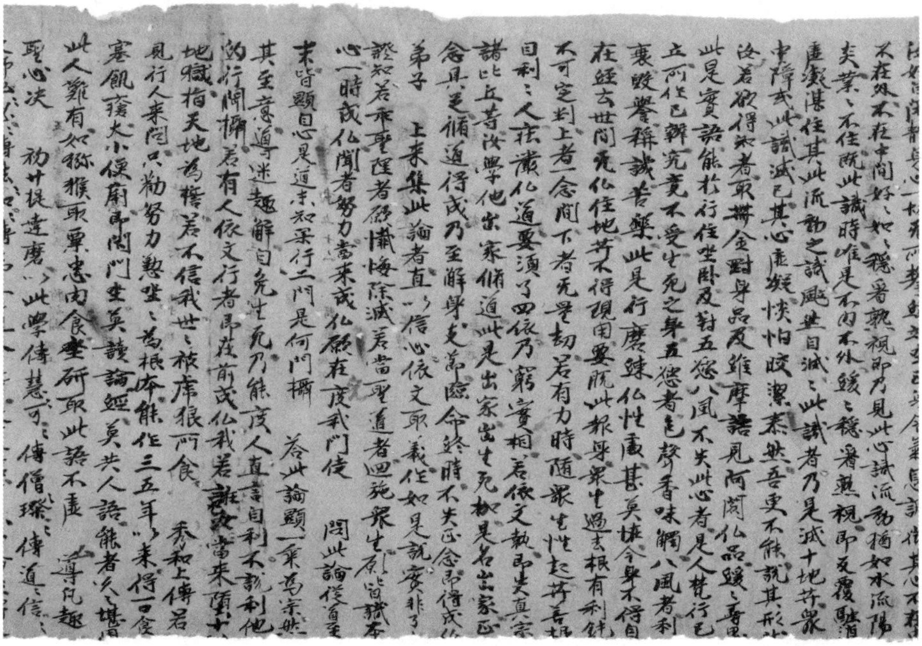

P.3664《秀和尚传》

① 冉云华：《敦煌卷子中的两份北宗禅书》，《敦煌学》第8辑（台北），1984年，第1～9页。

② 如黄青萍的博士学位论文中对《秀和上传》引文即是参照冉本录文。黄青萍：《敦煌北宗文本的价值及其禅法禅籍的历史性与文本性》，台湾师范大学博士学位论文，2007年，第72页。

③ 篠原壽雄：「北宗禪上南宗禪」，『講座敦煌8敦煌佛典上禪』，大東出版社，1980年，第177頁。

④ 韩传强：《禅宗北宗敦煌文献录校与研究》，南京：江苏人民出版社，2018年，第58页。

【录文】

若见行人来间，只劝努力勤[1]坐。坐为根本，能坐[2]三五年以来，得一口食塞饥疮，大小便痢即闭门坐。莫读经论、莫共人语，能者久久堪用。此人难[3]有，如猕猴取栗中心[4]肉食，坐研取，此语不虚。

校注：［1］“勤”字，冉校作“来”，误。　［2］“坐”字，底本作“作”，韩本据文义改为“坐”，可从，据改。　［3］“难”字，冉本作“虽”，误。　［4］“心”字，底本有，冉本未录入，韩本录作“心”，是。

语录类文献

语录类文献主要是禅僧们的说法问答记录或以说法问答形式的禅讲记录。禅宗标榜“不立文字，教外别传”，出于传法的需要，语录类文献便应运而生了。这类文献不执着于经论文字，而采用对话形式诠释思想，弥补了不立文字给传法活动所形成的局限，成为禅宗系统中的一种特殊作品。早期的语录有初祖达摩的《二入四行论》、道信的《入道安心要方便法门》、弘忍的《蕲州忍和上导凡趣圣悟解脱宗修心要论》和托名达摩的《天竹国菩提达摩禅师论一卷》。随着北、南二宗的形成，属于各自派别的语录也随之形成。代表北宗思想的语录有《观心论》（又名《破相论》）、《澄心论》《大乘五方便》（又名《大乘无生方便门》）和《大乘五方便北宗》《大乘北宗论》《法性论》《请二和上答禅策十道》《禅策问答》《顿悟真宗金刚般若修行达彼岸法门要诀》等。南宗禅籍方面，以《六祖坛经》最具代表性，集中体现了六祖慧能的禅法思想。其弟子神会之语录则有《南阳和上顿教解脱禅门直了性坛语》和《南阳和尚问答杂征义》。同属南宗禅系统的还有《无心论》《大乘开心显性顿悟真宗论》等。此外，牛头禅的《绝观论》和念佛禅的《南天竺国菩提达摩禅师观门》，以及《大乘心行论》（托名稠禅师撰）、《大乘二十二问本》（昙旷撰）和《顿悟大乘正理决》《惠达和上顿悟大乘秘密心契禅门法》《大沩警策》《息诤论》等，也同属语录类文献。

一、二入四行论

【题解】

《二入四行论》一卷，为禅宗初祖菩提达摩的语录，又名《菩提达摩论》（见P.3018首题）。达摩在华数十年，孜孜矻矻，弘传禅法，培养徒众，为中国禅宗的形成奠定了基础。他传授的禅法，经他的弟子记录、整理出来，即现存的《二入四行论》，在宋代道原所编《景德传灯录》中被称作《菩提达摩略辨大乘入道四行》。

《二入四行论》为研究中国初期禅宗的重要资料，目前已知的刻本有二：其一为明天顺八年（1464年）朝鲜刻《菩提达摩四行论》，称天顺本，现存日本天理大学图书馆；其二为李氏朝鲜隆熙二年（1908年）刻《菩提达摩四行论》，被收录在《禅门撮要》，称朝鲜本。敦煌写本保存较多，分别为北宿99（BD01199号1）、S.1880、S.2715、P.2923、P.3018、S.3375、P.4634、P.4795。在以上诸敦煌写本中，北宿99较为完整，S.2715、S.1880、P.2923、P.4634、P.4795存其中的法师问答，S.3375号为《二入四行论》的四行部分，P.3018则是《修道法》与《菩提达摩论》同写一本的卷本，后为《二入四行论》的内容。其中，北宿99与S.2715已由铃木大拙对照天顺本加以校订，收录在《禅思想史研究》中。S.3375及P.3018、P.4634三件都只是中间部分的断片。这些敦煌写本，均缺少卷首部分，所以无法确知本来的题名。收录在《楞伽师资记》及《景德传灯录》中的《二入四行论》，其卷首部分虽题为《菩提达摩略辨大乘入道四行，弟子昙林序》，但却从未被认定为达摩所说。直到敦煌写本的出现，才受到新的评价。再加上水野弘元《菩提达摩的二入四行说与金刚三昧经》论文的发表，其资料价值才得到肯定，可看做是道宣《续高僧传》中达摩及慧可传记的直接资料。①

① 田中良昭：「『二入四行论』文献研究史」，『圣严博士古稀记念论集——东アジア佛教の诸问题』，东京：山喜房佛书林，2001年；法缘：《达摩〈二入四行论〉的思想》，《觉群·学术论文集》第4辑，北京：宗教文化出版社，2004年，第387～403页。

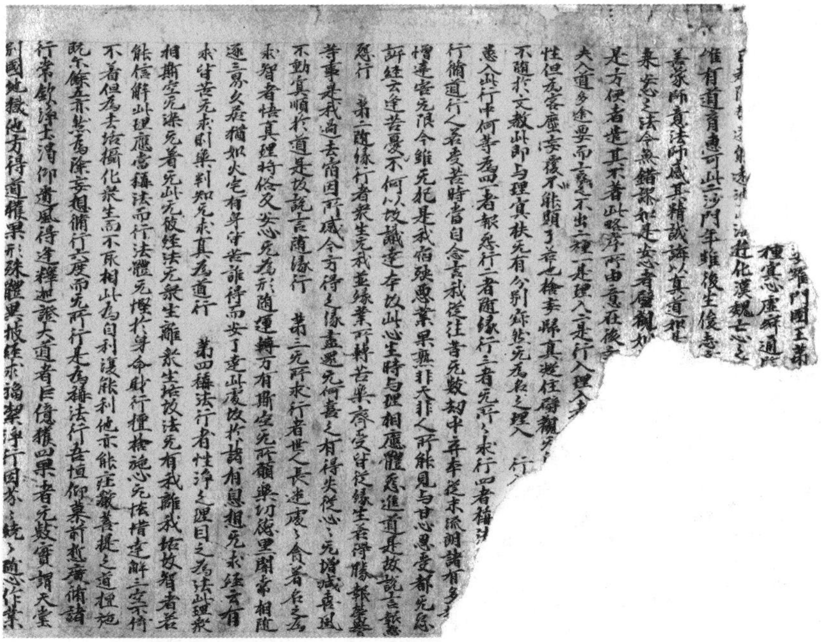
……羅門國王第
……種，寘心虛寂，通鑒……
……法，遊化漢魏，亡心之……
唯有道育、惠可，此二沙門，年雖後生，俊志高……
善蒙師意，法師感其精誠，誨以真道，初……
秉安心之法，令無錯謬。如是安心者，壁觀……
是方便者，遣其不著。此略序所由，意在後文。
夫入道多途，要而言之，不出二種：一是理入，二是行入。理入者……
性，但為客塵妄覆，不能顯了。若也捨妄歸真，凝住壁觀……
不隨於文教，此即與理冥符，無有分別，寂然無為，名之理入。　行入……
悉入此行中。何等為四？一者報怨行，二者隨緣行，三者無所求行，四者稱法……
行。脩道行人若受苦時，當自念言：我從往昔無數劫中，棄本從末，流浪諸有，多……
憎違害無限。今雖無犯，是我宿殃惡業果熟，非天非人所能見與，甘心忍受，都無怨
訴。經云：逢苦不憂。何以故？識達故。此心生時，與理相應，體怨進道，是故說言報
怨行。　第二隨緣行者：眾生無我，並緣業所轉，苦樂齊受，皆從緣生。若得勝報榮譽
等事，是我過去宿因所感，今方得之，緣盡還無，何喜之有？得失從緣，心無增減，喜風
不動，冥順於道，是故說言隨緣行。　第三無所求行者：世人長迷，處處貪著，名之為
求。智者悟真，理將俗反，安心無為，形隨運轉，萬有斯空，無所願樂。功德黑闇，常相隨
逐。三界久居，猶如火宅，有身皆苦，誰得而安？了達此處，故於諸有息想無求。經云：有
求皆苦，無求則樂。判知無求，真為道行。　第四稱法行者：性淨之理，目之為法。此理眾
相斯空，無染無著，無此無彼。經云：法無眾生，離眾生垢故；法無有我，離我垢故。智者若
能信解此理，應當稱法而行。法體無慳，於身命財，行檀捨施，心無悋惜，達解三空，不倚
不著，但為去垢，攝化眾生，而不取相。此為自利，復能利他，亦能莊嚴菩提之道。檀施
既爾，餘五亦然。為除妄想，脩行六度，而無所行，是為稱法行。吾恒仰慕前哲，廣脩諸
行，常欽淨土，渴仰遺風，得逢釋迦大道者，已信獲四果者，無數實謂天堂
別國，地獄他方，得道雖果，殊體異根，經亦論說，淨行因茲，饒饒隨心作業

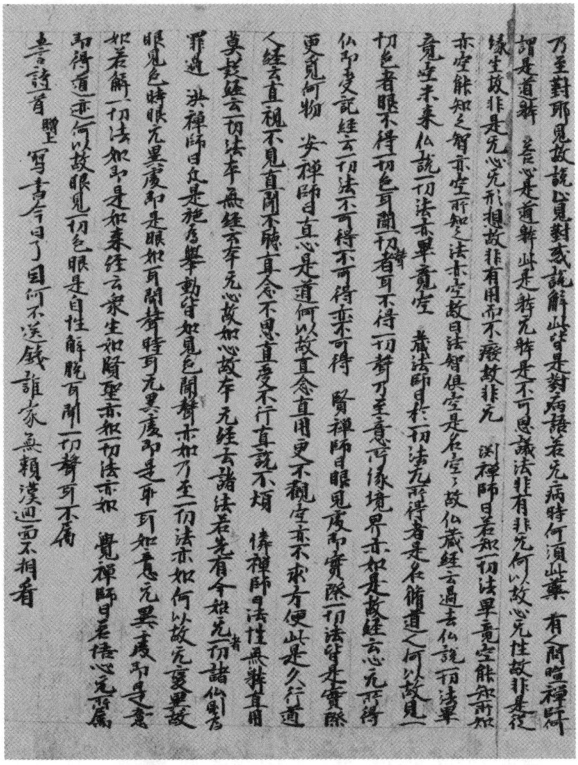
乃至對邪見故說心，見對惑說解。此皆是對病語，若無病時，何須此藥。　有人問曈禪師何
謂是道耶？　答：心是道耶？此是耶無耶，是不可思議法，非有非無。何以故？心無性故，非是從
緣生故，非是無；心無形相故，非有；用而不廢故，非無。　渕禪師曰：若知一切法畢竟空，能知所知
亦空；能知之智亦空，所知之法亦空，故曰法智俱空，是名空空。故仏藏經云：過去仏說一切法畢
竟空，未來仏說一切法亦畢竟空。　藏法師曰：於一切法無所得者，是名脩道人。何以故見一
切色者，眼不得一切色；耳聞一切聲者，耳不得一切聲，乃至意知一切緣境界亦如是。故經云：心無所得
仏即受記。經云：一切法不可得，不可得亦不可得。　賢禪師曰：眼見處即實際，一切法皆是實際，
更見何物？　安禪師曰：直心是道。何以故？直念直用，更不觀空，亦不求方便，此是久行道
人。經云：直視不見，直聞不聽，直念不思，直受不行，直說不煩。　侍禪師曰：法性無靜，其用
莫疑。經云：一切法本無。經云：本無心故，如心故本無。經云：諸法若先有今始無者，一切諸仏則為
罪過。　洪禪師曰：凡是施為舉動，皆如見色聞聲亦如，乃至一切法亦如。何以故？無異異故。
眼見色時，眼無異處，即是眼如；耳聞聲時，耳無異處，即是耳如；意無異處，即是意
如。若解一切法如，即是如來。經云：眾生如、賢聖亦如，一切法亦如。　覺禪師曰：若悟心無所屬，
即得道迹。何以故？眼見一切色，眼是自性解脫；耳聞一切聲，耳不屬。
壹詩首　贈上　寫書今日了，因何不送錢？誰家無賴漢，迴面不相看。

BD01199号1《二入四行论》(局部)

在现存《二入四行论》诸写本、刻本中，以北宿99和朝鲜本、天顺本最为完整，也最有价值。本录文即以北宿99号为底本，与天顺本对校①，同时参校S.3375、S.2715、P.3018等写本以及与之相关的敦煌本《楞伽师资记》《景德传灯录》卷三〇《菩提达摩略辨大乘入道四行（弟子昙林序）》的有关内容。

【录文】

［法师者，西域南天竺国，是大］[1]婆罗门国王第［三之子也。神通疏朗，闻皆晓悟。志存摩诃衍道，故舍素从缁］。[2]［绍隆圣］[3]种，冥心虚寂，通鉴［世事，内外俱明］，[4]［悲悔边隅，正教陵替，遂能远涉山海］，[5]游化汉魏。亡心［寂默之士，莫不归信。取相存见之流，乃生讥谤］。[6]［于时］[7]唯有道育、惠可，此二沙门，年虽后生，俊志……善蒙师意，法师感其精诚，诲以真道，如是［安心，如是发行，如是顺物，如是方便。此是大］[8]乘安心之法，令无错谬。

校注：［1］“法师者西域南天竺国是大”十一字，底本缺，据《景德传灯录》补。［2］“三之子也神通疏朗闻皆晓悟志存摩诃衍道故舍素从缁”二十三字，底本缺，据《景德传灯录》补。［3］“绍隆圣”三字，底本缺，据《景德传灯录》补。［4］“世事内外俱明”六字，底本缺，据《景德传灯录》补。［5］“悲悔边隅正教陵替遂能远涉山海”十四字，底本缺，据《楞伽师资记》补。［6］“寂默之士莫不归信取相存见之流乃生讥谤”十八字，底本缺，据《楞伽师资记》补。［7］“于时”二字，底本缺，据《景德传灯录》《楞伽师资记》补。［8］“安心如是发行如是顺物如是方便此是大”十七字，底本缺，据《景德传灯录》《楞伽师资记》补。

如是安心者，壁观；［如是发行者，四行；如是顺物者，防护讥嫌，如］[1]是方便者，遣其不着；此略序所由，意在后文[2]……夫入道多途，要而言之，不出二种。一是理入，二是行入。理入者，［藉教悟宗，深信含生同一真］[3]性，但为客尘妄覆[4]，不能显了，若也舍妄归[5]真，凝住壁观，

---

① 椎名宏雄：《天顺本〈菩提达摩四行论〉》，《中国禅学》第2卷，北京：中华书局，2003年，第12～37页。

无［自无他，凡圣等一，坚住不移］[6]，不随[7]于言教，此即与理冥扶，无有分别，寂然无为，名之理入。

行入［者，所谓四行，其余诸行］[8]，悉入此行中。何等为四，一者抱怨行，二者随缘行，三者无所求行，四者称法行[9]。

［云何抱怨］[10]行？修道行人，若受苦时，当自念言：我从往昔无数劫中，弃本从末，流朗（浪）诸有，多起［怨］[11]憎[12]，违害无限。今虽无犯，是我宿殃，恶业果熟，非天非人，所能见与。甘心忍受，都无怨诉[13]。经云："逢苦不忧。"[14]何以故？识达本故[15]。此心生时，与理相应，体怨进道，是故说言报怨行。

第二随缘行者，众生无我，并缘业所转。苦乐齐受，皆从缘生。若得胜报荣誉等事，是我过去宿因所感，今方得之。缘尽还无，何喜之有？得失从心[16]，心无增减。喜风不动，冥顺于道，是故说言随缘行。

校注：［1］"如是发行者……遣其不着"十七字，底本无，据《楞广加师资记》《景德传灯录》补。　［2］"此略序所由，意在后文"九字，《景德传灯录》此句为："此略序所由云尔。"　［3］括号内文字，底本缺，据S.3375补；天顺本为："谓藉教悟宗，深信含生同一真性。"　［4］"妄覆"二字，朝鲜天顺本（简称天顺本）、《景德传灯录》作"妄想所覆"。　［5］"归"字，天顺本作"改"。　［6］括号内文字底本缺，据S.3375补。　［7］天顺本在"不随"前多出"更"字。　［8］括号内文字，底本缺，据S.3375补。　［9］"行"字，底本脱，据S.3375补。　［10］括号内文字，底本缺，据S.3375补；天顺本作"云何第一抱怨行者"。　［11］"怨"字，底本无，据S.3375补。　［12］"多起怨憎"四字，天顺本作"起多怨憎"。　［13］"诉"字，天顺本作"雠"。　［14］天顺本在"忧"后多出"也"。　［15］"识达本故"四字，天顺本作"以识达故"。　［16］"心"字，天顺本作"缘"。

第三无所求行者，世人长迷，处处贪着，名之为求。智者悟真，理将俗反，安心[1]无为，形随运转。万有斯空，无所愿乐，功德黑暗，常相随逐，三界久居，犹如火宅。有身皆苦，谁得而安。了达此处，故于诸有，息想无求。经云：有求皆苦，无求则乐，判知无求，真为道行。

第四称法行者，性净之理，目之为法。此理众相斯空，无染无着，无此无彼。经［曰］："法无众生，离众生垢故。法无有我，离我垢故。"智者若能信解此理，应当称法而行。法体无悭[2]，于身命财，行檀舍施，心无悭惜。达解三空，不倚不着，但为去垢，摄化众生，而不取相。此为自利，复能利他，亦能庄严菩提之道。檀施既尔，余五亦然。为除妄想，修行六度，而无所行，是为称法行。

吾恒仰慕前哲广修诸行，常钦净土，渴仰遗风。得逢释迦，证大道者巨亿，获四果者无数[3]，实谓天堂别国，地狱他方，得道获果，形殊体异，披经求福，洁净行因，芬芬绕绕[4]，随心作业向涉多载，未遑有息[5]。始复端居幽寂，定境心王，但妄相[6]久修，随情见相，其中变化[7]，略欲难穷。未乃洞监（照）法性，粗练真如，始知方寸之内，无所不有，明珠明澈，玄达深趣。上至诸佛，下及蠢动，莫非妄想别名，随心指订[8]。故写幽怀，聊显入道方便偈等，用简有缘，同悟之徒，有[9]暇披揽，坐禅终须见本性，会也。融心令使净，览起即便是生灭[10]，于中忆想造邪命。觅法计业不迁[11]，辗转增垢心难究竟。智者暂闻八字即便[12]悟理，始知六年徒劳苦行。世间远远（扰扰），尽是魔人，徒自喧喧，空为斗诤[13]。虚妄作解，教化[14]众生，口谈药方，不除一病[15]。寂寂从来，本无见想[16]。何有善恶，及有[17]邪正？生亦不生，灭亦不灭。动则不动，定则非定[18]。影由形起，响逐[19]声来。弄影劳形，不知形之是影；扬声止响，不知声之是响。根除烦恼而求涅槃者，喻去形而觅影；离众生而求佛者，喻嘿（默）声而寻响。故知迷悟一途[20]，愚智非别。无名处强为立名，其名即非是生矣；无理处强为作理，因其理即诤论兴焉。幻化非真，谁是谁非，虚妄无实，何有何无，当知得无所得，失无所失。未及造谈，聊申此句，讵[21]论玄旨。诸佛说空法，为破诸见故，而复着于空，诸佛所不[22]化，生时唯空生，灭时唯空灭，实无一法生，实无一法灭。一切法为贪欲而起，无内亦无外[23]，亦不在中间。分别是空法。凡夫为所烧，邪正无内外[24]，亦不在诸方，分别是空法，凡夫为所烧；一切法亦如是。法身无形故，不见以见之；法无音声故，不闻以闻之；波若[25]无知故，不知以知之。若以见为见，有所不见；若以无见为见，即无所不见。若以知为知，有所不知[26]；若以无知为知，无所不知[27]。不能自知非有知，对物而知非无知。若以得为得，有所不得；若以无得为［得，则］[28]无所不得。若以是为是，有所不是；若以无是为是，无所不是。一切[29]智惠门，入百千智惠门，见柱作柱解，是柱相作柱解。[30]睹心是柱，法无柱相[31]。是故见柱，即得柱法，见一切形色亦如是。

校注：[1]天顺本在“安心”前多出“心”字，衍。　[2]“悭”字，天顺本作“悭贪”。　[3]“得逢释迦证大道者巨亿获四果者无数”十六字，天顺本作“得逢释迦，订大乘者巨亿，得四果者无赀”。　[4]“芬芬绕绕”四字，天顺本作“芬芬扰扰”。　[5]“未遑有息”四字，天顺本作“未还有息”。　[6]“妄相”二字，天顺本作“妄想”。　[7]“变化”二字，天顺本作“化变”。　[8]“指订”二字，天顺本作“指计”。　[9]S.2715由“有”字开始。　[10]“览起即便是生灭”七字，天顺本作“若其片起即便生灭”。　[11]“迁”字，天顺本作“亡”。　[12]天顺本无“便”字。　[13]“世间远远尽是魔人徒自喧喧空为斗诤”，天顺本作“始知六年徒苦行，世间扰扰尽是魔民，徒自暄暄空斗争”。　[14]“教化”二字，天顺本作“化”。　[15]“一病”二字，天顺本作“疾”。　[16]“见想”二字，天顺本作“相”。　[17]“有”字，天顺本同，S..2715作“与”，误。　[18]“生亦不生灭亦不灭动则不动定则非定”十六字，天顺本作“言生生者不生，言灭灭者亦不灭，动即不动，定即非定”。　[19]“逐”字，天顺本作“藉”。　[20]“途”字，天顺本作“徒”。　[21]“讵”字，天顺本作“拒”，误。　[22]“不”字，S.2715无。　[23]“无内亦无外”五字，天顺本作“贪欲无内无外”。　[24]“无内外”三字，天顺本作“无内无外”。　[25]“波若”二字，天顺本作“般若”。　[26]“若以知为知有所不知”九字，天顺本作“若以无闻为闻，则无所不闻，若以知为知，则有所不知”。　[27]“若以无知为知无所不知”十字，天顺本作“若以无知为知，则无所不知”。　[28]“得则”二字，底本缺，据天顺本补，S..2715亦有“得”字。　[29]“切”字，天顺本无。　[30]天顺本在“是”后多出“见”字。　[31]“法无柱相”四字，天顺本作“是柱相，法无柱柱相”。

有人言：“一切[1]不有？”

难曰[2]：“汝见有不？不有于有，有于不有，亦是汝有。”

有人言：“一切法不生。”

难曰[3]：“汝见生不？不生于生，生于不生，亦是汝生。”

复言：“我见[4]一切无心。”

难曰：“汝见心不？不心心于无心[5]，亦是汝心。”

三藏法师言：“不解时，人逐法；解时，法逐[6]人。解则识摄色，迷则色摄识[7]。”不因色生识，是名不见色。不求于求，求于无求，亦是汝求；不取于取，取于无取，亦是汝取。心有所须，名为欲界；心不自心，由色生心，名为色界；色不自色，由心故色，心色无色，名[8]无色界。

问[9]：“何名佛心？”

答[10]：“心无异相，名作真如；心不可改，名为法性；心无所属，名为解脱；心性无碍，名为菩提；心性寂灭，名为涅槃。”

问曰[11]：“何名[12]如来？”

答：“解如应物，故名如来[13]。”

问：“何名[14]佛？”

答：“如法觉，觉无所觉，故名为佛。”

问：“何名为法？”

答：“心如法不生，心非法[15]不灭，故名为法。”

问：“何名为僧？”

答：“如法和合，故名为僧。”

问：“何名为空定？”

答：“看法住空，名为空定。”

问[16]：“何名为住法？”

答：“不住住，不住于不住，如法住，名为住法。”[17]

校注：[1]天顺本在“一切”后多“声”字。　[2]“难曰”二字，S.2715作“难”，天顺本作“难汝曰”。　[3]“曰”字，S.2715无。　[4]“见”字，天顺本无。　[5]“不心心于无心”六字，天顺本作“不心于心，心于不心”。　[6]“逐”字，S.2715作“遂”。　[7]天顺本在“识”后多“也”字。　[8]天顺本在“名”后多“为”字。　[9]“问”字，天顺本作“问曰”。　[10]“答”字，天顺本作“答曰”。　[11]“曰”字，S.2715无。　[12]天顺本在“名”后多“为”字。　[13]“答解如应物故名如来”九字，天顺本作“答曰：解如法应物，故名为如来”。　[14]天顺本在“名”后多“为”字。　[15]“非法”二字，天顺本作“如法”。　[16]S.1880由此始。　[17]“不住住不住于不住如法住名为住法”十五字，天顺本作“不住于住，不住不住，住于不住，如法住故，名为住法”。

问："云何即男非男，即女非女？"

答："依法推求，男女相不可得。何以得知？即色非男。若色是男相，一切草木应是男，其女人亦如是。惑[1]人不解，妄想见男，即是幻化女，毕竟无实法[2]。《[诸法][3]无行经》云：'知诸法如幻，速成人中上。'"[4]

问："证有余涅槃得罗汉果者，此是觉不？"

答："此是梦证。"

问："行六波罗蜜，十地万行满足，觉一切法，不生不灭，非觉非知，无心无知解，为觉不[5]？"

答："亦[6]是梦。"

问："十力、四无所畏、十八不共法，菩提树下，道成正觉，能度众生，乃至入于涅槃，岂非是觉？"

答："亦是梦。"

问："三世诸佛，平等教化众生，得道者如恒沙，此可非是觉？"

答："亦是梦，但有心分别，计较[7]自心现量者，皆[8]是梦。觉时无梦，梦时无觉，此心意[9]识妄想，梦里智惠，无能觉所觉。若如法觉，真实觉时，都不自觉，毕竟无有觉。三世诸佛正觉者，并是众生忆想[10]分别，以是故名为梦。若识心寂灭，无一动念处，是名正觉。齐有心识，不灭[11]已来，皆是梦。"

问："修道断惑，用何心知[12]？"

答："用方便心知。"

问："云何方便心智？"

答："观惑[13]本无[14]起处，以此方便，得断疑惑，故言心智。"

问："如法心断何惑？"[15]

答："凡夫、外道、声闻、缘觉、菩萨等解惑。"[16]

校注：[1]"惑"字，S.1880作"或"，通假。　[2]"毕竟无实法"五字，S.1880、天顺本作"毕竟无实"。　[3]"诸法"二字，底本无，据S.1880、天顺本补。　[4]"无行经云知诸法如幻速成人中上"十四字，天顺本作"《诸法无行经》云：'知诸法如幻，化速成人中上"。语出《诸法无行经》卷一，《大正藏》第15册，No.650，页750c。　[5]"解为觉不"四字，天顺本作"无解无为，此是觉不"，义同。　[6]天顺本在"亦"前多"此"字。　[7]"较"字，S.2715作"教"。　[8]"皆"字，天顺本作“皆悉”。　[9]“意”，天顺本无字。　[10]“想”字，底本作“相”，据S.2715、天顺本改。　[11]天顺本在“不灭”后多出“者”字。　[12]“心知”二字，天顺本作“心智”。　[13]“观惑”二字，S.2715作“知惑”，天顺本作“观惑如惑”。　[14]“无”字有作废符号，依天顺本，应保留此字。　[15]“惑”字，天顺本作“疑惑”。　[16]“凡夫外道声闻缘觉菩萨等解惑”十三字，天顺本作“断凡夫外道，声闻、缘觉、菩萨等解惑疑惑”。

问：“云何二谛？”

答：“譬如阳炎，惑者见阳炎作水解，实非水。此是阳炎，二谛义亦复如是。凡夫见第一义谛为世谛，圣人见世谛为第一义谛。故经云：‘诸佛说法，常依二谛[1]。’第一义谛即世谛，世谛即第一义谛。第一义谛[2]即是空，若见有相，即须并当却。有我有心，有生有灭，亦即并当却。”

问：“云何并当却？”

答：“若依法看，即失谛赐，不见一个[3]。故《老经》云：‘建德若瑜[4]。’”

问：“贪欲名何物心？”

答：“凡夫心。”

问：“作无生是何物心？”

答：“是[5]声闻心。”

问：“解法无自性，是何物心？”

答：“是[6]缘觉心。”

问：“不作解，不作惑，是何物心？”

答：“菩萨心。”

问：“不觉不知，是何物心？”

即不答[7]。所以不答者，是法不可答。法无心故，答即有心；法无言说，答即有言说；法无解，答即有解；法无知见，答即有知见；法无彼此，答即有彼此。如此心言俱是计着[8]，心非色，故不属色。心非非色，不[9]属非色。心无所属，即是解脱。若犯禁戒时怛怕[10]，但知怕心不可得，亦得解脱，亦知生天不可得。虽知空，空亦不可得。虽知不可得，不可得亦[11]不可得。心若有所贵，必有所贱；心[12]有所是，必有所非。是心若善一个物，一切物即不善；此心观[13]一个物，一切物作怨家。心不住色，不住，住[14]亦不住，不住心若有[15]住，即不免绳索。心若有所作处，即是被缚。心若重法，法留得你心。若尊一个法，心必有所卑。若取经论意，会不贵解，但使有所解处[16]，即有心所属。心有所属，即是被[17]缚。经云：‘非下中上法得涅槃。’心虽即或（惑）入，而不作无或（惑）解。心若起时，即作法看起处；若分别，依法看分别处[18]。若贪、若颠倒，即依法看起处。不见起处，即是修道[19]。若对物不分别，亦是修道。但使有心起[20]，即检校依法并当却。

校注：［1］天顺本在“二谛”后多“者”字。　［2］“义谛”二字，底本作“义”，据S.2715、天顺本改。　［3］“若依法看即失谛赐不见一个”十二字，天顺本作“若依法者，即失谛视，不见一个物”。　［4］“建德若瑜”四字，天顺本作“建德若瑜也”，语出老子《道德经》第41章；S.2715在“建德若瑜”后以小字标注“引入虚空”四字。　［5］“是”字，S.2715无。　［6］“是”字，天顺本无。　［7］天顺本在“答”后多出“曰”字。　［8］“俱是计着”四字，天顺本作“俱着”。　［9］天顺本在“不”前多出“故”字。　［10］“怕”字，天顺本误作“帕”。　［11］天顺本无“亦”字。　［12］天顺本在“心”后多出“若”字。　［13］“此心观”三字，天顺本作“心若亲”。　［14］“不住住”三字，天顺本作“不住非色，心不住住”。　［15］天顺本在“有”后多“所”字。　［16］“会不贵解但使有所解处”十字，天顺本作“时会不贵解处。但心使有所解处”。　［17］“被”字，天顺本作“系”。　［18］“心若起时即作法看起处，若分别依法看分别处”十九字，天顺本作“解心若起时，即依法看起处，即是修道。若对物不分别，亦是修道”。　［19］“若贪若颠倒即依法看起处不见起处即是修道”十九字，天顺本作“若贪若□若颠倒，即依法看处。若不见起处，即是修道。”　［20］天顺本在“起”后多“处”字。

问：“修道得道，有迟疾不？”

答：“校百千万劫，即心是者，疾发心行，行者迟，利根人知，即心是道，钝根人处处求道，不知道处[1]。又不知即心自是阿耨菩提。”

问：“云何疾得道？”

答：“心是道体，故疾得道。行者自知，或（惑）起时，即作法[2]看使尽。”

问：“云何心是道体？”

答："心如木石，譬如有人以手自画作龙虎。自见之还自恐怕[3]。或（惑）人亦如是。心识笔子，画作刀山剑树，还以心识畏之。若能无心[4]畏，妄想悉除，忆[5]识笔子，分别尽作色声香未（味）触，还自见之，起贪嗔痴，或见或舍，还以心忆[6]识分别，起种种业。若能知心识，从本已来空寂，不见处所，即是道[7]，或以[8]分别，画作虎狼狮子，毒龙、恶鬼、五道将军、阎罗王、牛头阿婆［等］[9]，以自心分别属之，即受诸苦恼。但使心所分别者，皆[10]是色。若悟心从[11]本已来空寂，知心非色，即不属色[12]。非是色，自心化作，但知不实，即得解脱。今若依[13]佛、法、僧行道时，不得有善恶好丑、因果是非、持戒破戒等见。若人作如是计较者，皆是迷惑，自心现量，不知境界从自心起。若知一切法不有，亦如是。自心现量[14]，皆是惑心，作是作非。若人谓佛智慧，胜亦如[15]是。自心化作有，化作无[16]，还被惑。经云：'若依法佛修道，不作化众生，不作实众生，是故法界平等，无有得失。'若依法佛修道，不求涅槃，何以故？法是涅槃故，云何以涅槃求涅槃？亦不求法心是法界故，云何以法界求法界？若欲正心时，不畏一切法，不求一切法。若用法佛道者，心如[17]石头，冥冥不觉不知，不分别[18]一切，腾腾如似痴人。何以故？法无觉知故。法能施我无畏故，是大安隐处。譬如有人犯死罪，必合斩首，值王放赦，即无死忧[19]。众生亦如是，造佛[20]十恶五逆，必坠（堕）地狱，法王放大寂[21]灭赦，即免一切罪。若人与王善友，因行在他处煞（杀）他男女，为他所执，便欲抱怨，是人[22]忙怕无赖。忽见大王，即得解脱。若人破戒，犯煞（杀）、犯淫、犯盗[23]，畏堕地狱，自见己之法王，即得解脱。修道法，依文字中得解者，气力弱。若从事上得解[24]者，气力壮。从事中见法者，即处处不失念。从文字中解者，逢事即眼暗，经论谈事，与法疏[25]。虽口谈事，耳闻事，不如身心自经事。若即事即法者，深世人不可恻（测）。修道人，数数被贼盗物夺剥，无爱着心，亦不懊恼[26]；数被人骂辱打谤，亦不懊恼。若如此[27]者，道心渐渐壮。积年已[28]，自然于一切违顺都无心。是故即事不牵者，可谓大力菩萨。修道心，若欲壮大，会寄心规域外。"

校注：［1］"不知道处"四字，天顺本作"不知是道处"。　［2］"作法"二字，天顺本"依法"。　［3］"怕"字，S.1880作"惧怕"。　［4］天顺本无"心"字。　［5］"忆"字，S.2715作"意"，天顺本作"又意"。　［6］"忆"字，S.2715作"意"。　［7］"道"字，S.2715、天顺本作“修道”。 [8]“或以”二字，天顺本作“或以自心”。 [9]“等”字，底本无，天顺本在“阿婆”后有“等”字，义更胜，据补。 [10]“皆”字，天顺本作“即”。 [11]天顺本无“从”字。 [12]“色”字，天顺本作“色心”。 [13]“依”字，S.1880、天顺本作“依法”。 [14]“现量”二字，天顺本作“现量者”。 [15]天顺本无“如”字。 [16]“自心化作有化作无”八字，天顺本作“自心现量，自心化作有，自心化作无”。 [17]天顺本在“如”后多“木”字。 [18]“分别”二字，S.1880作“分别值”。 [19]“值王放赦即无死忧”八字，天顺本作“值王放赦，即免死忧”。 [20]“佛”字，天顺本作“作”。 [21]“放大寂”三字，天顺本作“广大放寂”。 [22]“人”字，S.2715无。 [23]“犯煞犯淫犯盗”六字，天顺本作“犯杀、淫、盗”。 [24]S.2715在“解”后多“悟”字。 [25]“从文字中解者逢事即眼暗经论谈事与法疏”十八字，天顺本作“从文字中得解者，逢事眼即暗，经论中谈事，与法疏也”。 [26]S.1880至“懊恼”以下断残。 [27]天顺本在“如此”后多“解”字。 [28]“已”字，天顺本作“不已”。

问：“何等事名为规域外？”

答：“不证大小乘解，不发菩提心，乃至不愿一切种智，不贵解定人，不贱着贪欲人，乃至不愿佛智惠，其心自然闲静。若人不取解，不求智惠，如此[1]者，欲免法师禅师等惑乱。若能存心立志，不愿凡圣，不求解脱，复不畏生死，亦不畏地狱，无心直作任，始成所规钝心[2]。若能见一切贤圣，百千劫作神通转变，不[3]生愿乐心者，此人欲免他诳惑。”

又问：“若为生规域外？”

答：“人[4]义礼智信者，名[5]规域；生死涅槃，亦名规域。若欲出规外，乃至无有凡圣名字，不可以有法知，不可以无法知，不可以有无法知，齐知足之所解处，亦名规域内[6]。不发凡夫心，声闻菩萨心，乃至不发佛心，不发一切心，始名出规域外。若欲一切心不起，不作解不起惑，始名为出一切。世间痴人等，逢一个胡魅[7]汉作鬼语，即作鬼解，用为指南，不可论。若为得作大物用。闻有人领百千万亿众，即心动，好看自家心法，为有言说文字心[8]不？”

问：“何者名为淳朴［心］[9]？何者名为巧伪[10]心？”

答："文字言说，名巧为。色非色等，住行坐卧，施为举动，皆是淳朴[11]。乃至逢一切苦乐等事，其心不动，始名淳朴心。"

问："何名为正，何名为邪[12]？"

答："无心分别，名为正；有心解法，名为邪。乃至不觉邪正。经云：'住正道者，不分别是邪是正'。"

问："何者是利根、钝根？"

校注：[1]"此"字，天顺本作"是"。 [2]"无心直作任始成所规钝心"十一字，天顺本作"无心直往，始成一个规钝心"。 [3]"不"字，S.2715作"下"，误。 [4]"人"字，天顺本作"仁"。 [5]S.2715在"名"后多"为"字。 [6]"名规域……亦名规域内"五十四字，天顺本作"名为归域，大小乘基情，亦名为归域"。 [7]"魅"字，天顺本作"鬼魅"。 [8]"心"字，天顺本作"以"，形近致讹。 [9]"心"字，底本无，依天顺本、S.2715补。 [10]"伪"字，底本作"为"，误，据天顺本、S.2715改。 [11]"淳朴"二字，天顺本作"淳朴心"。 [12]"何名为正何名为邪"八字，天顺本作"何者名为正，何者名为邪"。

答："不由师教，从事见法者，名为利根；从师言教解者，名为钝根。从师教闻法，亦有利根钝根。闻师言，不着有，即不取不有，不着相，即不取无相，不着生，不取无生[1]，此利根人。贪解取义[2]，是非等见，此钝根人解义，利根人闻道，不发凡夫心，乃至贤圣心，亦不发，凡圣双绝，此是利根人闻道。不爱财色，乃至佛菩提，亦不爱，若爱[3]，即舍乱取静，舍愚痴取智惠，舍有为取无为，不能双绝无碍，此是钝根人。举况[4]即去。越过一切凡圣境界，闻道不发贪欲心，乃至正念正思惟，亦不发，闻道不[5]声闻心，乃至菩萨心，亦不发，是名利根人。菩萨心[6]，法界为舍宅，四[7]无量心为戒场。凡有[8]施为，终不出法界心。何以故？体是法界故。纵你种种云为，跳踉蹄蹶，悉不出法界，亦不入法界，若以法界[9]，即是痴人[10]，菩萨了了见法界故，名法眼净。不见法有生住灭[11]，亦名法眼净。经云：不灭痴爱者，爱本不生。今无可灭痴爱者，就内外中间求觅，不可见不可得，乃至十方求之，无毫厘相可得，即不须灭而[12]求解脱。"

校注：[1]"不取无生"四字，天顺本作"即不取无生者"。 [2]"义"字，天顺本作"着义"。 [3]天顺本无"若爱"二字。 [4]"况"字，天顺本作“没”。　[5]“不”字，S.2715作“不发”。　[6]“心”字，天顺本作“以”。　[7]天顺本在“四”前多“以”字二字。　[8]“凡有”二字，天顺本作“凡有所”。　[9]S.2715在“法界”后多“入法界”三字。　[10]“若以法界即是痴人”八字，天顺本作“若以法界入法界，即是痴人”。　[11]“住灭”二字，天顺本作“灭住”。　[12]天顺本无“而”字。

问：“世间人种种学问，云何不得道？”

答：“由见己，故不得道。若能不见己，即得道。己者，我也。圣人所以逢苦不忧，遇乐不喜者，由不见己故。所以不知[1]苦乐者，由亡己故。得至虚无，己尚自亡，更有何物而不亡也。天下亡己者有己[2]，若能亡己时，一切[法][3]本无。己者横生计较，即灭[4]生老病死，忧悲苦恼，寒热风雨，一切不如意事，此并妄想现，由如幻化，去住不由己，何以故？横生拒逆[5]，不听去住。所以有烦恼，由报己故[6]，即有去住。知去住不由己者，即我所是[7]，幻化法不可留停[8]，若不逆化作[9]者，触物无碍。若能不逆[10]变化者，触事不悔。”

问：“诸法既空，阿谁修道？”

答：“有阿谁，须修道。若无阿谁，即不须修道。阿谁者，我也[11]。若无我，逢物不生是非。是非者[12]，我自是之，而物非是也。非者[13]，我自非之，而物非[14]也。如风雨青黄赤白等，譬[喻]可知，好者[15]，我自好之，而物非好也。何以故？如眼耳鼻舌色声等，譬喻可知[16]。”

问：“经云：‘住于非道，通达佛道。’”？

答：“行非道者，不舍名，不舍相。通达者，即名无名，即相无相。”

校注：[1]天顺本无“知”字。　[2]“己”字，S.2715作“几”。同音假借。　[3]“法”字，底本缺，据天顺本补。　[4]“灭”字，天顺本作“惑”。　[5]“横生拒逆”四字，S.2715作“横生拒逆”，天顺本作“从缘起故，幻化横生拒逆”。　[6]“由报己故”四字，天顺本作“由执己故”。　[7]“知去住不由己者即我所是”十一字，天顺本作“但知去住不由己者，己者即我所为是”。　[8]“留停”二字，底本作“留得停”，不词，据S.2715、天顺本删“得”字。　[9]S.2715、天顺本均无“作”字。　[10]“逆”字，天顺本作“拒逆”。　[11]“我也”二字，天顺本作

“是亦我也”。　[12]“是非者”三字，天顺本作“是是者”。　[13]“非者”二字，天顺本作“非非者”。　[14]“非”字，S.2715、天顺本作“非非”。　[15]“譬可知好者”五字，天顺本作“比可知，好好者”。　[16]“如眼耳鼻舌色声等譬喻可知”十二字，天顺本作“如眼耳鼻舌身，色声香味触等，比喻可知”。

又云：“行非道者，不舍贪，不舍爱。”通达者，即贪无贪，即爱无爱，行非道者[1]，即苦无苦，即乐无乐，名为通达。不舍生，不舍死[2]，名为通达。住非道者，即生无生，不取无生，即我无我，不取无我，名为通达佛道。若能即非无非，不取无非，是名通达佛道。以要言之，即心无心，名为通达心道。

问：“云何达一切法？”

答：“即物不起见，名为达。即物不起心，即物不起贪，即物不起恼[3]，悉名为达。即色无色，正[为]达色；即有不有，名[为]达有。即生死[4]无生，名为达生。即法无法，名[为]达法[5]。逢物直达，此人惠眼开，亦可触物，不见相异，无异名为达[6]。”

问：“经云：‘外道乐诸见，菩萨于诸见而不动。天魔乐生死，菩萨于生死而不舍。’”

答：“邪见同正见，故不动。外道乐诸见者，谓[7]见有见无，即有不有，即无不无，名为[8]不动。不动者不离邪，是[9]正。解时，无[10]邪，不须离邪求正[11]。即有不有，不动时见有；即无不无，不动时见无。依法看邪正都不异，故言不动。亦不须舍[邪入正][12]。故言于诸见而不动。经云：‘以邪相入正法。’”

又云：“不舍八邪入八解脱。生死同[13]涅槃，故不舍，即生无生，即死无死。不待舍生以入无生，舍死入于无死，寂灭故涅槃[14]。经云：‘一切众生本来寂灭，不复更灭。’”

校注：[1]“者”字，S.2715无。　[2]“不舍生不舍死”六字，天顺本作“不舍生死”。　[3]“恼”字，天顺本作“惚”，误。　[4]“死”字，S.2715无。　[5]以上三处“为”字，底本无，据天顺本补。　[6]“无异名为达”五字，天顺本作“即异无异，名为达”。　[7]“谓”字，天顺本作“所谓”。　[8]“为”字，底本作“无”，不词，据天顺本改。　[9]“是”

字，S.2715作“即是”。　［10］“无”字，S.2715作“即无”。　［11］“不动者不离邪是正解时无邪不须离邪求正”十八字，天顺本作“不动者，不离正不离邪，即是正解时，即无邪正，不须离邪求正”。　［12］“邪入正”四字，底本原缺，据天顺本补。　［13］“八解脱生死同”六字，天顺本作“八解脱也”。　［14］“不待舍生以入无生舍死入于无死寂灭故涅槃”十九字，天顺本作“不待舍生以入于无生，不待舍死以入于无死，寂灭故即是涅槃”。

又云：“一切法皆涅槃[1]。”不须舍生死，始是涅槃。如人不须舍冻陵（凌）[2]始是水，性自[3]同故。生死涅槃亦性同故，不须舍。是故菩萨，于生死而不舍。菩萨住不动者，住无住名为住。以外道乐诸见，故菩萨教令[4]即见无见，不劳离见，然后无见。天魔乐生死，菩萨不舍者，欲令悟生死生，不待舍生以入无生[5]，如似不须舍水而求[6]湿，舍火而就热，水即湿，火即热，如生死即是涅槃，是故菩萨，不舍生死而入涅槃，生死性即涅槃故。以不得断生死，而入涅槃，何以故？生死性即是涅槃，声闻断生死入涅槃，菩萨体知性平等故，能以大悲同物取用。生死义一名异，不动涅槃，亦义一名异。

问：“大道为近为远？”

答：“如似阳炎，非近非远。镜中面像，亦非近非远。虚空浪宕计花等，亦非近非远。若言是近，十方求之不可得。若言是远，了了眼前。经论云：‘近而不可见者，万物之性也。’若见物性者，名为得道。见[7]物心者，是物性，无物相，即物无物，是名物性。所谓有形相之物，皆是物。审见物性，实而不谬者，名为见谛，亦名见法。近而不可见者，法相也。智者任物不任己，即无取舍，亦无违顺。愚者任己不任物，即有取舍，即有违顺。若能虚心[8]宽放大，亡天下者，即是任物随时。任物随时即易违拒，化物即难，物欲来任之，莫逆物，若欲去[9]，放去勿[10]追。所作事，过而勿悔；事时未至者，放而勿思，是行道人。若能任者，即委任天下，得失不由我，若任而不拒，纵而不逆者，何处何时而不逍遥？”

校注：［1］“皆涅槃”三字，S.2715、天顺本作“皆是涅槃也”。　［2］“冻陵”二字，天顺本作“冻”。　［3］“自”字，S.2715无。　［4］“菩萨教令”四字，天顺本作“故菩萨欲令教”。　［5］“菩萨不舍者欲令悟生死生不待舍生以入无生”十九字，天顺本作“菩萨而不舍者，欲令悟即生无生，不待舍生以入于无生”。　[6]“求”字，S.2715作“就”。　[7]天顺本无“见”字。　[8]“虚心”二字，天顺本作“虚”。　[9]“物若欲去”四字，底本作“物去若欲”，据S.2715、天顺本作改。　[10]“勿”字，S.2715作“物”，误。

问[1]：“云何名为大道？甚易知易[2]行，而[3]天下莫能知莫能行，愿开示之[4]。”

答：“此言实尔[5]，高卧放任。不作一个物，名为行道；不见一个物，名为见道；不知一个物，名为知道；不修一个物，名为修道[6]；不行一个物，名为行[7]道。若[8]如是者，名为行道，亦名易知，亦名易行。”

问曰：“《老经》云[9]：‘慎终如始，必无败事。’此[10]云何？”

答：“此是怀信义人，一发心，永无退没，有古有今。[11]初发心是今，于今望者[12]是古。于古望，初是今[13]。若道[14]心有始有终者，名[15]为信佛法人。法人古今不改者[16]，名为实。虚妄诳诈者，名为迷华。”

校注：[1]P.3018由此始，在“问”前有首题：“菩提达摩论”。　[2]“易”字，S.2715作“甚易”。　[3]“易知易行而”五字，P.3018无。　[4]“愿开示之”四字，天顺本作“愿开而示”，P.3018作“愿闻之”。　[5]“尔”字，P.3018作“示”。　[6]“不知一个物名为知道不修一个物名为修道”十八字，底本作“不知一个物，名为修道”，文义不通，据天顺本改。　[7]“行”字，S.2715作“得”。　[8]“若”字，P.3018作“若知”。　[9]“问曰老经云”五字，底本作“问者经云”四字，据S.2715、P.3018、天顺本改。《老经》指老子《道德经》，其第六十四章云：“慎终如始，则无败事。”　[10]“此”字，P.3018作“此义”。　[11]“此是怀信义人一发心永无退没有古有今”十七字，天顺本作“此是怀信义之人，一发心时，永无退没”。　[12]“者”字，天顺本无此字，P.3018、S.2715作“昔”。　[13]“于古望初是今”六字，天顺本作“今心是古，于古望是今”。　[14]“道”字天顺本作“遗大”。　[15]“名”字，P.3018作“不名”。　[16]“者”字，P.3018无。

问：“云何是菩萨行？”

答：“非贤圣行，非凡夫行，是菩萨行。若学[1]菩萨时，不取世法，不舍世法。若能即心识入道者，凡夫声闻无能测量。所谓一切事处[2]，一切色处，一切恶业[3]处，菩萨用之，皆作佛事，皆作涅槃，皆是大道。即一切虚无处[4]，即是法处，即是道处。菩萨观一切处，即是法处。菩萨不舍一切处，不取一切处，不[5]简择一切处[6]，皆作佛事[7]。即生死作佛事，即惑作佛事。”

问：“法[8]无法，云何作佛[9]？”

答：“即作处，非作处，无作处[10]，法[11]即善处，不善处见佛[12]。”

问：“云何见[13]佛？”

答：“即贪不见贪，不见贪相[14]，见贪法；不见苦相，见苦法；不见梦相，见梦法。是名一切处见佛。若见相［时］[15]，即一切处见鬼。”

校注：［1］“学（學）”字，天顺本误作“举（舉）”。形近而讹。　［2］“所谓一切事处”六字，底本作“所谓一切事处，一切事处”，据P.3018、S.2715、天顺本删“一切事处”四字。　［3］“恶业”二字，S.2715、天顺本作“诸恶业”。　［4］“即一切虚无处”六字，P.3018、S.2715作“即一切处，无处不处”，天顺本作“即是一切处，无处不处”。　［5］S.2715在“不”前多出“菩萨”二字。　［6］“不取一切处不简择一切处”十一字，P.3018无。　［7］“不简择一切处皆作佛事”十字，天顺本作“菩萨不简择一切处，皆能作佛事”。　［8］“法”字，P.3018、S.2715作“诸法”。　［9］“法无法云何作佛”七字，天顺本作“诸法无法，云何作佛事”。　［10］“处”字，S.2715作“法”。　［11］“法”字，S.2715无。　［12］“无作处法即善处不善处见佛”十二字，天顺本作“无作法，即善处不善处见佛”，P.3018作“无作法，即菩萨见佛”。　［13］“见”字，P.3018作“名见”。　［14］“即贪不见贪不见贪相”九字，S.2715、天顺本作“即贪不见贪相”，P.3018无“见贪不见贪相”。　［15］“时”字，底本无，依S.2715、天顺本补。

问：“法界体性在[1]何处？”

答：“一切[2]皆是法界处。”

问：“法界体性中，有持戒破戒不？”

答：“法界体性中，无有凡圣，天堂地狱亦无。是非苦乐等，常如虚空。”

问：“何处是菩提？”

答：“行处是菩提处，卧[3]处是菩提［处］[4]，坐处是菩提处，立处[5]是菩提处[6]。举足下足，一切皆是菩提处。”

问："诸佛境界[7]，愿为说之。"

答："[法][8]非有非无，不取非有非无[9]者，名佛境[10]。若心如木石，不可[11]有智知，不可以无智知。佛心不可以有知[12]，法身不可以像见，齐知之所解者[13]，是妄想分别。从你作种种解[14]，皆是自心计校（较），自心妄相。诸佛智惠，不可说示人，亦不可藏隐，亦不可[15]禅定测[16]量，绝解绝知，名为诸佛境界。不可[17]量度，是名佛[18]心。若能信佛[19]心如是者，亦即灭无量恒沙烦恼。若能存心念[20]佛，智[21]慧如是[22]者，此人道心日日壮大[23]。"

校注：[1]"在"字，P.3018无。　[2]"一切"二字，P.3018作"一切处"。　[3]"卧"字，天顺本作"见法"。　[4]"处"字，底本无，据S.2715补。P.3018无"处卧处是菩提"六字。　[5]"立处"二字，天顺本作"见法处立处"。　[6]"处"字，P.3018无。　[7]"诸佛境界"四字，天顺本作"云何名诸佛境界，愿为说之"。　[8]"法"字，底本无，据P.3018、S.2715补。　[9]"无"字，P.3018、S.2715作"无解"。　[10]"境"字，P.3018、天顺本作"境界"。　[11]"可"字，P.3018作"可以"。　[12]"知"字，天顺本作"心知"。　[13]"者"字，P.3018无。　[14]"解"字，天顺本作"解者"。　[15]"可"字，天顺本作"可以"。　[16]"测"字，P.3018误作"侧"。　[17]"不可"二字，天顺本作"亦不可"。　[18]"佛"字，P.3018作"诸佛"。　[19]"佛"字，P.3018无。　[20]"念"字，P.3018作"念念"。　[21]"智"字，P.3018无。　[22]"如是"二字，P.3018无。　[23]"念佛智慧如是者此人道心日日壮大"十五字，天顺本作"念念佛慧者，此人道心，日日壮大"。

问："何名如来[1]惠日渐[2]没于地？"

答："非有见有，惠日没于有地。无相见相亦然。"

问："何名不动相？"

答："不得于有无有可动，不得于无无无[3]可动，即心无心，无心[4]可动。即相无相，无相[5]可动。故名不动相。若作如是证者，是[6]名自诳惑。上来未解，解时无法可解。"

问："现[7]见有生灭，云何言无生灭？"

答："从缘生者，不名为生，从缘生故[8]。从缘灭者，不能自灭，从缘故灭[9]。"

问："云何缘生[10]不名为生？"

答："从缘不[11]生，不从彼生，亦不自生，亦不共生，亦[12]不无因生。又无生法，复无生者，亦无生处。是故知不生所见生[13]，幻生非生，幻灭非灭[14]"。

校注：[1]"如来"二字，P.3018无。　[2]"渐"字，P.3018作"潜"。　[3]"无"字，P.3018、S.2715作"无无"。　[4]"无心"二字，天顺本作"无有"。　[5]"无相"二字，天顺本作"相无有"。　[6]"是"字，P.3018无。　[7]"现"字，P.3018无。　[8]"生故"二字，P.3018作"故生"。　[9]"从缘生者，不名为生，从缘生故。从缘灭者，不能自灭，从缘故灭"二十四字，天顺本作"从缘生，不从彼生，亦不自生，亦不共生，亦不无因生"。　[10]"缘生"二字，天顺本作"从缘生"。　[11]"缘不"二字，S.2715无"不"字，P.3018无"缘"字。　[12]"亦"字，P.3018无。　[13]P.3018在"生"后多"者"字。　[14]"幻生非生幻灭非灭"八字，底本作"幻非生幻，灭非灭"，据P.3018、S.2715改。

问："凡夫何故坠恶道？"

答："[由][1]有我故，痴故。道言我饮酒。智者，言你无酒时，何不饮，无酒，能道我饮无酒，你我何处在[2]？痴人亦言，我作罪[3]。此皆是缘，生无自性，生时[4]既知无[5]我，谁作谁受。经云：'凡夫强分别，我贪我嗔恚。'如是愚痴人，即堕三恶道。经云：'罪性非内非外，非两中间者。'此明罪无处所[6]。无处者[7]，即是寂灭处。人[8]堕地狱者，由心计我，忆想分别，谓我作恶我受，我作亦我受，此是恶业[9]。从本已来，无[10]横忆[11]想分别，谓为是有，此是恶业。"

问："谁能度我[12]？"

答："法能度我。何以得知？取相故堕地狱，观法故[得][13]解脱。若见相忆想分别，即受镬汤炉碳（炭）中[14]，牛头阿婆等事，即现见生死相。若见法界性，即涅槃性[15]，无忆想分别，即是法界性[16]。"

校注：[1]"由"字，底本无，据P.3018、S.2715补。　[2]"智者言你无酒时……你我何处在"二十三字，P.3018作"知者，言你无酒时，何不饮酒，无酒，能道我饮酒，无酒时，你我何处在"，天顺本作"痴者能道我饮无酒。智者云，你我何处在"。　[3]"痴人亦言我作罪"七字，P.3018

作“痴人言，我作罪”，天顺本作“智者言，汝罪似何物者”。 [4]“时”字，P.3018无。 [5]“知无”二字，P.3018作“无知”。 [6]P.3018在“所”后多“者”字。 [7]“无处者”三字，S.2715作“无处所者”，P.3018无此三字，天顺本作“无处所知者”。 [8]“人”字，P.3018作“如人”。 [9]“我受，我作亦我受，此是恶业”十一字，P.3018作“谓我作善，我亦受此恶业”。 [10]“无”字，P.3018无。 [11]“忆”字，P.3018无。 [12]“问谁能度我”五字，P.3018作“问法界性我性有何差别”。 [13]“得”字，底本无，据S.2715、P.3018补。 [14]“即受镬汤炉碳中”七字，天顺本作“即受灌汤炉灰”。 [15]“若见法界性即涅槃性”九字，天顺本作“若见法性涅槃性”。 [16]“即是法界性”五字，P.3018作“即法界解脱性”。

问：“云何法界体？”

答：“心体是法界体[1]。此法界无体，亦无畔斋，广大如虚空不可见，是名法界体。”

问：“云何知法？”

答：“法名无觉无知，心若无[2]觉无知，此人知法[3]。法名不可[4]识不见。心若不识不见，名为见法，不知[5]一切法，名为知法。不得一切法，名为得法。不见一切法，名为见法[6]。不分别一切法，名为分别法。”

问：“法名无见，云何无碍知见？”

答：“无知见[7]无碍知，无见是无碍见。”

问：“法名无[8]觉，佛名觉者，云[9]何？”

答：“法名不觉，佛名觉者[10]，以觉为觉，与法同觉，是[11]佛觉。若勤看心，相见法相[12]，勤看心处，是寂灭处，是无生处，[是][13]解脱处，虚空处，菩提处，心处者[14]，无处处[15]，是法界处[16]，道场处，法门处，智惠处，禅定[处][17]，无碍处。若作如此解者，是堕坑落堑人。”

校注：[1]“心体是法界体”六字，天顺本作“心何是法界”。 [2]“无”字，P.3018、S.2715作“能无”。 [3]“法”字，P.3018、S.2715作“此人法”。 [4]“可”字，P.3018、S.2715、天顺本均无。 [5]“知”字，P.3018作“觉”。 [6]“不见一切法名为见法”九字，P.3018无。 [7]“见”字，P.3018作“是”。 [8]“无”字，P.3018作

"不"。［9］"云"字，P.3018无。［10］"法名不觉佛名觉者"八字，P.3018无。［11］"是"字，天顺本作"是名"。［12］"见法相"三字，P.3018作"见法相见"，天顺本作"见相法"。［13］"是"字，底本和S.2715无，据天顺本补。［14］"者"字，P.3018无。［15］"无处处"三字，P.3018作"无处无处处者"。［16］"处"字，P.3018无。［17］"处"字，底本无，据P.3018、天顺本补。

问："六波罗蜜能生一切智。"

答："波罗蜜者，无自［性］[1]无他［性］[2]，谁受谁[3]得。众生之类，共业[4]果报，无有分别福之[5]与相，经云：'难胜如来，及会中最下乞人等，于大悲具足法施。'名为[6]檀波罗蜜；无事无因[7]，无有乐厌，体性如如，究竟无非，其谁求是非。是非不起，即戒体清净，名为尸波罗蜜；心无内外，彼此[8]焉寄，音声之性，无所染着，平[9]如虚空，名为羼提波罗蜜；离诸根[10]量，究竟开发，不住诸相，名为毗尼耶波罗蜜；三世无相[11]，刹那无住处，事法不居，静乱性如[12]，名[13]禅波罗蜜；涅槃真如，体不可见，不起戏论，离心意识，不住方便，名为如。如无可用，用而非用[14]。经云：'有惠方便解。'是故名为波若波罗蜜[15]。"

校注：［1］"性"字，底本无，据P.3018补。［2］"性"字，底本无，据P.3018补。［3］"谁"字，P.3018无。［4］"业"字，P.3018作"学"，误。［5］"福之"二字，天顺本作"利福之"。［6］"名为"二字，天顺本作"是故名为"。［7］"因"字，底本误作"目"，据S.2715、天顺本改。［8］"彼此"二字，底本作"能此"，不词，据P.3018、天顺本改。［9］"平"字，天顺本作"平等"。［10］"根"字，天顺本误作"限"。［11］"名为毗尼耶波罗蜜三世无相"十二字，P.3018无。［12］"如"字，天顺本作"如如"。［13］"名"字，天顺本作"名为"。［14］"用"字，S.2715、天顺本有，P.3018无此二字。［15］"蜜"字，S.2715漏。

问："何名［为］[1]解脱心[2]？"

答[3]："心非色故，不属色。心非非色，不属非色。不属非色，心虽照[4]色，不属色[5]。照非色者，一切相非，非色者，空心。虽不属非色，色照色心，非色相可见[6]。心虽非色，非是空，心非色者，心不同，太虚[7]了了[8]，照空不空，小乘虽照空，不照[9]不空。声闻唯[10]得空，不得不空。”

问：“何[11]名一切法非有非无？”

答：“心体无体是法体。心非色故非有，用而不废故非无。”

复次，用而常空，故非有，空而常用，故非无。

复次，无自［性］[12]故非有，从缘起故非无[13]。凡夫住有，小乘住无，菩萨不住有无，是[14]自心计妄相色。色非色不染色，非色非色[15]，不染非非色。

校注：［1］“为”字，底本无，据S.2715补。　［2］“心”字，底本和S.2715皆无，据P.3018补。　［3］“答”字，P.3018无。　［4］“虽照”二字，P.3018作“维非”。　［5］“心非非色不属非色不属非色心虽照色，不属色”十九字，天顺本作“心非色故，不属色。心非非色故，不属非色。心虽照色”。　［6］“照非色者一切相非非色者空心虽不属非色非色相可见”二十三字，天顺本作“心虽照非色，不属非色。心非色相可见。心虽非色，非是空。”　［7］“心非色者心不同太虚了了”十一字，天顺本作“心非色心，不同太虚”。P.4634va由此开始。　［8］“了了”二字，天顺本作“菩萨了了”。　［9］“空不照”三字，P.3018无。　［10］“唯”字，P.3018作“虽”。　［11］“何”字，天顺本作“云何”。　［12］“性”字，底本无，据P.3018补。　［13］“无”字，底本脱，据P.3018、S.2715补。　［14］“是”字，P.3018无。　［15］“非色非色”四字，S.2715作“色非色非”。

复次，不见，见不见，不见[1]，是名见法。不知，知不知，不知，是名知法。如是解者，名为妄想[2]。即心无心，心无心。心无心[3]故，名法心。今时行者，以此破一切惑[4]，心如虚[5]空，不可破坏，故名[6]金刚心，心不住，住不住，不住，名般若心[7]。心性广大，运用无方，故名摩诃衍心，心体开通，无障无碍，故名菩提[8]心。心无崖畔，亦无方所。方[9]心无相，故非有边，用而不废，故非无边。非有际，非无际，名为[10]实际心。心无异，无不异，即心无体[11]。不异，即心无体而无不体，非不异，无异，名如心[12]。即心无名[13]异，随物而变，名无异，亦名真如心。心非内外中间，亦不名[14]在诸方，心无住处，是法住处，法界住处，亦名法界心。心性非有非无，古今不改，故名法性心；心无生无灭，名涅槃心[15]。若作此解者，是妄想颠倒[16]，不了自心，现［妄想］[17]境界，名为波浪心。

校注：［1］“见不见”三字，P.3018无。　［2］“如是解者名为妄想”八字，P.3018作“如是解者，亦名妄想”，天顺本作“作如是解者，亦名妄想”。　［3］“心无心心无心”六字，P.3018无。　［4］“无心故名法心今时行者以此破一切惑”十六字，天顺本作“无心心故，名为法心。今日行者，以此法破一切惑”。　［5］“虚”字，P.3018无。　［6］“名”字，天顺本作“名为”。　［7］“名般若心”四字，底本作“名破波若”，P.3018、S.2715作“名波若心”，天顺本作“故名为般若心”，是，据改。　［8］“菩提”二字，P.3018作“菩萨”。　［9］“方”字，P.3018、天顺本无。　［10］“名为”二字，天顺本作“故名为”，P.3018作“名”。　［11］“即心无体”四字，P.4634va、S.2715无。　［12］“不异即心无体而无不体非不异无异，名如心”十八字，天顺本作“不异而无不体，非不异无异不异，故名为真如心”。S.2715在“名如心”前多“不异”二字。　［13］“名”字，P.3018作“变”。　［14］“名”字，P.4634va、S.2715、天顺本均无。　［15］“故名法性心心无生无灭名涅槃心”十四字，天顺本作“故名为法性心，心无生无灭，故名为涅槃心。若作如此解者，是妄想心颠倒”。　［16］“若作此解者是妄想颠倒”十字，天顺本作“若作如此解者，是妄想心颠倒”。　［17］“妄想”二字，底本无，据P.3018补。

问：“云何自心现？”

答：“见一切法有，有自不有，自心计作有。见一切法无[1]，无自不无，自心计作无。乃至[2]一切法，亦如是，并自心计作有，计作无[3]。贪似何物，作贪解。自心起见，故自心计处[4]所，岂是[5]名妄相，自谓法[6]一切外道计[7]，亦是妄想，自谓无念无分别，亦是妄想。行时法行，非我行，非我不行。坐时法坐，非我坐[8]。作此解者，亦是妄想。”

缘[9]法师曰：“若欲取远意时，会是结习俱尽[10]。”

问：“何谓正法[11]？何谓余习？”

答：“生灭是正法，不生不灭是愚痴家余习，不可用。”

校注：［1］“无”字，P.3018无。　［2］“至”字，底本作“主”，据P.4634va、S.2715、天顺本改。　［3］“亦如是并自心计作有计作无”十二字，天顺本作“亦复如是，并自心计作有贪，自心计作无贪”。　［4］“处”字，P.4634va、S.2715作“无处”。　［5］“是”字，P.3018作“见”。　［6］“法”

字，P.4634va、S.2715作“出”。　[7]“自心起见故自心计处所岂是名妄相自谓法一切外道计”二十三字，天顺本作“此皆自心起见故，自心计无处所，是名妄想。自谓出一切外道计见”。　[8]“坐时法坐非我坐”七字，天顺本作“坐时法坐，非我坐，非我不坐”，P.3018作“坐非我坐，非我不坐”。　[9]“缘”字，底本脱，据P.3018，天顺本补。　[10]“缘法师曰若欲取远意时会是结习俱尽”十六字，P.4634va无此答句，P.3018无其“是”字。　[11]“正法”二字，底本和S.2715作“正结”，据P.3018改。

问：“为依法，为依人？”

答：“如我解时[1]，人法都不依，你依法不依人者，还是一箱见[2]，依人不依法者亦尔[3]。又曰：‘若有[4]体气时，免人法诳惑[5]，精神亦可，何以故？’贵智故，被人法诳[6]，若重一[7]人为是者，即不免此人惑乱，乃至谓佛为胜人者，亦不免诳[8]，何以故，迷境界故，依此[9]人信心重故。又曰：‘愚人谓佛人中胜，谓涅槃法中胜[10]，法中胜者[11]，即被人法之所惑乱。’若谓法性实际，不问知与不知[12]，谓自性不生灭，亦自诳惑。”

志[13]法师屠儿行上，见缘法师，问：“见屠儿杀羊不？”

缘法师曰：“我眼不盲，何以不见？”

志[14]法师曰：“缘公乃言见之[15]”。

缘师曰：“更乃见之。”

校注：[1]“解时”二字，天顺本作“解者时”。　[2]“箱见”二字，S.2715、天顺本作“箱见”；P.3018作“相”，无“见”　[3]“尔”字，P.3018作“是病”。　[4]“有”字，P.3018无。　[5]“诳惑”二字，P.3018作“谁或”。　[6]“被人法诳”四字，天顺本作“亦不免诳惑”，P.3018在“诳”后多“者”字。　[7]“一”字，P.3018无。　[8]“诳”字，P.3018无。　[9]“此”字，P.3018无。　[10]“胜”字，P.3018、天顺本作“胜者”。　[11]“法中胜者”四字，P.3018无。　[12]“知”字，P.3018无。　[13]“志”字，P.3018、天顺本作“道志”。　[14]“志”字，P.3018、天顺本作“道志”。　[15]“志法师曰缘公乃言见之”十字，P.3018作“志师曰缘公乃至见之”。

志师复问[1]：“若作有[2]相见，即是凡夫见[3]。若作性空见即是二乘见，若作非有非无见，即是缘觉。若怜悯见，则是爱悲见。[4]若用心见[5]，即是外道见。若以识见，即是天魔见。若不见[6]色与非色[7]，复不应有见。若为见[8]得远离诸过。”

缘师[9]曰：“我都不作尔许种种心，见正名作见[10]，你为作如[11]许种种[12]妄相，自惑自[13]乱。”

有人问缘师：“何以不[14]教我法？”

答：“我若立法[15]教你[16]，即是不作[17]接你。若我立法，即诳惑你，即[18]负失你。我有法，何以得说你[19]示人。我那得向你道，乃至有名有[20]字，皆[21]诳惑你，大道意乃之[22]许得向你道。若得道，即作何物用？更问，即不答[23]。”

校注：[1]“志师复问”四字，天顺本作“道志法师复问”。 [2]“有”字，P.3018无。 [3]“见”字，P.3018无。 [4]“若作非有非无见即是缘觉若怜悯见则是爱悲见”二十字，P.3018无。 [5]“即是缘觉若怜悯见则是爱悲见若用心见”十七字，天顺本作“即是缘觉见。若作怜悯见。即是爱悲见。若作用心见” [6]“见”字，P.3018作“作”。 [7]“非色”二字，天顺本作“非色者”，P.3018作“非色见者”；P.4634va由此结束。 [8]“见”字，P.3018无。 [9]“师”字，P.3018作“法师”。 [10]“我都不作尔许种种心见正名作见”十四字，P.3018作“我都不作示许种种心，见名作见”，天顺本作“我都不作如许种种心见，正名作见”。 [11]“如”字，P.3018作“示”。 [12]“种种”二字，P.3018无。 [13]“自”字，P.3018无。 [14]“不”字，P.3018作“示”，误。 [15]“我若立法”四字，天顺本作“若我当立法”。 [16]“你”字，P.3018无。 [17]“作”字，P.3018作“将”。 [18]“即”字，P.3018作“你即”。 [19]“你”字，P.3018无。 [20]“有”字，P.3018无。 [21]“皆”字，天顺本作“皆是”。 [22]“乃之”二字，P.3018作“芥子”。 [23]“更问即不答”五字，天顺本作“更问曰，即不答曰”。

后时复问：“若为安心？”

答：“不得发大道心。如我意者，即心无可知，冥然亦不觉。”[1]

又问：“何者是道？”

答：“你欲发心向道，奸[2]巧起[3]，堕在有心中。若欲起道[4]，巧伪生，有心[5]方便者，皆奸伪[6]生。”

又问：“何谓奸伪[7]？”

答：“用知解邀[8]名，百巧起。若欲断奸伪时，不发菩提心，不用经论智[9]。能[10]示者，始欲有人身体气。若有精神[11]，不贵解[12]，不求法，不好智，少得闲静。”

又曰：“若不求妙解，不与人为师，亦不师于法，自然独步。”

又曰[13]：“你[14]不起鬼魅心，我[15]亦可将接你。”

问：“何谓鬼魅心？”

答：“闭眼入定[16]。”

问：“某甲敛心[17]禅定，即不动。”

答：“此是缚定，不[18]中用。乃至四禅定[19]，皆是[20]一段，静而复乱，不[21]可责。此是你[22]法，还是破坏法，非究竟法[23]。若能解，性无静乱，即得自在。不为静乱所摄，此是有精神人。”

校注：［1］P.3018脱此答句。　［2］“奸”字，底本作“好”，误；S.2715无，据P.3018、天顺本改。　［3］“起”字，天顺本作“伪起”。　［4］“你欲发心向道奸巧起堕在有心中若欲起道”十八字，天顺本作“汝欲发心向道，奸巧伪起，堕在有心中。”　［5］“心”字，P.3018无。　［6］“奸伪”二字，底本作“行为”，P.3018、天顺本作“奸伪”，义胜，据改。　［7］“何谓奸伪”四字，底本作“何为行为”，据天顺本改；P.3018漏此问句。　［8］“邀”字，P.3018无。　［9］“若欲断奸伪时不发菩提心不用经论智”十六字，P.3018无。　［10］“能”字，P.3018作“若能”。　［11］“精神”二字，P.3018作“精神时”。　［12］“不贵解”三字，P.3018作“示遗道”。　［13］“曰”字，P.3018作“问”，误。　［14］“你”字，天顺本作“汝”。　［15］“我”字，P.3018作“此此我”。　［16］“定”字，P.3018、S.2715、天顺本作“禅定”。　［17］“敛心”二字，天顺本作“敛心入”。　［18］“不”字，天顺本作“不是”。　［19］“乃至四禅定”五字，天顺本作“乃至四禅定，四空定”。　［20］“是”字，P.3018无。　［21］“不”字，P.3018作“示”。　［22］“你”字，S.2715天顺本作“作”。　［23］“法”字，天顺本作“耶”，P.3018无此字。

又曰[1]：“若能[2]不取经[3]解，不作惑，心即不贵深智[4]者，此是安隐人。”若有一法可贵可[5]重者，此法最能系杀你，堕在有心中，此是不可赖物。世间凡人[6]，被[7]名字系者，天下无数[8]。

有人[9]问可师[10]：“若为得作圣人？”

答：“一切凡圣，皆为[11]妄想计较[12]作是[13]。”

又问：“既是妄想，若为修道？”

答：“道似何物，而欲修之。法无高下相，法无去来相。”

又问：“教弟子安心[14]。”

答：“将汝心来，与汝安[15]。”

又言：“但与弟子安心？”[16]

校注：[1]“曰”字，P.3018作“问”，误。　[2]“能”字，P.3018无。　[3]“经”字，P.3018、S.2715、天顺本均无。　[4]S.2715在“不贵深智”后重复“不贵深智”四字，衍。　[5]“可”字，P.3018无。　[6]“人”字，S.2715、天顺本作“夫人”。　[7]“被”字，P.3018、S.2715、天顺本作“为”。　[8]“无数”二字，P.3018作“无有人”。　[9]“有人”二字，P.3018无。　[10]“师”字，天顺本作“禅师”。　[11]“为”字，P.3018作“悉”。　[12]“较”字，底本作“校”，误。　[13]“是”字，P.3018无。　[14]“安心”二字，天顺本作“安心法”。　[15]“与汝安”三字，天顺本作“我与汝安心法”。　[16]P.3018无此问句。

答[1]：“譬如请巧人裁衣，巧人得汝绢帛[2]，始得下刀。本不见绢[3]帛，宁得[4]与汝裁割虚空。汝既不能将心与我，我知[5]为汝安何物？心实[6]不能安虚空[7]。”

又言[8]：“与弟子忏悔[9]？”

答：“将汝[10]罪来，与汝忏悔[11]。”

又言：“罪无形相可[12]得，知将何物来？”

答：“我与汝忏悔[13]。竟向舍去。意[14]谓有罪，须忏悔。既不见罪，不须忏悔。”

又言：“教我断烦恼。”

答：“烦恼在何处，而欲断之？”[15]

又言：“实不知处。”

答："若不知处，譬如虚空[16]。知似何物，而言[17]断虚空？"

又问曰[18]："经云：'断一切恶，修[19]一切善，得成佛[20]。'"

答："此事妄想心自现。"

校注：[1] P.3018在"答"后多出"曰"字。 [2]"巧人得汝绢帛"六字，P.3018作"巧人会须得汝绢"，天顺本作"巧人会得汝绢帛"。 [3]"绢"字，P.3018无。 [4]"宁得"二字，P.3018作"宁能"，天顺本作"安能"。 [5]"知"字，P.3018作"不知"。 [6]"实"字，天顺本作"我实"，P.3018无"心"字。 [7] P.3018在"虚空"后多出"也"字。 [8]"言"字，P.3018作"问"。 [9]"忏悔"二字，天顺本作"忏悔法"。 [10]"汝"字，底本作"汝你"，据P.3018、S.2715删"你"字。 [11]"与汝忏悔"四字，天顺本作"我与汝忏悔法"。 [12]"可"字，P.3018作"不可"。 [13]"忏悔"二字，天顺本作"忏悔法"。 [14]"意"字，P.3018无。 [15] P.3018无此一问答。 [16]"若不知处譬如虚空"八字，天顺本作"若处比如虚空，知似何物，而欲断虚空"。 [17]"言"字，P.3018作"欲"。 [18]"问曰"二字，底本无，据天顺本补。 [19]"断一切恶修"五字，P.3018无。 [20]"佛"字，天顺本作"佛道"。

又问："十方诸佛，皆断烦恼，得成佛道[1]。汝浪作此计校[2]，无一个底[3]莫。"

又问[4]："佛何以度[5]众生？"

答："镜中像度众生时，佛即度众生。"

又问："我畏地狱，忏悔修道。"

答："我在何处，我复[6]似何物？"

又言："不知处。"

答："我尚自不知处，阿[7]谁堕地狱。既不知如[8]似何物者，此并妄想计有，正[9]由妄想计有故，即有地狱。"

又问："其道皆妄想作者，何者是妄想作[10]？"

答："法无大小形想（相）高下。譬如家[11]内有大石，在[12]庭前，从汝旋上坐上[13]，不惊不[14]惧。忽然发心作像，雇人画作佛形像[15]。心作佛解，即畏罪，不敢坐上[16]。此[17]是本时，石由你心作，是[18]心复似[19]何物。皆是你意识笔子头画作，是自忙自怕，石中实无罪福[20]，你家心自作是。如人画作夜叉鬼形，又作龙虎形，自画还[21]自见，即自恐惧，彩色中毕竟，无[22]可畏处。皆是你家意识笔子，分别作是。何宁有一个物，悉是你妄想心作是[23]。”

校注：[1]“道”字，天顺本作“道也”，P.3018作“道不”。 [2]“得成佛道。汝浪作此计校”十字，天顺本作“得成佛道也，你浪作计”。 [3]“底”字，S.2715无。 [4]“问”字，P.3018无。 [5]“以度”二字，P.3018作“不”。 [6]“复”字，P.3018无。 [7]“阿”字，P.3018无。 [8]“如”字，P.3018作“我”。 [9]“正”字，天顺本作“我心”，P.3018作“依”。 [10]“何者是妄想作”六字，P.3018作“是妄想作佛耶”。 [11]“譬如家”三字，天顺本作“比如汝家”。 [12]“在”字，P.3018作“一在”。 [13]“腚上坐上”四字，S.2715作“眠上坐上”，P.3018作“坐卧眠上”。 [14]“不”字，P.3018无。 [15]“忽然发心作像雇人画作佛形像”十三字，P.3018作“忽然发心造作石像，雇人画作佛像”，天顺本作“忽然发心欲作像，劝巧人画作佛形象”。 [16]“坐上”两字，天顺本作“坐其上”。 [17]“此”字，S.2715、天顺本作“此故”，P.3018作“不知此”。 [18]“是”字，P.3018作“佛解，自性恐怖”。 [19]“似”字，天顺本作“如似”。 [20]“福”字，S.2715作“无福”。 [21]“还”字，P.3018无。 [22]“无”字，P.3018作“不”。 [23]“是”字，P.3018作“是业”。

问：“有[1]几种佛说法？”

答：“《楞伽经》有四种佛说[2]。所谓法佛说，是体虚通法。报佛说，妄相不实法。智惠佛说，离觉法。应化佛说，六波罗蜜法。”

有人问楞伽禅师[3]：“心[4]缘过去未来事，即被系缚，若为可止？”

答：“若缘生时，即知灭尽相[5]，毕竟更不起。何以故？心无自性故。是以经云‘一切法无性’，故一念[6]起时，即不生不灭。何以故？生[7]时不从东方来，亦不从南方[8]西北方来。本无来处，即是不[9]生。若知不生，即是不灭。”

又问：“若系心成业，若为可断[10]？”

答：“无心故，不须断妄想。故[11]此心无生处，亦无灭处，妄想生法故[12]。经云：'业障[13]不从南西北方四维上下来，皆因颠倒，起不须疑。'菩萨察过去诸佛法，十方求之[14]，悉不可得[15]。"

有人问显禅师："何谓药？"

答："一切大[16]乘，是对病语。若能即心不起病时，何须对病药。对有病，故说空无药，对有我，故说无我。药对生灭，故说无生灭。对悭故说布施，对痴故说智惠[17]，乃至对邪见故说正见，对惑说[18]解，此皆是对病语。若无病时，何须此药？"

校注：[1]天顺本在"有"前多"今次身中"，P.3018无"有"字。 [2]"答《楞伽经》有四种佛说"九字，P.3018、天顺本作"答曰：有四种佛说法"。 [3]"楞伽禅师"四字，天顺本作"楞禅曰"。 [4]"心"字，P.3018作"若心"。 [5]"若缘生时即知灭尽相"九字，天顺本作"若心缘生时，即知心灭尽相"。 [6]"故一念"三字，S.2715同，天顺本作"故一念心"，P.3018作"一念"。 [7]"生"字，P.3018、S.2715作"心生"。 [8]"方"字，P.3018作"来"，S.2715、天顺本无"方"字。 [9]"不"字，P.3018、天顺本作"本不"。 [10]"若为可断"四字，P.3018作"焉可断不"。 [11]"故"字，P.3018无。 [12]"妄想生法故"五字，P.3018、天顺本作"知妄想生无灭法故"。 [13]"业障"二字，P.3018、S.2715、天顺本作"业障罪"。 [14]"菩萨察过去诸佛法十方求之"十二字，P.3018作"菩萨观察诸佛法，十方求"，天顺本作"菩萨观察过去诸佛法，十方推求之"。 [15]"得"字，P.3018作"德"，误。自此以下底本内容，P.3018未录，而代之以诗一首，此略。 [16]"大"字，天顺本作"大小"。 [17]"说无生灭对悭故说布施对痴故说智惠"十六字，天顺本作"说无生灭，对懔贪故说布施，对愚痴故说智惠"。 [18]"说"字，天顺本作"故说"。

有人问暄禅师："何谓是道体？"

答："心是道体，此是体无体[1]，是不可思议法，非有非无。何以故？心无性故，非是从[2]缘生故，非是无。心无形想，故非有，用而不痴[3]，故非无。"

渊禅师曰："若知一切法毕竟空，能知所知亦空。能知之智亦空，所知之法亦空。"故曰法智俱[4]空，是名空空。故《佛藏经》云[5]："过去佛说一切法毕竟空，未来佛说一切法亦毕竟空。"

藏法师[6]曰："于一切法，无所得者，是名修道人。"何以故？见[7]一切色者，眼不得一切色。耳闻一切声者，耳不得一切声。乃至意所缘境界亦如是。故经云："心无所得，佛即受记。"经云："一切法不可得，不可得亦不可得[8]。"

贤禅师曰："眼见处即[9]实际，一切法皆是实际，更觅何物。"

安禅师曰："直心是道，何以故？"直[10]念直用，更不观空，亦不求方便。此是久[11]行道人。经云："直视[12]不见，直闻不听，直念不思，直受不行，直说不烦。"

怜禅师曰："法性无体，直用莫疑。"经云："一切法本无。"经云："本无心故，如心[13]故本无。"经云："诸法若先有[14]，今始无者，一切诸佛，则为罪过。"

洪禅师曰："凡是施为举动皆如。见色闻声亦如，乃至一切法亦如，何以故？无变异故。眼见色[15]时，眼无异处，即是眼如。耳闻声时，耳无异处，即是听[16]耳。如意无异处[17]，即是意如。若解一切法如，即是如来。"经云："众生如，贤圣亦如，一切法亦如。"

觉禅师曰："若悟心无所属，即得道迹。"何以故？眼见一切色，眼是自性解脱[18]。耳闻一切声，耳不属。

［论一卷］[19]

校注：［1］"心是道体此是体无体"九字，天顺本作"心是道题，此心体无体"。　［2］"从"字，S.2715作"有从"。　［3］"痴"字，S.2715作"废"，误。　［4］"俱"字，天顺本作"即"。　［5］"故佛藏经云"五字，天顺本作"故经云"。　［6］"法师"二字，天顺本作"禅师"。　［7］"见"字，S.2715、天顺本作"眼见"。　［8］"不可得亦不可得"七字，天顺本作"亦不可得"。　［9］"即"字，天顺本作"即是"。　［10］天顺本在"直"前多"直闻"二字。　［11］"是久"二字，天顺本作"名"。　［12］"视"字，天顺本作"见"。　［13］"如心"二字，天顺本作"心如，心如"。　［14］"先有"二字，S.2715、天顺本作"本无有"。　［15］"色"字，S.2715、天顺本作"物"。　［16］"听"字，S.2715无。　［17］"即是听耳如意无异处"九字，天顺本作"即是耳如，意解法时，意无意处"。　［18］"眼是自性解脱"六字，天顺本作"眼不属一切色，眼即是自性解脱。"　［19］"论一卷"三字，底本无，据S.2715补。

二、导凡圣悟解脱宗修心要论

【题解】

《修心要论》一卷，又名《最上乘论》《导凡趣圣道悟解真宗修心要论》或《一乘显自心论》，弘忍述。本书主要是继承、发展四祖道信所主张的“守一”禅法，强调修持佛法以“守心”为要。全书采问答的形式，揭示行圣道了悟真实宗教的修心要诀，可说是东山法门的纲要书。有多种版本，如明隆庆四年（1570年）朝鲜安心寺刊行本、隆熙（1907～1908年）朝鲜刊行“禅门撮要”本、日本正德六年（1716年）本、宝历十三年（1763年）本四种，这些均以“最上乘论”为名。

该文献自发现以来，颇受学界关注，针对不同写本对其进行校注者甚多。如1951年，铃木大拙依据北8391、龙谷122、《禅门撮要》本、S.2669、S.3558、84064等写本对《修心要论》进行了初步的校订，这是学界较早且较为完善的校订本，收于《禅思想史研究第二》。①1986年，马克瑞（John McRae）在其《北宗禅与早期禅宗的形成》一书中，将北8390、北8391、龙谷122、朝鲜《禅门撮要》本、S.2669、S.3558、S.4064、P.3434、P.3559、P.3777等写本附于该书之后。②马克瑞的校本是一次对敦煌写本《修心要论》进行的较为完备的校录。1991年，田中良昭根据S.4064、P.3559等写本辑成《校注和译〈蕲州忍和尚导凡趣圣悟解脱宗修心要论〉》一文，这可以视为对《修心要论》校订的进一步完善。③同年，伊吹敦对该文献也做了研究④。另外，在2008年，周震豪专门撰文对P.3559写卷进经行研究。⑤ 2018年，韩传强在前人校注的基础上以S.4064为底本，结合诸本校本进行了校勘。⑥

---

① 鈴木大拙:『禪思想史研究第二』，東京：岩波書店，1980年，第303～309頁。
② John. R. McRae，*The Northern School and the Formation of Early Ch'an Buddhism*，Honolulu: University of Hawaii Press，1986，pP.1–16.
③ 田中良昭:「校注和譯『蕲州忍和上導凡趣聖悟解脱宗修心要論』」,『駒澤大学禪研究所年報』第2号，1991年，第34～39頁。
④ 伊吹敦:「法如派について」『印度学佛教学研究』第40卷1期，1991年，第110～113頁。
⑤ 周震豪:《敦煌写卷P.3559研究》,《敦煌研究》2008年第1期，第56～60页。
⑥ 韩传强:《禅宗北宗敦煌文献录校与研究》，南京：江苏人民出版社，2018年，第20～39页。

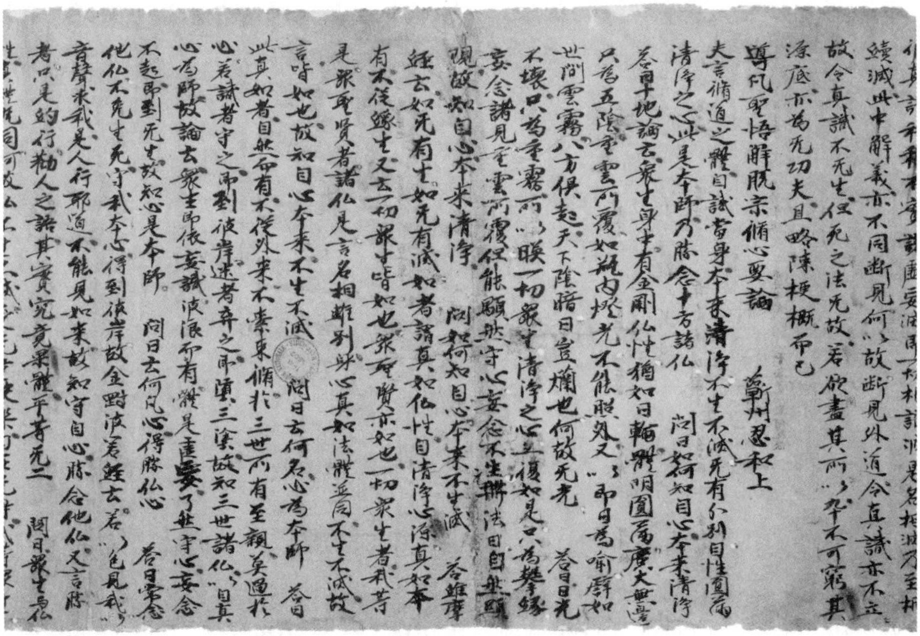

P.3559《导凡圣悟解脱心宗修心要论》（局部）

在敦煌文献中，属于《修心要论》的卷子有北宇04（北8391）、北裳75（北8390）、S.2973、S.6958、S.2669v、S.3558、S.4064、P.3434、P.3559+P.3664、P.3777号、日本龙谷大学本122和俄藏M1227（Дx.00649），M2641（Дx.1996B+2006B）等13种。在这些卷号中，S.2669v、S.4064、P.3777、P.3434都是单独的完整本，而其他则是与其他文献连写的，其中以P.3559+P.3664最为清晰，故以P.3559+P.3664为底本，参照S.4064本，以《禅宗全书》中收录的《最上乘论》为对校本，同时参考已有的研究成果。

【录文】

导凡[1]圣悟解脱宗修心要论[2]　蕲州忍和上[3]

夫言[4]修道之[5]体[6]，自[7]识当身。本来清净，不生不灭，无有分别。自性圆满，清净之心[8]，此是[9]本师，乃[10]胜念十方诸佛。

校注：［1］“导凡”二字，龙谷122、北裳75（北8390）作“超凡”，其他诸本作“道凡”。　［2］底本题“导凡圣悟解脱宗修心要论蕲州忍和上”，S.2669v、S.4064、S.3558、P.3434、P.3777皆题“蕲州忍和尚道凡趣圣悟解脱宗修心要论一卷”。　［3］S.2669V在“蕲州忍和上道凡趣圣悟解脱宗修心要论一卷”后有“若其不护净一切行者，无由辄见。愿知若写者，愿用心无令脱增恐悟后人”二十九字，P.3434、P.3777、S.4064、S.3558亦同。　[4]“言”字，《禅宗全书》无此字。　[5]“之”字，S.3558无。　[6]“体”字，《禅宗全书》作“本”。　[7]“自”字，《禅宗全书》作“须”。　[8]北8391首缺自此开始接续。　[9]“是”字，S.2669V、P.3434、P.3777、S.4064、S.3558作“见”。　[10]“乃”字，龙谷122作“及”，形近致讹。

问曰：“如[1]何知自心本来清净？”

答曰：“《十地论》云：众生身中，有[2]金刚佛性，犹如日轮[3]，体明圆满，广大无边，只为五荫[4]重云所覆。如瓶内灯光，不能照外[5]。又以[6]即日为喻[7]，譬如世间云雾，八方俱起，天下阴暗。问曰：‘日岂烂也，何故无光？’答曰[8]：‘日光[9]不坏，只为重[10]雾［所覆］[11]。’所以映[12]一切众生清净之心，亦复如是。只为攀缘、妄念诸见，重[13]云所覆。但能显然守心，妄念不生。涅槃法曰[14]：‘自然显现，故知自心本来清净。’”

校注：[1]“如”字，S.4064、P.3777、S.3558及《禅宗全书》无。　[2]“有”字，S.2669v作“为有”。　[3]“轮”字。龙谷122作“论”。　[4]“只为五荫”四字，龙谷122作“只阴悟为”；P.3777作“只为五阴”。　[5]“外”字，《禅宗全书》作“辉”，P.3434、P.3777无“外”字。　[6]“又以”二字，S.2669v无。　[7]“又以即日为喻”六字，《禅宗全书》无。　[8]“答曰”二字，S.3558作“日答曰”，《禅宗全书》无。　[9]“日光”二字，《禅宗全书》作“光元”。　[10]“重”字，S.2669v、S.3558和S.4064及《禅宗全书》均作“云”。　[11]“所覆”二字，底本和P.3777无，据《禅宗全书》补；S.3558和S.4064作“所映”。　[12]“所以映”三字，S.2669v、P.3434、P.3777作“所映”，S.3558、S.4064和《禅宗全书》无。　[13]“重”字，《禅宗全书》作“黑”。　[14]“曰”字，S.3558无。

问[1]：“如[2]何知自心本来不生［不］灭[3]？”

答[4]：“《维摩经》云：如无有生[5]，如无有灭。如者谓[6]真如佛性，自［性］[7]清净心源[8]。真如[9]本有，不从缘生[10]。又云：一切众生皆如也。众圣贤[11]亦如也。一切众生者，［即］我等是［也］[12]，众圣贤者，[即]诸佛是[也][13]。言[14]名相虽别，身心[15]真如，法体[16]并同，不生不灭，故言皆如也。故知自心本来，不生不灭。”

校注：[1]“问”字，P.3434、P.3777、S.3558和S.4064作“问曰”。　[2]“如”字，S.2669v、P.3434、P.3777、S.4064及《禅宗全书》无此字。　[3]“不生不灭”四字，底本作“不生灭”，S.4064、S.2669v作“不生不灭”，据补。　[4]“答”字，S.2669v、P.3434、P.3777、S.3558和S.4064作“答曰”。　[5]“如无有生”四字，龙谷122缺。　[6]“谓”字，S.4064、S.3558作“为”，《禅宗全书》无此字。　[7]“性”字，底本脱，龙谷122脱“自性”，据其他诸本补。　[8]“自清净心源”五字，《禅宗全书》作“自性清净，清净者，心之原也”。　[9]“如”字，P.3777无此字。　[10]“生”字，P.3777作“生看”，S.3558作“生者”。此句龙谷122作“真如本心，有从缘外生者”。　[11]“圣贤”二字，S.4064、《禅宗全书》作“贤圣”。　[12]“即我等是也”五字，底本无“即”“也”二字，S.3558和S.4064脱“也”字。S.2669v、P.3434、P.3777作“即我等是”，《禅宗全书》作“即我等是也”，据补“即”“也”二字。　[13]“即诸佛是也”字，底本无“即”“也”二字，S.4064、S.3558脱“也”字，S.2669v、P.3434、P.3777作“即我等是”，《禅宗全书》作“即我等是也”，据补“即”“也”二字。　[14]“言”字，底本无，据《禅宗全书》补。　[15]“心”字，S.2669v、P.3434、P.3777、S.4064和S.3558作“中”。　[16]“体”字，《禅宗全书》作“性”。

问曰：“云[1]何名[自][2]心为本师？”

答曰：“此真心[3]者，自然而[4]有。不从外来，不素[5]束修，于三世[中][6]所有至亲[7]，莫过[自守][8]于心，若识[心][9]者[10]守之，即到彼岸。迷[心][11]者弃之，即[12]堕三途。故知三世诸佛，以自[13]真[14]心为师[15]。故论云：‘众生即[16]依妄识，波浪而有体[17]是虚妄。’了然守心，[则][18]妄念不起[19]，即到[20]死[21]生，故知心是[22]本师。”

校注：[1]“云”字，P.3777和《禅宗全书》无。　[2]“自”字，底本、S.4064、S.3558无，据《禅宗全书》补。　[3]“心”字，底本作“如”，据S.2669v改。　[4]“而”字，龙谷122作“如”。　[5]“素”字，龙谷122作“如”。　[6]“中”字，底本缺，据S.2669v补。　[7]“至亲”

二字，龙谷122作“诸尘”。　[8]“自守”二字，底本和P.3777、S.4064、S.3558缺，据《禅宗全书》补。　[9]“心”字，底本和P.3777、S.4064、S.3558缺，据《禅宗全书》补。　[10]“者”字，S.2669v和P.3434、S.4064、S.3558作“真如”，P.3777作“真”。　[11]“心”字，底本缺，据《禅宗全书》补，S.4064和S.3558作“者”。　[12]“即”字，《禅宗全书》作“则”。　[13]“以自”二字，底本作“佛自”，P.3434作“佛以自”，P.3777作“以自”，义胜，据改。　[14]“真”字，《禅宗全书》无。　[15]“师”字，《禅宗全书》作“本师”。　[16]“即”字，S.2669v、P.3434、S.4064和P.3777作“者”。　[17]“众生即依妄识波浪而有体”十一字，《禅宗全书》缺。　[18]“则”字，底本、P.3434、S.4064和P.3777缺，据《禅宗全书》补。　[19]“起”字，龙谷122作“去”。　[20]“即到”二字，《禅宗全书》无。　[21]“死”字，底本、S.4064和P.3777作“无”，据S.2669v改。　[22]“是”字，S.2669v和S.4064作“为”。

问曰：“云何凡心得胜佛心？”

答曰：“常念他佛，不免生死；守我本心，得到彼岸。故《金刚般若经》云：‘若以色见我，以音声求我，是人行邪道，不能见如来。’故知守自[1]心，胜念他佛。”又言：“胜者，只是[2]约行，劝人之语[3]，其实究竟果体，平等无二。”

问曰：“众生与佛性[4]，真体既同，何故[诸][5]佛不生不灭，受无量快[6]乐，自在无碍。我等众生[7]，坠[8]生死[9]中，[受][10]种种苦者，何也[11]？”

校注：[1]“自”字，S.2669v、P.3434、P.3777和S.3558作“真”。　[2]“是”字，龙谷122作“为”。　[3]“语”字，龙谷122、S.3558作“义”。　[4]“性”字，S.2669v、P.3777和S.4064无。　[5]“诸”字，据S.2669v补。　[6]“快”字，S.4064作“决”，误。　[7]“众生”二字，龙谷作“与众”。　[8]“坠”字，P.3434、S.4064和P.3777作“堕”。　[9]“生死”二字，S.2669v作“生死海”。　[10]“受”字，底本无，其他诸本有，据之补。　[11]“也”字，S.2669v、P.3434、S.4064、S.3558和P.3777无。

答曰：“十方诸佛，悟达法性，皆自照了心源[1]。妄想不生，不失[2]正念。我所已[3]灭，故得不受生死。[以][4]不受[5]生死故，[即][6]毕竟[7]寂灭。以寂灭故[8]，万乐自归，一切[9]众生，迷于真圣[10]，不识本心，种种妄缘。不修正念，不正念故，即憎爱心起。以憎[11]爱故，即[心][12]器破漏。心破漏[13]故[14]，即受生死，有[生死故][15]，即诸苦自现。故[16]《心王经》云：'真如佛性[17]，没在知见。六识海中，沉沦[18]生死，不得解脱，努力会是守[19]心，妄念[20]不生。我所心灭，[故][21]自然与佛平等。'"

校注：[1]"心源"二字，龙谷122作"心净"。　[2]"失"字，龙谷122作"灭"。　[3]"已"字，P.3434、S.4064和P.3777作"心"。　[4]"以"字，据S.2669v补。　[5]"受"字，P.3434、S.3558和P.3777无。　[6]"即"字，底本无，据S.2669v补。　[7]"毕竟"二字，龙谷122作"必竟"，误。　[8]"以寂灭故"四字，龙谷122脱。　[9]"切"字，P.3777作"物"，形近致讹。　[10]"真圣"二字，龙谷122作"真性"。　[11]"憎"字，龙谷122作"增"，误。　[12]"心"字，底本无，据S.2669v补。　[13]"心破漏"三字，P.3434和S.4064无"心破漏"三字；"漏"，龙谷122作"遍"，误。　[14]"心破漏故"四字，S.2669v无。　[15]"故"字，底本无，P.3777、S.4064和S.3558在"故"之前有"有生死"三字，是，据之补。　[16]"故"字，S.2669v、P.3434、S.4064和S.3558无。　[17]"性"字，龙谷122脱。　[18]"沦"字，底本作"轮"，S.3558、S.3777和S.4064作"沦"，是，据改。　[19]"守"字，P.3777、S.4064和S.3558作"守真"。　[20]"妄念"二字，P.3434"妄念"之前有"真心"二字。　[21]"故"字，S.2669v无。

问曰："真如法[1]性，同一无二。迷应俱迷，悟应[2]俱悟[3]。何故诸[4]佛[5][独]佛[6]觉悟，众生昏迷，因何故[7]示[8]？"

答曰："自此已上，入不[可][9]思议，分非凡境所及。识心故悟，失性故迷，缘合自[10]合，不可定说。但真谛信自守真心，故《维摩经》云：'自[11]性，无他性。法本不生，今则不[12]灭。'此性[13]悟[14]即离二边，入无分别智。若解此义，但于行住坐卧，[恒][15]常凝然，守本净心，妄念不生。我所心灭，自然证解，更[16]欲广起[17]问答，名[18]义转多。故[19]知法要，守心[20]第一。此守心者[21]，乃是涅槃之[22]根本，入道之要门。十二部经之宗，三世诸佛之祖。"

校注：[1]“法”字，P.3434无。　[2]“应”字，P.3434无。　[3]“俱悟”二字，S.2669v、S.4064作“悟俱”，P.3434作“俱”。　[4]“诸”字，S.2669v无。　[5]“诸佛”二字，P.3434、P.3777、S.4064和S.3558无。　[6]“佛”字，P.3434、S.4064和S.3558作“佛独”。　[7]“何故”二字，S.3558缺“故”字，龙谷122缺“何”字。　[8]“示”字，S.4064、P.3777作“尔”。　[9]“可”字，底本和P.3777、S.4064、S.3558缺，据S.2669v补。　[10]“自”字，S.2669v、P.3434、S.4064、S.3558和P.3777作“即”。　[11]“自”字，P.3434、S.4064、S.3558和P.3777作“无自”。　[12]“不”字，S.2669v、P.3434、S.4064和S.3558作“无”。　[13]“性”字，P.3777、S.4064和S.3558无。　[14]“悟”字，S.2669v无。　[15]“恒”字，底本缺，据S.4064、S.2669v补。　[16]“更”字，龙谷122作“而”。　[17]“起”字，龙谷122作“去”。　[18]“名”字，S.3558作“日”。　[19]“故”字，S.2669v、P.3434和P.3777作“欲”。　[20]“心”字，龙谷作“真心”。　[21]“者”字，P.3777无“者”。　[22]“之”字，龙谷122作“知”。

问曰：“何[1]知守［真］[2]心是涅槃之根本？”

答曰：“言[3]涅槃者，体是寂灭。无为安乐，我心既真[4]，妄想即[5]断故[6]，即是[7]正念。正念具故，即寂照智生。寂照智生[8]故，即穷达法性。穷[9]达法性[10]故，即得涅槃。故知守心，是涅槃之根本。”

问曰：“何知[11]守心是入[12]道之要门？”

答曰：“乃至举［一］[13]手爪甲画佛像，或造恒沙功德者，只是［佛］[14]为教导[15]无智慧众生，作当来之，因缘报业，乃是见[16]佛之因。若愿自身，早成佛者，会是［无为］[17]，守自[18]真心，三世诸佛，无量无边。若有一人，不守真心[19]，得成佛者，无有是处。故经云：正心一处，无事不辩。故知守真心[20]者[21]，是入道之要门。”

校注：[1]“何”字，底本作“云”，误，据S.2669v改。　[2]“真”字，底本、S.3558和P.3777无，据S.2669v补。　[3]“言”字，S.2669v、S.4064和P.3434无。　[4]“真”字，龙谷122作“直”。　[5]“即”字，据S.2669v补。　[6]“故”字，P.3434、S.4064、S.3558、P.3777“故”前有“妄想断”三字。　[7]“是”字，S.2669v、S.4064、S.3558和P.3434作“其”，

P.3777作“具”。　[8]“寂照智生”四字，S.2669v、P.3434、S.3558和P.3777无。　[9]“穷”字，S.2669v、S.4064、S.3558和P.3434无。　[10]“穷达法性”四字，P.3777无。　[11]“知”字，P.3434无“知”字。　[12]“入”字，底本作“大”，形近致误，据S.2669v、P.3777改。　[13]“一”字，据S.2669v补。　[14]“佛”字，据S.2669v补。　[15]“导”字，S.3558和S.4064作“遵”。　[16]“见”字，S.2669v、S.3558无。　[17]“无为”二字，底本无，据S.4064补。　[18]“自”字，P.3434、S.4064、S.3558无“自”字。　[19]“真心”二字，S.3558作“直”。　[20]“真心”二字，S.2669v、北8319和P.3434无“真”字。　[21]“者”字，P.3434、P.3777和S.4064无。

问曰：“何知守[真][1]心是十二部经之宗？”

答曰：“如来于一切经中，广说一切罪[2]福，一切因缘果报，或引一切山河大地草木等，种种物，起[3]无量无边譬喻。或现无量神通[4]，种种变化者，只是佛为教导[5]，无智[慧][6]众生，有种种性[7]，有种种[8]欲[9]。心行万差[10]，是故如来随其心门，引入一乘[11]，我[12]既体知[13]众生，佛性本来清净，如云底日，但了然守真心，妄念云尽，惠日即现。何须更多学知见，归生死[14]苦？一切义理及三世之事，譬如磨[15]镜，尘尽自然明见[16]，即今无明心中，学得者终是无用。若能了然，不失正[17]念，正[18]无为心中学得者，此是真学。竟无所学[19]，何以故？我及涅槃二皆空故，无二无一，故云[20]无[21][所][22]学。虽言真学。竟[23]无所学[24]，法体非空[25]。要须了然守其[26]真心，妄念不生。我所心灭，故《涅槃经》云：“知佛不说法者，是[名][27]具[28]多闻[29]。故知守[真][30]心[者][31]是十二部经之宗[32]。”

校注：[1]“真”字，底本无，据S.2669v补。　[2]“罪”字，P.3434作“界”字。　[3]“起”字，龙谷122作“去”。　[4]“通”字，S.2669v无；S.3558至“通”字结束，以下残缺。　[5]“教导”二字，底本作“交道”，龙谷122、P.3777作“教道”，S.2669v作“教导”，是，据改。　[6]“慧”字，底本无，据S.2669v补，P.3777作“惠”。　[7]“性”字，S.2669v作“欲”，P.3777、S.4064无“有种种性”四字。　[8]“有种种”三字，P.3434无“有种种”三字。　[9]“有种种欲”四字，S.2669v无。　[10]“差”字，P.3434和P.3777、S.4064作“善”。　[11]“一乘”二字，S.2669v、S.4064和P.3434

作“常乐”，P.3777作“乘”。　［12］“我”字，S.2669v、S.4064和P.3434无，P.3777作“乐”。　［13］“体知”二字，龙谷作“体性知”。　［14］“死”字，P.3777无。　［15］“磨”字，底本作“摩”，S.2669v和P.3434作“磨”，是，据改。　［16］“明见”二字，S.2669v、P.3434、S.4064和P.3777作“见性”，亦通。　［17］“失正”二字，S.2669v作“光念”。　［18］“正”字，S.2669v和P.3777无。　［19］“竟无所学”四字，S.2669v和P.3434、S.4064作“虽言真学，竟无所学”，P.3777作“唯言真学，竟无所学”。　［20］“云”字，S.2669v和P.3434无。　［21］“无”字，S.4064无。　［22］“所”字，底本无，据S.2669v补。　［23］“云无所学虽言真学竟”九字，P.3777脱。　［24］“虽言真学竟无所学”八字，P.3434、S.4064脱。　［25］“法体非空”四字，S.2669v无。　［26］“其”字，S.2669v、P.3434、S.4064和P.3777皆无。　［27］“名”字，底本无，据S.2669v补。　［28］“具”字，S.4064作“具足”。　［29］“闻”字，P.3434作“闻故”。　［30］“真”字，底本无，据S.2669v补。　［31］“者”字，底本无，据S.2669v补。　［32］此句龙谷122作“十二部之经宗”。

问曰：“何知守心是三世诸佛之祖？”

答曰：“三世诸佛，皆从识性中生。妄念不生，识性中生，我所心灭，［识］[1]性中［心］[2]（众生），先守真心，后得成佛。故知守心是三世诸佛之祖。上来四种问答，若欲广说，何穷吾真[3]望，得汝识[4]本心，是故恳勤如是，努力！努力！千经万论，莫过守自[5]真心，是要努力[6]。吾［今］[7]案《法华经》［云］[8]，示汝大[9]车宝藏，明珠、妙药等物，汝自不取不服，穷苦奈[10]何？奈何？会是妄念不生。我所心灭，一切功德，自然圆满，不假外求，归生死苦[11]，于一切处，念念察心[12]。莫受现在乐，种未来苦，自诳诳他，不脱生死[13]。努力，努力！今[14]虽无用，共作当来之因，莫使三世虚度，枉言[15]亡功夫。经云：‘常处地狱，如游园观，在余恶道。’如己舍宅，我等众生，今现[16]如此，不觉不知，惊怖煞（杀）人。了无出心，奇哉！若此[17]，初心学坐禅者，依《无量寿观经》，端坐正身。闭目合口，心［前］[18]平视。随意远近[19]，作一日想守之。念［念不］[20]住，即善调气息[21]喘声[22]。莫使乍粗乍[23]细，即令人成[24]病。若夜坐［禅］[25]时，或见一切善恶境界，或入青黄赤白等诸三昧，或见自身出入[26]光明，或见如来身相。[有[27]种种变现，知时摄心莫着，皆并是空，妄想而现。][28]经云：'十方国土，皆如虚空。'又云：'三界虚幻，唯是一心作。'若不得定。不见一切境界者，亦不须怪，但于行住坐卧中，恒常了然守真心，会是妄念不生，我所心[即][29]灭，一切万[30]法，不出自心。所以诸佛广说种种言教[31]，[若讫][32]譬喻者，只为众生，行有[33]不同，遂使教门差别。其广八万四千法门，三乘位体，七十二贤圣行宗，莫过自心是本[34]。若[35]能自识本心，念念磨练者，于念念中，常供养十方恒沙诸佛，十二部经，念念常转[法轮][36]。若了[37]心源者，一切心义[无][38]穷，一切愿[39]足，一切行满，[一切][40]皆办[41]。不受后有，会是妄念不生，我所心灭[42]，舍此身已，定得无生，不可思议。努力，莫放逸[43]，如此要语[44]，难可得闻。闻而能行者，恒沙众生[45]，莫过有一，行而[46]能到者，亿亿万[47]劫中[48]，稀[49]有一人，[好好][50]自得安静[51]。善调诸根，熟视心源，恒令[照][52]了清净，勿令无记。"

校注：[1]"识"字，底本无，据S.2669v补。　[2]"心"字，底本无，据S.2669v补，P.3777作"生"。　[3]"真"字，P.3434和P.3777作"直"。　[4]"识"字，S.4064作"自识"。　[5]"自"字，S.2669v、P.3434、S.4064和P.3777无。　[6]"努力"二字，底本作"路"，据S.4064、S.2669v作"努力"，是，据改。　[7]"今"字，底本、S.4064和P.3777无，据S.2669v补。　[8]"云"字，底本无，据S.2669v补。　[9]"大"字，S.2669v、S.4064和P.3777无；龙谷122作"二车"。　[10]"奈"字，P.3434作"索"。　[11]"苦"字，龙谷122其后有"海"字。　[12]"念念察心"四字，S.2669v、S.4064作"念齐心"，P.3777作"念念齐心"。　[13]"不脱生死"四字，龙谷122作"不得解脱"。　[14]"今"字，S.4064作"金"，音近致讹。　[15]"言"字，S.2669v作"区"。　[16]"现"字，S.2669v作"见"。　[17]"此"字，S.2669v，P.3434、S.4064和P.3777无。　[18]"前"字，底本无，据S.2669v补。　[19]"远近"二字，S.2669v，P.3434、S.4064和P.3777作"近远"。　[20]"念不"二字，底本缺，据S.2669v补。　[21]"息"字，S.2669v作"自"。　[22]"喘声"二字，S.2669v、S.4064作"声"，P.3777无"喘声"二字，P.3434作"延生"。　[23]"乍"字，底本作"不"，据S.2669v改。　[24]"成"字，S.2669v无。　[25]"禅"字，底本脱，据S.2669v、S.4064补。　[26]"入"字，底本作"大"，

他本皆作“入”，据改。　[27]“有”字，P.3777“有”字前有“或”字。　[28]“有种种变现，知时摄心莫着皆并是空妄想而现”十九字，底本无，据S.2669v补。　[29]“即”字，底本和龙谷122本无，据S.2669v补。　[30]“万”字，底本作“乃”，据S.2669v改。　[31]“种种言教”四字，S.2669v、P.3434、S.4064和P.3777无。　[32]“若讫”二字，底本无，据S.2669v补；P.3434作“若许”，P.3777作“若许言教”，S.4064作“若”。　[33]“行有”二字，S.2669v、P.3434、S.4064和P.3777作“行行”。　[34]“本”字，P.3434和P.3777无。　[35]“若”字，P.3434和P.3777作“本若”。　[36]“法轮”二字，底本无，据S.2669v补。　[37]“了”字，S.4064其后有“此”字。　[38]“无”字，底本无，据S.2669v补。　[39]“愿”字，P.3434作“具”。　[40]“一切”二字，底本无，据S.2669v补。　[41]“办”字，P.3434、S.4064和P.3777作“辨”。　[42]“我所心灭”四字，S.2669v无。　[43]“放逸”二字，S.2669v作“绝大”，P.3434、S.4064和P.3777作“造大”。　[44]“要语”二字，S.2669v、P.3434、S.4064和P.3777作“要门语”。　[45]“众生”二字，S.2669v、S.4064和P.3777作“众中”。　[46]“而”字，龙谷122作“如”。　[47]“万”字，S.2669v和P.3434无。　[48]“中”字，P.3434作“之中”。　[49]“稀”字,S.2669v作“希”。　[50]“好好”二字，底本无，据S.2669v补。　[51]“得安静”三字，S.2669v作“汝静”，P.3434、S.4064作“自安静”，P.3777作“自安自静”。　[52]“照”字，底本无，据S.2669v补。

问曰：“云何是无记心？”

答曰：“诸摄心人，为[缘][1]外境，粗心少息，内缚真心，心未净时，于行住坐卧中，恒征意看心，犹[2]未能[得][3]，了了清净，独照心源，是名无记，亦是漏心。犹不免生死大病。况复总不知守心者，是人沉没生死苦海，何日得出？可怜，努力！经云：‘众生若[不][4]精诚，不内发者，于[5]三界[6]中，纵值恒沙诸佛，无所能为。’经云：‘众生识心自度，佛不能度众生者。’若佛度众生者[7]，过去诸佛，恒沙无量，何故我等不成佛[8]也？只为[9]精诚不内发，是故沉没苦海，努力！过去身[10]不知己过，悔亦不及。今身现在，有遇得[闻][11]，分明相语[12]，[快解此语][13]，了知守心，是第[14]一道，不肯发至心，求愿成佛，受无量自在快乐，乃始轰轰随俗，贪求名利，当来坠[15]地识狱中，受种种苦恼，奈何？努力！但能着破衣，餐粗食，了然守心，佯痴最省气力。而能有功，世间迷人，不解此[16]理。于无[17]明中[18]，多涉绌艰辛[19]，广修相善。望得解脱，乃归生死苦海[20]。了然不失正念，而度［众］[21]生者，是大［力］[22]菩萨。分明语汝，守心第一，不肯现在一生忍苦，欲得当来万劫受殃[23]。听[24]汝更知何嘱[25]？八风吹不动者，真是殊特[26]宝山。若欲知果体者，但对[27]于万境，起恒沙化用，巧辩若流。应病与药，而能妄念不生[28]。我所心灭者，［真］[29]出世丈夫。如来自在，叹何可尽？吾说此言者，至心劝[30]汝，不生妄念，灭我所心。”

校注：［1］“缘”字，底本无，据S.2669v补。　［2］“犹”字，S.2669v、P.3434、S.4064和P.3777作“由”。　［3］“得”字，底本无，据S.2669v补。　［4］“不”字，底本无，据S.2669v补。　［5］“于”字，S.2669v其后有“世”。　［6］“界”字，S.2669v、S.4064无，P.3434和P.3777作“世”。　［7］“若佛度众生者”六字，S.2669v、P.3434、S.4064和P.3777无。　［8］“佛”字，S.2669v、S.4064和P.3777无。　［9］“为”字，S.2669v、S.4064作“是”。　［10］“身”字，S.2669v、S.4064和P.3434无。　［11］“闻”字，底本无，据S.2669v补。　［12］“相语”二字，P.3434作“发在”。　［13］“快解此语”四字，底本无，据S.2669v补。　［14］“是第”二字，S.2669v、S.4064作“是”，P.3434和P.3777无“是第”二字。　［15］“坠”字，S.4064作“堕”。　［16］“此”字，P.3434和P.3777作“巡”。　［17］“无”字，S.2669v作“元”。　［18］“中”字，S.2669v、S.4064、P.3434和P.3777作“心”。　［19］“辛”字，底本作“卒”，据S.2669v改。　［20］“海”字，S.2669v、S.4064和P.3777无。　［21］“众”字，底本无，据S.2669v补。　［22］“力”字，底本无，据S.2669v补。　［23］“殃”字，S.2669v、S.4064和P.3434无。　［24］“听”字，S.2669v、S.4064和P.3434作“听听”。　［25］“嘱”字，S.2669v、S.4064和P.3434无。　［26］“特”字，P.3434、S.4064作“时”，P.3777作“持”。　［27］“对”字，S.2669v、S.4064和P.3434无。　［28］“而能妄念不生”六字，龙谷122作“而不能妄心不生”，误。　［29］“真”字，底本无，据S.2669v补。　［30］“劝”字，S.2669v作“欢”。

问曰：“云何是我所心[1]？”

答曰："为［有］[2]少许胜他？自念我能如是，此是我[3]所心。涅槃中病，故[4]《涅槃经》［云］[5]：譬如虚空，能［含］[6]容万物，而此虚空。不自念言，我能如是。此喻我心所[7]灭，趣金刚三昧。病行二门。"

问曰："诸至行人，求真常寂灭者，但乐[8]世间[9]，无常粗善，不乐于第一义谛，［真］[10]常妙善妙[11]。善[12]未现，只欲发心，缘义遂思。觉心起，即是漏心，［只］[13]欲正心无所，即无明昏住。又不当理，只欲不正心不缘义，即妄[14]取空，虽受人身，行畜生行。尔时，无有定惠[15]方便。而不能得，了了明见佛性。只是行人沉没之处，若为进趣[16]，得到无余涅槃愿示归[17]真趣。"

校注：［1］"问曰云何是我所心"八字，S.2669v、S.4064无。　［2］"有"字，底本无，据S.2669v补。　［3］"此是我"三字，S.2669v、P.3434、S.4064和P.3777无。　［4］"故"字，S.2669v、P.3434、S.4064和P.3777无。　［5］"云"字，底本无，据S.2669v补。　［6］"含"字，底本无，据S.2669v补　［7］"心所"二字，P.3777作"所心"。　［8］"但乐"二字，S.2669v、S.4064和P.3434无。　［9］"但乐世间"四字，P.3777无。　［10］"真"字，底本无，据S.2669v补。　［11］"妙"字，P.3434、S.4064和P.3434、S.4064无。　［12］"善"字，S.2669v、S.4064、P.3434和P.3777无。　［13］"只"字，底本无，据S.2669v补。　［14］"妄"字，底本作"恶"，据S.2669v改。　［15］"惠"字，P.3434、S.4064作"慧"。　［16］"趣"字，龙谷122作"去"，P.3434、S.4064、P.3434、S.4064作"起"。　［17］"归"字，S.2669v、S.4064和P.3434无。

答曰："会是信心具足，至愿成就，缓缓静心，更重教汝，好自闲静身心，一切无[1]所[2]攀缘，端坐正身，令气息[3]调征，其心不在内不在外，不在中间，好好如如，稳看熟视，即乃见此心识流动，犹如水流阳炎，业业不住。既［见］[4]此识时，唯是不内不外[5]，缓缓[6]稳看熟视[7]。即反复[8]融消，虚凝湛住，其此流动之识，飒然自灭。灭此识者，乃是灭十地菩萨众中障或。此识［身等］[9]灭已，其心［即］[10]虚凝。惔怕皎洁泰[11]然。吾更不能，说其形状。汝[12]若欲得知者，取《涅槃［经］[13]·金刚身品》及《维摩经[14]·见阿閦佛品》。缓缓寻[15]思，此是实语。能于[16]行住坐卧［中］[17]，及对五欲八风，不失此心者，是[18]人梵行已立，所作已办[19]，究竟不受生死之身。

五欲者，色声香味触；八风者，利衰毁誉，称讥苦乐。此是行［人］[20]磨练佛性处，甚莫怪，今身不得自在。经云：‘世间无佛住地，菩萨不得现用，要脱此报身，众生过去根有利钝，不可定[21]判。’上者[22]一念间，下者无量劫。若有力时，随众生性[23]起，菩萨[24]善根，自利利人，庄严佛道。要须了四依[25]，乃穷实相。若依文执，即失真宗。诸比丘等，汝[26]学他出家修道，此是出［家］[27]。出生死家[28]，是名出家。正念具足，修道得成。乃至解身支节，临命终时，不失正念，即得成[29]佛弟子。上来集此论者，直以信言[30]心，依文取义。作如是说［者］[31]，实非了了证知。若乖圣理者，愿忏悔除灭。若当圣道者，回施众生。愿皆识本心，一时成佛。闻者努力，当来成佛，愿在［前］[32]度我门徒。”

问［曰］[33]：“此论从首至末，皆显自心是道，未知果行二门，是何门［而］[34]摄？”

答：“此论显一乘为宗，然其至意，道[35]迷趣解，自免生死，乃能度人，直言自利，不说利他，约行门摄。若有人依文行者，即在前成佛。我若[36]诳[37]汝，当来坠[38]［十八］[39]地狱，指天地为誓。若不信我，世世被虎狼所食。”

校注：［1］“无”字，S.2669v无。　［2］“无所”二字，S.4064无。　［3］“息”字，S.4064作“自”。　［4］“见”字，底本无，据S.2669v补。　［5］“不内不外”四字，P.3777作“不在内不在外”。　［6］“缓缓”二字，S.2669v、S.4064作“稳稳如如”。　［7］“视”字，S.2669v、P.3434和P.3777无。　［8］“反复”字，P.3434、S.4064和P.3777作“返覆”。　［9］“身等”二字，底本无，据S.2669v补。　［10］“即”字，底本无，据S.2669v补。　［11］“泰”字，底本作“添”，P.3434和P.3777作“泰”，义胜，据改。　［12］“汝”字，龙谷122作“以”。　［13］“经”字，底本无，据S.2669v补。　［14］“经”字，底本作“语”，据S.2669v改。　［15］“寻”字，底本作“看”，据S.2669v改。　［16］“于”字，P.3777、S.4064其前有“得”字。　［17］“中”字，底本无，据S.2669v补。　［18］“是”字，S.2669v、S.4064无。　［19］“办（辨）”字，S.4064作“辨”，形近致讹。　［20］“人”字，底本无，据S.2669v补。　［21］“定”字，S.2669v、S.4064和P.3434无。　［22］“者”字，S.2669v无。　［23］“性”字，S.2669v和P.3777无。　［24］“萨”

字，S.2669v作“提”。 [25]“依”字，P.3434无。 [26]“汝”字，S.2669v、P.3434、S.4064和P.3777无。 [27]“家”字，底本无，据S.2669v补。 [28]“家”字，底本作“枷”，S.2669v、P.3434、S.4064和P.3777作“家”，是，据补。 [29]“得成”二字，S.2669v、P.3434、S.4064和P.3777作“是”。 [30]“言”字，底本作“信”，S.2669v和P.3777作“言”，是，据改。 [31]“者”字，底本无，据S.2669v补。 [32]“前”字，底本无，据S.2669v补。 [33]“曰”字，底本无，据S.2669v补。 [34]“而”字，底本无，据S.2669v补。 [35]“道”字，P.3777作“遵”。 [36]“我若”二字，S.2669v和P.3434作“若我”。 [37]“诳”字，P.3434和P.3777作“谁”。 [38]“坠”字，P.3434、S.4064作“堕”。 [39]“十八”二字，底本作“于”，据S.2669v改。

三、天竹国菩提达摩禅师论

【题解】

《天竺国菩提达摩禅师论》，又名《达摩禅师论》，中国僧人假托禅宗初祖菩提达摩所撰写的典籍。

在敦煌遗书中，题作《达摩禅师论》的文献有二。其一为日本奈良药师寺桥本凝胤所藏，首残尾存，尾题作“达摩禅师论”，从卷末出现的“开耀元年六月普仁寺主道善受持日宣”之题记看，文书当写成于唐高宗开耀元年（681年）。后被收入关口真大『达摩大师の研究』一书中。内容论述徐缓、唯净、唯善等三种安乐法门，主张禅师必须自守戒行。

其二为P.2039，首题作“天竺国菩提达摩禅师论”，尾题作“达摩禅师论”，论述禅门之法。内容与前者迥异，应属同名的不同文献。P.2039，日本学者田中良昭曾做过研究。[①]继之，张子开撰文对这一文献进行更深入的研究。[②]此外，在北京国家图书馆收藏的北新1254号中，也有《天竺国菩提达摩禅师论》的另一个抄本，首残尾全，由方广锠整理刊布。[③]与P.2039v相较，国图本缺失首尾题及首部300余字，但在末尾多处了一段总结性文字，最后还有一段关于大小乘禅区别的问答，多出六百余字。这些文字显然是后人增加的，故本文未录。

本录文以P.2039v为底本，以北新1254为对校本，同时参考了田中良昭、张子开，尤其是方广锠的研究成果。

【录文】

天竺国菩提达摩禅师论一卷

禅门之法，如经论所说，乃有多义，非直一名。一名禅定门，亦名制心门，

① 田中良昭：『敦煌禪宗文獻の研究』，東京：大東出版社，1983年，第194～212頁。
② 张子开：《敦煌写本〈天竺国菩提达摩禅师论〉（P.2039v）再探》，《宗教学研究》1998年第1期，第66～71页。
③ 方广锠整理《天竺国菩提达摩禅师论》，载方广锠主编《藏外佛教文献》第1辑，北京：宗教文化出版社，1995年，第32～44页。

P.2039v《天竺国菩提达摩禅师论》(局部)

亦名照心门，亦名觉心门，亦名察心门，亦名安心门[1]，亦名知心门，亦名了心门，亦名达心门，亦名征心门，亦名息心门，亦名定心门，亦名悟心门，亦名住心门，亦名安心门。

何名安心门者？由常看守心故，孰[2]看者[3]境，种种相貌，一切境界，悉知不从外来。迷是自心变作，知境界唯是自心作。此观自然，渐合唯识观智。唯识者，遮诠为义。遮却杂染虚妄之法，诠［取］[4]真如。佛性者，不去不来，不生不灭，不取不舍，不垢不净，无为无染，无看[5]自性，清净湛然，常名为唯识观智，故言“亦名安心门”。此出《唯识论》。

又言“住心门”者，常看守心故，心即不起，无动故，心即安住。《维摩经》：“心常安住，无碍解脱。”故言“住心门”。

言“悟心门”者，由久看心不起动，即自心体，即与道合。心虚空寂，无碍[6]为道，故言[7]“悟心门[8]”。

言“定心门”者，由常看守心故，于五欲境界，不为乱惑[9]，由看心中不令乱故[10]。《维摩经》：“念定总物[11]。”故言定心门[12]。

言“息心门”者，由常看守心故，息妄缘念，归真寂定[13]。故言“息心门[14]”。

校注：［1］"安心门"三字，据文义应为"定心门"。［2］"孰"字，据文义应为"熟"。［3］"者"字，据文义应为"诸"。［4］"取"字，底本不清，田中良昭作"耶"，西田方另作"耻"，方广锠、张子开作"取"，义胜，据改。［5］"看"字，方广锠作"有"，张子开作"看（着）"。［6］北新1254自此始。［7］"言"字，北新1254作"名"，亦通。［8］"门"字，北新1254"心"后无"门"。以下皆同。［9］"不为乱惑"四字，方广锠作"不乱不惑"。［10］"由看心中不令乱故"八字，方广锠抄录为"由看心故，中部令乱"。［11］"念定总物"应为"念定总持"，方广锠抄录为"念定总持"。［12］"故言定心门"五字，北新1254作"故云'亦名定心门'"。［13］"息妄缘念归真寂定"八字，北新1254作"息妄缘归，真心寂定"。［14］"故言息心门"五字，北新1254作"故云'亦名息心'"。

言"征心门"者，由常看守心[1]故，即见心之数法攀缘，妄想却征，缘心虚妄不可得[2]。故云"征心门"[3]。

言"达心门"者，由常看守心故，渐达[4]自心本性清净，不为一切烦恼诸[5]垢之所染污，犹如虚空，故云"达心门"[6]。

言"了心门"者，由常看守心，了自己心，无障［无］[7]碍，灵通迅速，如[8]体常住不动，毕竟寂灭，即涅槃相，故云"了心门"[9]。

言"知心门"者[10]，由常看守心[11]故，知未来[12]，知心生时，知心灭时，复常[13]知过去心已灭，不可得，未来心未至，不可得[14]。现在心无[15]住不可得，由常看守心故，知去来生灭，悉常善，故云"知心门"。

校注：［1］"守心"二字，北新1254无。［2］"由常看守心故……缘心虚妄不可得"二十五字，方广锠将此句抄录为"由常看守心故，即见心中心、心数法，举缘妄想，却征缘心，虚妄不可得故"。［3］"故云征心门"五字，北新1254作"故云'亦名征心'"。［4］"达"字，北新1254作"契"。［5］"诸"字，底本作"之"，北新1254作"诸"，方广锠抄录为"诸"，义胜，据改。［6］"故云达心门"五字，方广锠抄录为"故云'亦名达心门'"。［7］"无"字，底本脱，据北新1254补。［8］"如"字，北新1254作"而"。［9］"故云了心门"五字，北新1254作"故言'亦名了心门'"。［10］"言知心门者"五字，北新1254作"言知心"。［11］"守心"二字，北新1254无。［12］"知未来"三字，方广锠抄作"知心去来”。［13］“复常”二字，北新1254无。［14］“复常知过去心已灭……不可得”十九字，方广锠抄作“知通去心已灭不可得，未来心未至不可得”。［15］“无”字，北新1254作“不”。

言“正心门”者，由常看守心故，不令妄念[1]辄生，正念不移，故云“正心门”。

言“察心门”者，由常[2]看守心故，察烦恼贼，六根之中六个头首（守）大贼。六贼[3]者，眼爱美色，耳贪好声，鼻贪美[4]香，舌贪美味，身贪滑触[5]，意内贪尘弊[6]，色声香味触[7]也。若贪着生爱[8]，即为所烧，是故智者察六尘贼，不令得入。譬如关令守门，端坐专察门中有人来去，悉须察虑，不得一人辄盗来去，察心亦尔。所言[9]“察”者，即是觉察之义，觉察心口善恶等念，悉无有漏[10]，若有善[11]，即随生有灭[12]，有恶念，总守觉察[13]，挫制断除。常自察虑[14]身心过失，故云“察心门”。

校注：［1］“念”字，原本无，据北新1254补。［2］“常”字，北新1254脱。［3］“贼”字，北新1254作“根”。［4］“美”字，北新1254作“好”。［5］“滑触”二字，北新1254作“谓细”。［6］“意内贪尘弊”五字，方广锠抄作“意贪六尘，六尘者”。［7］“触”字，北新1254其后有“法”字。［8］“爱”字，北新1254无。［9］“所言”二字，北新1254本作“所云”。［10］“漏”字，方广锠录作“偏”。［11］“善”字，北新1254作“善念”。［12］“有灭”二字，北新1254作“灭”。［13］“有恶念总守觉察”七字，北新1254作“若有恶念，急手觉察”，方广锠录文同。［14］“察虑”二字，北新1254本作“觉察”。

言“觉心门”者，由常[1]看守心故，即觉自心[2]体性真如，无色无形[3]，非常非断，非内非外，亦非中间，离诸色相，不出不没，不来不去，不生不灭，非垢非净[4]，亦非方圆、大小长短，离有离无，毕竟空寂。此是自家真如[5]本性清净心，不可得[6]以言说，分别显示。《维摩经》云：“如自观身实相，观佛亦然。”心亦前际不来，后际不去，今则不住，与佛同体，与法相应，身[7]体无为，即合僧义，即是佛宝。觉照见心中三宝，复觉道在身中，若心内觉不觅道，若着相外求，累劫弥远，去道转遥[8]。《华严经》云：“自归依佛，自归依法、僧。此是心中一体三宝[9]。"《维摩经》云："若道自观者，名为正观；正观者，谓[10]自观身心，得禅定[11]解脱道，故名正观。若他观者，名为耶[12]观。"耶（邪）观者，谓身心之外别[13]取境界，惑[14]见诸佛菩萨，青黄赤白光明等事，并是相[15]心妄见，与道违[16]。故名耶（邪）观。又言[17]觉心者，是觉悟之觉，觉悟自心即是真佛[18]。《无量寿观经》云："是心是佛。"《念佛三昧经》云："［念佛］[19]只是念心，求心只是求佛。"所以者何？心识无体相[20]。《维摩经》云："烦恼即是菩提。"谓觉烦恼性空，无有处所，名为菩提，谓觉烦恼性空，无所有处，名为菩提，故名"觉心门[21]"。

校注：［1］"常"字，北新1254脱。　［2］"心"字，北新1254无。［3］"形"字，底本作"型"，误，据北新1254改。　［4］"非垢非净"四字，北新1254本作"不垢不净"。　［5］"真如"二字，北新1254作"真如心"。　［6］"得"字，北新1254无。　［7］"身"字，北新1254作"自"。　［8］"如自观身……去道转遥"七十七字，北新1254作"《维摩经》云："如自观身，实相与法相，应自体无为，即合僧义，即使僧宝，动成物执，即为法义。即为法宝，常觉即为佛义，即为佛宝，照见心中三宝，复觉佛在身心，内觅不久见佛，若着相外求，累劫施功，去道转远"。　［9］此句引文，北新1254无。　［10］"谓"字，北新1254作"正观者，谓"。　［11］"禅定"二字，底本作"定"，北新1254作"禅定"，义胜，据改。　［12］"耶"字，据文义应该为"邪"。　［13］"别"字，北新1254作"妄"。　［14］"惑"字，北新1254作"或"。　［15］"相"字，北新1254作"想"。　［16］"违"字，北新1254作"相违"。　［17］"又言"二字，北新1254作"言"。　［18］"觉悟之觉觉悟自心即是真佛"十二字，北新1254作"觉悟之心，即是真佛，即是菩提"，方文同。　［19］"念佛"二字，底本无，据北新1254补。　［20］"心识无体相"五字，北新1254作"无形，佛无相貌"。　［21］"门"字，北新1254无。

言[1]照"心门者"，惠日明朗，照自心空[2]，不以日月所照为明。《观音经》云："惠日破诸暗。"故云[3]"照心门"。

言"制心门"者，心为身主[4]，成败之事，皆由自心，造恶并是心作。善即[5]天堂所近[6]，恶即地狱所取[7]，不离生死。大士[8]发心，善恶俱断，降伏自心，入无生正观。《遗教经》云："制心一处，无事不辩。"故名"制心门"[9]。

言"禅定解脱心门"者，禅定能绝念，定即无思，心无思念，体性明净，离诸结缚，名为解脱。《法华经》云："禅定解脱等，不可思议法。"故云禅定解脱心门。[10]

达摩禅师论一卷

校注：［1］"言"字，北新1254作"亦名"。　［2］"心空"二字，北新1254作"心源"。　［3］"故云"二字，北新1254作"故名"。　［4］"心为身主"四字，北新1254作"心为身之主"。　［5］"即"字，北新1254作"则"。　［6］"近"字，北新1254作"摄"。　［7］"取"字，北新1254作"收"。　［8］"士"字，底本作"土"，误，据北新1254改。　［9］"故名制心门"五字，北新1254本作"故云亦名制心"。　［10］"言禅定解脱心门者……名为解脱"三十三字，《法华经》云："禅定解脱等，不可思议法。故云禅定解脱心门"。北新1254本作"言亦名'禅定解脱心'者，观心自在，不被生死系缚，解脱无碍故。《法华经》云：'禅定解脱等，不可思议法。'乃是智者所知，非是凡情所恻"。

四、禅数杂事

【题解】

《禅数杂事》，天津市艺术博物馆藏敦煌早期禅文献，卷号为津艺258·5·4597，全文字迹清晰、工整，只有下，无上。抄写时间为隋代，无传世本，敦煌本为孤本。尾题为："《禅数杂事》下，开皇十三年十二月十八日经生郑颋书，用纸十八张，校经东阿育王寺僧辨明，校事学生郑赜、王府行参军学士丘世秀。"其内容涉及禅与数的诸多问题，或引用经文，或以问答的形式阐述之，为初学者了解禅数提供方便法门，①是中国初期禅学极为宝贵的资料。《禅数杂事》的内容基本源于安世高所译《安般守意经》，②但非全文照抄，而是在内容和书写形式上有较大改变。

安世高所译《安般守意经》在日本大阪府河内长野市的金刚寺亦有藏本。1994年日本京都大学人文科学研究助手梶浦晋从金刚寺藏的"一切经"四千卷中发现了与《禅数杂事》密切关联的文献，即1400余年未经确认证实的安世高所译《佛说十二门经》。该经由康僧会撰《安般经》和佚名《安般守意经》《佛说十二门经》以及《佛说解十二门经》组成。其中《安般守意经》与通行本相异，《安般守意经》和《佛说十二门经》互有关联，各加以序和注解而成一卷。《禅数杂事》与通行本《佛说安般守意经》和金刚寺本《大安般经》均有相似之处。日本学者落合俊典在其《敦煌本〈禅数杂事〉下与日本金刚寺本〈大安般经〉》一文中对此有详细的研究。③

本录文以津艺258·5·4597为底本，结合前贤的研究成果，以大藏通行本《佛说大安般守意经》和金刚寺本《大安般经》为校本，对该文献进行校录。

---

① ［日］落合俊典：《敦煌本〈禅数杂事〉下与日本金刚寺本〈大安般经〉》，《戒幢佛学》第2卷，岳麓书社，2002年，第174页。

② 周一良：《跋隋开皇写本禅数杂事残卷》，《北平图书馆·图书季刊》新8卷第1、2期，1947年，第18~19页。

③ ［日］落合俊典：《敦煌本〈禅数杂事〉下与日本金刚寺本〈大安般经〉》，《戒幢佛学》第2卷，岳麓书社，2002年，第174~178页。

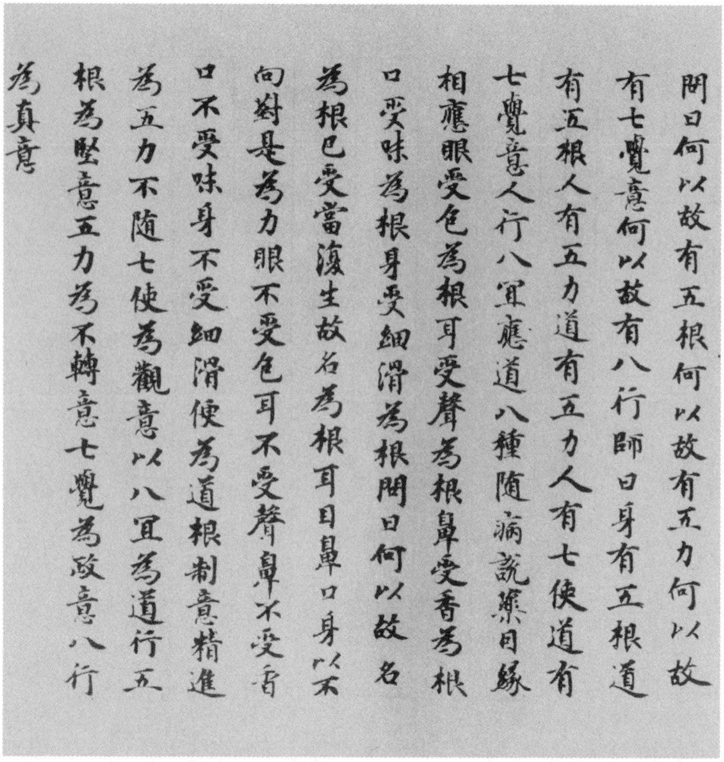
問曰何以故有五根何以故有五力何以故
有七覺意何以故有八行師曰身有五根道
有五根人有五力道有五力人有七使道有
七覺意人行八冝應道八種隨病説藥因緣
相應眼受色為根耳受聲為根鼻受香為根
口受味為根身受細滑為根問曰何以故名
為根已受當復生故名為根耳目鼻口身以不
向對是為力眼不受色耳不受聲鼻不受香
口不受味身不受細滑使為道根制意精進
為五力不隨七使為觀意以八冝為道行五
根為堅意五力為不轉意七覺為啟意八行
為真意

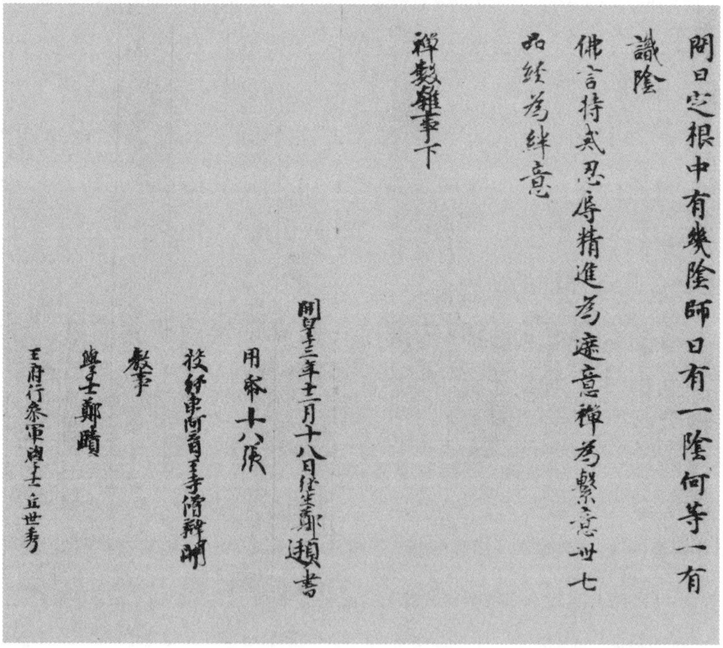
問曰定根中有幾陰師曰有一陰何等一有
識陰
佛言持戒忍辱精進為遲意禪為繫意卅七
品經為絆意
禪數雜事下

開皇十三年十二月十八日經生鄭頲書
用紙十八張
校經東阿育王寺僧辯開
典事
學士鄭頤
王府行參軍學士丘世秀

津艺258·5·4597《禅数杂事下》（局部）

【录文】

［问］[1]曰："从头至足，从足至头，校计身诸，所有已计，便念不离，为爱常行，为乐不转意，为一心。"师曰："从四禅得道，亦从四禅般泥洹。须陀洹有时，从[2]一禅得斯陀含，阿那含从三禅得。"难曰："当出十二门乃得道，何以故禅得？"师曰："行过十二门，当还行四禅受禅，譬如诏书徵人，当诣台受拜。[3]"问曰："须陀洹、斯陀含、阿那[4]、阿罗[5]，（何）以故不从四禅得？"师曰："四禅深妙微意难见，以是故，不从四禅得。"

校注：［1］"问"字，底本无，据上下文补。　［2］"从"字，金刚寺本《大安般经》无。　［3］"譬如诏书征人，当诣台受拜"，此两句金刚寺本《大安般经》无。　［4］金刚寺本《大安般经》"那"字后有"含"。　［5］"阿罗"二字，金刚寺本《大安般经》无。

菩萨以得佛道，复行安般守意九十日。佛言："道人从[1]安般守意欲止意，当何因缘得止意？听说安般守意，何等为安？何等为般？安[2]名为人息，般名为出息，念息不离是为安般。若安般守[3]意者，欲得止意，在行者新学者。有四种安般守意，除两恶十六胜，即[4]时自知乃安般守意行令得止意。何等为四种？一为数；二为相随；三[5]为止；四为观。何等为除两恶？莫过十数，莫减十数。何等十六胜？即[6]时自知喘息长，即自知喘息短。即自知喘息动身，即自知喘息微。即自知喘息自快，即自知喘息不快。即自知喘息止，即自知喘息不止。即自知喘息欢心，即自知喘息不欢心。即自知内自[7]念万物，不可常[8]得喘息。自知万物已去，不可常得喘息自知[9]。内无所复思喘息自知，弃损[10]所思喘息自知。放弃驱命喘息自知，不放弃驱命喘息自知，是为十六即[11]时自知"。

问曰："何等为莫过十数，莫减十数？"师曰："息[12]已尽，未数是为过；息未尽，便数是为减。失数亦恶不及数[13]亦恶，是为两恶。"

佛言："人[14]安般守意，得数得相随，得止得止得观意便喜[15]。是四种，譬如钻[16]火见烟，亦不可用炊[17]，亦[18]不能熟物，得何等喜。"问何以故，未得出要故[19]。

校注：［1］"从"字，《佛说大安般守意经》卷上作"行"。　［2］"般安"二字，底本作"安般"，倒乙。　［3］"守"字，底本脱，据《佛说大安般守意经》卷上补。　［4］"即"字，《佛说大安般守意经》卷上作"实"，义同。［5］“随三”二字，底本作“三随”，当为倒乙。［6］“即”字，《佛说大安般守意经》卷上作“实”，义同。［7］“自”字，《佛说大安般守意经》卷上作“心”。［8］“常”字，《佛说大安般守意经》卷上作“复”。［9］“即自知内自念万物，不可常得喘息。自知万物已去，不可常得喘息自知”二十八字，《佛说大安般守意经》卷上作“即自知内心念万物已去，不可复得喘息自知”。［10］“损”字，《佛说大安般守意经》卷上作“捐”。［11］“即”字，《佛说大安般守意经》卷上作“实”，义同。［12］“息”字，《佛说大安般守意经》卷上作“报息”。［13］“数”字，《佛说大安般守意经》卷上无。［14］“人”字，《佛说大安般守意经》卷下作“人行”。［15］“得止得止得观意便喜”九字，《佛说大安般守意经》卷下作“得止便欢喜”五字。［16］“钻”字，底本作“赞”，《佛说大安般守意经》卷下作“钻”，义胜，据改。［17］“亦不可用炊”五字，《佛说大安般守意经》卷下无。［18］“亦”字，《佛说大安般守意经》卷下无。［19］“未得出要故”五字，《佛说大安般守意经》卷下作“用未得出要故也”。

佛言：“安般守意有十八恼，令人不堕[1]道。”问曰：“何等为十八恼？”“第[2]一为爱欲，第二为嗔恚无常[3]，第三为睡眠[4]，第四为戏乐，第五为或[5]，第六为疑，第七为不受行相，第八为受他相[6]，第九为不念，第十为他念，第十一为不满念，第十二为过精进，第十三为失[7]不及精进，第十四为惊怖，第十五为强制意，第十六为忧，第十七为忩忩[8]，十八为不度意行爱。行[9]是为十八恼，不护是十八因缘不得道，已护便能[10]得道[11]。”

校注：［1］“堕”字，《佛说大安般守意经》卷下作“随”。［2］“第”字，《佛说大安般守意经》卷下从“一”到“十八”皆无。［3］“无常”二字，《佛说大安般守意经》卷下无。［4］“睡眠”二字，《佛说大安般守意经》卷下作“痴”。［5］“或”字，疑为惑。《佛说大安般守意经》卷下作“慢”。［6］“他相”二字，《佛说大安般守意经》卷下作“他人相”。［7］“失”字，《佛说大安般守意经》卷下无。［8］“忩忩”二字，《佛说大安般守意经》卷下作“忽忽”。［9］“行”字，《佛说大安般守意经》卷下无。［10］“能”字，《佛说大安般守意经》卷下无。［11］“道”字，《佛说大安般守意经》卷下作“道也”。

问曰："何等为不受？何等为受他相？何等为他念？何等［为］[1]不满念？何等为强制意？"师曰："不受行相者，谓不观身卅[2]二物。不念卅[3]七品经，是为不受［行相］[4]。受他相[5]者，谓未得十息便行相随，是为受他相[6]。他念者，谓[7]入息时念出息，出息时念入息，是为他念。不满念者，谓［未得］[8]一禅便念二禅，是为不满念。强制意者，谓坐乱意不得息，当行[9]读经以乱不起，是为强制意也。"

校注：［1］"为"字，底本脱，据上下文补。　［2］"卅"字，《佛说大安般守意经》卷下作"三十"，义同。　［3］"卅"字，《佛说大安般守意经》卷下作"三十"，义同。　［4］"行相"二字，底本脱，据《佛说大安般守意经》卷下补。　［5］"他相"二字，《佛说大安般守意经》卷下作"他人相"。　［6］"他相"二字，《佛说大安般守意经》卷下作"他人相"。　［7］"谓"字，《佛说大安般守意经》卷下无。　［8］"未得"二字，据《佛说大安般守意经》卷下补。　［9］"行"二字，《佛说大安般守意经》卷下作"经行"。

佛言："多食有物种罪。何等五？一者睡眠，二者病生，三者淫起，四者不能讽经，五者在世间。何谓着在世间？若嗔恚、贪淫所欲是为世间。"

佛言："卧出有三因缘。何等三？一者食多饱故，二者疲极故，三者忧故，是为三。"

佛言："有八行除睡眠"。问曰："何等八？""一者少食，二者坐，三者立，四者经行，五者诵经，六者视星宿，七者洒面，八者观骨。意不解当念世间善，事意已转当疾还，无得令久欲，得道定意，故得念余事自以解。"

佛言："坐禅都虑有三因缘乱意[1]，何等三？一者贪淫，二者嗔恚，三者愚痴。"问曰："当何以断是三毒？"（佛言）："贪淫意起，当观身所有恶露；嗔恚意起，当念等心[2]；愚痴[3]，当念本末谛熟[4]校计。身亦不可用，意亦不可用，何以故？身中但有脓血臭处诸恶物，意中但有贪淫嗔恚愚痴嫉妬，如是[5]有何等好？"

佛言："菩萨已起欲，为自身恼，亦恼他人身，是为两恼。佛为菩萨时，即时不为他人恼，当何因说为恼他人？念时即自乱是恶苦，不可意自受，是为自恼行殃，故亡福地。为是故恼他复解说，久殃善本为尽，是为自恼。不知不见，当那见他人道，已恼他人为意，却当身从，是因缘为两恼。今见世不安，他人亦自身，从是因缘恼。道行知如是，毒起可制人，在生死为久殃毒起，为尽善本。”

校注：[1]“乱意”二字，金刚寺本《大安般经》作“乱人意”。　[2]“当念等心”四字，金刚寺本《大安般经》作“当护等”。　[3]“愚痴”二字，金刚寺本《大安般经》作“愚痴意起”。　[4]“熟”二字，金刚寺本《大安般经》无。　[5]“如是”二字，金刚寺本《大安般经》无。

“菩萨已得行道四谛，何以故？说四谛：一者用未曾闻故；二者用禅故；三者用眼得故；四者用黠故。用老死忧不得出大狱，故说四谛。”

佛言：“无有三因缘，我不说经。何等三？一者贪淫，二[1]者嗔恚，三者愚痴，是为三”。佛言：“说经有五福。何等五？一者得黠，二者解意，三者欢喜，四者得富[2]，何以故得福？解悭贪意故，故五者得泥洹道。”

佛言：“无有三因缘，我不做佛。何等三？一者为老，二者病，三者死，是为三。”

佛骂：“意经十方虫豸，我一切啖以十方虫豸，亦一切啖我，何以故？不惭十方虫豸，一切皆与我做妇，已我亦与一切十方虫豸作妇，何以故不厌？”

佛言：“色譬如水中沫，痛痒譬如水中泡，起思想如野田火。生死譬如迦叶树，皮剥稍尽中无所有，色譬如累。”

佛言：“眼无所知，何以故？有内外无所知，故色亦无所知。从无所知生识，识亦无所知。何以故？本从无所知生故。”难曰：“现有所识，分别白黑，何以为无知？”师言：“木钻有所知不？”对曰：“无所知。”师曰：“尚无所知，何以故？”[对曰][3]：“出火用钻故。”师曰：“用视故生识。”

佛言：“人已受戒，戒福常自生，至死乃断！”问曰：“福日生，何以故复死？”师曰：“自本福尽，今所行福，后世福[4]当生！”

校注：[1]“二”字，底本作“三”，误，据上下文改。　[2]“富”字，据文义，当以福为是。　[3]“对曰”二字，底本脱，据上下文补。　[4]“福”字，底本作“甫”，音近致讹，据上下文改。

佛言：“福尽受罪，罪尽受福，已不受罪福堕。”佛言：“布施、持戒属身，何以故？从布施得富[1]乐。从持戒得长寿，故属身。忍辱精进属口，何以故？从口不骂，亦余恶能制为忍辱，讽经从口出。”佛言：“一心一智慧属意，何以故？禅为弃恶受一，心智从意生，故属意。”

佛言：“道从两因缘得，何等两？一者从人闻，二者自意生。从人闻自复意生，得佛道。但从人闻无自意生，堕阿罗汉道。”

佛言：“菩萨不得道，坐用三事故。何等三？一者不与善人相逢，[二者][2]欲所作无有因缘亦物，三者设使不逢善人，不自校计是非，用是三事，故未得道。”

佛言：“人息至尽鼻头止谓息。初入时便念一，意向不复转息，出入亦不复觉，是为止。”问曰：“第三止有喘无息？”师曰：“有无何豫，止有四辈。何等四？一者数止，二者相随止，三者鼻止，四者意止，是为四。”

佛言：“行息亦堕贪，何以故？意已定便喜，故便当计出息。入息念灭时。”师曰：“身生息灭，身灭尚未脱生死苦，何以故？喜以计如是，便贪止。”佛言：“我有印。”问曰：“何等为印？”师曰：“非常苦空，非身是四，事为佛印。”

问曰：“何以知为空？”师曰：“未作时无有作乃得，是为空。何以故？本空从空得，故无所念为空，得本念为道意。”

佛言：“人意计眼，为是我色。为我所耳，为是我声。为我所鼻，为是我香。为是我口，为是我味。为我所生，为是我细滑。为我所意，为是我念。为我所有，是意万亿劫，不得道。”

佛言：“有四因缘得道，何等四？一为持戒；二为法行；三为知；四为得。何等为戒？谓不犯恶。何等为行？谓数息相随，止观还净。何等为知？谓分别定乱。何等为得？谓离世间事为得道。”

佛言：“学道四辈，何等为四？一者为入；二者为得；三者亦入亦得；四者亦不入亦不得。问曰：“何等为入？何等为得？”师曰：“闻经诵经是为入，能行如意是为得，已闻能讽亦能行，是为入。为得不能听经，亦不能行，是为不入。亦不得，亦入得者。”佛第一弟子舍利弗曰：“是亦有不入而得者，未利满台是！。”

佛言：“有世间，有道世间，但有善恶，当弃善恶，断行为道！”难曰：“当行乃得道，断行何缘得道！”师曰：“行不断得道，何以故？譬如数息，息不断，不得相随。相随不断，不得止。止不断，不得[观][3]。观不断，不得还。还不断，不得净。[净][4]不断，不得道！”师谓弟子无生：“我舍汝去，去者谓绝命。”无生云：“莫多言！”当百八十岁夜半时，师卒得病。到日加辰时，大困极，面色变，眼堷玄。师谓病言：“汝能着[5]我十日不去，汝为健！”言已便行道。日到加申时，病便愈，平复如故，颜色悦好。无生问师："何等？"师言："因缘来时当念本！"问曰："何等为念本？"师曰："心意识是为本！"问曰："念本当云何？"师曰："此三事皆不见，生已便灭，本意不复生，得是意，为道本。本意已灭，无有病更，因缘生便断。"

校注：[1]"富"，疑为"福"。 [2]"二者"二字，底本无，就上下文补。 [3]得后疑脱"观"字 [4]"不"前疑脱"净"字。 [5]"着"字，大正藏本作"著"，义同。

佛言："人有七藏病"。问曰："何为七藏病？"师曰："一为贪淫，二为嗔恚，三为愚痴，四为老，五为病，六为死，七为忧。须陀洹、斯陀含、阿那含、阿罗汉、辟支佛，佛皆治七病，愈乃得道。病同药不得异。"难曰："是七病可见，何以言藏？"师曰："七病未起时，不见，故言藏。"

佛言："治行用行，治无行用无行。贪淫有行，观身恶露为药。嗔恚无形，行等心为药。愚痴堕道无形，卅七品经亦无形，意念无形入泥洹城，人念有形。便堕生死。"

问曰：人即生，何以故复老病死？佛言："从贪淫得老，从嗔恚得病，从愚痴得死，从福得生，从行得老病死。"

佛言："有四事不先与人，何等四？一者头白，二者老，三者病，四者死。不知日增几，所来无有时。人有一病，意不得定死时。四百四病俱起，难用行道"。

佛言："有四事可畏，何等四？一者老可畏，二者身可畏，三者意可畏，四者行可畏，是为四畏。菩萨行道有四证。何等四？一者见老，二者见病，三者见死，四者见苦。已见证，迫促急，故行道"。问曰"人日稍日稍死，何以故？不畏临死时，何以故？"[师曰][1]："畏期到故。"

问曰："人欲死，不复识人，何以故？"师曰："识故尽，更向余因缘"。问[曰][2]："识为在何所？"师曰："识在因缘，已见在见。"

佛言："识为种，精为地，六入为栽，计是我所，为枝叶。爱为华（花），名字为实，身三恶从乱意得，三善从定意得。"

佛言："有行根，有得根，有眼根，有耳根，有鼻根，有口根，有身根，是身五根。意为种，何以故为根？受六戒故为根。有身痛，有意痛。着五根为身痛，离五根为意痛。譬如淫扇风起，扇如身，风如意。"

问曰："何以故有五根？何以故有五力？何以故有七觉意？何以故有八行？"师曰："身有五根，道有五根，人有五力，道有五力，人有七使，道有七觉意。人行八宜，应道八种，随病说药，因缘相应。眼受色为根，耳受声为根，鼻受香为根，口受味为根，身受细滑为根。"问曰："何以故名为根？"［师曰］[3]："已受当复生，故名为根。耳目鼻口身以不向对，是为力眼不受色，耳不受身，鼻不受香，口不受味，身不受细滑，便为道根。制意精进为五力，不随七使为观意，以八宜为道行，五根为坚意，五力为不转意，七觉为政意，八行为真意。"

问曰："信根中有几阴？"师曰："三阴。何等三？有痛痒阴[4]，有思想阴[5]，有识阴[6]。"

问曰："定根中有几阴"？师曰："有一阴。何等一？有识阴[7]。"佛言："持戒、忍辱、精进为遮意禅，为系意卅七品经，为绊意。"

禅数杂事下
开皇十三年十二月十八日经生郑颋书
用纸十八张
校经东阿育王寺僧辨明
校事
学生郑赜
王府行参军学士丘世秀

校注：［1］"师曰"二字，底本无，据上下文补。　［2］"曰"字，底本无，据上下文补。　［3］"师曰"二字，底本无，据上下文补。　［4］"有痛痒阴"四字，《佛说大安般守意经》卷下作"一为痛痒"。　［5］"有思想阴"四字，《佛说大安般守意经》卷下作"二为思想"。　［6］"有识阴"三字，《佛说大安般守意经》卷下作"三为识阴"。　［7］"有识阴"三字，《佛说大安般守意经》卷下作"谓识阴也"。

五、观心论

【题解】

《达摩大师观心论》，简称《观心论》，或称《达摩大师破相论》，或作《达摩和尚观心破相论》一卷，或《是观心可名为了一》。相传为菩提达摩之语录，但慧琳《一切经音义》卷一〇〇记载："观心论，大通神秀作。"[①]因此另有神秀撰之说。

全书采问答之形式，阐述观心之法。内容述说三毒六贼、三界六趣之苦及其原因，劝说实践解脱修行，主张六波罗蜜、三聚净戒、念佛等修行，及洗浴众僧、造塔伽蓝等功德，皆可摄收于"摄心内照"之观心法，亦即以观心一法总摄诸法。

敦煌遗书中存《观心论》写本7件，即S.646、S.2595、S.5532、P.2460v、P.2657v、P.4646及龙谷122，此外有朝鲜《禅门撮要》本（1908年刊）、安行寺别行本[②]，日本金泽文库所藏镰仓时期抄写本、日本流通本及龙谷大学藏传世本等，计有十余种。在敦煌发现的诸写本中，以S.2595发现最早，被收在《大正藏》第85册中。1936年，日本学者铃木大拙以S.2595为底本，与龙谷122、金泽文库本、朝鲜版本、日本流通本互校，撰成《达摩观心论（破相论）互校》一文。[③]

在敦煌发现的《观心论》诸写本中，P.4646首尾俱全，S.646首尾俱残，S.5532、S.2595、P.2460v首残尾全。龙谷122基本完整，唯无最后的偈语部分，其文字与底本多不相同，有些段落彼此互有出入，当是与底本不同来源的本子。本录文以P.4646为底本，并参校其他本子。宗性法师以安心寺本为辅本，对现存的《观心论》进行点校，认为《观心论》作为神秀弟子记录其问答的语录是比较合理的，并对观心与为修行、观心与修禅的原理、观心修禅的具体措施以及观心与念佛的关系做了深度解读。

---

① 《大正藏》第54册，No. 2128，页932a。
② 朝鲜人金九经于1934年将其收入《薑园丛书》。：
③ 铃木大拙：『校刊少室逸书解说附录』，大阪：安宅佛教文库，1936年，第166～232页。

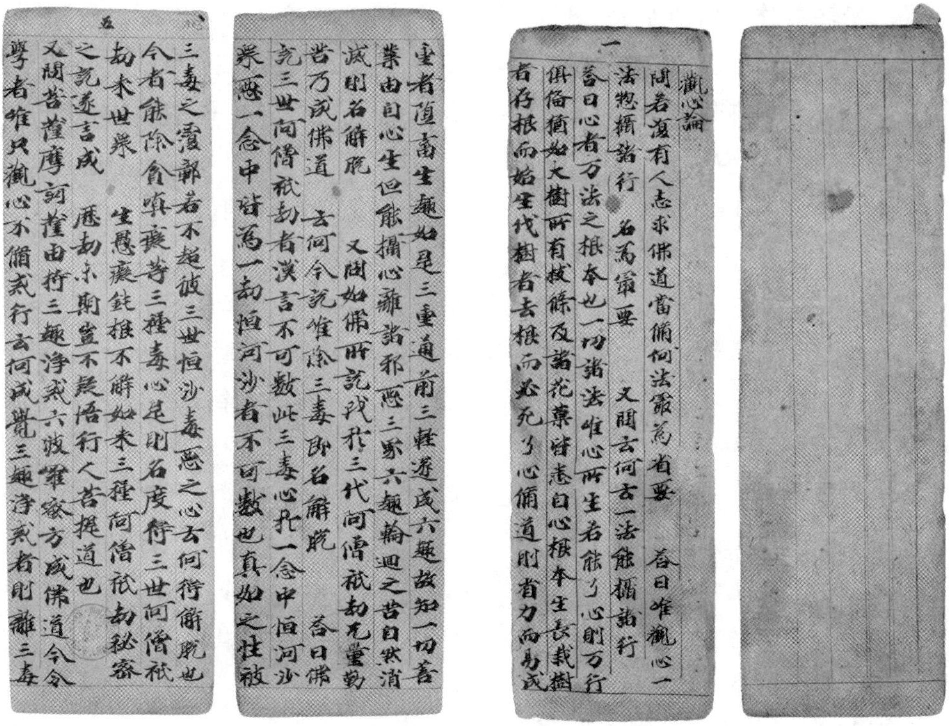

P.4646《观心论》（局部）

【录文】

观心论

问[1]：“若复有人志求佛道，当修何法，最为省要[2]？”

答[3]曰：“唯观心一法[4]，总摄诸行，名为最要[5]。”

又问[6]：“云何[7]一法能摄诸行？”

答[8]曰：“心者，万[9]法之[10]根本也。一切诸法，唯心所生，若能了心，则[11]万行俱备。犹如大树，所有[12]枝条及诸花果，皆悉自心根本生长[13]。栽树者，存根而始生；伐树者，去根而必死[14]。[若][15]了心修道，则省力而易成；[若][16]不了心者，所[17]修乃费功[18]而无益[19]。故知一切善恶，皆由自心，若[20]心外别求，终[21]无是法[22]。”

校注：[1]“问”字，金泽本作“论曰”，朝鲜本作“慧可问曰”，龙谷122夺“问”字。　[2]“最为省要”四字，龙谷122脱。　[3]龙谷122在“答”前有“思惟”二字，疑衍。　[4]“唯观心一法”五字，龙谷122作“观心法”。　[5]“名为最要”四字，金泽本“最为省要"，朝鲜本作"明为省要"。　[6]"又问"二字，金泽本作"问"，朝鲜本作"问曰"。　[7]"云何"二字，底本作"云何云"，衍一"云"。龙谷122、金泽本都作"云何"，是，据改。　[8]"答"字，朝鲜本作"师答"。　[9]"心者万"三字，龙谷122脱。　[10]"之"字，龙谷122作"诸"。　[11]"则"字，朝鲜本脱。　[12]"所有"二字，龙谷122脱。　[13]"自心根本生长"六字，龙谷122作"因根"。　[14]"而始生；伐树者，去根而必死"十一字，龙谷122作"而活，生长大树者，弃根而死"。　[15]"若"字，底本脱，龙谷122、金泽本、朝鲜本、流通本皆作"若"，今据文义按诸本补之。　[16]"若"字，底本、龙谷122、金泽本、流通本均无此字。朝鲜本有此字，今按朝鲜本补。　[17]"者所"二字，龙谷122作"而"。　[18]"功"字，龙谷122作"工夫"，亦通。　[19]"益"字，龙谷122作"利益"。P.2460v由"益"字开始。　[20]"若"字，底本有，其他诸本无此字。　[21]"终"字，龙谷122误作"修"。　[22]"法"字，底本和龙谷122作"法"，金泽本、朝鲜本和流通本作"处"，亦通。

又问："云何观心，称之为了？"

答[1]曰："菩萨摩诃萨，行深般若波罗蜜多[2]时，了[3]于四大五荫，于空无我中[4]，了见自心，有[5]二种差别。云何为二[6]？一者净心，二者染心。其净心[7]者，即是无漏真如之心；其染心[8]者，即是有漏无明之心。[此][9]二种之心[10]法，自[11]然本来俱有，虽假缘合，本[12]不相生。净心恒乐，善因染[13]体，常思恶业，若真如自觉，不受所染，则称之[14]为圣。遂能远离诸苦，证涅槃乐[15]。若随缘[16]造业，受其缠缚[17]，则名之[18]为凡。于[19]是沉沦[20]三界，受种种苦。何以故？由彼染心，障真如体故。《十地经》云：'众生身[21]中，有金刚佛性，犹如日轮，体明圆满，广大无边，只[22]为五阴[23]重云所覆。如瓶内灯光，不能显了。'又《涅槃经》云：'一切众生，皆有佛性，无明覆故[24]，故[25]不得[26]解脱。'佛性者，即觉性也[27]。但自觉觉他，智惠明了[28]。离其所覆，则名解脱，故知一切诸善，以觉为根，因其觉根，遂[29]显现诸功德，树涅槃之果，因此而成。如是[30]观心，可名为了。"

校注：[1]"答"字，龙谷122脱。　[2]"多"字，龙谷122脱。　[3]"了"字，龙谷本脱。　[4]"于空无我中"五字，P.2460v作

“于空无有我于中”，龙谷122作“空无所有成（我）于中”。　[5]“有”字，金泽本、朝鲜本、流通本有“起用”二字，底本、龙谷、P.2460v“有”字前无，今从底本。　[6]“为二”，龙谷122作“有二种”，亦通。　[7]“心”字，龙谷122脱。　[8]“心”字，龙谷122脱。　[9]“此”字，底本无，据龙谷122补。　[10]“二种之心”四字，P.2460v作“此二种心”。　[11]“自”字，龙谷122作“未自”。　[12]“本”字，P.2460v作“亦”。　[13]“染”字，龙谷122作“缘”。　[14]“之”字，龙谷122作“诸”，S.646无此字。　[15]“乐”字，龙谷122脱。　[16]“若随缘”三字，龙谷122误作“维染”。　[17]“缠缚”二字，龙谷122作“诸种覆”。　[18]“则名之”三字，P.2640、龙谷122作“则知”。　[19]“于”字，龙谷122作“经”，亦通。金泽本和流通本无“于是”二字。　[20]“沦”字，龙谷122作“轮”，同音假借。　[21]“身”字，龙谷122作“心”，误。《少室六门》《楞伽师资记》《最上乘论》均引用此段文字，皆作“众生身中”。　[22]“只”字，底本作“止”，据P.2460v及龙谷122改。　[23]“阴”字,P.2460v、龙谷122作“荫”，今从底本。　[24]S.5532由“故”字开始。　[25]“故”字，P.2460v脱。　[26]“得”字，龙谷122作“闻”。　[27]“即觉性也”四字，龙谷122作“则有觉也”，朝鲜本作“觉也”。　[28]“智惠明了”四字，金泽本、朝鲜本和通行本作“觉智明了”。　[29]“遂”字，底本、S.5532作“遂”，P.2460v、金泽本、朝鲜本、流通本均作“遂能”，龙谷122作“以为”，今从底本。　[30]S.2595由“如是”开始。

又问：“上说真如佛性，一切功德，因觉为根。未审无明之心，一切诸恶，以何为根？”

答曰：“无明之心，虽有八万四千烦恼情欲，及[1]恒沙众恶，无量无边。取要言之，皆因[2]三毒，以为根[3]本。[其][4]三毒者，即贪、嗔、痴[5]也。此[三][6]毒心，自[7][能][8]具足一切诸恶。犹如大[9]树，根虽是[10]一，所生[11]枝叶，其数无量[12]。彼三毒根，[一一根]中，生[13]诸恶业，百千万亿，倍过[14]于前，不可为喻。如是三心[15]，于本体中，自为三毒。若应现六根，亦名六贼。其六贼者，则名六识也[16]。

校注：[1]“及”字，P.2460v作“如”。　[2]“因”字，S.2595作“由”，

义通。 [3]“根”字，底本作“其”，P.2460v、S.2595皆作“根”，义胜，据改。 [4]“其”字，底本脱，据P.2460v、S.2595、龙谷122补。 [5]底本在“痴”后有“是”字，S.2595同，龙谷122及P.2460v无此字，据文义，“是”衍，故删。 [6]“三”字，底本脱，P.2460v、龙谷122同，据S.2595补。 [7]“自”字，龙谷122夺。 [8]“能”字，底本脱，据P.2460v、S.2595、龙谷122补。 [9]“大”字，龙谷122作“本”，形近而讹。 [10]“是”字，底本作“见”，S.2595作“生”，P.2460v作“是”，义胜，据改。 [11]“所生”二字，龙谷122作“生所受”。 [12]“其数无量”四字，底本及S.2595皆作“其无量数”，据龙谷122、P.2460v改。 [13]“一一根中生”五字，底本作“中有”，P.2460v作“中生”，S.5532作“中”，S.2595作“一根中生”，龙谷122作“一一根中生”。以龙谷122义胜，据改。 [14]“过”字，龙谷122误作“通”，形近而讹。 [15]“三心”二字，底本作“三本心”，S.2595作“心”，S.5532、龙谷122皆作“三心”，是，据改。 [16]“其六贼者，则名六识也”九字，S.2595作“六贼者，六识是也”，龙谷122作“其贼者，六识是也”，P.2460v作“其六贼者，名六识也”。

“出入[1]诸根，贪着万境，能成恶业，损[2]真如体，故名六贼。一切众生，由此三毒，及以六贼，惑[3]乱身心，沉沦[4]生死，轮回六趣[5]，受诸苦恼。

“又如[6]江河，因少[7]泉源，涓流不绝，及[8]能弥漫[9]，波涛万里。若复有人，断其本源，则众流皆息[10]。求解脱者，[能][11]除[12]三毒，及以六贼[13]，自然永离[14]一切诸苦[15]。”

校注：[1]“出入”二字，龙谷122作“由此六识令”。 [2]“损”字，龙谷122作“根”。 [3]“惑”字，P.2460v作“或”。案，“或”通“惑”。 [4]“沦”字，底本作“没”，据龙谷122、P.2460v改。 [5]“趣”字，S.2595作“道”，义同。 [6]“如”字，底本作“有”，龙谷122脱，S.2595、P.2460v并作“如”，是，据改。 [7]“少”字，龙谷122作“小”。案，在敦煌写本中，“小”“少”二字通用，此处以“少”为是。又，龙谷122脱其前“因”字。 [8]“及”字，龙谷122作“乃”，形近而讹。 [9]“漫”字，S.2595、P.2460v同，龙谷122作“满”。同音假借。 [10]“流皆息”三字，底本作“恶皆悉”，文义不通；龙谷122、

S.2595、P.2460v皆作“流皆息”，是，据改。 [11]“能”字，底本脱，据龙谷122、P.2460v补。 [12]底本在“除”后有“其”字，S.2595、P.2460v同，龙谷122无“其”字，义胜，据改。 [13]“贼”字，底本作“趣”，据龙谷122、P.2460v、S.2595改。 [14]“自然永离”四字，S.2595作“自然除”，龙谷122、P.2460v并作“自然离”。 [15]“诸苦”二字，龙谷122作“功德诸恶”。

又问：“三界六趣，广大无边，若唯[1]观心，云何免[2]彼[无穷][3]之苦？”

答曰：“三界业报，唯心[4]所生，本若无心，则无三界[5]。[其三界者，即是][6]三毒也[7]，贪为欲界，嗔为色界，痴为无色界，由此三心，结[8]集诸恶，业报成就，轮回不息，故名三界。又[由][9]三毒，造业轻重，受趣[10]不同，分归六处，故名六趣。”

又问：“云何轻重，分之为六？”[11]

校注：[1]“唯”字，龙谷122作“虽（雖）”，误。 [2]“免”字，龙谷122误作“勉”，同音假借。 [3]“无穷”二字，底本及S.2595并脱，据龙谷122、P.2460v补。 [4]“心”字，龙谷122脱。 [5]S.2595在“则无三界”后多出“三界者即是”五字。 [6]“其三界者即是”六字，底本、P.2460v无，S.2595作“三界者即是”，龙谷122作“其三界者即是”，义胜，据补。 [7]“也”字，底本、P.2460v作“者”，S.2595脱，龙谷122作“也”，义胜，据改。 [8]“结”字，龙谷122误作“法”。 [9]“由”字，底本无，龙谷122、P.2460v同，据S.2595补。 [10]“趣”字，底本作“报”，S.2595作“趣”，是，据改。 [11]龙谷122、P.2460v脱此问句。

答曰：“若[1]有众生，不了正因，迷心修[2]善，未免[3]三界，生三轻趣。云何三轻？所为[4]迷修十善，妄求快乐，未免贪界，生于六[5]趣。迷[6]持五戒，妄起爱憎[7]，未免嗔界，生于人趣；迷执有为，信邪[8]求福，未免[9]痴界，生[10]阿修罗趣。如是三类，名[11]三轻趣。云何三重[12]？所谓从[13]三毒心，唯造恶业[14]，堕三重趣。若贪业重者，堕饿鬼趣；嗔业重者，堕地狱趣；痴业重者，堕畜生趣[15]。如是三重，通前三轻，遂成六趣。故知一切善业，由自心生，但能摄心，离诸邪恶，三界六趣，轮回之苦[16]，自然消灭[17]，则名解脱[18]。”

校注：［1］“若”字，龙谷122、P.2460v脱。［2］“修”字，底本、P.2460v作“顺”，据龙谷122、S.2595改。［3］“免”字，龙谷122误作“勉”，同音假借。［4］“为”字，P.2460v同，龙谷122、S.2595并作“谓”，义更胜。案，敦煌写本中，“为”“谓”二字多混用。［5］“六”字，龙谷122作“天”，形近而讹。［6］“迷”字，龙谷122、S.2595皆作“未”。［7］“爱憎”二字，龙谷122误作“增受”。［8］“信邪”二字，龙谷122、P.2460v皆作“傍取”，不词。［9］“免”字，龙谷122误作“勉”，同音假借。［10］龙谷122在“生”后多“于”字。［11］龙谷122在“名”后多“为”字。［12］“重”字，龙谷122作“种”，音近致讹。［13］“从”字，P.2460v作“能”，误。［14］“唯造恶业”四字，P.2460v作“唯恶造业”。［15］“嗔业重者堕地狱趣痴业重者堕畜生趣”十六字，龙谷122作“痴业重者，堕畜生趣；嗔业重者，堕饿鬼趣”。［16］“苦”字，S.2595误作“业”。龙谷122缺自“如是三重”至“轮回之苦”三十二字。［17］“消灭”二字，S.5532作“消灭诸苦”。［18］“则名解脱”四字，S.2595作“能灭诸苦，即名解脱”，龙谷122作“能知离苦，即名解脱”，亦通。

又问：“如佛所说，我于三大[1]阿僧祇劫，无量勤苦，方[2]成佛道[3]。云何今[4]说，唯除三毒，即名解脱”？

校注：［1］“大”字，底本作“代”，S.2595同，龙谷122、P.2460v并作“大”，义胜，据改。［2］“方”字，底本作“乃”，S.2595同，龙谷122、P.2460v并作“方”，义胜，据改。［3］“道”字，龙谷122脱。［4］“今”字，龙谷122误作“入”，形近而讹。

答曰：“佛［所］[1]说[2]三世[3]阿僧祇劫者。［即三毒心也，胡言阿僧祇］[4]，汉言不可数。此[5]三毒心，于一念[6]中，有恒河沙恶念，于一念之中[7]，皆为一劫[8]。恒河[9]沙者，不可数也[10]。真如之性，被[11]三毒之［所］[12]覆障[13]，若不[14]超彼三[15]世恒河沙毒恶之心[16]，云何［名为］[17]得解脱也？今者能除贪、嗔、痴等[18]三种毒心[19]，是[20]则名［为］[21]度得三世[22]阿僧祇劫，末世众生，愚迟[23]钝[24]根，不解如来三大[25]阿僧祇劫秘密[26]之说，遂言成［佛］[27]。历[28]劫末期，岂不疑误行人[29]，[退][30]菩提道也[31]。”

校注：[1]“所”字，底本脱，据龙谷122、S.2595补。又，龙谷122脱“佛”字。　[2]“说”字，龙谷122、S.2595并作“言”。　[3]“世”字，S.2595作“大”，龙谷122作“毒大”，P.2460v脱。　[4]“即三毒心也胡言阿僧祇”十字，底本缺，P.2460v、龙谷122同，据S.2595补。　[5]龙谷122在“此”前多“由”字。　[6]“念”字，P.2460v作“心”，龙谷122作“一心”。　[7]“有恒河沙恶念于一念之中”十一字，底本作“恒河沙众恶一念中”，S.2595脱此句，龙谷122作“有恒沙恶念于一一念中”，P.2460v作“有恒河沙恶念于一念之中”，以P.2460v义胜，据改。　[8]“劫”字，S.2595作“切”。　[9]“河”字，龙谷122脱。　[10]S.2595、龙谷122在“不可数也”之后多出“以三毒恶念如三恒河沙，故言不可数也”。　[11]“被”字，S.2595作“既被”，龙谷122作“即被”。　[12]“所”字，底本脱，据S.2595补。　[13]“覆障”二字，S.2595作“覆障业”。　[14]“若不”二字，龙谷122误作“业”。　[15]“三”字，龙谷122作“大”，误。　[16]“心”字，龙谷122、P.2460v、S.2595皆作“念”。　[17]“名为”二字，底本缺，S.2595作“为”，据P.2460v、龙谷122补。　[18]“贪嗔痴等”四字，龙谷122、P.2460v并脱。　[19]“三种毒心”四字，P.2460脱“种”字，龙谷122作“三毒之心”。　[20]“是”字，P.2460v脱。　[21]“为”字，底本脱，据龙谷122、S.2595补。　[22]“世”字，龙谷122、P.2460v、S.2595皆作“大”。　[23]“迟”字，S.2595作“痴”，误。　[24]“钝”字，S.2595同，龙谷122、P.2460v作“下”。　[25]“大”字，底本作“种”，P.2460v作“问”，S.2595、龙谷122皆作“大”，是，据改。　[26]“劫秘密”三字，S.2595作“秘密”，龙谷122、P.2460v皆作“佛言”。　[27]“佛”字，底本脱，S.2595同，据龙谷122、P.2460v补。　[28]“历”字，S.2595、P.2460v同，龙谷122误作“尘沙”。　[29]“人”字，龙谷误作“入”。　[30]“退”字，底本脱，龙谷122同，据P.2460v、S.2595补。又，S.2595在“退”前有“不”字，衍。　[31]“菩提”二字，龙谷122作“涅槃”。

又问：“菩萨摩诃萨，由持三聚[1]净戒，六波罗蜜[2]。”方成佛道。今令学[3]者，唯只[4]观心，不修戒行，云何成佛[5]？”

校注：［1］“聚”字，底本作“趣”，P.2460v作“聚”，是，据改。案，“聚”“趣”在敦煌写本中常混用。　［2］“又问菩萨摩诃萨由持三趣净戒六波罗蜜”十七字，S.2595脱。　［3］“令学”二字，龙谷122、P.2460v作“行”。　［4］“只”字，S.2595作“须”，亦通。龙谷122、P.2460v皆作“心”，误。　［5］“佛”字，底本作“觉”，S.2595脱，据龙谷122、P.2460v改。

［答曰］[1]：“三聚[2]净戒者，则离三毒心［也］[3]，成无[4]量善趣，贪者也[5]。以[6]制三毒，即有三无量[7]善，普[8]会于心，故名三聚[9]净戒也[10]。六[11]波罗蜜者，即六根[12]，［胡言菠萝蜜］[13]，汉言达彼岸。以六根清净，不[14]染世尘，即出烦恼[15]河，至菩提岸也。故名六波罗蜜[16]。”

校注：［1］“答曰”二字，底本脱，据龙谷22、P.2460v补。　［2］“聚”字，底本作“趣”，龙谷22同，P.2460v作“聚”，是，据改。案，“聚”“趣”在敦煌写本中常混用。又，S.2595脱“又问菩萨摩诃萨由持三趣净戒六波罗蜜”诸字。　［3］“也”字，底本脱，据龙谷122补。　［4］“答曰三趣净戒者则离三毒心成无”十四字，S.2595脱。　［5］“趣贪者也”四字，2595作“聚会者”，误。　［6］S.2595在“以”后多出“能”字。　［7］“量”字，底本作“碍”，误，据S.2595改。　［8］“普”字，龙谷122作“并”。　［9］“聚”字，底本作“趣”，龙谷122、P.2460v皆作“聚”，是，据改。案，“聚”“趣”在敦煌写本中常混用。　［10］“成无量善趣……故名三趣净戒也”二十九字，P.2460v作“制一之毒心，五量善聚之会也。能制毒心即有无量善普会于心，故名三聚净戒也”。　［11］“六”字，S.2595脱。　［12］“六根”二字，S.2595作“是梵言”。　［13］“胡言菠萝蜜”五字，底本脱，P.2460v、金泽本、朝鲜本、流通本有，据补。　［14］底本在“不”前原有“则”，S.2595、龙谷122无“则”字，是，据删。　［15］“出烦恼”三字，S.2595作“出烦恼”，龙谷122作“是度烦恼”，皆通。　［16］龙谷122在“蜜”后多“也”字。

又问：“如经所说，三聚净戒者，誓断一切恶[1]，誓修一切善，誓度一切众生者[2]。今者唯言[3]制三毒心，岂不文[4]义有所乖也？”

答曰：“佛所说［经，是真实语，应无谬也。菩萨于过去因中修诸苦行时，为对三毒，发三誓愿，持三聚净戒。又］[5]三毒者，对于贪毒[6]，誓断一切恶，[故][7]常修戒；对于嗔毒，誓修一切善，故常修定；对于痴毒，誓度一切众生，故常修惠。由持如是戒、定、惠等三种净法，故能超彼[三][8]毒恶业报[9]，成佛也[10]。以制[11]三毒，则诸恶[12]消灭，故名之[13]为断。以能持三[净]戒[14]，则诸善具足[15]，故名之[16]为修[17]。以[能]修能断[18]，则万行成就，自他利己[19]，普济群生，故名为度[脱][20]。知所修戒行，不离于心，若自[心][21]清净，则[22]一切众生[23]，皆悉清净。故经云：'心垢则众生垢，心净则众生净[24]。'又云[25]：'欲得佛土，当净其心[26]，随其心净，则佛土净'。若[能][27]制得三种毒心，三聚净戒，自然成就。"

校注：[1]S.5532在"恶"后多出"常修戒"三字，疑衍。　[2]"者"字，S.2595、龙谷122并脱。又，龙谷122在"众生"后有"唯愿"二字，衍。　[3]"今者唯言"四字，底本、S.5532作"今言"。P.2460v作"今者唯言"，龙谷122作"唯愿今言"，金泽本、流通本、朝鲜本作"今者唯言"，是，据改。　[4]"文"字，龙谷122误作"久"。　[5]"经是真实语……持三聚净戒又"三十五字，底本脱，据S.2595补。　[6]"三毒者对于贪毒"七字，S.2595作"经是真实语，名无谬也。菩萨于过去日中修苦行时，对于三毒"。　[7]"故"字，底本、S.2595、S.5532、金泽本无此字，P.2460v、龙谷122有此字，据补。　[8]"三"字，底本脱，据S.2595补。　[9]"报"字，S.5532脱。　[10]"佛所说三毒者……成佛也"六十五字，龙谷122、P.2460v作"佛所说经是真实语，名无谬也。菩萨于过去日中修苦行时，为三毒发三誓愿，持三净戒。对于贪毒，誓断一切恶，故常修戒；对于嗔毒，誓修一切善，故常修定；对于痴毒，誓度一切众生，故常修惠。由持知是戒定惠等三聚净戒，故能超彼岸，因三毒业三毒恶，得成佛道"。　[11]龙谷122在"制"前多出"能"字。　[12]"恶"字，龙谷122脱。　[13]"之"字，龙谷122作"诸"。　[14]"净戒"二字，底本作"戒"，龙谷122作"聚净戒"，P.2460v作"净戒"，义胜，据改。　[15]龙谷122在"足"后多出"故"字。　[16]"之"字，龙谷122脱。　[17]"修"字，底本作"戒"，S.2595作"佛"，误。P.2460v、龙谷122、朝鲜本、金泽本以及流通本均作"修"，据文义改。　[18]"能修能断"四字，底本作"修能断"，龙谷122作"能修能断"，据此补"能"字。　[19]"利己"二字，龙谷122、金泽本、朝鲜本、通行本、P.2460v皆作"俱利"，义同。　[20]"脱"字，底本脱，据龙谷122、P.2460v补。　[21]"心"字，底本脱，据龙谷122、S.2595、P.2460v

补。　[22]“则”字，S.2595作“故”。　[23]“众生”二字，S.2595作“功德”。　[24]“心净则众生净”六字，底本作“心净故一切功德悉皆清净”，S.2595缺“故经云：心垢则众生垢，心净，故一切功德悉皆清净”；龙谷122作“心净则众生净”，其文正可与前语“心垢则众生垢”形成对仗，据改。　[25]“云”字，龙谷122作“经云”。　[26]“佛当净其心”五字，龙谷122、S.2595皆作“佛土，当净其心”，义胜，据改。　[27]“能”字，底本脱，据龙谷122、S.2595补。

又问[1]：“如经[2]所说，六波罗蜜者，亦名[3]六度[4]。所谓布施、持戒、忍辱、精进、禅定、智惠，今言六根清净，[名][5]六波罗蜜。若为通会，又[6]六度者，其义云何？”

答曰：“欲[7]修六度，当净六根。欲净六根，先除六贼。能舍眼贼[8]，离诸色境，心无烦[9]恼，名为布施；能禁耳贼，于彼声尘，不[10]令纵逸，名为持戒；能除[11]鼻贼，等诸香臭，自在调柔，名为忍辱；能制舌贼，不贪邪味，赞咏讲说，无疲厌[12]心，名为精进；能除身贼，于诸触欲[13]，心[14]湛然不动，名为禅定；能摄意贼，不顺无明，常修觉惠[15]，乐诸功德，名为智惠。又[16]度者，运也。六波罗蜜，喻如船筏，能运载[17]众生，达于彼岸，故名六[18]度。”

校注：[1]“问”字，S.2595误作“云”。　[2]“如经”二字，P.2460v作“经云”，龙谷122作“经中”。　[3]“亦名”二字，P.2460v、龙谷122并脱。　[4]“度”字，S.5532脱。　[5]“名”字，底本脱，据龙谷122补。　[6]“又”字，龙谷122脱。　[7]“欲”，龙谷122作“愿”。　[8]“舍眼贼”三字，P.2460v脱；龙谷122脱“舍”字。　[9]“烦”字，S.2595作“顾”，形近而误；龙谷122、P.2460v误作“固”，形误后音近致讹。　[10]“不”字，S.2595作“勿”，义同。　[11]“除”字，龙谷122、P.2460v作“伏”，义通。　[12]“厌”字，龙谷122脱。　[13]“欲”字，龙谷122夺。　[14]“心”字，P.2460v、龙谷122并脱。　[15]P.2657v由“惠”字始。　[16]龙谷122、P.2460v在“又”前有文字“若能永除六贼，常修净六根，是名为六波罗蜜行”。　[17]“载”字，龙谷122脱。　[18]“六”字，P.2657v误为“度”；又，龙谷122脱“故名六度”四字。

又问："经文所说[1]释迦如来为菩萨时，曾[2]饮三斗六升乳糜，方成佛道。即如是[3]先因食乳，后证佛果，岂唯观心得解脱？"

答曰："诚如所言，无虚妄也。必因食乳，然[4]始[5]成佛。言[6]食乳者，乳[7]有二种，佛所食者，非是世间不净之乳[8]，乃是真如清净法乳。三斗者，即是[9]三聚净戒；六升者，即[10]六波罗蜜。[佛][11]成道时，[由][12]食如是[清净][13]法乳，方证[14]佛果。若言如来食于世间淫欲和合不净[15]之牛膻腥[16]乳者，岂不成[17]谤误[18]之甚也？如来者，自是金刚不坏无漏法身，永离世间一切苦[19]，岂须如是[20]不净之乳，以充饥渴[也][21]。如经所说[22]，牛不在高源[23]，不在下湿，不食谷麦，糟糠麸豆[24]，不与特牛同群，身作紫磨金[25]色。[言][26]此牛者，即[27]卢舍那佛也。[佛][28]以大慈大悲怜悯故，于清静体中[流]出[29]，如是三聚净戒，六波罗蜜，微妙法乳，养一切求清净[30]解脱者，如[31]是真[牛][32]清净之乳，非但如来饮之成佛[33]道，一切众生若[能][34]食者，皆得[35]阿耨多罗三藐三菩提也[36]。"

校注：[1]"经文所说"四字，底本、S.2595作"所说"，金泽本、流通本作"经云"，龙谷122作"经云（中）所说言教"，朝鲜本作"经文所说"，义更胜，据改。 [2]"曾"字，龙谷122作"尝"。 [3]"如是"二字，S.2595作"是"，P.2460v作"是因"，龙谷122作"即是"。 [4]"然"字，龙谷122、P.2460v并脱。 [5]"始"字，龙谷122误"如"，形近致讹。 [6]"言"字，S.2595作"佛言"，误。 [7]"乳"字，龙谷122脱。 [8]"然始成佛……不净之乳"二十四字，P.2657v脱。 [9]"是"字，P.2657v无。 [10]"即"字，龙谷122作"即是"。 [11]"佛"字，底本脱，据龙谷122、P.2460v、S.2595补。 [12]"由"字，底本、S.2595并脱，P.2460v、龙谷122、金泽本、朝鲜本、流行本有此字，据补。 [13]"清净"二字，底本、S.2595并脱，据龙谷122、P.2460v补。 [14]底本在"证"后有"成"字，衍，据龙谷122、S.2595、P.2460v删；又，龙谷122误"证（證）"为"澄"，且脱"佛果"二字。 [15]"不净"二字，龙谷122、P.2460v并脱。 [16]"膻腥"二字，龙谷122误作"犊服"。 [17]"岂不成"三字，底本作"岂不诚"，龙谷122、P.2460v并作"即成"，S.2595作"岂不成"，是，据改。 [18]"误"，底本、S.2595作"悟"，P.2460v、P.2657v、龙谷122作"悮"，流通本作"误"，据改。 [19]"苦"字，P.2657v、S.2595皆作"诸苦"，龙谷122作"诸菩萨”。［20］“是”字，P.2460v作“远”，误。［21］“也”字，底本无，P.2460v、龙谷122、朝鲜本有此字，今据P.2460v补之。［22］“如经所说”四字，底本、S.2595作“所说”，龙谷122、P.2460v作“经云说”，金泽本、朝鲜本、流通本作“如经所说”，义胜，据改。［23］“触欲心……所说牛不在高源”二百五十字，S.5532脱。［24］“糟糠麸豆”四字，P.2460v作“糠麸”。［25］“金”字，P.2460v作“黄金”。［26］“言”字，底本脱，据P.2460v补。［27］“即”字，龙谷122、P.2460v作“即是”。［28］“佛”字，底本脱，据P.2460v补。［29］“流出”二字，底本夺“流”字，S.2595全脱，龙谷122、P.2460v作“流出”，是，据改。［30］“清净”二字，龙谷122、P.2460v、S.2595并脱。［31］“如”字，P.2657v脱。［32］“牛”字，底本脱，据P.2460v补。［33］“佛”字，P.2460v、S.2595、龙谷122并脱。［34］“能”字，底本脱，S.2595同，据龙谷122、P.2657v补。［35］“得”字，龙谷122脱。［36］“也”字，S.2595脱；“阿耨多罗三藐三菩提也”，龙谷122作“阿耨涅槃”。

又[1]问：“经中所[2]说，佛[3]［言］[4]众生修[5]伽蓝、铸形象、烧香散花、然长明灯、昼夜六时绕塔行道、持斋礼拜种种功德，皆成佛道。若唯观心，总摄诸行，说[6]如是事，岂不[7]虚妄［也］[8]？”

校注：［1］“又”字，P.2657v脱。［2］“中所”二字，龙谷122作“云”，P.2657v脱。［3］“佛”字，P.2657v作“今佛”。［4］“言”字，底本脱，龙谷122作“令”，S.2595作“言”，是，据补。［5］“修”字，龙谷122、P.2657v作“修造”。［6］“说”字，S.2595脱。［7］“岂不”二字，底本作“应”，P.2657v作“岂非”，龙谷122作“不”，P.2460v作“岂不”，是，据改。［8］“也”字，底本脱，据龙谷122、S.5532、S.2595补。

答曰：“佛所说经[1]，有无量方便，以[2]一切众生，钝根狭劣，不悟[3]甚深［之义］[4]，所以假有为事，喻[5]无为［理］[6]。若不修[7]内行，唯只[8]外求，希[9]望获福，无有是[10]处。言伽蓝者，西国梵音，此地翻为清净处[11]。若永除三毒，常净六根，身心湛然，内外清净，是则[12]名为修伽蓝［也］[13]。又铸为形像[14]者，即是一切众生求修道[15]［也］[16]，所谓[17]修诸觉行，仿[18]像如来真如妙像[19]，岂为唯[20]铸写金铜之作[21]也，是故求解脱者，以身为炉，以法为火，[以][22]智惠为功匠，三聚净戒，为[23]六波罗蜜[24]。以画样[25]，熔炼身中[26]真如佛性，遍入[27]一切戒律模中，如教奉行[28]，以充缺漏[29]，自然成就真容之像。所谓[30]究竟常住，微妙法[31]身，非[32]有为败坏之法。若人求道不解，如是铸写真容，凭何辄然[33]，言成就功德[34]。又烧香者，亦非世间[35]有相之香，乃是无为正法香也[36]。熏诸秽恶[37]，悉令[38]消灭。其正法香，有五种体：一者戒香，所谓[39]能断诸恶，能修诸善；二者定香，所谓决信[40]大乘，心无退转；三者惠香，所谓常于身[41]心，内外观察；四者解脱香，所谓能断一切，无明结缚；五者解脱知见香，所谓觉照常明，通达无碍[42]。如是五者香[43]，世间无以比，佛在世日，令诸弟子以智惠火，烧[44]如是无价宝香，供养十方一切诸佛。今时众生，愚痴钝根，不解如来真实之义，唯将外火烧于世间，沉檀熏陆[45]质碍之香者[46]，希望福报[47]，云何可得？又散花者，义亦如是[48]。所谓演说正法，说功德者[49]，饶[50]益有情，散沾一切于真如[51]性，普施庄严，此功德花也[52]。佛所称叹，究竟常住，无凋落期。若复有人，散如是花，获福无量。若言如来令[53]诸众生，剪截缯彩，伤[54]损草木，以为散花，无有是处，所以者[55]何？持[净][56]戒者，于[57]诸大地，参罗万象[58]，不令触犯，误触[59]犯者，[犹][60]获大罪。况复今[者][61]，故毁[禁][62]戒，伤[63]损万物，求于福报，欲益及损，岂有是乎？”

校注：[1]“佛所说经”四字，P.2460v作“所说经有”，P.2657v作“所说经”，龙谷122作“喻说经云”。　[2]“以”字，S.2595脱。　[3]“不悟”字，S.2595脱。　[4]“之义”二字，金泽本、朝鲜本、流通本有，底本和其他诸本无，今据金泽本改。　[5]“事喻”二字，底本作“法喻”，据P.2460v、龙谷122改。　[6]“理”字，底本脱，据P.2460v补。　[7]“若不修”三字，P.2460v作“理若不修”，龙谷122作“复不修”。　[8]“只”字，S.2595同，龙谷122、P.2460v“心”。　[9]“希”字，龙谷122、P.2460v并脱。　[10]“是”字，龙谷122脱。　[11]“处”字，龙谷122、P.2460v作“之处”，S.2595、S.5532作“处也”。　[12]“则”字，S.2595脱。　[13]“也”字，底本脱，据龙谷122、P.2460v、S.2595、P.2657v补。　[14]“形像”二字，底本作“形象”，龙谷122、P.2460v作“像”，S.5532作“形像”，是，据改。　[15]“修道”二字，龙谷122、P.2460v作“解脱也”，P.2657v作“佛道也”。　[16]“也”字，底本脱，

据P.2460v、P.2657v补。　　［17］“谓”字，底本作“为”，通“谓”；龙谷122、P.2460v皆作“谓”，义胜，据改。　　［18］“仿”字，P.2657v、P.2460v皆作“放”。　　［19］“真如妙像”四字，金泽本、朝鲜本、流通本有此四字，底本及其他诸写本均无此四字，据文义，从金泽本补。　　［20］“为唯”二字，底本作“遣”，P.2657v作“唯”，P.2460v作“为唯”，是，据改。　　［21］“作”字，P.2460v作“所作”。　　［22］“以”字，底本无，金泽本、朝鲜本、流通本有，今据文义，从金泽本补。　　［23］“为”字，P.2657v脱。　　［24］“是故求解脱者……为六波罗蜜”二十九字，P.2460v脱。　　［25］“以画样”三字，S.2595作“以为画样”，P.2460v作“以样”。龙谷122脱“仿像如来，岂遣铸写金铜之作也，是故求解脱者，以身为炉，以法为火，智惠为功匠，三聚净戒，为六波罗蜜。以画样”四十字。　　［26］“中”字，S.2595作“心”。　　［27］P.2657v在“遍入”前多“是”字。　　［28］“如教奉行”四字，龙谷122、P.2460v作“如故奉持”，P.2657v作“如教奉持”。　　［29］“以充缺漏”四字，S.2595作“以无缺漏”，误。P.2460v作“一无缺漏身”，P.2657v作“以充缺漏身”。　　［30］“谓”字，S.2595作“为”。　　［31］“法”字，底本作“色”，义不通；龙谷122作“法”，是，据改。　　［32］“非”字，龙谷122作“非是”。　　［33］“然”字，P.2657v、P.2460v、龙谷122并脱。　　［34］“成就功德”四字，龙谷122、P.2460v作“成功德也”。　　［35］“间”字，S.5532脱。　　［36］“也”字，龙谷122、P.2460v并脱。　　［37］“熏诸秽恶”四字，P.2460v作“熏诸臭秽，无以恶业”。　　［38］“令”字，P.2460v作“合”，误。　　［39］“所谓”二字，龙谷122脱。　　［40］“所谓决信”四字，底本作“所谓决定”，龙谷122、P.2460v作“所有决信”，P.2657v、S.2595皆作“所谓决信”，是，据改。　　［41］“身”字，P.2657v作“一”。　　［42］“觉照常明通达无碍”八字，底本作“觉照常通无碍”，P.2657v作“觉照常通达无碍”，S.2595作“觉照常通达无明碍”，龙谷122、P.2460v作“觉观常明通达无碍”，义胜，今从龙谷122、P.2460v改之。　　［43］“如是五者香”五字，龙谷122、P.2460v作“知见种种名最香”，P.2657v作“知见种种真如法性，名最上香”。　　［44］“烧”字，龙谷122、P.2460v作“常烧”，亦通。　　［45］“实之义唯将外火烧于世间沉檀熏陆”十五字，龙谷122脱。　　［46］“者”字，龙谷122、P.2460v并脱。　　［47］“希望福报”四字，龙谷122误作“布坚福宝”。其中，“布”乃“希”之形误，“坚”乃“希”之形误，“宝”，乃“报”之假借字。　[48]“者义亦如是”五字，P.2657v缺。　[49]“说功德者”四字，龙谷122、P.2460v作“流诸功德”，P.2657v作“诸功德花”。　[50]“饶”字，S.2595误作“花饶”。　[51]“真如”二字，龙谷122、P.2460v皆作“如真”，误。　[52]“也”字，P.2460v脱。　[53]“若言如来令”五字，底本作“若令”；龙谷122、P.2460v、S.2595皆作“若如来令”，P.2657v作“若言如来令”，今从P.2657v改。　[54]“伤”字，底本、S.2595、S.5532作“澓”，P.2460v、P.2657v、金泽本、龙谷122、朝鲜本、流通本皆作“伤”，今从P.2460v改。　[55]“者”字，龙谷122、P.2460v皆作“为散散花”。　[56]“净”字，底本脱，据P.2460v、龙谷122、S.2595补。　[57]“于”字，龙谷122、P.2460v并脱。　[58]“象”字，P.2657v误作“像”。　[59]“误触”二字，龙谷122、P.2460v作“若有”，P.2657v作“若有误触”，亦通。　[60]“犹”字，底本脱，据龙谷122、P.2460v补。　[61]“况复今者”，底本脱“者”字，龙谷122、P.2460v作“咒今者”，P.2657v作“况复今者”，是，据补。　[62]“禁”字，底本脱，据S.5532、龙谷122、P.2460v、P.2657v补。　[63]“伤”字，龙谷122、P.2460v皆作“复”，亦通。

又问[1]：“长明[2]灯者，即正心觉也。智慧[3]明了，喻之为灯。是故一切求解脱者，常以身为灯台[4]，心为灯盏，信为灯柱，增诸戒[5]行，以为添油。智慧明达，喻如灯火[6]常然（燃），如是真如[7]正觉灯，照[8]破一切[无明][9]痴暗。能以此法，转相开[10]悟，即一灯然[11]，然百千灯，以灯[12]续明，明终不尽[13]，以无尽故，号曰长明[14]。过去有[15]佛，名为[16]燃灯，义亦如是。愚痴[17]众生，不会如来方便之说，专行虚妄，执着有为，遂然世间苏油之灯，以照一[18]室，乃称依教，岂不谬乎？所以[19]者何？佛放眉间一毫相[20]光，尚照于八万千界[21]。若身光尽照，普遍十方，岂假如是世俗之灯，以为利益。详[22]察斯理，应不然乎[23]？”

校注：[1]“问”字，P.2657v、龙谷122、P.2460v并脱。　[2]“长明”二字，S.2595脱。　[3]“智慧”二字，S.2595作“以智慧”，龙谷122、P.2460v作“以智”，P.2657v作“以觉智慧”。　[4]“常以身为灯台”，龙谷122、P.2460v作“常以身为通达身灯堂灯台”，P.2657v作“常以身为达身喻灯台”。　[5]“解”字，底本作“戒”，同音假借；P.2657v作“解”，是，据改。　[6]“灯火”二字，龙谷122误作“加（如）光”。　[7]“如”字，龙谷122、P.2460v并脱。　[8]“照”字，S.2595作“明”，误。　[9]“无明”二字，底本脱，据龙谷122、P.2460v、S.2595补。　[10]“开”字，龙谷122、P.2460v作“觉”，亦通。　[11]“即一灯然”四字，底本作“即是一灯”，龙谷122作“即一灯然”，义胜，据改。　[12]底本在“灯”前多“一”字；衍，龙谷122、P.2460v、S.2595、P.2657v皆无“一”字，是，据删。　[13]“明终不尽”四字，龙谷122、P.2460v作“终不尽也”，P.2657v作“明终不尽也”。　[14]龙谷122在“长明”后多“灯”字。　[15]“有”字，龙谷122、P.2460v并脱。　[16]“名为”二字，S.2595作“号为”，龙谷122、P.2460v作“名曰”。　[17]P.2657v在“愚痴”前多“故燃七昼者，七识也。中间一识，转动七识，随转七七四十九。燃四十九灯，唯除身中离染种子，见明亦闻照用分明，虚通无碍”。　[18]“一”字，龙谷122、P.2460v作“空”。　[19]“所以”二字，龙谷122作“以所”，误，当倒乙。　[20]“相”字，底本作“一”，S.2595作“相”，义胜，据改。龙谷122、P.2460v皆作“之”，勉强可通。　[21]“尚照于八万千界”七字，S.2595作“上照八万千世界”，P.2460v作“尚能照于八万千界”。　[22]“详”字，P.2460v作“实”，龙谷122作“审”。　[23]“乎”字，龙谷122、P.2460v皆作“也”。

又问[1]：“六时行道者，所为六根之中，于[2]一切时，常行佛道者[3]，觉也。即是[4]修诸觉行[5]，调伏六根，六情清净，行，住、坐、卧[6]，长时不舍，名六时行道。塔者，身也，常令觉惠，巡绕身心，念念不停，名为绕塔。过去圣僧，如是行道[7]，即得[8]涅槃。求解脱者，不会斯[9]理，何名行道？窃见今时钝根之辈，曾无内行[10]，唯执外求，将质碍身，绕世间塔，日夜走骤，徒自疲劳。而于真性，一无[11]利益，迷误之甚[12]，诚可悯叹[13]。又持斋者，当须会意，不达其理[14]，徒尔虚功。斋者，齐也[15]，所谓齐[16]整身心，不令散乱。持[17]者，护也，所谓戒行[18]，如法护持[19]，必须[外][20]禁六情[21]，[内][22]制三毒，勤觉察身心[23]，了如[24]是义，可[25]名为斋也。又持斋者[26]，食[27]有五种：一者法喜食，所谓依如正[28]法，欢喜奉行[29]。二者禅悦食，所谓内外澄寂，身心悦乐[30]。三者念食，所谓常念诸佛，心口相应。四者愿食，所谓行住坐卧，常求善愿。五者解脱食，所谓心[31]常清净，不染俗尘。此五[32]净食，名为斋食。若复有人，不食如是五清净食[33]，言持斋者[34]，无有是处。言[35]断食于无明恶业之食，若转触者，名为破斋破戒[36]，云何获福[37]？或有迷愚，不悟斯理[38]，身心放逸[39]，诸恶皆为，贪欲恣情，了无[40]惭愧。唯断外道[41]食，自谓持斋，何异痴人[42]见烂坏死尸，称言[43]有命，必无是处[44]。

校注：［1］"问"字，P.2657v、龙谷122、P.2460v、S.2595并脱。　［2］"于"字，龙谷122、P.2657v并脱。　［3］"佛道者"三字，P.2460v作"佛者"，龙谷122作"道者"。　［4］"是"字，龙谷122、P.2460v并脱。　［5］"觉行"二字，龙谷122脱。　［6］"调伏六根六情净行行住坐卧"十二字，S.2595作"调服六根净住"，龙谷122、P.2460v作"调伏六根，［六根］清净，行住坐卧"，今从P.2460v改。　［7］"过去圣僧如是行道"八字，S.2595作"过去圣僧人，如是行道"，P.2460v作"过去诸圣僧，曾此道得至"。　［8］"即得"二字，S.2595作"得"，P.2460v脱"即得"。　［9］"斯"字，P.2460v作"期"，误；龙谷122作"其"，亦通。　［10］"曾无内行"四字，S.2595作"众生曾未内行"，S.5532作"懵内行"，P.2657v作"修内行"。　［11］"一无"二字，P.2657v、龙谷122、P.2460v皆作"有何"。　［12］"迷误之甚"四字，P.2460v作"迷悟去甚"。　［13］"火常燃……诚可悯叹"二百八十九字，S.5532脱。　［14］"当须会意不达其理"八字，底本作"当意达其理"，S.2595作"当须达意其利"，P.2657v作"当须会意，不达义理"，龙谷122、P.2460v皆作"当须会意不达其理"，是，据改。　［15］"齐也"二字，龙谷122、P.2657v、P.2460v并脱。　［16］"齐"字，龙谷122脱。　［17］龙谷122在"持"后多"斋"字，衍。　［18］P.2460v在"戒行"前多"于"字，龙谷122在"戒行"前多"于诸"二字。　［19］"如法护持"四字，底本作"诸法护持"，P.2460v作"如法护持"，是，据改。另，P.2657v作"诸戒行如法护持"，亦通。　［20］"外"字，底本无，朝鲜本、流通本有，据补。　［21］"禁六情"三字，龙谷122、P.2460v并脱"六情"二字，P.2657v脱"禁六"二字。　［22］"内"字，底本无，朝鲜本、流通本有，据补。　［23］"勤觉察身心"五字，P.2460v作"勤察净心"，龙谷122作"勤斋净心"，P.2657v作"勤察净六"。　［24］"如"字，龙谷122作"知"，义通。　［25］"可"

字，底本作“所”，龙谷122、P.2657v、P.2460v皆作“可”，是，据改。　［26］“又持斋者”四字，P.2657v作“又斋”。　［27］“食”字，S.2595脱。　［28］“正”字，P.2460v脱。　［29］“欢喜奉行”四字，龙谷122、P.2460v皆作“食”。　［30］“所谓内外澄寂身心悦乐”十字，龙谷122、P.2460v并脱。　［31］底本在“心”前多“愿”字，衍，据龙谷122、P.2657v、P.2460v、S.2595删。　［32］“五”字，底本作“之”，P.2657v、P.2460v皆作“五”，是，据改。另，龙谷122作“是五”，“是”字衍。　［33］“五清净食”四字，底本作“五味清净食”，“味”字衍。S.2595作“五清净食”，是，据改。另，龙谷122、P.2460v皆作“五净食者”，P.2657v作“五种清净食”，亦通。　［34］“言持斋者”四字，底本作“躬持斋者”，S.2595作“外持斋者”，义不通；龙谷122、P.2460v写作“言持斋”，龙谷122、P.2657v作“言持斋者”，义胜，据改。　［35］“言”字，底本作“言”，金泽本、流通本作“唯”，朝鲜本作“又有”。　［36］“若转触者名为破斋破戒”十字，底本作“若转触者破斋”，义不通；龙谷122、P.2460v皆作“若转触者名为破斋破戒”，是，据改。　［37］“云何获福”四字，P.2657v作“毁破净斋”。　［38］“不悟斯理”四字，底本作“不斯道理”，不通；S.2595作“不会斯理”，P.2657v作“不悮于心”，龙谷122、P.2460v皆作“不悟斯理”，是，据改。　［39］“身心”二字，龙谷122、P.2657v、P.2460v并脱。　［40］“了无”二字，龙谷122、P.2460v作“不生”，P.2657v作“所染着”。　［41］“道”字，龙谷122、P.2657v、S.2595并脱。　［42］“何异痴人”四字，S.2595作“何异”，P.2460v作“何以痴人”。　［43］“称言”二字，P.2657v、龙谷122、P.2460v皆误作“拜其”。　［44］“必无是处”四字，S.2595作“必死见事”，龙谷122、P.2460v作“无有是处”，P.2657v、S.5532皆作“必无是事”。

“又礼[1]拜者，当须如法也[2]。必须理体内明[3]，随事[4]权变，理恒不舍。事有行藏，会如是义，乃名如法礼拜[5]。夫礼[6]者，敬也；拜[7]者，伏也[8]。所谓[9]恭敬真性[10]，屈伏无明，名为礼拜[11]。以恭敬［故］[12]，不敢[13]毁伤；以屈伏［故］[14]，无令纵逸[15]。若能诸恶永灭[16]，善念恒存，虽不见[17]相，常名礼拜。其事法者，即身相也[18]。［为］[19]欲令诸世俗表谦下心故，须屈伏外身[20]，［示］[21]恭敬［内相］[22]，用之则显[23]，舍之则藏。觉内明外[24]，以相应也。若复[25]不行理法，唯执事门，内则故纵贪痴，常为恶业。外则空现[26]身相，何名礼拜？无惭[27]于圣，徒诳于凡[28]，不免沦堕，岂成功德。既无所得[29]，云何求[30]道？”

校注：[1]“礼”字，P.2460v脱。 [2]“当须如法也”五字，S.2595脱“当如法也”四字，龙谷122、P.2460v作“当如法拜也”，“拜”字疑衍。 [3]“明”字，龙谷122、P.2460v作“事”。 [4]“事”字，P.2460v作“以”，龙谷122脱。 [5]“礼拜”二字，P.2657v、P.2460v、S.2595并脱。 [6]“礼”字，S.2595误作“法”。 [7]“拜”字，龙谷122脱。 [8]“伏也”二字，S.2595脱，P.2460v作“伏”。 [9]“谓”字，底本作“为”，据P.2460v改。 [10]“性”字，S.2595作“枉”，误。 [11]“名为礼拜”四字，龙谷122作“名明为礼拜”，S.2595作“为礼拜也”。 [12]“故”字，底本脱，据P.2460v、龙谷122、S.2595补。 [13]“敢”字，S.2595、龙谷122并脱。 [14]“故”字，底本脱，据P.2460v、S.2595、龙谷122、P.2657v补。 [15]“纵逸”二字，S.2595脱“逸”字，龙谷122作“放逸”。 [16]“若能诸恶永灭”六字，S.2595作“若能恶情永断”，龙谷122、P.2460v作“若能恶情永灭”。 [17]“见”字，龙谷122、P.2657v作“现”。 [18]“也”字，P.2460v、龙谷122并脱。 [19]“为”字，底本脱，据龙谷122、P.2657v、P.2460v、S.2595补。 [20]“外身”二字，底本作“外心”，龙谷122、P.2460v、P.2657v、金泽本、朝鲜本、流通本、S.2595作“身外”，义胜，据改。 [21]“示”字，底本脱，据P.2460v补。 [22]“内相”二字，底本无，P.2657v作“内相”。S.2595、P.2460v、龙谷122作“相”，金泽本、流通本作“示内恭敬”，据文义，今从P.2657v补。 [23]“用之则显”四字，P.2460v脱“用”字，龙谷122作“诸则显”，P.2657v作“内相用之则显”。 [24]“觉内明外”四字，P.2460v、S.2595皆作“觉外明内”，龙谷122、P.2657v误“觉”为“举”。 [25]“复”字，龙谷122作“能”。 [26]“现”字，龙谷122、P.2460v误作“理”。又，“身相”，龙谷122作“相现”。 [27]龙谷122、P.2460v在“惭”后多“愧”字，衍。 [28]“徒诳于凡”四字，龙谷122、P.2460v作“徒诳于己”，S.2595作“徒诳于凡”，P.2657v作“徒自诳己身”。 [29]“既无所得”四字，龙谷122、P.2460v并脱“无”字，P.2657v作“既无功德”。 [30]“求”字，S.2595作“救”，误。

又[1]问："《温室经》说[2]：'洗浴众僧，获福无量。'此则凭于事法，功德始[3]成，若唯观心，可相应不[4]？"

校注：[1]"又"字前，P.2657v多出如下文字："又造翻数珠念佛者其惟福也，所谓数珠者，六根也，一根起染，六处俱转六六三十六，军贼为贪，三十六为嗔，三十六为痴，以成三毒，合为一百八烦恼。若能觉了，观照身心功用，念念连珠，心无染着，不起不动，令于体性，造四十九尺长翻（幡）者，谓七识也。一识转动，七处随转，故七七四十九也，方便使翻（幡）七识转入寂静，即法海湛然，息风灭波，惠教长流，内外明净，即虚通无碍，合如来性，真如湛寂时人，愚迷不会圣意费损缯彩，身外念佛，求于福惠所应也，若能俱持，亦是众生之所少善也，若是行人，必须内求外，无益也。" [2]"说"字，S.2595脱。 [3]"始"字，龙谷122作"所"，亦通。 [4]"不"字，P.2460v脱，龙谷122作"否"，亦通。

答曰："洗浴众僧者，非[1]世间有为事[2]。世尊当示为诸[3]弟子说《温室经》，欲[4]令受持，洗浴之法[5]，是故假诸世事[6]，比喻真宗，隐说七事，供养功德。其七事者[7]：第一净水、二者[8]燃[9]火[10]、三者[11]澡豆、四者[12]杨枝、五者[13]纯灰、六者[14]苏膏、七者[15]内衣。举此七事，喻于七[16]法。一切众生，由[17]此七法，洗浴庄严，能除三毒无明垢秽。其七法者：一谓[18]净戒，洗荡愆非[19]，如清净水[20]，洗[21]诸尘垢；二谓智慧，观察内外，犹[22]如燃[23]火[能][24]温其[25]水；三谓[26]分别，简弃诸恶[27]，犹[28]如澡豆，能除垢腻[29]；四谓真实，断诸妄语[30]，如嚼杨枝，能消口气；五谓正信，决无疑虑，如灰磨身，能除虮虱[31]；六谓调柔，和[32]诸刚强，犹如苏膏[33]，通润皮肤；七谓惭愧，灭[34]诸恶业，犹[35]如内衣，遮弊[36]丑形。如上七法，并是经中[37]秘密[38]之义，如来当示，为诸[39]大乘利根者说，非为小[40]智下劣凡夫，所以今人无能悟解。其温室者，即身是也。所以燃[41]智惠火，温净戒汤，洗[42]浴身中，真如[43]佛性，受持七法，以自庄严，当令[44]比丘，聪明利智[45]，皆悟佛意[46]，如说[47]修行，功德成就，俱登圣果。今时众生，愚痴钝根，莫测其事[48]，将世间水，洗质碍身，自谓[49]依经，岂非悟也？且[真]如佛性[50]，非是凡形，烦恼尘埃，本来无相[51]，岂可将质[52]碍水洗无碍[53]身？事不相应，云何可得？若言碍身[得]清净[者][54]，当观此身，本因[55]贪欲，不净所生，臭秽骈阗，内外充满[56]。若洗此身，求于［清］[57]净者，犹如洗堑，泥尽应[58]停。以此验之，名[59]知外洗，非佛说也。”

校注：［1］“非”字，P.2460v、S.2595皆作“非洗”，龙谷122、P.2657v皆作“非说”。［2］“事”字，P.2657v、P.2460v、龙谷122皆作“事也”。［3］“诸”字，龙谷122脱。［4］“欲”字，龙谷122脱。［5］“法”字，龙谷122、P.2460v作“法也”。［6］“假诸世事”四字，龙谷122、P.2460v作“假世间事”。［7］“隐说七事供养功德其七事者”十二字，S.2595“说七事也”，龙谷122、P.2460v作“说七事，供养功德。其事者”。［8］“二者”二字，龙谷122、P.2460v作“第二”。［9］“燃”字，P.2657v、朝鲜本、流通本作“燃”，金泽本作“烧”，底本和其他诸本作“然”，同音假借，据P.2657v改。［10］“权变，理恒不舍……二者燃火”二百七十字，S.5532脱。［11］“三者”二字，龙谷122、P.2460v作“第三”。［12］“四者”二字，龙谷122作“第四”。［13］“五者”二字，龙谷122作“第五”。［14］“六者”二字，龙谷122作“第六”。［15］“七者”二字，S.5532作“七曰”，龙谷122作“第七”。［16］“七”字，龙谷122、P.2460v并脱，P.2657v误作“犹”。［17］“由”字，P.2657v、龙谷122、P.2460v皆作“自”。［18］“谓”字，底本作“为”，通“谓”；P.2460v脱，龙谷122作“谓”，是，据改。［19］“愆非”二字，S.2595作“身心”。［20］“如清净水”四字，P.2657v作“犹如净水”。［21］“洗”字，P.2657v、龙谷122、P.2460v皆作“去”。［22］“犹”字，金泽本作“由”。［23］“燃”字，P.2657v、朝鲜本、流通本作“燃”，金泽本作“烧”，底本和其他诸本作“然”，同音假借，今从P.2657v改。［24］“能”字，底本脱，P.2460v、龙谷122、P.2657v、S.2595作“能”，据补。［25］“其”，P.2657v、P.2460v皆作“净”。［26］“谓”字，P.2657v、龙谷122、P.2460v皆作“者”。［27］“诸恶”二字，S.2595脱。［28］“犹”字，底本作“由”，据龙谷122改。案，敦煌写本中，“犹”“由”通用，此处“犹”义胜。［29］“腻”字，龙谷122作“秽”，亦通。［30］“妄语”二字，P.2657v、龙谷122、P.2460v皆误作“淫欲”。［31］“能除虮虱”四字，底本作“能避诸风”，龙谷122、P.2460v皆作“能除虮虱”，是，据改。［32］“六谓调柔和”五字，龙谷122、P.2460v作“六谓觉悟伏诸”。 [33]“犹如苏膏”四字，底本作“由如苏膏”，龙谷122、P.2460v作“犹膏”。“犹”通“由”，此处“犹”义胜，据改。 [34]“灭”字，龙谷122、P.2460v作“悔”，S.2595脱。 [35]“犹”字，底本作“由”，据龙谷122、P.2460v改。 [36]“弊”字，龙谷122误作“满”。 [37]“中”字，S.2595作“守”。 [38]“秘密”二字，P.2657v、P.2460v皆作“佛说”，龙谷122作“说”。 [39]“诸”字，P.2657v、龙谷122、S.2595皆作“为诸”，据补。 [40]“小”字，龙谷122作“少”，通“小”。 [41]“燃”字，P.2657v、朝鲜本、流通本作“燃”，金泽本作“烧”，底本和其他诸本作“然”，同音假借，今从P.2657v改之。 [42]“洗”字，龙谷122、P.2460v皆作“沐”。 [43]“真如”二字，S.2595脱。 [44]“令”字，P.2460v作“尔之时”，龙谷122作“尔诸时”，P.2657v作“示”，P.2595作“尔”。 [45]“智”字，龙谷122、P.2460v作“惠”。 [46]“皆悟佛意”四字，P.2460v、S.2595皆作“皆悟圣意”，龙谷122、P.2657v作“了悟圣意”。 [47]“如说”二字，S.2595脱。 [48]“莫测其事”四字，龙谷122、P.2460v作“嗔测斯事”，P.2657v作“不测斯事”。 [49]“谓”字，底本作“为”，据P.2460v、P.2657v、龙谷122、S.2595改。案，敦煌写本中，“为”“谓”二字多混用，此处以“谓”为是。 [50]“且真如佛性”五字，底本脱“真”字，龙谷122、P.2460v作“是真如佛性”，P.2657v作“是真如佛”。据改。 [51]“无相”二字，龙谷122、P.2460v作“相”字，P.2657v误作“相续”。 [52]“质”字，底本作“有”，P.2657v作“质”，义胜，据改。 [53]“碍”字，龙谷122、P.2460v、S.2595皆作“为”。 [54]“得清净者”四字，底本脱“得”“者”二字，据龙谷122、P.2657v、P.2460v补。 [55]“本因”二字，底本作“无因”，S.2595作“本因”，是，据改。另，龙谷122作“无事”，P.2460v作“是”，P.2657v脱，皆有错讹。 [56]“充满”二字，龙谷122、P.2460v皆作“无漏”，P.2657v作“泄满”。 [57]“清”字，底本脱，据S.2595补。 [58]底本在“应”前有“则”字，衍，据P.2657v、P.2460v、龙谷122、S.2595删。 [59]“名”字，底本作“明”，同音假借。龙谷122作“名”，是，据改。

又问：“如经所说[1]，[至心][2]念佛，必得[往生西方净土此一门，即应成佛，何假观心，求于][3]解脱？”

答曰："夫念佛者，当须正念，［了义为正］[4]，若不了义，即为邪念[5]。正念[6]必得往生净土[7]。邪念[8]云何达彼岸[9]？佛者，觉也。所谓[10]觉察身心[11]，勿令起恶念[12]者，意也。［所］谓［精进］[13]持戒行，不忘[14]精进[15]。了如是[16]义，名为正念。故知念在于心，不[17]在于言。因筌求鱼，得鱼忘筌[18]。因言求意，得意妄言。既称念佛之名，须行念佛之体。若[19]心无实体[20]，口诵[21]空名[22]，徒念[23]虚功[24]，有何成益[25]？且如诵经[26]之与念佛[27]，名义悬殊，在口曰诵，在心曰念[28]，故知念从心起[29]，名为觉行[30]，诵在口中[31]，即是音声之相，执相[32]求福，终无是处[33]。故经曰[34]：'凡所有相，皆是虚妄。'"

校注：［1］"如经所说"四字，P.2460v、S.2595皆作"经所说，言至心"，龙谷122作"经云所言"。　［2］"至心"二字，底本脱，据P.2460v补。　［3］"往生……求于"十九字，底本脱，据龙谷122、P.2460v补。　［4］"了义为正"四字，底本脱，据P.2657v、龙谷122、P.2460v补。　［5］"若不了义，即为邪念"八字，龙谷122、P.2657v、P.2460v皆作"不了义为邪"，S.2595作"不了义即为邪"。　［6］底本在"正念"后有"佛"字，龙谷122、P.2460v、S.2595无"佛"字，义胜，据删。　［7］"净土"二字，底本作"净国"，龙谷122、P.2460v皆作"净土"，义胜，据改。　［8］"邪念"二字，P.2460v误作"聚"。　［9］"岸"字，P.2657v、龙谷122、P.2460v、S.2595并脱。　［10］"谓"字，底本作"为"，龙谷122、P.2460v作"谓"，是，据改。　［11］"觉察身心"四字，S.2595作"为正心原"，龙谷122作"觉下察身心"。　［12］"恶念"二字，龙谷122脱。　［13］"所谓精进"四字，底本原误作"坚"，P.2657v作"谓精"，据龙谷122、P.2460v补改。　［14］"忘"字，底本作"妄"，误，据S.2595改。案，敦煌写本中"忘""妄"常混用，此处以"忘"为是。　［15］"进"字，底本作"勤"，P.2460v作"进"，义胜，据改。　［16］"是"字，底本作"来"，据龙谷122、P.2657v、P.2460v改。　［17］"在于心不"四字，龙谷122、P.2460v、P.2657v皆无，义通。　［18］"因筌求鱼得鱼忘筌"八字，龙谷122无。　［19］"若"字，龙谷122误作"善"。　［20］"体"字，S.2595脱。　［21］"诵"字，龙谷122、P.2657v、P.2460v皆误作"调"。　［22］"名"字，S.2595作"言"。　［23］"念"字，P.2657v、龙谷122、P.2460v皆作"尔"。　［24］"功"字，龙谷122误作

“空”。 ［25］“益”字，龙谷122误作“善”。 ［26］“诵”字，龙谷122、P.2657v作“诵经”，据文义，今从P.2657v补之。 ［27］“佛”字，底本脱，据P.2657v补。 ［28］“在口曰诵，在心曰念”八字，龙谷122、P.2460v脱“口曰诵在心”五字，P.2657v脱“在口曰诵”四字。 ［29］“知念从心起”五字，龙谷122作“之念徒”。 ［30］“觉行”二字，P.2657v、S.2595皆作“觉行之门”，龙谷122作“觉行之”。 ［31］“中”字，龙谷122作“是”。 ［32］“相”字，底本作“着”，P.2657v、P.2460v皆作“相”，是，据改。 ［33］“处”字，底本作“乎”，龙谷122、P.2460v皆作“处”，是，据改。 ［34］“曰”字，龙谷122、P.2657v、S.2595皆作“云”。

又云：“若以色见我，以音声求我，是人行邪道，不能见如来。以此观之[1]，乃[2]知事相非真正[3]也。故知[4]过去诸佛[5]，所修功德，皆非外说，唯正[6]论心[7]，心[8]是众善之源，心是[9]万恶之主。涅槃[10]常乐[11]，由自[12]心生。三界轮回，亦从心起。心为出世之门户，心是解脱之关津。知门户者，岂虑难成？识关津者，何忧不[13]达？”

校注：［1］“之”字，P.2657v、P.2460v皆作“心”。 ［2］“乃”字，龙谷122、P.2460v皆作“了”。 ［3］“正”字，龙谷122无，亦通。 ［4］“故知”二字，S.2595脱。 ［5］“佛”字，P.2460v作“圣佛”，龙谷122作“圣”，亦均通。 ［6］“正”字，底本作“只”，据P.2657v、S.2595、S.5532改。 ［7］“心”字，龙谷122、P.2595并脱。 ［8］“心”字，龙谷122、P.2657v、P.2460v皆作“即心”。 ［9］“心是”二字，龙谷122、P.2460v作“即心为”。 ［10］“涅槃”二字，龙谷122脱。 ［11］“乐”字，P.2657v脱。 ［12］“自”字，P.2657v脱。 ［13］“不”字，P.2460v误作“及”，龙谷122脱。

窃[1]见今[2]时浅识，唯执事相为功[3]，广费财宝，多指损[4]水陆，妄营像塔，虚役人夫，积木[5]叠泥，图丹画彩[6]，倾心尽力，损己迷他，未解惭愧，何曾觉悟？有此见是有为[7]，勤勤执着[8]，说于[9]无相，兀兀[10]如迷[11]，且贪目下之小慈[12]，不觉人[13]当来之大苦。此之修学[14]，徒自疲劳，背[15]正归邪，诈言[16]获福。但能摄心内照，觉观常明，绝三毒[17]，永使消亡，［闭］[18]六贼［门］[19]，不令侵扰[20]，自然恒沙功德，种种庄严，无数法门[21]。悉皆[22]成[23]就。超[24]凡证圣，目击非遥，悟在须臾，何烦皓首，法门幽秘，宁可具陈[25]，略而论心[26]，详其少分[27]。说偈曰：

嗔是忍辱花，喜是忍辱果。
花来便摘却，果来无处坐[28]。”

此[29]论乃是经体骨，究竟真门，以此教行，即名顿悟。纵有退失，犹胜二乘。时时看之，甚有道理。亦是默传心印。时，大唐会昌五年，乙丑岁，春二八月日写。遇奉上日本和尚结当来之因。

越州剡悬（县）汳洲子龙朗书
《达摩和尚关心破心论》
一交点了
建长四年六月廿四日未时书了
执笔夜叉王丸

校注：[1]“窃”字，龙谷122、P.2460v皆作“切”，误。 [2]“今”字，龙谷122作“了”。 [3]“唯执事相为功”六字，P.2657v作“唯立事相为功”，S.2595作“唯事见相为功”，龙谷122作“唯五事相为功”。 [4]“损”字，金泽本、朝鲜本、流通本作“伤”。 [5]“积木”二字，S.2595脱。 [6]“图丹画彩”四字，底本作“图丹画像”，据龙谷122、P.2460v改。 [7]“见是有为”四字，底本、S.5532作“有此”，S.2595作“见有”。P.2657v作“见是有为”，P.2460v及其他诸本作“见有为”，据文义，从P.2657v改。 [8]“有为勤勤执着”六字，S.2595作“有见勤勤执着”，龙谷122、P.2460v作“有为勤勤爱着”。 [9]“于”字，龙谷122、P.2460v并脱。 [10]“兀兀”二字，龙谷122、P.2460v误作“无无”。 [11]“如迷”二字，龙谷122作“迷他”。 [12]“且贪目下之小慈”七字，S.2595作“但贪目下之小慈”，P.2460v作“他且见世之小慈”，龙谷122作“且见（现）世之少慈”。 [13]“不觉入”三字，S.2595作“无觉”，龙谷122、P.2460v作“岂觉”。 [14]“此之修学”四字，龙谷122作“此修斋”。 [15]“背”字，P.2460v作“皆”，误，形近致讹。 [16]“诈言”二字，龙谷122、P.2460v作“谁能”，亦通。 [17]朝鲜本“毒”字后有“心”字。 [18]“闭”字，底本无，P.2460v在“六贼”前有“闭”

字，义通，据补。又，龙谷122在“六贼”前有“闲”字，当为“闭”之误。 ［19］“门”字，底本及其他诸本无此字，朝鲜本有此字，据朝鲜本补。 ［20］“扰”字，龙谷122脱。 ［21］“法门”二字，龙谷122作“行”，P.2460v作“行门”，今从底本。 ［22］“悉皆”二字，P.2460v脱，龙谷122作“一一”。 ［23］“成”字，龙谷122脱。 ［24］P.2657v自“超”字以下断残。 ［25］“法门幽秘宁可具陈”八字，P.2460v作“门幽晤宁，礭升陈宗”。 ［26］“略而论心”四字，P.2460v、龙谷122作“略述观心”。 ［27］“详其少分”四字，P.2460v作“祥（详）其少分者矣”。 ［28］“说偈曰嗔是忍辱花喜是忍辱果花来便摘却果来无处坐”二十三字，S.2595、龙谷122、S.5532并脱。 ［29］此字后金泽本有这一段文字，其他诸本无。

六、南阳和上顿教解脱禅门直了性坛语

【题解】

《南阳和上顿教解脱禅门直了性坛语》是惠能弟子神会于开元六年（718年）之后在南阳龙兴寺所举行的授戒会上宣讲佛法的语录，在敦煌写本中有五个编号，即P.2045、S.2492、S.6977、北寒81（北8376）和敦博77。

敦博77，首尾俱全，书写工整，字迹清晰，错讹也少。本录文即以该写本为底本。

北寒81（北寒1481），首尾俱全，文字比底本略简，且书法颇佳，当是经后人润色过的本子。

P.2045，首尾俱全，文字与敦博77基本一致，当来自同一祖本。

S.2492，首尾俱残，文字与敦博77大体相同。

S.6977，仅存二残片，首尾均残。文字与敦博77多不相同，有些段落彼此互有出入，当是与敦博77不同来源的本子。[①]

该文献内容丰富，为研究南宗禅顿悟思想的重要资料，历来受研究者的重视。前贤对该文献颇多研究，举其荦荦大端者有：

1．铃木大拙:《校刊少室逸书解说》，安宅佛教文库，1936年，第50～68页。其中第三篇即为《南阳和上顿教解脱禅门直了性坛语》，以北寒81（北8376）为底本；

2．胡适:《神会和尚遗集》，台北胡适纪念馆，1982年。以P.2045为底本；

3．W. Benthal, *The Sermon of Shen-hui*, *Asia Major,* New Series, II.2, 1952, pp.132-155. 以北寒81（北8376）为底本，参考P.2045，英译并进行校订；

4．莜原寿雄:《荷泽神会的语录——译注〈南阳和上顿教解脱禅门直了性坛语〉》,《驹泽大学文学部研究纪要》第31号，1973年，第1～33页。以胡适校本为底本，同时参校其余诸本，先录文，后日译，再校注；

5．宋绍年校《南阳和上顿教解脱禅门直了性坛语》，收录于刘坚与蒋绍愚

① 邓文宽、荣新江录校《敦博本禅籍录校》，南京：江苏古籍出版社，1998年，第109页。

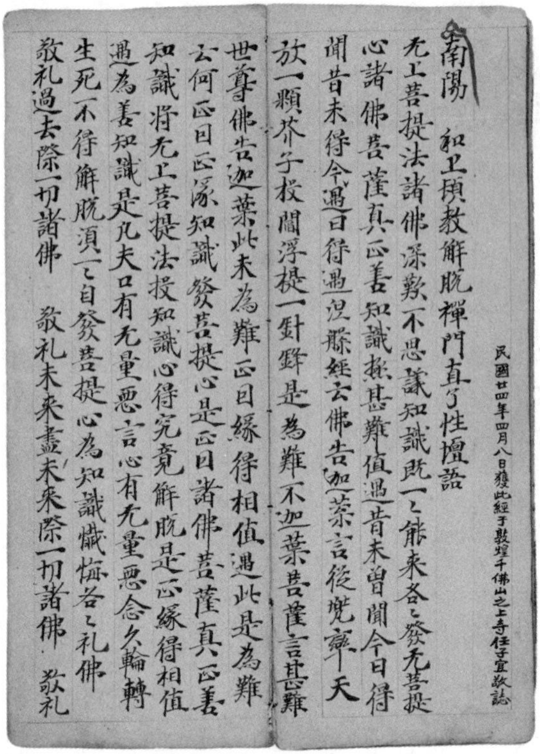

敦博77《南阳和上顿教解脱禅门直了性坛语》(局部)

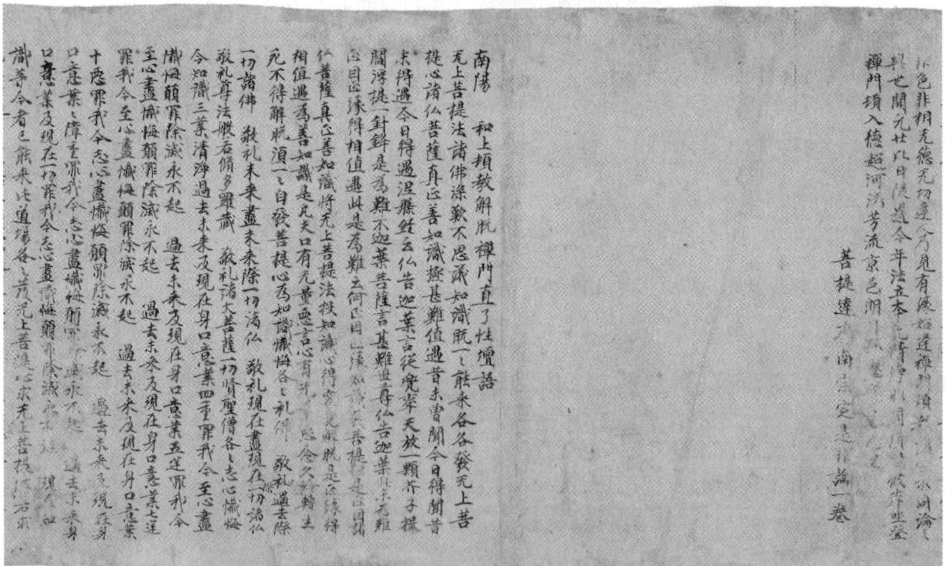

P.2045《南阳和上顿教解脱禅门直了性坛语》(局部)

主编《近代汉语语法资料汇编·唐五代卷》，北京：商务印书馆，1990年，第33～54页；

6．杨曾文编校《神会和尚禅话录》，北京：中华书局，1996年，第3～14页。以敦博77为底本，同时参校P.2045和北寒81（北8376），但未及S.2492、S.6977二本。

7．邓文宽、荣新江录校《敦博本禅籍录校》，南京：江苏古籍出版社，1998年，第109～183页。这是目前所见校注最精良的本子，本录校多参考之。

【录文】

南阳[1]和上[2]顿教解脱禅门直[3]了性坛语

无上菩提法，诸佛深叹不思议。知识，既一一能来，各各发无［上］[4]菩提心，诸佛菩萨，真正善知识，极甚难值[5]遇。昔未曾闻，今日得闻；昔未得遇，今日得遇。《涅槃经》云[6]："佛告迦叶言[7]：从兜率天放一颗芥子，投阎浮提一针锋，是为难不？"迦叶菩萨言："甚难，世尊！"佛告迦叶："此未为难，正因［正］[8]缘得相值遇，此是为难。"

云何正因正缘？知识，发［无上］[9]菩提心是正因。诸佛菩萨、真正善知识，将无上菩提法投知识[10]心，得究竟解脱是正缘，得相值遇，为善知识。是凡夫，口有无量恶言，心[11]有无量恶念久轮转生死，不得解脱。须一一自发菩提心，为知识忏悔，各各礼佛：

敬礼过去［尽过去］[12]际，一切诸[13]佛。

敬礼未来尽未来[14]际，一切诸佛。

敬礼现在尽现［在］际[15]，一切诸[16]佛。

敬礼尊法般若[17]修多罗藏。

敬礼诸大菩萨、一切贤圣僧。

各各至[18]心忏悔，令[19]知识三业清净。

校注：［1］"南阳"二字，北寒81脱。　［2］"和上"二字，北寒81作"和尚"，以下同。且底本、P.2045、北寒81都有敬字空格。　［3］"直"字，北寒81作"真"，误。案，敦煌写本中，"直""真"二字常混用。　［4］"上"字，底本脱，据北寒81、P.2045补。　［5］"值"字，北寒81脱。　［6］"涅槃经云"四字，北寒81脱。　［7］"言"字，北寒81脱。　［8］"正"字，底本缺，据北寒81、P.2045补。　［9］"无上"二字，底本及P.2045脱，据北寒81补。　[10]“将无上菩提法投知识”九字，北寒81脱。　[11]“有无量恶言心”六字，北寒81脱。　[12]“尽过去”三字，诸卷均无，胡适校本拟补“尽过去”三字，据上下文义，可从。　[13]“诸”字，北寒81脱。　[14]“尽未来”三字，北寒81脱。　[15]“在”字，底本无，据P.2045补；“现在际”三字，北寒81脱。　[16]“诸”字，北寒81误作“识”。　[17]“尊法般若”四字，北寒81作“般若尊法”。　[18]“至”字，底本作“志”，北寒81及P.2045亦同。底本下文既有“我今至心尽忏悔”，又有“我今志心尽忏悔”之用法，“至心”“志心”同音假借，以文义，“至心”更胜，故改。　[19]“令”字，北寒81误作“今”。

过去未来及现在，身口意业四重罪，我今至心尽忏悔，愿罪除灭永不起。

过去未来及现在，身口意业五[1]逆罪，我今至心尽忏悔，愿罪除灭永不起。

过去未来及现在，身口意业七[2]逆罪，我今至心[3]尽忏悔，愿罪除灭永不起。

过去未来及现在，身口意业十恶罪，我今至心[4]尽忏悔，愿罪除灭永不起。

过去未来及现在，身口意业[5]障重罪，我今至心[6]尽忏悔，愿罪除灭永不起。

过去未来及现在，身口意业一切罪，我今至心[7]尽忏悔，愿罪除灭永不起。[8]

现[9]在知识等，今者已能来此道场，各各发无上菩提心，求无上[10]菩提法。若求无上菩提，须信佛语，依佛教。佛说[11]道没语？经云：“诸恶莫作，诸善奉行。自净其意，是诸佛教。过去一切诸佛，皆作如[12]是说。诸恶莫作是戒；诸善奉行是惠[13]；自净其意是定。知识，要须三学，始名佛教。

校注：[1]“五”字，北寒81误作“七”。　[2]“七”字，北寒81误作“五”。　[3]“至心”二字，底本作“志心”，据北寒81、P.2045改。　[4]“至心”二字，底本作“志心”，据北寒81、P.2045改。　[5]P.2045在“业”后多一“业”字，衍。　[6]“至心”二字，底本、P.2045皆作“志心”，据北寒81改。 [7]“至心”二字，底本、P.2045皆作“志心”，据北寒81改。 [8]“过去未来及现在，身口意业一切罪，我今至心尽忏悔，愿罪除灭永不起”二十八字，北寒81脱。 [9]S.2492由“现”字开始。 [10]“上”字，北寒81脱。 [11]“说”字，北寒81无，义亦通。 [12]“如”字，北寒81脱。 [13]“惠”字，P.2045作“慧”。案，敦煌写本中，“惠”“慧”常通用，此依底本，下不另注。

何者[是][1]三学等？戒、定、惠是。妄心不起名为戒，无妄心名为[2]定，知心无妄名为[3]惠，是名三学等，各须护持斋戒。若不持[4]斋戒，一切善法终不能生。若[5]求无上菩提，要须[6]护持斋戒，乃可得入。若[7]不持斋戒，疥癞野干之身，尚[8]自不得，岂获如来功德法[身][9]？知识，学无上菩提，不净三业，不持斋戒，言其得者，无[10]有是处。

要藉有作戒、有作惠，显无作戒[11]、[无作]惠，定则不然。若修有作定，即[12]是人天因果，不与无上菩提相应。

知识，久流浪生死，过[13]恒河[14]沙大劫，不得[15]解脱者，为不曾发无上菩提心，即不值遇诸佛菩萨，真正善知识。从值遇诸佛菩萨，真正善知识，纵值遇诸佛菩萨，真正善知识[16]，又复不能发无上菩提心。流转生死，经无量恒河[17]沙大劫，不得[18]解脱者，总缘此。

校注：[1]“是”字，底本无，据S.2492、P.2045补。 [2]“为”字，北寒81脱。 [3]“为”字，北寒81脱。 [4]“持”字，北寒81作“能”。 [5]“若”字，底本作“善”，北寒81、S.2492、P.2045均作“若”，义胜，据改。 [6]“须”字，底本及S.2492、P.2045均作“先”，北寒81作“须”，义胜，据改。 [7]“若”字，S.2492作“善”。 [8]“尚”字，S.2492作“上”，同音假借。 [9]“身”字，底本无，据北寒81、S.2492、P.2045补。 [10]“无”字，S.2492作“得”，误。 [11]“戒”字，北寒81、S.2492均脱。 [12]“即”字，P.2045作“则”，同义异文。 [13]“过”字，P.2045同，北寒81、S.2492均作“遇”。 [14]“河”字，北寒81脱。 [15]“得”字，北寒81脱。 [16]“纵值遇诸佛菩萨真正善知识”十二字，P.2045脱。 [17]“河”字，北寒81脱。 [18]“不得”二字，北寒81、S.2492、P.2045皆脱。

又从发心者，只发［二乘］[1]人天心，人天福尽，不免还堕。诸佛出世，如恒河中[2]沙。［诸大菩萨出世，如恒河沙[3]，］一一诸佛菩萨，善知识出［世］[4]度人，皆如恒河沙。诸佛、菩萨、［善］[5]知识何不值遇？今流浪生死不得解脱，良为[6]与过去诸佛菩萨、真正［善］[7]知识，无一念［无上］[8]菩提缘来。或有善[9]知识，不了无上菩提法，倘将二乘声闻及人天法教知识，喻如秽食置于宝器，何者宝器[10]？知识，发菩提[11]心是宝器。何者[12]秽食？二乘人天法是秽食，虽获小[13]善生天，天[14]福若尽，还同今日凡夫。

校注：［1］“二乘”二字，底本无，据P.2045、S.2492补。北寒81作“二种家”，“种”为衍字，“家”为“乘”之误，形近而误。　［2］“中”字，P.2045无。　［3］“诸大菩萨出世如恒河沙”十字，底本无，据北寒81、S.2492、P.2045补。　［4］“世”字，底本及其他诸本均无，依铃木校本补。　［5］“善”字，底本及其诸本均无，依铃木、胡适校本补。　［6］“为”字，P.2045脱。　［7］“善”字，底本无，据北寒81、S.2492、P.2045补。　［8］“无上”二字，底本、P.2045并无，据北寒81补。S.2492在“菩提”前有“无心”二字，应为“无上”之误。　［9］“善”字，北寒81、S.2492脱。　［10］“何者宝器”四字，北寒81脱。　［11］北寒81在“菩提”前有“无上”二字，亦通。　［12］北寒81在“何者”后多“是”字。　［13］“小”字，北寒81、S.2492、P.2045皆作“少”。案，在敦煌写本中，“小”“少”二字通用，此处作“小”，是。　［14］“天”字，底本及S.2492、P.2045皆作“之”，据北寒81改。

知识，今发心学般若[1]波罗蜜相应之法，超[2]过声闻、缘觉等，同释迦牟尼佛授弥勒记，更无差别[3]。如二乘人执定，经历数劫[4]，如须陀洹在定八万劫，斯陀含在定六万劫，阿那含在定四万劫，阿罗汉在定二万劫，辟支佛在定十千劫。何以故？住此定[5]中，劫数满足，菩萨摩诃萨方乃投机说法，能[6]始发菩提心，同今日知识发菩提心不别。当二乘在定时，纵为说无上菩提法，终不肯领受。经云：“天女语舍利弗云：凡夫［于佛法］[7]有返复，而声闻用无[8]也。”已来登此坛[9]场学修般若波罗蜜时，愿知识各各心口发无上菩提心，不离坐下，悟中道第一义谛。

夫求解脱者，离身意识、五法、三自性、八识、二无我，离内[10]外见，亦不于三界现身意。是为宴坐。如此[11]坐者，佛即印可。六代祖师以心传心，离文字故。从上[12]相承，亦复如是。

校注：[1]“般若”二字，北寒81脱。　[2]“超”字，北寒81误作“起”。　[3]“更无差别”四字，北寒81作“亦更无别”。　[4]“数劫”二字，北寒81、S.2492、P.2045皆作“劫数”，以“数劫”义胜。　[5]“定”字，北寒81误作“宅”。　[6]“能”字，北寒81作“然”，义同。　[7]“于佛法”三字，底本无，据P.2045及《维摩诘所说经》补。　[8]“无”字，底本作“用无”，P.2045、北寒81作“无”，义胜，据改。　[9]“坛”字，北寒81作“道”。案，“坛场”“道场”义同。　[10]“内”字，北寒81作“内见”。　[11]底本在“如此”前原有“而”字，北寒81、S.2492、P.2045皆无。《维摩诘所说经》原文作“若能如是坐者，佛所印可”。依此可定“而”为衍字，故删。　[12]“上”字，北寒81脱。

知识，一一身具有佛性。善知识，不将佛菩提法与人者，亦不为人者安心[1]，何以故？《涅槃经》云：“早已授人者记。一切众生，本来涅槃，无漏智性，本自具足，何为不见？今流浪生死，不得解脱，为被烦恼覆，故不能得见。”要因善知识指授，方乃得见，故即离流浪生死，使得解脱。

知识，承前所有学处，且除却，莫用[2]看。

知识，学禅已来，经五十余年[3]、廿年者，今闻深生[4]惊怪。所言除者，[但][5]除妄心，不除其法。若[6]是正法，十方诸佛来除不得，况[7]今善[8]知识能除得。犹如人于虚空中，行住坐卧不离虚空。无上菩提法，亦复如是，不可除得。一切施为运用，皆不离法界。经云：“但除其病，不除其法。”

知识谛听，为说妄心。何者[是][9]妄心？

校注：[1]“心”字，P.2045脱。　[2]“用”字，北寒81脱。　[3]“五十余年”四字，S.2492、P.2045同，唯北寒81作“五十年者”。　[4]“生”字，S.2492误作“法”。　[5]“但”字，底本脱，据S.2492、P.2045、北寒81补。　[6]“若”字，底本误作“善”，形近而误；据S.2492、P.2045、北寒81改。　[7]“况”字，北寒81误作“说”，形近而误。　[8]“善”字，S.2492无，亦通。　[9]“是”字，底本无，据S.2492、北寒81补。

人（仁）者等，今既[来][1]此间[2]，贪爱财色、男女等，及念园林、屋宅，此[3]是粗妄，应无此心。为有细妄，人（仁）者不知。何者是细妄[4]心？闻说菩提，起心取菩提；闻说涅槃，起心取涅槃；闻说空，起心取空；闻说净，起心取净；闻说定，起心取定，此皆是[5]妄心，亦是法缚，亦是法见。[心][6]若作此用[7]心，不得解脱，非本自寂静[8]心。作[9]住涅槃，被涅槃缚；住净，被净缚[10]；住空，被空缚；住定，被定缚。作此用心，皆是[11]障菩提道。《般若经》云："若心取相，即着我、人、众生、寿[12]者。离一切[诸][13]相，即名诸佛，离其法相[14]。"《维摩经》云："何为[15]病本？为[16]有攀缘。"云："何断攀缘？以无所得。"以无所得[17]故，则无病本。学[18]道不识细妄，如何得离生死大海。

校注：[1]"来"字，底本脱，据S.2492、P.2045、北寒81补。　[2]"间"字，底本作"闻"，误，据S.2492、P.2045、北寒81改。　[3]"此"字，S.2492作"皆"，亦通。P.2045作"此此"，其中一"此"字应为衍笔。　[4]"人者不知何者是细妄"九字，北寒81脱。　[5]"是"字，北寒81脱。　[6]"心"字，底本无，据北寒81补。　[7]北寒81在"用"前多"心"字，衍。　[8]"静"字，底本、P.2045作"净"，同音通假；北寒81作"静"，是，据改。　[9]"作"字，诸本同，疑衍。　[10]"住净被净缚"五字，北寒81脱。　[11]"是"字，北寒81脱。　[12]"寿"字，北寒81作"受"，同音假借。　[13]"诸"字，底本脱，据P.2045、北寒81补。　[14]"相"字，北寒81误作"想"。　[15]"为"字，《维摩诘所说经》原文作"谓"。案，敦煌写本中，"为""谓"二字多混用。又，S.2492在"为"后多出"杂"字，衍。　[16]"为"字，《维摩诘所说经》原文作"谓"。　[17]"以无所得以无所得"八字，S.2492同，P.2045作"以无所得故，无所得"，北寒81作"以无所所得"，有误脱。　[18]"学"字，北寒81误作"觉"。案，"学"之俗体为"孝"，"觉"之俗体为"竟"，形近易讹。

知识，各用心谛听，聊简自本清净心。闻说菩提，不作意取菩提；闻说涅槃，不作意取涅槃；闻说净，不作意取净；闻说空，不作意取空；闻说定，不作意取定。如是用心，即寂静[1]涅槃。经[2]云："断烦恼者，不名涅槃，烦恼不生，乃名涅槃。"譬如鸟飞于空[3]，若住[于][4]空，必有堕落[5]之患。如[6]学道人，修无住心，心住于法，即是住着，不得解脱。经云："更无余病，唯有空病，空病亦空，所空亦复空[7]。"经云："常行无[8]念，实相智惠，若以法界证法界者，即是增上慢人。”

知识，一切善恶，总莫思量，不得凝心住，亦不得将心直视，心随[9]直视住，不中用；不得垂[10]眼向下，便随眼住，不中用；不得作意摄心，亦不复远看、近看，皆不中用。经云：“不观是菩提，无忆念故，即是自性空[11]寂心。”

校注：［1］“静”字，底本作“净”，P.2045同，北寒81作“静”，是，据改。“净”“静”，同音假借。　［2］“经”字，北寒81脱。　［3］北寒81在“空”后多“虚”字，衍。　［4］“于”，底本无，据北寒81补。　［5］“落”字，北寒81误作“洛”，同音致讹。　［6］“如”字，S.2492脱。　［7］“所空亦复空”五字，北寒81误作“又复”。S.2492作“所空亦复”，后有二空格，当漏写“空”字。　［8］“行无”二字，S.2492脱。又，北寒81及《维摩诘所说经》原文作“求无”。　［9］“随”字，北寒81误作“堕”，形近致讹。　［10］“垂”字，北寒81误作“睡”。　［11］“空”字，北寒81作“悾”，涉上“性”而增旁。

［问］：“心有是非不？”

答：“无。”

［问］：“心有住处不[1]？有来去[2]处不？”

答：“无。”

［问］：“心有青黄赤白不？”

答：“无。”

［问］：“心有住处[3]不[4]？”

答：“心无住处[5]。”

和上言：“心既[6]无住［处］[7]，知心无住［处］[8]不？”

答：“知。”

［问］：“知不知？”

答：“知[9]。”

校注：［1］“有住处不”四字，北寒81脱。　［2］“来去”二字，底本原作“去来”，P.2045作“来去”，义胜，据改。　［3］“处”字，北寒81脱。　［4］S.6977自“心有住处不”之上一句“有限量不无”始。其首句诸本皆无。案，S.6977与前引诸本文字差别较大，当时经过后人润色过的本子，以下校勘仅取其文字同异部分。　［5］“答心无住处”五字，S.6977作“无”，脱其余四字。　［6］“既”字，S.6977误作“记”，同音借字。　［7］“处”字，底本及S.2492、P.2045、北寒81皆无，据S.6977补。　［8］“处”字，底本及S.2492、P.2045、北寒81皆无，据S.6977补。　［9］“知”字，S.2492、北寒81并脱。

今推到无住处，立知作没？无住是寂静，寂静体[1]即名为[2]定。从[3]体上有自然智[4]，能知本寂静[5]体，名为惠，此是定惠等。经云："寂上起照。"此义如是。无住心不离知，知不离无住知心无住[6]，更无余知。《涅槃经》云："定多惠少，增长无明[7]；惠多定少，增长邪见；定惠等者，明见佛性。"今推心到无住处便立知，知心空寂，即是用处。《法华经》云[8]："即同[9]如来知见，广大深远。心无边际，同佛广大；心无限量[10]，同佛[11]深远，更无差别[12]。"看诸［佛］[13]菩萨行甚[14]深般若波罗蜜[15]，佛[16]推诸菩萨病处如何。《般若经》云："菩萨摩诃萨，应如是[17]生清净心，不应住色生心，不应住声香味触法生心，应无所住。而生其心[18]。"［应无所住］者[19]，［今］[20]推知识无住心，是而生其心者，知心无住，是本体空寂，从空[21]寂体上起知，善分别世间青黄赤白[22]，是惠[23]；不[24]随分别起［心］，是定。只如凝[25]心入定，堕[26]无记[27]空。出定[28]已[29]后，起心[30]分别[31]一切世间有为[32]，唤此为惠。经中名为[33]妄心。此则惠时则无定，定时则无惠。如是解者，皆不离烦恼。住心看净，起心外照，摄心内证[34]，非解脱心，亦是法缚心，不中用。《涅槃[35]经》云："佛告琉璃光菩萨[36]，善男子，汝莫入[37]甚深空定[38]，何以故？令大众钝故。"若入定，一切诸般若[39]波罗蜜[40]不知故。但自知本体寂静[41]，空无所有，亦无住着，等同虚空，无处不遍，即［是］[42]诸佛真如身。真如是无念之体，以是义故，故立无念为宗。若[43]见[44]无念者，虽具见闻觉知，而常空寂，即戒定惠学。一时齐等，万行俱备，即同如来知见，广大深远。云何深远？以不见性，故言深远；若了见性，即无深远。各各至心，令知识得顿悟解脱。

校注：［1］“寂静寂静体”五字，底本、P.2045作“寂净寂净体”，S.2492作“寂净体寂净体”，S.6977作“本寂体本寂体”，北寒81作“寂静寂静体”，此处依北寒81。“静”“净”，同音通假。　［2］“为”字，北寒81脱。　［3］“从”字，北寒81脱。　［4］“智”字，北寒81作“知”，同音假借。　[5]“静”字，底本及P.2045、S.2492作“净”，北寒81作“静”。“静”“净”，同音通假，此处以“净”是。　[6]“知不离无住知心无住”九字，底本及S.2492皆作“知不离无即无住知心无住”，P.2045无“无即”二字，是，据删。北寒81作“知不离无住心即无住”，有脱误。　[7]“无明”二字，S.6977作“愚痴”，义通。　[8]“云”字，S.6977作“中说”。　[9]“即同”二字，P.2045、北寒81同，S.2492、S.6977作“即用”，《法华经》经文无“即同”或“即用”二字。　[10]“限量”二字，底本及S.2492皆作“量限”，不词，据P.2045、北寒81、S.6977改。　[11]“佛”字，北寒81、S.2492并脱。　[12]“更无差别”四字，S.6977作“更亦不别”。　[13]“看诸佛”三字，底本作“看诸”，S.6977作“诸佛”，应作“看诸佛”。　[14]“甚”字，北寒81脱。　[15]北寒81在“蜜”后有“多”字，亦通。　[16]“佛”字，S.6977作“释迦牟尼佛”。　[17]“如是”二字，北寒81脱。　[18]“应无所住而生其心”八字，北寒81作“应此并用”。　[19]“应无所住者”五字，底本及P.2045、S.2492皆仅有一“者”字，与上文构成“而生其心者”之句。北寒81作“无所住者”，S.6977作“应无所住者”，是，据补。　[20]“今”字，底本脱，据P.2045、北寒81、S.2492补。　[21]S.2492在“空”后衍“空”字。　[22]S.2492自“白”字以下残。　[23]“是惠”二字，S.6977脱。　[24]S.6977在“不”后多“心”字。　[25]“只如凝”三字，S.6977无“只”字；北寒81作“只疑如”，当倒乙，其中“疑”同“凝”。　[26]“堕”字，北寒81误作“随”，S.6977作“此落”。　[27]“记”字，北寒81、S.6977误作“既”，同音假借。　[28]“出定”二字，底本及P.2045作“后空”，据北寒81、S.6977改。　[29]“已”字，S.6977脱。　[30]“起心”二字，S.6977脱。　[31]S.6977第一断片自“分别”以下残。　[32]“为”字，北寒81脱。　[33]“惠经中名为”五字，北寒81脱。　[34]“证（證）”字，P.2045、北寒81皆误作“澄”。“证（證）”“澄”形近而误。　[35]“涅槃”二字，P.2045作“菩萨”，误。　[36]“菩萨”二字，北寒81作“佛”。　[37]底本“入”字前有“作”字，衍，据北寒81删。　[38]诸本皆无“空定”二字，据《大般涅槃经》原文补。　[39]“般若”二字，北寒81脱。　[40]“蜜”字，北寒81误作“容”。　[41]“静”字，底本及P.2045皆作“净”，北寒81作“静”。“净”“静”同音通假，此处以“静”为是。　[42]“是”字，底本无，据北寒81、P.2045补。　[43]“若”字，底本作“善”，据北寒81、P.2045改。　[44]“见”字，北寒81脱。

若眼见色，善分别一切色，不随分别起，色中得自在，色中得解脱，色尘三昧足。

耳闻声，善分别一切声，不随分别起，声中得自在[1]，声中得解脱，声尘三昧足。

鼻闻香，善分别一切香，不随分别起，香中得自在，香中得解脱，香尘三昧足。

舌尝味[2]，善[3]分别一切[4]味，不随分别起，味中得自在，味中得解脱，味尘三昧足。

身觉种种触，善[5]分别触，不随分别起，触中得自在，触中得解脱[6]，触尘[7]三昧足。

意分别一切法，不随分别起，法中得自在，法中得解脱[8]，法尘三昧足。

如是诸根善分别，是本惠；不随分别起，是本定。经中不舍道法而现凡夫，事种种运为世间，不于事上生念，是定惠双修，不相去离。定不异惠，惠[9]不异定，如[10]世间灯光，不相去离。即灯之时光家体，即光之时灯家用。即光之时不异灯，即灯之时不异光。即光之时不离灯，即灯之时不离光。即光之时即是灯之时，即灯之时即是光。定惠亦然。即定之[11]时是惠体，即惠之时是定用。即惠之时不异定，即定之时不异惠。即惠之时即是定，即定之时即是惠。即惠之时无有惠，即定之时无有定。此即定惠双修，不相去离。后二句者，是维摩诘默然直入[12]不二法门[处][13]。

校注：[1]北寒81在“声中得自在”后重复“声中得自在”，衍。　[2]北寒81在“味”后多“不随”二字，衍。　[3]北寒81在“善”后多“能”字，衍。　[4]“一切”二字，北寒81作“种种”。　[5]底本在“善”后原有“能”字，衍。　[6]“触中得自在触中得解脱”十字，北寒81作“触中[得]解脱，触中得自在”，误。　[7]“尘”字，北寒81误作“中”。　[8]“法中得自在法中得解脱”十字，底本作“法中得解脱自在法中得解脱”，据P.2045改。　[9]“惠”字，北寒81脱。　[10]底本“如”后有“是”字，衍，据北寒81、P.2045删。　[11]“之”字，北寒81脱。　[12]“直入”二字，底本及P.2045皆作“入真”，北寒81作“入直”，铃木及胡适、筱原皆校作“直入”，是，据改。　[13]“处”字，底本及P.2045在此字处有空格未书，北寒81作“处”，是，据补。

为知识聊简，烦恼即菩提义，举虚[1]空为喻。如虚空本无动静[2]，明来是明家空，暗来是暗家空，暗空不异明，明空[3]不异暗，虚[4]空明暗自来去，虚空本来[5]无动静[6]。烦恼与菩提，其义亦然。[虽][7]迷悟别有殊，菩提性无不异。经云：“如自观身实相，观佛亦然。”知[心][8]无住心[9]是观。过去诸佛心，亦同知识，今日无住心无别。经云：“我观如来前际不来，后际不去，今则无住。”夫[10]求法者，不着佛求，不[11]着法求，不着众求，何以故？为众生心中各[自][12]有佛性故。知[识][13]，[若][14]起心外求者，即名邪求。《胜天王[般若经][15]》言：“大王：即是如实。世尊：云何如实[16]？大王：即[17]不变异。世尊：云[18]何不变异？大王：所谓[19]如如。世尊：云何如如？大[20]王：此可智知，非言能说。离相无相，远离思量，过觉观境，是为菩萨，了达甚深法界[21]，即同佛知见。”

校注：[1]“虚”字，北寒81作“处（處）”，形近致讹。　[2]“静”字，底本及P.2045皆作“净”，北寒81作“静”。“净”“静”同音通假，此处以“静”为是。　[3]“暗空不异明明空”七字，北寒81脱。　[4]“虚”字，北寒81脱。　[5]“来”字，北寒81脱。　[6]“静”字，底本及P.2045皆作“净”，北寒81作“静”。“净”“静”同音通假，此处以“静”为是。　[7]“虽”字，底本无，据北寒81补。　[8]“心”字，底本无，据北寒81补。　[9]“心”字，P.2045脱。　[10]“夫”字，北寒81误作“未”，形近而讹。　[11]“不”字，北寒81脱。　[12]“自”字，底本无，据北寒81补。　[13]“识”字，底本无，据P.2045补；北寒81脱“知识”二字。　[14]“若”字，底本无，据北寒81补。　[15]诸本皆无“般若经”三字，据文义补。　[16]诸本皆无“世尊云何如实”六字，据《胜天王般若经》补。　[17]“即”字，北寒81脱。　[18]“云”字，P.2045脱。　[19]“谓”字，底本作“为”，P.2045、北寒81皆作“谓”。案，敦煌写本中，“谓”“为”两字同音通假，可互用，此处作“谓”更佳，据改。　[20]“大”字，底本误作“天”，形近而讹。P.2045、北寒81皆作“大”，是，据改。　[21]“界”字，北寒81脱。

知识，自身中有佛性，未能了了见，何以故？喻如此处，各各思量。家中住宅、衣服、卧具及一物等，物具知有，更不生疑。此名为知，不名为见。若行到宅中，具［见］[1]如[2]上［所］[3]说之物，即名为见，不名为知。今所学[4]者，具依他说，知身中有佛性，未能了了见。但不作意，心无[5]有起，是真无念。毕竟［见］[6]不离知，知不离见。一切众生，本来无相。今言相者，并是妄心。心若无相，即是佛心。若作心不起，是识定，亦名法见，心自性定。马鸣云："若有众生观无念者，则为佛智。"故今所说般若波罗蜜，从生灭门顿入真如门，更无前照后照，远看近看，都无此心。乃至七地以前[7]菩萨，都总蓦过。唯指佛心，即心是佛。经云："当知法说，口说菩提[8]，心无住处；口说涅槃[9]，心说[10]寂灭；口说解脱，心无系缚。"

［问］："向来指知[11]，识[12]无住心，知不知？"

答："知。"[13]

校注：［1］诸本皆无"见"字，据邓文宽、荣新江校本补。　［2］"如"字，P.2045同，北寒81作"知"。　［3］"所"字，底本无，据P.2045补。　［4］"学"字，P.2045同，北寒81作误"觉"。案，"学"之俗体为"斈"，"觉"之俗体为"竟"，形近易讹。　［5］"无"字，底本作"地"，不词，据P.2045改。　［6］诸本皆无"见"字，据胡适校本补。　［7］"前"字，P.2045脱。　［8］"菩提"二字，P.2045作"菩萨"。　［9］"涅槃"二字，底本作"菩萨"，P.2045作"涅槃"，是，据改。　［10］"说"字，P.2045误作"唯"。　［11］"知"字，底本作"智"，P.2045、北寒81皆作"知"，是，据改。　［12］S.6977第二断片自"识"始。　［13］"答知"二字，S.6977无。

《涅槃经[1]》云：此是第一义空[2]。若三处俱空[3]，即是本体空[4]寂。唯有中道，亦不在其中。道义因边而[5]立，犹如三指并同[6]，要因[7]两边，始有[8]中指；若无两边，中指亦[9]无。经云："虚空无中边，诸佛身亦然。"诸佛解脱法身，亦如虚空无中边[10]。知识须常作如是解。

校注：［1］"涅槃经"三字，底本及P.2045皆作"菩萨经"，S.6977作"涅槃经"，北寒81作"涅槃"，漏"经"字。据S.6977、北寒81改。　［2］"此是第一义空"六字，S.6977作"第一义空是此义"。　［3］"空"字，S.6977作"无"。　［4］"即是本体空"五字，北寒81脱。　［5］"而"

字，P.2045脱。　[6]“同”字，S.6977脱。　[7]“因”字，S.6977误作“得”。　[8]“有”字，底本作“立”，S.6977作“有”，义胜，据改。　[9]“亦”字，北寒81误作“上”。　[10]“诸佛解脱法身亦如虚空无中边”两句，S.6977作“心同虚空，故诸佛法身无中边”。

今将无上道法[1]，分付知识[2]，若领此语，六波罗蜜，恒沙[3]诸佛，八万四千诸三昧门，一时灌[4]入知识身心。《维摩经》云：“菩提[者][5]不可以身得，不可以心得。”寂灭是菩提，灭诸相故。不可以身得，心不在外；不可以心得，身[6]不在内；寂灭是菩提，中[7]间无处所；灭诸相故，一切妄念不生。此照体独立，神无方所。知识，当如是用[8]。

校注：[1]“道法”二字，S.6977作“菩提法”。　[2]底本及P.2045、北寒81皆在“知识”后多“引经”二字，S.6977作“引经证”。当为衍文，故删。　[3]S.6977在“恒沙”后多“功德”二字，衍。　[4]“灌”字，S.6977作“灌注”。　[5]“者”字，底本无，据《维摩诘所说经》和S.6977补。　[6]“身”字，P.2045脱。　[7]S.6977在“中”前多“为”字，衍。　[8]“当如是用”四字，底本作“当知是用”，北寒81、P.2045皆作“当如是用”，S.6977作“善作如是用”。以“如”为是。

如[1]上根上智[2]人，见说般若波罗蜜[3]便能领受[4]，如说修行[5]；如中根人，虽[6]未得，若勤谘问，亦[7]得入；[如][8]下根人，但[能][9]至[10]信不退，当来亦能入大乘[11]十信[12]位中。只如学道[人][13]，拨妄取净，是垢净[14]，非本自净。《华严经》云：“譬如拭巾有垢，先着灰汁，然后用清[15]水洗之。此虽得净，未名为净。何以故？此净为因垢得净，犹故不净。”《维摩经》云：“非垢行，非净行，是菩萨行。”

校注：[1]“如”字，底本作“得”，北寒81脱，S.6977作“如”，是，据改。　[2]“上智”二字，S.6977无，亦通。　[3]“蜜”字，S.6977脱。　[4]“受”字，S.6977作“授”。案，敦煌写本中，“受”“授”通用，此处作“受”更妥。　[5]“如说修行”四字，S.6977脱。　[6]“虽”字，S.6977作“虽领”。　[7]“亦”字，S.6977作“亦能”。　[8]“如”字，底本无，据S.6977补。　[9]“能”字，底本无，据S.6977补。　[10]“至”字，S.6977作“志”。　[11]“乘”字，P.2045作“家”，形近而

讹。　[12]“信”字，S.6977作“圣”。　[13]“人”字，底本无，据P.2045补。　[14]“垢净”二字，P.2045误作“怙静”。　[15]“清”字，北寒81作“净”，亦通。

知识，正[1]用心时，若有妄[2]起，思忆远近，不须摄来，何以故？去心既是病，摄来还[3]是病，去来皆是病[4]。经云：“诸法无来去。”法性遍一切处，故法无去来。若有妄起，即觉；觉灭[5]，即是本性无住心。有无双遣，境智俱亡。莫[6]作意，即[是][7]自性菩提。若微细心，即用不着。本体空寂[8]，无有一[9]物可得，是名阿耨菩提[10]。《维摩经》云：“从无住本，立一切法。菩萨[11]光戒光，亦复如是。”自性空[寂][12]，无有形相[13]。

校注：[1]“正”字，底本及P.2045、北寒81皆作“非”，S.6977作“正”，是，据改。　[2]“妄”字，S.6977作“妄心”。　[3]“还”字，S.6977作“可不”。　[4]“去来皆是病”五字，S.6977作“所以来去皆是病”，P.2045脱“病”字。　[5]“灭”字，底本无，据北寒81补；“觉灭”，S.6977作“觉妄俱灭”。　[6]“莫”字，北寒81作“俱莫”。　[7]“是”字，底本无，据S.6977补。　[8]S.6977在“寂”后有“今则不然”四字。　[9]“有一”二字，S.6977无。　[10]“阿耨菩提”四字，S.6977作“阿耨多罗三藐三菩提，常须是解”。又，该本以下文字与诸本不同，作：“《涅槃经》云：“身虽人身，心同佛心。更与知识等（？）料简现前征细处[ ]不可知[ ]可现即满足法身体同法界量等[菩]萨空[ ]。”S.6977第二断片至此结束。　[11]“菩萨”二字，北寒81作“涅槃”。　[12]“寂”字，底本无，据北寒81补。　[13]“自性空寂，无有形相”八字，底本作“自性无空有形相”，据北寒81校补。

发心毕竟二[1]不别，如是二心先心难。
自未得度先度他，是故我[2]礼初发心。
初发已[3]为天人师，胜出声闻及缘觉。
如是发心过三界，是故得名最无上。

诸家借问，隐而不说。我于此门，都不如是。多人少人，并皆普说。若于师处受得禅法，所学各自平章，唯通其心。若心得通，一切经、[论][4]，义无不通者。佛在日，亦有上中下众生投佛出家。过去诸佛说法，皆对八部众说，不私说，不偷说。譬如日午时，无处不照。如龙王降雨，平等无二,一切草木，随类受润。诸佛说［法］[5]，亦复如是，皆平等心说，无分别心说，上中下众各自颂解。经云：“佛以一音演说法，众生随类各自[6]解。”

知识，若学般若波罗蜜，须[7]广读大乘经典。见诸教禅者，不许顿悟，要须方便始悟。此是大下品之见。明镜可以鉴容，大乘[8]经可以正心，第一莫疑。依佛语，当净三业，方能入得大乘[9]。此顿门一依如来说，修行必不相悟[10]。勤作功夫。有疑者来相问，好去。

校注：［1］“二”字，北寒81作“亦”。《大般涅槃经》原文作“二”。［2］“我”字，底本作“敬”,《大般涅槃经》原文及《菩提达摩南宗定是非论》均作“我”，是，据改。［3］“已”字，底本作“止”，P.2045作“已”，北寒81作“以”。据文义，“已”是。［4］“论”字，底本无，据P.2045补。［5］“法”字，底本无，据P.2045补。［6］“自”字，北寒81及《维摩诘所说经》皆作“得”。［7］P.2045、北寒81在“须”后多“随”，疑衍。［8］“乘”字，北寒81误作“家”。［9］“乘”字，北寒81误作“家”。［10］“悟”字，P.2045作“悮”。

七、无心论

【题解】

《无心论》一卷，撰者不详，见于敦煌写本S.5619。文中以问答形式阐论无心之旨，计十一项内容，认为能悟“无心”者，即了脱一切烦恼、了悟生死涅槃。被收录于《大正藏》第85册。标题之下有“释菩提达摩制”六字，应为托名，以本论之思想内容与形式，酷似牛头法融所撰之绝观论，而疑系法融之作。本文以S.5619为底本进行校录。

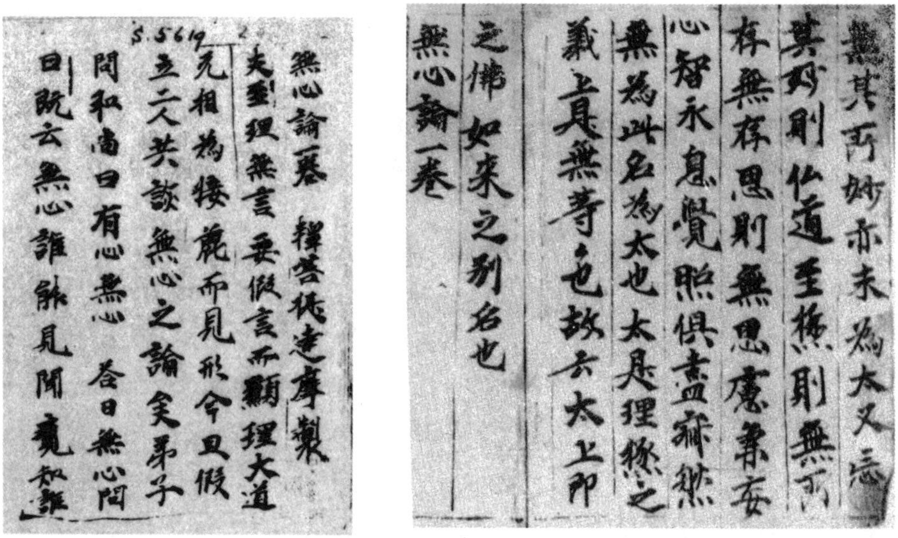

S.5619《无心论》（局部）

【录文】

无心论一卷　　释菩提达摩制

夫至理无言，要假言而显理；大道无相，为接粗而见形。今且假立二人，共谈无心之论矣。

弟子问和尚曰：“有心？无心？”

答曰：“无心！”

问曰："既云无心，谁能见闻觉知？谁知无心？"

答曰："还是无心。既见闻觉知，还是无心，能知无心。"

问曰："既若无心，即合无有见闻觉知，云何得有见闻觉知？"

答曰："我虽无心，能见、能闻、能觉、能知。"

问曰："既能见闻觉知，即是有心，那得称无？"

答曰："只是见闻觉知，即是无心。何处更离见闻觉知，别有无心？我今恐汝不解，一一为汝解说[1]，令汝得悟真理。假如见终日见，由为无见，见亦无心。闻终日闻，由为无闻，闻亦无心。觉终日觉，由为无觉，觉亦无心。知[2]终日知，由为无知，知亦无心。终日造作，作亦无作，作亦无心。故云'见闻觉知，总是无心。'"

问曰："若为能得知是无心？"

答曰："汝但仔[3]细推求，看心作何相貌？其心复可得，是心不是心？为复在内？为复在外？为复在中间？如是三处推求，觅心了不可得。乃至于一切处求觅，亦不可得，当知即是无心！"

问曰："和尚既云一切处，总是无心，即合无有罪福。何故众生轮回六趣[4]，生死不断？"

答曰："众生迷妄，于无心中，而妄生心。造种种业，妄执为有。足可致使轮回六趣，生死不断。譬有人于暗中，见杌为鬼，见绳为蛇，便生恐怖。众生妄执，亦复如是。于无心中，妄执有心，造种种业，而实无不轮回六趣。如是众生，若遇大善知识，教令坐禅，觉悟无心，一切业障，尽皆消灭，生死即断。譬如暗中日光一照，而暗皆尽。若悟无心，一切罪灭，亦复如[5]是。"

校注：[1]"说"字，原卷作"脱"，据文义，"说"为妥。　[2]"知"字，原卷作"之"，据文义，"知"为妥，据改。　[3]"仔"字，底本作"子"，据文义改。　[4]"趣"字，原卷作"聚"，据文义，"趣"为妥。　[5]"如"字，原卷作"而"，据文义，"如"为妥。

问曰："弟子愚昧，心犹未了。审一切处，六根所用者，应答曰：语种种施为，烦恼菩提，生死涅槃，定无心否？"

答曰："定是无心。只为众生妄执有心，即有一切烦恼生死。菩提涅槃，若觉无心，即无一切烦恼，生死涅槃。是故如来为有心者，说有生死。菩提者[1]，对烦恼得名；涅槃者，对生死得名。此皆对治之法，若无心可得，即烦恼菩提亦不可得，乃至生死涅槃，亦不可得。”

问曰：“菩提涅槃，既不可得，过去诸佛，皆得菩提，此谓可乎？”

答曰：“但以世谛文字之言得，于真谛实无可得。故《维摩经》云：‘菩提者，不可以身得，不可以心得。’又《金刚经》云：‘无有少法可得。’诸佛如来，但以不可得而得。当知有心，即一切有，无心一切无。”

问曰：“和尚既云于一切处，尽皆无心。木石亦无心，岂不同于木石乎？”

答曰：“而我无心，心不同木石，何以故？譬如天鼓，虽复[2]无心，自然出种种妙法，教化众生。又如如意珠，虽复无心，自然能作种种变现。而我无心，亦复如是。虽复无心，善能觉了，诸法实相，具真般若。三身自在，应用无妨。故《宝积经》云：‘以无心意而现行。’岂同木石乎？夫无心者，即真心也！真心者，即无心也！”

问曰：“今于心中，作若为修行？”

答曰：“但于一切事上，觉了无心，即是修行，更不别有修行。故知无心，即一切寂灭，即无心也。”

弟子于是忽然大悟，始知心外无物，物外无心。举止动用，皆得自在。断诸疑纲，更无挂碍。即起作礼，而铭无心。乃为颂曰：

心神向寂，无色无形。
睹之不见，听之无声。
似暗非暗，如明不明。
舍之不灭，取之无生。
大即廓周法界，小即毛竭不停。
烦恼混之无浊，涅槃澄之不清。
真如本无分别，能辨[3]有情无情。
收之一切不立，散之普遍含灵。
妙神非知所测，正觉绝于修行。
灭则不见其坏[4]，生则不见其成。
大道寂兮无相，万像窈兮无名。
如斯运用自在，总是无心之精。

和尚又告曰：“诸般若中，以无心般若而为最上。故《维摩经》云：‘以无心意，无受行，而悉摧伏外道。’”又《法鼓经》(云)：“若知无心可得，法即不可得。”罪福亦不可得，生死涅槃亦不可得；乃至一切，尽不可得；不可得，亦不可得。乃为颂曰：

昔日迷时为有心，今时悟罪了无心。虽复无心能照用，照用常寂即如如。

重曰：

无心无照亦无用，无照无用即无为。此是如来真法界，不同菩萨为辟支。言无心者，即无妄想[5]心也。

又问曰：“何名为太上？”

答曰：“太者，大也。上者，高也。穷高之妙理，故云太上也。又太者，通泰之位也。三界之天，虽有延康之寿，福尽，是故终轮回六趣，未足为太。十住菩萨，虽出理生死，而妙理未极，亦未为太。十住修心，忘有入无，又无其无。有无双遣，不忘中道，亦未为太。又忘中道，三处都尽，位皆妙觉菩萨。虽遣三处，不能无其所妙，亦未为太。又忘其妙，则佛道至极，则无所存。无存，思则无。思虑兼忘，心智永息。觉照俱尽，寂然无为，此名为太也。太是理极之义，上是无等觉如。故云太上即之佛，如来之别名也！”

无心论一卷

校注：[1]“者”字，原卷脱，据文义补。　[2]“复”字，底本作“伏”，据上下文改。　[3]“辨”字，原卷作“辩”，据文义改。　[4]“坏”字，原卷作“怀”，据文义改。　[5]“想”字，原卷作“相”，据文义改。

八、南天竺国菩提达摩禅师观门

【题解】

敦煌遗留下来的以“南天竺国菩提达摩禅师观门”命名的经卷写本共有五个卷号，分别是S.2583v、S.6958、P.2058、S.2699、龙谷122连号写本，均为写本。在这些写本中，唯有龙谷122连号写本题名为《南天竺国菩提达摩禅师观门》，其他标题为《南天竺国菩提达摩禅师观门》或《天竺国菩提达摩禅师观门》。

在现存的五个写卷中，S.2583V写卷内容较完整；S.6958内容只是抄写到了修禅的七观门，对于七观门的内容还没有抄录，后面抄有《修行最上乘论》；P.2058是个残卷，内容只抄写到了“何名禅法”，后面接有发愿文；S.2669写卷内容比较完整，但文中有缺字部分，在卷子后接有《了性句》《澄心论》《修心要论》的内容。由于S.2699与S.2583v内容较为完成，而S.2583v早已经被收录

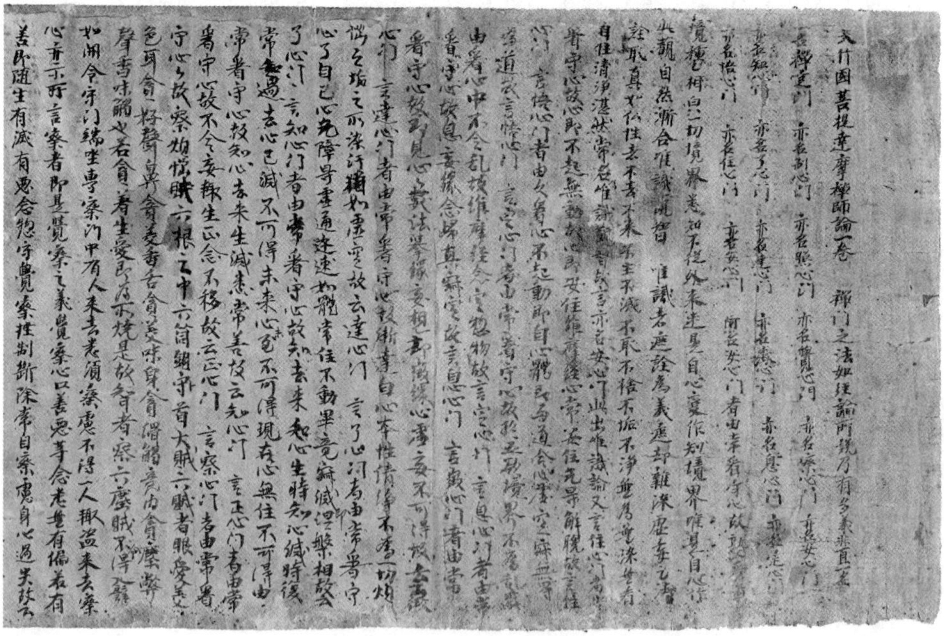

P.2058《南天竺国菩提达摩禅师观门》

在《大藏经》中，因此本文在研究此卷时，以S.2669号为底本，文中缺字部分，参校其他各本加以补充，作为录文与研究的标准本。

【录文】

[南]天竺国菩提达摩禅师观门[1]

问曰："何名禅定？"

答曰："禅谓乱心不起，无念无动[2]，为禅定。端心止[3]念，无生无灭[4]，无去无来，湛然不动，名之为禅定[5]。"

[问曰]："何名为禅观？"

答曰："心神澄净，名之为禅。照理分明，名之为观。禅观自达，无有错谬，故名禅观。心神澄净，不生不灭，不去不来[6]，湛然不动，名之为禅。"

问曰："何名禅定？"

答曰："禅定者，梵音[7]，此名[8]功德丛林，三界诸佛皆从禅生，故云功德丛林。"

又问："何名禅法[9]？"

校注：[1]"天竺国菩提达摩禅师观门"十一字，S.2583V、P.2058、S.6958均作"南天竺国菩提达摩禅师观门"，据补"南"字。 [2]"无念无动"四字，S.2583V、P.2058、S.6958均作"无动无念"，亦通。 [3]"止"字，S.6958作"正"。 [4]"无生无灭"四字，S.6958作"不生不灭"。 [5]"定"字，底本无，据S.2583补。 [6]"不去不来"四字，S.6958作"无去无来"，补通。 [7]"梵音"二字，底本作"梵言"，P.2058、S.6958均作"梵音"，义胜，据改。 [8]"此名"二字，S.2583同，S.6958作"唐言此名"，S.2058v作"吾此名"。 [9]"禅法"二字，底本作"法禅"，据S.2583v、S.6958改；P.2058以下缺。

[答曰][1]：[禅法从][2]通有次弟。初学时从始终有七种[3]观门。第一住心门，第二空心门，第三[无心门][4]，第四心解脱门，第五禅定门，第六真如门[5]，第七智惠门。

住心门者，谓心散动，攀缘不住，专摄念住，更无起动，故名住心门[6]。

空心门者，谓看心转觉心空寂，无去无来，无有住处，无所依心，故名[7]空心门。

心无相门者[8]，谓心澄净无有相貌，非青非黄，非赤非白，非长非短，非大非小，非方非圆，湛然不动，故名[9]无相门[10]。

校注：[1]“答曰”二字，底本无，据S.2583v补。 [2]“禅法从”三字，底本模糊，据S.6958、S.2583补。 [3]“七种”二字，S.6958作“七众”。 [4]“无心门”三字，底本作“无相门”，S.6958作“心无相门”，S.2583V作“无心门”，是，据改。 [5]“第六真如门”五字，《大正藏》作“第六真妙门”。 [6]“故名住心门”五字，S.6958作“故名住心门者”。 [7]“名”字，S.2583v无，S.6958缺“故名”二字。 [8]“心无相门者”五字，S.6958作“心无相”。 [9]“名”字，S.2583v无。 [10]“故名无相门”五字，S.6958作“无相门”。

心解脱门者，如心无系无缚，一切烦恼不来上心，故名解脱门。

禅定门[1]者，西域梵音，唐言净虑[2]，觉心寂净，行时住时，坐时卧时，皆虑寂净，无有散乱，故名禅定。

真如门者，觉心无心，等同虚空，遍同法界平等不二[3]，无千无变，故名真如门。

智慧门[4]者，识了一切之名为智[5]，契[6]达空源，名之为慧，故言[7]智慧门，亦名[8]究竟，亦名大乘无相禅观门，则[9]是修禅学道故[10]。

禅有七种[11]观门[12]，大声念佛得十种功德。一者不闻恶声，二者念口[13]不散，三者排去睡眠，四者勇猛精进，五者诸天欢喜，六者魔军怖畏，七者声振十方，八者三涂息苦，九者三昧现前，十者往生净土。

校注：[1]“禅定门者”四字，底本作“释迦门者”，据S.6958改。 [2]“虑”字，S.6958作“利”。 [3]“二”字，S.6958作“三”，误。 [4]“智慧门”三字，S.6958作“之惠门”。 [5]“智”字，S.6958作“智慧”。 [6]“契”字，S.6958无。 [7]“言”字，S.6958作“名”，义同。 [8]“名”字，S.6958无。 [9]“则”字，S.6958作“即”。 [10]“无相禅观门则是修禅学道故”十二字，S.6958作“无禅观门即是修禅学道故名”。 [11]“七种”二字，S.6958作“七众”。 [12]S.6958至此断残。 [13]“口”字，S.2583v作“佛”。

九、导凡趣圣心决

【题解】

《导凡趣圣心决》，见于P.3559+P.3664号长卷之中间，首尾齐全，有首题。此外，俄藏敦煌写本Дx00649（M.1227B）中也有这一内容。该文作者不详，但文中言“此文忍师弟子承所闻传”，说明应系弘忍弟子所作。其中所记禅法之传承，以菩提达摩为首，达摩传慧可，慧可传僧璨，僧璨传道信，道信传弘忍，弘忍传法如，法如传道秀。然法如弟子中没有道秀其人。据《传法宝纪·终南山归寺大通道秀和上塔文》可知，道秀即神秀。冉云华和袁德领对《导凡趣圣心决》都做过校录。①

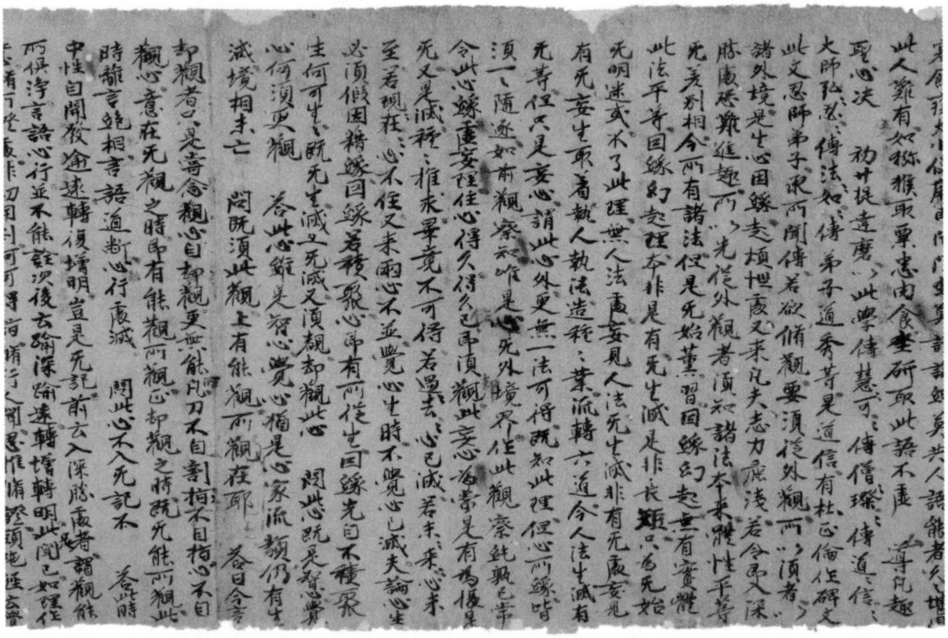

P.3664《导凡趣圣心决》（局部）

① 冉云华:《敦煌卷子中的两份北宗禅书》,《敦煌学》第8辑（台北），1984年，第1～9页；袁德领:《敦煌本〈导凡趣圣心诀〉录文及作者略考》,《禅》2000年第3期，第39～41页。

【录文】

导凡趣圣心决

初菩提达摩[1]以此学传慧可，慧可传僧璨，僧璨传道信，道信［传］[2]大师弘忍，弘忍传法如，法如传弟子道秀等是。道信有杜正伦作碑文。此文忍师弟子承所闻传。

若欲修观，要须从外观。所以须者，以诸外境，是生心因缘，起烦恼处。又来凡夫，智[3]力粗浅，若令即入深胜处，恐难进趣（取）。所以先从外观者，须知诸法本来体性平等，无差别相。今所有诸法，但是无始熏习，因缘幻起，无有实体。此法平等，因缘幻起，理本非是，有无生灭，是非长短，只为无始无明迷惑[4]，不了此理。无人法处，妄见人法；无生灭非有无处，妄见有无。妄生取着，执人执法，造种种业，流转六道。今人法生灭有无等，但只是妄心，谓此心外，更无一法可得。既知此理，但心所缘，皆须一一随逐。

校注：［1］“摩”字，底本作“磨”，音互通。　［2］“传”字，底本脱，据义补之。　［3］“智”字，原卷作“志”，音互通，据文义“智”字妥。　［4］“惑”字，原卷作“或”，音互通，“惑”字义胜。

如前观察，知唯是心，无外境界。作此观察纯熟已，常令此心，缘虚妄理，住心得久。得久住已，即须却观，此妄心为常是有？为复是无？又是灭？种种推求，毕竟不可得。若过去，过去心已灭；若未来心，未来心未至；若现现在，现在心不住。又来两心不并，觉心生时，不觉心已灭。

夫论心生，必须假因藉缘。因缘若积聚，心即有所从生；因缘先自不积聚，生何可生？生既无生，灭亦无灭。又须睹却观此心。

问：“此心既是智心，觉心何须更观？”

答：“此心虽是智心，觉心犹是心家流类，仍有生灭，境相未亡。”

问：“既须此观，上有能观，所观在耶？”

答曰：“今言却观者，只是常念观，心自却观，更无能所。凡刀不自割，指不自指。心不自观心，意在无观之时，即有能观所观；正却观之时，既无能所观。此时离言绝相，言语道断，心行处灭。”

问：“此心不入无记不？”

答：“此时中性。自开发逾远，转复增明，岂是无记？前云入深胜处者，谓观能所俱净，言语心行，并不能诠。次后云愈深愈远[1]，转增转明，此是闻已，如理作意，修所证处。非功用到，何可得诣？修行人闻，思惟修证。”

《头陀经》云：“觉观心动，是犯内戒；觉身有相，是［犯］外戒。若犯内戒，是坏法身；若犯外戒，是坏[2]色身。若内外俱犯，非我弟子。我非本师，此已上是具戒，久行觉人。”《华严经》云：“菩萨戒藏中说，持菩萨戒有四种料简：一者，虽起不成犯；二者，不起亦成犯；三者，起不起俱成不犯；四者，起不成俱成犯。又虽起不成犯者，以常作意，力未成故；虽不起亦成犯者，为不作意力故；起不起俱成不犯者，以作意故。起不起俱成犯者，并为不作意故。”所云起者，谓妄念。此实为修道之人，所持菩萨根本之净戒。一切功德，从此而生；一切义理，因兹而了。愿同行者传之。

欲得解言语，唯须见理明。一中含万法，万法一时生。
生时弥宇宙，含时不见形。谁能解此曲？此曲甚奇精。
精妙实无穷，智者善虚融。恒将真妄识，分别有无中。
有无虽两法，无本一皆无。有无同一泯，三界共沉浮。
沉浮真俗谛，动息还无际。寂寂难窥测，照照理难翳。
翳翳亦难寻，非浅亦非深。欲知真实法，唯修一念心。

校注：［1］“愈”字，原卷作“逾”，按文义为“愈”，改之。　［2］“坏”字，原卷作“犯”，据文义改。

十、大乘开心显性顿悟真宗论

【题解】

《大乘开心显性顿悟真宗论》，一卷，略称《顿悟真宗论》，中国早期禅宗文献。现存敦煌写本两件，即P.2162和S.4286，二者均首题“沙门大照居士慧光集释”。

《大乘开心显性顿悟真宗论》一卷。文前有序，正文以居士与大照法师问答的方式，论述真性之开显及生死透脱之道，共计70余问，日本学者矢吹庆辉、宇井百寿、镰田茂雄、铃木大拙等人均认为乃南宗慧能系作品，而柳田圣山、饶宗颐等认为当系北宗之作品，与《观心论》《禅门经》等均有密切关系。收于《大正藏》第85册。

本录文以P.2162为底本，以S.4286为校本，同时参考了陈祚龙校录本。①此外，另有上海图书馆藏138v，为译本（附于文后）。

【录文】

大乘开心显性顿悟真宗论　　沙门大照居士慧光集释

夫大道融心，显实一理，前后贤圣，唯趣此门。悟者三界唯心，不悟随眠［耶，正大］[1]乘宗定[2]对相显。真了悟[3]者，知诸法寂然，因缘立事，假合成名；不了者，著名住字，取想奔耶。若欲摄妄归真，染净平等者，要须注[4]意观心。本觉自现，意观有力，仍不出意念到彼岸。常入甚深禅定，久习不已，自然事是皆毕。若观[5]处有事，渐渐向真，纵放身心，虚豁其怀，起作恒寂，不缘而照。任运三昧，温道育德，资成法身。返悟心源，无妨无碍。体若虚空，名无边三昧，心无出入，名无寂三昧，于一切有处，净[6]无求名，不思议三昧。三昧不昧，不从缘起，名法性三昧。一切学者，但求其解，不求其证，若欲修习大乘者，不解安心，定知悟失。

① 陈祚龙：《敦煌学杂记》，《幼狮月刊》第40卷第5期，1974年，第56～61页；《敦煌资料考屑》（下），台北商务印书馆，1979年，第374～399页。

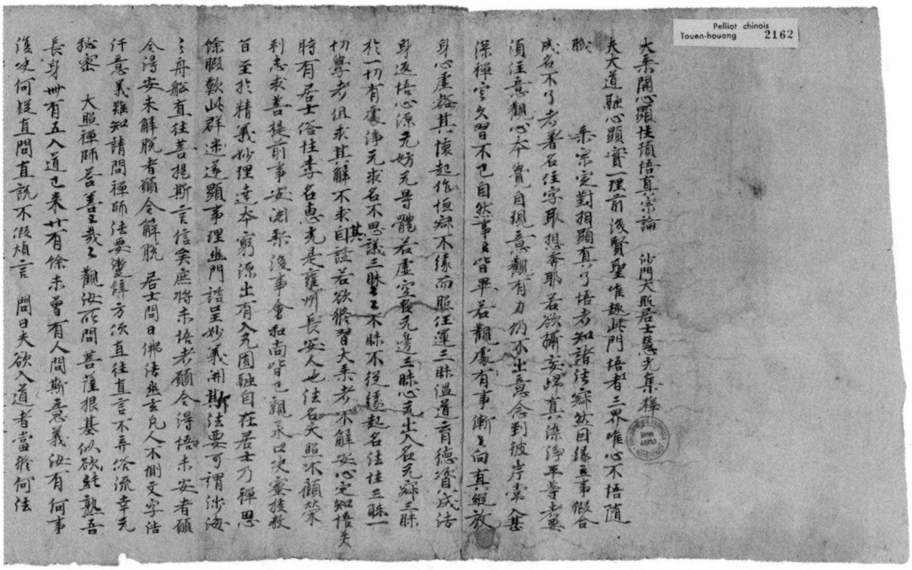

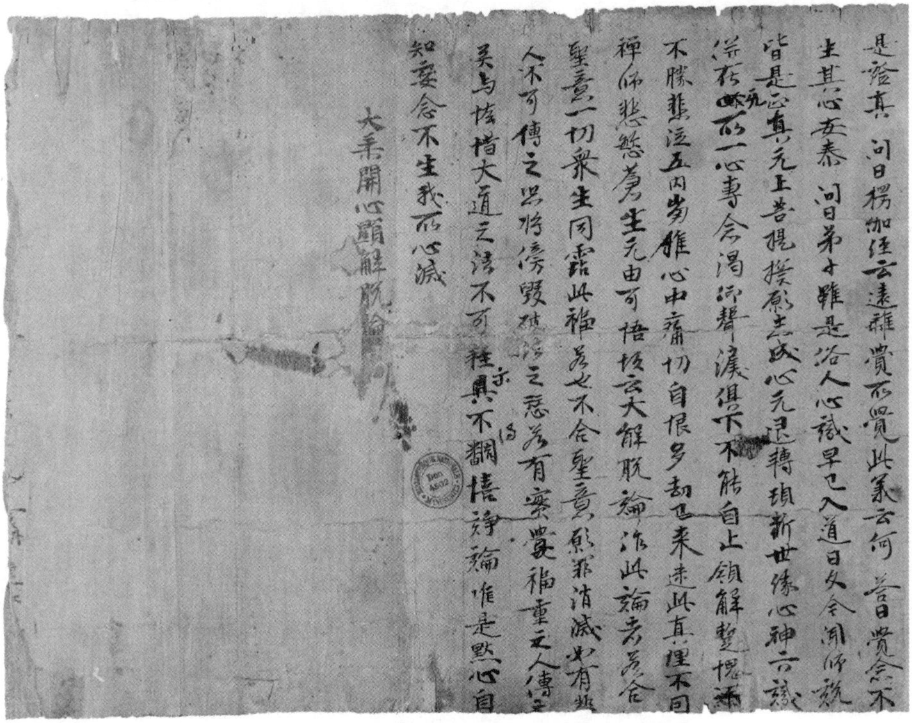

P.2162《大乘开心显性顿悟真宗论》(局部)

时有居士，俗性李，名惠[7]光，是雍州长安人也，法名大照。不顾荣利，志求菩提。前事安阇梨，后事会和尚，皆已亲承口决（诀），蜜（密）授教旨。至于精义妙理，达本穷源，出有入无，圆融自在。居士乃禅思余暇，叹此群迷，遂显事理幽门，咨呈妙义，开斯法要。可谓涉海之舟，船直往菩提，斯言信矣。

庶将未悟者愿令得悟，未安者愿令得安，未解脱者愿令解脱。

居士问曰："佛法幽玄，凡人不恻，文字浩汗，意义难知。请问禅师法要，暂辞方便，直往真言，不弃俗流，幸无秘密？"

校注：［1］"耶，正大"三字，底本脱，据S.4286补。　［2］"定"字，S.4286作"定定"，衍。　［3］"悟"字，S.4286作"性"。　［4］"注"字，S.4286作"法"，形近致讹。　［5］"观"字，S.4286作"开"。　［6］"净"字，S.4286作"净念"。　［7］"惠"字，S.4286作"慧"，惠通慧。

大照禅师答："善哉！善哉！观汝所问，菩萨根基，似欲纯熟。吾长身卌有五，入道已来廿有余，未曾有人问斯意义。汝有何事，复决何疑，直问直说，不假烦言。"

问曰："夫欲入道者，当修何法？看何法？证何法？求何法？悟何法？得何法？而趣菩提。"

答曰："一法不看，亦无有求；一法不证，亦无有得；一法不悟，亦无道可修，即是菩提。"

问曰："弟子无始世来，流浪生死，与理相违。乍闻顿说，冥漠不知，神识昏昏，莫知所在，由若醉人，未能星（醒）悟。伏愿下接群迷，赐垂少问，方便会真。"

问曰："云何真性？"

答曰："不起心常，无相清净。"

问曰："云何自性？"

答曰："见闻觉知，四大及一切法等，各有自性。"

问曰："自性从何而生？"

答曰："从妄心生。"

又问曰："云何离自性？"

答曰："心不起即离。"

问曰："云何是道？云何是理？云何是心？"

答曰："心是道，心是理，则是心外无理，理外无心。心能平等，名之为理；理照能明，名之心。心理平等，名之佛心，得此理者，不见生死。凡圣无异，境智无二，理事俱融，染净一如，如理真照，无非是道，自他俱离。一切行，一时行，亦无前后，亦无中间。缚解自在，称之道。"

问曰："云何顺正理人（入）？"

答曰："心不起常，无相顺。"

问曰："云何顺道？"

答曰："直心不著一切即顺。"

问曰："云何是妄？"

答曰："不识自心是妄。"

问曰："云何是颠倒？"

答曰："若起种种境界是颠倒。"

问曰："何者是自心？何者是妄心？"

答曰："若行分别是妄心，不分别是自心。"

问曰："分别心及不分别心，从何而生？"

答："分别心从颠倒生，不分别心从正智生。"

问曰："分别心及与不别心俱从何生？"

答曰："无我生处。"

问曰："既生处，云何称有颠倒，称有正智？"

答曰："若不识自心，即行种种颠倒；若识自心，即是正智。"

问曰："今言识与不识，俱[1]从何而生。"

答："若识从悟生，若不识从妄想生。"

问曰："一切众生，总在妄想，为复亦在正智？"

答曰："一切众生，无在[2]正智，实无妄想。"

问曰："我今现在妄想[3]，云何称有正智？"

答曰："汝本来实无妄想，今称妄想，即如人食莨，荡子于空中觅针。如此虚空，实无有针[4]。"

问曰："本来既无妄，今一切行人，断何物而求道乎？"

答曰："不断一物，亦无道可求。"

问曰："既无道可求，无物可断，云何世尊经文说断妄想？"

答曰："世尊实不遣断妄想，若断妄想者，即不离妄想。一切众生，妄有所得，妄有所断，妄见有，妄[5]想法。世尊随众生意说，假立妄想法，世尊实不说一字妄想法。譬如良餐[6]，对病说药，若无有病，即不说药。”

问曰：“既是世尊不说妄想法，其妄想何谁造作？[7]”

答曰：“众生自造作，正智即无[8]。”

问曰：“云何不造正智，偏造作妄想？”

答曰[9]：“为不识正智，即有妄想，若识［正智］[10]，［即无］[11]妄想。”

问曰：“既有正智，即合有妄想，［正智即无妄想］[12]，云何[13]说称无妄想？”

答曰：“众生实无妄想，亦无正智，二俱不可得。”

问曰：“既二俱不可得，即合无有凡夫，亦无圣人？”

答曰：“亦有凡，亦有圣，汝自不识。”

问曰：“何者是凡？何者是圣？”

答曰：“汝若分别，即是凡夫；若也不分别，即是圣。”

问曰：“分别是凡，不分别是圣。如小婴儿，长头不分别，可是圣人乎？”

答曰：“作此见解，大是愚夫。准如婴儿，幼稚不识好恶；由如痴人，不识尊卑。岂得是不分别会，须于真如理中，常行分别心，得无分别智。”

问曰：“作勿生即是不分别智？”

校注：［1］“俱”字，S.4286无。　［2］“在”字，S.4286脱。　［3］“想”字，底本作“相”，据S.4286改。　［4］“实无有针”四字，S.4286作“已实无针”，亦通。　［5］“妄”字，S.4286脱。　［6］“餐”字，底本作“凿”，误，据S.4286改。　［7］此句，S.4286作“既是世尊不说妄其妄想，何谁造作？”　［8］“正智即无”四字，S.4286脱。　［9］“曰”字，S.4286脱。　［10］“正智”二字，底本脱，据S.4286补。　［11］“即无”二字，底本脱，据S.4286补。　［12］“正智即无妄想”六字，底本脱，据S.4286补。　［13］S.4286“云何”前有“问曰”二字。衍。

答曰：“汝且看处，看净心，看心起处，即须觉智心，从本已来清净，不被外缘所染。事须了了，见因缘性，不可得，即知因缘亦空亦非空者。即是世间，所有森罗万像，君臣父母，人（仁）义礼［智］[1]信，此即是世间法不［得］[2]坏。是故经文不坏世法，而入涅槃。若坏[3]世法，即是凡夫，流浪生死，其世间因缘法，各各无生[4]，假缘和合，体性皆空，毕竟[5]不可得。

若见如是理者，即名见性是[6]也，即于分别中，得无分别智，常行分别，而不分别。此是不坏世法，是故经云：‘分别诸法[7]，相入第一，义而不动。’是以能觉[8]学之者即动而起寂也。”

又问曰：“《维摩经》云：‘常求无念[9]，实想智惠。’于世间法少欲知足，于出世间法求之无厌，不坏威仪，而能随俗起神通惠，引道（导）于众生。此义云何？”

答曰：“此义者即是三世诸佛妙。即证者乃智，非心所恻。”

问曰：“既常求无念，实想者，缘何事？诸经即说布施持戒，人天之福，岂不是有念法耶？因何得不同而有差别？令一切学人狐疑不信？”

答曰：“汝莫不信。汝不解事，佛说布施持戒，人天之福者，为众生多在妄想，佛无量善巧方便，随众生意也。说妄想法，诱引令趣大乘门。汝今不信，即为引经来证也。《法华经》云：‘我此九部法，随顺众生，说大乘为本。’又说云：‘十方佛土中，唯有一乘法。’且以假名字引道于众生，终不以小乘济渡于众生。又说云：‘勿亲近小乘三藏学者’。又说云：‘唯此一事，实余二即非真。’又《诸法无行经》云：‘若人分别戒，是即无有戒；若见有戒者，是即为失戒。’据此而言，明知佛说究竟门，非说人天福，只是引众生，令入佛惠。过去、现在，圣人说心得自在，心得解脱，心得圣人者，此是三世诸佛大即破汝疑也。”

问曰：“诸佛若说一乘，教化诸众生故，如今总得悟，何须更说惑乱众生，岂不得罪过也？”

答曰：“汝莫起此意。诸佛大慈悲故，所为众生，洛（落）三恶道者众，所以闻方便门，为说六波罗蜜。波罗蜜者，布施、持戒、忍褥（辱）。行此三事，得离三恶道，人天来往，精进禅定、智惠；行此三事，得离生死苦，当来成佛。”

校注：［1］“智”字，底本脱，据S.4286补。　［2］“得”字，底本脱，据S.4286补。　［3］“坏”字，底本作“怀”，据P.4286改。　［4］“生”字，底本作“主”，据S.4286改。　［5］“竟”字，底本和S.4286均作“境”，误，据文义改之。　［6］“是”字，S.4286作“人”，误。　［7］“法”字，底本作“结”，误，据S.4286改。　［8］“觉”字，S.4286脱。　［9］“念”字以下，S.4286缺。

问曰：“过去诸佛说三乘，为当现在诸佛说三乘？”

答曰："过去、现在、未来，说佛总说。"

问曰："以何义理而得知耶？"

答曰："《法华经》云：'若且赞佛乘，众生没在苦。'不能信此法，破法不信，故堕于三恶道。我宁不说法，疾入于涅槃，寻念过去佛，所行方便力。我今所得道，亦应说三乘，明知过去诸佛并说三乘，引道（导）于众生，令入于一乘。"

问曰："何者是一乘？"

答曰："心是一乘。"

问曰："心云何知是一乘？"

答曰："可见心空无所有，即是一乘。"

问曰："了见心空，无所有，是一乘者得圣耶？"

答曰："得圣。"

又问曰："有凡耶？"

答曰："亦有凡。"

问曰："凡与圣有异无异？"

答曰："并无异也，若悟朝凡暮圣，不悟即六道受生。"

问曰："今言悟时何物？"

答曰："悟心？"

问曰："凡心圣心是一是二？"

答曰："是一。云何是一？答曰：了见性清净，从本以来，无染无著，即知是一。"

问曰："何谁知无染无著？"

答曰："心知无染。"

问曰："心云何知无染？"

答曰："三世诸佛，说心无形体，毕竟不可得，是以得知无染。"

问曰："既无形体，如何得知无染？"

答曰："只为无形体，故知无染。若有相貌处，所还有染。"

问曰："前言说心，未审心，总有几心？"

答曰："汝若悟一心，不可得；汝若不悟，即有若干种心，不可知数也。"

问曰："是凡心，何者是圣心？"

答曰："汝若取想是凡心，离想即是圣心。"

问曰："取想心及不取相心，请示其要。"

答曰："一切修道者，若见来去心，即是长矩心。见好恶，见憎爱，见嗔喜，见邪正，见凡圣，见自在不自在，见涅槃，见解脱，见不解脱，见佛菩萨，见究竟不究竟，见知解不知解，见精进，见禅定，见智惠等者，并是凡夫妄想心也。"

问曰："如何是圣人心？"

答曰："不起一念，亦不见一物，即是圣人心也。"

问曰："禅师得圣人心耶？"

答曰："我亦无得。"

问曰："既是无得，何有知耶？"

答曰："我今亦无得，亦无知，是故经云：'无智亦无得。'以无所得，即是菩提萨埵。"

问曰："此理究竟属谁？"

答曰："一物不属。若有所属，即生死轮回；若无所属，毕竟常住。"

问曰："一切众生，皆以八识而转，不得自在。云何是八识？"

答曰："所为眼、耳、鼻、舌、身、意、末那、赖耶是也。所言识者，以了别为义，如人眼与色相应之时，意识于中分别，或时计好，或时计恶，随彼所计，便有相生，即熏于第七末那之识。承此熏故，遂即执取，转熏于第八识。所已积聚诸业，种子得名为藏。眼识既然，诸识亦尔。一切众生，业受报者，先将藏识，展转成因，作未来三业，所已因因想乘，果果不绝，终还六道，受生死苦。是以未能了心者，即被八识惑乱也。所言此八识者，谓本有以云为因，藉现在缘而起。造作因缘和合，还欲生未来之因。今欲断除，不令生者，当正观之时，了眼识从何而[1]得，为从色得，为从眼得，为从心得。若从心得，盲人有心，云何不能生于眼识？若死人有眼，云何不能分别于色？若从色得，色即顽碍无知，如此众缘，不能独辨，了心之时。乃知眼见色时，眼因缘空，眼缘既空，即是色空。若了此三事，体空即无分别，以无分别故，意识分别，而无分别；七识欲执，而无所执；八识藏中，更无熏习。杂染种子，以无种子，更不爱生死，湛然常住。不为生之所生，灭之所灭。"

问曰："佛有三身，从何而得？"

答曰："佛三身者，从八识而得，由转八识得成四智，就此四智束成三身。此乃从因至果，有此三身差别。"

问曰："云何义故而得知耶？"

答曰："因眼识、耳识、鼻识、舌识、身识，此五识以为妙观察智；第六意识，成所作智；第七末那识，为平等性智；第七（八）阿赖耶，为大圆镜智。"

问曰："此四智者，有何义故，而作是说？"

答曰："用前五识，亦云五根。其五根者，即惠门照触前境，而无妄染。所以将此五识以为妙观察智。第六意识者，亦云意根，是智门，当须勤觉，觉云便净，与法相应，真俗齐观，成就智惠。转意成惠，惠照能明，识无分别，转智成，是名成所作智。第七末那识者，更无执取，自然无憎无爱，以无憎[2]爱故，一切法悉皆平等，故云平等性智。第八阿赖耶识，藏中即空，杂染种子，悉皆清净，犹如明镜，悬在于空，一切万像（象），悉皆中现。而此明镜，终不作念，言我能现像（象），像（象）亦不言；我从镜生，无能无所，故说此智名为大圆镜智。"

校注：［1］"而"字，底本作"而而"，衍一"而"字。　［2］"憎"字，底本作"曾"，据文义改。

问曰："四智既示，云何三身？"

答曰："大圆镜智，以为法身；平等性智，以为报身；成所作智及妙观察智，以为化身。"

又问曰："以何知之，而作是说？"

答曰："据今时现在，而言具定一切无漏功德，圆满义足，犹如世间明镜，现众面像（象），而无分别，故说此智，以为法身；妄心既尽，平等性成，万行成就，以为报身；六根无染，广度众生，自离离他，令他同解而修因，故以化身。"

问曰："一切众生，令欲求佛，三身之中，先修何身？"

答曰："经云：'所说从平等法身流出报身，从此报身流出化身，从此化身流出三藏等教十二部经。'以是义故，先修法身。言法身者，所为妙有，妙无中道正观。若悟此理，即是法身。以见法身，即知自身心，从无始世来，常违法故。既见法，以即须勤，勤用意无间，自然清净。顺于如故，久如不以，如心既成，是为报佛。所以法身，本有报身，修行化身者。经云：现种种身名化身。"

问曰："佛三身既示，云何是三宝？"

答曰："佛三身者，亦云三宝，所谓[1]佛宝、法宝、僧宝。"

问曰："三宝即有几种？"

答曰："若具释而言，有三种三宝。"

问曰："云何名三？"

答曰："一体三宝，别相三宝，住持三宝。"

问曰："云何一体三宝？"

答曰："真心、体觉、性清净，名为佛宝；圆满义足，具有恒沙功用，名为法宝；功用之义，一体一味，名为僧宝。"

问曰："云何别相三宝？"

答曰："别相者，即此自身，名为佛宝；亦能随机授药，自欲修行，名为法宝；四大五荫，和合不相违，皆名为僧宝。"

问曰："何名住持三宝？"

答曰："住持者，所谓善能扶上接下，事事清平，名为佛宝；随意言说，闻者欢喜，名为法宝；在于众中，万行不违，善巧方便，能和一切，不相诤论，名为僧宝。"

问曰："云何称之为宝？"

答曰："此第一义者，不在内外，亦无中间，无有秤量，无直无价，即喻而言，名三宝。若也有价，不名为宝，故说如意，无价宝珠是也。"

问曰："老经云：'佛道为而无不为。'此义云何？"

答曰："佛道本自无为，众生起我，见如须弥，而则有为。此义非意所知，非心所恻，证者了知。但能有功，一时大悟。"

问曰："经云：'一切法皆从此经出。'"

答曰："经者心也。心能表一切，行人修习，圆照无碍，无上正道，因是发明，诸佛如来，始则自修，终则化物，无法不□，故云皆从此经出。"

问曰："经云：'荷担如来。'此义云何？"

答曰："汝但反照于性，不住于常。反悟无身，谁受荷负？深达般若[2]，广为人说，是即荷负正法，担运胜义，令诸众生，成就功德。故云荷担如来。"

校注：[1]"谓"字，底本作"为"，据文义改。　[2]"般若"二字，底本作"若般"，误。

问曰："经云：'如来度众生。'此义云何？"

答曰："汝自了众生正性，本来清净，六根起相，烦恼病生，观生本空，有何可度？是故若言如来度者，即着我人众生受者。”

问曰：“《金刚般若波罗蜜多经》者，此义如何？”

答曰：“金刚者，是色心；般若者，清净也；波罗者，彼岸也；密者，到也。”

又问曰：“不取于相，如如不动。”

答曰：“汝心若起，有去有来，即有为法，皆是不安之相；汝心不起，即无来无去，即无为法，无为法中，动不动俱离，是即常住，故称如如不动。”

问曰：“《温室经》云：‘具其七物，洗浴众僧，获福无量。其福意义，请为表示？’”

答曰：“经云：‘所说者实不虚也。’汝若具七物洗浴者，即须内外相应，德福无量。汝离烧炭火温、净水、清灰、操豆、杨枝、苏膏、内衣等七物先浴者，若常弄心性，纵放贪嗔，呵打是非，令他声泪俱下，即是出佛身血，常行三涂业。如此洗浴者，犹如洗堑，泥尽应休。但身心清净，不起贪嗔，自然平等，即离分别。已分别水洗，却一切尘垢，或足清净。”

问曰：“此三毒之心，若为对治，成就六波罗蜜。”

答曰：“汝须心勇猛精进，对三毒发其三誓愿，誓断一切恶。对于嗔毒，誓修一切善；对于痴毒，誓一切众生；对于贪毒，以能断能修著。会于心三毒，制成三聚净戒。次明下心者，即便对于五荫，发五种下心者。一，誓观一切众生，作贤圣想，自身作凡夫想；二者，誓观一切众生，作国王想，自身作百姓想；三者，誓观一切众生，作师僧想，自身作弟子想；四者，誓观一切众生，作父母于（想），自身作男女想；五者，誓观一切众生，作曹主想，自身作奴婢想。六波罗蜜者，亦云六度。布施、持戒、忍辱、精进、禅定、智慧等，对其六根清净，六道不生，内外无著，自然布施，即摄檀波罗蜜；善恶平等，俱不可得，即摄尸波罗蜜；境智和会，违害永尽，即摄忍辱波罗蜜；大寂不动，万行自然，摄精进波罗蜜；繁兴妙寂，法身自现，摄禅波罗蜜；妙寂开明，无有变异，究竟常住，不著一切，摄般若波罗蜜，是名六波罗蜜。梵言波罗蜜，汉言达彼岸也。”

问曰：“俗流弟子向来问答，皆是量起，心生恼乱，禅师布施欢喜，不有小疑，未敢申意，恐致劳烦！”

禅师答：“汝若无疑，不须强问，法无得答问，即有法高下，无问无答，是法平等。若广求见解，即失本道，亦与汝心中作所知障，令汝心起破漏。若也实有疑滞。即须勤问，皆是证真。”

问曰：“《楞伽经》云：‘远离觉所觉。’此义云何？”

答曰：“觉念不生，其心安泰。”

问曰：“弟子虽是俗人，心识早已入道。曰文今闻师说，皆是正真无上菩提，誓愿志成，心无退转，顿断世缘，心神六识，并在无所。”

一心专念渴仰，声泪俱下，不能自止，领解暂愧，不胜悲泣，五内崩，锥心中，痛切自恨。多劫已来，迷此真理，不因禅师悲愍，苍生无由可悟，故云《大解脱论》。作此论者，若合圣意，一切众生，同沾此福；若也不合圣意，愿罪消灭，如有非人，不可传之，恐将傍毁破法之瑟；若有实觉福重之人，传之莫与悕惜大道之法，不可轻示，具不得翻喜诤论。唯是默心，自知妄念不生，我所心灭。

大乘开心显解脱论。

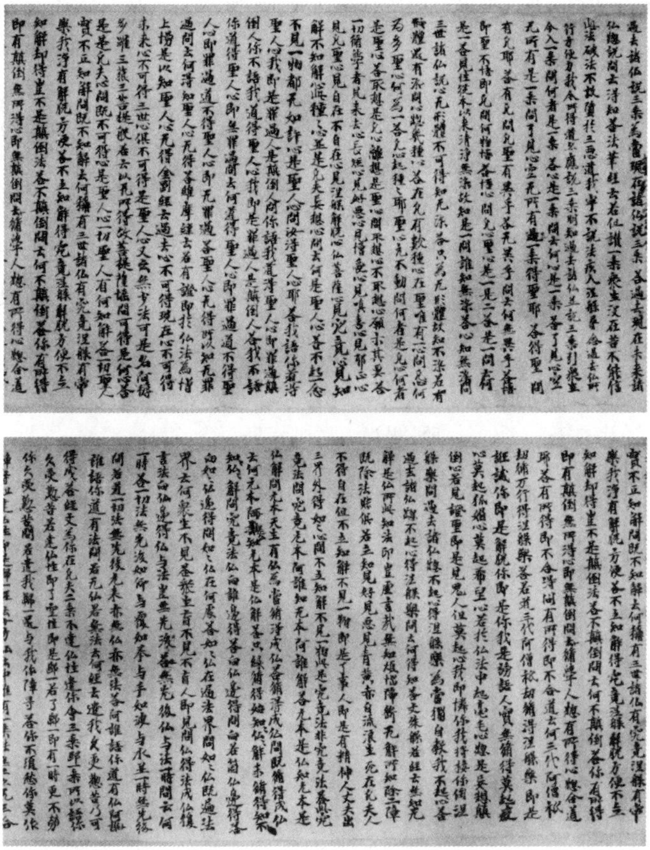

附上图 138v（812588）（局部）

……（前缺）像君臣父母，人（仁）义礼智信，总不空是世法，不得坏，若坏是凡夫人，是流浪生死人，知众缘之中，各各无主，和合之时，亦无主立，体不可得，即是见性，人于分别中得无分别智，常行分别，得不分别，此是不坏世法，得第一义，不坏威仪，得第一义。

问："云何知不坏威仪得第一义，愿示其要。"

答："《维摩［经］[1]》云：'常求无念'。实想智慧[2]，于世间法少愿智足。于出世间法求之无厌，不坏威仪，而能随俗起神通，惠引道于诸众生，此是妙印，我示你其要。"

问："《维摩经》说，常求无念，实想何为，诸经说布施持戒，人天之福，即是有念说法，因何不同，令一切学者，狐疑不信，愿亦之。"

答："你莫不信，莫不解事。佛说布施持戒，人天之福，为众生在妄想。师尊说妄想法，人天福是方便门，非究竟[3]门。你若不信，我与你引经，《法华经》云：'我此九部法，随顺众生说，入大乘为本。'又云：'十方佛土中，唯有一乘法，但以假名字，引道于众生。'又云：'终不以小乘，济渡于众。'又云：'勿亲近小乘三藏学者。'又云：'余此一事宝，二余即非真。'《诸法无行经》云：'若人分别戒，是即无有戒。若有见戒者，是则为失戒。明知诸佛说究竟门，不说人天者，方便引众生令入佛惠，过去现在圣人说心得，自在说心得，解脱说心得圣，此是三世诸佛大印破汝疑，须知之。'"

问："诸佛说一乘法教化众生，如今总得悟尽，何须说三乘惑乱众生，岂不罪耶？"

答："你莫起此意，诸佛大慈悲故，缘众生落三恶道者众，所以闻开方便门，说六波罗蜜，说人天三乘，一不罪过。"

问："若有罪过，与我分析六波罗蜜。"

答："六波罗蜜，布施持戒忍辱，行此三事，离三恶道。人天来住，精进禅定智惠，修此三事，离生死苦，当来作佛。"

问："过去诸佛说三乘，为当现在诸佛说三乘。"

答："过去现在未来诸佛总说。"

问："云［何］[4]得知"？

答："《法华经》云：'若但赞一乘，众生没在苦，不能信是[5]法。破法不［信］[6]故，坠于三恶道。我宁不说法，疾入［于］[7]涅槃。寻念过去佛，所行方便力。我今所得道，亦应说三乘。'明知过去诸佛，并说三乘，引众生，令入一乘。”

问：“何者是一乘？”

答：“心是一乘。”

问：“云何心是一乘？”

答：“了见心空无所有，是一乘。”

问：“了见心空无所有是[8]一乘，得圣耶？”

答：“得圣。”

问：“有凡耶？”

答：“有凡。”

问：“凡圣有异乎”？

答：“无异乎。”

问：“云何无异乎？”

答：“悟即圣，不悟即凡。”

问：“何物悟？”

校注：[1]“经”字，底本脱，据文义补。 [2]“慧”字，底本作“惠”，“惠”通“慧”。 [3]“竟”字，底本作“境”，据文义改。 [4]“何”字，底本无，据文义补。 [5]“是”字，底本作“此”，据《法华经》改。 [6]“信”字，底本无，据《法华经》补。 [7]“于”字，底本无，据《法华经》补。 [8]“是”字，底本作“过”，据《大乘起世论》改。

答：“悟心。”

问：“凡心圣心，是一是二？”

答：“是一。”

问：“云何是一？”

答：“见性从本以来清净无染，故知是一。”

问：“谁知无染？”

答：“心知无染。”

问：“三世诸佛说心无形体，何[1]可得知无染？”

答：“只为无形体，故知不染。若有形体，还有染。”

问：“心总几种心？”

答：“在凡有数种心，在圣唯有一心。”

问："凡心何为多？圣心何为一？"

答："凡心起种种心耶，圣心元（无）不动。"

问："何者是凡心？何者是圣心？"

答："取想是凡心，离想是圣心。"

问："取想心，不取想心，愿示其要？"

答："一切修学者，见来去心，长短心，见好恶心，见憎爱心，见嗔喜心，见邪正心，见凡圣心，见自在不自在心，见涅槃解脱心，佛菩萨心，见究竟心，见知解不知解心，此种种心，并是凡夫妄想心。"

问："云何是圣人心？"

答："不起一念，不见一物，都无如许心，是圣人心。"

问："汝得圣人心耶？"

答："我语你道得圣人心，我即是罪过人，是颠倒人。"

问："你语我道得圣人心，即罪过颠倒人；你不语我道得圣人心，我即是罪过人，是颠倒人？"

答："我不语你道得圣人心，即无罪过。"

问："云何道得圣人心即罪过？道不得圣人心即罪过？道不得圣人心即无罪过？"

答："圣人心无得，所以知无罪过。"

问："云何得知圣人心无得？"

答："《维摩经》云：'若有证，即于佛法为憎上慢。'是以知圣人心无得。《金刚经》云：'过去心不可得，现在心不可得，未来心不可得，三世心俱不可得。'是圣人心。又云：'无少法可［得］[2]、是名阿耨多罗三藐三菩提。'《般若［经］》云：'以无所得故，菩提萨埵。'"

问："可得是何心？"

答："是[3]凡夫心。"

问："既不可得心，是圣人心，一切圣人有何知解？"

答："一切圣人，实不立知解。"

问："既不知解，云何称有三世诸佛？有究竟涅槃？有常乐我净？有解脱方便？"

答："不立知解，得究竟涅槃解脱方便。"

［问］[4]："不立知解却得，岂不是颠倒法？"

答："不颠倒。"

问："云何不颠倒？"

答："你有所得，即有颠倒，无所得心，即无颠倒。"

问："云修学人总有所得，心总会道耶？"

答："有所得即不合得。"

问："有所得即不合道。云何三代阿僧祇劫修万行得涅槃乐？"

答："若道三代阿僧祇劫修得涅槃乐，即是诳诫你，即是解脱你，即是你我，是谤语，人实无修得，莫起疑心，莫起狐媚心，莫起希皇（恓惶）心。若于佛法中起毫毛心，总是妄想颠倒心，若见证圣，即是见鬼人。但莫起心，我即怜你，我将接你倒涅槃乐。"

问："过去诸佛总不起心得涅槃乐，为当独自教我不起心？"

答："过去诸佛法总不起心得涅槃乐。"

问："云何得知？"

答："《文殊般若经》云：'无知无解是佛所。'此知法印，岂虚言哉。无知烦恼障断无解，所知除二障，二障[5]既除，法能俱。若立知见，好见恶见，青黄赤白，流浪生死，在凡夫人，不得自在。但不立知解，不见一物，即是了事人，即是有精神人，丈夫出三界外，得知如如心。"

校注：[1]"何"字，底本作"不"，误，据《大乘起世论》改。　[2]"得"字，底本脱，据《金刚经》补。　[3]"是"字，底本作"是是"，据文义改。　[4]"问"字，底本脱，据文义补。　[5]"二障"二字，底本无，据文义补。

问："不立知解，不见一物，此是究竟法，非究竟法？"

答："此究竟法。"

问："究竟无本阿谁知？无本阿谁知解？"

答："无本是佛知，无本是佛解。"

问："无本天生有佛焉？当修得成佛？"

答："修得成佛。"

问："既修得成佛，云何无本阿谁是佛？知无本是佛解？"

答："只缘修得，始知佛，知佛解。未修得，知不知佛，知不知佛解。"

问："究竟法，佛像谁边得？"

答："向佛边得。"

问："向若个佛边得？"

答："向如如佛边得。"

问："如如佛在何处？"

答："如如佛在遍法界。"

问："如如佛既遍法界，云何众生不见？"

答："众生盲不见，不盲人即见。"

问："佛得法成佛后，言法向佛边得，佛与法岂无先后？"

答："无先后，佛与法一时。"

问："云何一时？"

答："一切法无先后，如仰与覆，如拳与手，如波与水，并一时，无先后。"

问："若道一切法无先后，无来亦无佛，亦无法？"

答："阿谁语你道有佛，阿谁语你道有法。"

问："若无佛若无法，云何经云：'遣我久受勤苦乃可得成？'"

答："经文为你在凡夫二乘，不达佛性，遣你会三乘归一乘，所以语你久受勤苦，若答佛性，即了空性，即是归一，若了归一，即有一时，更不劳你久受勤苦。"

问："若遣我归一，还与我你障碍？"

答："你不须愁，你莫作障碍，但达佛性，即是归一。经云：'十方佛土中，唯有一乘法，无二亦无三，合一亦不立。'此是法印，你何须强立一，关你事。《维摩经》云：'从无住立一切法。'又云：'菩提者，不可以身得，不可以心得。'寂灭是菩提。"

问："身又不得，何须比来漫受辛苦？"

答："你今日大解事，我观你比来常立睡，如今始觉也。"

问："我今日以后，不事不为一事，得不得？"

答："你若一事不你一事，不为是墙壁，是木石。"

问："云何是墙壁？云何是木石？"

答："你但觉性从本以来清净无染，无取无舍，无好无恶，是非身共世间种种，同心不染世间，即是寂灭人，即是得心人，行往坐卧，所作所为，都无滞碍。"

问："今日以后，不作诸见解，一依君见，解得不解？"

答："你若依我见解，即是粗汉子，我即礼谒你。"

问："何为礼谒我？"

答："你是了事人，得无为心。"

问："为当道独自我是了事人，更有称扬我者？"

答："三世诸佛总称扬你。"

问："云何得初？"

答："《诸佛五行经》云：'常处无为空寂，行恒沙佛藏一念了，此是诸佛菩萨真语实语如语诳语，此是印处，须知之。'"

问："实有心可印，实无心可印？"

答："实无心可印。若有心可印，即是凡夫人；若无心可印，即是外道断见人；若见非有非无心可印，是声闻人；若见不有不无心可印，是缘觉人。般若颂中论云：'迦叶见有着，常即随断见'，是故黠惠者，不依止有无。又云：'迦叶有是一边，无是一边，中者非有亦有无，以无处所故。'此义应知，过去未来现在，三世诸佛，得虚无心住存，亦不得住无，亦不得住非有非无，亦不得住不有不无，不得住。经云：'若菩萨心住于法，如人入阁，即无所见住，自融易取生天。'"

尔时徒众无可问，豁然大悟，一时长叹，声彻十方，善哉！善哉！我等长夜常处迷津，共守邪途，习学邪教，流浪三界，不了一乘，恒怀速出之心，未达性空之念。过去诸佛菩萨及善知识，演希有法，今我得闻，今我得解，今我得悟，岂其今日宝藏自开，往皆从求无立至，三毒八苦回作菩提，四大色身即是常住。降六贼，破魔军，见法王，封爵禄，赏摩尼妙宝，如意明珠，分施众生，共和合僧。到平等寺，礼如如佛，行如如法，住如如宅，坐如如床，卧如如褥，着如如衣，食如如味，饭如如浆，见如如父母，共如如兄弟妻儿眷属，常礼如如佛，究竟菩萨以偈赞曰：

为求大法阐大义，普愿众生速受记。
广开大便度泥梨，疾证菩提无上智。

《涅槃［经］》云："有定无慧，增长无明，有惠无定，增长邪见。"是二俱修，名为其足。《占察经》云："众生心体，从本已来，自性清净，无障无碍，犹如虚空，平等普遍，圆满十方，无所不至，修行大寂，定寂无灭，所依其心，安常安住，不动如须弥，此云何得知。《华严经》云：“如是疾游行，无量无数劫，不离本生处，安住甚溪法。”《金刚经》云：“过去心不可得，未来心不可得，现在心不可得。”若行者，知心不可得，速即见佛，若知可得，即入邪见。《楞伽［经］》云：“不识自心，现妄想故，妄想生，若识即灭。”又云：“妄自缠如茧处，蚕坠生死海，诸趣旷野，又不受外尘，妄想永息，身见。若断贪即不生。《思益经》云：“心本无形像，复有何定法，思想生颠倒，攀缘起恶业，无念即无生，离着即有法。”又云：“心自不知心，不见心心起，想即痴无想，是泥洹诸法。”《诸法无形经》云：“若以心分别一切法，心邪以不分别一切法正。”《大庄严经》云：“前心不觉，如云弊日，复心乃觉。”

十一、澄心论

【题解】

在敦煌文献中，与《澄心论》有关的写卷有七个卷号，即北裳75、P.3777、P.3434、S.3558、S.4064、S.2669、日本龙谷大学图书馆122号。在《澄心论》的七个卷号中，以P.3777字迹最为清晰，内容相对完整，是研究禅宗北宗思想的重要资料。本录文以P.3777写卷为底本，参考S.3558以及北裳75本。陈祚龙①、巴宙②对此文献有研究，可参见。

【录文】

澄心论

夫学道之法，必须先知根源。求道犹（由）心，又须识心之体性。分明无惑[1]，功业可成。一了千明，一迷万惑[2]。心无形相[3]，内外不居。境起心生，亡[4]心灭色。色大心广，色小心微[5]。无色无形，无心无相[6]。色相[7]俱息，寂静[8]常安[9]。若以心为心，自染自缚。心尚非心，染何所染？即染[10]染恒净，即系常脱。是故将言[11]说境，了处无言。理被言谈，理无言境[12]。了知二理，定慧双游。知心无心，即是常定。了色无色，慧处恒游。不离持[13]边，无[14]边无性。在我无我，即我法身。莲花花[15]水生，还不着水。菩萨在俗，不被俗拘[16]。

校注：[1]“惑”字，底本、S.3558、S.4064皆作“或”，同音通假，“惑”当妥。 [2]“惑”字，S.3558作“或”。 [3]“相”字，底本、S.3558、S.4064皆作“想”，据上下文改。 [4]“亡”字，S.3558作“去”。 [5]“微”字，S.3558作“灭”，S.2699无。 [6]“相”字，底本、S.3558作“想”，S.4064作“相”，据上下文改。 [7]“相”字，

① 陈祚龙：《新校重订敦煌古抄本“澄心论”——〈佛化新记〉之二》，《中华佛教文化史散策四集》，台北：新文丰出版公司，1986年，第235～240页。

② 巴宙编：《敦煌韵文集》，台北：台湾佛教文化服务处编印，1965年，第191～192页。

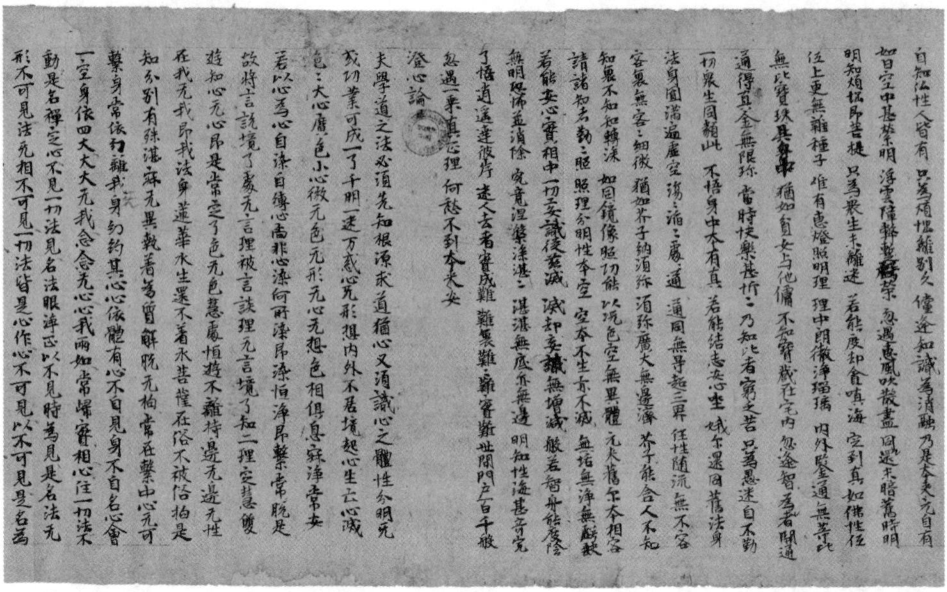

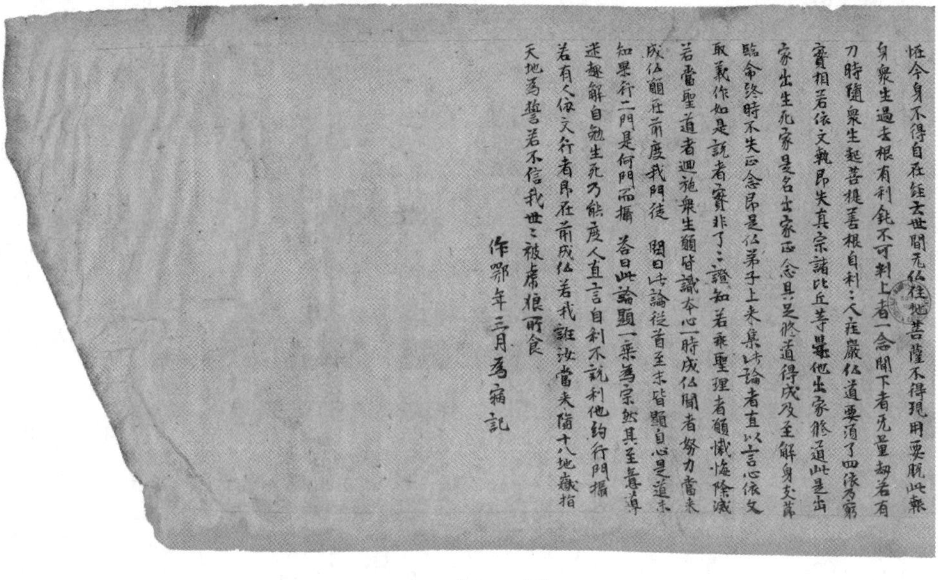

P.3777《澄心论》

S.3558作“想”。　[8]“静”字，底本作“净”，S.3558作“静”，是，据改。　[9]“安”字，S.4064作“然”，误。　[10]“染”字，S.3558作“染深”。　[11]“言”字，S.3558无。　[12]“境”字，S.2699作“尽”。　[13]“持”字，S.4064作“于”。　[14]“无”字，S.4064作

“术”。　［15］“花”字，底本、S.3558作“华”，S.4064作“花”，义胜，据改。　［16］“拘”字，底本作“拍”，S.3558、S.4064作“拘”，是，应据改。

是知分别有殊，湛寂无异。执着为质，解脱无拘。常在系中，心无可系，身常依幻，离我无身，幻约[1]其心，心依体有。心不自见，身不自名。心会一空，身依四大。大（四）大无我，念念无心。心[2]我两如，常归实相[3]。心住一切法不动，是名禅定。心不见一切法，见名[4]法眼净。正以不见时为见，是名法无形不可见，法无相不可见。一切法皆是心作，心不可见。以不可见[5]，是名为见。法知心寂，即入空寂法门；知心无系缚，即入解脱法门；知心无相[6]，即入无相[7]法门；觉心无心，即入真如法门；若能知心如是者，即入智慧法门。心无念处，是道心；念无处所是道心；求无处所是道心；成无处所是道心。常念无念是道心。若悟此法，是名得道。发菩提心者，勤修空无相道心，是名修道。知无道可修，名为修道。知善恶无实，是名菩提心。知烦恼无形相，是名菩提心。涅槃者，寂灭也。亦名解脱，亦名第一义空。佛者，觉也。觉一切法空，自觉觉他，名之为佛。觉悟内外，了达无碍。无去无来，名为如来。知心无心，心常在寂。知境无境，境即是空。六根生六贼，是其一心作。六尘还从一境生，一心既寂，六贼亦无。一境既空，六尘随灭。二边两处，名不相知。十二因缘，虚成妄想[8]。一乘既悟，大道无穷。略论心路，望惠（会）经文。虽非如来之言，亦同菩萨之说。谨上圣王，伏愿善思本心[9]。一悟无为，同登正觉。

校注：［1］“约”字，S.3558作“幻”，形近致讹。　［2］“心”字，S.4046脱。　［3］“相”字，S.3558作“想”，音近致讹。　［4］“见名”二字，S.3558脱。　［5］“以不可见”四字，S.3558脱。　［6］“相”字，S.3558作“想”。　［7］“即入无相”四字，S.3558脱。　［8］“想”字，S.3434作“相”。　［9］“心”字，S.3558脱。

十二、大乘心行论

【题解】

敦煌文献中，以《大乘心行论》命名的卷子仅有一件，即P.3559。对这一文献，冉云华曾做过研究，并有录文。①

《大乘心行论》署名为稠禅师所作，日本学者筱原寿雄把这份文献定为与北宗禅法有关的文献，因为其内容为以大乘看心为中心的禅法。②冉云华不同意此说，认为文献所述的“五停观”并非北宗禅法。③从文献内容来看，其中引用了大量经典，相当庞杂，而且有些句子甚至相互矛盾，故将之归入北宋确有方枘圆凿之处。应该将定性为与北宗禅思想较为接近的一种禅宗文献。

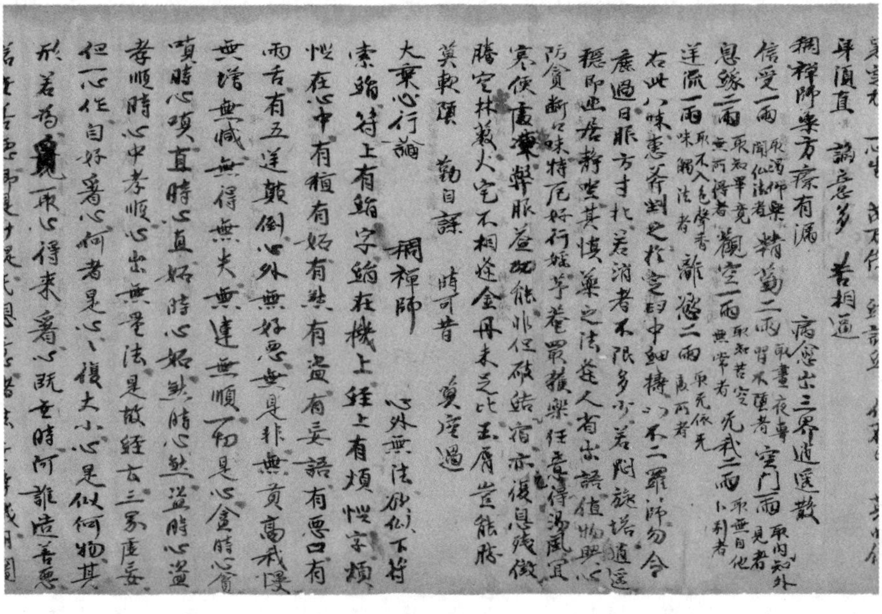

P.3559《大乘心行论》(局部)

① 冉云华：《敦煌文献与僧稠的禅法》，《中国禅学研究论集》，台北：东初出版社，1990年，第75～85页。

② 筱原壽雄：「北宗禪と南宗禪」，『講座敦煌8敦煌仏典と禪』，東京：大東出版社，1980年，第172～173頁。

③ 冉云华：《〈僧稠禅意〉的研究》，《中国禅学研究论集》，台北：东初出版社，1990年，第105～106页。

【录文】

大乘心行论　　稠禅师

心外无法，欲似下符索绢。符上有绢字，绢在机上。经上有烦恼字，烦恼在心中。有痴[1]有妒，有煞有盗，有妄语，有恶口，有两舌，有五逆颠倒。心外无好恶，无是非，无贡（功）高我慢，无增无减，无得无失，无违无顺，一切是心。贪时心贪，嗔时心嗔，痴[2]时心痴，妒时心妒，煞时心煞，盗时心盗，孝顺时心中孝顺。心出无量法。是故经云："三界虚妄，但一心作。"自好看心。

何者是心？心复大小？心是似何物？其形若为？觅取心得来看，心既无时，阿谁造善恶？若无善恶，即是菩提，无想意，诸法无净秽。明暗在心，心迷诸法，谓法缚。然诸法体，无缚无解。若众生自识时，情动亦是涅槃。不动时，亦是涅槃。不解时，动亦非涅槃，不动亦非涅槃。若解时，动与不动都是；不解时，动与不动都非。未识时，于己自心，妄计动静；解时自心不曾有，谁能计动静？不解，故说诸法可解；解时无解，是故即惑，解亦惑。若解时无惑可惑，无解可解，不见解惑者，故名大解。

一切行者，举动施为，如何作心？作有二种：一从外入理门；二从理起用门。从外入理门者，身心共行，不念诸法，身口亦复然。耳闻善事意不起，目瞩恶法心不从，是非得失，不忤于己。但持惠眼自形相。惠从乱起，不从乱得。定者，息妄正求，不缘诸法，是息妄不念，善法是正求。

云何惠？心行处灭，此是实惠，亦名涅槃，亦名寂灭。从理起用门者，身心别行，内心不分别。身口同世间，身口行善，意不起；身口行恶，意不缘。不除身口善恶法，但除意地攀缘心。经云："但除其病，不除其法。"攀缘是病本，但除攀缘心。不除善恶法。心生境现，乐在诸见。心灭境去，与理相当。众生烦恼病，常为诸见害。若能离诸见，行坐皆三昧。多语令人惑，少语得解难。欲觅法中意，无心最是安。心无动静异，意无善恶殊。施为皆如此，何处非真如？迷心起行，除境不除心；解心起行，除心不除境。

云何除心不除境？本心不可名，妄心犹念有。若能不起念，即无妄心垢。经云："常求无念，实相智慧。"道行万行，会作佛者。一心中具万行，览万行在一心。非是行万行，心遂善事起。

又复一心中具万行者，说心无心，守本常定。故言道具万行，解一相者，即解万法；不解一相者，一切都不解。一相法门者，一心是无量名；止[3]一名施无量名，还是一名。解时一不异多，多不异一。

诸佛如来，出兴于世，欲润众生，广济众生。虽复六道，心殊方俗，差别不等。圣者玄览根性，即随利钝，依病兴药，无不除愈。称机说法，无不利益。今与诸人等，往积微善生钟象。未披寻经教，仰学圣仪。令欲宣通正法，遍化一切；但自恨愚迷，未识众心。乐大乐小，乐法乐喻，乐广乐略，人异意别，情爱不同。今虽多说，不可而了。要便[4]真俗两说，苦乐双扬，大小俱显，法喻并彰。言烦语广，有时不当，好作心听。闻已思量、善则行用，恶则舍藏。何者是善？何者是恶？实法无作无生，心性常净，犹如虚空，不可见。心无所虑，无所悕（希）望，不缓不急，如如。

凡为修道，行住坐卧，饮食语默，常自觉悟，觉悟何事，谓之心境。心境有粗细，谓心之苦乐。心有违顺，谓之忧喜。何者觉之，识知虚妄，则无苦乐之计，不生粗细烦恼。经云："菩萨无三受，尽漏意解。"三受者：苦受，乐受，不苦不乐受。菩萨修行六度：事理无取，是名檀波罗蜜；不染五欲，是名尸波罗蜜；我所性空，是名羼提波罗蜜。自心不可得，是名毗梨耶波罗蜜；心境不二，是名禅波罗蜜。无无边住处，是名般若波罗蜜。此是菩萨六度，即是法身。经云："菩萨亦一阐提。"名同体满[5]，功德具足。无恶清净，无求无愿。无相无作。本性涅槃，是故般涅槃，不同凡夫一阐提。

菩萨五无间：以般若智，煞无明父，贪爱名为母；灭结使名煞罗汉；破集谛名煞僧；出觉相识，名出佛身血；向是名五无间，不入三界地狱，不同凡夫五无间。菩萨十恶三业，毕竟净故。

一、断除生灭心行，悟无生法忍，是名菩萨煞生。

二、密行善道，众生不觉，是名菩萨盗。

三、善能方便，通达佛道，是名菩萨邪淫。

四、为诸众生，令得利益，是名菩萨妄语。

五、了知众生，上中下根，望机诃语，互说不定，是名菩萨绮语。

六、粗言诃詈，折伏众生，入第一义谛，是名恶口。

七、常为众生，说二谛法，使入实谛，是名菩萨两舌。

八、度众生，无有厌倦，是名菩萨贪。

九、呵责众生，得入佛道，是名菩萨嗔。

十、般若钝故，无功之用，入深禅定，是名菩萨痴。

此是菩萨密行十恶，不同凡夫十恶，是名菩萨。

三处利益众生，生死开心。凡欲学无生者，要必觉了诸法。不觉了者，即是烦恼藏。若觉了者，知从本已来，无贪无嗔，无爱无痴，无取无舍，无空无想，无六道差别，无法界，都无生死，亦无涅槃。为破贪嗔，故言道涅槃。实无涅槃，而可得者，但以众生，妄想分别。若无分别，名为正见。若无分别心，则无住处。无住处，则无所依。心无所依，则无攀缘。心无攀缘，则心不动，故则名实想。实想故，则是真心。真心故，则是无生。

若欲学无生者，先须识达，然后守心为本。心无攀缘，万行为正；若心动取，万行为邪。邪正之体，体无有异。犹此分别，则有二智虚妄，则了本性。本性无二，则开真心菩提。菩提幽深，非识所知。非意所度，言语道断，心行灭处[6]。《持心经》云："心无所起，则是牢强精进。"今时精进，都非牢强。其言修心，但着语言。语是动摇，语是妄想，语是执着，语是发起之法，不会于道。以此验之，空言无益。或有愚人，口说不生不灭，不取不着，行无所依。如彼所见，即是断见外道，本非佛法。

修道行者，若欲深入佛道，从方便智慧，心不动转。若介示动心，即轮回三界，生死不绝。法眼未明，有违顺等，以心随之，亦从流不息。觉心之人，有此迷流之过。是故济之方便，泛正智船，度生死河，入如如海，取菩提道。凡夫无慧，贪着涅槃。

《思益经》云："不得涅槃，名为正观。"观有三种：一者简伪存真观；二者真如实智观；三者真如本来不起。止观妄想故起，若起是垢，不起是净。学者终不得，舍乱求定，背垢取净。若舍乱求定，得乱不得定。若背垢取净，得垢不得净。

《维摩经》云："取我是垢，不取我是净。"以此须知，要须万行：行佛法，得作佛；行菩萨行，得作菩萨；行声闻行，得作声闻；行地狱行，坠地狱；行畜生行，作畜生；行饿鬼行，作饿鬼。诸行虽殊，皆同无生无灭。是故欲行万行，要不生分别，心如车轴，心如大海，心如大地。心如车轴者，车行轴如不动，心亦如是。心常不动，遍行运载不绝，终不动转，不分别是非。若生分别，即是动法，即是破戒。心性不动，喻如车轴。

心如大海者，大海能含万川，不逆细流。若入其中，皆同一味，心亦如是。见一切法，皆是菩提，皆是禅定，皆是寂静。闻苦不忧，得乐不欢，赞复不喜，打复不嗔。不问好恶，皆能容纳。若能如是，喻如大海。

心如大地者，大地能荷负众生，不作劳倦，亦无高下，混同普载。心亦如是，心无分别，不起是非，不起垢净，不起骄慢。起心者，坠地狱三涂，沉沦六道。正由贪着，名闻规求利养，邪命自活，专斗诤。或有学大道者，要须打断名闻，摧伏身心。脱无明皮，却恩爱糠。如谷去皮，自然不生。不生故，则无分别。若能如是，喻如大地。

又《维摩经》云："一切众生，毕竟寂灭，即涅槃[7]相，不复更灭也。"

校注：[1]"痴"字，底本作"狟"，韩本录作"狟"；"狟"字与文义不符，据下文"直时心直妬时心妬"诸字，应为"直"字，但"直"与佛教诸业"妬、杀、盗、妄语"等义不符，"直"与"痴"在某些方言中音相通，故以"痴"较妥。　[2]"痴"字，底本作"直"，据上下文改。　[3]"止"字，冉本作"心"，韩本作"正"。　[4]"便"字，冉本作"需"，韩本作"须"　[5]"满"字，韩本作"漏"。　[6]"灭处"二字，底本作"处灭"，不词，据文义改。　[7]"涅槃"二字，冉文录作"菩萨"。

十三、大乘无生方便门

【题解】

S.2503（3）《大乘无生方便门》，又作《大乘五方便》，全书一卷，撰者不详。存敦煌写本3，分别为S.2503（3）、S.735v和北生24v（北1351）。其中，S.2503（3）首全尾残，题《大乘无生方便门》，被收录在《大正藏》第85册、《禅宗全书》第36册；S.735v首尾俱残；北生24v（北1351）首全尾残。

《大乘无生方便门》为北宗禅纲要书，论述入道的五门，即“第一总彰佛体，第二开智惠门，第三显示不思议法，第四明诸法正性，第五自然无碍解脱道”。卷首阐明四弘誓愿、劝请、忏悔等三皈依仪式。接着分述五门要义，但第四门明诸法正性，只有前面部分，以下及第五门皆残缺不全。内容当出自南岳本《十问》之前五问。①

北宗禅中所出现的“五方便”，虽然源自于道信、弘忍的“入道方便”，但到神秀门下才开始发展，最终完成于普寂的弟子弘正时期。②“五方便门”主张以《梵纲》为戒本，以《楞伽》为心要，以《法华》《维摩》《思益》《华严》《起信》为经典的系列写本系统共同形成的一种方便法门。

三皈依仪式为唐五代法师讲经说法的开场白。该文献即为禅宗法师在为信众居士说三皈依后，再为之讲说的开示。这样的开场白几乎成为禅僧为大众讲经说法的仪轨，这种仪式在敦煌文献中多有体现。唐人宗密在《圆觉经大疏钞》卷三（下）认为北宗禅的大意是“拂尘看净，方便通经”，并以《大乘五方便》等之大意，作为它的文证。由此推知，《大乘五方便》或《大乘无生方便门》等之原作可能是中唐时候的作品。

此外，另有异本多种，如P.2058、S.2503（1）、P.2270等，其中，P.2058、

---

① 関口真大：「『授菩薩戒儀（達摩本）』について」『印度學佛教學研究』第9卷2期，1961年，第55～60頁。

② 黄青萍：《敦煌北宗文本的价值及其禅法——禅籍的历史性与文本性》，台湾师范大学博士学位论文，2007年，第254页。

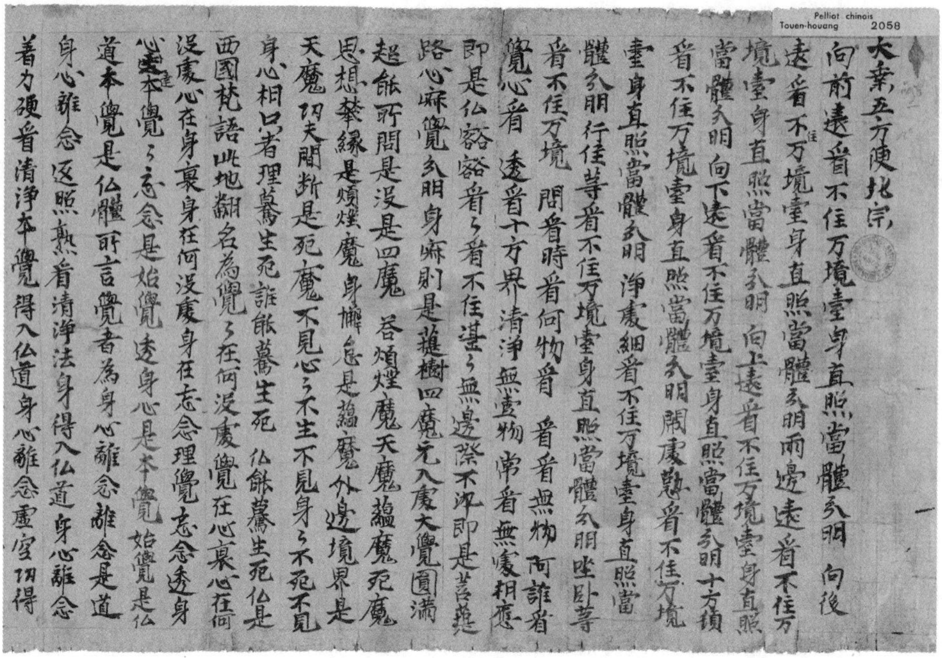

P.2058《大乘无方便门》(局部)

S.2503(1)均题《大乘五方便北宗》,P.2270在标题“大乘五方便”下有“北宗”二字的细注,卷末则写“亦名北宗五方便门(五更转颂)三界寺道真”。与《大乘无生方便门》相较,二者之前文不同,但五门中的第一门总彰佛体以下至第三门大略一致。又,《大乘五方便北宗》具备第四门以下的内容,可补足《大乘无生方便门》的阙损部分。S.735卷背所书内容,其前文的首部不全,与《大乘五方便》相比,二者至第三门为止大略一致,第四、第五门则互有出入。另外,S.2503(2)号写本《通一切经要义集》,其内容相当于《大乘无生方便门》第一门的一部分及第二门以下的一部分。本录文以S.2503(3)为底本,与S.735v和北生24v(北1351)互校,同时参校P.2058、S.2503(1)、P.2270《大乘五方便北宗》,并参考了铃木大拙的研究成果[①]以及黄青萍和韩传强[②]的校本。

---

① 鈴木大拙:『禪思想史研究第三』,東京:岩波書店,1980年,第167~212頁。
② 韩传强:《禅宗北宗敦煌文献录校与研究》,南京:江苏人民出版社,2018年,第112~137页。

【录文】

大乘无生方便门

第一总彰佛体；第二开智惠门；第三显[1]示不思议法；第四明诸法正性；第五自然无碍解脱道[2]。

各各[3]胡跪合掌，当教令发四弘誓愿：

众生无边誓愿度，烦恼无边誓愿断。

法门无尽誓愿学，无上佛道誓愿证。

次请十方诸佛为和尚等。

次请三世诸佛菩萨等。

次教受三归。

次问五能：

“一者汝从今日乃至涅槃，能舍一切恶知识不？”

[答][4]：“能！”

“二者能[5]亲近善知识不？”

[答]：“能！”

“三能坐持禁戒，乃至命终，不犯戒不？”

[答]：“能！”

“四能读诵大乘经问甚深义不？”

[答]：“能！”

“五能见苦众生，随力能救护不？”

[答]：“能！”

次各称已，名忏悔罪，言：

过去、未来及现在，身口意业十恶罪。

我今至心尽忏悔，愿罪除灭永不起。

五逆罪障重罪。准前：

譬如明珠，投浊水中，以珠力故，水即澄清。

佛性威德，亦复如是，烦恼浊水，皆得清净。

汝等忏悔竟，三业清净，如净瑠（琉）璃，内外明彻，堪受净戒。

菩萨戒是持心戒，以佛性为戒性。

心瞥起即违佛性，是破菩萨戒。

护持心不起即顺佛性，是持菩萨戒。三说。

次各令结跏趺坐。

[问]："佛子，心湛然不动，是没（什么）？"

言："净。"

"佛子，诸佛如来，有入道大方便，一念净心，顿超佛地。"

和击木。一时念佛。

和言："一切相总不得取，所以《金刚经》云：'凡所有相，皆是虚妄。'看心若净，名净心地。莫卷缩身心，舒展身心，放旷远看，平等看，尽虚空看。"

和问言："见何物？"

子云："一物不见。"

和："看净，细细看，即用净心眼，无边无涯际远看。"

和言[6]："无障碍看。"

和问："见何物？"

答："一物不见。"

和："向前远看，向后远看，四维上下，一时平等看，尽虚空看。长用净心眼看，莫间断[7]，亦不限多少看，使得者然，身心调用无障碍。"

和言："三点是何？"

子云："是佛[8]。"身心得离念。不见心，心如，心得解脱；不见身，色如，身解脱。如是长时无断用。入言。

虚空无一物，清净无有相。常令不间断，从此永离障。眼根清净，眼根离障；耳根清净，耳离根障；如是乃至六根清净，六根离障。一切无碍，是即解脱。不见六根相，清净无有相。常不间断，即是佛。

[问]："是没是佛？"

[答]："佛心清净，离有离无。身心不起，常守真如。"

[问]："是没是真如？"

[答]："心不起，心真如；色不起，色真如。心真如故，心解脱；色真如故，色解脱。心色俱离，即无一物，是大菩提树。"

佛是西国梵语，此地往翻名为觉。所言觉义者，为心体离念。离念相者，等虚空界，无所不遍。法界一相，即是如来平等法身。于此法身说名本觉。觉心初起，心无初相。远离微细念，了见心性，性常住，名究竟觉。

佛是西国梵语。此地往翻名为觉。所言觉义者，心体离念。离念是佛义、觉义。略释佛义，具含三义，亦名即心方便。

问："是没（什么）是三义？"

［答］："自觉、觉他、觉满。"

离心自觉，不缘五根。离色觉他，不缘五尘。心色俱离，觉行圆满，即是如来平等法身。离念相者，等虚空界，无所不遍。

校注：［1］"显"字，北生24v缺。　［2］"道"字，北生24v缺。　［3］"各各"二字，北生24v缺，黄本作"次各各"。　［4］"答"字，底本、S.735v和北生24v（北1351）皆为理解及行文方便而补。下文中"问"属类似情况，不再一一做注。　［5］"能"字，底本缺，据北生24v补。　［6］"言"字，底本作"问"，但非问句，北生24v作"言"，是，据改。　［7］S.735v首残，由"莫间断"开始。　［8］S.735v及北生24v在"是佛"前多"何"字，疑衍。

问："是没（什么）是等虚空界无所不遍？是没（什么）是遍、不遍？"

答："虚空无心，离念无心。无心则等虚空界[1]，无所不遍。有念即不遍，离念即遍。法界一相，则[2]是如来平等法身。

问："是没（什么）是法界？"

［答］："意知是法，界是[3]十八界。眼见、意[4]知、念起，多相生隔障不通，是染法界，是众生界。"

［问］："是没（什么）是净法界？"

［答］："眼见、意知、离念，即无隔障，是净法界，是佛界。"

［问］："是没（什么）是佛界？"

［答］："法界一相，意知处是法，是法界。眼见色，耳闻声，鼻觉香，舌知味，身觉触，意知法。意通如上五种法。若心起同缘，即是染法界，是众生界；若不起心同缘，即是净法界[5]，是[6]佛界。法界一相，于十八界中有二：一染一净，先染后净。眼见色，意识同缘，知眼等五根，依尘五处起染，即一切处染，一切处染，即是染法界，是众生界。"

问："是没（什么）是净法界[7]？"

［答］："净法界者，于离念中，眼见色不分别，即于眼处得解脱。余四亦同。五处解脱，即一切处解脱。一切处解脱，即一切处净，即是净法界，是佛界。离念相者，等虚空界，无不所遍，属自法界，一相属他。"

问："是没（什么）是如来义？"

答曰[8]："离心心如，离色色如，心色俱如，即是觉满，觉满即是如来。又意根不起心如，五根不起色如。心色如如，不随境起[9]，即是如来平等法身。于此法身，说名本觉。觉心初起，心无初相。远离微细念，了见心性。性常住，名究竟[10]，是法身[11]。"

校注：［1］"界"字，底本、大正藏本均无此字，北生24v、S.735v有此字，据文义，从北生24v、S.735v补。　［2］"则"字，P.2270作"即"，义通。　［3］"是"字，底本及其校本有此字，北生24v、S.735v无此字，今从底本。　［4］"意"字，S.735v、北生24v作"色"，以底本为善。　［5］"净法界"三字，底本作"法净界"，北生24v、S.735v作"净法界"，今据北生24v、S.735v改。　［6］"是"字，S.735v、北生24v无。　［7］"是没是净法界"诸字，北生24v无。　［8］S.735v、北生24v在"答"后多出"曰"字。　［9］"不随境起"四字，P.2270作"随境不起"，以S.2503（3）更善。　［10］"究竟"二字，P.2270作"究觉"，误，S.735v、北生24v作"究竟觉"。　［11］"是法身"三字，P.2270作"是名依身佛"，以S.2503（3）为确。S.735v、北生24v作"是法身佛"。

问："是没（什么）是报身[1]佛？"

［答］："知六根，本不动，觉性[2]顿圆，光明遍照，是[3]报身佛耶。"

［问］："是没（什么）是法身佛？"

［答］："为因中修[4]戒定惠，破得身中无明，重迭厚障，成就智惠大光明，是法身佛。"

［问］："是没（什么）是化身佛？"

［答］："由[5]心离念，境尘清净，知见无碍，圆应十方，是化身佛。"

体用分明，离念名体。见闻觉知是用，寂而常用，用而常寂，即用即寂。离相名寂，寂照，照寂。寂照者，因性起相；照寂者，摄相归性。舒则弥沦[6]法界，卷则总在于毛端。吐纳分明，神用自在，身心既空，谁吐谁纳。身心空无吐纳，即与无为合。启无为，达实相。身心空，善回向[7]。回向菩提，证真[8]常乐，常对境界，心无所着。身心两法，染净依有，念无量恒沙烦恼，依离念无量恒沙功德。依恒沙功德，是净依。

[问]："是没（什么）是法身体？是没（什么）是依身心[9]？"

[答]："离念是法身[体][10]。由离念故，转无量恒沙生灭，成无量恒沙功德。恒沙功德，依离念住，是依。"

[问]："是没（什么）是聚义？"

[答]："无间修行，任持功德不散[11]，是聚。聚诸功德，充满法身，[由][12]离念故，万境皆真。"

已上第一了

校注：[1]"报身"二字，S.735v、北生24v作"报法身"，"法"字衍。　[2]"性"字，P.2270作"佛"。　[3]"是"字，P.2270作"是名"。　[4]S.735v在"修"后多一"得"字，衍。　[5]"由"字，底本、S.735v、北生24v宇井本均作"犹"，铃木本、黄本作"由"，义胜，据改。　[6]"沦"字，底本、S.735v作"轮"，误。北生24v及其他诸本作"沦"，是，据改。　[7]S.735v、北生24v无"回向"二字。　[8]"真"字，S.735v作"真如"。　[9]"是没是依身心"六字，S.735v无。　[10]"体"字，底本、北生24v及S.735v均无，S.2503（1）《大乘五方便北宗》有谓"法身有三种义，体依聚……身心离念是体"，据补。　[11]"无间修行，任持功德不散"十字，S.735v缺"行"字，北生24v缺"行"与"功德"诸字。　[12]"由"字，底本、S.735v、北生24v宇井本均作"犹"，铃木本、黄本作"由"，义胜，据改。

第二。

和尚打木。问言："闻声不？"

[答]："闻，不动。"

此不动是从定发惠方便，是开惠门；闻是惠，此方便非但能发惠，亦能正定，是开智门，即得智，是名开智惠门；若不得此方便，正[定][1]即落邪定，贪着禅味，堕二乘涅槃。已得[2]此方便正定，即得圆寂，是大涅槃。智用是知，惠用是见[3]，是名开佛知见，知见即是菩提。

问："是没（什么）是不动？"

答："心不动。心不动是定，是智，是理。耳根不动，是色，是事，是惠。此不动，是从定发惠，方便开惠门。"

问："是没（什么）是惠门？"

[答]："耳根是惠门。"

[问]："作没（怎么）生开惠门？"

[答]："闻声耳根不动，是开惠门。"

[问]："是没（什么）是惠？"

[答]："闻是惠。五根总是惠门，非但能发惠，亦能正定，是开智门。"

问："是没（什么）是智门？"

[答]："意根为智门。"

[问]："作没（怎么）生开智门？"

[答]："意根不动，是开智门。"

[问]："作没（怎么）生？"

[答]："转意成智，即得智，是名开智惠门。与汝开智惠门竟，有力度众生。"

身体及手足，寂然安不动，八风吹不动。

问："是没（什么）是八风？"

[答]："八风者，利、衰、毁、誉、称、讥、苦、乐。"

[问]："几个是违，几个是[顺]？"[4]

[答]："四个是违，四个是顺。"

问："于此违顺，作没（怎么）生？"

答："心不动，不动是佛。须弥山回超生死海，逍遥出三界。如其所得法，定惠力庄严，以此度众生，自证无上道。"

问："有几种人开得智惠门？"

答："有三种人。"

[问]："是谁？"

[答]："凡夫、二乘、菩萨。凡夫有声即闻，无声[闻]、声落谢，不闻[闻]；二乘有声、无声、声落谢，不闻不闻；菩萨有声、无声、声落谢，常闻。"

问："三人一种开得智惠一门，缘何没二乘人贪着禅味、堕二乘涅槃？"

[答]："二乘人开得惠一门，是惠。于耳根边证得闻惠，昔所不闻而今得闻。闻已心生欢喜，欢喜即动。畏动执不动，灭六识，证空寂涅槃。有声、无声、声落谢，不闻不闻。贪着禅味，堕二乘涅槃。菩萨开得惠门，闻是惠。于耳根边证得闻惠，知六根本来不动。有声、无声、声落谢，常闻。常顺不动修行，以得此方便正定，即得圆寂，是大涅槃。"

《涅槃经》云："不闻闻，不闻不闻，闻不闻，闻闻。"

问："是没（什么）是不闻闻？"

[答]："昔所不闻，而今得闻，是不闻闻。"

[问]："是没（什么）是不闻不闻？"

[答]："闻已心生欢喜，欢喜即动。畏动执[5]不动，灭六识，证空寂涅槃。有声、无声、声落谢，不闻不闻，是不闻不闻。"

[问]："是没（什么）是闻？"

[答]："已心生欢喜，欢喜即动。畏动执不动，灭六识，证空寂涅槃，有声、无声、声落谢，不闻不闻，是不闻不闻。"[6]

[问]："是没（什么）是闻不闻？"

[答]："二乘人出定即闻，在定不闻。二乘人在定无惠，不能说法，亦不能度众生。出定心散，说法无定，水润名干惠定，是闻不闻。"

[问]："是没（什么）是闻闻？"

[答]："凡夫亦有闻闻，菩萨亦有闻闻。凡夫闻闻，即动，动[即][7]同尘；菩萨闻闻不动、不同尘，和光不同尘。娑婆世界，释迦如来，以音声为佛事，耳根为惠门；光明世界，灯明如来，以光明为佛事，眼根为惠门；香积世界，香积如来，以众香为佛事，鼻根为惠门；甘露世界，甘露如来，以甘露味为佛事，舌根为惠门；众花世界，花光如来，以众花为佛事，身根为惠门；妙惠世界，法明如来，以知一切法不动为佛事，意根为惠门。此方便非但能发惠，亦能正定。"

校注：[1]"定"字，底本、大正藏无此字，S.735v、北生24v有此字，据S.735v补。　[2]北生24v至"已得"，以下断残。　[3]"是见"二字，大正藏无。　[4]底本及S.735v均无此问，依P.2058《大乘五方便北宗》补。　[5]"执"字，S.735v脱。　[6]S.735v在"是不闻不闻"后多出"是没是？闻已心生欢喜，欢喜即动。畏动执不动，灭六识，证空寂。有声、无声、声落谢，不闻闻，是不闻”。衍。　　[7]“即”字，底本无，据S.735v补。

问：“是没（什么）是邪定、正定？”

[答]：“二乘人灭六识，证空寂涅槃，菩提见邪定。菩萨知六根本来不动，有声、无声、声落谢，常闻。”

问：“谁能开得智惠门？”

[答]：“善知识能开。因闻善知识语，悟得六根，本来不动，有声、无声、声落谢，常闻。常顺不动修行，是名外善知识，能开智能门。”

问：“是没（什么）是内善知识？”

答：“智惠[是内善知识][1]，[知][2]是智，识是惠，转意成智，是开智门。即得智，是名内善知识，能开智惠门。”

[问]：“是没（什么）是邪定、正定？”

[答]：“二乘人有定无惠，名邪；菩萨有定有惠，是正。”

问：“是没（什么）是大小涅槃？”

[答：“涅槃是][3]西国梵语，此地往翻名圆寂。”

[问][4]：“是没（什么）是圆寂？”

[答]：“智惠俱寂是大涅槃。”

问：“[是没（什么）是菩提？]”[5]

[答]：“菩提是西国梵语，此地往翻名为知见。知见是智惠家用，菩提是涅槃家用。知见是用，智惠是体；菩提是用，涅槃是体，体用分明。经云：‘菩提不可以心身[6]得，寂灭是菩提，灭诸相故。’”

问：“是没（什么）是身心不得？”

答：“心不动，离念不起，菩提不可以心得；色不动，离念不起，菩提不可身得；身心俱不动，即寂灭，是菩提灭诸相故。又身心俱离念，即是圆满菩提。”

问：“不会是菩提，诸入不会故，是身心不可得？”

答：“六根不动，诸入不会，即是圆满菩提。又根尘不染，则一切处不会。”

又问[7]：“障是菩提障诸愿故。”

答：“六根不动，诸愿不生，即是圆满菩提。”

问：“入得澡灌否？”

答："正用心时，不见有入，不见有出。见有入亦是动，见有出亦是动[8]。无入无不入，是不动。"

校注：[1]"是内善知识"五字，底本无，今据黄本补。 [2]"知"字，底本无，S.735v作"知"，据文义，从S.735v补之。 [3]"答涅槃是"四字，底本及S.735v均无，据铃木大拙第二号本补。 [4]"问"字，底本无，S.735v有此字。 [5]底本及S.735v均无此问，据铃木大拙第二号本补。 [6]"心身"二字，S.735v作"身心"。 [7]"又"字，底本无，据S.735v补。 [8]"见有入亦是动见有出亦是动"十二字，S.735v作"见入亦是动，有入亦是动，见不入亦是动"。

问："是没（什么）是无闻为根本？"

[答]："见闻觉知为后得。"

问："缘没唤无闻为根本？"

[答]："由先证离身心相为根本。知见自在，不染六尘。见闻觉知为后得，以先证为根本，若不以证为先，所有知见则随染。"

问："今日见闻，觉知炽然，于六尘中得自在。缘阿（何）没由先证离身心相为根本？"

[答]："知见自在，即不染六尘。明知知见自在于证后得，为诸后得智。根本后得，处处分明，处处解脱，处处修行。眼见色，心不起，是根本智，见自在，是后得智；耳闻声，心不起，是根本智，闻自在，是后得智；鼻觉香，心不起，是根本智，觉自在，是后得智；舌觉味，心不起，是根本智，觉自在，是后得智；自觉身，心不起，是根本智，觉自在，是后得智；意知法，心不起，是根本智，知自在，是后得智。根根不起尘净，根根不起尘耶。"

问："《维摩经》云：'无惠方便缚[1]。'二乘人在定不闻，出定即闻。在定无惠，不能说法，亦不能度众生。出定心散，说法无定，水润名干惠定，是名无惠方便缚[2]。是没（什么）是有惠方便解[3]？"

[答]："菩萨知六根本来不动，有声、无声、声落谢，常闻。常顺不动修行，以得此方便正定，即得圆寂，是大涅槃，是名有惠方便解[4]。"无惠方便缚，有惠方便解[5]。

问："是没（什么）是方便。"

[答]："不动是方便。"

[问]："何物不动？"

[答]："心不动。"

[问："是没（什么）是无惠方便缚？"][6]

答："得心住不动，亦是动。《遗教经》云：'一切世间动不动法，皆成败坏不安之相。'欢喜即动，于畏动执不动，灭六识，证空寂涅槃，有声、无声、声落谢，不闻。贪着禅味，堕二乘涅槃，是名无惠方便缚。"

[问]："是没（什么）是有惠方便解？"

[答]："菩萨不贪涅槃，了见闻觉知。心[不][7]动，是名有惠方便解。"

[问]："何谓无惠方便缚[8]？"

[答]："菩萨[9]以爱见心，庄严佛土，成就众生。于空无相，无作法中而自调伏，是名无惠方便缚[10]。"

[问]："何谓有惠方便解[11]？"

[答]："菩萨不以爱见心，庄严佛土，[成就众生][12]。于空无相，无作法中而自调伏，是名有惠方便解[13]。"

校注：[1]"无惠方便缚"五字，底本及S.735v均作"无方便惠缚"，义不通，据文义改。 [2]"无惠方便缚"五字，底本及S.735v均作"无方便惠缚"，义不通，据文义改。 [3]"有惠方便解"五字，底本及S.735v均作"有方便惠解"，义不通，据文义改。 [4]"有惠方便解"五字，底本及S.735v均作"有方便惠解"，义不通，据文义改。 [5]"有惠方便解"五字，S.735v无。 [6]底本及S.735v均无此问，据铃木大拙第二号本补。 [7]"不"字，底本无，S.735v有，诸校本皆出校记补此字，据补。 [8]"无惠方便缚"，底本及S.735v均作"无方便惠缚"，义不通，据文义改。 [9]底本在"菩萨"后多一"不"字，衍。据S.735v删。 [10]"无惠方便缚"五字，底本及S.735v均作"无方便惠缚"，义不通，据文义改。 [11]"有惠方便解"五字，底本及S.735v均作"有方便惠解"，义不通，据文义改。 [12]"成就众生"四字，底本及S.735v均无，据铃木大拙第二号本补。 [13]"有惠方便解"五字，底本及S.735v均作"有方便惠解"，义不通，据文义改。

无惠方便缚：爱爱涅槃，见见诸佛土[1]，证得六根为佛土，不动为庄严。证得六根不动，了贪嗔痴性空。见[空][2]取空为证，厌生死，住涅槃，是名无惠方便缚。

有惠方便解：菩萨以[3]爱见心，爱爱涅槃，见清净，六根为佛土，不动为庄严。证得六根不动，了贪嗔痴性空。见空不取空为证，不厌生死，不住涅槃，是名有惠方便解。

无惠方便缚[4]，谓菩萨住诸贪欲、嗔恚、邪见等诸烦恼，而植众德本[5]，证得六根不动，[了][6]贪嗔痴性空。见空取空为证，厌生死，住涅槃，是菩萨贪欲、嗔恚、邪见等诸烦恼，而植[7]众德本。有声、无声、声落谢，不闻不闻，是名无惠方便缚[8]。

有惠方便解[9]，谓菩萨离诸贪欲、嗔恚、邪见等诸烦恼，而植[10]众德本。证得六根不动，了贪嗔痴性空。见空不取空为证。不厌生死，不住涅槃，是菩萨即离诸贪欲、嗔恚、邪见等诸烦恼，而植[11]众德本，回向阿耨多罗三藐三菩提。有声、无声、声落谢，常闻，是名有惠方便解[12]。

又复观身，身不离病，是病是身，非新非故。因在过去，四大非新，现在五荫非故。身心不起，断有漏因[13]，当得涅槃具足果。非因果法，是诸佛之本原。

校注：[1]“爱爱涅槃见见诸佛土”，S.735v作“爱涅槃，见诸佛土”。　[2]“空”字，底本、大正藏本、宇井本、铃木本无此字，S.735v有，今从S.735v补。　[3]“以”，底本、S.735v均作“已”，黄本录作“以”，可从。　[4]“无惠方便缚”五字，底本及S.735v均作“无方便惠缚”，义不通，据文义改。　[5]“植众德本”字，底本作“植种德本”，据S.735v作“植众德本”，是，据改。　[6]“了”字，S.735v无。　[7]“植”字，底本及诸本皆作“殖”，通“植”。　[8]“无惠方便缚”五字，底本及S.735v均作“无方便惠缚”，义不通，据文义改。　[9]“有惠方便解”五字，底本及S.735v均作“有方便惠解”，义不通，据文义改。　[10]“植”字，底本及诸本皆作“殖”，通“植”。　[11]“植”字，底本及诸本皆作“殖”，通“植”。　[12]“有惠方便解”五字，底本及S.735v均作“有方便惠解”，义不通，据文义改。　[13]“断有漏因”，底本及S.735v均作“断无漏因”，义不通，据铃木大拙第二号本改。

[问]：“处世界，是没（什么）处？”

[答]：“心是处。五阴[1]为世界，心处于世界。如虚空，虚空是心，心如是智。如莲华，莲华是色，色如是惠。[心清净，超于彼][2]，智惠清净，超彼

五根，是超于彼。稽是敬，礼是顺。常顺智惠修行，是无上尊。”

[问]:“《妙法莲华经》，是没（什么）是妙法？”

[答]:“心是妙法，莲华是色。心如是智，色如是惠，是智惠经。”

[问]:“《大方广佛华严经》[是没是（什么）妙法]？”

[答]:“大方广是心，华严是色。心如是智，色如是惠。是智惠经。”

[问]:“《金刚经》[是没是（什么）妙法]？”

[答]:“金[3]是心，刚是色。心如是智，色如是惠。是智惠经。”

[问]:“妙法莲华，是没（什么）是妙法？”

[答]:“定惠是妙法，莲华是喻。犹有定惠于世间，不染世间。明知定惠，即是妙法。莲华杂处于水，不被水之所染。见闻觉知自在用，不被六尘所染，如莲华开敷，香结人天之所爱敬，所以举之为喻。未得定惠者，令得定惠。开方便门，示真实相。”

六根不动，示开方便门，定惠是真实相。由有定惠，藏诸功德[4]，法相圆满，藏无漏法等，是法华经藏。凡夫二乘，所不能到，天魔外道不能坏。深固[5]幽远，无人能到[6]。凡夫二乘，所不能到，名深。天魔外道，不能坏，名固[7]。谓[8]诸菩萨说大乘经，名无量义。教菩萨法，佛所护念。

问:“是没（什么）是大乘经？”

[答]:“智惠是大乘经，亦名《法华经》。”

[问]:“是没（什么）是无量义？”

[答]:“顺一实相性义。”

教菩萨法，教菩萨定惠法。佛所护念，护本来离念。佛说此经已，结跏趺坐，表身心不动。身不动，色如，是惠；心不动，心如，是智。

[三昧][9]：三是正，昧是心。正心修行，顺一实相性义，是名入于无量义处三昧，表身心不动。

尔时世尊从三昧安详而起。告舍利弗:“诸佛智惠甚深无量。”

问:“是没（什么）是智惠甚深无量[10]？”

[答]:“如来智海无底名甚深，惠能超六尘外，故称无量。”其智惠门，难解难入。一切声闻辟支佛，所不能知。二乘人心，有生灭难解；声闻人心有思执，动摇[11]难入；菩萨无执、无动遥（摇），易解易入。

校注：[1]“阴”字，S.735v作“蕴”，亦通。　[2]“心清净超于彼”六字，底本及诸校本无，宇井本、铃木本出校记补此六字，据铃木大拙第二号本改。 [3]“金”字，S.735v作“金如”。 [4]“德”字，S.735v作“得”，误。 [5]“固”字，原本作“故”，不词，据文义改。 [6]“凡夫二乘……无人能到”二十字，S.735v脱。 [7]“固”字，底本作“故”，不词，据文义改。 [8]“谓”字，S.735v、韩本均作“为”。 [9]“三昧”二字，底本及S.735v均无，据铃木大拙第二号本补。 [10]“问是智惠甚深无量”八字，铃木本、黄本如是，底本、大正藏本、宇井本作“是没是智甚深”，参上下文，据铃木大拙第二号本补。 [11]“摇”字，底本、S.735v、大正藏本均作“遥”，误，今从宇井本改。

问：“五位声闻，不能测佛智。尽思共度量，亦复不能知。”

问：“缘阿（何）没不知？”

答：“有思求心不能知。”

[问]：“作没（怎么）生即得知？”

[答]：“无思求，心即得知。”

问：“将思求何用？”

答：“将思意中转思成智。”

又告舍利弗。无漏不思议，甚深微妙法，我今已具得。唯我知是相，十方佛亦然。止止不须说，我法妙难思。诸增上慢者，闻必不敬信。是增上慢，无所得法是上法，增加有所得心，慢他上法，是增上慢。

问：“是没（什么）是慢？”

答：“乖理曰[1]慢。”

[问]：“乖是没（什么）？”

[答]：“理[2]无所得证理，上法无得。二乘人增得。上法无证，二乘人增证。增得增证，即是乖理。上法无得无证，无得无证即离增上慢。”

檀波罗蜜，是梵语，此地往[3]翻名布施。自身布施，见他不布施，是则慢他。上法不见有布施，不见有不布施，二相平等，慢则不生。从此檀上，得离增上慢，是名上品波罗蜜。

尸波罗蜜，是梵语，此地往翻名戒。自身持戒，见他破戒，是则[4]慢他。上法不见有持戒，不见有破戒，二相平等，慢则不生。从此戒上，得离增上慢，是名上品波罗蜜。

羼提波罗蜜，是梵语，此地往[5]翻名忍辱。自身忍辱，见他嗔恚，则生慢他。上法不见有忍辱，不见有嗔恚[6]，二相平等，慢则不生。从此忍上，得离增上慢，是名忍辱波罗蜜。

毗梨耶波罗蜜，是梵语，此地往翻名精进。自身精进，见他懈怠，是则慢他。上法不见有精进，不见有懈怠，二相平等，慢则不生。从此进上，得离增上慢，是名[7]上品波罗蜜。

禅波罗蜜，是梵语，此地往[8]翻名禅定。自身禅定，见他散乱，是则慢他。上法不见有禅定，不见有散乱，二相平等，慢则不生。从此禅定上，得离增上慢，是名上品波罗蜜。

波若波罗蜜，是梵语，此地往翻名智惠。见自身有智惠，见他愚痴无智惠，是则慢他。上法不见有智惠，不见有愚痴，二相平等，慢则不生。从此惠上，得离增上慢，是名上品波若波罗蜜[9]。

见自身端正[10]，见他丑陋[11]，是则慢他。上法不见有端政（正），不见有丑漏（陋）。二相平等，慢则不生。从此色上，得离增上慢，是佛色。见自身有势力，见他无势力，是则慢他。上法不见有势力，不见无势力。二相平等，慢则不生。从此力上，得离增上慢，是佛力。

诸佛世尊为一大事因缘出现于世。

［问］："是没（什么）是因？是没（什么）是缘？"

答："知为因，见为缘。则此因缘，为一大事。"

［问］："缘阿（何）没知为因？缘阿（何）没见为缘？"

［答］："因心知，缘眼见。"

［问］："因心知，知是没（什么）？缘眼见，见是没（什么）？"

［答］："知知则知，知则知心不起，见则见色本空。"

问："是没（什么）是出现于世？"

［答］："五阴为世，了空即出现于世。如来王宫生，双树灭，即是出现于世。是出现于世，诸佛世尊，来为众生开佛知见。"

校注：［1］"曰"字，底本作"越"，不词，据S.735v改。　［2］"理"字，底本及S.735v均作"理乖"，不词，据文义删"乖"字。　［3］"往"字，S.735v脱。　［4］"是则"二字，S.735v作"则生"。　［5］"往"字，S.735v无。　［6］"不见有嗔恚"五字，S.735v作"不忍辱"。　［7］宇井本、铃木本在"名"后补"精进"二字。　［8］"往"字，S.735v无。　［9］S.735v至"蜜"字结束。　［10］"正"字，底本、大正藏本作"政"；S.735v以及其他诸本作“正”，是，据改。　　[11]“陋”字，底本、S.735v、黄本作“漏”；宇井本、铃木本作“陋”，义胜，据改。

问：“闻声否？”

答：“闻。”

[问]：“闻作没（怎么）生？”

[答]：“闻声不动，不动是开，开是门，示合下为悟，无间修行是入。开示属佛，悟入属修行人。”

[问]：“阿（何）没处开？阿（何）没处示？”

[答]：“无明五阴中开，无明五阴中示。耳根是色，受、想、行、识是心。耳根是五阴，闻声不动。开得五阴空，开得佛知见。学人耳根，聆聆属听。有闻音旨[1]，领悟分明。证入修行，取无为道。不动是开佛知见。学人耳根，聆聆嘱听，是等[2]佛知见。有闻音旨[3]，领悟分明，是悟佛知见。证入修行，取无为道，是入佛知见。

佛说般若波罗蜜，即非般若波罗蜜，是名般若波罗蜜。般若波罗蜜是三世诸佛同[4]说，以不动故。即非世人执地般若波罗蜜，是名无相[5]般若波罗蜜。不执相是智，无相是惠。佛说微尘众，即非微尘众，是名微尘众。是三世诸佛同说[6]，以不动故，即非世人执[相][7]。微尘众，是名无相微尘众。不执相是智，无相是惠。佛说灯即非灯，是名灯。以不动故，即非世人执相灯，是名无相灯。不执相是智，无相是惠。

第二了

维摩诘言：“唯舍利弗，闻诸佛菩萨有解脱，名不可思议。”

问：“是没（什么）是不思不议？”

答：“心不思，口不议。”

心不思，心如。心离系缚，心得解脱；口不议，色如，色离系缚，色得解脱；心色俱离系缚，是名不可思议解脱。

若菩萨住是解脱者，以[8]须弥之高广，纳于芥子中，无所增减。须弥山王本相如故。

问：“是没（什么）是须弥纳芥子中，无所增减？”

答：“须弥是色，芥子亦是色。心不思，心如。须弥、芥子，俱是色如，同一如相，无所增减。须弥山王本相如故，唯应度者乃见须弥入芥子中，无所增减。”

校注：[1]“旨”字，底本作“指”，不词，据铃木大拙第二号本改。　[2]“等”字，其他诸本作“示”。　[3]“旨”字，底本作“指”，不词，据铃木大拙第二号本改。　[4]“同”字，底本作“国”，不词，据铃木大拙第二号本改。　[5]“相”字，底本作“地”，不词，据铃木大拙第二号本改。　[6]“同说”二字，底本作“国”，义不通，据铃木大拙第二号本改。　[7]“执相”二字，底本作“执”，据铃木大拙第二号本改。　[8]“以”字，底本、大正藏本作“已”，其他校本作“以”，据改。

[问]：“须弥山王本相如故作没（怎么）生？”

答：“须弥不减，芥子不增[1]，如所无增减，是名须弥山王本相如故。而[2]四天王、忉[3]利诸天，不觉不知，已之所入。于此众生，亦无所晓。”

问：“四天王依是没（什么）住？”

答：“依须弥山住。”

[问]：“缘阿（何）没不觉不知？”

答：“缘有思议，不觉不知。”

[问]：“作没（怎么）生则得知？”

[答]：“无思则得知。”

[问]：“是没（什么）是唯应度者？”

[答]：“以[4]不思议度过思议。”

[问]：“作没（怎么）生乃见须弥入芥子？”

[答]：“心不思，则不见须弥芥子大小相。亦不见有入，不见有不入。作如是见，乃名真见。无思则无相，无相则无入无不入。此为惊怖声闻，除其心量。声闻未悟，则见有须弥芥子大小相。声闻已悟了，见须弥芥子本性空，则何入何不入？是名乃见须弥入芥子中，是名不思议解脱法门。”

问：“是没（什么）是住不可思议解脱法门？”

[答]：“起心思议是缚，不得解脱。不起心思议，则离系缚，即得解脱。心不思，心如，是智。口不议，色如，是惠。是名不思议智惠解脱法门。又以四大海水入于毛孔，不晓鱼鳖鼋陀（蛇）水性之属，而彼大海本相如故。诸龙、鬼神、阿修罗等，不觉不知，已之所入，于此众生,亦无所晓。”

[问]:“作没(怎么)生四大海水入一毛孔不晓?”

答:“大海是色,毛孔亦是色,心不思,心如。海水毛孔,俱是色如,同一如相,即不晓鱼鳖鼋陀(蛇)水性之属,而彼大海本相如故。”

[问]:“是没(什么)是本相如故?”

答:“海水不减,毛孔不增,如所无增减,是名本相如故。”

[问]:“诸龙鬼神等作没(怎么)生住?”

答:“依海住。”

[问]:“缘阿(何)没不觉不知?”

答:“缘有思议,则不觉不知。”

[问]:“作没(怎么)生即得知?”

[答]:“无思即得知。于此众生亦无所晓。同一如相,众生如,海水毛孔亦自如,于此众生亦无所晓。”

又舍利弗:“住不可思议解脱,菩萨断取三千大千世界。贪是大千,嗔是中千,痴是小千,此来为有思议,即有贪、嗔、痴,结集生死,轮回六道。如陶家轮,着右掌中,掷过恒河沙世界”。

[问]:“是没(什么)是右?”

答:“右为用也。用不思议,断贪嗔痴,转入如,掷过恒河沙世界之外。恒河沙是烦恼,超过烦恼,即是掷过恒河沙世界之外。其中众生,不觉不知已之所往。”

[问]:“缘阿(何)没不觉不知?”

[答]:“缘有思议,不觉不知。又复还置本处。”

[问]:“是没(什么)是本处?”

答:“不思议是本处。都不使人有往来相。”

[问]:“是没(什么)是往来相?”

答:“起心思议,即有往来相。不起心思议,即无往来相。而此世界本相如故。”

[问]:“是没(什么)是本相如故?”

答:“六根本来如是,名本相如故。”

又舍利弗,或有众生,乐久住世而可[5]度者,菩萨即演七日以为一劫,令彼众生为之一劫。或有众生,不乐久住而可度者,菩萨即促一劫以为七日,令彼众生为之七日。凡夫乐久住世,欲得长,即演七日以为一劫;二乘人不乐久住，欲得短，促一劫以为七日。起心思即有演长短，不起心即无演长短。又二乘、凡夫为有思即有演长短。菩萨无思即无演长短。

已（以）上第［三了］

第四，明诸法正性

《思益经》："梵天菩萨问望明[6]言：'云何是诸法正性？'"

望明[7]言："［诸法离自性，离欲际，是诸[8]］法正性。"

［问］："是没（什么）是自性？"

［答］："四大五蕴[9]，各有自性。"

［问］："自性从阿（何）没处？"

［答］："□□□□□□□□□□是真性。心理湛然，清净是真性。色缘眼识是□□□□□□□□□□□。"

问："是没（什么）是离自性？离欲际？通将来？"

答："耳□□□□□□□□□□□□□□□根尘不起，是离欲际。达摩和上解：［心不起，是离自性。识不生，是离欲际。心识俱不起，[10]］是诸法正性。如水大流尽，波浪即不［起如是意识灭种种识不生］[11]"

……

校注：［1］"增"字，大正藏本作"相"，误。　［2］"而"字，底本、大正藏本作"如"，其他校本均作"而"，据改。　［3］"忉"字，底本、大正藏本、宇井本作"刀"，误。今据铃木本改。　［4］"以"字，底本及其他诸本作"已"，黄本作"以"，义胜，据改。　［5］"可"字，底本、大正藏本作"不"，其他诸校本作"可"。可参，今据铃木本改。　［6］"望明"二字，《思益梵天所问经》作"网明"。　［7］"望明"二字，《思益梵天所问经》作"网明"。　［8］"离自性，离欲际，是诸"八字，底本缺，据S.2503（1）《大乘五方便北宗》补。　［9］"蕴"字，底本作"温"，误，诸校本皆作"蕴"，据改。　［10］"心不起，是离自性。识不生，是离欲际。心识俱不起"诸字，底本缺，据S.2503（1）《大乘五方便北宗》补。　［11］"起，如是意识灭，种种识不生"诸字，底本缺，据S.2503（1）《大乘五方便北宗》补。

十四、大乘二十二问本

【题解】

《大乘二十二问本》系当代长安西明寺僧人昙旷应吐蕃赞普之邀而撰写的有关禅宗的重要历史文献。

昙旷（？～788年），唐代河西名僧，生于建康（今甘肃张掖酒泉间），出家后先在家乡学习大乘佛教典籍，后入长安西明寺专攻《大乘起信论》与《金刚般若经》。学成后重归河西，从事传教和著述。先在朔方（今宁夏灵武西南）停留，著《金刚般若经旨赞》；后赴凉州（今甘肃武威），撰《大乘起信论广释》；再转至甘州（今甘肃张掖），著《大乘起信论略述》。至迟于宝应二年（763年）到敦煌，在那里居留达二十多年，先后著成《大乘入道次第开决》《大乘百法明门论开宗义记》《大乘百法明门论开宗义决》等，在当时佛教界颇负声望。

当时，吐蕃赞普对顿、渐教义之争颇感困惑，因慕昙旷之名，派员召之入藏。但由于昙旷“卧病既久，所苦弥深，气力转微，莫能登涉”而未前往。赞普遂将其疑难整理为二十二问端，遣使求解于昙旷，昙旷遂撰为《大乘二十二问》以答。P.2690首题为“二十二问”，S.2674尾题为“大乘二十二问本”，依尾题而定名。此文现存写本9件，分别为：

1. S.2674，首部稍残，后部完整，有尾题，文字清晰，故被确定为底本。该写本文末题：“丁卯年三月九日写毕。比丘法灯书。”丁卯年为787年，表明底本写成的时间是787年，即吐蕃占领敦煌的第二年。后收于《大正藏》第85册。

2. P.2287，首部完整，但缺文前、文后之标题。文末题“丙申年二月日书记”。丙申年为816年，表明P.2287写成于该年。迟于底本近30年。

3. P.2690，字迹清楚，存开头至第十九问之间内容。

4. S.4297，存开头至第四问之间内容。

5. 北位20（BD8620），存开头至第二问之间内容。

6. P.2835，存第一问部分内容。

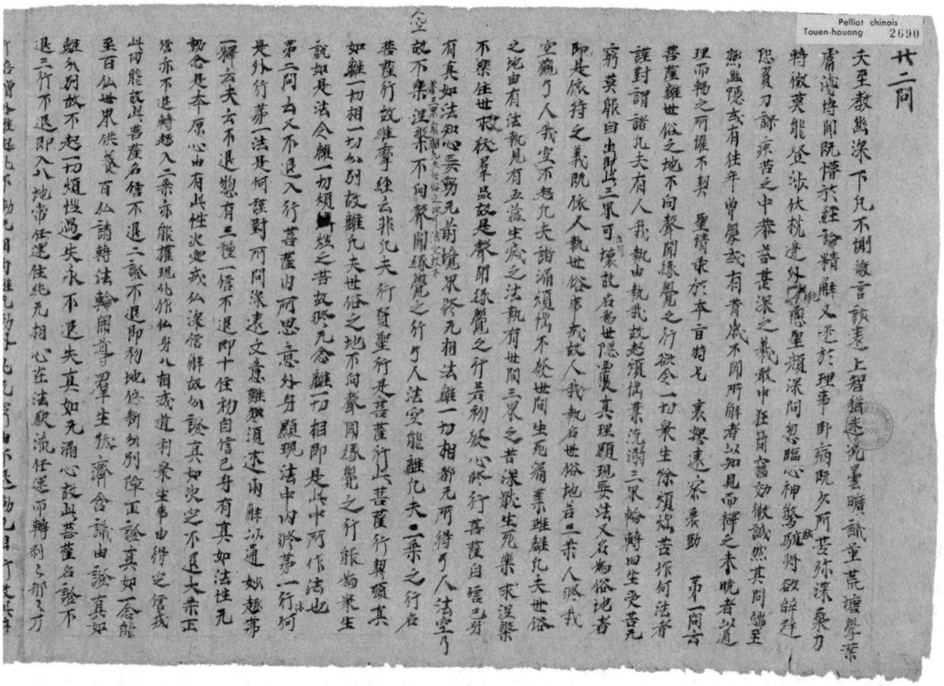

P.2690《大乘二十二问本》（局部）

7．M.1139（Дx.00702）存第五问部分内容。

8．S.2707v，存第十五问内容。

9．S.4159，存第二十二问内容，但内容有大量节略。

10．上图028，存开头前五问的内容。

11．北大D098，从第一问开始，字迹清楚，但残缺严重，是几个不同版本的合集。

对《大乘二十二问》的研究，首推上山大峻所撰《昙旷と敦煌の佛教学》，载《东方学报》第25册，京都，1964年，第141～214页；同氏《敦煌佛教の研究》，京都，1990年。郝春文对S.2674的题记做了校录。[①]王邦维《大乘二十二问之最末一文：昙况对部派问题的认识》[②]

本录文以S.2674为底本，与他本互校，同时参考了上山大峻氏的研究著作。

---

① 郝春文主编：《英藏敦煌社会历史文献释录》第13卷，北京：社会科学文献出版社，2015年，第325页。

② 王邦维：《大乘二十二问之最末一文：昙况对部派问题的认识》，《戒幢佛学》第2卷，长沙：岳麓书社，2003年，第64～67页。

该文献之吐蕃文本，亦在敦煌莫高窟藏经洞出土，今藏巴黎，编号为P.t.823，已由日本学者今枝由郎刊布，见其所著《关于吐蕃僧诤的敦煌藏文文书（Documents tibétains de Touen-houang concernant le Concile de Tibet）》，载《亚细亚学报（*Journal Asiatique*）》T. 263，1975年，第142～144页。

【录文】

［二[1]十二问

夫[2]至教幽深，下凡不恻，微言该远，上智[3]犹迷，况[4]昙[5]旷识量荒塘（唐），学业肤浅，博闻既懵于经论，精解又迷于[6]理事。卧病既久，所苦弥深，气力转微，莫能登涉，伏枕[7]边外，驰恋圣颜，深问忽临，心神惊骇；将[8]欲辞避，恐负力[9]课。疾[10]苦之中，恭答甚深之义，敢申[11]狂简，窃效微[12]诚。然其问端，至极幽隐，或有往年曾学，或有[13]昔岁不闻。所解者，以知见而释之；未晓者，以通理而畅之。所惧不[14]契圣情[15]，乖[16]于本旨。特乞哀恕，远察衷[17]勤。

校注：［1］P.2690从“二”字始。　［2］P.2287、北位20、P.2835皆由“夫”字始。　［3］“智”字，北位20作“知”，同音假借。　［4］S.4297自“况”字始。　［5］“昙”字，S.4297、北位20脱。　［6］“于”字，北位20脱。　［7］“枕”字，北位20脱。　［8］“将”字，北位20作“既将”。　［9］“力”字，P.2835作“刀”，误。　［10］“疾”字，P.2835作“虚疾”，“虚”衍。　［11］“申”字，北位20误作“中”，形近而讹。　［12］“微”字，P.2835脱。　［13］“或有”二字，P.2835脱。　［14］“不”字，P.2835脱。　［15］“情”字，P.2835误作“精”，形近而讹。　［16］“乖”字，P.2835误作“乘”，形近而讹。又，P.2835在“乖”前多“偶心”二字。　［17］“衷”字，P.2287作“忠”，同音假借。

第一问云：“菩萨离世俗之地，不向声闻[1]缘觉之行，欲令一切众生，除烦恼苦，作何法者？”

谨对：“谓诸凡夫，有人我执，由执我故，起烦恼业，沉溺三界，轮转四生[2]，受苦无穷，莫能自出。即此三界，可治可坏[3]，故名为世。隐覆真理，显现妄法。又名为俗地者，即是依[4]持之义，既］依[5]人执，世俗事成，故人我执。名世俗地，若二乘人，修我空观，了人我空。不起凡夫诸漏烦恼，不发世间生死漏业，虽离凡夫世俗之地，由（犹）有法执，见有五蕴生灭之法执，有世间三界之苦，深厌生死，乐求[6]涅槃，不乐住世，救拔群品，故是[7]声闻缘觉之行。若初发心修行菩萨，自信已身有真如法，知心妄动，无前境界，修无相法，离一切相，都无所得，了人法空，［乃人空］[8]故，不着三界，能离凡夫世俗之地。了法空故，不乐涅槃，不向声闻缘觉之行。了人法空，能离凡夫二乘之行，名菩萨行。故[9]《维摩经[10]》云：'非凡夫行，非贤圣行[11]，是菩萨行。'此菩萨行，契顺真如，离一切相，一切分别，故离凡夫世俗之地，不向声闻缘觉之行。能为众生说如是法，令离一切烦恼[12]之苦[13]，故修无念，离一切相，即是此中所作法也。"

校注：［1］"闻"字，P.2835脱。　［2］"生"字，P.2835误作"先"，形近致讹。　［3］"坏"字，P.2835误作"怀"，同音假借。　［4］"依"字，P.2287误作"于"。　［5］底本S.2674从"依"字始。以上内容据P.2690、P.2287、北位20、P.2835补。　［6］P.2835自"求"字以下断残。　［7］"故是"二字，底本作"是故"，当倒乙，据P.2690改。　［8］"乃人空"三字，底本脱，据P.2287、P.2690、北位20补；又，其中的"乃"字，北位20误作"了"，形近致讹。　［9］"故"字，P.2287脱。　［10］"经"字，P.2287脱。　［11］"非贤圣行"四字，北位20作"非贤圣"，P.2690作"贤圣行"，并脱"非"字。　［12］P.2690在"恼"后多出"灯"字，衍。　［13］"苦"字，底本作"行"，据S.4297、P.2690、北位20改。

第二问云："又[1]不退，人行菩萨内所思意，外身显现法中，内修第一行法，何是外行？第一法是何？"

谨对："所问深远，文[2]意难知，须述两解，心通妙趣。第一释云：夫云不退，总有三种：一信不退。即十住初，自信已身，有真如法性，无动念是本源[3]心，由有此性，决定成佛，深信解故，分证真如，决定不退大乘正信，亦不退转，趣入二乘，亦能权现，化作佛身，八相成道，利众生事，由得定信，成此功能。故此菩萨，名信不退。二证不退。即初地位，断分别障，正证真如，一念能至，百佛世界，供养百佛，请转法轮[4]，开导[5]群生，拔济含识，由证真如，离分别故，不起一切烦恼过失，永不退失真［如］[6]无漏心，故此菩萨，名证不退。三行不退。即入[7]八地，常任运[8]住，纯无相[9]心，任法驶流，任运[10]而转，刹刹那那[11]，万行倍[12]增，外离起化，不动无相，内虽无动，外化无穷，向不退动，无相行故。此位菩萨名行不退。今此文中言不退者，即此三位不退人也。言入行者，行谓行[13]位，即入此三不退位也。此诸菩萨，内心所有思惟意乐，为化众生，外起作用，是故名为身外显现，即彼所修无相妙行，名为内修第一法行。第二释云：言不退者，即不动也。若心无念，名为不动也[14]，若至无念，不动行中，名为不退，入行菩萨，内心所有思惟意乐，行住[15]坐卧，常现在前，所修行中，是故名为外身显现；而其内修，无相妙行，常不动念，名为内修第一法行。"

校注：[1]"又"字，北位20脱。　[2]"文"字，S.4297作"问"，北位20作"闻"，文义皆通，但"文"更善。　[3]"源"字，P.2690作"原"。　[4]"轮"字，北位20误作"论"，同音假借。　[5]"导"字，S.4297、北位20误作"道"，同音假借。　[6]"如"字，底本脱，据S.4297、北位20、P.2690补。　[7]"入"字，北位20脱。　[8]"运"字，底本误作"军"，据P.2287、北位20、P.2690改。　[9]"相"字，底本作"悭"，不词。P.2287、北位20、P.2690皆作"相"，是，据改。　[10]"运"字，底本作"军"，误，据P.2287、北位20、P.2690改。　[11]"刹刹那那"四字。上图028作"刹那刹那"，亦通。　[12]"倍"字，北位20误作"位"，形近而讹。　[13]北位20至"行"字以下断残。　[14]"也"字，P.2287、P.2690脱。　[15]"住"字，P.2287误作"往"，形近致讹。

第三问云："修身口意，从初至终，修[1]行如何？"

谨对："修身口意，须戒定慧[2]。言修戒者，复有三种：一摄律仪戒，离身口意所有十恶。二摄善法戒，即身口意，所修[3]行十善。三摄众生戒，即行十善，利益众生。修行如此三聚净戒，即是初修身口意也。言修定者，身定谓即，结跏趺坐，不低不昂，不傍不侧。故经偈云：'见尽跏[4]趺像，魔王尚惊[5]布，何况入道人，端坐不倾动。'口定，谓即言成，准的语行相应，心口皆顺，如说能行，如行能说，楷定正邪，命物归信。心定，谓即远离散乱，常在有相无相三昧、恒不远离，心一境性[6]。有相定者，即经所说，观佛三昧，观净土等。无相定者，即经所说离一切相，一切分别。身口意业，能如是定，即是次修三业地也。言修慧者，身慧有二，有相无相，二种别故。身谓：眼耳鼻舌身也，身者聚义，聚此五种，总名为身。此五虽无计度，随念而亦得，有微细分别，能取[7]色声［香］味触境，而生恋着。于此五尘，有二种慧，若能了知是非好恶，不迷不谬，名为世间有分别慧。若于此五，无所分别，虽命[8]闻知，而不贪着，是则即[9]名为无分别慧，即修身业，所有慧也。口业慧者，亦有二种，有相无相，二种别故，辩说善恶，命众生知，是名有相，口业慧也。虽能计别，德（得）失差别，而于其中，不着语相，虽终日语，而无所语，虽常说法，而无所说，是即[10]名为无分别语，是名依慧所修语也。言意慧者，亦有二种，有相无相，二种别故。若意了知，一切诸法，善恶得失，因果差别，舍恶从善，名有相慧。能于此中，都无所得，于一切法，无所取舍，心念不生，名无相慧。若身口意，依如是慧，而修行者，是究竟修身口意也。"

第四问云："又今处于五浊恶世，自说无缚，彼亦无解，义如何者？"

谨对："浊者，滓秽不清净义，众生所以处浊劫者，由自身命不清净故。众生及命皆浑浊者，由烦恼浊。有烦恼者，由其见浊，妄见尘沙，遍处生执，不清净故，名之为浊。众生本性，即是真如，常乐我净[11]具恒沙德，自皆[12]本源，妄生诸见，起烦恼业，受苦无穷。真乐本有，失而不知，妄苦本空，得而不觉。如是一切，皆从见生。见浊不生，诸浊皆净[13]。若离妄念，照达心源，净相尚[14]无，浊相宁有，离净浊相，不见身心，无罣无碍，谁缚谁解，了无解缚，乃能离缚，但自无缚，彼亦能解。如斯妙义，著在群经，伏愿披寻，昭[15]然自见。

校注：［1］"修"字，P.2287误作"终"。［2］"慧"字，S.4297作"惠"。［3］"修"字，P.2287脱。［4］底本在"跏"前有"结"字，衍，据P.2287、北位20、P.2690删。［5］"尚惊"二字，S.4297作"上惊"。［6］"境性"二字，底本作"竟性"，S.4297、P.2287、P.2690均作"境性"，义胜，据改。［7］"取"字，P.2690作"趣"。［8］"命"字，底本作"声"，P.2287作"命"，是，据改。［9］"即"字，P.2287、S.4297并作"则"。［10］"即"字，S.4297作"则"。［11］"净"字，S.4297脱。［12］"皆"字，底本作"背"，形近致讹；S.4297作"皆"，是，据改。［13］"净"字，底本作"静"，S.4297作"净"，是，据改。［14］"尚"字，S.4297作"上"。案，在中古时期文献中"尚""上"常混用。［15］"昭"字，底本作"照"，据P.2287、S.4297改。

第五问云："佛有有余[1]无余涅槃，［此二涅槃，］[2]为别实有，为复假说？"

谨对："言涅槃者，是圆寂义。圆谓圆满，具众德[3]故。寂谓寂静[4]，异苦障故。涅槃不同，诸教异说，就要而言，不过四种：一者、自性清净涅槃，谓一切众生[5]，本真如理，虽有客染，而本性净，具无边德，湛若虚空，一切有情，平等共有，其性本寂，故名涅槃。二、有余依涅槃，谓即真如，出烦恼障。此有二种：若二乘人，至无学位，[依][6]此生死苦身之上，断烦恼障，显真如性，心德寂静，名为涅槃；而此苦身，尚未弃苦，舍未寂静，名为[7]有余依。言余依者，即苦身也。若佛世尊，烦恼虽尽，身[8]心寂静，名为[9]涅槃[10]，有余无漏，常乐我净，功德身在，依此身上，所得涅槃[11]，是故名为有余依涅槃[12]。三、无余依涅槃[13]，谓即真如，出生死苦。此有二种：若二乘人，至无学位，一切烦恼，先已[14]断尽，今复更厌，此苦依身，以灭尽定，灭其心智[15]，又自化火，焚分段身，无苦依身，诸苦永寂，是故名曰无余依涅槃；若佛世尊，无漏功德，所依身上，一切烦恼，生死苦恼，悉已寂静，永无苦恼，余所依故，是故名曰无余依涅槃。四、无住处涅槃，谓即真如，出所知障，大悲大智，常所辅翼。由斯不住，生死涅槃，利乐有情，穷未来际，用而常寂，故曰涅槃。若诸菩萨，至第五地，能断下乘，般涅[16]盘障，能证真如，无住真理，名为分得，无住涅槃。若佛世尊，一切障尽，摩诃般若，解脱法身，三事圆满，名大涅槃。四涅槃中，一切众生，皆有初一，二乘无学，容有前三，唯我世尊，可言具四[17]。既四涅槃，皆依真立，就其[出障，立四][18]不同，据其真如，体无差别，故佛身上，有余无余，但约义存，实无有二。"

校注：[1] M.1139由"余"字始。　[2]"此二涅槃"四字，底本脱，据P.2287、S.4297补。　[3]"德"字，底本作"得"，P.2690同，据P.2287、M.1139改。　[4]"静"字，底本作"净"，P.2690改。　[5]"众生"二字，底本作"法"，P.2690作"众生"，是，据改。　[6]"依"字，底本脱，据P.2287、P.2690、M.1139补。　[7]"为"字，P.2287、P.2690、M.1139并脱。　[8] S.4297至"身"以下断残。　[9]"为"字，M.1139同，P.2287、P.2690皆作"得"。　[10]"涅槃"二字，P.2690作"菩提"。　[11]"涅槃"二字，P.2690作"菩提"。　[12]"涅槃"二字，P.2690作"菩提"。　[13]"涅槃"二字，P.2690作"菩提"。　[14]"已"字，底本作"以"，P.2287、M.1139"已"，义胜，据改。　[15]"智"字，P.2690作"知"。　[16]"涅"字，M.1139误作"温"。　[17] M.1139自"四"字以下断残。　[18]"出障立四"四字，底本脱，据P.2287、P.2690补。

第六问云："佛有三身，其法身者，周遍法界，化身各各，在一切佛，而［其］[1]应身，有一有异？"

谨对："然其佛身，诸教异说，或开或合，义理多门。今者先明，佛身之相，次则显其开合之门，然后答其所问之义。统论诸[2]教，有五佛身。第一身者，是诸如来，具净法界，具无数量，真[3]常功德，无生无灭，湛若虚空，一切如来，平等共有。此有二名：一名法身，是报化身，诸功德法，所依止故。二名自性身真如者，［乃］是诸法身[4]自性，是报化身，实自性故。第二身者，是诸如来，三无数劫，所集无边，真实无漏，自利功德，感得如是，［净］[5]妙色身，诸根相好，一一无边，相续湛然，尽未来际。此有三名：一名法身，诸功德法，所集成故；二名报身，以果酬因，受乐报故；三名自受用，唯自受用，妙法乐故。第三身者，谓诸如来，三无数劫，所集无边，利他功德，随住十地菩萨所宣，所显[6]渐胜相好之身。此有五名：一名他受用，命他受用[7]，妙法乐故；二名报身，酬报菩萨，见佛因故；三名应身，应诸菩萨，净心现故；四名化身，前后改转，如变化故；五名法身，诸功德法，所庄严故。第四身者，是诸如来，大慈悲故，为未登地，诸菩萨众，二乘凡夫，所现微妙[8]，粗功德身故。此有三名：一名化身，以非真身，如化现故；二名应身，但应凡中，心所现故；三名法身，亦功德法所聚集[9]故。第五身者，是诸如来，为化六道、外道等类，诸众生故，所现种种异类身相。此有二名：一名化身，但是暂时变化现故；二名应身，暂应六道众生现故。非法［身］[10]者，非功德法集成相故。明佛［身］[11]已，显开合者，或有圣教，开为五身，依广义门，具[12]分别故；或有圣教，开为四身，即五身中前之四身，不说第五，第四摄故，暂时化现，非久住故；或有圣教，合为三身，谓法、报、化。此有三义：或合五中前之二身，名为法身，其第一身，是真如理，其第二身，是真如[13]智，理智无别，合为一故。《金光明经》说：'法如如[14]智名法身故。'其报身者，即是五中第三佛身，报诸菩萨，功德因故。其化身者，即五身中第四，化身谓［化］[15]地前，凡小现故。第二义者，或初法身，即前五中第一佛身，是诸功德，法之体故。言报身者，合前五中第二、第三，有经论中，皆名受用，为自为他，受乐报故。化身即是五中第四，义如前说，此依[16]大乘经论说也。小乘经论，说法、报、化三身之义，与此不同。言法身者，即是如来，无漏戒蕴、定蕴、慧蕴、解脱蕴、解脱智见蕴，此五是其功德之法，是诸圣贤所依体故，名为法身。言报身者，即是王宫父母所生，三十二相，八十种好，酬报过去，因［之］[17]果故。言化身者，即是如来，所现神通，化相身是。此有二种：一者共［有］[18]，即同二乘，所有化现[19]十八变等；二不共有，即如经说，如来所现，大神变身。或有圣教，合为二身，一者法身，即合五中前之二身；二者化身，即合五中后之三身，义如前说。或有圣教，合为一身，即是五中前之四身，皆功德法，总名为法。自体依止，聚集义故，总名为身。显开合竟，答所问者。所言法身，周遍法界，此依五中前二身说，真如妙理，及能证智，［理智］[20]平等皆遍［周］[21]故。化身各各，在一切佛，即是五中第四佛身，虽彼彼佛所现别故。应身为一，为异义者，此［言］[22]应身，即当五中第三佛身。此佛应身，随应十地菩萨所现。初地菩萨，所现佛身，坐［于］[23]百叶莲花台上，［一叶］[24]有一大千世界，其佛身量，称被莲花，二地所见，［坐］[25]千叶莲花，三地所见，坐万叶莲[26]花，乃至十地，如[27]是转增。初地见小，二地[28]见大，同处同时，不相障碍。不可言一，不可言异。不可言一者，十地所见，各不同故；不可［言］[29]异者，所见之佛，无别处故。［菩萨所见，一异若斯，诸佛应身，一异亦尔，一微尘中有无量佛］[30]，一刹那中，含三世劫，一佛住处，有一切佛，一切佛[31]国，有一[32]切佛，一即一切，一切即一，同处同时，不相障碍。以诸色法，无实体故，真如理智，无限碍故。如众翳者，同于一处，所见差别，不相障碍。如众灯光，各遍似一。由是义故，非但诸佛，所现应身，非一非异，乃至报［身］[33]，化身亦尔。”

校注：［1］“其”字，底本脱，据P.2287、P.2690补。［2］“诸”字，P.2690作“之”。［3］“真”字，底本作“其”，据P.2287、P.2690改。［4］“身”字，P.2287、P.2690脱。［5］“净”字，底本脱，据P.2287、P.2690补。［6］底本在“显”后多一“谓”字，据P.2287、北位20、P.2690删。［7］“命他受用”四字，P.2690脱。［8］“妙”字，底本及P.2690皆作“妙”，P.2287作“少”，是，据改。［9］“聚集”二字，底本作“集聚”，据P.2690、P.2287倒乙。［10］“身”字，底本脱，据P.2287、P.2690补。［11］“身”字，底本脱，据P.2287、P.2690补。［12］“具”字，底本作“是”，P.2287、P.2690皆作“具”，是，据改。［13］“如”字，P.2287、P.2690皆作“实”，勉强可通，以“如”为善。［14］P.2287在“法如如”后多“及如如”三字，衍。［15］“化”字，底本脱，据P.2287、P.2690补。［16］“此依”二字，P.2287作“依此”。［17］“之”字，底本脱，据P.2287、P.2690补。［18］“有”字，底本脱，据P.2287、

P.2690补。［19］“化现”二字，底本作“现化”，据P.2287、P.2690倒乙。［20］“理智”二字，底本和P.2287脱，据P.2690补。［21］“周”字，底本脱，据P.2287、P.2690补。［22］“言”字，底本脱，据P.2287、P.2690补。［23］“于”字，底本脱，据P.2287、P.2690补。［24］“一叶”二字，底本脱，据P.2287、P.2690补。［25］“坐”字，底本脱，据P.2287、P.2690补。［26］“莲”字，P.2287脱。［27］“如”字，P.2690作“而”。［28］“地”字，P.2690作“地是”。［29］“言”字，底本与P.2287并脱，据P.2690补。［30］“菩萨所见……有无量佛”二十四字，底本脱，据P.2287、P.2690补；又，P.2690脱其中的“尘”字。［31］“佛”字，底本脱，据P.2287、P.2690补。［32］“一”字，P.2690脱。［33］“身”字，底本及P.2690并脱，据P.2287补。

第七问云：“佛有一切智，因从修行，六波罗蜜，但本性清净，湛然不动，是一切智，此二种如何？”

谨对：“佛一切智，有因有缘[1]，有[2]因缘具足，乃得成就，本性清净，湛然不动，是一切智者，据有因说也。因从修行六波罗蜜，成一切智者，就具缘说也。因缘具足，一切智成，随阙一种，则不成就。此中随阙，因缘义者，虽有内因，若不修行十波罗蜜无由能成佛。一切智，若虽修行十波罗蜜，而心取相，乖背本因，亦不能成佛，一切智故。《起信论》云：‘如是报身，功德之相，因波罗蜜，无漏行熏，及由真如，不思议熏。’内外二熏[3]，之所成就，一切智用，在于报身，报身尚然，智何不尔。”

第八问云：“众生若行诸菩萨行，发菩提心，如何发行？”

谨对：“夫欲修行［诸］[4]菩萨行者[5]，先须发起大菩提心。然此发心，有其二种：一命初根，发有相心；二命久[6]机，发无相心。所言有相菩提心者，复有三种：一厌离有[7]为心，为说世间生死苦恼，令其厌离，不乐有为，永断诸恶，为出离因；二欣乐菩提心，为说佛身无量功德，究竟安乐，令其欣乐，修行诸善，为成佛因；三悲愍有[8]情心，为说悲愍，一切众生，自得无量胜妙功德，令生广大救度之心。此三[9]名为大菩提心，由［有］[10]此心，能行万行，故经就此，名加行持，能持六度，加胜行故。所言无相菩提心者，菩提名觉，即是真如。此性澄清，离一切[11]相，但离妄念，觉道自成，何假起心，外念求取。若发心念，外求菩提，此乃妄心，返成流浪，纵修万行，岂成菩提。今者但能一切不发，是名真实发菩提心。所言菩提，既即是觉，不被一切烦恼破坏，即是诸法真实之[12]心。所言发者，即是显发，但能不起一切妄情。菩提真心，自然显发，是名真实发菩提心；虽名发心，而无所发，由无所发，无所不发，乃是广发大菩提心。非但［名］[13]为发菩提心，亦名真行，菩萨妙行。如前三种，发菩提心，若无后说，真实发心，纵多劫修[14]行，［终］[15]滞生死。如斯解释，深契佛心，亦顺大乘无相妙理。”

校注：［1］“有因有缘”四字，P.2690脱。　［2］“有”字，P.2287脱。　［3］“熏”字，底本、P.2287皆作“重”，误，据P.2690改。　［4］“诸”字，底本及P.2287并脱，据P.2690补。　［5］“者”字，据P.2690无。　［6］“久”字，P.2287作“九”。　［7］“有”字，底本、P.2287并脱，据P.2690补。　［8］“有”字，底本及P.2287皆作“友”，同音假借，据P.2690改。　［9］“三”字，P.2690脱。　［10］“有”字，底本脱，据P.2287、P.2690补。　［11］“切”字，P.2690脱。　［12］“之”字，底本及P.2287皆作“真”，P.2690作“之”，是，据改。　［13］“名”字，底本脱，据P.2287、P.2690补。　［14］“修”字，P.2690误作“行”。　［15］“终”字，底本脱，据P.2287、P.2690补。

第九问云：“十地菩萨，几地有想？几地无想？有想无想，何者是行？”

谨对：“夫想与相[1]，心境不同，想谓心想，相谓境相，心境互依，不可离别。今所问者，约心想言，经论所明；就境相[2]说，故摄大乘唯识等论说。五［地］[3]前，有相观多，无相观少，至第六地，有相观少，无相［观］[4]多，七地能得，纯无相观[5]，虽恒相续，犹[6]有功用，若至第八，不动地中，常任运住，纯无相观，有相功用，永不现前[7]。故此八地，初一念心，所生功德，过前两大阿僧祇劫，所行万行，功德善根。第二念后[8]，倍倍增胜。以此[9]［故］[10]知，修无相行，百千万亿恒河沙倍，胜有相行。然菩提［道］[11]，万行皆修，但于所修，心无所住，是即名为无相胜行。不以无相，都无所修，只以有相，心有碍故，不能遍修一切诸行，是故无相，心无碍故，乃能遍修一切妙行。故经论说，八地已上，心无碍故，一切行中，起一切行法，驶流中任运而转，刹那刹那，功德增进，如是皆由得无相行，是故［无］[12]相，是真实行。”

校注：［1］“相”字，P.2690作“想”。　［2］“境相”二字，底本原作

"相境"，据P.2287、P.2690改。 [3]"地"字，底本脱，据P.2287、P.2690补。 [4]"观"字，底本脱，据P.2287、P.2690补。 [5]"观"字，P.2690作"有"。 [6]"犹"字，底本作"由"，据P.2287、P.2690改。案，"犹""由"常混用，此处以"犹"为是。 [7]"前"字，底本作"行"，P.2690作"前"，是，据改。 [8]"后"字，P.2690作"须"。 [9]"以此"二字，底本作"此以"，据P.2287、P.2690倒乙。 [10]"故"字，底本脱，据P.2287、P.2690补。 [11]"菩提道"三字，底本作"菩萨"，P.2287、P.2690作"菩提道"，是，据补。 [12]"无"字，底本脱，据P.2287、P.2690补。

第十问云："菩萨具修诸解脱门，行法如何？"

谨对："然解脱门，有其多种，如《花（华）严经》，善财童子百廿处求善知识，一一皆为说解脱门，事具经文，难以备载，就本而论[1]，具就一种。若入此门，诸门皆具，谓一切法，皆不离心。若心离念，无所分别，心无罣碍，即心解脱。诸解脱门，从兹证得。故经偈云：'若分别境相，即堕于魔网，不动不分别，是则为解脱。'又经偈云：'相缚缚众生，亦由粗重缚，善双修止观，方乃得解脱。'"

第十一问云："菩萨法身与佛法身，同不同者？"

谨对："《大般若经·最胜天会》所说法，喻正与此同。今者谨依经文而说。最胜天王重白佛言：'如来法身，菩萨法身，如是二身，有何差别？'佛告最胜天王：'当知，身无差别，功德有异，身无别者，同一真如，无别体故。功德异者，由满未满，有差别故。菩萨法身，功德未满，如来法身，功德已满。譬如无价末（摩）尼宝珠，若未施功[2]，莹磨庄饰，与施功力，磨莹庄严，如是二相，虽有差别，而其珠体，即无差别。当知此中，道理亦尔。'同不同义，如经可知。"

第十二问云："菩萨涅槃及与轮[3]回，并不分别，义如何者？"

谨对："夫见涅槃，由执生死，不见生死，何执涅槃，既都无[4]见，于何分别。且如二乘，未离法执，不了诸法，皆从念生，执有离心，生死苦法，见身心外，别有涅槃，执涅槃故，妄起欣求，着生死故，妄生厌离。是故欣厌，皆是妄心，其犹[5]怖梦虎而生嫌，玩空花而自乐，菩萨了达，照见心源，生死本空，亦何[6]所厌。涅槃无相[7]，于何所欣。了空无相，心念不生，轮回涅槃，故不分别。”

第十三问云[8]：“菩萨所知不着[9]涅槃，不染世间，依何法者？”

谨对：“菩萨了知法从缘起，如幻如化，非久非坚，既知诸法虚妄不真，何被世间法所染污。此依初教，作缘起观，知世如幻，能不染也。若能了达，一切唯心，法从心生，心外无法，今所见者，仅[10]见自心，离［心］[11]之外，都无所见，既无外法，何染世间，此依终教，作唯识观，乃能不染世间法也。若了境[12]界，唯是自心，外境既无，内心[13]何见？心既无见，念本不生，一切皆如，何所染污？此依顿教，作真如观，则于世间[14]，无能所染。既知世法，一切皆如，本来涅槃，何所取着？虽在世间，世法不染，虽得涅槃，而不乐着，即是无住，大般涅槃。是故菩萨依此二[15]种所说法门，无染着也。”

校注：［1］“论”字，P.2690误作“证”，形近致讹。　［2］“功”字，P.2690作“工”，同音假借。　［3］“轮”字，底本误作“转”，据P.2287、P.2690改。　［4］“无”字，P.2287脱。　［5］“犹”字，底本及P.2287皆作“由”，据P.2690改。案，“犹”“由”常混用，此处以“犹”为是。　［6］“何”字，底本及P.2287皆作“可”，据P.2690改。　［7］“相”字，P.2287作“想”。　［8］“云”字，P.2287脱。　［9］“着”字，底本误作“善”，据P.2287、P.2690改。　［10］“仅”字，P.2690、P.2287作“但”。　［11］“心”字，底本脱，据P.2287、P.2690补。　［12］“境”字，底本作“竟”，P.2287、P.2690作“境”，是，据改。　［13］“内心”二字，底本及P.2690皆作“心内”，P.2287作“内心”，是，据改。　［14］“间”字，P.2287作“法”。　［15］“二”字，P.2287、P.2690作“三”。

第十四问云[1]：“又大乘法，智惠方便，二种双行，众生欲行，如何起[2]行？菩萨自在，则［可］[3]能行，众生不然，何能行者？”

谨对：“此［中］[4]义理，意趣[4]难知，若不审详，讵申[6]妙旨？今于此中，略述两解。一云大乘之法，有俗有真。俗则诸法，若有若空；真谓都无，空之与有。为照空有，智惠要存，为泯有空，方便须立[7]。照空有故，俗智得生[8]，泯空有故，真如[9]成就。若唯照俗，未免轮回，若但观真，不起悲济。照俗之行，由智慧成，证真之功，由方便得，智慧方便，故要双行，若开[10]一门，不达二谛。二云大乘之法，悲智双行，自行化他，阙（缺）一不可。若无自行，不异凡夫；如不化他，乃同小[11]圣。此中智慧，即是自行，以实智慧，证真如故。言方便者，即是化他，以获方便，化众生故。鸟具二翼，乃得翔空；车有两轮，方能载陆。既知智慧，方便二门。凡夫欲行，但依此理。不能依学[12]，即是凡夫，若能修行是称菩萨。凡夫不学[13]，是系缚人；菩萨能行，成自在者。要先修学[14]，成自在人，非先自在，然后修学[15]，故凡夫者，亦能修行。"

校注：[1]"云"字，P.2287脱。　[2]"何起"二字，P.2690"起"后衍"何起"二字。　[3]"可"字，底本脱，据P.2287、P.2690补。　[4]"中"字，底本脱，据P.2287、P.2690补。　[5]"趣"字，底本作"取"，据P.2287、P.2690改。　[6]"申"字，底本及P.2287皆作"身"，误，同音假借；P.2690作"申"，是，据改。　[7]"立"字，P.2690脱。　[8]底本及P.2690在"生"后有"灭"字，衍，据P.2287删。　[9]"如"字，底本作"如"，P.2690作"智"。　[10]"开（開）"字，P.2287作"阙"，形近而讹。　[11]"小"字，底本作"少"，P.2287、P.2690作"小"。案，在敦煌写本中"小""少"二字通用，此处以"小"为是。　[12]"学"字，底本作"孝"。案，"学"之俗体为"斈"，与"孝"形近致讹。据P.2287、P.2690改。　[13]"学"字，底本作"孝"，据P.2287、P.2690改。　[14]"学"二字，底本作"孝"，据P.2287、P.2690改。　[15]"学"字，底本作"孝"，据P.2287、P.2690改。

第[1]十五问云[2]："声闻、缘觉、菩萨，三乘于六尘境，各如何见？"

谨对："三乘所见，理合不同，然其二乘，多分相似，故有圣教，合名下乘，故见[3]六尘，不［分］[4]差别，而与菩萨，显不同者。佛法理门，总有四种，因缘、唯识、无相、真如。二乘之人，唯了初一，知一切法，皆从因缘生，六尘境界，皆是实有，见染[5]见净，有爱有憎[6]；不了第二，唯识门故，未达诸法，皆从心生，执六尘境，心外实有；不达第三，无相门故，不许（识）诸法，本性［皆］[7]空，遂执六尘，实有自性；不［悟］[8]第四，真如门故，不［信］[9]诸法，平等皆如，遂执六尘，一一差别。菩萨具解，四种理门，悟六尘境，假从缘起，缘无自性，一切皆空，心生则[10]生，心灭则灭[11]。若心离[12]妄，平等皆如，无是无非，无取无舍。宛然而有，宛然而空。此是菩萨，所见相也。声闻缘觉，执相未亡，故与菩萨，所见［全］[13]别[14]。"

校注：[1]S.2707v由"第"字始。　[2]"云"字，P.2287

脱。　[3]“故见”二字，底本写作“见有”，S.2707v作“故见有”，据文义，当作“故见”。　[4]“分”字，底本及S.2707v并脱，据P.2287、P.2690补。　[5]“见染”二字，P.2690脱。　[6]“憎”字，P.2287同，P.2690、S.2707v皆作“增”，同音假借。　[7]“皆”字，底本脱，据P.2287、P.2690、S.2707v补。　[8]“悟”字，底本脱，据P.2287、P.2690、S.2707v补。　[9]“信”字，底本脱，据P.2287、P.2690、S.2707v补。　[10]“则”字，底本作“即”，P.2287、P.2690、S.2707v作“则”，是，据改。案，敦煌写本中，“则”“即”常混用。　[11]“则灭”二字，底本作“即灭”，P.2690脱，P.2287、S.2707v皆作“则灭”，是，据改。　[12]“心离”二字，底本作“离心”，S.2707v同，P.2287、P.2690皆作“心离”，义胜，据改。　[13]“全”字，底本脱，据S.2707v、P.2287、P.2690补。　[14]S.2707v至“别”字以下断残。

第十六问云[1]：“[菩萨][2]、缘觉、声闻，三乘初发心相，行法如何？”

谨对：“夫发心者，皆由因缘[3]，因谓众生，出世本性，此性[4]即是诸法真如，由有此性，当得出离。然为无明，所覆障[故][5]，轮转三界，沉溺死[6]生，受苦无穷，不能出者，皆由不闻三乘正法。此三乘法，法界所流，故能熏发真如本性，令其[发][7]起三乘之心。此义云何？谓佛世尊，证真如性，此性即是出世[8]正因。如其所证，为众生说，击发本性，故能发心。故发心因，是真如性。发心缘者，由闻三乘。闻大乘法，发大心者，即名菩萨；闻缘觉法，发缘觉心[9]，名为缘觉；闻声闻法，发声闻心，即名声闻。今此菩萨，发心相者，谓闻大乘。所说正法，说有为法，过患极多，世间诸法，皆[可][10]破坏。诸佛功德最胜无边，二乘极果，非是究竟，四生五趣，同一真如，一切众[生][11]，曾为父母，流浪生死，受苦无穷。发心救度，功德无量。行菩萨行，能利自他，勇猛修行，速成佛果。由闻正法，能起信心，深厌世间，有为过患。于佛功德，深起愿求，于诸众生，普欲救度。因此能发大菩提心，勇猛修行菩萨妙[行][12]，此是菩萨发心相也。缘觉乘人，发心相者，此由宿世，善根所成，于证果时，出无佛世，故发心相，微隐难知，谓于过去，种善根时，遇缘便修，不念果报，所闻正[13]法，便起信心，亦不思惟，胜劣得失。但乐早得出离涅槃，不乐世间生死果报。由此成就，解脱善根，善得人身，生无佛世，宿世所种，善根力强，暂遇外缘，成缘觉果，及得果已，不乐度人，常厌喧烦，乐独善寂，故有经中，名为独觉，此是缘觉，发心之相。声闻乘人发心相［者］[14]，谓[15]曾闻说四谛法门，知苦断集，证灭修道，知此［苦］[16]身，因烦恼集，若欲出苦，要断集因，若永断集，证涅槃乐，修八圣道，以为正因。闻此法已，深起愿求，便能修行，戒定智慧，解脱分善，从此得成，因此善根，生于佛世，遇佛闻法，便得涅槃，此即声闻，发心相也。"

第十七问云[17]："又此三种皆入涅槃，声闻、缘觉菩萨涅槃，各如何者？"

谨对："经说三乘，皆同涅槃，然其涅槃，应有差别。声闻缘觉，胜劣虽殊，而彼所证，同我空理，故二乘者，涅槃不殊。今以二乘，同一位说，谓二乘人，于此身上，所得涅槃，名有余依。烦恼虽尽，苦身在故，饥渴寒热，众苦极多，深厌此身，欲求弃舍，以灭尽定，灭其心智。又自化火，焚灭此身，身心都无，如灯炎灭，众苦俱寂，名无余依。如太虚空，寂无一物。此是二乘，所得涅槃。二乘之人，作如是见。菩萨所得，涅槃义者，于此义中，有其二说：一依唯识，渐教说者，地前菩萨，未得涅槃，一切苦障，皆未断故，地上虽得，百法明门，能证二空，真如妙理。为化众生，起烦恼故，不得名曰有余涅槃。未舍生死，有微苦故，不得名曰无余涅槃。由有下乘般涅槃障，由是未得，无住涅槃，要至五地，方断此障。故至五地，方能证得无余[18]涅槃，此是菩萨涅槃相也。二乘所得，是有无余，菩萨所得，是无住处，故与二乘，涅槃别也；此（次）依渐教，作此分别；若依顿教，分别说者，菩萨能了，一切皆空，一切万法，皆从心起。心[19]若不动，一切皆如，能除分别，执着心故，了真实相，不起妄心，即是清净，涅槃妙理。虽得此理，都无所得，由无所得，无所不得。无所得故，离诸苦障，是无余依；无不得故，功德成就，是有余依。生死涅槃，俱[20]无所住，是无住处，由无所得，自性无染，是名自性，清净涅槃。此是顿教涅槃相也，是谓三乘涅槃差别。"

校注：［1］"云"字，P.2287脱。　［2］"菩萨"二字，底本及P.2287并脱，据P.2690补。　［3］P.2690在"缘"后，多出"因故"二字，衍。　［4］"性"字，P.2690脱。　［5］"故"字，底本脱，据P.2287、P.2690补。　［6］"死"字，P.2287作"四"，同音致讹。　［7］"发"字，底本及P.2287并脱，据P.2690补。　［8］"世"字，P.2690脱。　［9］"法，发缘觉心"五字，P.2690脱。　［10］"可"字，底本脱，据P.2287、P.2690补。　［11］"生"字，底本脱，据P.2287、P.2690补。　［12］"行"字，底本脱，据P.2287、P.2690补。　［13］"正"字，P.2287作"政"，同音致

讹。　[14]“者”字，底本脱，据P.2287、P.2690补。　[15]自“谓曾闻说”至“一切苦”三百零二字，P.2690脱。　[16]“苦”字，底本脱，据P.2287补。　[17]“云”字，P.2287脱。　[18]“余”字，P.2690作“住”。　[19]“心”字，P.2690脱。　[20]“俱”，底本、P.2287作“但”，P.2690作“俱”，是，据改。

第十八问云：“大乘经中，有说三乘，是方便说，或说究竟，或说二乘，皆得成佛，或[说][1]二乘，不得成佛，义如何者？”

谨对：“佛法教[旨][2]，深广无边，随所化宜，隐显异说。显即究竟，真实理门；隐即方便，随转理门。随转理门，是不了义。随小乘宗，义可转故。真实理门，是真了义，是实大乘，圆极理故。由有二种，理门别故，经或说有，定性[3]二乘。或经说有，不定性[4]二乘，或得成佛[5]，或[6]不成佛，总说虽[7]然，别[8]分别者。略明种性，有其二门。一就种子，别立五乘；二就真如，唯立一性。初约种子，立五性者，无尽意等。诸经所说，一切众生，有五种性：一无种性，谓无三乘，出世[9]种子，由此毕竟，常处凡夫；二声闻性，谓即本有声闻种子，由此定成，声闻菩提；三缘觉性，谓[即][10]本有缘觉种子，由此定成，缘觉菩提；四佛种性，谓即本有[成][11]佛种子，由此定得[12]，无上菩提；五不定性，谓具三乘无漏种子，由此渐得，三乘菩提。此[五][13]种子，非是新生，从本已来，法示而有。诸经论中，言佛性者，即是第四成佛正因，由有此性，当成佛故，故此种子，名为佛性，不以真如，名为佛性。若以真如，为佛性者，草木瓦石，皆有真如，则草木等皆应成佛。经说众生，得成佛者，唯约有此佛种性人，而说一切皆成佛者，即是一切有佛种者，非前三类，皆得成佛。经说二乘，不成佛者。说第二三，决定性[14]人，定入涅槃，不成佛故。有说二乘，得成佛者，唯约第五不定性[15]人，回心向大，乃成佛故。经说阐提，不出世者，但约第一无种姓人，无三乘因，永沉[16]溺故。众生既有如是五性[17]，故佛为说五乘法门，为第一人说人天法，五戒十善，生人天故；为第二人说四谛法，令观染净，成阿罗汉故；为第三人说十二因缘，令观因缘，成缘[18]觉故；为第四人说波罗蜜，令修万行，得成佛[果][19]故；为第五人具说三乘，令渐修行，成佛果故。既有如是定性[20]三乘，故三乘法是其实理，而有经中说一乘者，但为引摄，不定性[21]人，命舍二乘，向佛果故，就权方便，假说一乘，定性二乘。若成佛者，则一乘法应是真实，何故《深密》及诸经中，说一乘法，是不了义。复约真如，立一性者，即涅槃等诸经皆说，一切众生皆有佛性。即是诸法真如，一切众生，平等共有，由有此性，皆得成佛。故说众生，皆唯一性。既诸众生，皆当得佛，即一切行，皆顺真如，是故唯立一乘正法。而经所说五乘性者，但由无明，厚薄不同，出世[22]因缘，有小有大，故有五乘种姓差别。无明厚者，未起信心，是阿阐提，名无种姓。无明薄者，发[23]出世心，随闻[24]三乘，成三乘性[25]，故有三乘，决定性人。若于三[26]乘，俱可爱乐，是故名为不定性[27]人。此五种性[28]，既近熏成，近可令其，得利乐故，故佛随性，为说三乘。为无性人，说人[29]天法，为三乘人，说三乘法。然其三乘，有隐有显，初为引摄，小乘姓人，令其证得，小乘果故。是故隐覆，为说小乘，不言所说，是小乘法，不道别有，无上大乘，佛说自身是阿罗汉，我与汝等同在一乘，众生由［是］[30]，得成圣果，不知别有，究竟大乘，执我与佛，等无差别。世尊为破如是执着，及为引摄大乘姓人，命普行大乘法故，更为显说三乘法门，乃说三乘，是其实理。言一乘者，是权教门，《解深密经》依此而说。此说粗浅，近缘门说，有此五性，三乘法门。若就真如，微细正因，一切众生，皆有佛性。是故究竟，唯有一乘，一切二乘，皆得成佛，决定实无，定性二乘，十方佛土中，唯[31]一乘法。故知实理，唯一佛乘。《法花（华）经》等依此而说。而《深密经》言一乘法不了义者，一乘有二：一者方便，即前所说，合三为一，权说一乘。二者真实，即法花（华）说会三归[32]一，实说一乘。《深密》所言一乘之法不了义者，说前一乘，非说《法花（华）》后教一乘，在《深密》后，说《法花（华）》故。既知众生皆有佛性，一切皆得成佛菩提[33]，故无一分，无性众生，尽未来际，不出离者，亦无一类，定性二乘，定入涅槃，不回心者，如此说者，是小乘教。设有大乘，作此说者，当知皆［是］[34]随转理门，非是大乘究竟实理。”

校注：［1］“说”字，底本脱，据P.2287、P.2690补。　［2］“旨”字，底本及P.2287并脱，据P.2690补。　［3］“性”字，底本作“姓”，P.2287、P.2690作“性”，案，敦煌写本中“性”“姓”常混用，此处以“性”为是。下同，不另注。　［4］“性”字，P.2287作“姓”，P.2690脱。　［5］“成佛”二字，P.2690同，是。P.2287作“佛成”，当倒乙。　［6］“或”字，P.2690脱。　［7］“虽”字，底本作“须”，P.2690作“虽”，是，据改。　［8］“别”字，P.2690脱。　［9］“世”，P.2690

作“性”。 [10]“即”字，底本脱，据P.2287、P.2690补。 [11]“成”字，底本脱，据P.2287、P.2690补。 [12]“得”字，P.2690作“成”。 [13]“五”字，底本脱，据P.2287、P.2690补。 [14]“性”字，P.2287作“姓”。 [15]“性”字，P.2287作“姓”。 [16]“沉”字，上山大峻录作“沈”。 [17]“性”字，P.2287作“姓”。 [18]“令观因缘成缘”六字，P.2690脱。 [19]“果”字，底本脱，据P.2287补、P.2690补。 [20]“性”字，P.2287作“姓”。 [21]“性”字，P.2287作“姓”。 [22]P.2690在“世”后多出一“不”字，衍。 [23]“发”字，底本作“初”，据P.2287、P.2690改。 [24]“闻”字，底本作“同”，据P.2287、P.2690改。 [25]“性”字，P.2690同，P.2287作“姓”。 [26]“三”字，P.2690作“二”。 [27]“性”字，P.2287作“姓”。 [28]“性”字，P.2287作“姓”。 [29]“说人”二字，P.2690作“为”。 [30]“是”字，底本及P.2287并脱，据P.2690补。 [31]P.2690在“唯”后多一“有”字，亦通。 [32]“归”字，P.2690脱。 [33]“提”字，底本及P.2287作“萨”，疑误。 [34]“是”字，底本脱，据P.2287、P.2690补。

第十九问云[1]：“经说声闻，所得涅槃，与佛无异，后智三身，一切并灭，犹如灯焰，灭即无余，此是定说是不定说？”

谨对：“声闻涅槃，与[2]佛全别，言无异者，是小乘宗。佛为化彼，下性众生，令其证得阿罗汉果，说身极苦，令起厌心，但有［心］[3]身者，皆是苦恼，故得涅槃，一切皆灭，由此永寂，安乐无为，而我修行，皆[4]此灭度。我所得者，汝亦得之，故说三乘，同一解脱，说佛与彼，同一涅槃。后智三身，一切皆灭。如灯焰灭，余烬亦无。依小乘宗，而作此说，据其实理，或即不然。言涅槃者，是圆寂义。圆谓圆满，三德具足；寂谓寂静，众苦皆无。三身若无，说谁圆寂，四智既灭，谁证涅槃。故佛涅槃，非是永灭，万德具足，众善斯圆，据此涅槃，唯佛独[5]有[6]。故声闻等，未得涅槃。方便门中，说声闻得涅槃不同，有其[7]二种：一者方便，二者真实。方便涅槃，又有二种：一者外道，二者声闻。外道即以生无想天，生无色界，离欲界苦，假说涅槃；声闻即以断粗烦恼，入灭尽定，粗动息灭，名曰涅槃。亦与外道涅槃差别，外道灭度，不离死[8]生，声闻涅槃，乃出三界。虽与外道灭度不同[9]，亦与大乘涅槃有异[10]。大乘所得，究竟无余，真实无为，常乐我净；声闻所得，但名有余，未名无余，究竟灭度。有三种余，非无余故。言三[11]余者，一烦恼余[12]，即所知障；二业行余，即无漏业；三果报余，即意生身。总说虽然，别分别者，以诸圣凡，有二种障，由此能感二种生死。以烦恼障，从我执起，能发凡夫五趣漏业，能感凡夫分段苦身，以所知障，从法执生[13]，能发圣人，净分别业，感得圣人，变易苦身。二乘已能断烦恼障，灭有漏业，离三界生，能得有余，涅槃乐故。厌此粗苦，所依身心，欲入无余，寂灭安乐，以灭尽定，灭其心智。又以化火，焚烧苦身，谓言一切，如灯[14]焰尽。所灭心者，灭六识心，岂能灭得阿赖耶识。所焚身者[15]，焚分段身，岂能焚得变易身相[16]。非彼知见，不能除故，分段身心，虽然灭已，由所知障，不能灭故。复无漏业[17]，亦不舍故；阿赖耶［识］[18]，不可断[19]故。法示皆有，变易报续。此变易报，名意生身，此身微细，余不能见。欲入灭时，灭六识故。意生身上，六识[20]不行。如重醉人，都无知觉。后灭尽定，势力[21]尽故。佛悲愿力，所资熏故，还从定起。如重醉醒，见意生身，在佛净土，始知不是，无余涅槃。故《楞伽经》依此偈云：'三昧酒所醉，乃至劫不觉，酒消[22]然后觉，得佛无上身。'又《智度论》依此说云：'有妙净土，出过[23]三界，诸阿罗汉，生在其中。既声闻等，求[24]得涅槃，岂更与佛涅槃无异。故前所言二乘涅槃，与佛同者，是不空定。执见小乘，妄兴此论，达观君子，讵可从云。'"

校注：［1］"云"字，P.2287脱。　［2］"与"字，底本及P.2287皆作"余"，误；P.2690作"与"，是，据改。　［3］"心"字，底本及P.2287皆脱，据P.2690补。　［4］"皆"字，底本作"成"，P.2690作"皆"，是，据改。　［5］"佛独"二字，P.2287、P.2690皆作"独佛"，皆通。　［6］"有"字，P.2287作"得"，义通；P.2690作"德"，同"得"。　［7］"有其"二字，P.2690作"其有"，兼通。　［8］"死"字，底本作"四"，同音致讹。P.2287及P.2690皆作"死"，是，据改。　［9］"同"字，底本作"问"，据P.2287、P.2690改。　［10］"异"字，P.2690作"与"，误。　［11］"三"字，底本作"无"，误，据P.2287、P.2690改。　［12］P.2690在"余"后多出"故言三余言"五字，衍。　［13］"生"字，P.2287、P.2690皆作"起"，亦通。　［14］"灯（燈）"字，底本作"证（證）"，形近而讹。据P.2287、P.2690改。　［15］底本在"者"后多出"焚身者"三字，衍，据P.2287、P.2690删。　［16］"相"字，P.2690作

"想"。　[17]"业"字，P.2690作"障"，亦通。　[18]"识"字，底本脱，据P.2287、P.2690补。　[19]"断"字，底本作"段"，据P.2287、P.2690改。　[20]P.2690在"识"后多出"不识"二字，衍。　[21]"力"字，P.2690脱。　[22]"消"字，底本和P.2287同，P.2690作"醒"，亦通。　[23]P.2690自"过"以下断残。　[24]"求"字，P.2287作"未"，亦通。

第二十问云[1]："大乘经说一切诸法，皆无自性，无生无灭，本来涅槃，既示如何，更须修道，一切自然，得涅槃故？"

谨对："佛说法空，为除有执，有执除已，空法亦除。若更执空，却成重过。如药治病，病息药亡，既于病药，皆不合留。故于有空，并不可着。故《深密经》依此义云：'胜义生菩萨白佛言：世尊！世尊初说一切诸法，生相灭相，来生今生，生已相续，增长广大。世尊复说一切诸法，皆无自性，无生无灭，本来寂静，自性涅槃未知。世尊，是何密意？'世尊告言：'我初为彼，未种善根，令其[2]种故，未灭诸障，令其灭故，未灭资粮，令成熟故。故为宣说，生相灭相，来生今生，生生相续。若诸众生，已种善根，已灭诸障，已能成熟，福智资粮，然由（犹）未能，除其执着，未能证得，安乐涅槃，故我为说，一切诸法，皆无自性，无生无灭，本来寂静，自性涅槃。若诸众生，已种善根，已灭诸障，已成资粮，是智惠类，非愚痴类，闻我说是，无自性法，便能信受，善解佛意，如理修行，而离执着，证得究竟安乐涅槃。此无自性，无生灭法，则于彼人，成大利益。若诸众生，未种善根，未灭诸障，未成资粮，闻我说是一切诸法皆无自性，无生灭法，虽能信受。不能善解，所说意故，而定执着，由执着[故][3]，起断灭见，执一切法，实无性等，于诸善法，不肯修行，不种善根，不灭诸障，不能成就，福智资粮，诽谤[4]一切，有自性法，破灭一切，功德善根，故无自性，甚深妙法，即于彼人，成大[5]衰损。'经文极广，旨散文弘。故于今者，探意而说。至教照着，自可依凭，如或广明，恐成繁重。"

第二十一问云[6]："其含藏识与大智慧虽有清浊，是一是异，义如何者？"

谨对："含藏识者，是阿赖耶；大智慧者，即如来藏，有大智慧光明性故。清浊虽异，性相难分，由此言之，非一非异。故《密严经》依此偈云：'如来清净藏，世间阿赖耶，如金与指环，辗转无差别。'金与指环，喻如来藏，与阿赖耶非一异义。非一异者，如《楞伽经》云：'泥团微尘，非一非一异，金庄

（妆）严具，亦复如是。’谓金全体，以成指环，故金与环，不可一异。若金与环是一者，环相灭时，金体应灭，环相若灭，金体不亡[7]，故金与环，不可言一。金与环相，若是异者，岂离金外，环相得成，非可离环，别求金体，金与环相，非一异成。藏识与智，当知亦尔。如来藏者，即是真心；阿赖耶者，乃是妄识。真心清净，即是本源；妄识生灭，乃成流浪。总说虽然，别分别者，谓如来藏，本源真心，性虽清净，常住无为而都不守，本静［性］[8]故，受无明熏，动成妄识，随流生死，而作众生。虽成众生，不失本性，故离妄识，还归本源。若如来藏，守常住性，不作众生，有常边过。若如来藏，成众生时，失其本性，有断边过。既如来藏，非断非常，故与妄识，非一非异。若定一者，妄识灭时，真心应灭，即随断边；若定异者，妄识动时，真心不动，即随常边。离此二边故，非一非异。所问之目，依法性宗；所对之门，依顿教立。与唯识等义稍不同，守旨有殊，伏惟昭鉴。”

校注：［1］“云”字，P.2287脱。　［2］“其”字，底本作“得”，P.2287作“其”，义胜，据改。　［3］“故”字，底本脱，据P.2287补。　［4］“谤”字，P.2287脱。　［5］P.2287在“大”后多一“乘”字，衍。　［6］“云”字，P.2287脱。　［7］“亡”，P.2287作“已”，形近致讹。　［8］“性”，底本脱，据P.2287补。

第[1]二十二问云[2]：“佛在世[3]时，众僧共行一法[4]，乃佛[5]灭后，分为四部，不同[6]于四部中，何是一法？”

谨对：“佛在世时，大师导世，真风广扇，法雨遐沾，共禀慈尊，别无师范。大士怀道，不二法门，小乘遵途，混一知见，并无异辙，咸禀通达。及至觉归真，邪魔孔炽，群生失御，正法[7]陵夷，遂使一味之法，分成诸见之宗。三藏微言，湮灭群迷之口，竞申别趣，各视[8]师资，互起憎嫌，更相党换[9]。始分部执，盛开二十之名。终久流行，但闻四五之说。所言四者，即是西域，各有三藏。盛行四宗：一上座部，二说有部，三大众部，四正量部。言五部者，即是东方。但就律宗，［说］[10]有五部：一者萨婆多，即十诵律，汉地似行；二昙无德，即四分律，汉地盛行；三弥沙塞，即五分律，汉地少行；四摩诃僧祇，即僧祇律，汉地不用；五迦摄毗耶律，空[11]传律名，但有戒本。东方五部，从西域来。西域四部，咸传本有，皆称佛说，并号圣言。今者须明，有之始末。部执初兴，即二十别，及传永久，唯[12]四五存。先明二十，名之所因，后配四五，教之同异。言二十部者，《文殊经》云：‘十八及本二，皆从大众出，无是亦无非，我说未来起。’所言本二，有[13]其两重：佛涅槃后，十有二年，大迦摄波，思集法藏，击妙高山，普告之曰：‘诸圣者等，勿入涅槃，集王舍城，当有法事。’是时四洲，圣众咸集，未生怨王，盛兴供养。过七日已，大迦摄波，恐人众多，难成法事，简取五百，无学圣僧，精持三藏，具多闻者，于七叶窟，而坐安居。雨前三月，集成三藏：一素怛罗，二毗奈耶，三阿毗达摩。余众亦有通三藏人，既被简退，共悲叹曰：‘如来在日，同一师学[14]，法王寂灭，简异我曹，欲报佛恩，宜集法藏。’于其窟外空闲林中，坐雨安居，集成五藏——前三更加咒藏、杂藏。初以迦摄僧中，上座名上座部；后以凡圣，大众同居，名大众部。此即是其第一重本。既结集已，于二法藏，随乐受持，不相非斥。至佛灭后百有余年，去圣时淹，如日久没，摩羯陀国俱苏摩城，王号无忧，统摄瞻部，感一白盖，化洽人神。是时佛法，大众初[15]破，谓因四众，共议大天，五事不同，分成两部。言四众者：一龙象众，二边部众，三多闻众，四［大］[16]德众。言大天者，末兔罗国[17]，有一商人，婚娶幼妻，生一儿子，颜貌[18]端正，字曰大天，商人贺迁，久滞他国，子既年壮，母逼行烝，后闻父还，心怀怖惧，与母设计，遂鸩杀之。恐事渐张，共窜他国，逃难辗转，至波咤厘。彼城遇逢门师罗汉，恐泄家事，矫请杀之。母后他非，其子遇见，悔恨交集，遂又杀之。虽造三逆，不善惧忧[19]，忧悔罪深，何缘当灭。传问沙门，有灭罪法，遂至鸡园，伽蓝门外，见一苾蒭诵伽他曰：‘若人造重罪，修善能灭除，彼能照世间，如日出云翳。’大天闻偈，踊跃知归[20]，故[21]请出家，有僧遂度。性识聪敏，三藏遽通，词论既清，善于化导。波[22]咤厘人，有无不归仰，既耽名利，恶见乃生，矫言‘我得阿罗汉果’。五恶见事，从此而生。既称得圣，人或圣凡，育王频请，说法供养，见诸宫女，不正思惟，于夜[23]梦寐中，漏失不净。浣衣[24]弟子，怪而问之[25]：‘岂阿罗汉，有斯漏失？’大天矫答：‘魔娆使然，以漏失因，有其二种：烦恼漏失，罗汉即无，不净漏失，无学未免，罗汉岂无便痢涕唾。然诸天魔，常嫉佛法，见行善者，便往坏之，纵阿罗汉，亦被娆乱，故我漏失，是彼所为，汝今不应有所疑怪。’又彼大天，欲令弟子，益生欢喜，亲附情殷，次第矫受，四沙门果。弟子怀疑，咸来白曰：‘阿罗汉等，应各证知，如何我等，都不自觉？’大天告曰：‘诸阿罗汉，亦有无知，勿自不信，谓诸无知，亦有二种：一者染污，罗汉即无；二不染污，无学犹[26]有。’由斯汝辈不能自知。”

校注：［1］S.4159由“第”字始。　［2］“云”字，P.2287、S.4159并脱。　［3］S.4159在“世”后多出一“之”字，亦通。　［4］“众僧共行一法”六字，S.4159作“法摄一味”。　［5］“佛”字，S.4159作“圣”。　［6］“不同”二字，S.4159脱。　［7］“法”字，P.2287作“教”。　［8］“视”字，P.2287作“擅”。　［9］“佛在……更相党换”一〇三字，S.4159脱。　［10］“说”字，底本脱，据P.2287、S.4159补。　［11］底本在“空”前多一“律”字。　［12］P.2287在“唯”后多加一“永”字，衍。　［13］“有”字，S.4159脱。　［14］“学”字，底本作“孝”。案，“学”之俗体为“斈”，形近易讹。　［15］“初”字，P.2287、S.4159并脱。　［16］“大”字，底本脱，据P.2287、S.4159补。　［17］“末兔罗国……飘散无遗”约一千五百字，S.4159脱。　［18］“貌”字，P.2287误作“贝”。　［19］“不善惧忧”四字，P.2287作“不断善根”。　［20］“知归”二字，底本作“归知”，据P.2287倒乙。　［21］“故”字，P.2287作“固”，亦通。　［22］“波”字，底本误作“彼”，形近而讹。　［23］“夜”字，P.2287无。　［24］“衣”字，底本作“依”，P.2287作“衣”，是，据改。　［25］“之”字，P.2287作“言”，亦通。　［26］“犹”字，底本作“由”，据P.2287改。案，“犹”“由”常混用，此处以“犹”为是。

“又于一时弟子启白：‘曾闻圣者，已度诸疑，如何我等，尚疑谛实？’大天又告：‘诸阿罗汉亦未免疑，疑有二故：随眠性疑罗汉已无，处非处疑，无学犹[1]有，独觉于此，而尚有之，况汝声闻，能无疑惑。’设诸弟子，披读诸经，因白师言：‘经说无学[2]，有圣慧眼，我于解脱应自证知，如何但由，师言悟入？’彼即答言：‘有阿罗汉，但由他入，不能自知，如舍利子（佛）智慧第一，佛若不记，犹不能[3]知。况汝等辈，非由他入。是故汝等，不应自轻。’然彼大天，虽造众罪，不起邪见，不断善根，后于夜中，自怀罪重，当于何处，受诸极苦，忧惶所逼，数唱苦哉。近住弟子，惊怪来闻，披便告言：‘我呼圣道，谓有圣道，若不至诚，称苦命唤，终不现前，故我［昨］[4]夜唱苦哉矣。’大天于后，集先所说，五恶见事，而作颂［曰］[5]：‘余所诱无知，犹豫他命入，道因声故起，是名真佛教。’十五日夜，布洒陀时，次当大天，升座诵戒，彼便自诵，所造[6]伽他。尔时众中，有学无学[7]，多闻持戒，修静虑者，闻彼所说，无不惊呵：‘咄哉！愚人宁作是说，此于三藏，曾所未闻！’

咸即劝彼，所说颂云：‘余所诱无知，犹豫他令入，道因声故起，汝言非佛教。’于是竟斗诤，纷然乃至，崇朝朋党，转盛城中，仕庶乃至大臣，相次来和，皆不止息。王闻见已，亦复生疑，遂乃令僧两朋别住。贤圣朋内，耆年虽多，而僧数少；大天朋内，耆年虽少，而众数多。王遂从多，依大天语，诃伏余众，事毕还宫。时诸圣贤，知众乖违，欲往他所。育王闻已，自怒令曰：‘宜载破船，中流坠溺，验其圣凡。’时诸圣众，遂运神通，又接同志，诸凡夫[8]众，变种种形，陵（凌）空而去。王闻悲悔，遣人追寻，王躬固迎[9]，僧壳辞命。王遂总舍迦湿弥罗，造僧伽蓝，安置圣众。于后大天，相者见之，窃记七日，定[10]当命尽。弟子闻已，忧惶白师，便矫答言：‘吾久知［矣］[11]。’遣人散告涅槃之期，王庶悲哀，香［薪］[12]焚葬。火至便灭，竟不能燃。占相者云：‘不消厚葬，宜狗粪汁而洒秽之。’便依其言，火遂炎[13]发，焚荡倏尽，飘散无遗。由是[14]乖诤，僧成两部。大天朋党，取结集时，大众为名，名大众部；诸贤圣众，取结集时，上座为名，名上座部。此即本部第二重分，是十八部之根本也。大众部中，既无贤圣，二百年初，因有乖诤，前后四破，流出八部。初[15]第一［破］[16]，流出三部：一者，说［世］[17]出世，法皆是假，既唯说假，名一说部；二者，世法颠倒，则不名实，说出世法实，名说出世部；三者，上古有仙染鸡生子，部主姓氏名鸡胤部。第二破者，又因乖诤，流出一部。此师学广，玄悟佛经，胜过本部，名多闻部。第三破者，又有一师，说世出世，亦有少假，不同一说，及说出世，名说假部。第四破者，二百年满，有一外道，舍邪归正，亦名大天。重详五事，分出三部：一者，此人所居山似（祠）灵庙，即依本处，名制多山部；二者，又有一类，与此乖违，住制多山西，名西山住部；三者，又有一类，乖前二见，住制多山北，名北山住部。故大众部，四破别分，本末别说，有其九部。其上座部，贤圣住持，经尔所时，一味和合，三百年初，四百年末，本末七破，为十一部：第一破者，有一大德，造发《智论》，命后进者，研究深[18]宗，其诸上座，先唯习定，既遭诘难，自耻无智，避［诸］[19]论者，移居雪山，转立别名，名雪转部；其学论者，说一切法，皆有实体性，名说一切有部；又说有为因，亦名说因部。第二破者，于有部中流出一部。上古有仙，染牛生子，是部（主）姓，名犊子部。第三破者，从犊子部流出四部：一谓部主，有法可上，法在人上，名法上部；二显部主，性贤且善，贤圣苗裔，名贤胄部；三显部主，善立法义，刊定无邪，其量必正，名正量部。四谓部主，所居近山，林木蓊郁，繁而且密，名密林山部。第四破者，复从有部流［出］[20]一部，谓此部主，身虽出家，本是国王，名化地部。第五破者，从化地部流出一部。部主业弘，含容正法，如藏之密，名法藏部。第六破者，三百年末，复从有部流出一部。部主上代[21]有仙，身真金色，饮弊余光，名饮光部。第七破者，四百年末，复从有部流出一部，自称我以庆喜为师，依经立量，名经量部。说有种子，能从前世转至后世，名说转部。如是上座，本末重破，兼本共成十一部计，通前九部，为[22]二十焉[23]：一大众部，二一说部，三说出世部，四鸡胤部，五说假部，六多闻部，七制多山部，八西山住部，九北山住部，十上座部，十一说一切有部，十二犊子部，十三法上部，十四贤胄部，十五正量部，十六密林山部，十七化地部，十八法藏部，十九饮光部，二十经量部，已明[24]二十部因[25]由竟。以四五部相配属者，汉地所明[26]，五部名中萨婆多者，即四部中，说一切有，当二十中第十一部。昙无德者，唐言法藏，四部中无，即二十中第十八部。弥沙塞者，唐言化地部[27]，四部中无，是二十中第十七部。摩诃僧祇四中大众，即二十中第一部也。迦摄毗耶，唐言饮光，即二十中第十九部，其四部中，初一上座，五部中无，即二十中是第十部。四中正量，五部中无，是二十中第十五部。如是东西，共行六部：一上座部，二说有部，三大众部，四正量部，五化地部，六法藏部。余十四部，两处不行。其化地部，本出印度，印度已灭，于阗盛行。其法藏部，本出西方，西方不行，东夏广阐。化地有部，汉地似行，上座正量，印度盛行，余方不见。初分部时，二十具足，去圣渐远，法教沦潜，住持人无，部计即灭，住持人在，部计乃存。不以诸部有是有非，而其部执，有存有没；不以法有，法[28]用不用，而于诸部，论正论邪。如析金杖，彼此俱金，但依修持，皆得四果。如有毁谤，并堕三途，情见不乖，皆是一法。知见宣者[29]，即相是相非，识解宽者，乃无彼无此。迷情执见，则有憎毁过生，若达士通情，岂有嫌谤正法。以斯解释，用［荡］[30]群疑，愿审示详[31]，无迷一法。

大乘二十二问本[32]

丁卯年三月九日写毕

比丘法灯书[33]

校注：［1］“学犹”二字，底本作“觉由”。案，“学”之俗体为“斈”，“觉”之俗体为“覚”，形近易讹；“犹”“由”常混用，此处以“犹”为是。　［2］“学”字，底本作“觉”。　［3］“能”字，P.2287作

"自"。 [4]"昨"字，底本脱，据P.2287补。 [5]"曰"字，底本脱，据P.2287补。 [6]"造"字，底本作"告"，P.2287作"造"，是，据改。 [7]"有学无学"四字，底本作"有觉无觉"，据P.2287、北大D098改。 [8]"夫"字，底本作"大"，P.2287作"夫"，是，据改。 [9]"迎"字，底本作"仰"，形近致讹，据P.2287改。 [10]"定"字，P.2287作"言"。 [11]"矣"字，底本脱，据P.2287补。 [12]"薪"字，底本脱，据P.2287补。 [13]"炎"字，底本作"焚"，据P.2287改。 [14]"是"字，S.4159作"因"。 [15]"初第一"以下至"通前九部"约七百五十字，S.4159脱。 [16]"破"字，底本脱，据P.2287补。 [17]"世"字，底本脱，据P.2287补。 [18]"深"字，底本作"染"，据P.2287改。 [19]"诸"字，底本脱，据P.2287补。 [20]"出"字，底本脱，据P.2287补。 [21]"代"字，底本作"我"，形近而讹；P.2287作"代"，是，据改。 [22]"为"字，S.4159作"言"，亦通。 [23]"焉"字，S.4159作"部者"，亦通。 [24]"已明"二字，S.4159脱。 [25]"因"字，S.4159脱。 [26]"明"字，底本作"的"，形近而讹；P.2287作"明"，是，据改。 [27]P.2287、S.4159皆在"部"前多"四"字。 [28]"法"字，P.2287、S.4159并脱。 [29]"者"字，底本作"先"，形近致讹；P.2287、S.4159并作"者"，是，据改。 [30]"荡"字，底本脱，据P.2287、S.4159补。 [31]S.4159至"详"以下断残。 [32]P.2287有尾题"丙申年二月□日书此"八个字。 [33]"丁卯年三月九日写毕。比丘法灯书"十四字，P.2287作"丙申年二月日书记"。

十五、顿悟大乘正理决

【题解】

《顿悟大乘正理决》是唐代吐蕃佛教史研究之重要参考资料，详细记录了8世纪末在吐蕃赞普赤松德赞主持下于吐蕃宫廷举行的由数百中国、印度僧人参加的有关禅学的大辩论，为中古禅宗史上的一桩大事。现存写本二件，编号分别为P.4646、S.2672；另有异本P.4623，疑为《顿悟大乘正理决》所依经文之摘录与解释，为清楚起见，另作一文献处理。其中P.4646全；S.2672尾全，唯缺首部。该文献称，摩诃衍与婆罗门僧之辩论，“时当沙州降下之日，奉赞普恩命，远追开示禅门”。其辩论时间，“首自申年，停废禅义，至戌年正月十五日，诏许重开禅门”。其中，“申年”为唐贞元八年（792年），“戌年”当为唐贞元十年（794年）。

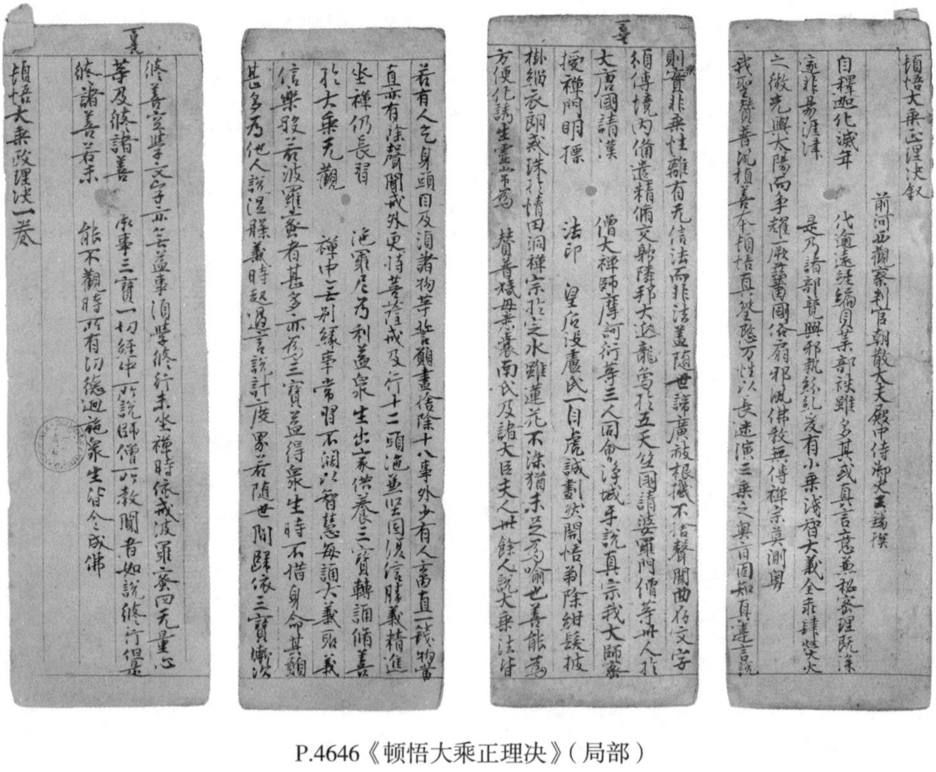

P.4646《顿悟大乘正理决》（局部）

该文献撰者王锡为敦煌人，在唐代河西佛教界负有盛名。初任河西观察使判官。吐蕃占领河西时期，他曾随敦煌大乘禅师摩诃衍研习佛教禅宗教义。791～794年，被吐蕃赞普赤松德赞召至藏区，随摩诃衍在今拉萨、昌珠、琼结诸地传授禅门，使汉地禅宗在吐蕃地区得到迅速发展，影响颇巨。在汉僧与印度僧之大辩论中，他与摩诃衍一道申述了汉地禅宗的顿悟之见。返回敦煌后，著成《顿悟大乘正理决并序》，以记其事。敦煌文献中还保存着他呈奏吐蕃赞普的两道表章，都成为研究唐代吐蕃佛教乃至中印佛教的珍贵资料。

该文献长期以来深受学术界的重视，涌现出不少研究成果，举其要者，有法国学者戴密微之《吐蕃僧诤记（*Le Concile de Lhasa*）》，巴黎，1952年版（耿昇汉译本于1984年由甘肃人民出版社印行）；日本学者上山大峻之《昙旷と敦煌の佛教学》，《东方学报》第35册，京都，1964年，第141～214页；同氏《敦煌佛教の研究》，京都，1970年；香港学者饶宗颐之《王锡〈顿悟大乘正理决〉序说并校记》，载《崇基学报》第9卷2期，1970年（收入《观堂集林·史林》中册，香港中华书局，1982年，第713～769页），可资参考。

本录文即以P.4646为底本，与S.2672互校，同时参考了戴密微、上山大峻、饶宗颐等研究成果。文献中引经典甚多，但当时主要靠摩诃衍禅师本人的记忆而述，故大多都与原经文有很大出入，有的甚至无法找到出处。为免误导读者，也为统一起见，本录文所引经文，一律不加引号，特此说明。

【录文】

顿悟大乘正理决叙　　前河西观察判官、朝散大夫、殿中侍御史王锡撰

自释迦化灭，年代逾远，经编贝叶，部帙虽多，其或真言，意兼秘密，理既深邃，非易涯津。是乃诸部竞兴，邪执纷纟山（纠），爰有小乘浅智，大义全乖。肆（似）荧火之微光，与太阳而争耀。厥兹蕃国，俗扇邪风，佛教无传，禅宗莫测。

粤我圣赞普，夙植善本，顿悟真筌，愍万性以长迷，演三乘之奥旨。固知真违言说，则[1]实非乘，性离有无，信法而非法。盖随世谛，广被根机，不舍声闻，曲存文字，颁传境内，备遣精修。交聘邻邦，大延龙象。于五天竺国，请婆罗门僧等卅人；于大唐国，请汉僧大禅师摩诃衍等三人，同会净域，互[2]说真宗。我大师密授禅门，明标法印。

皇后没卢氏，一自虔[3]诚，划（豁）然开悟，剃除绀发，披挂缁衣。朗戒

珠于情田，洞禅宗于定水。虽莲花不染，犹未足为喻也。善能为方便，化诱生灵，常为赞普姨母悉囊南氏及诸大臣夫人卅余人，说大乘法，皆一时出家矣，亦何异波阇波提，为比丘尼之唱首。尔又有僧统大德宝真，俗本姓鶂，禅师律不昧于情田，经论备谈于口海，护持佛法，倍[4]更精修，或支解色身，曾非娆动，并禅习然也。又有僧苏毗王嗣子须伽提，节操精修，戒珠明朗，身披百衲[5]，心契三空。谓我大师曰："恨大师来晚，不得早闻此法耳。"

首自申年，我大师忽奉明诏曰："婆罗门僧等奏言：'汉僧所教授顿悟禅宗，并非金口所说，请即停废。'"我禅师乃犹然而笑曰："异哉！此土众生，岂无大乘种性，而感魔军娆动耶？为我所教禅法，不契佛理，而自取弥灭耶？"悲愍含灵，泫然流泪，遂于佛前，恭虔[6]稽首，而言曰："若此土众生，与大乘有缘，复所开禅法不谬，请与小乘论议，商榷是非。则法鼓振而动乾坤，法螺吹而倒[7]山岳。若言不称理，则愿密迹金刚，碎贫道为微尘，圣主之前也。"

于是奏曰："伏请圣上，于婆罗门僧，责其问目，对相诘难，校勘经义，须有指归；少似差违，便请停废。"帝曰："俞！婆罗门僧等，以月系年，搜索经义，屡奏问目，务掇瑕疵。"我大师乃心湛真筌，随问便答。若清风之卷雾，豁睹遥天；喻宝镜以临轩，明分众像。婆罗门等，随言理屈，约义词穷，分已摧锋，犹思拒辙，遂复眩惑大臣，谋结朋[8]党。有吐蕃僧乞奢弥尸、毗磨罗等二人，知身聚沫，深契禅枝，为法捐躯，何曾顾己，或头燃炽火，或身解霜刀，曰："吾不忍见朋党相结，毁谤禅法。"遂而死矣。又有吐蕃僧卅余人，皆深悟真理，同词而奏曰："若禅法不行，吾等请尽脱袈裟，委命沟壑。"婆罗门等，乃瞪目卷舌，破胆惊魂，顾影修墙，怀惭战股。既小乘辙乱，岂复能军？看大义旗扬，犹然贾勇。

至戌年正月十五日，大宣诏命曰："摩诃衍所开禅义，究畅经文，一无差错，从今已后，任道俗依法修习。"小子非才，大师徐谓锡曰："公文墨者，其所问答，颇为题目，兼制叙焉。"因目为《顿悟大乘正理决》。

校注：[1]底本在"则"后原有"乘"字，后加卜号点去，故戴密微不录此字，但上山大峻与饶宗颐录之。据文义，应删。　[2]"互"字，底本原作"牙"，误，形近而讹。　[3]"虔"字，底本作"虎"，误，形近而讹。　[4]"倍"字，底本作"陪"，误。形近而讹。　[5]"衲"字，底本作"纳"，误，形近而讹。　[6]"虔"字，底本作"虎"，误，形近而讹。　[7]"倒"字，底本作"例"，误。形近而讹。　[8]"朋"字，底本作“用”，误。形近而讹。

问曰：“令看心除习气，出何经文？”

谨答：“准《佛顶经》云：一根既反源，六根成解脱①。据《金刚经》及诸大乘经皆云：离一切妄想习气，则名诸佛。所以令看心，除一切心想、妄想习气。”

问：“所言大乘经者，何名大乘义？”

答：“《楞伽经》曰：缘有妄想，则见有大小乘；若无妄想，则离大小乘。无乘及乘者，无有乘建立，我说为大乘。”

第一问：“或有人言，佛者，无量多劫已来，无量[1]功德，智聚圆备，然始成佛；独离妄想，不得成佛，何以故？若只［离］[2]妄想得成佛者，亦不要说六波罗蜜、十二部经，只合说令灭妄想，既若不如是说，于理相违。”

答：“一切众生，缘无量劫已来，常不离得三毒烦恼，无始心想，习气妄想，所以流浪生死，不得解脱。准《诸法无行经》上卷云：‘若一切法中，除却其心缘相，不可得故，是人名为已得度者。’又《金刚三昧经》云：‘佛言：一念心动，五阴俱生，令彼众生，安坐心神，住金刚地，即无一念。此如如之理，具一切法。’又《金光明经》第二云：‘一切烦恼，究竟灭尽，是故法如如，如如之智，摄一切佛法。’又《楞伽经》第二云：‘但离心想妄想，则诸佛如来法身，不思［议］[3]智慧，自然显现。又法身即顿现示报身及以化身。’又《诸法无行经》：‘佛告文殊师利：‘若有人问汝，断一切不善法，成就一切善法名如来，汝云何答？’文殊师利言：‘如佛坐于道场，颇见法有生灭不？’佛言：‘不也。’‘世尊，若法不生不灭，是法可得，说断一切不善［法］[4]，成就一切善法不？’佛言：‘不也。’‘世尊，若法不生不灭，不断一切不善法[5]，不成就一切善法，是何所见？何所断？何所证？何所修？何所得？’‘但离心想妄想，即卅七道品，自然具足，一切功德，亦皆圆备。经文广述，不可尽说，任自检寻，当见经义据理。’”

问：“所对于理不相违，若有众生，离得三毒烦恼、无始心想、习气妄想，便得解脱，亦得成佛，如是功德，不可比量？”

---

① 这里所引《佛顶经》之内容，出处待查。这种情况在该文献中很多，盖摩诃衍当时讲法，唯靠记忆与个人理解，故难保准确无误，很多引文，在佛经原文中查不到出处。以下同此，不另注。

又答："十二部经，准《楞伽经》云：佛所说经，皆有是义。大慧，诸修多罗，随顺一切众生心说，而非真实在于言中。譬如阳炎，诳惑诸[6]兽，令生水想，而实无水。众经所说，亦复如是。随诸愚夫，自所分别，令生欢喜，非皆显示，圣智证处，真实之法。大慧，应随顺义，莫着[7]言说。又经云：佛言我某夜成道，某夜入涅槃，于此二中间，不说一字，不已说，今说当说，不说者是佛说。又《涅槃经》云：闻佛不说法者，是人具足多闻。又《金刚经》云：乃至无有少法可得，是为无上菩提。又经云：无法可说，是名说法。据此道理，应不相违。"

又问："有天人，制于妄想，以制妄想故，生无想天，此等不至佛道，明知除想，不得成佛？"

谨答："彼诸天人，有观有趣，取无想定，因此妄想，而生彼天[8]，若能离观，离无想定，则无妄想，不生彼天。《金刚经》云：'离一切诸相[9]，则名诸佛。若言离妄想，不成佛者，出何经文？'准《楞伽经》云：'无三乘者，谓五种性，众生中谓不定性者假说，不应如是执也。'"

又答："所言五种性者，只缘众生有五种妄想不同，所以说有五种名，若离得妄想，一种性亦无，何处有五耳？岂更立余方便耶？"

问："《楞伽经》云：'所言与声闻授记，化佛化声闻授记。'据此只是方便，调伏众生，数个义中，涅槃道是三乘也。若离于想，大小之乘，无可言者，谓无想不？观大小乘，非无大小。譬如声闻，证涅槃后，大小之乘，更无所观，此声闻人，岂得言入大乘道不？"

谨答："所言化佛与化声闻授记者，声闻人为未见法身及以报身，唯见化身。所以化身授记，正合其理。"

校注：[1] S.2672由"量"字始，但第一页内容残损甚多。　[2]"离"字，底本脱，S.2672残，据文义补。　[3]"议"字，底本脱，S.2672残，据文义补。　[4]"法"字，底本脱，据S.2672及《诸法无行经》卷下补。　[5]"法"字，底本作"灭"，不词；S.2672及《诸法无行经》卷下作"法"，据改。　[6]"诸"字，底本作"诸诸"，衍一"诸"字，据S.2672删。　[7]"着"字，底本作"看"，不词；据S.2672及《大乘入楞伽经》卷二改。　[8]"天"字，底本作"生"，S.2672残，据文义改。　[9]"诸相"二字，《金刚经》原文同，S.2672作"本想"，误。

又答[1]：“准《楞伽经》云：‘我所说者，分别尔焰识灭，名为涅槃。不言涅槃道，是三乘也。’《楞伽经》偈[2]：‘预流一乘果，不还阿罗汉。是等诸圣人，其心悉迷惑。我所立三乘，一乘及非乘。为愚夫少智，乐寂诸圣说。第一义法门，远离于三趣。住于无境界，何建立三乘。诸禅及无量，［无色三摩地］[3]。乃至灭受想，唯心不可得。’准斯经义理，所说三乘，皆是方便导引[4]众生法门。’又《思益经[5]》云：‘网明菩萨问思益梵天言：‘何为行一切行非行？’梵天言：‘若人千万亿劫行道，于法性理，不增不减，是故名行一切行非行。我念过去［无量］[6]阿僧祇劫，逢无量阿僧祇诸佛如来，承事无空过者，并行苦行十二头陀，入山学道，持戒精进，所闻智慧[7]，读诵思惟。’问：‘是诸如来，亦不见受（授）记，何以故？依止所行故。以是当知，若是菩萨出过一切诸行，则得授记。据此道理，法性理中，大乘［小乘］[8]之见，并是虚妄想[9]，若离妄想，则无大小之见。’又[10]准《楞伽》《密严经》云：‘声闻虽离妄想烦恼，处于习气泥，譬如昏醉之人，酒醒然后觉。彼声闻亦然，贪着寂灭，乐三昧乐，所醉乃至劫不觉，觉后当成佛。声闻[11]贪着寂灭乐，所以不得入[12]大乘。’”

又问：“所言声闻住无相[13]，得入大乘否？”

答：“准《楞伽经》云：‘若住无相[14]，不见于大乘。所以不得取无相[15]定。’是故经文：‘应无所住而生其心。’”

第二问：“离一切相，［即名］[16]诸佛，是何经说？”

谨答：“《金刚经》云：‘离一切诸相，即名诸佛。’又《大般若经》《楞伽》《华严》等经中，亦具广说。”

校注：［1］“答”字，底本作“问”，据S.2672改。　［2］“偈”字，S.2672作“云”，义同。　［3］“无色三摩地”五字，底本及S.2672脱，据《大乘入楞伽经》卷二补。　［4］“导引”二字，S.2672作“引道”，亦通。　［5］“思益经”三字，S.2672作“思益梵天经”，该经全名为《思益梵天所问经》。　［6］“无量”二字，底本脱，据S.2672补。　［7］“慧”字，S.2672皆作“惠”。案，“惠”通“慧”，下不另注。　［8］“小乘”二字，底本脱，据S.2672补。　［9］底本在“虚妄想”后多“妄想”二字，S.2672残，但据所残空间看，亦有此二字。衍，故删。　［10］“又”字，S.2672作“又一”，“一”字衍。　［11］S.2672在“声闻”后多“人谓”二字，衍。　［12］“不得入”三字，S.2672作“不入得”，误。　［13］“相”

字，S.2672作“想”，同音假借。　[14]“相”字，S.2672作“想”，同音假借。　[15]“相”字，S.2672作“想”，同音假借。　[16]“即名”二字，底本脱，据S.2672补。

又再新[1]问：“《金刚经》云：‘若了达诸法，观了然后不观者，是智慧。若具修一切善已，然始无修，为化众生，生[2]大智自然成就，言先愿力故，为凡夫妄想不生，凡夫本来不达一切［法］[3]，犹未具诸功德，唯灭妄想，不得成佛。’以要言之，解一切［善］[4]法是智，修一切善法[5]是福，为成就如是一切故，所以经历多劫，因诸福智力故，三昧无观，从此方显。又《首楞严三昧经》[6]云：‘初习观故，然得此三昧。譬如学射，初射竹簟，大如牛身，已后渐小，犹[7]如毛发，并亦皆中。从习于观，是渐修行。诸佛所说，皆是渐门，不见顿门。’”

答第二新问：“准《楞伽经》云：‘佛告大慧菩萨，应莫着[8]文字，随宜说法，我及诸佛，皆随众生，烦恼解故，欲种种[9]不同，而[10]为开演，令知诸法，自心所现。’又《思益经》云：‘说法性理，若人千万亿劫行道，于法性理，不增不减。若了知此理，是名大智慧。于法性理中，修以不修，皆是妄想。据法性道理，若离妄想，大智本自然成就，若论福智，更无过［者］[11]，法性道理及以法性三昧，所言渐顿，皆为众生心想妄想见。是故经云：大慧[12]，是故应离因缘所作，和合想中，渐顿生见。若离一切［心］[13]想妄想，渐顿不可得。若言离妄想，不成佛者，出何经文所言？《首楞严经》[14]云：学射渐渐者，不缘增长心想妄想，只合令除妄想。’”

校注：[1]“再新”二字，S.2672作“新再”，误，当倒乙。　[2]“生”字，S.2672脱。　[3]“法”字，底本脱，据S.2672补。　[4]“善”字，底本、S.2672并脱，据文义补。　[5]“善法”二字，S.2672作“但”，误。　[6]“《首楞严三昧经》”六字，S.2672作“《入楞伽》《华严》《三昧经》”。　[7]“犹”字，底本及S.2672皆作“由”字，“由”通“犹”，据改。　[8]“着”字，底本原误作“看”，据S.2672改。　[9]S.2672在“种种”前有“诸”字，亦通。　[10]“而”字，《大乘入楞伽经》卷五同，S.2672作“不”，误。　[11]“者”字，底本脱，据S.2672补。　[12]S.2672在“大慧”前多“佛言”二字，“慧”作“惠”。案，“慧”即“惠”，通用，下不另注。《大乘入楞伽经》卷二原文同于底本，无“佛言”二字。　[13]“心”字，底本脱，据S.2672补。　　[14]“《首楞严经》”四字，S.2672作“《楞严》《华严》”。

旧问第三，问：“言一切想者[1]，其想云何？”

答：“想者，心念起动，及取外境；言一切者，下[2]至地狱，上至诸佛已下。《楞伽经》云：‘诸法无自性，皆是妄想心见。’”

新问第三：“上至诸佛，下至地狱之想，切要兹（滋）长，成就善法，远离恶法，因此而行。若不识佛，不知地狱，如说十二因缘中，无明凡夫中，不合修行此法。”

新问第三，答：“一切众生，缘无始已来，妄想分别。取着妄想善恶法，或长善，或长恶。以是因缘，流浪生死，出离不得。所以经文，凡所有想皆是虚妄，若见诸相非相[3]，则见[4]如来。若了知此，[一][5]念功德，经无量劫，修习善法[6]，不如此[7]一念功德。又所言凡夫位中，不合学此法者，一切诸佛菩萨，无量劫所修习善法，成等[正][8]觉，皆留与后代末法众生，教令修学，既言凡夫众生不合学此法，是诸佛法，教留与阿谁？凡夫不合学此法，出何经文？”

旧问：“想有何过？”

答：“想过者，能障众生，本来一切智及三恶道，久远轮回，故有此过。《金刚经》说：‘亦令离一切诸想，则名诸佛。’”

新问第四问：“或有故令生长之想，或有不令生想，处凡夫地，初修行时，不得除一切想？”

答：“诸大乘经云：‘一切众生，缘有妄想分别[心][9]，取着生不生妄想，是故流浪生死，若能不取着生不生妄想，便[得][10]解脱。’凡夫众生，不得除想，出何经义？”

旧问：“云何看心？”

答：“返照心源，看心。[心][11]想若动，有无净不净，空不空等，尽皆不思。不观不思[12]者，亦不思。故《净名经》中说：‘不观是菩提。’”

校注：[1]“一切想者”四字，S.2672作“所言一切”。　　[2]“下”字，S.2672作“不”，形近致讹。　　[3]“诸相非相”四字，S.2672作“诸想非想”，今从底本。　　[4]“见”字，S.2672脱。　　[5]“一”字，底本脱，据S.2672补。　　[6]“法”字，S.2672误作“业”。　　[7]“此”字，S.2672脱。　　[8]“正”字，底本脱，据S.2672补。　　[9]“心”字，底本脱，据

S.2672补。　［10］"得"字，底本脱，据S.2672补。　［11］"心"字，底本脱，据S.2672补。　［12］"不思"二字，S.2672脱。

新问第五，问："据《十地经》中，八地菩萨，唯入不观，佛令入修行。据此事，凡夫初地犹未得，唯不观如何可得[1]？"

答："准《楞伽经》云：'八地菩萨，离一切观及分别习气，无量劫来，所受善恶业者，如乾达婆城，如幻化等。了知菩萨者。［十地，自心妄想，分别建立。又，佛告大慧，于胜义中，无次第，亦无相续。'又《思益经》及诸《大乘经》云：'八地菩萨者］[2]，超过一切行，得无生法[3]忍，然后得授记。'不闻八地菩萨，教令修行，经文如何说，只合细[4]寻诸经所说[5]。凡夫未得初地，不[6]合不观者，此义合行不行，前问说讫。"

旧问："作何方便，除得妄想及以习气？"

答："妄想起不觉，名生死；觉竟不随妄想，作业不取不住，念念即是解脱。《般若》《宝积》［等］[7]经云：'不得少法，名无上菩提。'"

新问第六，问："如前所说，凡夫初学，岂得喻佛，佛是已成就者？"

答："凡夫虽不[8]共佛，同诸佛所悟之法准经文，皆留与后代末法众生，教令修学，若不如是，法教留与阿谁？

又："言佛[9]无有少法可得者，不可执着言说；若无少法可得，无思无观，利益一切者，可不是得否？"

答："此义前者已答了，今更重［问］来[10]。又再说者，佛从无量劫来，已离得不得心？亦无心无思，犹如明镜。无心无思，离得不得。但随众生，应物现形。水喻宝喻，日月等喻，皆亦同等。又据《入如来功德经》云：'非是不得少法，是得一切法，与义相违者。'前问所言，凡夫不合学此法。所以攀大乘经文时，得如是无量无边功德，何况信受修行。因此言故，答如此事。以无所得故，是名为得。于理实不[11]相违。"

旧问："六波罗蜜等及诸法门，要不要？"

答："如世谛法、六波罗蜜等，为方便显胜义故，非是不要。如胜义离言说，六波罗蜜及诸法门，不可说言要与[12]不要，诸经广说。"

校注：［1］"如何可得"四字，S.2672作"可观"。　［2］"十地……八地菩萨者"四十一字，底本脱，据S.2672补。　［3］"法"字，S.2672脱。　［4］"细"字，S.2672脱。　［5］"说"字，S.2672作"言"，义

同。 [6]“不”字，S.2672脱。 [7]“等”字，底本脱，据S.2672补。 [8]“不”字，S.2672脱。 [9]“言佛”二字，底本作“佛言”，文义不通；S.2672作“言佛”，是，当据之倒乙。 [10]“今更重问来”五字，底本脱“问”字，S.2672作“又重问来”，据之补“问”字。 [11]“不”字，S.2672脱。 [12]“与”字，S.2672脱。

新问第七，问：“世间及第一义谛，是一是异[1]？”

答：“不一不异。云何不一？妄想未尽已来，见有世谛。云[何][2]不异？[离][3]一切妄想习气时，一异不可分别[4]。”

又问：“此方便为显示第一义故，只为钝根者，为复利钝[5]俱要？”

答：“钝根不了了[6]，胜义者要，利根者不论要不要。”

又问：“六波罗蜜等及余法门，不[可][7]言说，要不要者，何为不可说？”

答：“为法性理，即不可说。据法性理中，要不要，有无一异，俱不可得。”

又问：“言经文广说，如何说为说，言要不要不会？”

答：“经文广说者，钝根说要；利根不论要不要。譬如病人要药，求渡河人要船，无病之人，不言要不要；渡河了，更不要船。”

旧问：“六波罗蜜等要时，如何修行？”

答：“修行[8]六波罗蜜者，为内为外。内外有二种：内为自度，外为利益众生。所修行方便者，据《般若经》《楞伽》《思益经》：[云修][9]六波罗蜜时，于一切法，无思无观，三业清净，由如阳炎，于一切不取不住。”

新问第八，问：“所言三业清净时，六波罗蜜，凡夫未能行得，且修习不观，中间不修行，待三业清净，然后修习。为复未能净得三业强修，如何修行？”

答：“所言六波罗蜜有四种：一、世间波罗蜜；二、出世间波罗蜜；三、出世间上六[10]波罗蜜；四、内六波罗蜜。准《楞伽经》云：‘广说略[11]说时，若得不观不思时，六波罗蜜自然圆满。未得不观不思中间，事须行六波罗蜜，不希[12]望果报。’”

又问云[13]：“其野马阳炎，实是不会？”

答：“野马喻妄想心，阳炎喻世间[14]一切法。譬如渴野马，见阳炎是水，非实是水[15]，若[16]如是了达世间法时，即是三业清净。”

校注：[1]“是一是异”四字，S.2672脱。 [2]“何”字，底本脱，据S.2672补。 [3]“离”字，底本脱，据S.2672补。 [4]“别”字，S.2672脱。 [5]“钝”字，S.2672作“俱”。 [6]“了”字，S.2672脱。 [7]“可”字，底本脱，据S.2672补。 [8]“修行”二字，S.2672脱。 [9]“云修”二字，底本脱，据S.2672补。 [10]“六”字，底本作“上”，据S.2672改。 [11]“略”字，S.2672误作“备”。 [12]“希”字，S.2672脱。 [13]“云”字，S.2672脱。 [14]底本在“世间”前多“一切”二字，衍，据S.2672删。 [15]“非实是水”四字，S.2672作“实非是非”。 [16]S.2672在“若”后多“不”字，衍。

旧问：“修此法门，早晚得解脱？”

答：“如《楞伽》及《金刚经》云：‘离一切相[1]，则名诸佛。’随其根性利钝，如是修习，妄想习气亦歇，即得解脱。”

旧问：“又行此法义，有何功德？”

答：“无观无想之功德，思及观照，不可测量，佛所有功德，应如是见，且如此之少分。据《般若经》云：‘假令一切众生、天、人、声闻、缘觉，尽证无上菩提，不如[2]闻此般若波罗蜜义，敬信功德算数所不能及，何以故？人、天、声闻、缘觉及诸菩萨等，皆从般若波罗蜜出，人天及菩萨等不能出得般若波罗蜜。’”

又问：“何名般若波罗蜜？”

［答］：“所谓无想无取，无舍无着，是名般若波罗［蜜］[3]。及《入如来功德[4]经》，或有于三千大千世界微尘数，佛所供养，承[5]彼佛灭度后，又以七宝庄严其塔，高广例如大千世界，又经无量劫供养之功德[6]，不及闻斯法义，生无疑心而听，所获福德，过彼无量百千倍数。又《金刚经》云：‘若有人满三千大千世界七宝，已用布施，及以恒河沙数，身命布施，不如闻一四句偈，其福甚多，不可[7]比[8]喻。’诸大乘经中，广说此义，其福德除佛，无有知者。”

新问第九，问：“令一切众生，尽证无上菩提，犹[9]不及此福者，此无上菩提，乃成有上，此乃是否？次后说言，无上菩提等从般［若］[10]波罗蜜出，无上菩提，不出般若波罗蜜。不出者说是阿那个菩萨。若说无上菩提，据如今现［说］[11]般若波罗蜜，似如此，只如此说者，不可说无上菩提。”

答：“所言令一切众生，尽证无上菩提，犹[12]不及此福者，前者[13]所言，凡夫众生，不合行此法，所以攀诸大乘经典及般若波罗蜜。众生闻此法[14]，生一念净信者，得如是无量无边功德。为比量功德故，作如是说。现有经文，说一切诸佛及诸佛得阿耨多罗三藐三菩提法，皆从此经出。今再问：有上、无上及阿那个菩萨者，经文现在，请检即知。”

旧问：“若离想不思不观[15]，云何[16]得一切种智？”

校注：［1］“相”字，底本作“想”，《楞伽经》及《金刚经》及S.2672作“相”。案，敦煌写本中“相”“想”通用，此处以“相”义胜，据改。　［2］“不如”二字，S.2672作“如不”，误，当倒乙。　［3］“蜜”字，底本脱，据S.2672补。　［4］“德”字，S.2672误作“位”。　［5］“承”字，S.2672脱。　［6］“德”字，S.2672误作“位”。　［7］“不可”二字，S.2672作“可不”，当倒乙。　［8］“比”字，S.2672误作“此”。　［9］“犹”字，底本作“由”，S.2672作“犹”。案，“由”通“犹”，据S.2672改。　［10］“若”字，底本脱，据S.2672补。　［11］“说”字，底本脱，据S.2672补。　［12］“犹”字，底本作“由”，据S.2672改。　［13］“前者”二字，S.2672脱。　［14］“法”字，S.2672脱。　［15］“不思不观”四字，底本作“思不不观”，据S.2672改。　［16］S.2672在“得”字前多“显”字，衍。

答：“若妄心不起，离一切妄想者，真[1]性本有，及一切种智，自然显现。如《华严》及《楞伽经》等云：‘如日出云，浊水澄清，镜得明净，如银离矿等。’”

新问第十，问：“此言是实，乃是已成就，具势力者之法，非是凡[2]夫之法者？”

答：“此义前者已答了。今更再问，譬如莲花出离淤泥，皎洁清净，离诸尘垢，诸天贵人，见之弥敬。阿赖耶识，亦复如是。出习气泥，而得明洁，为诸佛、菩萨、天人所重。凡夫众生，亦复如是。若得出离无量劫来三毒、妄想、分别，习气淤泥，还得成就大力之势，凡夫缘有三毒妄想[3]盖覆，所以不出得大势之力。”

旧问：“若［不］[4]观智，云何利益众生？”

答：“不思不观，利益众生者，《入如来功德经》中广说：‘由如日月，光照一切；如意宝珠，具出一切；大地能生一切。’”

又问：“说执境、执识、执中论，此三法中，今依何宗？”

答："此义是般若波罗蜜，无思大乘禅门，无思义中，何论有三，一[5]亦不立。《般若经》[中][6]广说。"

新问第十一，问："此义是般若波罗蜜者，纵令是般若波罗蜜，智慧可得，论禅不相当。佛由自于般若波罗蜜，分别作六种，共智慧，各自别说？"

答："所行六波罗蜜者，为求般若波罗蜜，若智慧波罗蜜具者，余五波罗蜜修与不修亦得。"

又答[7]言："所[言][8]禅不相似者，如《宝积经》中说，善住意天子白文殊师利云：'大士所言禅行比丘者，何等名为禅行比丘耶？'文殊师利言：'天子[9]无有少法可取[10]，是为禅行。'又《密严经》中，若有能修行如来微妙定善，知蕴无我，诸见悉除灭。《思益经》云：'于诸法无所住，是名禅波罗蜜。'《楞伽经》云：'不生分别，不起外道涅槃之见，是则名为禅波罗蜜。'及诸大乘经典，皆说如是。据此道理，末法众生，教令修学，何以得知？诸大乘经云：为末法众生，智慧狭劣，所以广说，若有人闻此法者，即功德不可量，何况信受奉行？"

旧问："义既如此，何为诸经广说？"

答："如诸经所说，只说众生妄想，若离妄想，更无法可说。所以《楞伽经》云：'一切诸经，只说众生妄想，真如不在言说之中。'"

又问："众生本来有佛性者，何以得知本来有？如外道言有我，有何差别？"

答："本来有佛性者，如日出云，浊水澄清，镜磨明净。如九十五[种][11]外道者，以要言之，不知三界唯心所变，矿中出银，热铁却冷，先已说讫。不同外道有所言，有我等知见，有作知见[12]，有时变者，或执有无[13]，观空住着[14]于边，以此不同，《楞伽经》广说。"

又问："何名为[15]众生？"

答："众生者，从具足[16]妄想及五荫、三毒故有。"

又问："何名二乘[17]人？"

校注：[1] S.2672在"真"字前多"惟"字，衍。 [2]"凡"字，底本误作"非"，据S.2672改。 [3]"三毒妄想"四字，S.2672作"妄想三毒"，亦通。 [4]"不"字，底本脱，据S.2672补。 [5]"一"字，S.2672脱。 [6]"中"字，底本脱，据S.2672补。 [7]"答"字，S.2672脱。 [8]"言"字，底本脱，据S.2672补。 [9] S.2672在"天子"后有"彼比丘"三字。 [10]"取"字，S.2672作"得"，义同。 [11]"种"

字，底本脱，据S.2672补。　[12]“知见有作知见”六字，底本作“者见有作者见”，不通，据S.2672改。　[13]“或执有无”四字，S.2672作“或执有或执无”，亦通。　[14]“着”字，底本误作“看”，据S.2672改。　[15]“边以此不同楞伽经广说又问何名为”十五字，S.2672脱，S.2672作“众生”。　[16]“具足”二字，S.2672脱。　[17]“二乘”二字，S.2672误作“三乘”。

答：“二乘[1]人者，见一切有，从因缘生。觉一切因缘和合所生者，无常、苦、空，厌于苦故，乐于涅槃，住于空寂。缘有取舍，故名二乘。偈言：本无而有生，生已而复灭，因缘有非有，不住我教法。待有故成无，待无故成有，无既不可取，有亦不可说。不了我无我，但着于语言，彼溺于二边，自坏亦坏他。若能了此法[2]，不毁大道师，是名为正观。若随言取义，建立于诸法，以彼建立故，死堕地狱中。”

臣沙门摩诃衍言：“臣闻人能弘道，非道弘人，赖大圣临朝，阐扬正法，虽以三乘所化，今归不二之门，为迷愚苍生，频穷胜谛。臣之所说，无义可思，般若真宗，难信[3]难入。非大智能措意，岂小识造次堪闻。当佛启教之秋，五百比丘起出，如来尚犹不制言，退亦甚佳[4]。况臣老耄，心风所说，忘[5]前失后，特蒙陛[6]下福力加护，理性助宣，实冀广及慈[7]悲，绝斯争论，即诸天必皆欢喜，僧尼彼我自无。臣据问而演经，非是信口而虚说，颇依贝叶传，直启禅门。若寻文究源，还同说药而求愈疾，是知居士，默语吉祥，称扬心［契］[8]，相应名何有？若须诘难，臣有上足学徒，且聪明利根，复后生可畏，伏望允臣所请，遣缁俗钦承。兼臣本习禅宗，谨录如左，进上。”

准《思益经》云：“网明菩萨［问］[9]梵天：‘何为一切行非行？’梵天言：‘若人于千万亿劫行道，于法性理[10]，不增不减。’又思益梵天白佛：‘菩萨以何行诸佛授记？’佛言：‘若菩萨不行一切，诸佛则授记。’佛言：‘我念过去，逢值无量阿僧祇诸佛如来，承事无空过者，及行六波罗蜜，兼行苦行头陀，佛总不授记，何以故？［依］[11]止所行故。以是当知，若菩萨出过一切诸行，佛则授记。我念过去行无量苦、行头陀及六波罗蜜，行一切行，不如一念，无作功德。’”

又问：“文殊师利叵有无所行，名为正行否？”

答言：“有。若不行一切有为法，是名正行。不退转菩萨白佛言：‘所说随法行者，何谓也？佛告天子，随法行者，不行一切法，是名随法行。'《楞伽经》中说大慧菩萨白佛言：'修多罗中说，说如来藏，本性清净，常恒不断，无有变易。具卅二相，在于一切众生身中，为蕴界处，垢衣所缠，贪着[12]恚痴等，妄想分别，垢之所污染，如无价宝在垢衣中。'并《密严》《花（华）严》《金刚三昧》《法华》《普超[13]三昧》及诸一切大乘经，具载此义。据斯道理，佛性本有，非是[14]修成，但离三毒、虚妄、妄想、习气垢衣，则得解脱。如阿赖［耶］[15]识，出习气泥，诸佛菩萨，悟皆尊重。《思益经》云：'若有善男子善女人，能信解如是法义者，当知是人得解[16]脱诸见；当知是人得陀罗尼；［当知是人入智慧］[17]；当知是人行于正念观；当知是人解达诸法义趣。'准《楞伽》《思益》等经：'禅宗云：无乘及乘者，无有乘建立，我说为一乘。《法华经》云：十方诸佛国，无二亦无三，唯有一佛乘，除佛方便说。'窃以斯见，三乘乃是引导众生法门。《大佛顶经》云：'为迷故说悟，若悟竟，迷悟具不可得。缘众生迷妄想故，则言离妄想，若迷得醒悟，自无妄想可离。'"

校注：［1］"二乘"二字，底本误作"三乘"，据S.2672改。　［2］"法"二字，底本作"事"，S.2672作"法"字，是，据改。　［3］S.2672在"信"前多"一"字，衍。　［4］S.2672在"佳"前多"一"字，衍。　［5］"忘"字，S.2672作"妄"。案，敦煌写本中"忘""妄"常混用，此处以"忘"为是。　［6］"陛"字，底本作"阶"，误，据S.2672改。　［7］"慈"字，S.2672误作"兹"，形近而讹。　［8］"契"字，底本脱，据S.2672补。　［9］"问"字，底本脱，据S.2672补。　［10］"法性理"三字，底本作"理法性"，据S.2672改。　［11］"依"字，底本脱，据S.2672补。　［12］"着"字，S.2672脱。　［13］"超"字，底本误作"起"，S.2672作"超"，是，据改。　［14］"是"字，S.2672脱。　［15］"耶"，底本脱，据S.2672补。　［16］"解"字，S.2672脱。　［17］"当知是人入智慧"七字，底本脱，据S.2672补。"慧"，原作"惠"。

臣今所对问目，皆引经义，佛为信者，施行使功德不朽。暂繁圣听[1]，永润黎庶。谨奉表以闻，无任对扬之至。臣沙门摩诃衍，诚欢诚喜。顿首！顿首！谨言。

六月十七日，臣沙门摩诃衍表上。

一切法义[2]，虽是无为[3]无思，若钝根众生，入此法不得者。佛在世时，此娑婆世界，钝根罪重，所以立三乘，说种种方便，示令莫毁胜义，莫轻少许善法。

问："万一或有人言，十二部经中说云：'三毒烦恼合除，若不用对治，准[4]用无心想，离三毒烦恼不可得。'《宝积经》中说：'了（疗）贪病，用不净观药医治；了嗔病，用慈悲药医治；了（疗）愚痴病，须因缘和合药医治。'如是应病与药，以对治为药，各依方药治，则三毒烦恼，始除得根本。又喻有一囚，被枷锁缚等，开锁要钥匙，脱枷须出钉锁，解缚须解结，狱中拔出，须索称上。过[5]大碛须与粮［食］[6]，具足如是，方得解脱。开锁喻解脱贪着，出钉[7]喻解脱嗔恚，结喻解脱愚痴，狱中称上，喻拔出三恶道，粮食喻[8]度脱轮回大苦烦恼，具足如是等，则得烦恼除尽[9]，若枷锁不脱，狱中不拔出，不与粮食；若枷锁等，以衣裳覆之，虽目下[10]不见枷锁，其人终不得解脱。既知如此，准[11]修无心想，拟除烦恼者，暂时不见，不能除得根本。有如是说，将何对？"

答："准《涅槃经》云：'有药名阿伽陀，若有众生服者，治一切病。'药喻无[12]思、无观。三毒、烦恼、妄想，皆从思惟分别变化生。所言缚者，一切众生［无始］[13]已来，皆是三毒、烦恼、妄[14]想习气系缚，非是铁锁［绳］[15]索，系缚在狱，须得绳索粮食等，此则是第二重，邪见、妄想，请除却！是故总不思惟，一切三毒、烦恼、妄想、习气，一时总得解脱。"

校注：［1］"听（聽）"字，底本误作"德"，形近致讹，据S.2672改。　［2］"法义"二字，S.2672作"义法"。　［3］"为"字，S.2672误作"思"。　［4］"准"字，底本及S.2672皆作"准"，疑为"唯"。　［5］"过"字，S.2672误作"高"。　［6］"粮"字，S.2672作"根"，误；"食"据下文补。　［7］底本在"钉"前原有"一"，衍，据S.2672删。　［8］"喻"字，S.2672误作"贪"。　［9］"烦恼除尽"四字，S.2672作"除尽烦恼"，亦通。　［10］"目下"二字，S.2672脱"下"字，亦通。　［11］"准"字，底本及S.2672作"准"，疑为"唯"。　［12］"无"字，S.2672误作"天"，形近致讹。　［13］"无始"二字，底本和S.2672皆脱，据文义补。　［14］"妄"字，冉文录作"无"，误。　［15］"绳"字，底本脱，据S.2672补。

又问："唯用无心想，离三毒烦恼，不可得者？"

答："准《楞伽经》云：'佛言，复次，大慧菩萨摩诃萨，若欲了知能取所取分[1]别境界，皆是自心之所现者。当[2]离愦闹，昏滞睡眠，初中[3]后夜，远离增闻，外道邪论，通达自心，分别境界。’远离分别，亦离妄想心及生、住、灭，如是了知，恒住不舍。大慧，此菩萨摩诃萨，不久当得生死涅槃，二种平等。唯用无心想，离三毒烦恼，不可得者。见经文说，离烦恼妄想分别，此菩萨不久当得生死涅槃，二种平等。唯用无心想，离三毒烦恼，不可得解脱者[4]，出何经文？”

又问：“看心妄想起觉时，出何经文？”

答：“《涅槃经》第十八云：‘云何名为[5]佛？佛者名觉，既自觉悟，复能觉他。善男子，譬如有人，觉知有贼，贼无[6]能为。菩萨摩诃萨，能觉一切无量烦恼，既觉了已，令诸烦恼，无所[7]能为，是故名佛。是故坐禅看心，妄想念起，觉则［不］[8]取不住，不顺烦恼作业，是名念念解脱。’”

问：“诸大乘中说，无二者是实，无二即是智慧，分别即[9]是方便智慧[10]，不可分别[11]。《维摩经》云[12]：‘分明具说，此二言一要，一不要，无有如此分别。’若有如[13]此分别，即有取舍？有如[14]此说，请答者。”

答：“诸佛如来无量劫已来，离三毒、妄想、烦恼、分别，是故悟得[15]无二无分别智。以此无二无分别智，善能分别诸法相，非是愚痴妄想分别。据此道理，智慧方便不相离，若[16]言取舍，于无二法中，有何[17]取舍？”

校注：［1］“分”字，S.2672脱。　［2］“当”字，S.2672脱。　［3］“中”字，S.2672脱。　［4］“者”字，S.2672脱。　［5］“为”字，S.2672脱。　［6］“无”字，S.2672作“不”，义同。　［7］“所”字，S.2672脱。　［8］“不”字，底本脱，据S.2672补。　［9］“即”字，S.2672作“则”。　［10］“方便智慧”四字，底本作“方便分别智慧”，S.2672作“智惠方便”，据S.2672结合文义改。　［11］“分别”二字，底本原作“分离”，S.2672作“分别”，是，据改。　［12］“云”字，S.2672作“中”，误。　［13］“如”字，S.2672脱。　［14］“如”字，S.2672脱。　［15］“悟得”二字，底本作“悟得得”，衍一“得”字，据S.2672删。　［16］“若”字，S.2672误作“答”。形近致讹。　［17］“有何”字，S.2672作“如是”，义同。

问：“［万一］[1]或有人言，诸经中说：‘四禅[2]天名为大果。’彼天无心想，虽然还有所观[3]，还有趣向，得无心想定者，于成就灭心想之人，岂有如此分别？初入无想念之时，初从此分别门观察[4]，［知］[5]无想念，虽不现［如］[6]此分别，本从此门入[7]，所以有是分别此二若个是？有人问，如何对[8]？"

答："准《楞伽经》云：'诸[9]禅及无量、无色、三摩地，乃至灭、受、想，唯心不可得。'据此经文，所问天乘者，皆是自心妄想分别[10]。此问早已[11]两度答了。据此经文，皆[12]自心妄想，缘有心相，妄想分别，生于彼天，是故经言：'离一切诸相，则名诸佛。'所言若个是者，于佛法中，若有是非，皆是邪见。"

问："万一[13]或有人言，缘初未灭心想时，从此门观，所以有分[14]别者，则《楞伽》七卷中说：'从此[15]门观察入顿门，亦入分别非想[16]天，现无心[17]想若言缘有趣向分别者，即是有心想，不得言无心想。'若有人问，如何对[18]？"

校注：［1］"万一"二字，底本脱，据S.2672补。　［2］"四"字，底本作"曰"，不词；S.2672作"四"，是，据改。"四禅"为佛教术语，又作四静虑、色界定，即色界天之四禅：初禅、二禅、三禅、四禅。　［3］"还有所观"四字，S.2672脱。　［4］S.2672在"察"后多"知"，衍。　［5］"知"字，底本脱，据S.2672补。　［6］"如"字，底本脱，据S.2672。　［7］S.2672在"入"后多"如"字，衍。　［8］"对"，S.2672作"答"，义同。　［9］"诸"字，S.2672脱。　［10］"分别"二字，S.2672脱。　［11］"早已"二字，S.2672作"已早"，误，当倒乙。　［12］S.2672在"皆"后多"是"字，亦通。　［13］"一"字，S.2672脱。　［14］"所以有分"四字，S.2672夺"以""分"二字。　［15］"此"字，S.2672脱。　［16］"想"字，S.2672作"相"。案，敦煌写本中"想""相"通用，此处以"想"为是。　［17］"无心"二字，S.2672作"无相"。　［18］"对"字，S.2672作"答"，义同。

谨答："所言缘初未灭心想时，从此门观，所以有分别者，则《楞伽》七卷中说'从此门观察入顿门'者，答此义，前文已答了，今更再问者，众生有妄想分别心，即有若干种。"

问："若离妄想分别心，皆总不可得。又言，亦入分别非想天，现［无心想］[1]，又言缘有趣向分别者，［则］[2]是有心想，不[3]得言无心想。若有人问，如何对答者？"

答："此问同前［问］[4]，天乘有想、无想，有分别、无分别，皆是自心妄想分别，是故[5]《楞伽经》云：三界唯心。若离心想，皆不可得。"

又问："万一或有人言，缘住在修行，所以不授记者，非是缘修行不授记。尚在修行中，似未合到授记时。《首楞严三昧经》中说，言分明授记，不深密[6]授记。如此三授记，既处高上。所修行欲近成就，修行功用渐少者，喻如耕种，初用功多，成熟［即］[7]用人功渐少，以此即有要[8]功用功[9]课。或云非是不要修行者，若为对答？"

校注：［1］"无心想"三字，底本脱，据S.2672补。　［2］"则"字，底本脱，据S.2672补。　［3］底本在"不"后多"可"字，衍，S.2672删。　［4］"问"字，底本脱，据S.2672补。　［5］"故"字，S.2672脱。　［6］"密"字，S.2672作"蜜"。案，敦煌写本中"密""蜜"常混用，此处以"密"是。　［7］"即"字，底本脱，据S.2672补。　［8］"要"字，底本、S.2672作"吃"字，误。　［9］"功"字，S.2672脱。

答："《思益经》第二云：梵天白佛言：'菩萨以何行诸佛授记？'佛言：'若菩萨不行生法，不行灭法，不行[1]不善法，不行世间法[2]，不行出世间法[3]，不行有罪法，不行无罪法，不行有漏法[4]，不行无漏法[5]，不行有为法，［不行无为法］[6]，不行涅槃法[7]，不行见法，不行闻法，不生觉法，不行知法，不行施法[8]，不生舍法[9]，不行戒法[10]，不行覆，不行忍，不行[11]善，不行法，不行精进，不行禅，不行三昧，不行慧，不行行，不行知，不行得[12]，若菩萨如是行者，诸佛则授记[13]。授记者，有何义？'佛言：'离诸法二相，是授记义；不分别生灭，是授记义[14]；离身口意业相[15]，是授记义。我念过去无量阿僧祇劫[16]，逢值诸佛如来，承事无空过者，总不授记，何以故？为依止所行故。我于后时[17]，遇燃灯[18]佛得授记者，出过一切诸行。'"

校注：［1］S.2672在"行"前多"若法"二字，衍。　［2］"法"字，S.2672脱。　［3］"法"字，S.2672脱。　［4］"法"字，S.2672脱。　［5］"法"字，S.2672脱。　［6］"不行无为法"五字，底本脱，据S.2672补。　［7］"法"字，S.2672脱。　［8］"法"字，S.2672脱。　［9］"法"字，S.2672脱。　［10］"法"字，S.2672脱。　［11］"行"字，S.2672脱。　［12］"得"字，S.2672脱。　［13］S.2672在"授记"前有"化别"二字，衍。　［14］"不分别生灭是授记义"九字，S.2672脱。　［15］"相"

字，S.2672脱。 [16]“劫”字，S.2672脱。 [17]“时”字，S.2672脱。 [18]“燃灯”二字，S.2672作“明灯”。

又问：“文殊师利颇有无所行，名正行不？”

答言：“有。若不行一切有为法，是名正行。尔时会中有[1]天子名不退转，白佛言：‘世尊所说随法行者，为何谓也？’佛告天子：‘随法行者，不行一切法，是名随法行。所以者何？若不行[2]诸法，则不分别是正是邪[3]。’准经文胜义如此。若[言][4]修行得授记者，未敢裁！”

又问：“万一或有人言，一切法[5]依自所思，令知所观善事，则为功德；所观恶事，则为罪咎；二俱不观，则是假说。若有人言，合观善事，则[6]为功德者，若为对答？”

答：“不着[7]文字，缘功德事入者。喻如合字，人一口[8]莫作一人[9]口思量，须作和合义思量。答言[10]所言观善假说，和合离文字等事者，皆是众生自心妄想分别。但离自心妄想分别，善恶假说，‘和合’‘人一口’[11]思量，离文字等俱不可得，即是和合义入功德，亦不可比量。”

问：“万一[或][12]有人言，其法[13]虽不离罪福[14]，佛性[非但][15]住着法济，亦具无量功德。喻如三十二相，皆须遍修，然得成就如是果，各有分析。放[16]如是光，于诸众生，得如是益，承前[修][17]如是善，得如是果慧，从淳熟中现其功德，从积[18]贮然后得成就。不得[19]言新积贮中无功德，若有人问，云何以答者[20]？”

校注：[1] S.2672在“有”后多“一”字，义通。 [2]“行”字，S.2672脱。 [3]“邪”字，底本作“耶”，据S.2672改。 [4]“言”字，底本脱，据S.2672补。 [5]“法”字，S.2672脱。 [6]“则”字，S.2672作“即”。案，敦煌写本中“则”“即”通用。 [7]“着”字，底本误作“看”，据S.2672改。 [8]“人一口”三字，底本作“一人口”，误，据S.2672改。 [9]“一人”，底本作“一”字，S.2672作“一人”，义胜，据改。 [10]“言”字，S.2672脱。 [11]“人一口”三字，底本作“一人口”，误，据S.2672改。 [12]“或”字，底本脱，据S.2672补。 [13] S.2672在“法”后有“性”字，义通。 [14] S.2672在“福”前多“禅”字，衍。 [15]“非但”二字，底本无，据S.2672补。 [16] S.2672在“放”前多“分析”二字，衍。 [17]“修”

字，底本脱，据S.2672补。　［18］S.2672在“积”后多“停”字，从下文出现的“积贮”一词，可定“停”为衍字。　［19］“得”字，S.2672脱。　［20］“者”字，S.2672脱。

谨答：“准《思益经》云：‘千万亿劫行道，于法性理不增不减。’又准《金刚三昧经[1]》：‘如如之理，具一切法。’若一切众生离三毒，自心妄想、烦恼、习气、分别，通达[2]如如之理，则具足一切法及诸功德。”

又问：“［万一］[3]或有人言说，佛法深奥，兼神力变化，凡下虽不能修，犹如无前后，一时示现一切色相于大众前[4]，并以一切语，说一切法[5]，亦凡下所能；但示现[6]佛之广大，令生爱乐，务在闻此[7]功德。若有人[8]问，云何答？”

又问：“万一或有人言，缘［想后，如上所说，但是圣智，若是无想，非是无二，有人问，如何答？”

又问：“万一或有人言，凡下不远离心想者，或有经中云，令思量在前，或言惠先行，或言亦置如是想中，亦有处分令生心想，或处分远离心想，不可执一，所以用诸方便演说。或有人言，何以对如前三段问？”

谨答：“皆是自心妄想分别。若能离自心妄想分别，如是三段问皆不可得。准《楞伽》《思益经》云：‘离一切诸见，名为正见。’”

又问：“万一或有人言，发心觉不依想念，则各得念念解脱者，出何经文？觉者，觉何物？愿答？”

答：“所言发心觉，不依想念，则各得念念解脱者，出何经文[9]？其义先以准《涅槃经》具答了。今更重问者，一切众生无量劫来，为三毒自心妄想分别，不觉不知，流浪生死。今一时觉悟，念念妄想起，不顺妄想作业，念念解脱。觉者，觉如此事。是故《楞伽经》云：‘菩萨念念入正受，念念离妄想，念念即解脱。’《佛顶》第三云：‘阿难，汝犹未明一切浮尘诸幻化，当处出生，随处灭尽，幻妄称相，其性真为觉妙明体，如是乃至五］[10]蕴六入，从十二处至十八界，因缘和合，虚妄有生，因缘别离，虚妄名灭。殊不能知生、死、去、来。’本如来藏，常住妙明，不动周圆，妙真如性。性真常中，求于去来，迷悟死生，了无所得。”

校注：［1］“经”字，S.2672脱。　［2］“通达”，S.2672作“则”。　［3］“万一”二字，底本脱，S.2672有，义兼通。据上下

文，加“万一”二字，义更胜。 [4] S.2672在“前”前多“中”字，衍。 [5] S.2672在“法”后重出“法”字，衍。 [6]“现”字，S.2672脱。 [7]“此”字，S.2672脱。 [8]“人”字，S.2672脱。 [9]“文”字，S.2672作“文者”。 [10]“想后……如是乃至五”三百三十五字，底本脱，据S.2672补。

臣前后所[1]说，皆依经文[2]，非是本宗。若论本宗者，离言说相[3]，离[4]自心分别相[5]，若[6]论说[7]胜义，即如此。准[8]《法华经》文：“十方诸佛国，无二亦无三，唯有一佛乘，除佛方便说。”何为方便？三归、五戒、十善，一称南无佛，[乃][9]至一[10]合掌及以小低头等，乃至六波罗蜜。诸佛菩萨以[11]此方便，引导[12]众生，令入胜义，此则[13]是方便。夫胜义者，难会难入。

校注：[1]“所”字，S.2672脱。 [2] S.2672在“经文”后多“答”字，义通。 [3]“相”字，S.2672作“想”，通“相”。 [4]“离”字，S.2672脱。 [5]“相”字，S.2672作“相义”。 [6]“若”字，S.2672脱。 [7]“说”字，S.2672脱。 [8] S.2672在“准”后多“前”字，亦通。 [9]“乃”字，底本脱，据S.2672补。 [10]“一”字，S.2672无。 [11]“以”字，S.2672作“已”，同音假借。敦煌写本中“已”“以”通用，此处以“以”义胜。 [12]“导”字，S.2672作“道”，同音假借。敦煌写本中“导”“道”通用，此处以“导”为是。 [13]“则”字，S.2672作“即”，义通。

准《善住[1]意天子经》云：“佛在世时，文殊师利菩萨说胜义法时，五百比丘在众听法，闻文殊师利说胜义法[2]时，不信受毁谤，当时地裂，五百比丘堕在阿鼻地狱。”是故一味之水，各见不同，一切众生，亦复如是，知见各各不同。譬如龙王一云所覆，一雨所[3]润，一切树木及以药草，随其根机性[4]而得增长。一切众生，亦复如是。佛以一音演说法，法界[5]众生随类各得解。一切众生根机[6]不同，譬如小泉流入大海。伏望圣主，任随根机方便，离妄想分别，令入于无二胜义法海，此亦是诸佛方便。

问：“卅七道品法[7]要不要？”

答：“准《诸法无行经》上卷云：‘但离心想、妄想，一切分别思惟，则是自然具足三十七道品法。’此问[已][8]两度答了，今更再问者，若悟得不思、不观、如如之理，一切法自然具足，修与不修亦得。如未[9]得不思、不观、如如之理事，须[10]行六波罗蜜、三十七[11]道法。准《金刚三昧经》云：‘如如之理，具足一切法。’若论如如之理，法离修不修。”

校注：[1]“住”字，S.2672脱。　[2]“法”字，S.2672脱。　[3]“所”字，S.2672脱。　[4]“性”字，S.2672脱。　[5]“法法界”三字，底本作“法界”，S.2672作“法法界”，今据S.2672断其前后句为“佛以一音演说法，法界众生随类各得解”，义更胜。　[6]“根机”二字，S.2672误作“一切众机”。　[7]“法”字，S.2672脱。　[8]“已”字，底本脱，据S.2672补。　[9]“未”字，S.2672误作“来”。　[10]“须”字，S.2672脱。　[11]底本在“七”后有“助”字，疑衍，据S.2672删。

臣沙门摩诃衍言：当沙州降下之日，奉赞普恩命，远追令开示禅门。及至逻娑，众人共问禅法，为未奉[1]进止，罔敢即说。后追到［讼］[2]割，屡蒙圣主诘[3]讫，却发遣赴逻娑[4]，教令说禅。复于章蹉，及特便逻娑，数月盘诘，又于勃訾漫寻究其源，非是一度。陛下了知臣之所说禅门宗旨是正，方遣与达摩［摩］[5]低，同开禅教。然始敕命[6]颁下诸处，令百姓官僚尽知。复陛下一览具明，胜义洞晓。臣之朽昧，纵说人罕依行[7]，自今若有疑徒，伏望天恩与决。且[8]臣前后所说，皆依问准经文对之，亦非臣禅门本宗。臣之所宗，离一切言说相，离自心分别相，即是真谛。皆默传默授，言语道断。若苦论[9]是非得失，却成有诤三昧。如一味之水，各见不同。小大智能，实难等用。特望随所乐者修行，自当杜绝法我，则臣荣幸之甚，允众之甚。谨奉表陈情以闻，无任战汗之至。臣摩诃衍诚惶诚恐，顿首！顿首！谨言。

摩诃衍闻：奏为佛法义，寂禅教理，前后频蒙赐问，余有见解，尽以对答，其六波罗蜜等及诸善要修不修？恩敕屡诘，兼师僧官[10]僚，亦论六波罗蜜等诸善，自身不行，弟子及余人，亦不教修行，诸弟子亦学如是。复有人[11]奏闻。但臣所教授弟子[12]，皆[13]依经文指示，臣所行行［处］[14]，及教弟子法门，兼弟子所修行处[15]，各各具[16]见解进上。缘凡夫众生力微，据修行理，与六波罗蜜亦不相违。其六波罗蜜与诸善，要行不行者，前后所对者，是约胜义，不言行不行。论世间法，乃至三归依，一合掌发愿，大小诸善，上下尽皆为说，悉令修行。衍和[17]上教门徒子弟[18]处。

校注：[1]“赞普恩命……为未奉”二十四字，S.2672脱。　[2]“讼”字，底本脱，依S.2672补。　[3]“诘”字，S.2672误作“诰”，形近致讹。　[4]"逻娑"二字，S.2672作"罗婆"，误。　[5]"摩"字，底本脱，据S.2672补。　[6]"命"字，S.2672作"令"，义同。　[7]"行"字，S.2672脱。　[8]"且"字，S.2672误作"具"，形近致讹。　[9]"论"字，S.2672脱。　[10]"官"字，底本脱，据S.2672补。　[11]"人"字，S.2672脱。　[12]"弟子"二字，S.2672作"门徒弟子"。　[13]"皆"字，S.2672误作"比"。　[14]"处"字，底本脱，据S.2672补。　[15]"及教弟子法门，兼弟子所修行处"十三字，S.2672脱。　[16]"具"字，S.2672脱。　[17]"和"字，S.2672误作"知"。　[18]"子弟"二字，S.2672作"弟子"。

沙门释衍曰："[法性遍言][1]说，智所[2]不及，其习禅者，令看心，若[心][3]念起时，不观不思[4]无等，不思者，亦不思。若心想起时不觉，随顺修行，即轮回生死；若觉，不顺妄想作业，即念念解脱。离一切诸佛于胜义中[5]，离修不修。若论世间法，假三业清净，不住不着，则是行六波罗蜜。又外持声闻戒，内持菩萨戒，此两种戒则能除三毒习气。所修行者，空言说无益事，须修行[6]依无取舍。虽说三[7]恶道，天人、外道二乘禅，令其知解，不遣依行。一切三界众生，自家业现，犹如幻化阳炎，心之所变。若通达真如理性，即是坐禅。若未通达者，即须转经[8]，合掌礼拜修善。凡修功德，不过教示大乘法门令会。犹如一灯然（燃）百千灯事，法施以利群生。"

摩诃衍一生已来，唯习大乘禅，不是法师。若欲听法相，令于婆罗门法师边听。摩诃衍所说，不依疏论，准大乘经文指示。摩诃衍所修习者依:《大般若》《楞伽》《思益》《密严》《金刚》《维摩》《大佛顶》《花（华）严》《涅槃》《宝积》《普超[9]三昧》等经，信受奉行。

摩诃衍依止和[10]上法号降魔、小福张和上、惟[11]仰、大福[12]六和上，同教示大乘禅门。自从闻法已来，经五六十年，亦曾[13]久居山林树下。出家已来，所得信施财物，亦不[14]曾贮[15]积，随时尽皆转施。每日早[16]朝，为施主及一切众生转大乘经一卷，随世间法焚[17]香，皆发愿：愿四方宁静，万姓安乐，早得成佛。亦曾于京[18]中已上三处开法，信受弟子约有五千余人。现今弟子沙弥，未能修禅，已教诵得《楞伽》一部，《维摩》一部，每日长诵。

校注：[1]"法性遍言"四字，底本脱，据S.2672补。　[2]"所"字，S.2672脱。　[3]"心"字，底本脱，据S.2672补。　[4]"思"字，S.2672

作“想”，义同。　[5]“离一切诸佛于胜义中”九字，S.2672作“离一切诸想，则名诸佛”。　[6]“行”字，S.2672脱。　[7]“三”字，S.2672误作“三要”。　[8]“转经”二字，底本作“转经经”，衍一“经”字，据S.2672删。　[9]“超”字，底本误作“起”，S.2672作“超”，是，据改。　[10]“和”字，S.2672误作“知”。　[11]“惟”字，底本作“准”，S.2672“惟”字。以文义，以“惟”义胜。　[12]S.2672在“福”后有“德”字。　[13]“曾”字，S.2672误作“当”。　[14]“不”字，S.2672脱。　[15]“贮”字，底本误作“着”，据S.2672改。　[16]“早”字，底本脱，据S.2672补。　[17]“焚”字，S.2672误作“荧”，形近致讹。　[18]“京”字，S.2672误作“景”，同音假借。

摩诃衍向此所教弟子，今者各问所见解缘布施事由，若[1]有人乞身头目，及须诸物等，誓愿尽舍，除十八事外[2]，少有人畜直一钱物，当直亦有。除声闻戒外，更持菩萨戒及行十二头陀，兼［忍］[3]坚固，复信［胜］[4]义，精进坐禅，仍长习陀罗尼，为利益众生，出家供养三宝，转诵修善。

于大乘无观禅中无别缘事，常习不阙[5]以智慧，每诵大乘[6]，取义信乐，般若波罗蜜者甚多。亦为三宝益得众生时，不惜身命，其愿甚多。为他人说涅槃义时，超过言说计度［境］[7]界。若［不］[8]随世间归依三宝，渐次修善，空学文字，亦无益事。须学修行[9]，未[10]坐禅时，依戒波罗蜜、四无量心等，及修诸善，承事三宝。一切经中所说，师僧所教，闻者如说修行。但是修诸善，若未能不观时，所[11]有功德，回施众生，皆令成佛。

顿悟大乘正理决一卷[12]

校注：[1]“若”字，底本作“若若”，衍一“若”字，据S.2672删。　[2]“事外”二字，S.2672作“外事”，当倒乙。　[3]“忍”字，底本脱，据S.2672补。　[4]“胜”字，底本脱，据S.2672补。　[5]“阙”字，底本误作“阔”，形近致讹，据S.2672改。　[6]“大乘”二字，底本作“大义”，S.2672作“大乘”，义胜，据改。　[7]“境”字，底本脱，据S.2672补。　[8]“不”字，底本脱，据S.2672补。　[9]“修行”二字，S.2672作“教行”。　[10]“未”字，S.2672误作“来”。　[11]“所”字，S.2672脱。　[12]S.2672无此尾题。底本有尾题，但将“正”误作“政”，“决”写作“诀”，与首题有异，据首题改。

十六、三藏法师菩提达摩绝观论

【题解】

《三藏法师菩提达摩绝观论》，未题作者，日本学者久野芳隆据《宗镜录》卷9、卷30、卷79、卷97及《祖堂集》卷3以及《圆觉经大疏抄》卷11等所引，撰文论证此书为唐代牛头法融（594～657年）的著作；关口真大关在《达磨大师的研究》中对此又详加论证。此外，柳田圣山在《初期禅宗史书的研究》一书中，指出敦煌本《绝观论》当为法融承达磨《二入四行论》之意而撰。

在敦煌出土的《三藏法师菩提达摩绝观论》写本总共有六种，他们分别是P.2045、P.2074、P.2732、P.2885、北闰84及日本积翠轩石井光雄藏本。其中以P.2045号写本最为完整，本录文即以此本为底本。特别注意的是，各本之间异文甚多，这里主要以日本积翠轩石井光雄藏本[①]及P.2885与之对校。从中可以看

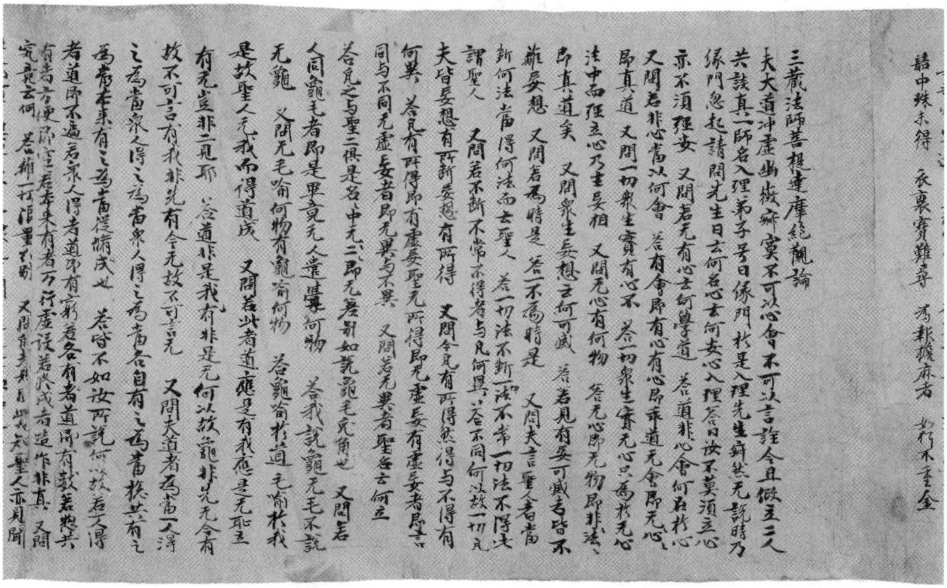

P. 2045《三藏法师菩提达摩绝观论》(局部)

① 蓝吉富主编《禅宗全书》第三六卷《语录部一》，台北：文殊有限公司，1988年。

出，与P.2045相较，石井光雄藏本、P.2074与P.2885内容是较为接近，尽管他们之间的差距也很大。

【录文】

三藏法师菩提达摩绝观论

夫大道冲虚，幽微寂寞，不可以心会，不可以言诠。今且假立二人[1]，共谈真[2]一，师名入理，弟子号曰缘门。

于是入理先生，寂然无说。

时乃缘门忽起，请问先生[3]曰："云何名心？云何安心？"

入理答曰："汝不莫须立心，亦不须强安[4]。"

又问："若无有心，云何学道？"

答："道非心会，何名于心？"[5]

又问："若非心，当以何会？"[6]

答："有会[7]即有心，有心即乖道。无会即无心，无心即真道。"

又问："一切众生实有心不？"

答："一切众生实无心，只为于无心，法中而强立心，乃生妄相[8]。"

又问："无心有何物？"

答："无心即无物，即非法，非法即真道矣。"[9]

又问："众生妄想，云何可[10]灭？"

答："若见有妄可灭者，皆不离妄想[11]。"

校注：[1]"今且假立二人"六字，P.2732作"今者且假立二人"，积翠轩本作"今且立二人"。　[2]"共谈真"三字，积翠轩本作"共谈真实"。　[3]"时乃缘门忽起请问先生曰"十一字，积翠轩本作"缘门忽起，问入理先生曰"。　[4]"入理答曰'汝不莫须立心亦不须强安"十五字，积翠轩本作"答曰：'汝不须立心，亦不须强安，可谓安矣。'"　[5]"道非心会何名于心？"八字，积翠轩本作"道非心念，何在于心也"。　[6]"若非心当以何会"七字，积翠萃轩本作"若非心念，当何以念"。　[7]"会"字，积翠轩本作"念"。　[8]"答一切众生实无心只为于无心法中而强立心乃生妄相"二十三字，积翠轩本作"若众生实有心，即颠倒。只为于无心中而立心，乃生妄想"。　[9]"无心即无物即非法非法即真道矣"十字字，P.2074及积翠轩本作"无物即天真，天真即大道"。　[10]"可"字，积翠轩本作

“得”。　［11］“若见有妄可灭者皆不离妄”十一字，P.2732作“若见妄想及见灭者，不离妄想”。

［又问曰：“不道者合道理不？”

答曰：“若言合与不合，亦不离妄想。”］[1]

又问：“若为时是？”

答：“一[2]不为时是。”

又问[3]：“夫言圣人者，当断何法？当得何法？而云圣人？”

答[4]：“一切法不断，一切法不常，一切法不得，此谓圣人。”[5]

又问：“若不断不常不得者[6]，与凡何异？”

答：“不同。何以故？一切凡夫皆妄想有所断，妄想有所得。”[7]

又问：“今凡有所得，然得与不得[8]，有何异？”

答[9]：“凡有所得，即有虚妄；圣无所得，即无虚妄。有虚妄者，即言同与不同[10]；无虚妄者，即无异与不异。”

又问：“若无异[11]者，圣名云何立？”

答：“凡之与圣，二俱是名。名中无二[12]，无二即无差别。如说龟毛兔角也。”

校注：［1］此问答底本无，依P.2074补。　［2］“一”字，积翠轩本无。　［3］“又问”二字，积翠轩本作“缘门问曰”。　［4］“答”字，积翠轩本作“入理曰”。　［5］“一切法不断一切法不常一切法不得此谓圣人”十九字，积翠轩本作“一法不断，一法不得，即为圣也”，P.2732作作“一法不断不得，即为圣也”。　［6］“若不断不常不得者”八字，积翠轩本作“若不断不得”，P.2732作“若不得不断”。　［7］“皆妄想有所断妄想有所得”十一字，积翠轩本作“妄有所断，妄有所得”；P.2074无此一问答。　［8］“今凡有所得，然得与不得”十字，积翠轩本作“今言凡夫所得，圣无所得”。　［9］P.2885由“答”字开始。　［10］“凡有所得……即言同与不同”二十六字，积翠轩本作“凡夫之与圣人，二俱是名，名中无二，即无差别”，P.2732作“那论同与不同，无虚妄故，即妄异无虚异也”。　［11］“异”字，P.2732无。　［12］“凡之与圣二俱是名名中无二”十二字，P.2732作“凡夫之问，圣人二俱，是名名中道”。

又问："若人同龟毛者，即是毕竟无，人遣觉何物[1]？"

答："我说龟无毛，不说无龟。"[2]

又问："无毛喻何物？有龟喻何物？"

答："龟喻于道，毛喻于我。是故圣人无我而得道成。"[3]

又问："若此者，道应是有我，应是无圣。立有无，岂非二见耶？"[4]

答："道非是有，我非是无。何以故？龟非先无今有，故不可言有。我非先有今无，故不可言无。"[5]

又问："夫道者，为当一人得之？为当众人得之？为当各自有之？为当总共有之？为当本来有之？为当从修成也？"[6]

答："皆不如汝所说，何以故？若一人得者，道即不遍；若众人得者，道即有穷；若各[7]有者，道即有数；若总共有[8]者，方便即空；若本来有者，万行虚设；若修成者，造作非真。"

又问："究竟云何？"

答："离一切限量分别。"

又问："解般若，此心知圣人亦见闻觉知，有何异也？"[9]

答："凡夫眼见耳闻，身觉意知。圣人不耳[10]闻，非眼见，乃至非意知，何以故？过一切限[11]量故。"[12]

校注：[1]"若人同龟毛者……人遣觉何物"十六字，P.2885作"若同龟毛者，即是毕竟无，人遣学何物"，P.2732作"若圣人同龟毛兔角者，应是究竟，无令人学何物"。案，"学"之俗体为"斈"，"觉"之俗体为"覔"，形近易讹。　[2]"我说龟无毛不说无龟"九字，P.2885无"我说"二字，积翠轩本作"我说龟毛无，不说龟亦无，汝何以设此难也"。　[3]"是故圣人无我而得道成"十字，P.2732及积翠轩本作"故圣人无我而有道。但彼凡夫而有我有名者，如横执有龟毛兔角也"。　[4]"若此者……岂非二见耶"二十字，P.2885作"若此者，道应是有我，应是无圣。若是有无，岂非有无二见耶"，积翠轩本作"若如此者，道实是有，我实是无。若是有无，岂非有无之见"。　[5]"龟非先无今有……故不可言无"二十二字，积翠轩本作"龟非先无今有，故不言有。我非先有今无，故不言无。道之与我，譬类可知"，P.2885作"龟非先无今有，不可言有毛。非先有今无，不可言无道，之与我如类，可知，故不可言无。"　[6]"夫道者……为当从修成也"三十九字，积翠轩本作"夫求道者，为一人得耶，为众人得谒。为各得耶，为总共有之。为本来有之，为复修成得之”，P.2885作“夫道者，为当一人得之，为总共有之？为当本来有之？为修成得之”。　[7]“各”字，积翠轩本作“各各”。　[8]“有”字，积翠轩本作“得”。　[9]“解般若……有何异也”十七字，积翠轩本作“缘门问曰：‘凡夫有身，亦见闻觉知，圣人有身，亦见闻觉知。其中何异”，P.2885作“于是缘门复起又问：‘凡夫有身，亦见闻觉知，圣人有身，亦有见闻觉知。中有何异”。　[10]“耳”字，P.2885作“尔”。　[11]“限”字，P.2885作“根”。　[12]“圣人不耳闻……过一切限量故”二十二字，积翠轩本作“圣人即不尔。见非眼见，乃至知非意知。何以故，过根量故也。”

又问：“何故经中复说圣人无见闻觉知等，何意？”[1]

答：“圣人无凡夫见闻觉知，非无圣境界者，离分别尔[2]。”[3]

又问：“有[4]凡夫境界耶？”[5]

答[6]：“本来实无，但虚妄计着生颠[7]倒。”[8]

又问：“为圣见非眼见[9]，圣知非意知。”

答：“法体难见，辟类[10]可知，如彼玄光鉴物，非有能照之照，阴阳候物，非有能知之意。”[11]又问[12]：“道究竟属谁？”

答：“究竟无所属，如空无所依。道所属者，即有遮有碍，有主有寄[13]。”[14]

校注：[1]“何故经中复说圣人无见闻觉知等何意”十六字，积翠轩本作“何故经中复说圣人无见闻觉知”。　[2]“尔”字，P.2885作“故”。　[3]“圣人无凡夫见闻觉知……离分别尔”十九字，积翠轩本作“圣人无凡夫见闻觉知，非无圣境界。非有无所摄。离分别故也”。　[4]“有”字，P.2885无。　[5]“有凡夫境界耶”六字，积翠轩本作“凡夫实有凡境界耶”。　[6]“答”字，P.2885作“又答”。　[7]“颠”字，P.2885作“于颠”。　[8]“本来实无但虚妄计着生颠倒”十二字，积翠轩本作“实无妄有，本来寂灭。但被虚妄计着，即生颠倒也”。　[9]“为圣见非眼见”六字，积翠轩本和P.2885作“我不解，若为圣见非眼见”。　[10]“辟类”二字，积翠轩本作“譬况”，P.2885作“辟况”。　[11]“非有能照之照……非有能知之意”十六字，积翠轩本作“如照所照，非有能照之眼。又如阴阳物候，似知所知，非有能知之意也”，P.2885作“如照非所照，有能之眼。又如阴阳物候，似知非有能知之意”。　[12]“又问”二字，P.2885作“如是缘门复起，问”。　[13]“寄”，P.2885作“碍”。　[14]“道所属者即有遮有碍有主有寄”，积翠轩本作“如空无所依。道若有系属，即有遮有开，有主有寄也”。

又问：“云何为道本，云何为法用？”

答：“虚空为道本，参罗为法用。”

又问：“于中谁为造化[1]？”[2]

答：“于中实无造化者，法界性自尔[3]。”[4]

又[5]问：“可不是众生业力所为耶？”

答：“凡夫受业者，而为业系所缠，自因无耶。何假凿海坟山，安天置地？”[6]

又[7]问：“盖闻圣[8]有意生身，岂不由神道之耶？”

答：“凡夫有漏之业，圣人无漏之业，彼虽胜劣有殊，由未是自体之道故。经言[9]：‘种种意生身，我说为心量’。”

又[10]问：“既言为道本者，是以不？”[11]

答：“如是。”

校注：[1]“化”字，P.2885作“化者”。　[2]“化”字，积翠轩本作“作”。　[3]“尔”字，P.2885作“念”。　[4]“于中实无造化者法界性自尔”十二字，积翠轩本作“于中实无作者，法界性自然”。　[5]“又”字，P.2885无。　[6]“凡夫受业者……安天置地”二十五字，积翠轩本作“夫受业者，而为业系所缠，自因无由。何暇系海积山，安天置地”，P.2885作“夫受业者，而为业系所缠，自无由。何假鉴海填山，安天置地”。　[7]“又”字，P.2885无；于此处另有：“问曰：‘于中谁为造作者’？答曰：‘□□□□造作者，法界性自然’”。　[8]“圣”字，P.2885、积翠轩本均作“菩萨”。　[9]“经言”二字，积翠轩本作“云”。　[10]“又”字，P.2885无。　[11]“既言为道本者是以不”九字，积翠轩本作“既言空为道本，空说佛不”，P.2885作“既言空为道本者，空为佛不”。

又[1]问：“若空是者，何不遣人念空而念佛？”[2]

答：“为愚人教念佛，若有道心者，教念空立得，即令观身实相，观佛亦然。实相者即是空无相也。”[3]

又问[4]:“大道者为独在形路之中耶?亦在草木之内耶?”[5]

答:“大道无所不遍[6]。”

又问:“道若遍者,何故杀人有罪,杀草木无辜[7]?”

答:“夫言有罪无罪者,皆就情约事[8],非正道也。但为人不达理,妄云为我身,杀即有心,结于业,即云罪也。[9]草木无罪,情故非有我故,杀者不计,即不论罪与无罪。夫无我者,视形如草木[10],被斫如树林,故文殊执剑于瞿昙,鸯崛持刀于释氏。此皆合道,同证[11]无生,了知幻化虚。故即不论罪与非罪。”

校注:[1]“又”字,P.2885无。 [2]“若空是者何不遣人念空而念佛”十三字,积翠轩本作“若空是者,圣人何不遣众生念空,而令念佛也”,P.2885作“若空是,道圣人本,何不令众生念空而念佛”。 [3]“为愚人教念佛……实相者即是空无相也”三十五字,积翠轩本作“为愚痴众生,教令念佛。若有道心之士,即令观身实相,观佛亦然。夫言实相者,即是空无相也”,P.2885作“愚疑众生,教令念佛。若有道心之士,念空亦得,即令观身实相,观佛亦然。夫言实相者,即是空无相也”。 [4]“又问”二字,P.2885作“如是缘门复起,问”。 [5]“大道者为独……在草木之内耶”十八字,积翠轩本作“道者为独在于形灵之中耶,亦在于草木之中耶”,P.2885作“道者为独在于形器之中耶?亦于草木之内耶”。 [6]“大道无所不遍”六字,积翠轩本作“道无所不遍也”。 [7]“辜”字,积翠轩本、P.2885均作“罪”。 [8]“夫言有罪无罪者皆就情约事”十二字,积翠轩本作“夫言罪不罪,皆是就情约事”。 [9]“但为人不达理……即云罪也”,积翠轩本作“但为世人不达道理,妄立我身,杀即有心,心结于业,即云罪也”。 [10]“夫言有罪无罪者……视形如草木”六十八字,P.2885作“夫言罪者,皆是就法凡事,非正道也。理为不达理者,妄立我生,杀即有心,无结于业,即云无罪也,草木水无情,本来合道理,无我哉。故杀者不计,即不论罪与非罪。夫无我哉,合道者,视形如草”。 [11]“同证”,P.2885作“用证”。

又[1]问:“若草木亦合道者,经中何不记草木成佛,但偏说[2]人也?”[3]

答:“非独说[4]人,草木亦说[5],故[6]经云:‘一微尘中,具合一切法’。”[7]

又云:一切法亦如也。一切众生亦如也。如即[8]无[9]差别。”

又问[10]：“如是毕竟空理，当于何求[11]？当于何证？”

答[12]：“当于一切色中求，当于汝[13]自语中证。”

又[14]问：“云何色中求？语中证？”

答：“空色一合，语证不二。”

校注：［1］“又”字，P.2885无。　［2］“说”字，P.2885作“计”。　［3］“若草木亦合道者，经中何不记草木成佛，但偏说人也”二十一字，积翠轩本作“若草木久来合道，经中何故不记草木成佛，偏记人也”。　［4］“说”字，P.2885作“计”。　［5］“说”字，P.2885作“计”。　［6］“故”字，P.2885无。　［7］“非独说人，草木亦说，故经云：‘一微尘中，具合一切法，’”二十字，积翠轩本作“非独记人，亦记草木。经云：于一微尘中，具含一切法”。　［8］“即”字，积翠轩本、P.2885均作“无二”。　［9］“无”字，P.2885作“无者”。　［10］“又问”二字，P.2885作“如是缘门复起，问”。　［11］积翠轩本无“当于何求”诸字。　［12］“答”字，P.2885作“入理答”。　［13］“汝”字，P.2885无。　［14］“又”字，P.2885无。

又[1]问：“若一切法空者，何故圣通凡拥[2]？”

答：“妄动故拥，真净[3]故通。”

又问：“晓实空者，何为受动[4]？若既受动[5]，岂成空也？”[6]

答：“夫言妄者，不觉起受动。论其空体，无有一法而受者。”[7]

又[8]问：“若实空者，一切众生，不须修道，应自成[9]。”

答：“一切众生，若解空理者，实不假修道，只为不空，自生有惑[10]。”

又问[11]：“若人不达此理者，得说法化众生不？”

答[12]：“自眼未开，岂能疗他目也？”[13]

校注：［1］“又”字，P.2885无。　［2］“若一切法空者何故圣通凡拥”十二字，积翠轩本作“若一切法空，何为圣通凡雍（拥）。”　［3］“净”字，P.2885作“静”。　［4］“动”，P.2885作“董”。　［5］“若既受动”四字，P.2885无。　［6］“晓实空者……岂成空也”十六字，积翠轩本作“即实空者，何为受熏。若既受熏，岂成空也”。　［7］“不觉起受动……无有一法而受者”十六字，积翠轩本作“不是忽而起，不觉忽而动。其实空体中，无有一法而受勋”，P.2885作“不觉不知。忽而起，不觉忽而言。其实空中，无有一法而有熏者”。　［8］“又”字，P.2885无。　［9］“不须修道应自成”七字，P.2885作“不须修道，何以故，自然性是故”，积翠轩本作“即不修道。何以故，自然性是故”。　［10］“只为不空自生有惑”八字，P.2885作“只为不空，于空不空，生于有或（惑）”，集萃轩本作“只为于空不空，生于有惑”。　［11］“又问”二字，P.2885作“缘门复起，问曰”。　［12］“答”字，P.2885作“入理答”。　［13］“若人不达此理者……岂能疗他目也”二十四字，积翠轩本作“若如此者，耻离惑有道，云何言一切非道。答曰：‘不然，非惑即是道，非离惑是道。何以故，如人醉时非醒，醒时非醉。然补离醉有醒，亦非醉即是醒也。’问曰：‘若人醒时，致醉何在。’答曰：‘如人翻覆，若手翻时，不耻更问手何在。缘门问曰：‘若人不的达此理，得说法化众生不。’入理曰：‘不得。何以故，自眼未明，焉治他目。’”

又问：“随其智力，方便化之。可不得也。”

［答］：“若道理者不达，故名曰无明力也。何以故？助己烦恼作气力故。”[1]

又问：“虽不能以入道，且教众生行五戒十善，安处人天，岂不益哉？”[2]

答：“至理无益，更招二损。何以故？自陷陷他故。不免生死轮回。自陷者，自妨于道；陷他者，不免生死轮回。”[3]

又问：“圣人岂不说三乘[4]差别耶？”

答：“圣人无心说差别法，但彼众生自心希望见故。经云：‘若彼心灭尽，无乘及不乘者，无有乘建立也[5]’。”

又问：“世人外见威仪，专事精业，多为男女之所亲近者何？”[6]

答：“淫女招群男，尸肉来众蝇，此为名相之所致也。”[7]

又问：“云何[8]行非道？通达佛道？”

答：“平等[9]无分别。”

又问：“何谓无分别？”

答：“于法不生心。”

又问：“不可作无作者受乎[10]？”

答：“人法性离，谁作谁受[11]？”

又问：“虽非有无，可不觉知[12]？”

校注：［1］“若道理者不达……助己烦恼作气力故”二十四字，积翠轩本作“‘岂不得耶。’答曰：‘若达道理者，可名智力。若不达道理，名为无明力。何以故，助己烦恼作气力故也”，P.2885作“若达道理者，可名智入；若道理者不达，名为无明力。何以故？助己烦恼，气力故”，P.2074作“若达道理者，可名智入；若不达理者，名为无明力。何以故？助己烦恼作气力故”。　［2］“虽不能以入道……岂不益哉”二十三字，积翠轩本作“虽然不能如理化人，且教众生行十善五戒，安处天人。岂不益哉”，P.2885作“虽不能如是，化人且教众生行十善五戒，安处人天。岂不善哉”。　［3］“自陷陷他故……不免生死轮回”，积翠轩本作“自陷陷他故。自陷者，所谓自妨于道。陷他者，所谓不免轮回六趣也”，P.2885作：“自陷者，所谓自妨于道。陷他者，所谓不免受轮回六趣”。　［4］“三乘”二字，P.2885及积翠轩本均作“五乘有”。　［5］“无乘及不乘者无有乘建立也”十二字，P.2885作“无乘及乘者，我说为乘”。　［6］“世人外见威仪……所亲近者何”二十字，P.2885及积翠轩本均作“世有伪人，不闲正理。外现威仪，专精事业，多为男女亲近者，何也”。　［7］“尸肉来众蝇此为名相之所致也”十三字，P.2885作“自尸肉来众蝇，此为名相之致”。　［8］P.2885在“云何”后多出“菩萨”二字。　［9］“平等”二字，P.2885作“善恶”。　［10］“不可作无作者受乎”八字，P.2885作“可无作者乎”。　［11］“人法性离谁作谁受”八字，P.2885作“非有无作者”。　［12］“虽非有无可不觉知”八字，P.2885作“可不觉知乎”。

答：“虽知不立，我岂得无知[1]？”

又问：“既无有我，何得有知[2]？”

答：“我是非我，非我有知[3]？”

又问：“道我者[4]有何妨？”

答：“知是我亦不妨道，我只恐中有事[5]。”

［又问曰：“有事有何妨？”

答曰：“无妨即无事，无事问何妨。”］[6]

又问：“若简有事取无事者，云何言得非道也[7]？”

答：“其实死[8]事，汝侄（至）死[9]遣他生事，作何物也。”

又问：“叵有因缘得煞生不？”

答：“野火烧山，猛风折树。崩崖压兽，沉水漂虫。心同如此，亦须并当，却若不，心犹预，见有煞生，中心不尽者，乃至蚊子亦结汝命业。”[10]

校注：［1］“虽知不立我岂得无知”九字，P.2885作“虽知无我也”。［2］“既无有我何得有知”八字，P.2885作“无我有所知”。［3］“我是非我非我有知”八字，P.2885作“知亦无自性”。［4］“者”字，P.2885无。［5］“知是我亦不妨道我只恐中有事”十二字，P.2885作“知亦无妨，只恐无心中有事”。［6］“又问曰……无事问何妨”二十字，底本缺，据P.2885补。［7］“言得非道也”五字，P.2885作“名形非道耶”。［8］“死”字，P.2885无。［9］“侄（至）死”，P.2074及P.2885均作“强”。［10］“心同如此……蚁子亦结汝命业”三十二字，积翠轩本作“合人亦煞。若有犹预之心，见生见煞，中有心不尽，乃至蚁子亦系你命也”，P.2885作“心同如此，人亦并当，得若犹豫，见生杀中有心不尽者，乃至中心，亦结乎命中业”。

又问：“叵有因缘得偷盗［不］[1]？”

［答］[2]：“若蜂采池花，雀衔庭粟，牛飧泽豆，马啖原禾，毕竟不作自他物解者，得若生彼我心，乃至针豪（毫），亦计作奴婢业[3]。”

又问：“得行淫不[4]？”

答：“天覆于地，阳合于阴。心同如此者，一切无碍。若生情分别，自家妇亦汗汝心[5]。”

又问：“得妄语不[6]？”

答：“语而无生，言而无心，声同钟响，气类风阴。心同此者，骂佛无事。若不如此，乃至念佛，亦堕妄语[7]。”

又问：“若不存身[8]，云何行住坐卧耶？”

答：“但行住坐卧，何须立身见耶？”

又问：“既能得不存心[9]，得思维义理不？”

答：“若计有心者[10]，不思维亦有。若了无心者，设使思维亦无。禅定动而恒静，猛风动树无心[11]。”

校注：［1］“不”字，底本缺，据P.2074及P.2885补。［2］“答”字，底本无，据P.2885补。［3］“毕竟不作自他物解者……亦计作奴婢业”二十五字，P.2074、P.2885及积翠轩本均作“毕竟不作他物解，合山岳亦擎取得，若不如此，乃至针锋缕叶，亦击你项作奴婢”。［4］“得行淫不”四字，P.2885及积翠轩本作“叵有因缘得行淫不”。［5］“心同如此者……自家妇亦汗汝心”二十一字。积翠轩本作“厕承上漏，泉澍于沟。心同如此，一切行处无障碍。若情生分别，乃至自家妇，亦污你心也”,P.2885作“厕承上漏，泉澍于沟。心同如此，一切无障碍者，若生情分别，乃至自家妇，亦污你心”。 [6]“得妄语不”四字，积翠轩本作“叵有因缘得妄语不”。 [7]“心同此者……亦堕妄语”二十字，P.2885作“心同如此，佛道亦无。若不知如此，乃至称佛，亦是妄语”。 [8]P.2885及积翠轩本在“存身”后多一“见”字。 [9]“既能得不存心”六字，P.2885作“既不能得不存心”，积翠轩本作“既能得不存”。 [10]“者”字，P.2885无。 [11]“若了无心者……猛风动树无心”二十三字，P.2074及P.2885作“心若了无心者，设思维亦无妨，何以故？譬如禅师静坐而兴虑，猛风乱动而无心”。

又问：“学道人忽被人打，云何对治而合道乎[1]？”

答：“不可忍而咏哭之。”[2]

又问：“若哭者，与有他我见，人何别？”[3]

答：“如杵扣钟，其声自然出也。何必即我乎。汝若强捉心，啮齿口忍者[4]，此乃存[5]大我也。”

又问：“人[6]哀哭，中有情动，岂同钟响[7]？”

答：“若[8]言同与不同者，俱是汝心多事。妄想思量作语[9]。若知妄想者，体道无为，自然之也[10]。”

又问：“[吾闻][11]：圣人兵不伤，苦不哭，色不荡[12]，心不动。何为[13]？”

答：“若了一切法无我者，声与不声，动与不动[14]，俱合理也。”[15]

校注：[1]“学道人忽被人打云何对治而合道乎”十五字，P.2885作“若初学者道人忽遇因缘，他欲来宣云，何对治而合道乎”。 [2]“不可忍而咏哭之”七字，P.2074及P.2885作“故一个不须对治。何以故？可避避之，不可避任之，可忍忍之，不可忍哭之。” [3]“与有他我见人何别”八字，P.2885作“与他有，我见有，人何别”。 [4]“啮齿口忍者”五字，P.2885作“啮齿口忍”。 [5]“存”字，P.2885无。 [6]P.2885在“人”后多出“之”字。 [7]P.2885在“响”后多出“也”字。 [8]“若”字，P.2885无。 [9]“语”字，P.2885和积翠轩本作“问”。 [10]“妄想思量作语……自然之也”十九字，积翠轩本作“妄想思量作问。若知妄想者，体道无为，自然之也”，P.2885作“作是问，若无心分别，体道自然”。 [11]“吾闻”二字，底本无，据P.2885补。 [12]“荡”字，P.2885作“受”。 [13]“何为”二字，P.2885作“此何物也”。 [14]P.2074至“动与不动”以下断残。 [15]“俱合理也”四字，积翠轩本作“俱合道理，无妨碍”，P.2885作“俱合理也，无妨碍”。

又问[1]：“有学道人，不专持戒，不护戒威仪，不勤精进，不化众生，腾腾任运，状如痴人，有何意耶[2]？”

答：“盖是灭见耶。虽外似腾腾，内察恒无有舍。”[3]

又问：“此行者，更生他小儿之见，云何称言灭[4]见耶[5]？”

答：“但灭已见，何虑他生。譬如鱼求脱深泉。宁当更虑耶[6]？”

又问：“若此者，即遣自益不平，何名大士[7]？”

答：“言损益但有空，名生与不生，汝心自执[8]，今汝云虑他者，乃是自生非他生耶。”

又问：“若[9]内通大理，外现小仪。自他同物，于法何损[10]？”

答：“汝今强死[11]要他大老子，作小儿戏。于理何益。”

答：“证者乃知悟者能释。”

又问：“如是灭见大士，何人能知。”[12]

[答曰：“证者乃知，行者乃灭。”[13]]

又问：“如此灭见大士，亦能他生不？”[14]

答：“何有[15]日出不照，灯举不明。”

校注：[1]“又问”二字，P.2885作“于是缘门复起，问”。 [2]“有学道人……有何意耶”三十三字，积翠轩本作“我见有学道人，不专精持戒，护威仪，不恳勤，不化众生，腾腾任运者，意何也”，P.2885作“我见有学道人，不专精持戒，不护威仪，不恳勤，不化众生，腾腾任运，意何也”。 [3]“盖是灭见耶……内察恒无有舍”十六字，P.2885及积翠轩本作“欲亡一切分别心，欲灭一切诸有见。虽似腾腾任运，而内行无问”。 [4]“灭”字，P.2885作“能灭”。 [5]“此行者……称言灭见耶”十七字，积翠轩本作“如此行者，乃更生他小儿之见，云何言能灭见也”，P.2885作“此行者，更生他小儿之见，云何称言能灭见也”。 [6]“但灭已见……宁当更虑耶”二十字，

P.2885及积翠轩本均作"但灭汝见，何虑他生。譬如鱼脱深渊，何虑捕者嫌尔"。　［7］"若此者……何当大士"十三字，积翠轩本作"若此者，是自益损他，何名大士"，P.2885作"若此即正，何当大士"。　［8］"言损益……汝心自执"十五字，积翠轩本作"汝见若不生，彼即不生"，P.2885作"汝见若不生，彼即不生，汝令玄虑他生者，乃是自生，非他生也"。　［9］"若"字，P.2885无。　［10］"自他同物于法何损"八字，P.2885无。　［11］"强死"二字，P.2885作"强"，积翠轩本作"强欲"。　［12］"如是灭见大士何人能知"十字，积翠轩本作"何人能识？何人能知也"，P.2885作"如是见大士，何人能知"。　［13］"答曰证者乃知行者乃灭"十字，底本脱，据P.2885及积翠轩本补。　［14］"如此灭见大士亦能他生"十字，P.2885及积翠轩本均作"如此大士，亦能化生不"。　［15］P.2885在"何有"后多出"曰"字，衍。

又问："作何方便，云何大利[1]？"

答："物来而名，事至而应，无心计较，断绝众缘，始成大利。"

又问："经云：'思维方便'，从何而生[2]？"

答："诸佛不生，但从心生，缘化万有，法本无名。"

又问[3]："我不知，云何为[4]佛？何名为道？何者变化？谁名常住[5]？"

答[6]："觉了无物，谓之为佛。通达一切，名之为道。法界出生，称为变化，究竟寂灭，故号常住[7]。"

又问："云何名一切法悉是佛法？"

答："若非法通一切法也[8]。"

又问："谁说谁证[9]？"

答："此谁[10]云何言证。"

校注：［1］"云何大利"四字，P.2885无。　［2］"经云思维方便从何而生"十字，积翠轩本和P.2825作"'云何经说思维，今言不思维。'答曰：'化门方便也。'"　［3］"又问"二字，P.2885作"如是缘门复起，问"。　［4］"为"字，P.2885作"名为"。　［5］"何者变化谁名常住"八字，P.2885作"云何名为变化？何名为常住"。　［6］"答"字，P.2885作"入理答"。　［7］"觉了无物……故号常住"三十二字，P.2885作"觉了无物，谓之佛；通彼一切，谓之道。法界出为变化，究竟寂灭为常住"。　［8］"若非法通一切法也"八字，P.2885作“非法，非非法，是一切佛法”。［9］“证”字，P.2885作“证说”。［10］“此谁”二字，P.2885作“此说非谁说”。

又问：“无谁何说[1]？”

答：“无谁即无说，无说之说乃称正说[2]。”

又问：“何名邪说？”

答：“有心计教者，名为邪说[3]。”

又问：“是谁之计？云何无计[4]？”

答：“计者悉空，其实无物知，语中无语，计者亦无[5]。”

又问：“如此说者，一切众生，应本解脱[6]？”

答：“本无系缚，何有解脱？[7]”

又问：“缚解之无，何有名字[8]？”

答：“法尚无有，何得有名[9]？”

又问：“如此语者[10]，我转不解。”

答：“实无解法，莫求解，汝若求一个解法，此法令汝更交长睡[11]。”

又问：“何法名究竟[12]？”

答：“法无始终，谁存究竟[13]？”

校注：［1］“无谁何说”四字，积翠轩本作“云何知见”。［2］“无谁即无说无说之说乃称正说”十三字，P.2885作“无谁无说，即成正说”。［3］“答有心计教者名为邪说”十字，P.2885脱。［4］“是谁之计？云何无计”八字，P.2885作“计有说者”。［5］“计者悉空……计者亦无”十七字，P.2885作“计有但语，语中无语，计者亦无”。［6］“如此说者一切众生应本解脱”十二字，P.2885作“若此说者，即一切众生，应本来解脱”。［7］“本无系缚何有解脱”八字，P.2885作“尚无系缚，何有解人”。［8］“缚解之无何有名字”八字，P.2885作“何有名字”。［9］“法尚无有，何得有名”八字，P.2885作“尚无法有，何况有名”。［10］“如此语者”四字，P.2885作“若此说者”。［11］“实无解法……令汝更交长睡”二十二字，P.2885作“变化无解法，汝勿求解”。［12］“何法名究竟”五字，P.2885作“云何至究竟”。［13］“法无始终谁存究竟”八字，P.2885作“无始终”。

又问："法无究竟，可因果耶[1]？"

答："法本既无，何名因果[2]？"

又问："云何说证？"

答："真实无说证[3]。"

又问："佛云何知见？"

答："佛知一切法，如知见一切法等[4]。"

又问："何心知？何目见[5]？"

答："无心之心知，无目之目见[6]。"

又问："谁说是言？"

答："如我所问[7]。"

又问："云何如我所问？"

答："欲得知，汝自观问者[8]。"

于是缘门再审，寂然无言。

入理先生问曰[9]："汝何不言[10]？"

缘门答曰："我不见一切法，如微尘许而不对也[11]。"

尔时入理[12]即语缘门曰："汝今似见真实好理也。"

缘门问[13]曰："云何似见，非正见乎[14]。"

入理答："汝今所见，无有一法者，如彼外道，虽得隐形，而未能灭影及[15]迹。"

校注：[1]"法无究竟可因果耶"八字，P.2885作"可有因果耶"。　[2]"法本既无何名因果"八字，P.2885作"无本即无末"。　[3]"说证"二字，底本作"证说"，据P.2885改。　[4]"佛知一切法如知见一切法等"十二字，P.2885作"如一切法，如是一切法等"。　[5]"何心知何目见"六字，P.2885作"何心之知，何目之见"。　[6]"无心之心知无目之目见"十字，P.2885及积翠轩本均作"无知之知，无见之见"。　[7]"如我所问"四字，P.2885作"如所问说"。　[8]"欲得知汝自观问者"八字，P.2885及积翠轩本作"汝自观身问答，亦可知。"　[9]"入理先生问"五字，积翠轩本作"入理先生乃问曰"，P.2885作"乃问弟子"　[10]"汝何不言"四字，P.2885作"汝何以不所言"　[11]"我不见一切法如微尘许而不对也"十四字，积翠轩本作"我不见一法如微尘许而可对说"，P.2885作"我不见一切法，如微尘许对说”。 [12]“入理”二字，P.2885及积翠轩本作“入理先生”。 [13]“问”字，P.2885作“复问”。 [14]“云何似见非正见乎”八字，P.2885作“见非正理见乎”。 [15]“及”字，P.2885作“正”。

缘门又问[1]：“何得形影双灭[2]？”

入理答曰：“本无心境，汝莫起生灭之见。”

[问曰：“夫所以问，胜任所以说？”

答曰：“为疑故问，为决故说”][3]

又问：“吾闻圣人无问而自说，云何待问说[4]？”

答：“对病故说药，无病故不须说，此是对病语[5]。”

又[6]问：“他人未言，圣人云，使其病未发，药病何须[7]？”

答：“如天震雷动，而必有所应，如其有药尅有病人[8]。”

又问：“大圣既无，有何生缘？何见世[9]？”

答：“太平之世[10]，瑞草缘生。”

又问：“大圣既非尽，云何见灭[11]？”

答：“饥荒之世，五谷缘灭。”

又问：“吾闻圣人[12]初[13]从定起，慈悲化生[14]，无碍大通，岂同瑞草生也？”

答：“定谓法身，起谓化身，法无同系，化无缘苗，生设虚通，故称无碍。”[15]

校注：[1]“缘门又问”四字，P.2885作“于是，缘门问”。 [2]“何得形影双灭”六字，积翠轩本作“云何得形影俱灭也”，P.2885作“云何得形寂灭”。 [3]“问曰……为决故说”二十一字，底本脱，据P.2885补。 [4]“吾闻圣人无问而自说云何待问说”十四字，P.2885作“吾闻圣人无问而自说者，何决也。为是法说耶，为是玄见他疑耶”。 [5]“对病故说药……此是对病语”十六字，P.2885作“皆是对病施药也”。 [6]北闰84（BD02284号1）从“又”字始。 [7]“他人未言……药病何须”十六字，P.2885作“他既未言，圣人玄说，其病未发，药治何也”。 [8]“如天震雷动……有药尅有病人”十八字，P.2885及积翠轩本均作“如天雷声动，必有所应”。 [9]“大圣既无有何生缘何见世”十一字，P.2885及积翠轩本均作“大圣如来，既无有心生缘，何现世”。 [10]“太平之世”四字，P.2885

作“夫太平之年”。　[11]“大圣既非尽云何见灭”九字，P.2885作“如来既非命尽，云何现灭”。　[12]“人”字，北闰84作“之”。　[13]“初”字，P.2885作“还”。　[14]“慈悲化生”四字，P.2885作“悲化群生”。　[15]“起谓化身……故称无碍”二十字，P.2885及积翠轩本均作“报身四大肉身也。分别前境痴起谓化身。法无因系，化无缘留，出没虚通，故曰无碍也”。

又问[1]：“云何言悲[2]？”

答：“但以化身无虑，体合真空。人[3]物无心，彼强谓之，悲也。”

又问：“众生[4]何时修道，得似如来？”

答：“若不了时[5]，纵设[6]恒沙劫，修转不及；若了时，众生即是如来，何论得似[7]。”

又问：“若此说者，如来即应易得，云[8]何言三代劫修耶[9]？”

答：“甚难非易。”[10]

又问：“既道即[11]是，云何返说难？”

答：“夫起心二见[12]易，灭二转难，有作有身易，无作无身难，故知玄功难会，妙理难合。不动即真，佛无相为法，即三圣共尊。非吾独贵[13]。”

校注：[1]“又问”二字，北闰84作“答问”。　[2]“悲”字，底本、北闰84作“念”，文义不通；P.2885及积翠轩本作“悲”，据改。　[3]“人”字，P.2885作“仁”。　[4]“生”字，P.2885脱。　[5]“时”字，P.2885作“者”。　[6]“纵设”二字，P.2885作“于”。　[7]“若不了时……何论得似”二十六字，P.2885作“若不了者，于恒沙劫，修道转之不及，若了者，众生当身即是如来，何论得似不似”。　[8]“云”字，底本作“出”，北闰84作“云”，义胜，据改。　[9]“若此说者如来即应易得出何言三代劫修耶”十八字，P.2885作“若如说者，如来即易得，云何言三代劫修也”。　[10]“甚难非易”四字，积翠轩本作“甚难也”，P.2885脱其中“难”字。　[11]P.2885在“即”后多出“身”字。　[12]“见”字，北闰84作“是”。　[13]“夫起心二见易……非吾独贵”四十八字，P.885作“起心，心易灭，心心难有作，有身易，无作难，故知玄功难会，妙理难合。不动即真，三圣希及”，P.2732作“起心易灭，是为之最难，有作作易，无易作难，故知之功难会，妙理难合。动即真，三圣希及”。

于[1]是缘门长叹，声满十方。寂[2]然无音，豁然大悟。玄光净智，乃荡先疑，无始是非，因兹永息，始知学道奇难也[3]。先生则无说而说，我则无听而听，说一合从来，寂然不知。上来所问，答者谁也[4]？

于是入理曰[5]：夫至理幽玄，无有文字。汝所问者，皆是量起心生也。学已无物，皆假名问答，无踪可言，绝观论也[6]。

问曰："人皆有心[7]，作何方便得无生心。"

答："下中上修，能见自心妄想[8]。知三界如幻实空，始可得免。"

问曰："一切众生，如幻如梦，弟子杀之有罪不？"

答："若见有，众生是众生，杀之得罪；不见，众生是众生，即无可杀。如梦中杀人，寤时毕竟无物。"

问："云何入道？"

答："心非有无，何[9]入道？欲得识[10]入道者，不出入心是也[11]。"

问："有人饮食酒肉，行诸五欲，得作佛法耶[12]？"

答："心上不有，谁作是非。"

校注：[1] P.2732至"于"以下断残。　[2]"寂"字，积翠轩本作"忽"。　[3]"乃荡先疑……始知学道奇难也"十九字，积翠轩本作"返照无疑。始知学道奇难，徒兴梦虑。"　[4]"先生则无说……答者谁也"三十字，积翠轩本作"如先生无说而说，我实无闻而闻。即说一合，即寂寞无说。不知先生向来问答，名谁何法"。　[5]"于是入理曰"五字，P.2885及积翠轩本作"于是，入理先生身安不动，目系无言，顾视四方，呵呵唧唧，而谓缘门曰"。　[6]"夫至理幽玄……绝观论也"三十七字，P.2885及积翠轩本作"夫至理幽微，无有文字。汝向来所问，皆是量起心生。梦谓多端，觉己无物。汝欲流通于世，寄问假名，请若收纵，故名绝观论也"。　[7]"心"字，P.2885漏。　[8]"想"字，P.2885漏。　[9]"何"字，P.2885、北闰84作"何问"。　[10]"得识"二字，P.2885作"灭"。　[11]北闰84九字"答：心非有无，何问入道？"九字，疑衍。　[12]"有人饮食酒肉……得作佛法耶"十五字，P.2885作"有人行五欲作佛法耶"。

问："何名佛法？"

答："知心法无，即[1]是佛法。"

问："何名无分别智？"

答："现识不生，觉观[2]不起是。"

问："何名妄想？"

答："若[3]想念心是。"

问："云何息妄想？"

答："知妄想[4]不生，无妄可息。知心无心，可息[5]是也。"

问："何名如来藏？"

答："觉知色尘是自心[6]现，想即不生，故即是如来藏。"

问："世人修学，得道不？"

答："修道实行不可成[7]。世人皆初时有心，久后即慢。故曰实行者，不可口说而得道也。又云：'兵怯不可疑敌，马劣不能代步'。"

问："云何无名想法？"

答："心里所求，证无人我。说即假名，言即假相。见闻知觉，有何名想。"

问："作何行，即生无色戒[8]？"

答："此人不知方法，皆是息妄见心。虽得静，久后还发[9]。经云：'当来比丘，如犬逐块，人已掷块'。犬知[10]块从人起。犬咬块，不咬其人，若也咬人，块即自息，修道之人，若了心量，亦复如是。"

问："佛誓度众生尽，然后成佛。众生未度，佛已成佛？"

答："佛自有解，譬如有客坐在闇室，主人吹火，意无[11]照客。但火着时，主人先照。菩萨意度众生，然功德具足，在前成佛。"

问："众生本法如[12]何？"

答："无佛无众生，不见人我想，即是本法。观行法为有缘。"

无名上士集

校注：[1]"即"字，P.2885无。　[2]"观"字，P.2885无。　[3]"若"字，北闰84、P.2885无。　[4]"想"字，北闰84作"相"。　[5]积翠轩本在"可息"前多"无心"二字，疑衍。　[6]"心"字，P.2885无。　[7]"修道实行不可成"七字，积翠轩本作"口说修道，实行不可成。"　[8]"无色戒"三字，底本作"无色界"，P.2885作"生死戒"，故知"界"乃"戒"之误，据改。　[9]"久后还发（發）"四字，积翠轩本作"久后还凳"，应为此本抄写错误。　[10]"犬知"二字，积翠轩本作"犬不知"。　[11]"无"字，积翠轩本作"欲"。　[12]"如"字，P.2885作"云"。

偈颂类文献

偈颂类文献修道偈、传法偈和礼赞文、塔文等其他诗文类，主要是以韵文形式记录的悟道和修行的警诫与心地。这些文献种类纷繁多样，比较重要的有《亡名和尚绝学箴》《信心铭》《顿悟无生般若颂》《寂和上偈》《卧轮禅师偈》《卧轮禅师看心法》《大乘北宗论一卷》《了性句》《南宗定邪正五更转》《荷泽神会和尚五更转》《大乘五更转》《无相五更转》《维摩五更转》《南宗赞》《普劝四众依教修行十二时》《禅门十二时》《征心行路难》《安心难》《金刚五礼》《大通和上七礼文》《第七祖大照和尚寂灭日斋赞文》《扬州频禅师游山遇石室见一女人独机一床赠诗一首》《梁武帝问志公和尚如何修道》《稠禅师药方疗有漏》《稠禅师解虎赞》《先德集于双峰山塔各谈玄理十二》《赞禅门诗》《秀禅师劝善文》《梁朝傅大士颂金刚经》等。

一、顿悟无生般若颂

【题解】

《顿悟无生般若颂》一卷，又名《显宗记》，唐代禅宗典籍，神会撰，被收录于宋释道元著《景德传灯录》卷三〇。这是一篇以偈颂诗形式宣扬南宗顿教旨义的说佛理诗。虽然文字不多，但对以无念为宗的南宗禅法也有简赅明晰的表述，是研究神会思想的重要资料。在敦煌写本中有两个编号，即S.5619、S.468，二者内容可前后相连，实为一件。此处录文以敦煌写本为底本，与《景德传灯录》卷三〇《荷泽大师显宗记》本互校。

【录文】

顿悟无生波若颂

无念是实相真空，知见是无生般若。照真达俗，真空理事皆如。此为宗本也。夫真如无念，非念相（想）能知[1]。实相无生，岂生心能见？

无念念者，即念真如[2]。无生生者，则生实相。无住而住，常住涅槃。无行而行，能超彼岸。如如不动，动用无穷。念念无求[3]，求常无念，菩提无得，佛法身[4]。般若无知，知一切法。即定是慧[5]，即慧无生。无生实相真空，无行能周法界。六度自兹圆满，道品于是无亏。我法二空，有无双泯。不到不至，不去不来。体悟三明，心通八解。功成十[6]力，富有七财。入不二门，权[7]一乘理。湛然常寂，应用无方。用而无功，空而常鉴。用而[8]不有，即是真空。空而不□，□而无方，用而无化，无玄知妙有[9]。

[妙有][10]则摩诃般若，真空即清净涅槃，般若通秘微之光，实相达真如之境。般若无照，能照涅槃。涅槃无生，能生般若。涅槃般若，名[11]异体同。通事[12]立名，法无定相。涅槃能见[13]般若，即名具佛法身[14]。般若圆照涅槃，故号如来知见。知即知常空寂，见即直见无生。知见分明，不一不异。动寂俱妙，理事皆如。理净处事能通，达事理通无碍。

六根无[染][15]，定慧之功。相念不生，真如性净。觉灭心空，一念相应。顿超凡圣，无不能无，有不能有。行住坐卧。心不动摇。一切时中。空无

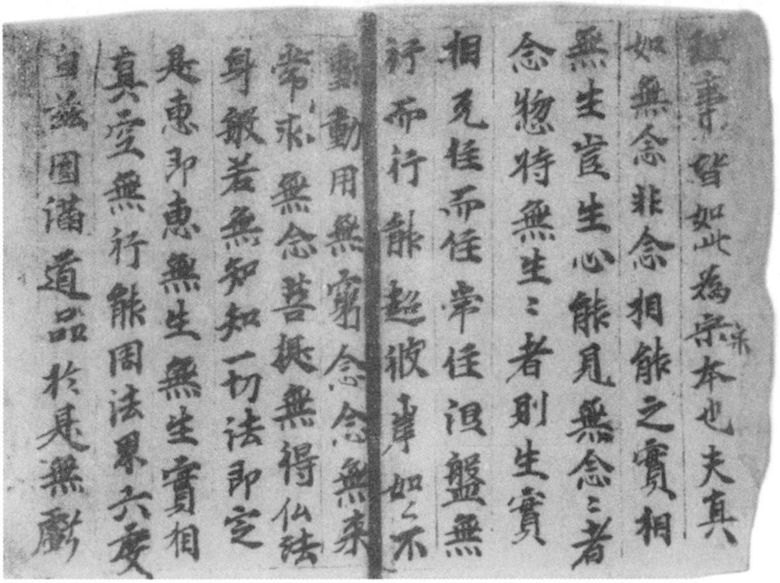

S.5619《顿悟无生般若颂》（局部）

所得。三世之[16]佛，教指（旨）如如。菩萨大悲，转相传受，至于达摩，届此为初。递代相传。于今不绝，所［传］[17]秘教。意在得人，如王髻[18]珠。终不妄与，福德智慧。二种庄严，解行相应，方能建立。衣为法信，法是衣宗。衣法相传，更无别付。非衣不弘于法，非法不受于衣。衣是法信之衣，法是无生之法。无生即无虚妄，法乃空寂之心[19]。知空寂而了法身，了法身而真解脱。

《顿悟无生般若颂》一卷

校注：［1］“知”字，底本作“之”，《显宗记》作“真如无念，非想念而能知”，是，据改。　［2］“即念真如”四字，底本作“念总持”，《显宗记》作“即念真如”，是，据改。　［3］“求”字，底本作“来”，《显宗记》作“求”，是，据改。　［4］“菩提无得佛法身”七字，《显宗记》作“菩提无得净五眼而了三身”。　［5］“慧”字，底本作“惠”，通“慧”，此处以“慧”为是。　［6］“十”字，底本作“不”，《显宗记》作“十”，是，据改。　［7］“权”字，《显宗记》作“获”。　［8］以上是S.5619残卷，以下是S.468残卷。　［9］“用而无功……无玄知妙有”三十一字，《显宗记》作“用而常空，空而常用。用而不有，即是真空。空而不无，便成妙有”。　［10］“妙有”二字，S.468脱，据《显宗记》补。　［11］“名”字，S.468作“我”，《显宗记》作“名”，是，据改。　［12］“通事”二字，《显宗记》作“随义”。　［13］“见”字，《显宗记》作“生”。　［14］“涅槃能见般若即名具佛法身”十二字，S.468作“涅槃能见般若，具佛法僧”。今依《显宗记》改。　［15］“染”，S.468脱，据《显宗记》补。　［16］“之”，《显宗记》作“诸”。　［17］“传”字，S.468脱，据《显宗记》补。　［18］“髻”字，S.468作“系”，据《显宗记》改。　［19］“心”字，S.468作“身”，据《显宗记》改。

二、稠禅师解虎赞

【题解】

《稠禅师解虎赞》见于敦煌文献P.4597、P.3490。其中，P.4597有标题，前后完整。P.3490，有标题，写于先天二年（713年）十一月廿五日，存4行又3字。由清信弟子比丘智鉴、张大奕述。这本《稠禅师解虎赞》显然是后人所作，当它出现时，道宣已经去世46年了。从偈语中所记载的释像幽题名来看，这份偈语是释像幽根据历史上有关稠禅师解开两虎相斗的传说而作的偈语。

这几句偈语，前部分是对僧稠道德精神的整体介绍与赞叹，后部分是对其禅法特点的简单介绍。从偈语看，稠禅师禅法的主要特点是"钵持毒龙，境城潜伏六贼，谨护根门，久处幽山，精终无倦，初坐于当居"，就是能够谨护根门，舍身施法；久处深山，专心坐禅，精绝无倦。可见当时的禅法仍然是以坐禅为主的小乘禅法。此处录文以P.4597为底本，P.3490为校本进行校录。

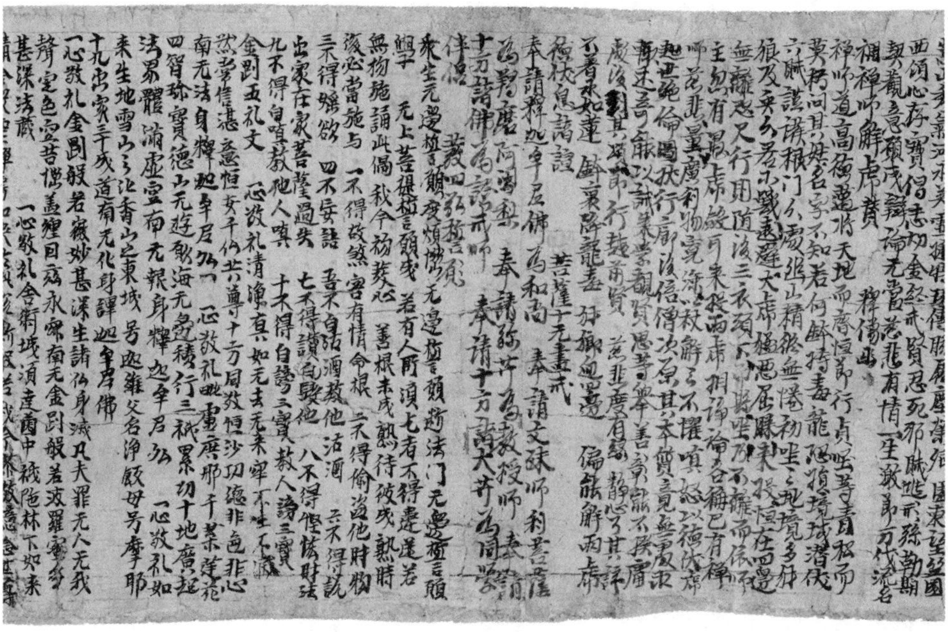

P.4597《稠禅师解虎赞》

【录文】

稠禅师解虎赞

释像幽

禅师道高德迈，将天地而齐恒；节行贞坚，等青松而莫朽。问其姓名字，不知若何。钵持毒龙，恐损境域。潜伏六贼，谨护根门。久处幽山，精终无倦。初坐[1]之地，境多犲狼及虫分居，小兽远避，大虎猛恶，屈膝来投，恒在四边，无离咫尺，行则随后，三衣头下而悬，坐乃不离，而依师主，忽有愚虎，敛耳来投，两虎相诤，论各称已，有禅师慈悲广量，利物宽深，以杖解之，不惧嗔怒，以德伏虎，起世绝伦，图拔行廊，后倍僧次，原其本质，竟无处求，辄述奇能，以诫来学，睹贤思等，举善彰能，不揆庸虎，后引其颂：

即行越前贤，慈悲度有缘。
静心了其谛，不着水如莲。
钵里降龙毒，犲（豺）狼回四边。
偏能解两虎，德伏息诸喧。

校注：［1］“初坐”后文字，P.3490 无。

三、稠禅师意

【题解】

《稠禅师意》，又名《稠禅师意问大乘安心入道之法云何》。从标题可以看出，这份卷子不是僧稠自己所作，应是僧稠的弟子或再传弟子转述僧稠禅法的作品，也是我们研究僧稠禅法的主要依据。在敦煌文献中，以《稠禅师意》标题的只有P.3559一件写本，冉云华①、周震豪②都曾做过研究。哈磊博士在其《四念处研究》中也曾对该文献有转录，③天祥、李志军在《稠禅与禅宗》④一文中也有录文。韩传强在前人校勘的基础上，结合诸校本对该文献亦有校录。⑤录

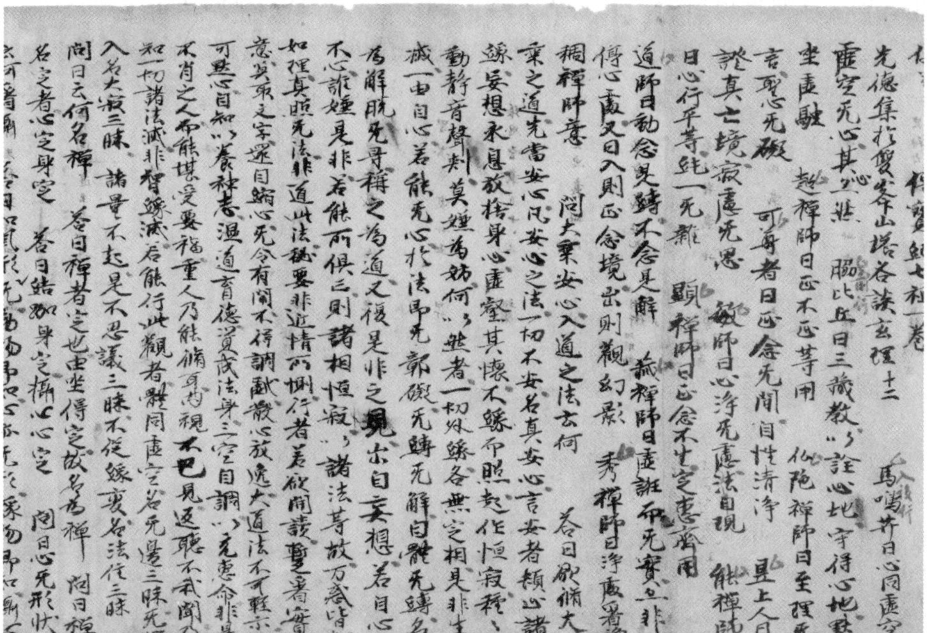

P.3559《稠禅师意》（局部）

① 冉云华：《稠禅师意的研究》，《敦煌学》第6辑（台北），1983年，第69～85页。

② 周震豪：《敦煌写卷P. 3559研究》，《敦煌研究》2008年第1期，第56～60页。

③ 哈磊：《四念处研究》，成都：巴蜀书社，2006年，第284～286页。

④ 河南嵩山禅武医研究院编：《嵩山论剑：少林神武医探密》，郑州：中州古籍出版社，2007年，第100～101页。

⑤ 韩传强：《禅宗北宗敦煌文献录校与研究》，南京：江苏人民出版社，2018年，第376～379页。

文以P.3559号为底本，以冉云华校本（简称冉本）、哈磊校本（简称哈本）、麻天祥校本（简称麻本）为辅校本进行录校。

【录文】

稠禅师意

问："大乘安心入道之法云何？"

答曰："欲修大乘之道，先当安心。凡安心之法，一切不安，名真安心。言安［心］[1]者，顿止诸缘，妄想永息；放舍身心，虚壑其怀；不缘而照，起作恒寂。种种动静，音声剌[2]□，莫嫌为妨。何以然者？一切外缘，各无定相。是非生灭，一由自心。若能无心，于法即无障碍，无缚无解，自体无缚，名为解脱。无碍[23，称之为道。又复是非之见，出自妄想。若自心不心，谁嫌是非？若能所俱亡，则诸相恒寂，以诸法等，故万惑皆如。如理真照，无法非道。此法秘要，非近情所恻[4]。行者若欲开读，暂看实意，莫取文字。还自缩心，无令有间[5]。不得调戏，散心放逸。大道法不可轻示，而可默心自知，以养神志。温道育德，资成法身。三空自调，以充惠命。非是不肖之人，而能堪受要福，重人乃能修耳。内视不己见，返听不我闻，乃知一切诸法灭，非智缘灭。若能行此观者，体同虚空，名无边三昧；无心入，名大寂三昧；诸量不起，是不思议三昧；不从缘变，名法住三昧。"

问曰："云何名禅？"

答曰："禅者，定也。由坐得定，故名为禅。"

问曰："禅名定者，心定身定？"

答曰："结跏身定，摄心心定。"

问曰："心无形状，云何看摄？"

答曰："如风无形，动物即知。心亦无形，缘物即知。摄心无缘，即名为定。"

问曰："五亭[5]十八境，见物乃名为定。眼须见色，心须见境，云何名定？"

答曰："见境即生心，物动即风起；风息即境安，心息即境灭；若心境俱灭，即自然寂定。"

问曰："既无心境同虚空，云何修行？"

答曰：心虽无形，而有大用，是即圣法，今称心体。即定即圣，即真即正，非业非恼，非邪非恶，即断三障，即成三学，即舍凡法，即圣法。

夫安心者，要须常见本清净心，亦不可见，如是不可见。如是不可见心，常须现前。虽常现前，而无一物可得，非但无一物可得，乃至少许相貌，亦不可得。虽少许相貌，亦不可得，如是行处，分明了了，不被一切言教惑乱，而不舍是心。从初发心，乃至成佛，不离此行。唯当渐渐宽广，渐渐易成，毕竟归空。虽作事业，具六度行，一切业常不舍，是心不觉。渐渐除疑惑，渐渐悟解，即须读诵大乘经典，与心相应者。虽读诵经时，亦不须分别，强作解释。渐渐自当洞达一切诸法。上来虽言了了，分明见心。如是见心，非眼所见，亦非凡夫所见，如人饮水，冷暖自知。

无力饮河池，讵能吞大海。不习二乘法，何能学大乘?
先信二乘法，方能信大乘。无信诵大乘，空言无所益。
具足诸善根，守护慈悲本。常乐摄利物，是名为大乘。

三字观，佛藏经。无心识[6]，制六贼。
知己作，自证息。本无有，是定力。
一心生，成万亿。绝诸缘，佛在即。
莫曲他，身须直。谄意多，苦相逼。

校注：[1]“心”字，底本无，据文义补　[2]“剌”字，冉本作“刚(刺)”，哈本作“施为”，“剌”通“刺”。　[3]“碍”字，底本作“碍”，哈本、麻本作“得”。　[4]“恻”字，冉本、哈本作“测”。　[5]“间”字，冉本作“闹”。其他诸本皆作“间”，可从。　[6]“亭”字，哈本作“停”。　[7]“三字观佛藏经无心识”九字，冉文作“出佛藏经，三字观，无心识”。

四、稠禅师药方疗有漏

【题解】

《稠禅师药方疗有漏》，又名《病愈出三界逍遥散》，是一份很有意思的作品。在敦煌文献中，此写卷只有P.3559一个写本。从标题来看，也应该是僧稠的弟子或再传弟子转述僧稠禅法的作品。出现时间应该是在5世纪后半期到6世纪前半期。文中用比喻的手法，讲述了人要出三界必须服用的“八味方药”，用比喻的言辞，阐述了禅修的基本方法。冉云华对此文献有研究，并附录文。[①]录文即参考了这一研究成果。

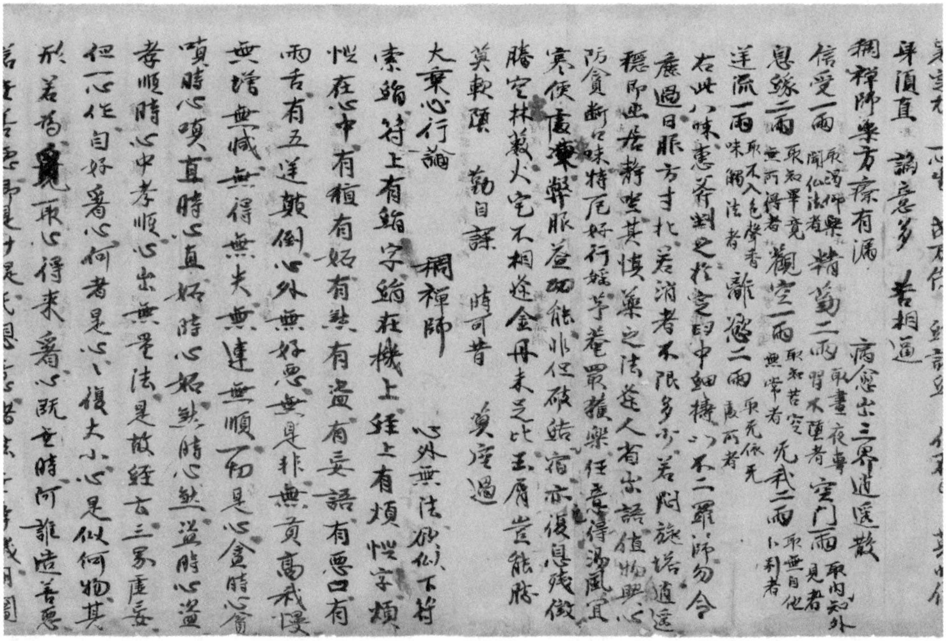

P.3559《稠禅师药方疗有漏》

① 冉云华：《敦煌文献与僧稠的禅法》，《中国禅学研究论集》，台北：东初出版社，1990年，第78～79页。

【录文】

稠禅师药方疗有漏

病愈出三界逍遥散：信受一两，取渴仰乐，闻[1]佛法者；精勤二两，取昼夜专，习不坠者；空门一两，取内知内外见者；息缘二两，取知毕竟无所得者；观空一两，取知苦空无常者；无我二两，取无自他分别卜刊者。逆流一两，取不入色声香味触法者；离欲二两，取无依无处所者。

右此八味，惠斧剉之，于定臼中细搏梼，以不二罗罗筛，勿令粗过。日服方寸杝北，若消者不限多少。若闷旋塔，逍遥稳即幽居静坐。其慎药之法，逢人省出语，值物兴心防贪断口味，特厄好行嫟（淫）。茅庵最获乐[2]，任意得汤风，宜寒便处冻，弊服益功能。非但破宿结，亦复息残征。腾空出林薮，火宅不相逢。金丹未足比，玉屑岂能胜。莫软坠，勤自课，时可昔，莫空过。

校注：[1]“闻”字，冉文作“开”。　[2]“乐”字，冉文作“药”。

五、南宗赞一本

【题解】

《南宗赞一本》，共五首，为唐代民间曲词，在敦煌写本中有七个卷号，即P.2963、北周76（BD09355）、S.4173（大乘南宗赞）、S.4654、S.5529和Φ.171。其中，P.2963原题“南宗赞一本”。因系五更转形式，故学界又称之为《南宗五更转》。[①]S.4654仅有一句“一更长，如来体姓深中藏”，S.5529无题名，首句为“一更长”，存7行98个字。Φ.171题名为“南宗赞一本”首尾俱全，且字迹清晰。曲词内容歌咏南宗，却又讲求坐禅、用心、作意甚至念经，如“不知自身

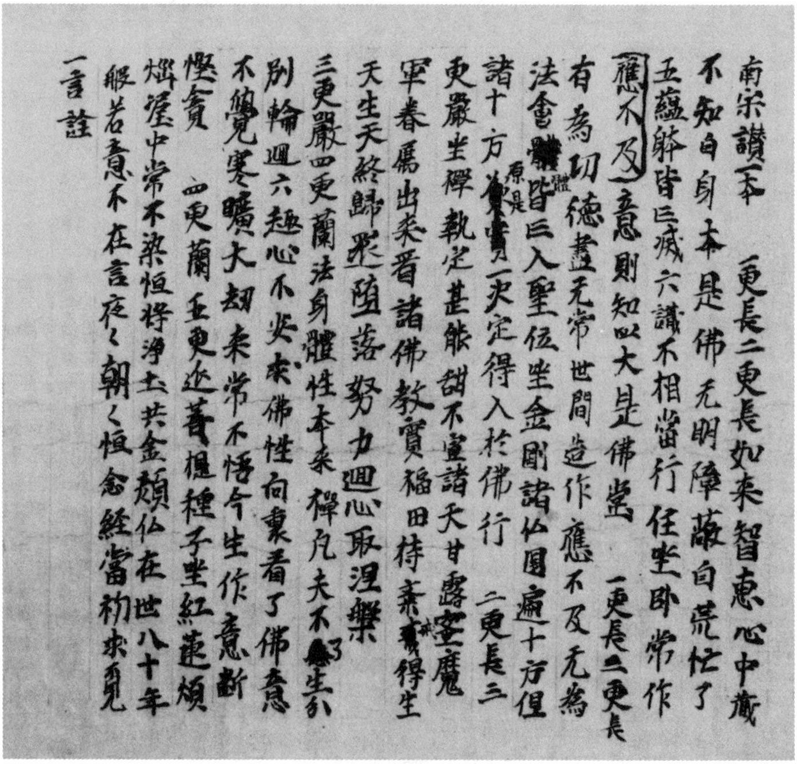

Φ.171《南宗赞一本》

① 冉云华:《〈南宗赞〉小记》,《敦煌学》第15辑，台北新文丰出版公司，1989年，第1～7页（收入氏著《中国佛教文化研究论集》，台北：东初出版社，1990年，第185～195页）。

本是佛，无明障闭自慌忙”“行住坐卧常作意，则知四大是佛堂”“求佛性，向里看，了佛意，不觉寒”“夜夜朝朝恒念经，当初求觅一言诠”。这些主张恰与南宗反坐禅作意之思想是相反的。可见，敦煌文献中的“南宗”并不都是慧能、神会一系的南宗禅法思想。对禅宗思想的研究有重要价值。由语音而观，其创作时代当比神会之《南宗定邪正五更转》要晚得多。①周76（BD09355），许国霖《敦煌杂录》有北周70（BD09349），拟名作“五更调”。②文编号有误，诸多学者研习错误。③冉云华对Φ.171有录文。④

本录文以Φ.171为底本，其他诸本为校本。

【录文】

南宗赞一本

一更长，一[1]更长，如来智惠心中藏，不知[2]自身本是佛，无明障蔽自荒忙[3]。

了五蕴，体皆亡，灭六识，不相当，行住坐卧常作[4]意[5]，则知四大是佛堂。

一更长，二更长，有为功德尽无常，世间造作应不及，无为法会[6]体皆亡[7]。

入圣位，坐金刚，诸佛国[8]，遍十方，但诸十方原是一[9]，决定得入于佛行。

二更长，三更严，坐[10]禅执定甚能甜，不宣[11]诸天甘露蜜，魔军[12]眷属出来看。

诸佛教，实福田，持[13]斋戒，得生天，生天终[14]归还堕落，努力[15]回心取[16]涅槃。

三更严，四更阑，法身体性本来禅，凡夫不了[17]生分别，轮回六趣[18]心不安。

---

① 龙晦：《论敦煌词曲所见之禅宗与净土宗》，《世界宗教研究》1986年第3期，第59～67页。

② 许国霖：《敦煌杂录》，黄永武编《敦煌丛刊初集》第10册，台北：新文丰出版公司，1985年，第245页。

③ 中国美编：《1900～2001国家图书馆藏敦煌遗书研究论著目录索引》，北京：国家图书馆出版社，2001年，第481～482页。

④ 冉云华：《〈南宗赞〉小记》，《敦煌学》第15辑，台北：新文丰出版公司，1989年，第1～7页（收入氏著《中国佛教文化研究论集》，台北：东初出版社，1990年，第185～195页）。

求佛性，向里看，了佛意[19]，不觉寒，旷大劫来常不悟，今生作意断悭贪。

四更阑，五更延，菩提种子坐红莲，烦恼泥中常不染，恒将净土共金颜[20]。

佛在世，八十年，般若意，不在言，夜夜朝朝[21]恒念经，当初求觅一言诠[22]。

校注：［1］“一”字，冉文作“二。” ［2］“知”字，S.5529作“智”。 ［3］“荒忙”二字，S.5529作“荒荒”，亦通。 ［4］“作”字，底本作“住”，其他版本作“作”，据改。 ［5］冉文“意”多录“应不及”三字。 ［6］“会”字，S.5529作“海”。 ［7］“亡”字，北周76作“忘”字，不妥。 ［8］“国”字，冉文作“同”。 ［9］“原是一”三字，P.2963漫漶不清，北周76作“元是一”，S.5529以下缺。 ［10］“坐”字，北周76作“座”。 ［11］“宣”字，北周76作“信”。 ［12］“军”字，北周76作“君”。 ［13］北周76“持”后衍“本”。 ［14］“终”字，P.2963、北周76作“中”。 ［15］“力”字，P.2963脱。 ［16］“取”字，“P.2963作“趣”。 ［17］“了”字，北周76、P.2963作“念”。 ［18］“趣”字，北周76作“住”，误。 ［19］“意”字，北周76作“衣”，音近致讹。 ［20］“颜”字，北周76作“莲”，误。 ［21］“朝朝”二字，北周76作“照照”。 ［22］“言诠”二字，“P.2963作“言川”，北周76作“连全”。

六、荷泽神会和尚五更转

【题解】

《荷泽神会和尚五更转》，为唐代民间佛教曲词。敦煌保存S.6103、S.2679两件写本，二者原为一幅连写的卷子。前者抄有“荷泽和尚五更转”七个黑字题目，右旁有朱笔加的“寺神会”三字，后者从“共传无作法”至“共俗和光不染尘”，合为《荷泽神会和尚五更转》。[①]

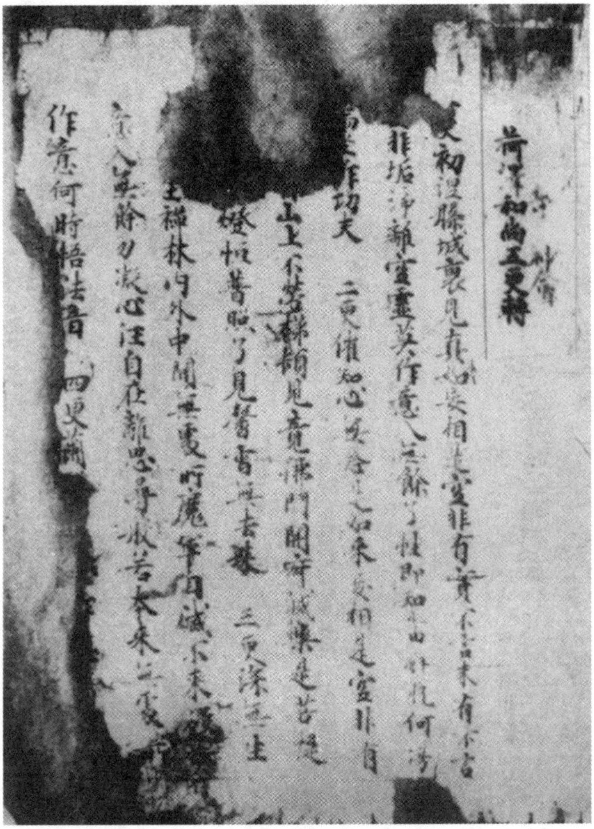

S.6103《荷泽神会和尚五更转》(局部)

① 杨曾文编校《神会和尚禅话录》，北京：中华书局，1996年，第127页。

【录文】

荷泽和尚五更转　神会

一更初　涅槃城里见真如。妄相是空非有实，不言未有不言无。非垢净，离空虚。莫作意，入无余。了性即知当解脱，何劳端坐作功夫?

二更催　知心无念是如来。妄相是空非有实，□□山上不劳梯。顿见竟，佛门开。寂灭乐，是菩提。□□□灯恒普照，了见馨香无去来。

三更深　无生□□坐禅林。内外中间无处所，魔军自灭不来侵。莫作意[1]，勿凝心。任自在，离思寻。般若本来无处所，作意何时悟法音。

四更阑　□□□□□□□。□□[2]共传无作法，愚人造化数□般。寻不见，难□难。□□□，本来禅。若悟刹那应即见，迷时累劫暗（不清）中观。

五更分　净体犹来无我人。黑白见知而不染，遮莫青黄寂不论。了了见，的（得）知真。随无相，离缘因。一切时中常解脱，共俗和光不染尘。

校注：［1］S.6103在“意”后有“入无余”三字，疑衍，删。　［2］以上见于S.6103残卷，以下为S.2679残卷。

七、南宗定邪正五更转

【题解】

《南宗定邪正五更转》，又称《大乘五更转》，为唐代民间佛教曲词。在敦煌保存有多种写本，即敦博77、北咸18、北露6、S.4634v、S.2679、S.4654、S.6083、S.6923v（1）、S.6923v（3）、P.2045、P.2270、P.2948v。此《五更转》据传乃神会大师亲作。[①]故而颇受学界重视，研究者众多。本录文以敦博77为底本，[②]校以其他诸本。

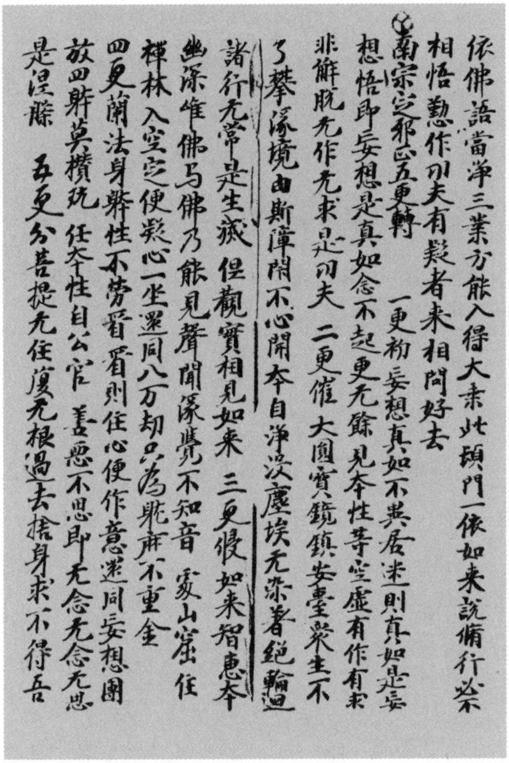
依佛語當淨三業方能入得大乘此頓門一依如來說脩行必不
相悟勤作功夫有疑者来相問好去
南宗定邪正五更轉　一更初妄想真如不異居迷則真如是妄
想悟即妄想是真如念不起更无餘見本性等空虛有作有求
非解脫无作无求是功夫　二更催大圓寶鏡鎮安臺衆生不
了攀緣境由斯障閉不心開本自淨没塵埃无染著絕輪迴
諸行无常是生滅　但觀實相見如來　三更侵如來智惠本
幽深唯佛與佛乃能見聲聞緣覺不知音　處山窟住
禪林入空定便凝心一坐還同八万劫只為眈有不重金
四更蘭法身體性不勞看看則住心便作意迷同妄想團
放四體莫攢玩　任本性自公官　善惡不思即无念无念无思
是涅槃　五更分菩提无住復无根過去捨身求不得吾

敦博77《南宗定邪正五更转》（局部）

---

① 杨曾文编校《神会和尚禅话录》，北京：中华书局，1996年，第128页。
② 邓文宽、荣新江录校《敦博本禅籍录校》，南京：江苏古籍出版社，1998年，第187～198页。

【录文】

南宗定邪正五更转[1]

一更初，妄想[2]真如[3]不异居。迷则[4]真如是妄想，悟即[5]妄想是真如。念不起[6]，更无余[7]，见本性，等空虚。有作有求非[8]解脱，无作无求是功夫[9]。

校注：［1］“南宗定邪正五更转”八字，P.2270作“五更转颂”，P.2045作“南宗定邪正五更转”、S.4634作“大乘五更转”，S.6083作“五更转一首”，S.2948作“南宗大乘五更转”，又有尾题“五更转一首”。 ［2］“想”字，P.2270、P.2045作“相”。 ［3］“如”字，S.6923作“见”。 ［4］“则”字，S.4634v、S.6083作“即”，亦通。 ［5］“即”字，S.6083、S.6923v（1）、S.6923v（3）、P.2045、P.2948、北咸18作“则”。 ［6］“起”字，S.4634v作“岂”，音近而误。 ［7］“余”字，S.6923v（1）、S.6923v（3）作“说”，误；北露6作“疑”，误。 ［8］“非”字，S.6923v（1）、S.6923v（3）、北露6作“虚”。 ［9］“功夫”二字，S.4634v作“公夫”；S.6923v（1）、S.6923v（3）、北露6作“空虚”。

二更催[1]，大圆[2]宝[3]镜镇安台。众生不了[4]攀缘境[5]，由[6]斯[7]障闭[8]不心开。本自净[9]，没尘埃，无染[10]着，绝轮[11]回。诸[12]行无常是生灭，但观实相见如来。

校注：［1］“催”字，S.4634v、北露6作“摧”；北咸18作“崔”。 ［2］“圆”字，S.6923v（1）作“缘”。 ［3］“宝”字，P.2948v作“缘”。 ［4］“了”字，S.6923v（1）、S.6923v（3）、北露6作“要”。 ［5］“境”字，P.2045、P.2270、S.2679、S.4643v、P.2948v作“病”；S.6923v（1）作“竟”，误；北咸18脱“缘镜”二字。 ［6］“由”字，S.4634v作“无”，误。 ［7］“斯”字，S.4634v作“思”，误。 ［8］“闭”字，S.2679作“蔽”，北咸18作“闇”。 ［9］“净”字，S.4634v作“静”。S.2679脱“本自净没尘埃”六字。 ［10］“染”字，S.2679作“系”，误。 ［11］“轮”字，P.2270作“伦”，误。 ［12］“诸”字，S.6923v（3）作“智”，误。

三更侵[1]，如来智惠本幽深[2]。唯佛与佛[3]乃能见，声闻缘觉不知音[4]。处山窟[5]，住[6]禅林，入空定，便凝心。一坐[7]还同八万劫，只为担[8]（担）

麻不重金[9]。

校注：［1］“侵”字，S.4634v、S.6923v（1）、S.6923v（3）、北露6作“深”。 ［2］“幽深”二字，S.4634v、S.6923v（1）、S.6923v（3）、北露6作“由心”。 ［3］“唯佛与佛”四字，S.4634v作“以佛为佛”，S.6923v（1）作“以佛为法”，S.6923v（3）作“以佛以法”，北露6作“此佛此法”，北咸18作“为佛与佛”。 ［4］“不知音”三字，S.6923v（1）、S.6923v（3）作“则知因”，北露6作“不知闻”。 ［5］“处山窟”三字，S.4634v作“入山谷”，而P.2045、S.2679、S.6083、P.2948v、北露6、北咸18皆以“窟”作“谷”，S.6923v（1）以“山窟”为“大谷”。 ［6］“住”字，S.4634v、S.6923v（1）、S.6923v（3）、北露6作“坐”，亦通；P.2948v作“处”。 ［7］“坐”字，P.2045、北咸18作“生”。 ［8］“担”字，底本作“耽”，P.2045、P.2270、S.4634v、S.6083、S.6923v（1）、S.6923v（3）、P.2948v、北咸18作“担”，是，底本同音致讹，据改；北露6作“体”。 ［9］“重金”二字，S.4634v作“赠禁”，误。

四更阑，法身体性不劳看。看则[1]住心便[2]作意，［作意］[3]还同[4]妄想团[5]。放四体[6]，莫攒玩[7]，任[8]本性，自公官[9]。善[10]恶不[11]思即[12]无念[13]，无念无思[14]是涅槃。

校注：［1］“则”字，S.2679、S.4634v作“即”，亦通；S.6923v（1）、S.6923v（3）、北露6作“作”，S.4654作“着”，均误。 ［2］“便”字，S.2679作“还”。 ［3］“作意”二字，底本脱重文符号，P.2045、P.2270、S.2679、S.4634v、S.6923v（1）、S.6923v（3）、P.2948v均有“作意”，S.6083作“住意”。 ［4］“同”字，S.4654作“徒”。 ［5］“团（團）”字，北露6作“传（傳）”，北咸18作“围（圍）”，形近致讹。 ［6］“放四体”三字，S.6923v（1）、S.6923v（3）作“妄想团”。 ［7］“攒玩”二字，S.2679作“攒抚”，S.6923v（3）作“巑岏”，S.4654作“鑚顽”。 ［8］“任”字，S.4634v作“认”，S.6923v（1）、S.6923v（3）、北露6作“忍”。 ［9］“公官”二字，S.4634v、S.6923v（1）、S.6923v（3）、北露6作“观看”，P.2948v作“公观”，北咸18作“公禅”。 ［10］北咸18脱“善”。 ［11］“不”字，S.6923v（1）、S.6923v（3）、北露6作“无”，义通。 ［12］“即”字，P.2270、S.6923v（3）、S.4654、北露6作“亦”。S.2679作“则”，S.4634v作“由”。 ［13］“无念”二字，S.4634v作“不念”，义同，以底本为是。 ［14］“无念无思”四字，

S.4634v、北露6作“无思无念”。

五更分，菩提无住[1]复[2]无根。过去舍身求不得，吾师普示[3]不忘[4]恩。施法药[5]，大张[6]门，去障膜[7]，豁[8]浮云。顿[9]与众生开佛眼，皆令见性[10]免沉沦[11]。

真乘实[12]罕遇，至理信幽深。欲离相非相，还将心照心。
髻中珠未得，衣里实难寻。为实担麻者，如何不重金？[13]

校注：[1]“无住”字，S.4634v作“无柱”，误。S.6923v（1）、S.6923v（3）作“普树”。　[2]“复”字，S.4634v作“本”，S.4654作“惑”。　[3]“普示”字，S.4634v无“普”字，“示”作“遂”。　[4]“忘”字，底本作“望”，S.4634v、S.6923v（1）、S.6923v（3）作“妄”，北露6、北咸18皆作“忘”，据改。　[5]“药”字，P.2270、S.6923v（1）、S.6923v（3）作“欲”，北露6此句作“许法欲”。　[6]“张”字，S.6923v（3）、北露6作“章”。　[7]“膜”字，S.4654、北露6、S.6923v（3）作“闭”。　[8]“豁”字，S.4634v作“拨”，S.6923v（1）作“龠”。　[9]“顿”字，P.2270作“须”，S.4634v作“本”，北露6作“能”。　[10]“见性”二字，S.6923v（1）、S.6923v（3）、北露6作“过去”。　[11]“沦”字，S.4634v、北咸18作“轮”，误。此句以下诗句仅见于底本、P.2045S.6923v（1）和北露6。　[12]“实”字，P.2045、S.6923v（1）作“报”。　[13]此八句诗，北露6作“真乘是汉语，施者进由心。欲立非非相，将佛劫照心。智者来未得，于检再难寻，运保体麻者，如我不重金”。

八、隋朝三祖信心铭

【题解】

《隋朝三祖信心铭》一卷，据传为禅宗三祖僧璨（？～606年）所传的禅宗法典，见于敦煌写本P.4638、S.5692。全文由四言韵文所成，计146句584字。始自“至道无难，唯嫌拣择”，终于“言语道断，非去来今”。内容主要在诵歌超越一切对立与差别，平等一味之绝对世界，并阐明信心不二的禅思想。由文中包含有受老庄思想及僧肇思想影响的万物一体观，因此被视为以中国化思想解说禅法真髓的重要著作，与牛头法融《心铭》之思想相近，对后世禅思想之形成极具影响力。①

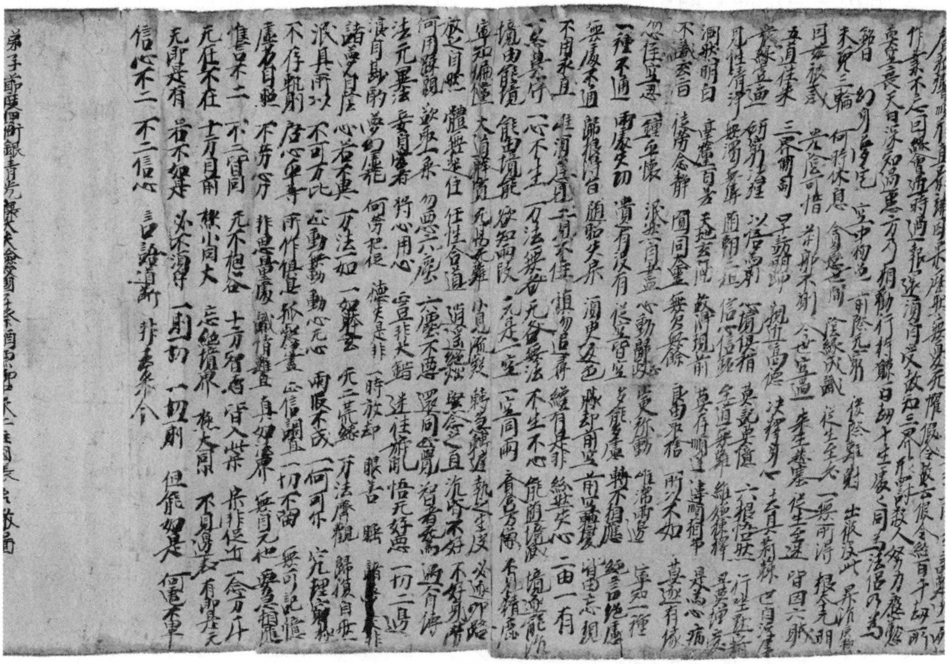

P.4638《隋朝三祖信心铭》（局部）

① 陈祚龙：《关于〈信心铭〉》，《中华佛教文化史散策三集》，台北：新文丰出版公司，1981年，第108～111页。

按《历代法宝记》《楞伽师资记》等文献记载，僧璨不事著述，也没有公开传法，只收弟子道信一人，用大乘佛性本空的理论对其进行教育，向他讲《法华经》之“会三归一”学说，①并提醒他不要执着于文字。因为佛法非语言文字可说，佛法本空，非一般人所能闻知。但《百丈广录》说僧璨曾作有《信心铭》，后代依据百丈怀海（749～814年）所说，认为僧璨作有《信心铭》。但据印顺法师考证，《信心铭》为牛头山法融所作。“以《信心铭》为三祖僧璨所作，只是江西方面洪州宗的传说。”②台湾学者陈祚龙亦认为非出三祖之手，而是由“无名氏”撰述的。③然陈氏依据的是S.5692，该文献题名为“禅门秘诀”，而P.4638却题有“隋朝三祖，信心信铭”之语，由此观之，该《信心铭》应为禅宗三祖僧璨的著述。

本录文以P.4638为底本，以S.5692及《景德传灯录》卷三〇所收《隋朝三祖信心铭》④为对校本。

隋朝三祖，信心信铭[1]

至道无难，唯德[2]拣[3]择，但莫憎爱，洞然明白。

豪（毫）厘百[4]差，天地玄[5]隔，故[6]得现前，莫存顺逆。

违顺相争[7]，是为心病。不识玄旨，徒劳念静。

圆同太虚，无欠无余。良由取舍，所以不如。

莫逐有缘，忽住空忍。一钟[8]平怀，泯然自尽。

心动归止，止更弥动。唯滞两边，宁知一种。

一种不通，两处失功[9]。遗[10]有没有，从空皆[11]空。

多疑[12]多虑[13]，转不相应。绝言绝虑，无处不通。

校注：[1]“隋朝三祖信心信铭”八字，S.5692题作“禅门秘诀”，《景德传灯录》作“信心铭三祖僧璨大师”。　[2]“德”字，S.5692和《景德传灯录》均作“嫌”，误。　[3]“拣”字，S.5692作“简”。　[4]“百”字，S.5692作“有”。　[5]“玄”字，S.5692亦作“玄”，《景德传灯录》作

① ［后秦］鸠摩罗什：《法华经义记》卷一，《大正藏》第33册，No. 1715，页582b。

② 印顺：《中国禅宗史》，南昌：江西人民出版社，1999年，第93页。

③ 陈祚龙：《关于〈信心铭〉》，《中华佛教文化史散策三集》，台北：新文丰出版公司，1981年，第109页。

④ ［宋］释道元著，妙音、文雄点校《景德传灯录》卷三〇，成都：成都古籍书店，2000年，第640～641页。

"悬"。 [6]"故"字，S.5692及《景德传灯录》作"欲"。 [7]"争"字，S.5692亦作"净"。 [8]"钟"字，《景德传灯录》作"种"。 [9]自"莫逐……失功"四十字，S.5692缺。 [10]"遗"字，《景德传灯录》作"遣"，形近致讹。 [11]"皆"字，《景德传灯录》作"背"，形近致讹。 [12]"疑"字，底本作"能"，S.5692作"疑"，《景德传灯录》作"言"，以S.5692为善，据改。 [13]S.5692自此以下缺。

归根得旨，随昭[1]失宗。须臾返色[2]，胜却前空。
前空转变，皆由妄见[3]。不用求真，唯须息见。
二见不住，慎勿[4]追寻。才有是非，纷然失心。
二由一有，一亦莫守。一心不生，万法无咎。
无咎无法，不生不心。能随境灭，境逐能沉。
境由能境，能由境能。欲知两段，元是一空。
一空同两，齐含万象。不见精粗，宁知偏傥[5]？
大道体宽，无易无难。小见流疑[6]，转急转迟。
执之生度，必迹外路[7]。放之自然，体无起住[8]。
任性合道，逍遥绝恼。系念之直[9]，沉昏[10]不好。
不好身劳[11]，何用疏亲。欲取一乘，勿恶六尘。
六尘不恶，还同正觉。智者无为，愚[12]人自缚。

校注：[1]"昭"二字，《景德传灯录》作"照"。 [2]"色"二字，《景德传灯录》作"照"。 [3]"妄见"二字，底本作"忘现"，据《景德传灯录》改。 [4]"勿"字，《景德传灯录》作"莫"。 [5]"宁知偏傥"四字，《景德传灯录》作"宁有偏党"。 [6]"流疑"二字，《景德传灯录》作"狐疑"。 [7]"必迹外路"四字，《景德传灯录》作"必入邪路"。 [8]"体无起住"四字，《景德传灯录》作"体无取住"。 [9]"之直"二字，《景德传灯录》作"乖真"。 [10]"沉昏"二字，《景德传灯录》作"昏沉"。 [11]"身劳"二字，《景德传灯录》作"劳神"。 [12]"愚"字，底本作"遇"，误，据《景德传灯录》改。

法无[1]异法，妄自生着[2]。将心用心，岂非大错。
迷住[3]寂乱，悟无好恶。一切二边，湌自斟酌。

梦幻虚化[4]，何劳把捉[5]。得[6]失是非，一时放却。

眼若［不］睡[7]，诸梦自除[8]。心若不异，万法一如。

一如体玄，无二荒缘[9]。万法齐观，归复自然。

泯其所以，不可方[10]比。心[11]动无动，动心无心[12]。

校注：［1］“无”字，底本作“元”，误，据《景德传灯录》改。［2］“生着”二字，《景德传灯录》作“爱着”。［3］“住”字，《景德传灯录》作“生”。［4］“化”字，《景德传灯录》作“华”，“华”通“化”。［5］“捉”字，底本作“促”，误，据《景德传灯录》改。［6］“得”字，底本作“德”，误，据《景德传灯录》改。［7］“眼若不睡”四字，底本作“眼善□睡”，据《景德传灯录》增改。［8］“除”字，底本作“阴”，误，据《景德传灯录》改。［9］“无二荒缘”四字，《景德传灯录》作“兀尔忘缘”。［10］“方”字，底本作“万”，误，据《景德传灯录》改。［11］“心”字，《景德传灯录》作“止”。［12］“动心无心”四字，《景德传灯录》作“动止无止”。

两既[1]不成，一何可亦[2]。究理[3]穷极，不存轨则。

启[4]心平等，所作俱息。狐疑净尽[5]，正信调直。

一切不留，无可记忆。虚名[6]自照，不劳心力。

非思量处，识情难测[7]。真如法界，无自无他[8]。

要急相应，唯言不二。不二皆同，无不包[9]容。

十方智者，皆入此宗。宗非促延[10]，一念万年。

无在不在，十方目前。极小同大，忘绝境界。

极大同小，不见边表。有即是无，无即是有。

若不如是[11]，必不须守。一即[12]一切，一切即一[13]。

但能如是，何虑不毕。信心不二，不二信心。

言语道断，非去来今。

校注：［1］“既”字，底本作“段”，误，据《景德传灯录》改。［2］“可亦”二字，《景德传灯录》作“有尔”。［3］“理”字，《景德传灯录》作“竟”。［4］“启”字，《景德传灯录》作“契”。［5］“净尽”二字，《景德传灯录》作“尽净”。［6］“名”字，《景德传灯录》作“明”。［7］“测”字，底本作“直”，误，据《景德传灯录》改。［8］“无自无他”四字，《景德传灯录》作“无他无自”。　[9]“包”字，底本作“抱”，误，据《景德传灯录》改。　[10]“延”字，底本作“近”，误，据《景德传灯录》改。　[11]“是”字，《景德传灯录》作“此”，亦通。　[12]“即”字，底本作“则”，误，据《景德传灯录》改。　[13]“即一”二字，底本作“一则”，误，据《景德传灯录》改。

九、第七祖大照和尚寂灭日斋文

【题解】

《第七祖大照和尚寂灭日斋文》见于敦煌写本S.2512v号背面。其中，书手提到自己曾随“大照和尚”学法，在“了一心源”后，又“并依弘正导师，开五方便”。这里的大照禅师，应即北宗神秀弟子普寂，作者自称说明作者以普寂的门人自居的。他在从普寂、弘正学禅时，还是一个白衣居士，然“大师（大照）颐命，印开心地”，普寂已经印可他了。①

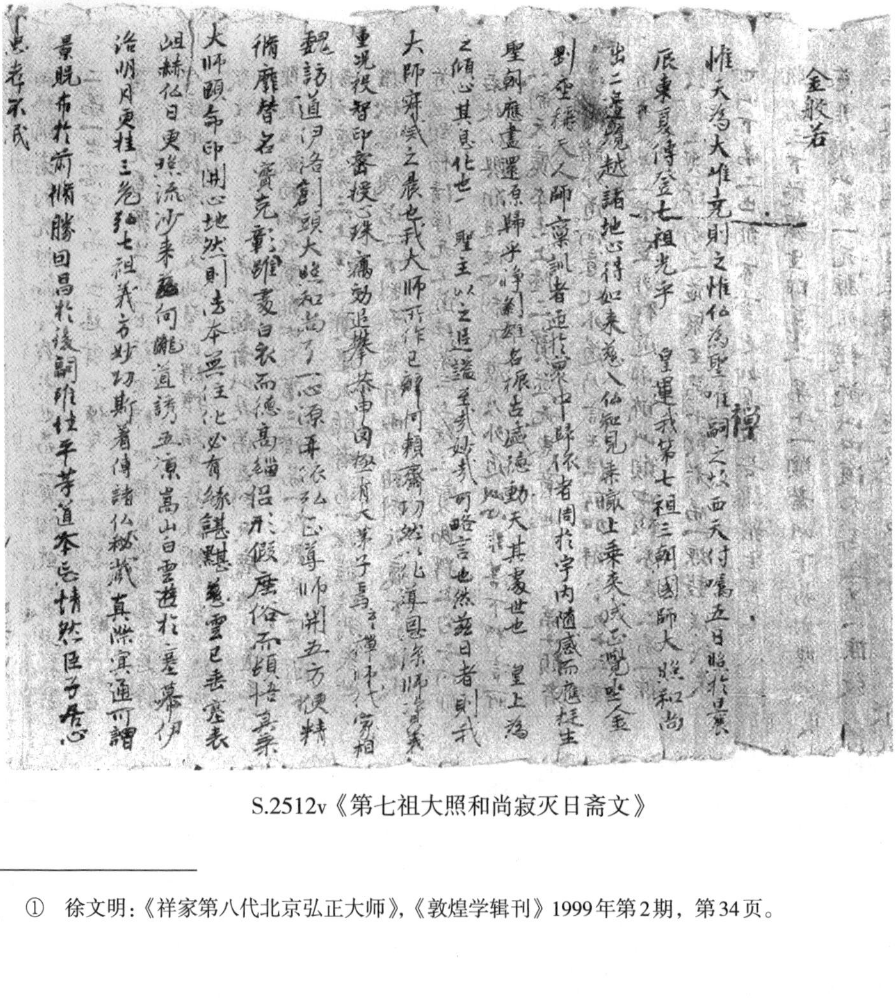

S.2512v《第七祖大照和尚寂灭日斋文》

① 徐文明：《祥家第八代北京弘正大师》，《敦煌学辑刊》1999年第2期，第34页。

【录文】

金般若

惟天为大，唯尧则之；唯佛为圣，唯禅嗣之。故西天付嘱，五日照于曩辰；东夏传灯，七祖光乎皇运。我第七祖三朝国师大照和尚，出二边境，越诸心地，得如来慈，入佛知见，乘最上乘，来成正觉，坐金刚座，称天人师。禀训者迎于寰中，归依者周于宇内。随感而应，挺生圣朝，应尽还源，归乎净刹。雄名振古，威德动天。其处世也，皇上为之倾心；其息化也，圣主以之追谥。至哉妙哉，可略言也。然兹日者，则我大师寂灭之晨也。我大师所作已辨，何赖斋功？然以化导恩深资，师资义重，况投智印，密授心珠。窃效追攀，恭申罔极，有大弟子焉云云。禅师代家相魏，访道伊洛，创头大照和尚，了一心源，再依弘正导师，开五方便。精修靡替，名实克彰。虽处白衣，而德高缁侣；形假尘俗，而顿悟真乘。大师颐命，印开心地。然则法本无住，化必有缘，黔黙慈云，已垂塞表；岨赫佛日，更照流沙。来兹河陇，道诱五凉。嵩山白云，游于塞幕；伊洛明月，更挂三危。弘七祖义方，妙功斯着；传诸佛秘藏，真际冥通。可谓景贶布于前修，胜因昌于后嗣。虽性平等，道本忘情，然臣子居心，忠孝不泯。

十、禅门秘要决

【题解】

《禅门秘要决》，见于敦煌写本P.2104v、P.2105和S.4037，其中最为完整的是P.2104，有首题“禅门秘要决招觉大师一宿觉”，其内容与今传世的《永嘉证道歌》无大出入。P.2105和S.4037仅存首部。一宿觉为玄觉之别号。玄觉为浙江温州府永嘉县人，字明道，俗姓戴，号真觉，谥号“无相大师”，世称“永嘉大师”。故《禅门秘要决》后世被称为《永嘉证道歌》。此歌简明扼要地阐释佛性，其中提及西天二十八祖和六代传衣。[①]本录文以P.2104v为底本，P.2105、S.4037及传世本《永嘉证道歌》为对校本。

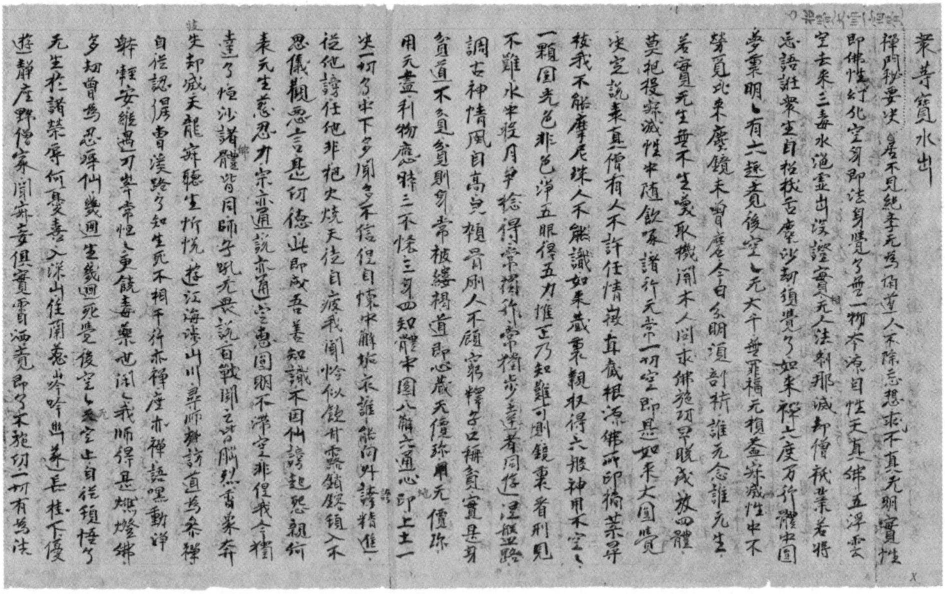

P.2104v《禅门秘要决》（局部）

① 徐文明：《〈永嘉证道歌〉与二十八祖说的缘起》，《中国禅学》第1卷，北京：中华书局，2002年，第127～138页；徐俊：《关于〈禅门秘要诀〉——敦煌释氏歌偈写本三种合校》，载潘重规等编《庆祝吴其昱先生八秩华诞敦煌学特刊》，台北：文津出版社，2000年，第221～242页；钟书林：《〈禅门秘要决〉校补》，《敦煌学辑刊》2006年第1期，第133～138页。

【录文】

禅门秘要决（诀）　　招觉大师一宿觉[1]

若[2]不见，绝学无为闲道人，不除妄想不求真。

无明[3]实[4]性即佛性，幻[5]化空身即法身。

［法身］[6]觉了无一物，本源[7]自性天真佛。

五［阴］[8]浮云空去来，三毒水泡虚出没。

证实相[9]，无人法，刹那灭却僧祇[10]业。

若[11]将妄语诳众生，自招拔舌尘沙劫。

顿觉了，如来禅，六度万行体中圆。

梦里明明有六趣，觉后空空无大千[12]。

无罪福，无损益，寂灭性中不劳觅。

比来尘镜未曾磨，今日分明须剖析。

谁无念？谁无生？若实无生无不生。

唤取机关木人问，求佛施功早脱成。

放四体，莫把捉，寂灭性中随饮啄。

诸行无常一切空，即是如来大圆觉。

决定说，表真僧，有人不许任情征。

直截根源佛所印，摘叶寻枝我不能。

摩尼珠，人不识，如来藏里亲收得。

六般神用空不空[13]，一颗圆光色非色。

净五眼，得五力，惟正（证）乃知难可测。

镜里看刑（形）见不难，水中捉月怎捻得。

常独行，常独步，达者同游涅槃路。

调古神情（清）风自高，貌顇（悴）骨刚人不顾。

穷释子，口称贫，实是身贫道不贫。

贫则身常披缕褐，道即心藏无价珍。

用无价珍用无尽，利物应时三不悋。

三身四知（智）体中圆，八解六通心地印。

上士一决一切了，中下多闻多不信。

但自怀中解垢衣，谁能向外夸精进。

从他谤，任他非，把火烧天徒自疲。

我闻恰似饮甘露，销镕顿入不思议。
观恶言，是功德，此即成吾善知识。
不因仙（讪）谤起冤亲，何表无生慈忍力。
宗亦通，说亦通，定惠圆明不滞空。
非但我今独达了，恒沙诸佛体皆同。
师（狮）子吼，无畏说，百兽闻之皆脑烈（裂）。
香象奔波失却灭，天龙寂听生忻（欣）悦。
游江海，涉山川，寻师访道为参禅。
自从认得曹溪路，了知生死不相干。
行亦禅，座（坐）亦禅，语嘿（默）动净（静）体轻安。
纵遇刀峰（锋）常怛怛（坦坦），更饶毒药也闲闲。
我师得是（见）然灯佛，多劫曾为忍辱仙。
几回生，几回死，觉后空空无定止。
自从顿悟了无生，于诸荣辱何忧喜。
入深山，住兰若，岑崟幽遂（邃）长桂下。
优游静座（坐）野僧家，闻寂妄俱（居）实霄（萧）洒。
觉即了，不施功，一切有为法不同。
住相布施生天福，还如仰箭射虚空。
势力尽，箭还坠，招得来生不如意。
争似无为实相门，一超直入如来地。
但得本，不愁末，如净瑠（琉）离（璃）含宝月。
既能解此如意珠，自利利他终不歇。
江月照，松风吹，永夜清肖（宵）何所为。
佛性戒珠心地印，雾露云霞体上衣。
降龙钵，解虎锡，两钴金环鸣历历。
不是标刑（形）虚事持，如来宝杖真踪迹。
不求真，不断妄，了知二法空无相。
无空无不空不空，即是［如来］真实相。
心镜明，鉴无碍，廓然萤（莹）彻同沙界。
万像（象）森罗影现中，一相圆通非内外。
豁达空，拨因果，莽莽荡荡招殃祸。

弃有着空病亦然，还如避溺而投火。
舍妄心，取真理，取舍之心成污伪。
学人不了用修行，真成认贼将为子。
损法财，灭功德，莫不由斯心意识。
是以禅门了却心，顿入无生慈忍力。
大丈夫，秉惠釰，般若锋刀金刚焰。
非弹（但）能摧外道心，早时落却天魔胆。
振法雷，击法鼓，布慈云兮洒甘露。
龙像（象）蹴踏润无边，三乘五性皆醒悟。
灵山肥腻更无杂，纯出醍醐我常纳。
一性圆通一切性，一法遍含一切法。
一月普现一切水，一切水中一月摄。
诸佛法身入我性，我性还共如来合。
一地具足一切地，非色非心非行业。
弹指圆成八万门，刹那灭却阿毗（鼻）业。
一切数勾（句）非数句，与吾灵觉何交涉。
不可毁，不可赞，体若虚空没涯岸。
不离当处常湛然，觅即知君不［可］见。
取不得，舍不得，不可得中只磨得。
默时说，说时默，大施开门无拥塞。
有人问我解何宗，报道摩诃般若力。
或是或非人不识，逆行顺行天莫测。
吾早曾经多劫修，不是等闲相狂或（诳惑）。
建法幢，坚宗旨，明明佛敕曹溪是。
第一迦叶首传灯，二十八代西天记。
［法东流］，入此土，菩提达摩为初祖。
六代传衣天下闻，后人得道何穷数。
真本立，妄（忘）本空，有无俱遣不空空。
廿空门，亢不着，一性如来体自同。
心是根，法是尘，两种皆如镜上痕。
痕垢皆除光始现，心法双忘性即真。

嗟末法，恶时世，众生薄福难调制。
去圣远号（兮）邪见深，摩弹（魔强）法弱多怨害。
闻说如来顿教门，恨不灭除令瓦碎。
作在心，殃在身，不须冤诉更尤人。
欲得不招无间业，莫谤如来正法轮。
旃檀林，无杂树，郁密深沉师子住。
境净林间独自游，百兽飞禽皆远去。
师子儿，众随后，三岁即能大哮吼。
若是野干逐法王，百年妖怪虚开口。
圆顿教，没人情，有疑不决直须争。
不是山僧骋人我，修行恐落断常坑。
非不非，是不是，差之毫厘失之千里。
是即龙女顿成佛，即非（非即）善星生陷坠。
吾早年来积学问，亦曾讨疏寻经论。
分别名相不知休，入海筭[14]沙徒自困。
却被如来苦呵责，数他珍宝有何益。
从来蹭蹬觉虚行，多年往（枉）作风尘客。
种性邪，错知解，不达如来佛性戒。
二乘精进没道心，外道聪明无智惠。
亦愚痴，亦小骇，空拳指上生知解。
执指为月任施功，根境法中虚祖怪。
不见一法即如来，方得名为观自在。
了即业障本来空，未了还须偿宿债。
饥逢王（玉）馔不能飡，病遇医王争得差（瘥）。
在欲行禅知见力，火中生莲终不坏。
勇施犯重悟无生，早时成佛如今在。
师子吼，无畏说，深嗟懵憧顽皮析。
只知犯罪障菩提，不见如来开秘决。
有二比丘犯婬煞，波离荧光增罪结。
维摩大士顿除疑，还如赫日销霜雪。
不思议，解脱力，此即成吾善知识。

四事供养敢辞劳，万两黄金亦销得。

粉骨碎身未是酬，一句了然超百亿。

法中王，最高胜，恒沙诸佛同共证。

我今解此如意珠，信受之者皆相应。

了了见，无一物，亦无人，亦无佛。

大千沙界海中沤，一切圣贤如电拂。

假使铁轮顶上旋，定惠圆明终不失。

日可冷，月可热，众摩（魔）不能坏真说。

像（象）驾峥嵘谩进途，谁见螗蜋能巨（拒）辙。

大象不游于兔径，大悟不句（拘）于小节。

莫将管见狂（诳）众生，未了悟能为君诀。

校注：［1］首题文字，P.2104V、P.2105、S.4037均无。　［2］“若”字，底本、《永嘉证道歌》为“君”，P.2104V、P.2105和S.4037均作“若”，义胜，据改。　［3］“明”字，P.2105作“门（門）”。　［4］“实”字，S.4037作“是”。　［5］“幻”字，S.4037作“纺”。　［6］“法身”二字，底本、P.2105和S.4037均脱，据补。　［7］“源”字，P.2105、S.4037均作“元”，义通。　［8］“阴”字，底本脱，S.4037作“荫”。据《永嘉证道歌》补。　［9］“相”字，P.2105漏。　［10］“僧祇”二字，P.2105、S.4037均作“阿鼻”，义通。　［11］“若”字，P.2105脱。　［12］P.2105、S.4037至“大千”结束。　［13］“空不空”三字，底本作“不空空”，与后文的“色非色”不对仗，据文义改。　［14］“筭”字，通“算”。

十一、寂和上偈

【题解】

《寂和上偈》，见于敦煌写本P.3559+P.3664。其中的寂和尚，当即神秀的弟子普寂（651～739年）。①普寂，俗姓冯，河东人，以八十九岁高龄圆寂后，诏谥普寂“大照禅师”之号。在敦煌写本S.2515中，另有《第七祖大照和尚寂灭日斋赞文》，其中也有“我第七祖三朝国师大照和尚，出二边境，越诸地心，得如来慈，入佛知见”等文字。②神秀圆寂后，普寂继承之，被称为禅门第七祖。该文献主旨在于教导弟子看心、禁口、忍辱、慎言、取弱、平等，应是弟子们记录的普寂语录之一种。③冉云华和韩传强对该文献都有录校，以下简称冉本和韩本。本录文以P.3559+P.3664为底本，以冉本和韩本为校本而合校。

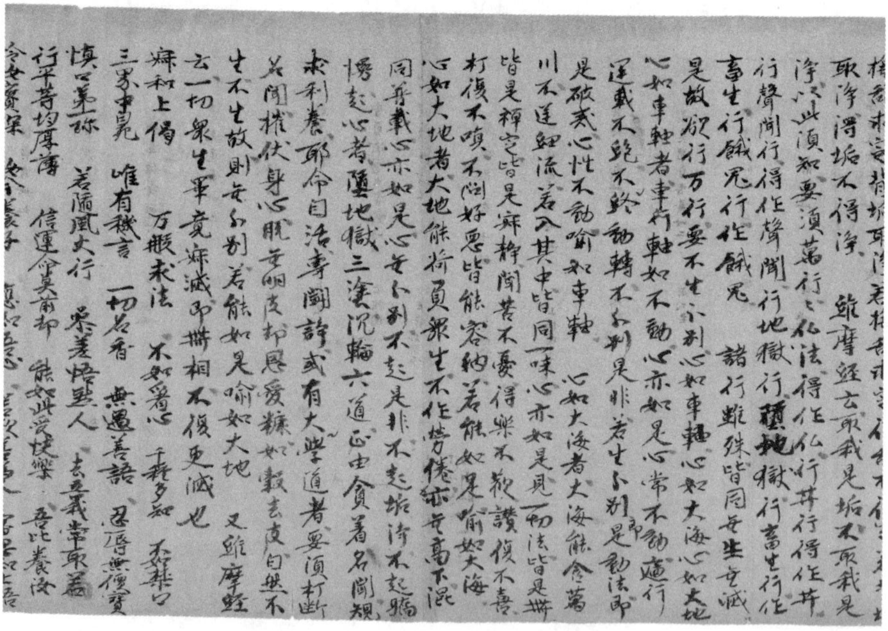

P.3559《寂和上偈》（局部）

① 篠原壽雄、田中良昭編：『講座敦煌八敦煌佛典と禪』，東京：大東出版社，1980年，第256頁。
② 田中良昭：『敦煌禪宗文獻の研究』，東京：大東出版社，1983年，第555頁。
③ 冉云华：《北宗禅籍拾遗——记寂和尚偈》，《敦煌学》第10辑（台北），1985年，第7～8页。

【录文】

寂和上偈

万般求法，不如看心。千种多知，不如禁口。三界中臯[1]，唯有秽言。一切名香，无过善语。忍辱无价宝，慎口第一珍。

若随风火行，参差悟默[2]人。去五义[3]常取若，行平等均厚薄。信运命莫前却，能如此受快（苦）乐。吾比养汝，怜汝实深。

汝今养子，应知吾心。若欲善为人，审思和上语。生死既无恒，须托来因至。欲得能好，善恶莫道。姓相近，识相远。

文殊师利起商垄，观音菩萨提犁耕。普贤菩萨当劬劳，五井山中怛[4]（坦）然平。精进君佛擎耧[5]种，善恶簶（碌）碡碾堞坑[6]。锄却田中恶魔草，善惠根乱引苗行。

校注：［1］“臯”字，冉本作“自死”。　［2］“默”字，楼作“然”，韩本作“默”，是。　［3］“义”字，韩本亦作“义”，冉本作“罪”。　［4］“坦”字，底本作“怛”，韩本作“恒”，均误。冉本作“坦”，可从。　［5］“耧”字，底本作“耧”，韩本和冉本均作“楼”，误。　［6］“堞坑”二字，韩本“煤坑”，冉本作“沟坑”，坈通坑，遵从底本。

十二、亡名和尚绝学箴

【题解】

《亡名和尚绝学箴》，为四言箴诗，见于敦煌写本S.2165和S.5692，作者为后周亡名和尚，全诗内容主张绝学无虑。①S.2165前后完整，字迹清楚。S.5692字迹虽比S.2165更清楚，但仅存中间部分，前后不完整。本录文以S.2165为底本，以S.5692为校本。

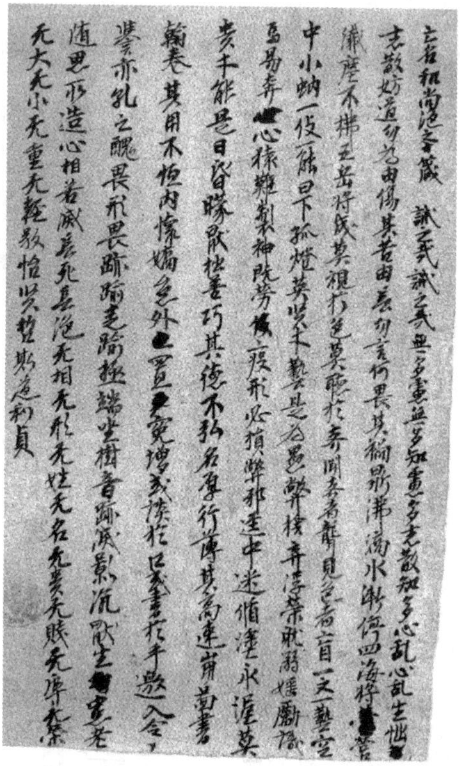

S.2165《亡名和尚绝学箴》

【录文】

亡名和尚绝学箴

诫之哉，诫之哉。无多虑，无多知。

虑多志散，知多心乱。心乱生恼[1]，志散妨道。

勿为由伤，其苦由（悠）长。勿言何畏，其祸鼎沸。

滴水渐停，四海将营。纤尘不拂，五岳将成。

莫视于色，莫听于声。闻声者聋，见色者盲。

一文一艺，空中小蚋。一技一能，日下孤灯。

英贤才艺，是为愚弊。舍弃浮荣，耽[2]溺嫣励。

识马易奔，心猿难制。神既劳役[3]，形必损弊。

① 田中良昭：「『僧亡名息心銘』と敦煌本『亡名和尚絕学箴』」，『印度学佛教学研究』第12卷第1号，1964年，第275～278頁。

邪迳终[4]迷，循途永泥。莫贵才能，是日昏曚。

厌拙善巧，其德不弘。名厚行薄，其高速崩。

图书翰卷，其用不恒。内怀娇怠，外置（致）冤（怨）憎[5]。

或谈于口[6]，或书于手。邀入令誉，亦孔之丑。

畏形畏迹，逾走逾极。端坐树音（荫），迹灭影沉。

厌生患老，随思所造。心相若灭，长死长绝。

无相无形，无姓无名。无贵无贱，无辱无荣。

无大无小，无重无轻。敬怡贤哲，斯道利贞。

校注：［1］S.5692自“心乱生恼”始。［2］“耽”字，S.5692作“躭”，为“耽”之俗字。［3］“役”字，底本作“疫”，S.5692作“役”，是，据改。［4］“终”字，底本作“中”，S.5692作“终”，义胜，据改。［5］“憎”字，底本作“增”，S.5692作“憎”，是，据改。［6］S.5692此句后缺。

十三、夜坐号一首

【题解】

《夜坐号一首》，见于敦煌写本P.3559+P.3664号长卷之中间（P.3559与P.3664合并，今存P.3664是一份简短的样书）。抄于《修心要论》之后，后接《传法宝记并序》。内容完整，有首题，共17行。具体内容可分为五个部分，首先为一首五言绝句，次讲修善行，再讲修慈忍行，接讲看心，最后讲出家成佛的道理。[①]该文献强调看心法门，故学界疑其为北宗某禅师所做。孙昌武认为《夜坐号》为普寂禅师所做，[②]韩传强根据该文献所反映的禅学思想，将其归位法如系文献。[③]冉云华、袁德领和韩传强对该文献都有录校[④]。今以P.3559+P.3664为底本，冉本、袁本和韩本为校本。

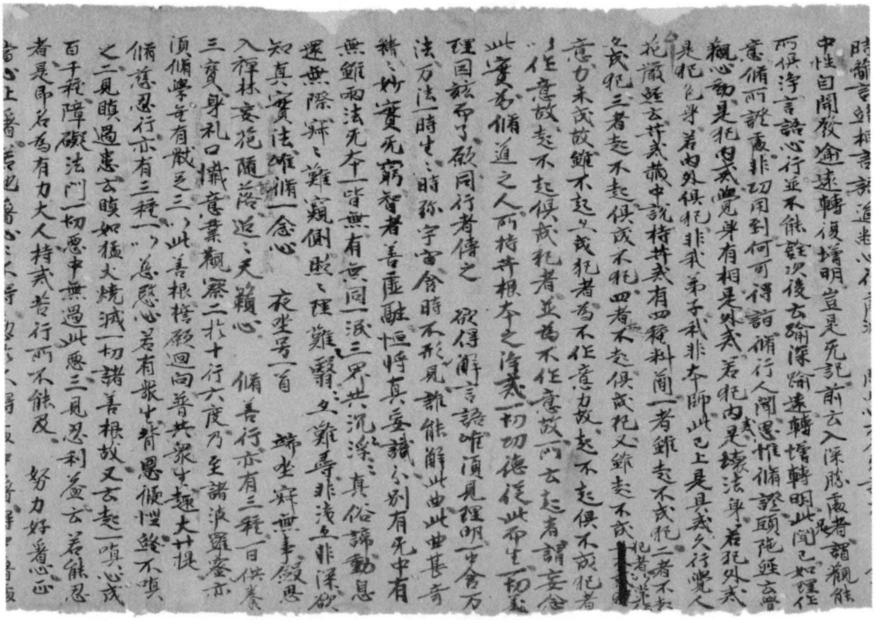

P.3559《夜坐号》（局部）

① 冉云华：《北宗禅籍拾遗——记寂和尚偈》，《敦煌学》第10辑（台北），1985年，第8页。
② 孙昌武：《中国佛教文化史》第四册，北京：中华书局，2010年，第1996页。
③ 韩传强：《禅宗北宗敦煌文献录校与研究》，江苏人民出版社，2018年，第60～61页。
④ 袁德领：《敦煌本〈导凡趣圣心诀〉录文及作者略考》，《禅》2000年第3期，第39～41页。

【录文】

夜坐号一首

端坐寂无事，敛思入禅林。

妄花随动[1]落，迢迢天籁心。

修善行，亦有三种：

一曰[2]供养三宝，身礼口忏，意业观察；二于十行六度，乃至诸波罗蜜，亦须修学，无有厌足；三以此善根，誓愿回向，普共众生，趣大菩提。

修慈忍行，亦有三种：

一以慈愍心。若有众生，背恩忧恼，终不嗔[3]之。二见嗔[4]过患。云嗔如猛火，烧灭一切诸善根故。又云，起一嗔心，成百千种障碍法门，一切恶中，无过此恶。三见忍利益。云若能忍者，是即名为有力大人，持戒苦行，所不能及。

努力好看心[5]，正当心上看。

若也看心心不得，勤于不得处中看。

得中看处看无得，无得无看正是看。

勤勤看，谛谛看，熟熟看，细细看。

净心看净土，还用净心看。

若其不舍如来藏，随心逐入止长安。

即日出家，即日成道，即日报父母恩，即日报七代先亡恩，即日报三世诸佛恩。若以一念妄想生，是为谤三世诸佛，及谤七代、三世父母。失之豪[6]厘，差之千里。普愿众生行此行，千劫万劫勿沉[7]沦。心起故，入生死涅槃，诸道受苦，身作种种形。若以一念合正道，即是种种诸佛形[8]。入理之时，两道俱是一佛身。

校注：[1]“动”字，底本模糊不清，冉本作“动”，据录。　[2]“曰”字，袁本作“日”。　[3]“嗔”字，底本、袁本和韩本作“嗔”，冉本作“瞋”。　[4]“嗔”字，底本作“瞋”，袁本作“嗔”，依袁本。　[5]“心”字，袁本作“习”。　[6]“毫”字，底本作“豪”，冉本、袁本作“毫”，是，据改。　[7]“沉”字，冉本作“沈”，异体字。　[8]“形”字，底本、袁本、韩本作“形”，冉本作“行”。

十四、秀和尚劝善文

【题解】

劝善类作品系白话诗之一种，在敦煌文献中保存数量甚为可观。其作者阶层身份不一，有世俗，有佛教；有旅人，有乡民；有押牙，有学郎，然通俗白话是他们共同的特色。“这些结合诗歌体裁与通俗白话的‘劝善诗’，将民间教育中的劝善宗旨与劝善内涵，从朗朗上口，进而铭记心头，时刻反省，发挥向善的劝化作用。这些作品可说是观察唐代庶民文化的另一扇明窗。”[①]敦煌所出劝善文较多，其中有两个写本，即S.5702和P.3521v特别值得注意。S.5702首全、尾残，首题《秀禅师劝善文》，存文字10行，起于“努力善护菩萨戒”，止

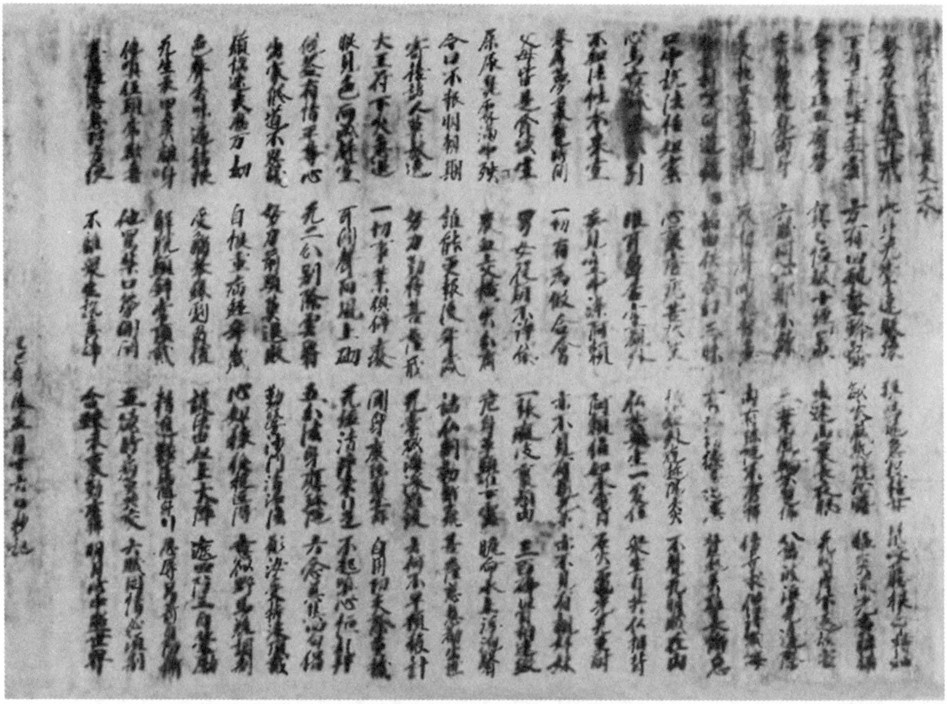

P.3521v《秀和尚劝善文》

① 朱凤玉：《敦煌劝善类白话诗歌初探》，《敦煌学》第26辑（台北），2005年，第87页。

于“妄见空中染阿赖”。首题之“秀”字上部稍有残损，但字迹清晰可辨，背面为“丁未十二月寅卯八日祭文”字样。P.3521v正面为粟特文《究竟大悲经》，背面存文献二件，其一首题《秀和尚劝善文一本》，首尾俱全，共24行，尾题“己巳年后五月十六日抄记”。

上述两件《秀禅师劝善文》，张锡厚、陈祚龙、朱凤玉、项楚等都曾做过研究。张锡厚对S.5702做了校录（简称张本），陈祚龙对P.3521v进行了校注，朱凤玉则是对S.5702、P.3521v两者进行合校。项楚在陈祚龙录文本的基础上做了补校。①韩传强对该文献也有校录。②前贤录文大体可靠，唯对若干字的解读与处理存在可商榷之处。

有鉴于此，本文以P.3521v为底本，参酌陈祚龙校本（简称陈本）、朱凤玉校本（简称朱本）、项楚校本（简称项本）、韩传强校本（简称韩本）与S.5702互校。

【录文】

秀和上[1]劝善文一本[2]

努力善护菩萨戒，此身无常速败坏。
狂象速急投枯林[3]，鼠咬[4]藤根命转细。
下[5]有三龙吐[6]毒气，方[7]有四蛇螫蜂[8]虿。
欲火盛热[9]烧心胆，猛炎流光煮肝肺。
合合[10]常任五尘劳，冥冥[11]恒被十缠盖。
幽迷山里长夜眠，无明岸[12]下返被害。
七火焚烧梟[13]肉身，六贼同征那不坏。
三业风轮不见[14]停，八识波浪无边际。
凡夫执着真阐提，取相声闻无智惠[15]。
内有弥陀不磨拂，向[16]寺求僧[17]请忏悔。
爷[18]慈相唤向道场，谄曲供养幻三昧。
有为功德多[19]过患，兢起英雄长懈怠。
口中说法甜如蜜，心里疮疣苦于艾[20]。

---

① 项楚：《敦煌诗歌导论》，成都：巴蜀书社，2001年，第105页。
② 韩传强：《禅宗北宗敦煌文献录校与研究》，南京：江苏人民出版社，2018年，第236～238页。

惟知外庭[21]趁阳炎，不觉无明贼在内。
心与意识妄[22]分别，眼耳鼻舌空观外。
佛共众生一处住，众生自共佛相背。
不知法性本来空，妄见空中染阿赖[23]。
阿赖犹[24]如水电月，石火电光无至耐。
眷属梦里暂时间，一切有为假合会。
亦不见有亲兄弟，亦不见有亲姊妹。
父母皆是贪欲生，男女从头不净袋。
一张癞皮裹顽肉，三百碎骨相连缀。
屎尿臯[25]处满中殃，农[26]血交横失分齐。
危身革头唯下露，脆命水上浮泡翳。
今日不报[27]明朝期，谁能更报后年岁。
诸佛制勅断火坑，菩萨慈悲劝出世。
寄语诸人莫放逸，努力勤持菩萨戒。
无常欲海深难漫，云何不早顿[28]获计。
大王符下火急退，一切事业俱停废。
闻身康强勤[29]坐禅，自用功夫除粪秽。
眼见色而灭寂空，耳闻声而风上砌。
无垢清净常行走，不起嗔[30]心恒礼拜。
饶益有情平等心，无二分别除云翳。
五分法身应弥陀，六念慈悲四句偈。
出家修道不思议，努力前头[31]莫退败。
勤学沙门清净法，愿汝受持深顶戴。
烦恼迷夫历万劫，自恨重病经年岁。
心如猿猴捉叵得，意似野马难调制。
色声香味遍诸根，受触攀缘剧负债。
护法由如上大阵，遮四防三自策励。
无生衣甲莫离身，解脱头鉾[32]常顶戴。
精进鞍马随身行，忍辱刀箭自防卫。
他嗔[33]低头常欢喜，他骂禁口劳开闭。
五欲时病莫共交，六贼同情必须别。

菩萨慈悲巧方便，不离众生说真谛。

舍珠衣裹[34]勤[35]磨拜，明月心中照世界。

已巳年后五月十六日抄记

校注：[1]“和上”二字，S.5702作“禅师”。　[2]“一本”二字，S.5702脱。　[3]“林”字，S.5702作“井”。　[4]“咬”字，底本、陈本和韩本作“咬”，S.5702、朱本作“啮”，义皆通。　[5]“下”字，S.5702、朱本作“上”，陈本作“下”。项楚亦认为此处应为“下”。　[6]“吐”字，陈本作“坐”。　[7]“方”字，S.5702、朱本作“下”，陈本作“上”，陈注：“原本作方”。在宋人所撰经书中，该字都写作“旁”，可推测“方”乃“旁”之形误。　[8]“蜂”字，S.5702作“毒”，韩本录作“毒”。　[9]“欲火盛热”四字，底本、朱本、陈本作“欲火盛热”，S.5702、张本作“落入盛热”。　[10]“合合”二字，S.5702“惛”。　[11]“宾”字，S.5702作“冥”。　[12]“岸”字，底本及朱本、陈本皆作“岸”，S.5702、张本作“崖”。　[13]“臰”字，S.5702及朱、陈皆作“臭”。“臰”为“臭”的异体字。　[14]“见”字，S.5702作“蹔”，“蹔”通“暂”；朱、陈皆作“暂”，亦通。　[15]“惠”字，底本和S.5702作“惠”，朱本、陈本作“慧”。“惠”通“慧”，从底本。　[16]“向”字，底本、朱本均作“向”，陈本作“停”。　[17]“向寺求僧”四字，S.5702作“向寺求师”，亦通。　[18]“爷”字，S.5702作“耶”，音近致讹。　[19]“多”字，陈本作“分”。　[20]“口中说法甜如蜜，心里疮疣苦于艾”，S.5702无此句。　[21]“惟知外庭”四字，S.5702作“虽知外边”。　[22]“妄”字，底本及朱本、陈本皆作“妄”，S.5072、张本作“至”。　[23]“染阿赖”三字，S.5702至此下残。　[24]“犹”字，朱本作“犹”，陈本作“猛”，义皆通。案，据上下文义“犹”字更符合其意；且该卷中有“猛”字，其写法与“犹”字不符。　[25]“臰”字，朱本、陈本皆录作“臭”；“臰”乃“臭”之异体字。　[26]“农”字，朱本、陈本皆录作“浓”；陈本“浓”字下注“原本做农”，韩本从之；项楚注此字应是“脓”。　[27]“报”字，底本及朱、陈本皆作“报”，项本作“保”。　[28]“顿”字，朱本、陈、韩本皆作“赖”。　[29]“勤”字，朱本、陈本皆作“劝”。　[30]“嗔”字，朱、陈本皆作“瞋”。案，底本“嗔”不误。　[31]“头”字，朱本作“头”，项本录作“头”，陈本、韩本作“途”。　[32]“头鉾”二字，朱本作“兜鉾”，陈、韩本作“头锋”，项本作“头鉾”。　［33］“嗔”字，朱、陈本皆录作“瞋”。　［34］“舍珠衣裏”四字，底本、朱本作“舍珠衣裹”，陈本作“髻珠髻里”，韩本作“髻珠于里”。　［35］“勤”字，韩本作“劝”。

参考文献

一、基本史料

《般若心经译注集成》，方广锠编纂，上海：上海古籍出版社，1994年。

《禅宗全书》，蓝吉富主编，北京：北京图书馆出版社，2004年。

《大般涅槃经》，[北凉]昙无谶译，《大正藏》第12册，台北：新文丰出版公司，1990年（下同）。

《大般若波罗蜜多经》，[唐]玄奘译，《大正藏》第6册。

《大乘起世论》，方广锠整理，《大正藏》第3册。

《大乘入楞伽经》，[唐]实叉难陀，《大正藏》第3册。

《大乘入楞伽经》，[唐]实叉难陀译，《大正藏》第16册。

《大乘无生方便门》，[唐]神秀，《大正藏》第85册。

《大方广佛华严经》，[东晋]佛驮跋陀罗译，《大正藏》第9册。

《大方广圆觉修多罗了义经略疏注》，[唐]宗密，《大正藏》第39册。

《大佛顶如来密因修证了义诸菩萨万行首楞严经》，[唐]般剌蜜帝，《大正藏》第19册

《大智度论》，[印]龙树菩萨造，[后秦]鸠摩罗什译，《大正藏》第25册。

《敦煌宝藏》第1~140册，黄永武主编，台北：新文丰出版公司，1981年~1986年。

《俄藏敦煌文献》第1~17册，俄罗斯科学院东方研究所圣彼得堡分所、俄罗斯科学出版社东方学部、上海古籍出版社编，上海：上海古籍出版社，1992~2001年。

《法藏敦煌西域文献》第1~34册，上海古籍出版社、法国国家图书馆编，上海：上海古籍出版社，1994~2005年。

《法华经义记》，[后秦]鸠摩罗什，《大正藏》第33册。

《佛祖历代通载》，[元]念常集，《大正藏》第49册。

《佛祖统纪》,［宋］志盘,《大正藏》第49册。

《甘肃藏敦煌文献》第1～6卷，甘肃藏敦煌文献编委会、甘肃人民出版社、甘肃省文物局编，兰州：甘肃人民出版社，1999年。

《国家图书馆藏敦煌遗书》第1～103册，中国国家图书馆编，北京：北京图书馆出版社，2005～2008年。

《淮南子》,［汉］刘安著，许慎注，陈广忠点校，上海：上海古籍出版社，2016年。

《解深密经》,［唐］玄奘译,《大正藏》第16册。

《金刚般若波罗蜜经》,［姚秦］鸠摩罗什译,《大正藏》第8册。

《经典释文》,［唐］陆德明撰，张一弓点校，上海：上海古籍出版社，2012年。

《景德传灯录》,［宋］释道元著，妙音、文雄点校，成都：成都古籍书店，2000年。

《妙法莲华经》,［后秦］鸠摩罗什,《大正藏》第9册

《摩诃般若波罗蜜经》,［后秦］鸠摩罗什译,《大正藏》第8册。

《全唐文》,［清］董诰等编，上海：上海古籍出版社，1990年。

《入楞伽经》,［曹魏］菩提留支译,《大正藏》第16册。

《首楞严三昧经》,［后秦］鸠摩罗什译,《大正藏》第15册。

《思益梵天所问经》,［后秦］鸠摩罗什译,《大正藏》第15册

《维摩诘所说经》,［三国吴］支谦译,《大正藏》第14册。

《英藏敦煌文献（汉文佛经以外部分）》第1～14卷，中国社会科学院历史研究所、中国敦煌吐鲁番学会敦煌古文献编辑委员会、英国国家图书馆、伦敦大学亚非学院合编，成都：四川人民出版社，1990～1995年。

《永嘉证道歌》,［唐］玄觉撰,《大正藏》第48册。

《祖堂集》,［南唐］静、筠禅僧编，张华点校，郑州：中州古籍出版社，2006年。

二、研究著作

巴宙编:《敦煌韵文集》，台北：台湾佛教文化服务处编印，1965年。

陈祚龙:《“杜朏”应该不是“朏任继法师”——〈中华佛教散策〉之一》,《海

潮音》第62卷第11期，1981年。

陈祚龙：《关于〈信心铭〉》，《中华佛教文化史散策三集》，台北：新文丰出版公司，1981年。

陈祚龙：《新校重订敦煌古抄本“澄心论”——《佛化新记》之二》，《中华佛教文化史散策四集》，台北：新文丰出版公司，1986年。

［法］戴密微著、耿昇译：《吐蕃僧诤记》，兰州：甘肃人民出版社，1984年。

邓文宽、荣新江录校《敦博本禅籍录校》，南京：江苏古籍出版社，1998年。

杜斗城：《敦煌本〈历代法宝记〉与蜀地禅宗》，《敦煌学辑刊》1993年第1期。

法缘：《达摩〈二入四行论〉的思想》，《觉群·学术论文集》第4辑，北京：宗教文化出版社，2004年。

方广锠整理：《天竺国菩提达摩禅师论》，《藏外佛教文献》第1辑，北京：宗教文化出版社，1995年。

哈磊：《四念处研究》，成都：巴蜀书社，2006年。

韩传强：《禅宗北宗敦煌文献录校与研究》，南京：江苏人民出版社，2018年。

郝春文主编：《英藏敦煌社会历史文献释录》第1～17卷，北京：社会科学文献出版社，2001～2021年。

河南嵩山禅武医研究院编：《嵩山论剑：少林神武医探密》，郑州：中州古籍出版社，2007年。

胡适：《荷泽大师神会传》，《胡适说禅》，北京：东方出版社，1993年。

华方田整理：《七祖法宝记下卷》，方广锠主编《藏外佛教文献》第2辑，北京：宗教文化出版社，1996年。

黄青萍：《敦煌北宗文本的价值及其禅法禅籍的历史性与文本性》，台湾师范大学博士学位论文，2007年。

黄永武编：《敦煌丛刊初集》，台北：新文丰出版公司，1985年。

［朝鲜］金九经：《薑园丛书》，奉天，1934年。

李玉昆：《敦煌遗书〈泉州千佛新著诸祖师颂〉研究》，《敦煌学辑刊》1995年第1期。

刘坚、蒋绍愚主编：《近代汉语语法资料汇编·唐五代卷》，北京：商务印书馆，1990年。

龙晦：《论敦煌词曲所见之禅宗与净土宗》，《世界宗教研究》1986年第3期。

[日]落合俊典：《敦煌本〈禅数杂事〉下与日本金刚寺本〈大安般经〉》，《戒幢佛学》第2卷，岳麓书社，2002年。

屈大成：《〈历代法宝记〉的二十九祖说与菩提达摩多罗》，《国学研究》第19卷，北京大学出版社，2007年。

冉云华：《稠禅师意的研究》，《敦煌学》第6辑（台北），1983年。

冉云华：《敦煌卷子中的两份北宗禅书》，《敦煌学》第8辑（台北），1984年。

冉云华：《北宗禅籍拾遗——记寂和尚偈》，《敦煌学》第10辑（台北），1985年。

冉云华：《〈南宗赞〉小记》，《敦煌学》第15辑（台北），1989年；后收入氏著《中国佛教文化研究论集》，台北：东出出版社，1990年。

冉云华：《敦煌文献与僧稠的禅法》，《中国禅学研究论集》，台北：东初出版社，1990年。

饶宗颐：《王锡〈顿悟大乘正理决〉序说并校记》，《崇基学报》第9卷2期，1970年（收入《观堂集林·史林》中册，香港中华书局，1982年。

任继愈主编：《中国佛教丛书·禅宗编》，南京：江苏古籍出版社，1993年。

荣新江：《敦煌本禅宗灯史残卷拾遗》，氏著《鸣沙集——敦煌学学术史和方法论的探讨》，台北：新文丰出版公司，1999年。

荣新江：《有关敦煌本〈历代法宝记〉的新资料——积翠轩文库旧藏“略出本”校录》，戒幢佛学研究所编《戒幢佛学》第2卷，长沙：岳麓书社，2002年。

申国美编：《1900～2001国家图书馆藏敦煌遗书研究论著目录索引》，北京：国家图书馆出版社，2001年。

王邦维：《大乘二十二问之最末一文：昙况对部派问题的认识》，戒幢佛学研究所编《戒幢佛学》第2卷，长沙：岳麓书社，2003年。

项楚：《敦煌诗歌导论》，成都：巴蜀书社，2001年。

徐俊：《关于〈禅门秘要诀〉——敦煌释氏歌偈写本三种合校》，潘重规等著《庆祝吴其昱先生八秩华诞敦煌学特刊》，台北：文津出版社，2000年。

徐文明：《〈永嘉证道歌〉与二十八祖说的缘起》，吴言生主编《中国禅学》第1卷，北京：中华书局，2002年。

徐文明：《中土前期禅学思想史》，北京：北京师范大学出版社，2004年。

许国霖：《敦煌石室写经题记与敦煌杂录》（上、下辑），上海：商务印书馆，

1937年。

杨富学、王书庆:《蜀地禅宗之禅法及其特点——以敦煌写本〈历代法宝记〉为中心》，白化文主编《周绍良先生纪念文集》，北京：北京图书馆出版社，2006年。

杨曾文:《敦煌新本六祖坛经》，南京：江苏古籍出版社，1993年。

杨曾文:《唐五代禅宗史》，北京：中国社会科学出版社，1999年。

杨曾文编校《神会和尚禅话录》，北京：中华书局，1996年。

杨维中:《四祖道信大师〈入道安心要方便法门〉校释》,《中国禅学》第3卷，北京：中华书局，2004年。

印顺:《中国禅宗史》，南昌：江西人民出版社，1999年。

袁德领:《敦煌本〈导凡趣圣心诀〉录文及作者略考》,《禅》2000年第3期。

张涌泉:《敦煌俗字研究》，上海：上海教育出版社，1996年。

张子开:《敦煌写本〈天竺国菩提达摩禅师论〉（P.2039v）再探》,《宗教学研究》1998年第1期。

钟书林:《〈禅门秘要诀〉校补》,《敦煌学辑刊》2006年第1期。

周震豪:《敦煌写卷P.3559研究》,《敦煌研究》2008年第1期。

周一良:《跋隋开皇写本禅数杂事残卷》,《北平图书馆·图书季刊》新8卷第1～2期，1947年。

朱凤玉:《敦煌劝善类白话诗歌初探》,《敦煌学》第26辑（台北），2005年。

朱凤玉:《敦煌文献中的佛教劝善诗》，白化文主编《周绍良先生纪念文集》，北京：北京图书馆出版社，2006年。

椎名宏雄:《天顺本〈菩提达摩四行论〉》,《中国禅学》第2卷，北京：中华书局，2003年。

Demiéville, Paul, *Le ConciledeLhasa*, Paris, 1952.

Faure, Bernard, *The Willto Orthodoxy-ACritical Genealogy of Northern Chan Buddhism*, Stanford UniversityPress, 1997.

Imaeda, Y., Documents tibétains de Touen-houang concernantle Concilede Tibet, *JournalAsiatique* tome263, 1975.

Leibenthal, W., The Sermon of Shen-hui, *Asia Major,* New Series, II.2, 1952.

Leigh, Adamek Wendi, Issues in Chinese Buddhist transmission as seen throughthe

"Li daifabaoji"（*Record of the Dharma-Jewel through the Age*）, Ph.D., 1998.

John. R. McRae, *The Northern School and the Formation of Early Ch'an Buddhism*, Honolulu：University of Hawaii Press, 1986, pp.1-16.

伊吹敦：「法如派について」,『印度學佛教學研究』第40卷1期，1991年。

齋藤智寬：「『傳法寶記』の精神」,『集刊東洋學』第85期，2001年。

關口真大：「授菩薩戒儀『達摩本』について」,『印度學佛教學研究』第9卷2期，1961年。

上山大峻：「曇曠と敦煌の佛教學」,『東方學報』第25冊，京都，1964年。

上山大峻：『敦煌佛教の研究』，京都：法藏館，1970年。

神田喜一郎：『神田喜一郎全集』，京都：同朋舍，1984年。

田中良昭：「『僧亡名息心銘』と敦煌本『亡名和尚絕學箴』」,『印度學佛教學研究』第12卷第1號，1964年。

田中良昭：『敦煌禪宗文獻の研究』，東京：大東出版社，1983年。

田中良昭：「校注和譯『蘄州忍和上導凡趣聖悟解脫宗修心要論』」,『駒澤大學禪研究所年報』第2號，1991年。

田中良昭：「『二入四行論』文獻研究史」,『聖嚴博士古稀紀念論集——東アジア佛教の諸問題』，東京：山喜房佛書林，2001年。

篠原壽雄：「菏澤神會の語錄——譯注『南陽和上頓教解脫禪門直了性壇語』」,『駒澤大學文學部研究紀要』第31號，1973年。

筱原壽雄：「北宗禪と南宗禪」，篠原壽雄、田中良昭（編）『講座敦煌8敦煌仏典と禪』，東京：大東出版社，1980年。

椎名宏雄：「禪宗燈史の成立と發展」，篠原壽雄、田中良昭（編）『講座敦煌8敦煌佛典と禪』，東京：大東出版社，1980年。

近藤良一：「『歷代法寶記』の諸寫本について」,『印度學佛教學研究』第21卷第2號，1973年。

鈴木大拙：『校刊少室逸書解說』，大阪：安宅佛教文庫，1936年。

鈴木大拙：『禪思想史研究』，東京：岩波書店，1980年。

柳田聖山：「玄門『聖胄集』についてスタイン搜集敦煌寫本四四七八號の紹介」,『仏教史學』7卷3號，1928年。

柳田聖山：『禪の語錄』2『初期の禪史1』，東京：築摩書房，1969年。

后　记

由我和张田芳、王书庆两位同仁合作完成的《敦煌写本禅籍辑校》和《敦煌写本禅籍研究》两书，在大家的共同努力下，马上就要由文物出版社正式推出了，心中充满了惬意与感激之情。

如前文《自序》所言，《敦煌写本禅籍辑校》和《敦煌写本禅籍研究》两书缘起于杨曾文先生所主编的《中国禅宗典籍丛刊》。受杨先生之命，我和敦煌研究院同事王书庆对敦煌禅籍《历代法宝记》《楞伽师资记》和《传法宝纪》三本进行辑录与校注，后被敦煌研究院列为院级项目，以“敦煌禅史禅法与禅籍研究”为题，并于2008年顺利结项。但由于当时的录文工作主要依据缩微胶卷等，效果不尽人意，故而一直被束之高阁，未及在《中国禅宗典籍丛刊》中刊出。2015年以后，张田芳女史跟随本人攻读敦煌学博士学位，主要做回鹘禅学研究，敦煌汉文禅籍成为首要参考资料，于是，对敦煌汉文禅籍的整理研究工作又得以延续。经过张田芳博士几年的努力，文献得到增补，加上更高清照片的获得，校对质量也大有提高，篇幅也比原来增加了三分之一以上。就全书的工作量而言，杨富学完成全书工作量的50%，张田芳30%，王书庆20%。在图书出版过程中，西北师范大学岳亚斌博士、上海道友王磊在文献释读和书稿校对等方面付出了不少心血，在此致以诚挚的谢意。负责两书编辑工作的许海意认真负责，不仅修改了原稿中存在的不少错误，还提出了许多非常有益的修改建议，使两书得以顺利出版，质量还有所提高。在此一并致以崇高的敬意。

杨富学

2024年3月11日